Histoire des routes
et des transports en Europe

Des chemins de Saint-Jacques
à l'âge d'or des diligences

Les Presses universitaires de Strasbourg remercient
l'*Université Marc Bloch* de Strasbourg
et la *Société des Amis des Universités de Strasbourg*
pour le soutien accordé à cette publication.

Georges Livet, décédé le 23 juillet 2002, venait de mettre la dernière main à son manuscrit: *Histoire des routes et des transports en Europe*. Jean-Michel Boehler a bien voulu en revoir la bibliographie; July Gaillard et Ariane Eichhorn en ont assuré la mise en forme; Michel Demange en a réalisé la couverture.

Georges LIVET

Histoire des routes
et des transports en Europe

Des chemins de Saint-Jacques
à l'âge d'or des diligences

Presses Universitaires de Strasbourg
2003

ISBN 2-86820-217-9
© 2003 Presses universitaires de Strasbourg
Palais Universitaire – 9, place de l'Université
67000 STRASBOURG

Abréviations

ABR	Archives du Bas-Rhin
AE	Archives du ministère des Affaires étrangères (France)
ADH	Annales de démographie historique
AG	Annales de géographie
AHR	American Historical Review
AIE	Association interuniversitaire de l'Est
AMS	Archives de la ville de Strasbourg
AMURE	Amis du musée régional du Rhin et de la navigation (Bulletin)
AN	Archives nationales (France)
AESC	Annales économie, société, civilisation
AHSS	Annales histoire, sciences sociales
AHM	Association des historiens modernistes
BNF	Bibliothèque nationale de France
BNUS	Bibliothèque nationale et universitaire de Strasbourg
CIRI	Centre interdisciplinaire de recherches sur l'Italie
CM	Cahiers de la Méditerranée
CTHS	Comité des travaux historiques et scientifiques
CNSS	Congrès national des sociétés savantes
EHESS	École des hautes études en sciences sociales
HZ	Historische Zeitschrift
JMH	Journal of Modern History
MP	Musée postal
NR	Navigation du Rhin, Strasbourg
PU	Presses universitaires
QS	*Quaderni storici*
RA	Revue d'Alsace

RDM	Revue des Deux Mondes
RÉS	Revue des études slaves
RGE	Revue géographique de l'Est
RGRA	Revue générale des routes et des aérodromes
RH	Revue historique
RHD	Revue d'histoire diplomatique
RHMC	Revue d'histoire moderne et contemporaine (ou BHMC: Bulletin d'histoire moderne et contemporaine)
RPTT	Revue des PTT de France
RSH	Revue suisse d'histoire
SHM	Société des historiens médiévistes
SA	Saisons d'Alsace (les)
SM	*Scripta Mercaturae* (Munich)
SIM	Société industrielle de Mulhouse
TURCICA	Revue des études turques
VR	Vie du rail (La)
VSWG	Vierteljahrschrift für Sozial-und Wirtschaftsgeschichte
ZGOR	Zeitschrift für die Geschichte des Oberrheins

HOMMAGE À STRASBOURG, VILLE DES ROUTES ET À L'ALSACE, TERRE DE RENCONTRES

«Les voyages ont été les premières écoles et les voyageurs les premiers scavants. C'est à eux qu'on est redevable de la circulation et du progrès des sciences et des arts […] Les voyages sont devenus moins […] pénibles et plus propres à orner l'esprit et à former les mœurs…»

PIGANIOL DE LA FORCE, *Nouveau voyage en France*, nouvelle édition, 1755.

«La Russie a de la terre et des hommes en abondance et elle est riche par toutes les denrées qu'elle possède. Les Russes sont d'excellents pêcheurs de saumons et de morues…»

CHANCELLOR (R.), «Voyage en Moscovie» dans LARAN (M.) et SAUSSAY (J.), *La Russie ancienne*, 1553, p. 206.

«L'histoire routière de l'Europe avant le XVIIIᵉ siècle reste encore presque tout entière à écrire.»

BLOCH (M.), *Annales d'histoire sociale*, 1939, t. I, p. 416. Cité par SZABO (T.), dans «Vie di comunicazione e potere», *Quaderni Storici*, avril 1986, n.s., 61.

«Restent les communications. Elles commandent tout…»

CHAUNU (P.), *La Civilisation de l'Europe des Lumières*, Arthaud, 1971, p. 352.

«La compréhension de l'évolution des systèmes économiques passe par l'analyse des espaces dans lesquels ils s'inscrivent…»

LEPETIT (B.), *Chemins de terre et voies d'eau. Réseaux de transport et organisation de l'espace (1740-1840)*, Paris, EHESS, 1984, p. 120.

Introduction

Thème philosophique par définition, la distance reste avant tout, pour les hommes d'autrefois et d'aujourd'hui, un thème pragmatique qui contient une notion dynamique, celle de combat, de lutte, d'appropriation, de victoire ou de défaite, où se définit l'histoire de l'humanité. Il peut se résumer, pour notre continent, dans l'étude pratique des objectifs, des moyens, des résultats, et dans l'immédiat, dans l'histoire des routes.

Peu de problèmes sont aussi importants – et actuels – pour la civilisation européenne que celui des routes, liées à deux coordonnées essentielles de notre existence, l'espace et le temps. L'espace, donnée naturelle qui, par la distance, s'impose à nous, le temps, construction de notre intelligence, de notre imaginaire, qui, par la vitesse, divisant la durée, nous tente et nous séduit. Pour la vie quotidienne, le commerce, les foires, les villes, les courants culturels, les déplacements, les échanges et les rencontres, la connaissance réciproque des peuples et des individus, apparaît essentielle l'étude des routes, terrestres, maritimes ou, de nos jours, aériennes. Nous n'examinerons que les premières, y compris les routes fluviales, pendant une période – du XIIIᵉ au XIXᵉ siècle – qui, avant l'ère de la vapeur, semble constituer une unité technologique, celle de la civilisation du cheval, du piéton, de la barque et de la rivière, marques distinctives d'une «Europe du mouvement», tissée de flux et de reflux de circulations multiples et diverses. Europe aussi de l'imaginaire qui, du fait de découvertes récentes, participe à cette révision des concepts, éléments d'une histoire sociale, née de l'expérience et des usages, et aussi des images qui orientent l'action. Tels sont les éléments d'une double problématique: d'une part, celle de l'espace et de l'unité d'un continent, dont la loi, par ailleurs, est la diversité; d'autre part, celle du temps, relevant à la fois des données physiques ou astrologiques dans leurs rythmes profonds, et d'un découpage, œuvre de notre intelligence et qui définit les siècles[1].

L'étude des systèmes de communication a été longtemps un parent pauvre de la recherche historique. Pour Marc Bloch, «l'histoire routière de l'Europe, avant le XVIIIᵉ siècle, restait presque tout entière à écrire» (les *Annales*, 1939). Dans la seconde moitié du XXᵉ siècle, des progrès ont été accomplis. Dès 1950, le Centre de recherches historiques, sous les auspices de la VIᵉ section de l'École pratique des hautes études, lançait une collection, «Ports, routes, trafics», qui comptait, en n° 2, une «étude modèle» de V. Chomel et J. Ebersolt, *Cinq siècles de circulation internationale vue de Jougne* (1951), thèmes que reprenaient, dans les *Grands chemins*, Pierre Chaunu et Pierre Léon.

Des colloques tenus à Sarrebrück (1959) et à Flaran (1980) se penchaient sur le problème, de même les associations de professeurs, notamment les médiévistes, *Les Transports au Moyen Âge*, (Rennes, 1978), *Voyages et voyageurs au Moyen Âge* (Limoges-Aubazine, 1995). Dans son introduction, Noël Coulet notait «le renouveau d'intérêt qui se manifestait depuis une dizaine d'années pour l'histoire du voyage et des voyageurs». Werner Paravicini et de son équipe publiait *Europäische Reiseberichte des späten Mittelalters: 1. Allemagne, 2. France, 3 Pays-Bas* (P. Lang, 2000-2001). L'école française de Rome avait traité en 1994 de *La Circulation des nouvelles au Moyen Âge* et le Centre de la Renaissance de Tours ouvrait la voie à *Voyager à laRenaissance* (Paris, 1987). L'association interuniversitaire de l'Est (AIE) traitait le sujet à trois reprises, *Transports et voies de communication* (Dijon, 1975), *La Communication dans l'histoire* (Reims, 1985) et *Fleuves, rivières et canaux dans l'Europe occidentale et médiane* (Strasbourg, 1995), thèmes évoqués d'abord par le Centre de documentation pour l'histoire de la navigation fluviale de Liège (1988), repris globalement par l'Association pour l'étude des hommes et de leurs activités liés aux cours d'eau (1995). L'Association pour l'étude du Sud-Est européen, de même que *TURCICA* et la *RÉS* ont rendu ces problèmes «de l'espace en mouvement» familiers à nos contemporains[2].

Se sont associés à cette entreprise divers congrès nationaux des sociétés savantes, au premier rang des travaux de recherches (Strasbourg, 1988), et les réunions de la Société des pays d'entre-deux. La revue italienne *Quaderni Storici* a consacré un numéro spécial aux rapports avec le pouvoir (n.s., *61*, 1986). N. Oehler donnait *Reisen im Mittelalter* (Munich, 1986). Mis en lumière par Fernand Braudel, empereur en son royaume, par Pierre Chaunu, apôtre du «désenclavement» à l'échelle mondiale, par Richard Gascon, maître du commerce de la capitale des Gaules et par Jean-François Bergier dominant, de Genève, avec Anne-Marie Piuz, l'histoire alpine, le point de vue européen a fait des progrès considérables. La route exprime la réalité du pays et parfois, reflète ses aspirations et son devenir, vus par les contemporains, résidents ou étrangers, telle cette *France observed in the seventeenth Century by British Travellers* (1985), de John Lought, l'éditeur de *Locke's Travels in France*, auquel répond l'*Anthologie des voyageurs français de Voltaire à Marc Orlan du XVIIIᵉ au XXᵉ siècle* (Paris, J. Gury, 1999). Une anthologie a été mise en place; celle de la mémoire et de la reconstruction du souvenir, épousant non seulement les parcours familiaux ou individuels, mais la géographie à la fois urbaine et rurale. La route se construit avec le voyageur et, ce dernier, avec la ville ou le paysage naturel qu'il recrée.

Il peut paraître utile, de nos jours, de dresser un bilan, même provisoire, de ces efforts continus, mais non coordonnés, de considérer dans une vision d'ensemble l'image ou l'aventure de l'Europe et de ses confins dans le domaine routier, et, en rapport avec les conditions géographiques, le peuplement, les relations internes ou externes, d'étendre au continent la méthode d'étude du profil des grandes liaisons, mise au point, pour la France, par G. Reverdy (Paris, 1981) et, pour ce qui concerne les réseaux de transport et l'organisation de l'espace, par Bernard Lepetit (1984). Nombreux sont les observateurs qui ont lié les progrès de la civilisation au développement des moyens de circulation, thèse reprise par des hommes politiques d'aujourd'hui, en Afrique comme en Europe[3].

Audacieuse voire téméraire, simple «regard» qui voudrait susciter une vision plus avertie, notre entreprise n'a d'autre excuse que la longue fréquentation de l'auteur avec ces problèmes, où l'imaginaire rejoint le réel, pour étreindre cette terre mal connue des communications, recherchée assidûment. Quoiqu'il y paraisse, l'Europe s'offre à l'esprit comme un pays à découvrir, aussi bien dans des structures où sont valorisés les faits de civilisation, qu'à travers une conjoncture aux multiples aspects dont la route est l'expression, l'acteur ou le témoin. Au même titre que les traditions et les économies, mettant en jeu structures et conjonctures, la route a son histoire.

Structures qui supposent élaborée la connaissance des conditions générales de la circulation dans ce continent qui, au cours des temps, a cherché à se définir. Une tentative a été faite pour tenir compte des valeurs géographiques de relief et de climat, arc alpin et zone tempérée, fleuves nombreux et abondants, forêts profondes, pour ne pas donner une «Europe tronquée», mais pour incorporer, à un Occident bien étudié, les espaces orientaux, Balkans ou steppes de Russie d'Europe, traversés au XIᵉ siècle par un comte d'Angoulême ou un évêque de Cambrai, en fonction de la vision suprême, la Terre sainte qui les attend. Acteurs ou témoins d'une prise de conscience des biens et des personnes, ouvertures juridiques ou coutumières, à courte ou à longue distance, entre les pôles d'attraction que constituent les centres de production et de consommation, les routes terrestres et fluviales, étroitement associées, franchissent sur l'ensemble du continent les barrières et les obstacles, utilisant les facilités qu'offrent certaines permanences physiques, sociologiques, historiques.

Conjonctures qui varient avec les époques. Les données politiques sont bien connues, les «présences militaires» également, mais pourquoi, à tel moment, l'une ou l'autre direction semble-t-elle l'emporter? Comment évaluer le mouvement de la circulation en fonction des données fragmentaires, pas toujours contrôlables, de l'histoire quantitative? Est à relever en Angleterre, outre l'essor sous les Tudors et les Stuarts, une initiative méthodologique originale qui vise à préciser la connaissance du réseau routier post-médiéval, grâce à l'utilisation de l'institution hôtelière. Dans son rapport au colloque de Flaran (1980), le professeur J.-A. Chartres a analysé cette institution et sa répartition, dans la période 1400-1800, étude qui permet de nuancer les opinions émises jusqu'à aujourd'hui sur l'état de ce réseau routier. En même temps, elle rentre à plein dans ce que nous appelons «l'histoire des comportements», par la fréquentation et la connaissance des «usagers de la route». Les mémoires des voyageurs ou les réflexions des littérateurs – celles de Montaigne – ou des découvreurs – tels Chancellor, celles de John Evelyn, de Stendhal ou du *Voyage en France et en Italie* de Lawrence Sterne –, les relevés des *Cahiers d'histoire littéraire comparée* (1980-1981) définissent, par ces inscriptions dans la carte et le sol, une vision culturelle européenne comme l'a rappelé Bernard Lepetit (*AHSS*, septembre-octobre 1997, p. 1239).

Ainsi se prépare-t-on à dresser des chronologies spécifiques et des géographies. La conjoncture des routes est liée à celle des «passages» et des échanges de différents types, à celle du commerce dans ses chiffres, ses masses et ses volumes: marchandises, argent, crédit, hommes. La politique a son mot à dire, l'armée a longtemps été prioritaire, la religion également, les institutions et la démographie, la poste et l'éducation. Indépendamment ou liée à ces facteurs, naît «une civilisation de la route», «par» la route et «pour» la route. Analysées dans leurs composantes, inscrites dans les circuits commerciaux ou le tracé des itinéraires, structures et conjonctures définissent les phases de l'évolution de l'Europe préindustrielle. Chaque changement dans la civilisation contribue à transformer les unes et les autres, parfois à faire délaisser les voies anciennes pour en adopter des nouvelles, laissant des traces dans les écrits, littéraires ou autres.

Entreprise séduisante, mais qui, au sein de l'unité, pose une question préalable: où commence, où finit la route? Question téméraire qui suppose la mise en œuvre d'une double problématique. L'une de continuité: à une époque donnée, la conception s'insère dans un contexte politique et technique; l'autre de rupture, moins par les événements que par des prises de conscience successives de réalités autres, qui autorisent à nuancer les opinions d'immobilisme, émises par certains chercheurs. Les difficultés de promouvoir une vision d'ensemble tiennent autant à la nature des sources, cartographie comprise, qu'à la méthode de recherche jusqu'ici retenue, privilégiant l'étude monographique.

Sources pour les périodes anciennes, – à dater du XIIIᵉ siècle, point de départ de notre étude – telles que les présentent les archives locales et nationales ou les dessins polychromes conservés dans les collections de la bibliothèque de l'École nationale des ponts et chaussées. Essentiellement au départ, outre les textes administratifs et les bilans statistiques, émanant des différentes autorités variables selon les États (correspondance politique), des récits de voyages où l'individuel, le descriptif et le narratif, sinon le pittoresque et le merveilleux, tendent à l'emporter sur la notation exacte. La route existe avant qu'on en parle. Nous n'avons que peu retenu les documents de caractère purement événementiel ou étroitement personnalisé, mais nous avons tenté de saisir les «faits de civilisation», trafics et auberges comprises, qui jettent un peu de lumière sur l'évolution des conditions de vie et des mentalités, dans la mesure où ceux-ci sont le résultat d'une observation intelligente et d'une étude comparée et critique. À ce titre peuvent être relus les matériaux relevés par J.-C. Margolin, d'après *Les Livres de raison ou journaux de voyage du XVIe siècle* (Paris, 1980), les textes de G. Atkinson sur *Les Relations de voyage du XVIIe siècle et l'évolution des idées* (Paris, 1924), ou, dans un cadre plus restreint, J.-D. Candaux, établissant le répertoire des *Relations de voyage intéressant Genève, 1550-1800*. En 1554, Chancellor note dans son *Voyage en Moscovie* «les sept ou huit cents traîneaux qui vont là-bas chargés de blé, certains de poisson.» (M. Laran et J. Saussay, 1975). Ces témoignages peuvent être multipliés aux différentes époques. On a tenté en annexe d'en dresser une liste toujours à compléter.

Il en est de même pour l'appareil cartographique. Peu de renseignements, en dehors des lieux de départ et d'arrivée sur les tracés des itinéraires qui préparent l'établissement des cartes routières, trop souvent schématiques. Outre son ouvrage sur *La Carte de Cassini. L'extraordinaire aventure de la carte de France*, Monique Pelletier a édité les actes du congrès (1989) touchant la géographie du monde au Moyen Âge et à la Renaissance, relevant l'importance de la cartographie anglaise, la pseudo-mappemonde de P. Eskrich et J.-B. Trento, plaçant les grandes découvertes sous l'angle des techniques de navigation.

Avant et avec les Cassini, la cartographie a fait en France des progrès considérables, d'un intérêt militaire et politique, mais aussi dans une certaine mesure, touristique, même si le mot n'existe pas. Mireille Pastoureau a fait une étude exhaustive des *Atlas français aux XVIe et XVIIe siècles* (répertoire bibliographique, Paris, 1984). Sanson-père offre au cardinal Mazarin une magnifique carte des Allemagne (1658), et à Le Tellier une carte de l'Europe. Les représentations de l'Europe sont en progrès avec l'*Atlas des voyageurs* de Sanson (6 petits atlas, 1708). Saugrain, qui publie son *Nouveau voyage de France, géographique, historique et curieux, à l'usage des étrangers et des Français*, s'efforce de noter «ce qu'il y a de singulier et de rare à voir dans ce royaume, avec les adresses nécessaires pour trouver facilement les routes, les voitures, et autres utilités nécessaires aux voyageurs» (dernière édition, 1750). Un répertoire cartographique a été entrepris, distinguant langage savant et langage opératoire, indispensable à l'action humaine (114e CNSS, Paris, 1989). La représentation des routes, souvent absente, va de pair avec le progrès au XVIIIe siècle des descriptions et des récits de voyages: les guides de l'Europe, de Dutens et de Reichard, sont des modèles du genre[4]. En 1987, Guy Arbellot, Bernard Lepetit et Jacques Bertrand ont donné dans l'*Atlas de la Révolution française* une étude remarquée sur *Routes et communications*. Est dressé l'inventaire de ce qui existait en France à cette époque. Est-il possible de l'étendre à l'ensemble de l'Europe?

Le problème de méthode concerne autant les techniques que les finalités. Sensible à la formule de Lucien Febvre, «ce qui fait la route ce n'est pas le tracé, c'est le trafic, c'est-à-dire la circulation matérialisée par les échanges»[5], nous avons suivi, dans la mesure du possible, le mouvement – et le volume – des hommes et des marchandises au sein d'une Europe en grande majorité rurale, et que n'épargnent ni les guerres, ni les épidémies, mais qui, d'un mouvement incessant, après chaque secousse économique ou autre, s'efforce de retrouver ses rythmes d'antan. Ce perpétuel renouvellement et cet «instinct de vie» s'affirme notamment dans cette histoire de l'hospitalité dont Daniel Roche regrettait qu'elle n'ait pas attiré davantage l'attention des historiens. Elle permet de mobiliser des représentations diverses et renvoie à des attitudes variées des populations, où se retrouvent la charité chrétienne, le cosmopolitisme aristocratique ou intellectuel, la solidarité bourgeoise ou paysanne, l'égoïsme du sédentaire par rapport à l'errant. «Passage de l'économie du don à l'économie de l'accueil» (DR, 06-12-2001) peut-être, mais, plus sûrement, celle de l'attente et de l'espoir à celle de la résignation, de la fatigue ou de l'oubli.

L'intérêt des chercheurs s'est porté en premier lieu sur l'évolution démographique. Combien sont-ils en déplacement ou en résidence? Question clef qui commande ces échanges internes ou externes. Y ont répondu J.-P. Bardet et J. Dupâquier dans l'*Histoire des populations de l'Europe* (Paris, Fayard, 1997). D'où viennent-ils? Où vont-ils? Questions qui commandent, en partie, le rapport de Jean-Pierre Poussou sur les mouvements migratoires en France et à partir de la France à l'époque considérée («Migrations», dans *ADH*, 1970).

Suivent les activités humaines, essentiellement économiques. Dans son *Grand commerce et vie urbaine* (1971), valable pour l'ensemble du continent, Richard Gascon notait qu'au XVIᵉ siècle, «les grands chemins étaient moins des routes bâties et entretenues que des itinéraires dont la viabilité inégale restait toujours, dans l'ensemble, médiocre». Moins la route que la ville qui attire le voyageur: le système urbain apparaît comme le précurseur du système routier (A. Burguière et J. Revel, *L'Espace français*, Paris, Le Seuil, 1989). En contre-point, Thomas Platter, à six ans, était seul, avec son troupeau, dans les montagnes du Valais. Nous possédons des descriptions relativement satisfaisantes pour certains éléments, le sel, les draps, le grain ou le bétail. Pour diverses raisons, l'étude de la voie maritime a été relativement privilégiée. Nous pénétrons mal les mécanismes internes et, sur terre, les conditions de transport, les techniques en usage et les moyens employés, tels pour les chariots à deux ou quatre roues dans leurs aires respectives. Des progrès ont été accomplis grâce aux histoires de villes et aux répertoires financiers (livres de douanes de Lubeck de 1492-1496 par H.-J. Vogtherr, 1971) ou de «maisons» (*Quellen und Regesten zu den Augsburger Handelshäuser Paler und Rehlinger 1539-1642*, par R. Hildelbrandt, 1996). Demeure toujours vivante la complexité des espaces et des temps, des mesures de capacité, de monnaie, de superficie, de longueur. Dans sa continuité même, la route reste une adjonction de discontinuités et de disparités, de tronçons diraient certains, dus aux multiples influences qu'elle subit, à sa géographie, son histoire, sa nature et son «objet». L'homme – et le groupement humain –

lui donnent son unité. Dans *La Découverte de la France au XVIIe siècle* (colloque de Marseille, 1979), l'on retient, avec l'étude des routes et des voyages, les premiers regards ethnographiques, combinés avec l'apport des voyageurs étrangers, écossais, anglais, allemands, espagnols ou hollandais. Reichard ouvre son *Guide* (1793) par une description «européenne»: «Grandeur, population, sol, religions, États.» Son but? Être utile.

Recherche pragmatique qui s'exerce dans le cadre jusqu'ici respecté de la monographie par État. Les travaux sur la France et certaines régions européennes ne manquent pas. La littérature et l'administration se développent dans un cadre familier. La création du canal du Midi, admiré de Voltaire, et la navigation sur la Loire, le Danube ou la Volga, décrit par Oléarius, tiennent une place de choix. Méthode monographique descriptive qui garde toute son importance mais doit être affinée, complétée et étendue en fonction des nouvelles problématiques. Il conviendrait de renoncer à ce que Simiand appelait «la météorologie du jardinet», appliquée à l'histoire provinciale et à «l'échantillonnage discontinu», pour tenter d'appréhender le fait européen dans sa globalité tel Fernand Braudel, ou dans sa technicité et sa position par rapport à l'espace, tel Bernard Lepetit.

Dans le domaine de la globalité, l'œuvre de Fernand Braudel, pour le XVIe siècle, apparaît pionnière: *La Méditerranée à l'époque de Philippe II* garde toute son emprise quant à l'appréhension du problème de la distance[6]. L'auteur a conçu l'aspect global qu'entraîne la prise de conscience du fait spatial européen dans son unité interne, issu du faisceau de communications et des conditions de la vie de relations de la mer intérieure. En découle une leçon de méthode par le rappel des facilités offertes, des difficultés également, inhérentes à la circulation dans le monde méditerranéen et ses approches. L'intensité des transports est reconstituée, compte tenu des rythmes de croissances alternées et des activités clandestines ou de la contrebande. Ces dernières se retrouvent, dès le XIIIe siècle, dans une province comme la Catalogne et une ville comme Barcelone: elles concernent l'or et les esclaves[7].

Dans le domaine de l'espace, conjointement avec J.-C. Perrot, et après G. Arbellot, Bernard Lepetit prend pour objet la politique routière «telle qu'elle a été réalisée en France entre 1740 et 1840». Après avoir noté «la maigre lumière» apportée par les sources et «l'impossible couverture nationale 1775-1800», il prône la nécessité d'un renouvellement de la problématique, visant «à une meilleure connaissance des variations régionales de la densité routière et des configurations des réseaux»[8]. Le point de départ consiste dans les tableaux des indices d'équipement par département (effectués en 1835), ce dernier considéré comme» laboratoire routier». En utilisant la méthode régressive et les données de la statistique routière, l'auteur s'efforce de préparer «l'analyse factorielle des caractéristiques de la surface de roulement des routes», complétée par «l'analyse topologique des réseaux». Double analyse qui rend compte de l'activité des «routes en mouvement» et des relations qu'elles établissent avec l'homme et l'espace environnant. «Les écarts décelés sont si importants qu'ils constituent de véritables faits de structure, capables de résister aux chocs de la conjoncture politique comme aux variations courtes de l'état des chemins et des rivières.» L'application directe de cette méthode a été faite dans la thèse de Jean-Marcel Goger, consacrée à *La Politique routière en France de 1716 à 1815* (1988), à la veille des grandes mutations technologiques. Elle demeure peu utilisable dans le domaine européen.

La «révolution dans l'espace» s'accompagne ainsi d'une révolution dans la nature de la recherche. Se posent différentes questions, de vocabulaire, de définition, d'extension dans l'espace ou le temps, et de finalité.

Vocabulaire ou sémantique? Le terme de routes se prête à bien des généralisations, sinon à des confusions. On parle des «routes de l'ambre», «du thé», «de la soie» comme si leur tracé était inscrit dans le sol. *A contrario*, «il serait difficile de parler d'une route de l'étain, comparable à celle de l'ambre»[9]. Le mot a son histoire, il représente une image, illustre un symbole, évoquant un «imaginaire», élément d'une géographie culturelle, voire sentimentale, domaine de l'oralité si en faveur aujourd'hui, créatrice de tradition historique, les conservant ou les annihilant. Voyage et enracinement s'y affrontent au service d'une psychologie – ceux qui partent –, d'une idéologie – ceux qui croient –, d'une métaphysique – ceux qui espèrent. En fait, il s'agit d'itinéraires fixés dans leur direction générale – par qui? –, précisant les points de départ, les points d'arrivée et quelques relais. Les transports s'effectuent par des moyens variés, le plus souvent sur de simples pistes, suivant la saison, les pluies, les inondations, bien repérés, même si les «chemins agricoles» n'occupent pas toujours la place qui leur revient. Bien souvent, sous ses multiples formes, l'eau est l'ennemie de la route. Nourri de sciences et de mathématiques, le pont est une œuvre d'art, l'ingénieur est un artiste, tel que le présentent les collections de la bibliothèque de l'École nationale des ponts et chaussées.

Définition? La véritable route telle que nous l'entendons est une construction humaine, choisie, élaborée et entretenue par le groupe social pour que les voitures y circulent en toute saison, élaborée ensuite par une œuvre de mémoire qui, bien souvent, joint le trait – dessin ou autre – à la parole. Elle suppose une volonté politique, définie par Alain Schaub dans des *Regards croisés sur la France et l'Espagne* (BSHMC, 2000, 3 et 4). Elle répond à des nécessités économiques ou culturelles, commande l'existence de moyens techniques, à partir d'une adaptation constante aux conditions physiques et climatiques ou de relief. Routes de plaine, routes de montagne? (*Les Scientifiques et la montagne*, 116ᵉ congrès, Annecy-Chambéry, CRHS, 1991.) Routes terrestres ou fluviales? Routes forestières ou routes postales? Tous éléments de la «mémoire collective», chère au professeur de Strasbourg que fut Maurice Halbwachs.

Extension? Dans son rôle et sa fonction, son étoffement également, par l'implantation des relais de postes sur les grands itinéraires, comme le firent les Mongols occupant l'État de Kiev, relais indiqués sur les livres de poste qui se multiplient à travers l'Europe à partir du XVIIIᵉ siècle. La poste rompt la solitude; l'homme «tente de dépasser son isolement en jetant un pont vers l'autre»(L. Braun)[10], facteur d'espérance également – ou de désillusion –, lié, à la suite de Paulette Choné, à la discipline militaire ou au droit des gens (J. Callot, *Les Misères*, s.l.n.d.). Création d'une psychologie, celle des «faiseurs de routes» comme celle des utilisateurs, créateurs d'une sociologie, celle des rouliers ou des commissionnaires chargeurs, celle des maîtres de poste et des aubergistes, pionniers de la «civilisation de la route»: tous ont leur histoire et donnent corps et vie aux textes rassemblés par Lucile et Bartolomé Bennassar pour les Espagnes, par Jacques Gury pour «les voyages Outre-Manche» (1999), pour l'Italie et l'Allemagne au dernier colloque sur les voyages des historiens modernistes (Paris, 2001).

Finalité enfin. Comme le demande Bernard Lepetit, dans la mesure du possible, quantifier les données routières et les inscrire dans le sol: «La compréhension des systèmes économiques passe par l'analyse des espaces dans lesquels ils s'inscrivent.» Dans ce cadre, le terme de «circulation» peut être entendu de deux façons différentes: d'abord l'étude des «courants», qui a pour objet de situer, évaluer, expliquer, voire quantifier les mouvements d'hommes et de marchandises en Europe aux différentes époques; ensuite l'étude des «modes» de circulation et leur inscription dans le milieu géographique ou culturel, analysant la façon dont le transport se fait, les traces laissées par l'homme, l'animal ou la voiture, les emplacements réservés s'il y a lieu et les conséquences sur la vie humaine en général.

Économie, techniques, conditions naturelles, genres de vie et facteurs historiques sont ainsi étroitement mêlés dans leurs interactions respectives. Mémoire communicative ou reproductrice sans doute, mais surtout créatrice et élaboratrice d'un ordre nouveau. Le problème culturel est au premier plan des transformations opérées comme en témoigne Anton Schindling, *Bildung und Wissenschaft in der Frühen Neuzeit 1650-1800* (*Enzyklopädie deutscher Geschichte*, 30, Oldenbourg, Münich, 1994). Cette histoire ne devrait pas décevoir ceux qui estiment que la connaissance des outillages mentaux et des pratiques technologiques est à la base de toute intelligence véritable des faits économiques.

Reste à préciser le contenu du mot Europe, variable au cours des siècles, en donnant au terme d'«espace européen» toute sa valeur. Les villes ont ouvert la voie (J.-P. Poussou, J. Meyer, D. Roche, P. Butel…). D'après des témoignages autobiographiques allemands, P. Monnet a confronté «ville réelle» et «ville idéale» à la fin du Moyen âge (AHSS, 2001). Lescaractéristiques de l'espace européen ont été définies, dans l'*Histoire de l'Europe* (3 tomes, 1983), par la plume de différents auteurs, entraînés par un géographe, R. Raynal. Citons P. Condamine et F. Rapp pour le

Moyen Âge, J. Bérenger et Y. Durand pour les XVIIe et XVIIIe siècles[11]. En 1980 (*Actes*, 1982), un colloque de l'ENS de jeunes filles avait cerné le problème de «la conscience européenne au XVe et au XVIe siècle»[12]. Migrations ou conquêtes ne sont pas sans influence sur «l'étendue» de l'Europe, tel dans le cas de l'État de Kiev, tourné vers l'Occident: la princesse Anne de Russie, arrivant à la cour de France, s'étonnait de n'y trouver ni livres, ni lettrés (H. Carrère d'Encausse). L'invasion des Mongols de 1237-1240, a interrompu les relations pour deux siècles jusqu'au dernier face-à-face: la bataille de l'Ougra, 1480 (M. Laran). Après Kossovo (1389) ou Mohacs (1526), tombés pour trois siècles sous la domination de l'Empire ottoman successeur de Byzance (1453), les Balkans passent de la situation de «territoire en mouvement» à celui de «territoire figé» par rapport à l'Europe, jusqu'aux soubresauts des XIXe et XXe siècles[13]. À Strasbourg, le colloque de 1648, «Une genèse de l'Europe, une société à reconstruire», a fait le point des systèmes de communication, au sortir des guerres du XVIIe siècle (PU Strasbourg, 1999). Ne sont négligés ni l'aspect diplomatique, ni celui de la diffusion des gazettes (AHM, PU Sorbonne, 2001). *L'Invention de la diplomatie* (L. Bély, 1998) pose le problème: les traités internationaux définissent les aspects juridiques qui régissent les «routes de frontière», les différents «modèles», danubien, illyrien, alsacien, pyrénéen, lorrain, caucasien, du Nord (D. Nordmann), etc. ou le statut des fleuves comme le Rhin et le Danube (R. Descombes).

La conclusion qui se dégage pour l'histoire routière rejoignant notre problématique de départ, celle de l'unité, permet de préciser la notion – ambiguë – d'espace, au même titre que celle de la distance, et d'analyser les rapports de l'homme avec la nature qu'il entend utiliser et contrôler. Chaque époque donne un sens à l'idée de «nature», sens à saisir non seulement dans les sciences mais aussi dans l'expression artistique ou les institutions politiques (R. Lenoble). Cette idée permet d'insister sur les modifications spatiales successives au cours des siècles, et, corrélativement sur les intégrations plus ou moins réussies et les efflorescences des «valeurs de l'Europe». Comme dans l'Empire romain – *via* Domitienne ou autre –, la route est exportatrice de valeurs. Les mots sont les mêmes au cours des temps, les réalités sont différentes. Dans *Guerre et concurrence entre les États européens* (PUF, 1998), Philippe Contamine a suivi l'évolution jusqu'au XVIIIe siècle. Bien souvent, la route précède l'incorporation sémantique ou la suit immédiatement. De l'océan Atlantique à l'Oural, depuis le haut Moyen Âge, la route témoigne des avancées successives qui, des rivages atlantiques et méditerranéens aux rives de la Baltique et aux confins de la Sibérie et de l'Asie centrale, vont aboutir à des prises de territoire, crises de conscience ou mutations linguistiques.

Révolution spatiale, démographique et culturelle qui n'a pas toujours été appréciée à sa juste valeur. Le terme de «route» ou de «chemin», est souvent absent des lexiques et des index. Esclave obligée, la route connaît l'oubli des hommes. La route n'est pas semblable à une potiche dans un salon. Là où elle s'installe, elle crée un paysage nouveau, modifie un milieu. La définition de l'Europe, progressant du Sud vers le Nord, de l'Ouest vers l'Est, a évolué avec le progrès des transports, la diversité des véhicules[14], la tentation des voyages, l'afflux des connaissances et le fruit des expériences. Faisceau de communications, combinant seuils et barrières, dotée de «freins» et de «moteurs», classique ou baroque, des Lumières au romantisme, l'Europe, et la route avec elle, change de forme et de contenu, d'âme et de visage selon les lieux, les saisons et les époques.

Dernier problème à considérer, la période, c'est-à-dire l'ère préindustrielle qui définit notre champ d'investigation. Il s'agit là, malgré la diversité des «modèles», politiques ou autres, d'une unité de type technologique, qui précède les révolutions de la vapeur, du rail et de l'automobile. Mode de déplacement le plus ancien, la route est aussi le plus souple. Lieu de convergence de multiples activités, facteur de la mobilité humaine, elle reste pendant des siècles l'expression d'un paradoxe, celui d'une économie rurale doublée d'une croissance urbaine considérable. Elle impose au temps une qualité «événementielle» particulière. Elle justifie l'oubli par le jeu de la mémoire collective et les modifications du cadre social. Elle crée sa propre durée en fonction du jeu des puissants et du rapport des forces. Dans la seconde moitié du XVIIIe siècle et le début du XIXe siècle, s'affirme la «vitalité routière» sous son double aspect, technique et fonctionnel: technique dans ses modalités de construction et de tracé, fonctionnel dans sa liaison quasi organique avec la ville délivrée de ses murailles.

Le circuit est long depuis les *Itinéraires de Bruges*, la publication par Charles Estienne de la *Guide des chemins de France* de 1552, jusqu'à ce *Tableau de toutes les routes et de tous les bureaux de poste*, avec leurs distances indiquées sur la carte de coordination des cours de poste que publie, à Vienne, en septembre 1828, Franz Raffelsperger. Carte doublée d'un catalogue et d'un texte concis, *Die europäischen Fahrposten* qui marque, au moment même où elle va disparaître, le point limite atteint par la civilisation du cheval et de la voiture, dans l'Europe romantique et préindustrielle. Romantique car livrée à Mozart, invité du Conseil de l'Europe pour un colloque international (octobre 1991), organisé à Strasbourg par Brigitte Massin, «Mozart: les chemins de l'Europe»: c'est le continent, en cette fin du XVIIIe siècle envisagée sous diverses éclairages, «qui pourrait nous apprendre mieux et plus profondément la singularité mozartienne»[15]. En même temps, se précise la réalité «préindustrielle» des échanges au Siècle des lumières, tels que les voit Klaus Malettke, – «les routes et les modes de circulation dans le Saint Empire romain germanique» – et que les maintient la monarchie des Habsbourg, toujours présente: il y a quelques années, on nous offrait, au passage du Brenner, le *thaler* de Marie-Thérèse. Dans *La Communication dans l'histoire* (Reims, 1985), l'exposé de

Catherine Bertho sur les réseaux de télécommunications au XIXe siècle peut être considéré comme le point ultime de la révolution de l'information, une des caractéristiques essentielles du XIXe siècle.

Reliées en faisceaux, ces considérations ont permis, après un exposé des conditions techniques générales et l'analyse du legs de l'Empire romain, de retenir un plan d'étude chronologique, du Moyen Âge aux Temps modernes, rappelant les tracés traditionnels – les chemins de Saint-Jacques –, les modifications des itinéraires, les interventions de l'État, les approches de l'économie, les développements culturels, y compris l'essor postal – l'on passe d'une Europe de l'illettrisme et de l'oralité à l'Europe de l'écriture, des écoles et des universités – qu'accompagnent les premières approches du rail et une nouvelle géographie du continent. Le XVIe siècle voit les prises de position et l'éclatement au-delà des mers, les XVIIe et XVIIIe siècles la consolidation des réseaux, inclus dans le système social et politique. Le XIXe siècle? Le chant du cygne, l'âge d'or de la diligence et l'essor du rail.

Le problème de la distance, que ne vainquent ni les hommes ni les empires, se résout en fin de compte, en problème de durée: tel endroit est à huit ou dix jours de marche; le retour de Moscou s'opère en tant et tant de jours, suivant la saison et le moyen employé. La route exprime ainsi le «temps» du paysan, du militaire, du commerçant, du politique, voire du révolutionnaire, avec la marche sur Paris des Marseillais entraînés par le chant de guerre de l'armée du Rhin. Ces temps se substituent, à la fin du Moyen Âge, au temps défini par Yves Le Goff, celui de l'Église et de la marche vers le Salut, conservé par d'aucuns, dont la route n'est qu'un instrument imparfait. Repoussoir ou catalyseur, grand itinéraire ou chemin de campagne, la route ouvre un dialogue dont l'ambiguïté est la loi. Ambiguïté entre l'utile et le superflu: inutile parfois aux habitants des pays qu'elle traverse, elle peut constituer pour eux un danger. Ambiguïté entre le permanent et l'éphémère, doté du pouvoir de «métamorphose». Deux notions fondamentales se font jour, celle de création – par l'aménagement de l'espace et l'empreinte mentale – et celle d'entretien – qui travaille, qui crée, qui paie qui se souvient? Ambiguïté entre le «figé» et le «mouvant» enfin, au sein d'un même territoire, mais création d'un nouveau «style», participant ou non, par le jeu des réseaux et les repères hôteliers, à la vie collective[16].

Reste le problème de l'image (ou de l'imaginaire). Par delà les réalités économiques, avides du «toujours plus loin» et du «toujours plus vite», la route, qui véhicule des mots au même titre que des marchandises (G. Gougenheim), demande à être vue à travers les systèmes de pensée et de représentation des différentes classes, des groupes sociaux et des individus qui, de gré ou de force, en vivent ou en meurent[17]. Au moment de l'exposition internationale de 1867, mémoire symbolique de l'Europe, où furent rassemblées à Paris les inventions du génie humain, la route, dans sa mutation profonde, et le rail, dans sa révolution, apparaissaient comme des valeurs essentielles du monde moderne, en continuelle adaptation aux techniques et aux besoins de la société, en rapport avec la vie, le travail, la destinée.

Un mot encore dont on nous pardonnera, nous l'espérons, la localisation prospective et étymologique. C'est à Strasbourg, «la ville des routes», à l'histoire tourmentée, qu'au congrès des sociétés savantes tenu en 1920, l'illustre savant, sir Georges Fordham, a communiqué son *Catalogue des guides routiers et des itinéraires français (1552-1850)*, paru à Paris dans cette même année[18].

À Strasbourg, croisement d'axes, se sont nouées bien des communications, dont témoignent les archives anciennes, qui nous ont puissamment aidé, celles-là mêmes des pays européens avec lesquels la République était en relation. Ont paru également, dans la cité, dès le XVIe siècle et au XVIIIe siècle, des ouvrages décisifs sur l'histoire des sciences[19]. En 1852, l'évêque bénissait la locomotive, «instrument de rapprochement des peuples». À Mulhouse enfin, lieu du second carrefour régional, a débuté «l'ère du rail». L'Alsace enfin a été, traditionnellement «une terre de rencontres» – celle des «randonneurs de l'an 2001, venus de toute l'Europe –, et de «mémoire collective».

Quand sera-t-il possible d'étendre le catalogue de sir Fordham à l'ensemble de l'Europe? Est-il permis de dire que, de la solution qui sera apportée au problème de la distance – de toutes les distances, réelles ou psychologiques (mais les unes et les autres ne sont-elles pas liées par les mêmes lignes de pertinence?) – dépend, pour une large part, l'avenir de notre continent?[20]

NOTES

1. La *Revue des PTT, Diligence d'Alsace, La Vie du rail*, la *Revue générale des routes et des aérodromes*, et d'autres encore, ouvertes aux problèmes du passé, situent la route, en France et dans le monde, dans son évolution historique et spatiale: temps limité (7 siècles), espace limité (l'Europe), unité technologique et variété des comportements. Un exemple de réflexion méthodologique dans ROCHE (D.), «Le voyageur en chambre. Réflexions sur la lecture des récits de voyage», *L'Histoire grande ouverte. Hommages à Emmanuel Le Roy Ladurie*, sous la direction de J. Goy, A. Burguière, , M.-J. Tits-Dieuaide, Paris, Fayard, 1997, p. 550 ss.

2. Vues générales et point de départ (déjà ancien) dans *Les Routes de France depuis les origines à nos jours*, colloque de Sarrebruck, 1959: DUVAL (P.-M.), «Voies gallo-romaines», HUBERT (J.), «Moyen Âge»; LIVET (G.), «XVe-XVIIIe siècle»; TRÉNARD (L.) «Âge des diligences»; COQUAND (R.), «Route moderne». À noter également les colloques de Flaran, et BAUTIER (R.-H.), «L'histoire sociale et économique de la France médiévale de l'an mil à la fin du XVe siècle», *L'Histoire médiévale en France. Bilan et perspectives*, sous la direction de M. Balard, coll. «L'univers historique»,

Paris, Le Seuil, 1991. Ou à l'étranger, SCHWARZWÄLDER (H. et I.), *Reisen und Reisende in Norddeutschland. Beschreibungen, Tagebücher und Briefe. Itinerare und Kostenabrechnungen*, Hildesheim, 1987.

3. Sur la route, «fattore di civilta»: «E difatti Russia, Polonia, Transilvania, Ungheria, Croazia, Grecia, Spagna, Portogallo che sono per certo i paesi meno inciviliti, sono anche quelli che hanno meno strade. All'incontro la Francia, la Germania; l'Italia hanno piu trade e piu civilta; l'Inghilterra ha piu strade e canali di ogni altra parte d'Europa, ed ha anche piu civilta di tutte.» (cité par Cesare Mozzarelli – Trente.) «Strade e riforme nella Lombardia del Settecento», *Quaderni Storici*, 1986, *61*, p. 117. CHAUNU (P.), *Histoire sociale*, p. 253 («Le rythme de l'avance des chemins: la terre et l'eau»). Le Conseil de l'Europe a lancé la notion des «grands itinéraires spirituels» et Abdoulaye Wade, président sénégalais, détaillant le plan Oméga soumis au sommet de l'Organisation de l'unité africaine (Omega) a mis en avant l'absence d'infrastructures routières, portuaires, aéroportuaires et la faiblesse des réseaux de communication dont souffre le continent. L'absence de routes entraîne, faute de débouchés, la misère paysanne.

4. BROC (N.), *La Géographie des philosophes. Géographes et voyageurs français au XVIII*e *siècle*, PU Strasbourg, 1974. *Les Guides imprimés du XVI*e *au XX*e *siècle. Villes, paysages, voyages*, colloque de l'université Paris VII (centre d'histoire urbaine), Tours et Limoges, (décembre 1998). Voir notamment, ROCHE (D.), «Genèse»; CHABAUD (G.), «Paris»; PELUS KAPLAN (M.-L.), «Les Hanséates»; MARCIL (Y.), «Italie»; PETITFRÈRE (C.), «L'invention de l'espace»; MOLLIER (J.-Y.), «L'image de l'autre».

5. FEBVRE (L.), «Introduction à V. Chomel et J. Ebersolt», *Cinq siècles de circulation internationale vue de Jougne*, Paris, 1951; *La Terre et l'évolution humaine*, Paris, 1921. «Lettre-préface à Philippe Dollinger», *L'Alsace et la Suisse à travers les siècles*, CNSS, 1952, p. 11-20 («J'aurais aimé des portes plus largement ouvertes aux psychologues sociaux»). PASTOUREAU (M.), «Feuilles d'Atlas», *Cartes et figures de la Terre*, catalogue d'exposition, centre Georges Pompidou, 1980, p. 442-454.

6. BRAUDEL (F.), *La Méditerranée et le monde méditerranéen à l'époque de Philippe II*, 2e éd., Paris, 1966, 2 vol. et *Civilisation matérielle, économie et capitalisme*, Paris, 1979, t. I («Les structures du quotidien»). *Voyageurs en Méditerranée. XVI*e*-XVIII*e *siècle*, microéditions Hachette: voyages de Thévenot, 1665, de Spon et Wheler, 1678, de W. Eton, 1798-1799.

7. VILAR (P.), *La Catalogne dans l'Espagne moderne. Recherches sur les fondements économiques de structures nationales*, t. I, p. 199-221 («Le double jeu de la structure. Le jeu des reliefs et des dépressions. La Catalogne-passage et la Catalogne refuge»). Sur le jeu des «croissances alternées», leçon de méthode dans CHAUNU (P.), «Les Espagnes périphériques dans le monde moderne (Notes pour une recherche)», *Revue d'histoire économique et sociale*, 1963, *2*, p. 171-182. Applicable à l'Europe. Laquelle? Semblable «à l'Espagne multiple et fondamentalement une». Mais sur quelles bases statistiques, autres que démographiques? «La dialectique de l'Espagne et des Espagnes». Nous dirions: «la dialectique de l'Europe et des Europes [...] le plus grand problème» (mais non le seul).

8. «Savoirs, pouvoirs et évolution des réseaux», dans LEPETIT (B.), *Chemins de terre et voies d'eau. Réseaux de transport. Organisation de l'espace*, EHESS, Paris, 1984, p. 17-35. PERROT (J.-C.), *Genèse d'une ville moderne: Caen au XVIII*e *siècle*, Paris, 1975. Histoire des routes liée, mais pas uniquement, à l'histoire urbaine. Mise au point sur «la crise urbaine des années

1990», *Panoramas urbains. Situation de l'histoire des villes*, sous la direction de J.-L. Biget et J.-C. Hervé, ENS, éd. Fontenay-Saint-Cloud, 1995, 348 p. Olivier Faron (C.-R.), *AHSS*, septembre-octobre 1997, p. 1184-1185. BENEVOLO (L.), *La Ville dans l'histoire européenne*, coll. «Faire l'Europe» dirigée par J. Le Goff, Le Seuil, 1993. CR *BSHMC*, 2000, 1 et 2, p. 93 (René Favier).

9. Sur la route de l'étain: *Bulletin analytique d'histoire romaine*, Strasbourg, 1972; CORBEL (J.), «Les routes commerciales du Nord aux IIIe et IIe millénaires. L'ambre, l'or et l'étain», *AESC*, avril-juin 1951, p. 179-183 («Ils représentent une grande valeur sous un faible poids et un faible volume.»). CASTER (G.), *Route du pastel (1450-1561)*, Toulouse, Privat, 2000.

10. BRAUN (L.), «L'autre, qui n'est pas là», *Diligence d'Alsace*, 1977, *18*, p. 1-2.

11. DURAND (Y.), «Temps, espace et communications», *Histoire de l'Europe*, sous la direction de G. Livet et R. Mousnier, 1983, t. II, p 415-448. MARCHAL (G.-P.), «De la mémoire communicative à la mémoire culturelle», *AHSS*, 56e année, mai-juin 2001, n° 3.

12. «La France des cartographes et des géographes», *La découverte de la France au XVIIe siècle*, colloque de janvier 1979, Marseille, CMR 17. CONDAMINE (P.), *Récits de voyages et de pèlerinage au XVe siècle*, s.l.n.d. CZARTORYSKI (P.), *Conscience européenne en Europe centrale*, s.l.n.d. JONES DAVIE (M.-T.), *L'Europe pour les Anglais de la Renaissance*, s.l.n.d. BRAUNSTEIN (P.), *L'Europe allemande dans la seconde moitié du XVe siècle*, s.l.n.d. REDONDO (A.), *L'Espagne face à ses minorités*, s.l.n.d. PELUS (M.-L.), *Un des aspects de la naissance d'une conscience européenne: comment les Européens du XVIe siècle voyaient la Russie*, s.l.n.d. Travaux de Franck Lestringant sur les cosmographies et les relations de voyage. Thème du prix proposé par l'académie de Lyon en 1788: «Les voyages peuvent-ils être considérés comme un moyen de perfectionner l'éducation?» (Lyon, 1788). «Espaces et voyageurs», *AHSS*, 56e année, n° 3, mai-juin 2001, p. 699-774. MICHEL (F.), *Désirs d'ailleurs. Essai d'anthropologie des voyages*, Paris, Colin, 2000. PASTOUREAU (M.), *Les Sanson: un siècle de cartographie française (1630-1730)*, thèse dactylographiée, Paris, 1981.

13. ANCEL (J.), *Slaves et Germains*, Paris, Colin, 1945 («Empereurs germains et nations slaves»). KIRSTEN (E.), BUCHOLZ (E. von) et KÖLLMANN (W.), *Raum und Bevölkerung in der Weltgeschichte* («Espace et population dans l'histoire mondiale»), 2e éd., Wurtzbourg, 1965-1968, 4 vol. CR KINTZ (J.-P.), *ADH*, 1968, p. 175-180. *Histoire des populations de l'Europe*, sous la direction de J.-P. Bardet et J. Dupâquier, Paris, 1997, 1, XV (cité par Y. DURAND dans *L'Ordre du monde. Idéal politique et valeurs sociales en France du XVIe au XVIIIe siècle*, SEDES, 2001, p. 142: sur les recrudescences de la peste en 1628-1632, 1636-1638, 1644-1647, 1666-1670).

14. Bibliographie sur la voiture et l'attelage dans JOBÉ (J.), *Au temps des coches. Histoire illustrée du voyage en voiture attelée du XV au XXe siècle*, Lausanne, 1976, p. 206-207 (avec coupes de voitures). Sur les conditions administratives locales, Hesse, *L'Administration provinciale et communale en France et en Europe (1785-1870)*, réimpression aux éditions d'Amiens, 1970.

15. «Mozart: les chemins de l'Europe», *Actes du congrès de Strasbourg*, 14-16 octobre 1991, sous la direction de Brigitte Massin, éd. du Conseil de l'Europe, Strasbourg, 1997.

16. CHARTRES (J.-A.), «Les hôtelleries en Angleterre à la fin du Moyen Âge et aux Temps modernes», *Actes du colloque de Flaran 2*, 1980, p. 207-228. BUZON (C. de), «Récits d'hospitalité dans la fiction française autour de 1550: Rabelais, Herberey, Helisenne de Crenne», *Actes du colloque Mythes et représentations de l'hospitalité*, sous la direction d'Alain Montandon, université Blaise Pascal, janvier 1999. Sur l'alimentation, *Journées de Blois*, 2000 et *Colloque de Strasbourg*, Conseil de l'Europe, janvier 2001, les travaux de Philippe Wolff sur Toulouse et sa région.

17. GOUGENHEIM (G.), «Routes de mots», *AESC*, avril-juin 1951, p. 184-185. L'auteur évoque la confection des différents atlas linguistiques: «La diffusion d'une langue commune s'effectue par les routes, en particulier par les grandes voies de communication que sont les vallées fluviales.» Et de citer l'*Atlas linguistique de la France* de Gilliéron et Edmont. Sur la circulation des idées voir la seconde partie des *Actes du colloque de Reims* de l'AIE: «Les communications», article de G. MICHAUX, D. MINARY, G. CLAUSE, F. FORTUNET et G. KOUBI, 1985.

18. FORDHAM (G.), *Les Routes de France. Étude bibliographique sur les cartes routières et les itinéraires et guides routiers*, Paris, Champion, 1929, XVI, 107 p. Et les travaux de Mireille Pastoureau. Voir également PARKS (G.-B.), *The English Traveller to Italy*, Stanford, 1954. *Voyager à la Renaissance*, sous la direction de J. Céard et J.-C. Margolin, Paris, 1987.

19. BUSCHING (A.-F.), *Géographie universelle, ou nouvelle description du globe*, Strasbourg, 1768-1770, 14 vol., traduit de l'allemand (cité par N. BROC, *op. cit.*, p. 511).

20. «Ce n'est pas, à coup sûr, l'histoire d'un long fleuve tranquille», *Imaginer l'Europe*, sous la direction de Klaus Malettke, Belin-De Boeck, 1998, p. 10: «Introduction». «Imaginer» en fonction du «mythe de l'Europe» repris depuis l'Antiquité avec le cygne de Léda, la pluie d'or de Danaé, Zeus qui devient taureau et l'enlève sur une plage de Phénicie. L'intérêt artistique et symbolique de ces «représentations» est considérable. Affaibli au Moyen Âge, le mythe reprend force avec la réimpression des *Métamorphoses* d'Ovide. Il passe au service des souverains et des puissants, tel l'arc triomphal de la joyeuse entrée du très catholique Ferdinand à Gand en 1633 ou, à la Haye, celle du protestant Guillaume III. ROBA (A.) et BARTILLAT (C. de), *Métamorphoses d'Europe*, Institut culturel italien, exposition de décembre 2001 (et BNUS D 34632). Voir également, au titre du répertoire cartographique, le beau livre de BORRI (R.), *L'Europa Nell'antica Cartographia*, , Turin, Priuli et Verlucca éd., 177 p. (BNUS D 36648). Dans sa préface (Milan, 12 septembre 2001), Giogio Aliprandi fait état de 4 œuvres principales: celle de l'Allemand Martin Waldsemüller (1511), de l'Italien Giacomo Gastaldi (vers 1550), du Flamand Gérard Mercator (1554), à la projection célèbre du Français André Thévet (1575). La distribution et l'analyse sont faites en cinq parties, des origines au XIXe siècle. Les reproductions sont remarquables mais les routes, autres que fluviales (Danube et Rhin), sont rarement indiquées sur les exemplaires choisis.

LIVRE I

Routes, techniques, espaces

En même temps qu'une donnée d'ordre physique, le milieu géographique est une construction humaine qui va engendrer une utilisation. Presqu'île du continent asiatique, l'Europe n'échappe pas à la règle. Nature et culture conditionnent l'espace pour tout ce qui concerne la circulation, et, partant, les routes et les transports, sans négliger «ces chemins qui marchent», les fleuves et les rivières. Le ski lui-même n'est pas un inconnu en tant que mode de déplacement: on relève des traces de ski dans les sagas nordiques. La déesse Skade abandonne son époux Njörd, dieu de la mer et de la pêche, pour retourner dans ses montagnes blanches, son amour du ski étant plus fort que son amour conjugal. Elle est devenue la déesse du ski, moins moyen de déplacement qu'attribut sportif.

Dans *Privilèges et contraintes du cadre géographique d'ensemble* (coll. «Histoire de l'Europe», PUF, 1980), René Raynal a jugé utile de «mettre en évidence comment, au cours de l'histoire, se sont précisées certaines modalités originales de l'occupation de l'espace», de l'Europe des premiers agriculteurs à l'événement des peuples historiques. Les phénomènes de circulation ont une place importante. La notion d'Europe dans ses diverses composantes de peuplement est liée de près à celle des routes. Combinant données physiques et occupation de l'espace, le géographe précise la localisation des métropoles et les conditions de la vie de relations.

Notion d'Europe qui a varié au cours des siècles. Au XVIe siècle, l'allégorie de Sébastien Münster dans *La Cosmographie universelle* (Bâle, 1544, puis 1588) transforme l'Europe en une reine qui rassemble pseudo-géographiquement tous ses États: la tête est d'Espagne, la poitrine de France, le torse de Germanie... La tête couronnée, elle tient le sceptre d'une main, de l'autre le globe, insigne de son pouvoir. Allégorie politique mais également signification géographique dans la diversité des apports et l'aspect de l'axe central, le Danube. Il s'agit des «métamorphoses de l'Europe», de ses accroissements au cours des siècles, de ses limitations également en fonction des données physiques de relief, de sol et de climat qui, elles aussi, ont leur histoire.

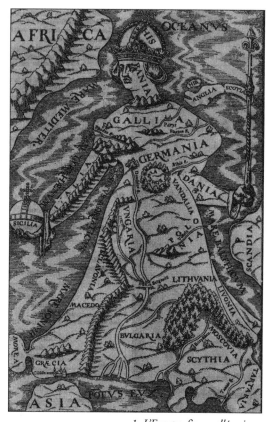

1. L'Europe, figure allégorique

Chapitre I
La route et le milieu géographique

La géographie commande dans ses divers éléments. Elle a sa place légitime, sans plus (R. Raynal), mais essentielle.

1. L'Europe: un relief contrasté et diversifié[1]

La configuration générale de l'Europe, issue d'une longue histoire géologique, définie par rapport aux espaces maritimes, met en évidence les obstacles et les possibilités offertes, au cours des siècles, à la circulation des hommes, des animaux, des marchandises. Deux catégories peuvent être distinguées en fonction de l'âge et de la contexture générale: socles et blocs d'une part, plis et fosses d'autre part.

Les socles et blocs, au nord des 44ᵉ-50ᵉ parallèles, englobent la mer du Nord et la Baltique, se déploient en Russie et comprennent deux ensembles, l'un occidental qui s'étend jusqu'à la Vistule, l'autre oriental, qui s'épanouit largement en direction de l'Oural, tous deux ouverts largement à la circulation est-ouest.

Au sud, englobant la Méditerranée, la mer Noire et la Caspienne, les plis montagneux, dominés par une instabilité structurale et tectonique générale, offrent avec l'arc alpin et les Carpates, zone relativement étroite, des sommets qui enserrent des fosses, présentant à l'intérieur du cadre européen, de grandes unités, bassins ou couloirs, permettant une circulation relativement aisée.

À part se présentent la péninsule ibérique à la structure de socle (*Meseta*) où s'insinuent des fosses de sédimentation, et la botte italique, où les Apennins conservent une activité sismique notable, face au domaine carpatho-balkanique bordé et haché de fractures, de reliefs découpés et de couloirs profonds, autorisant la vie de cellules originales.

Pointe extrême du vaste continent asiatique, l'Europe n'affiche pas la démesure de l'espace américain dans le domaine de la distance. Dotées dans l'ensemble d'aptitudes et de configurations diverses, nulle part ces montagnes ne forment un bloc massif et impénétrable à la circulation. Par ailleurs, le continent s'affirme propice aux voyages et au commerce par l'extrême diversité qui va croissante d'est en ouest, offrant des reliefs où se marient montagnes et plaines, où s'insinuent ces facteurs de déplacement que sont les larges vallées et les mers aux aptitudes variées. Variété qui se retrouve dans les productions et les aptitudes d'une mosaïque de cellules, aux transitions insensibles, où vivent des peuples aux origines multiples, issus par vagues successives des espaces orientaux. Reliefs que n'épargnent ni les éruptions volcaniques qu'un Philippe Frédéric de Dietrich reconnaîtra en Italie du Sud et en Forêt-Noire (archives de Reichshoffen), ni les tremblements de terre que consigne le rapport du baron de Rodt sur les dégâts causés les 3 et 4 août 1728, notamment à Kehl (ABR IV 68, 219, xérocopie des archives de Vienne). Ils ont fait l'objet, à l'époque contemporaine, de relevés systématiques «corrigés» de Jean Vogt («Sismicité historique du domaine ottoman…», *Natural disasters in the Ottoman Empire*, PU Crête, 1999 et la conférence franco-italienne de Bordighera, 1992).

En façade sur l'Atlantique, pénétrée profondément par deux mers intérieures, la Méditerranée au sud, la Baltique au nord, articulée sur l'arc alpin et les Carpathes, attachée par un large socle à l'Asie, cette configuration originale de l'isthme européen, réparti en isthmes secondaires, commande les facteurs de circulation de large envergure, croisement d'axes est-ouest et nord-sud, aux horizons politiques, ouverts sur l'histoire et les empires. Les cols des Alpes, aux difficultés vaincues par la peine des hommes, et les profondes vallées, revêtent ici une importance qui a varié au cours des époques, mais qui a toujours constitué un trait essentiel de la circulation européenne.

2. L'importance des conditions de sols, de climats, de paysages naturels

La carte générale des sols, importante en tant que donnée de la circulation, doublant, celle des reliefs, révèle dès l'origine une classification possible à l'échelle du continent. Trois zones peuvent être distinguées:

– celle des plateaux calcaires où courent les grandes voies est-ouest, voie des invasions, parallèle à la côte, en bordure des dunes, zone privilégiée par rapport à la plaine maritime;

– celle des grandes plaines de limon intérieures où il faut paver même les chemins ruraux: limon de Hesbaye, terroirs à blé, greniers à grains, ruisselant d'or à l'époque des moissons, glu en automne nécessitant des attelages de huit à dix chevaux;

– celle des pays de sable ou de grès tendre comme les Landes ou le Palatinat, qui n'ont eu que tardivement des routes carrossables.

Sur ces sols et d'après ces reliefs, interviennent les facteurs climatiques, le soleil, les intempéries, pluie, neige, gel et dégel qui ont une importance considérable. Naissent ainsi les distinctions liées au climat, climat qui n'est pas resté immuable au cours des temps. Le «petit âge glaciaire», ainsi que les climatologues nomment aujourd'hui la période allant, *grosso modo*, de 1450 à 1850, aurait connu son paroxysme au XVIIe siècle (E. Le Roy-Ladurie, 1967), une terrible famine en 1693 et une recrudescence en 1709, quand gela le Rhin que l'on passa de plain-pied à Huningue. On distingue:

– une zone océanique où, puissantes, pénètrent les influences de l'Atlantique: absence de variations trop amples de température, pluies de printemps et d'automne, neige, qui obstruent peu les chemins. Quand par les pluies a lieu la récolte des betteraves, c'est la lutte entre le charretier et la terre défoncée aux ornières profondes;

– une zone continentale, que caractérisent un hiver aux longues périodes de calme atmosphérique – «c'est alors que le soleil, pâli par les nappes de brouillard, éclaire sans réchauffer les immenses plaines recouvertes d'un couche de neige glacée» (R. Raynal) – et un été brûlant quand se fait la moisson et quand s'affirme vers le sud une tendance à la sécheresse. S'échelonnent en Russie vers le nord et l'est les différents types de paysage végétal, la toundra à tourbières et arbustes, taïga à conifères et forêts de feuillus, entrecoupée de clairières, enfin les steppes aux larges horizons où la route file à l'infini;

– une zone méditerranéenne, où les pistes sont accessibles pendant la saison sèche, où les inondations sont à craindre dès le retour des pluies, courtes et violentes, où les orages sont redoutables et détournent le cours des rivières, facilitent les glissements de terrain et l'érosion des sols, végétation pérenne où triomphent la vigne et l'olivier, du fait de la douceur de la température, de la luminosité permanente, au sein du relief cloisonné aux chemins rocailleux, quand le mimosa crie le printemps.

Jouent enfin les conditions qui ont présidé à la formation du paysage rural. «Enclos, champs irréguliers, champs allongés, agriculture individualiste, ou servitudes collectives, écrivait Marc Bloch en 1936, autant de réalités qui ont leur influence sur le tracé, la nature, "le comportement" pourrions-nous dire, des chemins et des voies de toute importance.»

Deux grandes zones de civilisation s'affrontent: celle des champs ouverts (*openfields*) et celle des clôtures (*closed*), distinction importante pour les droits de parcours dans le domaine de l'élevage et pour l'établissement des chemins, surtout d'intérêt local, dans le domaine de la circulation. Les effets juridiques, techniques, sociaux, voire culturels, se font sentir, encore au XIXᵉ siècle. De là l'intérêt des questions qui touchent à la formation du paysage rural, à la différence, à l'échelle européenne, entre pays des bocages et pays des champs ouverts, témoins des évolutions des enclosures en Angleterre, des communaux en France. De là l'intérêt des remarques méthodologiques formulées par F. Walter, à propos de la Suisse: «Perception des paysages, action sur l'espace: la Suisse au XVIIIᵉ siècle» (*AESC*, 1984, p. 3-29). Une phrase clef tirée des *Caractères originaux de l'histoire rurale française* (1ʳᵉ éd. en 1931 à Oslo; 3ᵉ éd. en 1988, à Paris) nous revient en mémoire: «Les moines, retirés du monde, furent les premiers défricheurs», mais aussi «conducteurs» et c'est le problème des attelages. Sont à rappeler l'importance du gouvernement local, si vivant en Angleterre, et, en France, les règles d'arpentage de la monarchie et la loi Montalivet qui brise l'isolement rural. À cette échelle, est considérable l'importance des fonctions de cantonnier, de facteur rural, de géomètre, à côté de l'instituteur nouvellement et pauvrement installé, du pasteur, du rabbin ou du curé. La route a son mot à dire dans l'installation des écoles et le «déblocage des mentalités».

Archéologie et sciences de l'environnement sont devenues des interlocutrices incontournables de l'histoire routière. Permettant une vision de longue durée, elles définissent des réalités dont les caractères ont été revus et nuancés par des auteurs récents (A. Antoine, J.-M. Boehler et F. Brumont, *Agriculture en Europe occidentale*, s.l., 2000), dans l'étude de «la première modernité» en Angleterre et l'examen des conséquences des guerres, notamment de la guerre de Trente Ans en Europe médiane et centrale. Sont relevées les oppositions – nuancées – dans la tenue de la terre: petite propriété de l'Allemagne occidentale (Rhénanie, Westphalie, Hesse, Franconie) en contraste avec la grande propriété de l'Allemagne orientale, opposition dues à des circonstances particulières, renforcement du régime domanial, importance de la colonisation, commercialisation à grande échelle, présence ou non de villes de moyenne importance.), autant de facteurs dont dépend la circulation générale[2].

3. *L'existence dans l'hémisphère Nord d'une large bande forestière*

Une zone forestière, obstacle naturel, occupe, dans la partie nord de l'Europe, la zone comprise entre le cercle polaire et le 45ᵉ parallèle, obstacle plus considérable que celui constitué par la bande forestière qui s'étend de part et d'autre de l'équateur. À la différence de la sylve congolaise: la première a cantonné les peuples, la seconde les a repoussés. Sous l'Empire romain, la forêt, demeurée célèbre depuis le désastre de Varus et de ses trois légions (IX apr. J.-C.), a été sillonnée de pistes, de l'Adriatique à la Baltique. Peuples cantonnés car, dans cette vocation forestière, le manteau n'est pas continu. Il s'incorpore dans l'étagement nord-sud qui passe au nord des marais et des tourbières au sol souvent dégradé, aux espaces plus secs du sud, appelés «poliés», demeurés en place, après la grande invasion, au Quaternaire, des glaciers continentaux. La forêt européenne est, dès son origine, divisée en massifs par des clairières naturelles; par ses brèches, elle ouvre des passages possibles. En Russie, la continuité de la forêt est interrompue par des marais, par des défrichements, par de larges espaces libres. Le sol, peu consistant des tourbières, gêne les communications, tel pour la construction de la grande ligne ferrée de Saint-Pétersbourg à Moscou. Les défrichements sont une pratique séculaire. Moscou est une ville de clairière: les parcs du nord-est représentent les restes aménagés de l'ancien cordon de forêts.

De là, au Moyen Âge, le rôle de frontière joué par certaines forêts, d'abord entre les cités, puis entre les peuples, les provinces, les États. Protectrice contre la cavalerie venant des steppes, barrière d'autant plus ardue à traverser quand le relief s'y prête, la forêt a assuré, à différentes reprises, le salut de la Russie, «État forestier». Les Vosges gréseuses, les Carpathes rejoignent, dans ces difficultés de pénétration, l'Ardenne restée en dehors des courants qui l'encadrent. Môle autour duquel ces courants se divisent, l'Ardenne est bordée par trois routes importantes (route de Bavay à Tongres, de Cologne à Trêves et de Trêves à Reims). Quant à la route romaine de Metz à Worms, à la sortie du plateau lorrain, elle s'infléchit vers l'Est en évitant les forêts du Warndt et du Köllertal. Forêt qui peut rester indivise et qui représente pour les États, villes ou seigneuries concernées, une véritable richesse, en fonction des chemins de différents ordres qui la longent, la traversent, en permettent l'exploitation, tel dans le cas du Mundat de Wissembourg, accordé à l'abbaye par Dagobert II.

Au XVIᵉ siècle, la *Guide des chemins* de Charles Estienne signale un certain nombre de passages en forêts, souvent qualifiés de «dangereux» mais nécessaires du fait du rôle du bois dans la civilisation: chauffage mais aussi construction et transport, invention de la roue et voitures à quatre roues, ponts (P. Deffontaines, *L'Homme et la forêt*, 1933, p. 130). Au cours des temps, face à l'exploitation grandissante par les communautés, les routes forestières se sont multipliées: chemins de débardage ou chemins des troupeaux, chemins de lisière qui remontent loin dans le passé, routes de chasse qui ont donné lieu à maintes gravures, ou routes royales, dites de grande communication, élargies dès le règne de Louis XIV pour faciliter l'orientation et éviter les surprises. Les voies fluviales complètent le dispositif. J.-G. Gigot a dressé, au congrès des sociétés savantes de Bordeaux (1979), un plan d'étude pour une histoire du transport du bois par flottage. Prenant comme exemple le flottage dans le bassin de la Seine, «le plus riche d'histoire et d'expériences», il a rappelé la nécessité immédiate – l'approvisionnement de Paris –, la perfection technique, les conséquences institutionnelles et juridiques, sociales et politiques, entraînées par la pratique du flottage. «Sans les flotteurs de bois d'Yonne, Colas Breugnon n'eût jamais été écrit, ni peut-être la Dîme du marquis de Vauban, autre enfant du Morvan.»

En dehors des fleuves dont le rôle est essentiel dans la percée nord-sud de la forêt, les éléments marquants de la pénétration sont d'ordre interne et externe, les premiers concernent la chasse et les transports de bois par l'exploitation des massifs forestiers; ils ne concernent que des zones limitées; les seconds, plus tardifs, concernent la circulation générale, telles les routes de colonisation des Hollandais dans l'Allemagne de l'Est. La route du XVIIIe siècle évite la forêt tant pour l'imperfection des chemins que pour leur insécurité. La route postale de Sibérie longeait la lisière de la forêt: elle profitait des matériaux et des couverts sans courir les risques – hommes et animaux – du parcours intérieur (M. Devèze)[3].

4. Fleuves et rivières, à la fois obstacles et routes naturelles

Dans cette région de transition que constitue l'Europe centrale, où commence déjà à se manifester le morcellement physique caractéristique de l'Ouest, est remarquable la direction des voies fluviales, nord-sud pour les fleuves allemands, ouest-est pour le Danube, les fleuves français, le Rhône excepté, s'inclinant est-ouest vers l'océan Atlantique. Au prix de percées étroites à travers des barrières montagneuses, avant d'arriver à la plaine du Nord, les uns et les autres unissent les différentes cuvettes qui constituent leurs bassins. Longtemps obstacles difficiles à franchir, les fleuves s'affirment, depuis que l'homme a maîtrisé les éléments «perturbateurs», comme des voies naturelles et construites, ouvertes vers l'extérieur. Dans les variations sur le thème de l'eau, mers et fleuves apparaissent comme deux éléments essentiels de la vocation européenne (F. Reitel).

Fleuves obstacles pour la simple traversée d'une rive à l'autre. Le gué, le bac et le pont sont alors nécessaires. Le Rhin a nourri l'imaginaire occidental dès l'époque de César: c'est un exploit que de le traverser. Dans sa belle *Lettre aux Athéniens* de 360, Julien se vante d'avoir traversé trois fois le Rhin, reconquis près de quarante villes dont *Agrippina* (Cologne), *Argentoratum* (Strasbourg) et reconstitué la flotte rhénane (Chantal Vogler, 1997). Les bacs de la Durance ont été, du Moyen Âge aux Temps modernes, d'indispensables moyens de communications, nantis de péages, de franchises et de privilèges, moyennant quelques charges supportées par les seigneurs (Catherine Lonchambon, 2001). Le pont reste l'essentiel mais les difficultés naturelles et techniques de sa construction sont grandes. Chez les Romains, la construction d'un pont appartenait à un collège spécial de prêtres, les Pontifes. Au Moyen Âge, il s'agit d'une œuvre pie; certaines confréries ou corporations s'y consacrent. N'existent alors que trois ponts sur le cours supérieur du Rhin, à Bâle (depuis 1225), à hauteur de Breisach (Vieux Brisach), de Strasbourg (1388, doté d'une autorisation impériale «éternelle» en 1393); plus tardifs sont ceux de Mayence (édifié en 1661), et de Mannheim (en 1725). À Strasbourg, le pont joue à saute-mouton entre les îles et les piliers. C'est le «long pont» (*die lange Brücke* d'un kilomètre quatre cents de long pour une largeur de cinq mètres)[4] qu'emprunta Louis XIV se rendant à Fribourg-en-Brisgau, alors française (1678-1698). À Genève, c'est peut-être le pont sur l'Arve «qui donne le plus de soucis à la République [...] plusieurs fois emporté, endommagé par de violentes crues, il sera reconstruit, déplacé, consolidé [...] coupé qu'il est en son milieu par un Pont-levis» (A.-M. Piuz, *L'Économie genevoise de la Réforme à la fin de l'Ancien Régime*, 1990, p. 38).

Les obstacles peuvent venir de la largeur des fleuves, et surtout de leur étalement dans les plaines au moment des crues. Le régime hydrographique, élément fondamental que les géographes connaissent bien, qui fait varier au cours de l'année, la largeur, le tirant d'eau et la vitesse d'écoulement des eaux, se répartit en une typologie d'importance variable:

– régime des plaines du Nord, l'eau est partout sur des surfaces sans relief, éparses en lacs innombrables;

– régime des moyennes montagnes à l'hydrographie riche et vivante, l'été est la saison des basses eaux interrompues par des crues courtes et assez brusques;

– régime alpestre dont la loi est les basses eaux des saisons froides, l'enneigement réduisant l'alimentation; les crues ont lieu en début d'été, au moment de la fonte des neiges, voire des glaciers. Les lacs ne jouent que peu le rôle de régulateur: le Rhône comme le Rhin reçoivent des affluents souvent torrentiels;

– régime des grandes plaines parcourues par le Danube moyen et inférieur, dont les conditions se rapprochent de celles des steppes du sud de la Russie: des pluies en général peu abondantes en été alors que l'écoulement est maximum;

– régime des pourtours méditerranéens, pluies d'hiver, d'automne et de printemps, et sécheresse d'été, inondations brusques, végétation clairsemée sans irrigation.

Traversant plusieurs de ces régions, les grands fleuves voient se former leur régime, parfois d'une façon équilibrée en fonction de la fonte des neiges ou des glaciers. «Nil de l'Occident», combinant fontes des glaciers et pluies d'orage, le Rhin connaît «des inondations qui submergent toutes les rives du fleuve et y ruinent totalement tous les grains, autres plantes et les foins, laissant derrière lui un limon ou sable qui les rend inutilisables.» (ABR Mémoires de Mégret de Sérilly, intendant d'Alsace, 1750.) Le fleuve participe à différentes Europes, alpine, de sa source jusqu'au lac de Constance, hercynienne de Bâle à la sortie du massif schisteux rhénan, la grande plaine de l'Europe du Nord, de Cologne jusqu'à la mer. Les circonstances géologiques lui ont imposé sa forme actuelle entre le bassin du Rhône et celui du Danube, avec son singulier étranglement et, à Bâle, son brusque changement de direction qui ouvre le chemin des plaines du Nord. Les abaissements d'axes des montagnes voisines, Vosges et Forêt-Noire, facilitent les échanges Est-Ouest. Ses faisceaux d'affluents de rive droite et de rive gauche drainent presque tous les massifs hercyniens de l'Europe centrale. «Favorisée par son climat, sa végétation et sa faune, la plaine rhénane est un carrefour de routes prédestiné.» (E. de Martonne.) Moins abondants et moins réguliers que le Rhin, l'Elbe et la Vistule jouent un rôle essentiel pour la navigation. L'Elbe le plus puissant des fleuves d'Allemagne, mais sans alimentation alpine; la Vistule qui vient des Carpathes mais sans l'alimentation glaciaire, s'opposent au tempérament équilibré du Rhin qui doit aux Alpes un débit soutenu presque toute l'année. Voies naturelles quasi permanentes et universelles, les fleuves russes deviennent, au moment du dégel, de gigantesques lacs qui ajoutent, pour certains, aux difficultés de franchissement des vallées: la Volga a canalisé l'expansion russe vers l'est sur un point, le pont de Szyran (mille quatre cent cinquante mètres) qui deviendra, au XIXe siècle, la tête de ligne du Transsibérien et du chemin de fer d'Orenbourg à Tachkent. Des obstacles semblables sont offerts par le franchissement des sections maritimes des fleuves, que ce soit la Seine, la Garonne, l'Elbe ou la Vistule.

Le Danube occupe une place à part dans l'ensemble fluvial européen. Il est le seul à prendre en écharpe le continent d'est en ouest dans toute sa longueur. C'est, après la Volga, le plus long des fleuves (deux mille sept cent quatre-vingt-quatorze kilomètres), soit deux fois le Rhin. Sa longueur navigable atteint deux mille cinq cent soixante-neuf kilomètres (il n'en a pas toujours été ainsi). Il arrose tour à tour des régions germaniques, magyares, slaves, roumaines; chemin de ronde du monde alpin, il recoupe bien des voies européennes nord-sud; des capitales se sont installées non loin de ses rives. Issu de la Forêt-Noire, il finit dans la mer Noire et unit ainsi l'Europe à l'Asie. Son nom a toujours frappé l'imagination. Pour les Grecs, ce fut l'Istros, le fleuve légendaire, *Danuvis* en latin, il est le rempart du monde antique. Pour Napoléon Ier, il fut «le roi des fleuves d'Europe». Inversement, il peut être considéré comme le prolongement au cœur du continent des voies asiatiques qui ont apporté au cours des âges, hommes, chevaux et troupeaux, marchandises, véhicules et inventions. Route inverse de celle des Croisés, il a été la route des invasions suscitées ou rencontrées par les Celtes, les Huns, les Avars, les Magyars, d'abord ennemis, puis remparts du nom chrétien, face aux Ottomans. Voie ouest-est de l'intérieur européen, en bordure des chaînes alpines et carpathiques, il apparaît comme un axe qui, parallèlement et plus au nord de la Méditerranée, relie entre elles des régions naturelles et des peuples divers, souvent rivaux ou ennemis. Facteur de division, au cours des siècles, par les problèmes politiques qu'il recèle, son destin a été entravé par son caractère inhospitalier à partir de Vienne. La traversée des Portes de fer le ranime un instant, la pente diminue encore: sur un parcours de huit cents kilomètres, le fleuve va se traîner dans une large plaine d'inondation pour atteindre la mer Noire. Ses changements fréquents de lit et de régime, ses crues violentes – août 1501, Toussaint 1787, février 1862, etc. –, le risque d'ensablement lors des maigres d'automne et l'encombrement du cours par toutes sortes d'obstacles, ont rendu périlleuse, jusqu'à une date récente, la navigation[5].

Les vallées, cours d'eau et lacs, ont joué dans l'histoire un rôle d'une importance indéniable, variable selon les époques. suivant les commodités offertes aux hommes pour le franchissement des obstacles, contrariant ou non les migrations et les transports de marchandises (P. George). Ce rôle a varié en fonction des progrès techniques permettant d'une part, l'aménagement des voies fluviales en elles-mêmes ou de liaison grâce aux canaux, d'autre part, le franchissement des obstacles naturels. Suivant les cas, la voie d'eau prend davantage d'importance, ou son rôle s'atténue. De plus, le fleuve peut être, ou artère vitale du pays qu'il traverse, ou frontière, route ou *limes*. Jouent également les liaisons entre les bassins hydrographiques; la porte de Bourgogne conduit, par la Saône et le Rhône, vers la Méditerranée d'où remontent les influences climatiques. Les lacs peuvent jouer un rôle important, leur fonction varie suivant leur situation, leur alimentation, leur statut juridique et politique, l'effort des hommes. Le rôle économique du lac de Genève est considérable. On a tenté, par des canaux, «de prolonger les facilités de transport qu'il offrait: le relier au lac de Neufchatel en utilisant la Venoge, ou rendre le Rhône navigable entre Lyon et Genève» (A.-M. Piuz).

En Europe du Nord, se succèdent quatre types d'obstacles naturels: le littoral septentrional, pauvre en abris, le marais, la forêt, les montagnes. Les axes fluviaux, l'Elbe, l'Oder et la Vistule, participent au quadrillage de la plaine polonaise, facilitent la traversée des bourrelets de collines et de plateaux boisés, drainent les chenaux et permettent les circulations fluviales et terrestres. Vers le nord, ces fleuves conduisent à la mer. Vers le sud, ils permettent de franchir la quatrième série d'obstacles annoncée, les montagnes: alignement des massifs de Bohême-Carpathes, chaînes et massifs balkaniques, contournés à l'est par la Podolie, la Bessarabie ou la Moldavie. À la différence du Bassin parisien ou du bassin tchèque, les bassins de l'Oder et de la Vistule ne possèdent pas un point de convergence central unique. Ils présentent plusieurs zones de confluence susceptibles de jouer, dans le domaine de la circulation, le rôle de lieu de ralliement, créant villes, entrepôts, relais[6].

La question a été posée de savoir quelle a été l'importance des voies navigables dans le trafic général aux différentes époques. Nous n'hésitons pas à dire, «fondamentale». Le problème est autant de sources que de méthode. Robert Étienne a étudié les bateaux fluviaux sur la Garonne et le Tarn au IVᵉ siècle après J.-C.[7]. Maurice Le Lannou et Denis Van Berchem ont rappelé la part respective des courants de circulation terrestres et fluviaux dans la création des villes[8]; Majorie N. Boyer pense que la supériorité des voies navigables serait limitée au Moyen Âge à quelques grandes rivières comme la Loire et la Saône et au seul trafic de quelques marchandises pondéreuses: bois, pierres, blé, vins[9], ce qui reste à prouver. F.-J. Himly a analysé l'embarquement précoce des vins d'Alsace vers l'Europe du Nord. H. Dubois a rappelé les questions relatives aux foires de Châlon et du commerce dans la vallée de la Saône entre 1280 et 1430: foires et organismes urbains, foires et «temps difficiles», foires et conjonctures. Mᵐᵉ Cocula a étudié «les gens de la Dordogne et les aspects divers de la navigation sur l'affluent de la Garonne» avant que ne triomphe la voie ferrée. Bien des rivières et des canaux ont reçu leur monographie – ou leur film, avec la rivière l'Espérance – mais compte tenu des différences de «mesures», les comparaisons autres que qualitatives demeurent difficiles[10].

La prudence s'impose dans la méthode d'appréciation des formes d'activité. Des distinctions sont nécessaires dans les temps comme dans les lieux et les matières, entre les descentes et les remontées. La question des hauts-fonds est primordiale. Le rythme des saisons engendre des variations locales et régionales difficiles à prévoir. Mais le flottage reste une activité de base liée à la consommation de bois des systèmes urbains. Nous continuons à penser, sur la base des travaux récents et de quantité de témoignages, –surtout qualitatifs il est vrai car les chiffres manquent, surtout en séries continues– que l'usage de la voie d'eau, quand elle était possible, était universelle: elle a été prépondérante jusqu'à la fin du XVIIIᵉ siècle. On embarque à la fois les hommes, les charrettes, quitte à décharger un peu plus loin, à reprendre la route, et à transborder de nouveau, en France comme en Russie, selon les époques. Tout dépend de la valeur du temps. Gain de temps quelquefois, quand il est possible et sûr de voyager de nuit. À l'embarcation de progresser, à la lueur du fanal, à travers les chenaux. Comptent toujours la saison et le régime du fleuve. L'histoire du climat – et des groupements végétaux – est ici en jeu. Dans le cas du Rhône, Charles Lenthéric attribue le changement dans le régime des eaux à la disparition d'une partie du manteau forestier qui couvrait jadis la Gaule[11]. Le rôle en Guyenne de la guerre de Cent Ans reste à préciser quant à la démographie (R. Boutruche). La démonstration serait encore plus nette avec d'autres fleuves de l'Est européen, épousant le diptyque destruction-reconstruction, lié aux guerres de l'histoire européenne, à l'époque où la guerre nourrissait la guerre… et la route.

5. *Des ensembles différenciés: conditions naturelles et milieux géographiques*

L'analyse des données naturelles est indispensable, surtout dans l'ancien régime économique, mais elle n'est que partiellement explicative pour tout ce qui concerne la circulation. Interviennent également les données techniques, humaines et politiques qui permettent aux peuples et aux États de s'affranchir de la tutelle des impératifs physiques. Les ponts ont fait le cauchemar des ingénieurs pendant des siècles. Le chemin se fait et se défait, tel dans le cas de l'industrie métallurgique: dans les «minières du nord-ouest de l'Alsace est rappelée la difficulté de trouver des voituriers en raison du mauvais état des chemins» (J. Vogt, Reichshoffen, 2000). Les illustrations d'Agricola (*Re Metallica*) sont révélatrices des moyens de transport utilisés au XVIᵉ siècle. Il appartient à l'homme, selon les époques, d'exploiter les données brutes ou d'en mettre d'autres en évidence. L'idée de «construction» est liée à la route.

Se sont constitués, à l'intérieur de l'Europe, ce qu'on peut appeler des «ensembles différenciés», qui réunissent en eux un certain nombre de caractères géo-graphiques et apparaissent dans le domaine des communications, comme des unités structurelles. Il en est ainsi de ce vaste territoire étudié par Étienne Juillard, sous le nom d'«Europe rhénane». Partie du grand effondrement de direction méridienne, un des accidents majeurs du sol européen, doublé de dépôts tertiaires, quaternaires et fluviatiles, créateur d'un système de terrasses hautes et basses, le fossé rhénan a créé un milieu physiquement homogène qui a offert un cadre favorable au phéno-mène urbain: «La vallée du Rhin est un lieu de villes [...] Il semble que la vertu d'engendrer des villes a été le propre de cette région à toutes les époques de son his-toire.» (A. Demangeon.) Sur les deux rives du fleuve, deux chapelets de villes s'égrè-nent au pied des montagnes (A. Traband). Floraison urbaine accusée aux quelques passages naturels où le lit se rétrécit, positions stratégiques mais aussi positions de choix, lieux d'échanges et gîtes d'étapes sur les grandes voies nord-sud du commerce européen. Là se développeront les grandes cités de l'Europe préindustrielle, Bâle, Strasbourg, Spire, Worms, Mayence et les routes afférentes.

Rôle également de l'alliance possible avec la mer, telle dans le cas de l'estuaire de la Clyde, quand le trafic maritime s'arrêtait à trente kilomètres de la ville de Glasgow. À marée haute, la Clyde n'était qu'un large bras s'étalant sur des rives marécageuses, à marée basse, petite rivière encombrée de seuils. L'ingénieur Golborne fit adopter en 1773 un projet d'amélioration, diminuant la largeur du lit par des digues longitudinales, obligeant la rivière à nettoyer elle-même son lit, accroissant la profondeur par des dragages. Est né ainsi un canal artificiel rendant Glasgow accessible aux gros bateaux, ouvrant le port à la navigation tout le long du fleuve, lieu de routes et, grâce au charbon, de développement industriel.

L'œuvre de l'homme implique l'intervention de différents facteurs: politiques, avec la notion de choix et, on l'a vu, de création; économiques avec celle de passages et de rentabilité; techniques avec les apports de main d'œuvre, le matériau, l'outillage, les ressources locales et les exigences propres à chaque mode de locomotion. Strabon louait en Gaule la disposition des lits des fleuves: «On peut aisément transporter les marchandises de l'Océan à la Méditerranée et réciproquement.» À partir du moment où l'on veut transporter les quantités considérables qu'exige l'industrie moderne, ces qualités, du fait du faible tirant d'eau et des pentes considérables, sont bien moins évidentes. Elles dictent, dans une certaine mesure, ce qu'on a pu appeler, parfois sans nuances, suivant les régions, «l'immobilisme des conditions de la circulation».

Chapitre II
L'immobilisme des conditions de la circulation ou les «progrès parallèles»

Du XIIIᵉ au XVIIIᵉ siècle, une fois réalisées les premières découvertes touchant la voiture, complétées par celles concernant l'attelage et la route construite, on assiste au quasi immobilisme des conditions de la circulation. L'élément essentiel demeure la marche à pied, le galop du cheval et le réseau navigable complété par les canaux. Le problème de l'énergie n'est pas résolu ou, s'il l'est, c'est uniquement par les moyens traditionnels: pour la route terrestre, le portage et la traction; pour la route fluviale le halage, la rame et le vent. Tous éléments de faible envergure qui ne permettent de résoudre que médiocrement les deux problèmes essentiels de la circulation: la vitesse et la distance, la première restant enfermée dans des limites très précises, la seconde n'étant l'objet que de progrès limités, toutes deux pouvant faire l'objet d'une histoire psycho-sociologique au cours des siècles[12].

1. Les transports et les problèmes de la traction

Trois coordonnées conditionnent le transport: la charge, la vitesse, le prix de revient. Différents moyens, mis en œuvre, varient en Europe selon les époques et selon les régions.

L'homme et sa famille. Portage et colportage

Les éléments de base restent l'homme, la femme et l'enfant, en fonction de leur disponibilité et de leur force physique, solitaires ou accouplées. En fonction, à pied, aux débuts des relations postales: le messager. À Strasbourg l'évêque dispose, d'après la constitution de 1129, de vingt-quatre messagers. La ville en tient quatre

en 1405. Sébastien Brant rédige à leur intention un guide des itinéraires qu'ils peuvent être appelés à suivre. Encore en 1763, Jean Schreiber, manant, est engagé
comme messager (AMS, IV, 50, 40). Transports de fardeaux parfois: le portage, à
ras, sur la tête, sur le dos, suscite la naissance d'une foule de gagne-deniers ou por-
tefaix, Turcs portant des armoires sur le dos, comme nous l'avons pu voir, sur les
quais d'Istanbul, paysans apportant au marché les paniers chargés de victuailles,
femmes allant à la fontaine ou à confesse, bûcherons rentrant pour l'hiver bois et
fagots qu'a rencontrés La Fontaine, ou Perrette allant vendre son lait, enfants cherchant à gagner quelqu'argent au détour du chemin, mais aussi prisonniers et
esclaves chrétiens en Orient, affluant vers Constantinople. Colportage enfin, qui
voit essaimer à certaines époques, de certaines régions, des groupes de colporteurs
de tout genre, tel les Savoyards en Allemagne et dans la vallée du Rhin après la
guerre de Trente Ans. Certaines régions d'Europe sont spécialisées dans les transports et les tracés de ces déplacements, phénomène universel, moteur de migrations individuelles ou collectives.

L'homme et l'animal[13]

L'homme n'est pas seul. Rapidement lui est propice l'aide de l'animal.
Différents domaines se partagent le continent. Aux extrémités marginales, fréquentent le renne et le chameau, à l'intérieur, règne le cheval, et les animaux de traction
ordinaire des charrois, mulet, âne et bœuf. Le chien se répartit sur l'ensemble des
zones nord-sud. Dans les Flandres, à l'étonnement d'Arthur Young, il est attelé à des
petites voitures à lait ou à légumes. Sibérien ou esquimau, le chien est communément employé en tant qu'attelage de la *narta*, traîneau long et étroit, doté en avant
d'un demi-cercle en osier; les chiens y sont attachés par une sangle ou un collier,
éventail aux branches inégales, les plus longs traits étant, au centre, ceux du chien
chef (*kingdog*) ou de la chienne (unique femelle du *team*). Conduits à la parole et au
fouet – la lanière, en cuir de phoque, atteint quatre mètres –, bêtes vigoureuses traînant souvent quarante-cinq kilogrammes à une vitesse moyenne de douze à
quinze kilomètres à l'heure, ces chiens circulent aussi bien en hiver sur la neige
qu'en été sur la toundra. Plus endurants et plus rapides que le renne, le chien est
aussi plus onéreux à nourrir: il a besoin d'une forte ration de viande et de poisson
que l'équipage doit emporter avec lui alors que le renne, même s'il doit s'arrêter
toutes les heures, trouve à peu près partout sa nourriture.

Le domaine du renne se retrouve dans la zone tempérée nord et dans la zone
froide où s'arrête toute végétation. Les animaux et les hommes cherchent refuge
dans le sol ou dans les forêts. Dans son *Histoire de la Laponie* (Paris, 1676), un vieil
auteur, Scheffer, décrit les migrations du renne, héritages des temps anciens,
conservés par les animaux passés au service des hommes: ceux-ci les suivent dans

leurs migrations. À l'état sauvage, le renne passe l'hiver dans les forêts de l'intérieur du continent où il trouve en abondance les lichens, en grattant la terre avec ses sabots. Cette «mousse blanche» provoque d'heureux effets sur son poil et son tonus, compte tenu des ravages des moustiques (A. Leroi-Gourhan, *La Civilisation du renne*, 1936, p. 133). En été, les migrations du renne, goûtant les airelles et les bouleaux rampants, suivant la piste aux aspects infinis, l'amènent jusqu'à la mer. Les transports sont fonction de ces déplacements effectués le long des chemins ancestraux dans la vaste toundra. La neige abondante rend la circulation à pied très difficile; les Lapons se servent de skis (raquettes) et de traîneaux pour leurs déplacements. Les premiers sont connus de toute antiquité, les seconds sont ainsi décrits par Scheffer en 1678: «Les traîneaux sur lesquels ils se mettent sont faits comme une demi-barque ou une petite barque coupée avec une proue aiguë dont la pointe s'élève en haut, la poupe étant toute plate et faite d'un seul jet.»

La plupart des traîneaux employés en Suède et Norvège sont à deux patins reliés par des traverses à des plates-formes, surélevées ou non. Sans plate-forme, le véhicule est couramment employé pendant l'été pour les transports des foins, des pierres ou du fumier, également dans les montagnes de l'Europe centrale, dans les Pyrénées, la péninsule ibérique où il glisse sur les pentes comme, au nord, sur la neige. Dans les Vosges, «point de passage le plus commode entre le monde germanique et le Bassin parisien» (G. Bischoff, 2001), riches des voies du sel, des bois, des mines et du bétail en déplacement, la schlitte est utilisée, dans les chemins forestiers et le long des pentes abruptes, pour dégager les bûches de sapins façonnées à la juste mesure. Dans certaines villes, Amsterdam ou à Stockholm, on l'emploie de préférence à la voiture pour ménager la chaussée. Dans l'ensemble, comme à Strasbourg au XVIIᵉ siècle, le traîneau attelé au cheval est l'outil hivernal de promenade des élégantes emmitouflées: il donne lieu aux courses dans la plaine enneigée.

Si le Nord de l'Europe ne dispose pas, comme les prairies américaines, de ce pionnier de la circulation que fut le bison (*road-breake*, le traceur de routes), il n'en demeure pas moins que, là comme ailleurs, les animaux ont souvent tracé les premières pistes retrouvées par l'homme, chasseur, pâtre ou contrebandier, au hasard des obstacles naturels et des saisons. En Russie la région des forêts fut le domaine des peuples chasseurs et pêcheurs que refoulèrent peu à peu les peuples plus attachés à la terre, ouvrant des clairières, s'infiltrant le long des rivières et sur les faîtes de partage. Les gués marquent les passages obligés. On enregistre la persistance de certains itinéraires à travers les siècles, tels les chemins dits «de la transhumance» dans les régions méditerranéennes. «Transhumance, note Arthur Young, qui n'est réglée en Provence par aucune loi écrite, autre que les arrêts du Parlement qui limitent la largeur de leur passage à cinq toises [...] ils voyagent en troupeaux de milliers de têtes et le voyage dure de vingt à trente jours.» Ils ne rappellent cependant que de loin les amples déplacements, en Espagne, de la Mesta que nous retrouverons plus loin, ou ceux des aventuriers projetés au-delà de l'Oural, sur les voies éphémères de la zibeline, précieuse par sa fourrure. Pour maintenir leur commerce de fourrures avec Constantinople, les marchands de Novgorod-la-Grande durent étendre le rayon de leurs chasses, en fonction de la raréfaction des animaux, dans les vastes régions comprises entre les grands lacs et l'Oural du Nord. La pénétration en Sibérie fut la suite naturelle de la diminution des produits de la chasse en Europe. Sous les routes empierrées ou les chemins de fer actuels, subsistent parfois les traces des vieux chemins abandonnés. Le chemin de fer d'Arkangelsk (ouvert en 1901) a retrouvé la route commerciale des marchands de fourrures moscovites, celle par où Chancellor avait amené en 1586 les marins anglais jusqu'à Moscou.

2. Les quatre «présents»: le bœuf, le cheval, l'âne et le mulet

Ces quatre «présents» (dons du ciel et sans cesse près de l'homme) constituent le fonds commun de la traction en zone tempérée européenne. Au complet au début de l'ère chrétienne – même ailleurs que dans la crèche de la Nativité, mais participant à la grandeur du moment –, on les retrouve dans des emplois variés suivant les régions, répartis entre animaux de trait et animaux de bât, suivant leurs possibilités et les exigences de l'homme qui les combine avec l'emploi de la voiture ou de quelqu'instrument aratoire.

Négligeant rennes et chameaux cependant importants, nous nous attachons aux plus anciens, aux plus robustes, souvent employés par les paysans, grangers, métayers, laboureurs, qui, cultivant un sol ingrat par des procédés archaïques, vivent mal et n'arrivent pas à payer leurs impôts. Bœufs et vaches servent au transport, au charroi qui est, dans bien des régions, la principale ressource monétaire. Dans les villages du Beaujolais, ceux de la région de Tarare effectuent la liaison entre Lyon et Roanne, entre le Rhône, la Loire, et de là, le Bassin parisien. Chargements de vins vers le nord, par des chemins mauvais: souvent, dans la côte de Tatare, il faut renforcer l'attelage. Portant avec eux leur nourriture et celle de leurs bêtes, les bouviers traversent en étrangers les villages sous la neige. À propos de la traction dans les exploitations, surgit une interrogation: priorité au cheval ou au bœuf? Dans son étude sur *La Paysannerie de la plaine d'Alsace* (PU Strasbourg, 1994), J.-M. Boehler pose une nouvelle fois la question. La plaine d'Alsace est un pays à bœufs et à vaches, dans la proportion des deux tiers par rapport aux chevaux, nombreux dans le Kochersberg. «Mais pourquoi préfère-t-on mettre six chevaux à une charrue ou à un chariot plutôt que deux bons bœufs?» Raisons sociales ou psychologiques plus qu'économiques?

Malgré sa petite taille, nourri dans des régions de tradition (le Poitou, patrie du baudet «bourrailloux», les Pyrénées, la Gascogne, la Sicile, la Toscane…), vieux serviteur, l'âne, précieux comme père du mulet, porte presqu'autant que le cheval.

Il a sa place chez les Grecs où les ânes de l'Arcadie se vendaient fort cher. Les Romains soignaient son éducation. Frugal sinon toujours docile, il est l'ami du pauvre, du pâtre dans les montagnes, ramenant du buron les bonbonnes de lait de la traite montagnarde ou les paniers du paysan qui va au marché. Il a sa place dans la littérature avec l'*Âne d'or* ou les *Métamorphoses* d'Apulée, où la magie populaire rejoint le réalisme des situations. Les fables de La Fontaine ont fait sa fortune.

Le cheval reste l'animal noble par excellence. Puissance militaire en Europe au sein d'une civilisation dont la guerre est l'essence, souplesse d'adaptation dans ce dualisme incessant entre le feu et le mouvement, foyer mythique lourd de symboles dans toutes les religions, moins fort que le bœuf mais plus fougueux, il exprime un statut social et personnel, conférant au «cheval d'orgueil» une place de choix au cœur de la vie de relations. *Le Cheval a fait l'histoire* (F. Hancar) et «depuis les origines de son utilisation, c'est un incontestable modèle pour l'étude des formules de circulation et d'échanges éthiques et culturels» (D. Roche, 1993). Son allure élégante en fait en ville la monture par excellence jusqu'à la fin du XVIᵉ siècle et l'animal de trait des voitures de voyages et de postes. Il a le nombre pour lui quand il est attelé à plusieurs aux charrettes qui font concurrence aux courriers royaux. Les rouliers ont tendance à imposer des charges énormes. Dans son *Dictionnaire du commerce*, Jacques Savary rapporte la Déclaration du roi du 14 novembre 1724 qui fixe le nombre de chevaux permis pour les charrettes à deux roues – celles qui abîment le plus les routes – quatre chevaux d'octobre à avril, trois chevaux d'avril à octobre. Des limitations sont imposées sur certaines routes par les intendants (ABR). Il apparaît comme le moyen universel – cependant limité – pour vaincre la distance. Le paysan est fier de sa «cavalerie», le gentilhomme de son équipage, le bourgeois de sa monture que nous avons étudiée dans le cadre de la ville de Strasbourg (*Mélanges* A.-M. Piuz, «Le cheval dans la ville», Genève, 1989). À la fin du XVIIᵉ siècle, le carrosse tend à l'emporter dans les voyages royaux, les dames comprises – quatre reines à Strasbourg, en 1681, aux grands chapeaux de velours noir. La chasse demeure le domaine réservé du monarque. Mais partout, trait fondamental d'urbanisme, se posent les problèmes de l'écurie – homme et animal – et des modalités de la circulation.

En Angleterre, il s'agit d'une passion nationale. Les écuries sont prestigieuses et bien garnies, les bêtes sélectionnées: chevaux larges d'épaule et de poitrail pour les carrosses, bêtes pour la chasse, celles au renard bien entendu, calmes, légères et galopant bien à travers la campagne et ses surprises. En France, les classes aisées achètent leurs chevaux en Angleterre, surtout après la «Restauration» de Charles II. Ils sont dressés pour la monte et la chasse. Louis XIV lui-même ne monte que des chevaux anglais. En Allemagne l'élevage du cheval, et la politique des haras, est un élément fondamental – parfois omis – de la reconstruction après la guerre de Trente Ans. Peu à peu cependant, l'usage du cheval de selle tend, au XVIIᵉ siècle, à diminuer au profit du cheval de carrosse. En 1714 quand Georges-Louis, électeur du

Hanovre, devient roi d'Angleterre, il importa des chevaux «café au lait» du Hanovre: ils furent attelés aux carrosses royaux. Les «crèmes du Hanovre» conservèrent cet emploi jusqu'au règne de Georges V dont ils tirèrent le carrosse doré le jour du couronnement. En Portugal, le *sorraïa*, «le cheval du fleuve», originaire d'une vallée du haut Alentejo, à la robe souris et aux zébrures, serait un représentant de l'ancien cheval ibérique, celui qui existait avant l'arrivée des Maures et des Arabes. En province, la robe est moins «cavalière» que l'épée, mais la cavalerie conserve son prestige et ses emplois multiples. Au même titre que l'homme, le cheval va ressentir des horreurs de la guerre: la guerre de Trente Ans; les guerres napoléoniennes y ajoutent une tragique démonstration. Sous l'Ancien Régime économique, une «géographie du cheval» serait à mettre sur pied pour une parfaite connaissance des modes de circulation européens – et des statuts sociaux. Daniel Roche l'a tenté à partir de Versailles: l'écuyer Henriquet tentant d'y établir une académie d'art équestre.

Reste le mulet, solitaire ou en files, soucieux et courageux. Plus rapide que le bœuf, plus fort que le cheval, nourri à moindres frais, d'un pied plus sûr dans les montagnes, rustique et robuste, il est apprécié dans toute une partie de l'Europe. Le chargement d'un mulet se compose de deux balles de cent cinquante à deux cents livres faisant équilibre des deux côtés du bât. Mulets parisiens – on crie à Paris «du feurre aux mules», sorte de paille à eux destinée –, baudets de Saintonge, mais également d'Auvergne qui se vendent aussi chers que de beaux chevaux! Les juments du Poitou, dites «mulassières», sont unies aux baudets du Poitou, eux-mêmes très appréciés. Les mulets noirs de Naples servent sous Louis XIV à la «litière de corps» de la reine; le mulet de selle est utilisé dans les chemins d'autrefois. Le spectacle des files de mulets, cheminant en longs convois au bord des ravins, hante les pourtours méditerranéens et les cols alpins. Seul le mulet est apte à effectuer les parcours en pays montagneux. Il règne sur le Massif Central, sur le chemin de Limoges vers Tulle, Cahors, Bordeaux, Bayonne jusqu'à ce que la route remplace les sentiers ou la piste locale. Il est souvent utilisé aussi en Provence, en concurrence avec les charrettes, de même dans les Alpes, effectuant tout le trafic avec le Piémont, la Savoie, et dans les Pyrénées. À différentes reprises, transportant les vivres et les pièces d'artillerie, le mulet, favori de l'Empereur, sauvera l'armée et permettra la victoire. L'Europe muletière s'étend à l'est du Rhône et recouvre les Alpes occidentales, le Dauphiné, la Provence, l'Italie et la péninsule ibérique, sans oublier les Balkans et l'Afrique du Nord.

En Espagne comme au Portugal, la mule et le muletier sont les amis du voyageur. En 1738, Merveilleux, diplomate qui se déplace en carrosse tiré par des mules, fait l'éloge des muletiers, habiles et honnêtes. «Dans les descentes des montagnes, on dételait les quatre mules de devant [...] et ces aimables bêtes marchaient deux à deux à distances égales [...] L'adresse et la douceur de ces animaux me surprit [...]

Je ne pouvais m'empêcher de leur faire des caresses.» À d'autres moments, les mules font preuve d'une agilité et d'une adresse incroyables, fonçant à toute allure au bord des précipices (Recueil Bennassar).

3. *L'homme et la voiture: «l'Europe charretière»*

Complétée par celle de l'attelage dans ses diverses transformations, l'invention de la voiture est le fait décisif de l'histoire des transports. Grâce à la création de la route succédant à la piste, elle contient en germe les transformations et possibilités ultérieures. Elle apparaît comme la première solution rationnelle d'envergure aux problèmes des transports de masse, à longue et moyenne distance. Deux inventions techniques la conditionnent: la roue et les modifications du collier d'attelage, sans compter des transformations mineures non négligeables.

L'invention essentielle reste celle de la roue dont Vidal de La Blache a vanté les mérites: «Merveilleux instrument qui substituait aux résistances de frottement et de glissement, les résistances beaucoup moindres de roulement.» La voiture à une roue ou brouette, inconnue des anciens, apparaît sur un vitrail de la cathédrale de Chartres, à la fin du XIIe siècle. La voiture à deux roues suppose un constructeur astucieux: aux roues pleines découpés dans un tronc d'arbre, comme on la voit encore au Pays basque, en Bosnie, au Caucase ou dans certaines de nos campagnes, il substitue la roue légère et solide, à raies et jantes cerclées de fer. Deux roues, une caisse fermée sur l'essieu qui les couple, un timon, voilà la voiture. Le ressort viendra plus tard.

Autre problème: celui de la traction ou de la force motrice. L'homme – et la femme – sont utilisés pendant longtemps de façon quotidienne. Les qualités sont indéniables: souplesse de l'emploi, démarrage rapide, possibilité de marche arrière illimitée. L'esclavage multipliant la main d'œuvre, n'est-il pas la cause, plus que la conséquence, de cette «paresse d'invention» qui caractérisa les mondes romain, puis ottoman? Mais le rendement reste inférieur à celui de l'animal. Deux éléments sont en cause: la liaison voiture-animal, le mode d'attache et la position du joug. Pour le premier, s'offrent deux systèmes: le timon, utilisé par les Grecs et les Romains, et les brancards du monde chinois, mais réduits à un cheval. En 1931, le commandant Lefebvre des Noëttes avait émis la théorie que la faiblesse de rendement des attelages de chevaux dans l'Antiquité aurait été la raison principale de l'esclavage: l'invention du collier d'épaules aurait provoqué une véritable révolution économique et sociale, conception adoptée alors par la plupart des historiens. Cinquante années plus tard, dans *Études expérimentales sur l'attelage*, J. Spruytte renouvelle la question. L'opposition imaginée par le commandant entre l'attelage moderne du cheval (collier d'épaule ou bricole de poitrail) et l'attelage antique (courroie de gorge qui aurait étranglé les animaux et limité leur capacité de traction) n'existerait pas. D'après les documents de l'Antiquité, étudiés et reproduits par l'auteur, auraient existé deux types d'attelages. Le premier, le plus ancien, rencontré en Égypte et en Assyrie, part du joug d'encolure situé devant le garrot et repose sur deux fourchons: la traction se fait par l'épaule. Le second est grec, le joug repose sur le dos du cheval où il est fixé par l'intermédiaire d'une sellette et d'une sangle. La traction se fait par une courroie du poitrail qui n'étrangle pas le cheval. Vers les Xe et XIe siècles, l'on augmenta, par des chevaux plus pesants, la puissance de traction. Deux hypothèses sont ainsi présentées: l'enquête est ouverte[14]. Autre raison déterminante de l'immobilisme, l'emploi d'essieux en bois. Ce n'est qu'aux Temps modernes que leur seront substitués les essieux de fer, joints à des perfectionnements portant sur le système de suspension.

S'ajoutent des améliorations «de détail»: la pratique de la ferrure qui, sur les routes empierrées, ménagent les sabots de l'animal, l'habitude d'atteler les bêtes en file et non plus simplement de front comme dans l'Antiquité, et, à la fin du XVIe siècle, l'invention de l'avant-train mobile qui permet de tourner court, même avec un véhicule à deux essieux, tous ces éléments accroissent la puissance de traction de l'animal au moment où la voirie s'améliore peu à peu et qu'augmentent les besoins. Ainsi naît une «Europe charretière» qui prend possession des plaines de l'Europe du Nord, au débouché des voies muletières alpines.

4. Les moyens de transport

Deux grandes catégories vont se dessiner, en fonction des réalités sociologiques et ethnologiques, rurales ou urbaines, et de leur évolution.

Chariots ruraux à deux ou quatre roues

Dans ce grand village que constitue alors une partie de Europe préindustrielle, des distinctions s'imposent au sein des types de voitures que détiennent les exploitations agricoles. Le chariot rural, instrument essentiel de l'activité, à deux ou quatre roues, est le critère en Europe de deux domaines distincts.

La voiture à quatre roues est une voiture longue, basse et étroite, à brancards ou à timon bordé de planches ou «d'échelles» sur toute la longueur. Le chariot lorrain dont l'avant-train pivote autour d'une cheville ouvrière emmanchée dans le chenet, la sellette dormante et le corps d'essieu, en est en France le type achevé. Équilibre, stabilité, robustesse, telles sont ses qualités, mais il ne peut tourner court que difficilement. Il a besoin d'espace, celui des plaines ou plateaux de Lorraine, de la partie nord de l'Europe et de l'Asie depuis la mer du Nord jusqu'à la côte du Pacifique. Au sud, ce type de chariot s'avance dans la plaine du Pô jusqu'à l'Apennin, descend jusqu'à Salonique, dans les Balkans par le couloir Morava-Vardar, pousse par le couloir Morava-Maritsa jusqu'en Anatolie et la Syrie du Nord jusqu'à Alep. Dans le reste de l'Europe, règne le chariot à deux roues.

Pourquoi cette localisation? Serait-ce du fait du besoin de stabilité dans les pays de montagne? Mais si les Pyrénées centrales disposent du char à quatre roues, les Pyrénées orientales et le Pays basque utilisent le char à deux roues. Unité de peuplement et explication ethnique? Les Germains et les Slaves, grands utilisateurs de la voiture à quatre roues, menaient au début de l'ère chrétienne, une existence semi-nomade: le chariot à quatre roues dériverait de cette coutume, en tant que legs des invasions germaniques et d'un ancestral genre de vie nomade. Mais si l'explication vaut pour les provinces françaises du nord-est, qu'en est-il de l'Auvergne épargnée par les invasions germaniques? Elle possède un chariot à quatre roues analogue à celui de l'Alsace. Pour P. Deffontaines, «la voiture à deux roues, apte à tourner court, est davantage une voiture pour chemin, la quatre roues davantage une voiture pour champs», l'origine de cette dernière serait en relations avec le type de forêt. Longue et étroite, elle serait liée aux forêts de conifères, le domaine des feuillus d'Europe occidentale utilisant la voiture à deux roues, composée de pièces de bois plus courtes et plus robustes. S'y ajouterait l'influence des conditions humaines.

De son côté, la voiture à deux roues occupe la frange atlantique de l'Europe, de la Norvège au Portugal, mais non les Pays-Bas. Dans le pays de Dabo, dans les Vosges, en plein domaine du chariot à quatre roues, elle se rencontre! «C'est le système qui laisse le plus de liberté à l'animal lorsque la pente est forte et le chemin encombré.» Par îlots isolés, des foyers de résistance de chariots à deux roues apparaissent dans les plateaux calcaires au sol sec, précocement défrichés, où sont nées en France les premières formes de civilisation. On pourrait dire, avec R. Capot-Rey, que «le type de chariot rural, en relation principalement avec le système agraire, l'est aussi dans une moindre mesure, avec le relief, les espèces forestières et les habitudes environnantes, et résume en lui tout un paysage rural»[15].

Coches, carrosses, diligences

La première époque et la plus longue dans l'histoire – avec ses périodiques retours – reste celle du piéton, qu'il aille seul, ou qu'il accompagne son attelage. C'est la vie dure et errante du marchand qui mérite ce nom de «pieds poudreux (*piepower*) donné en Angleterre, hors de la pause des mois d'hiver. C'est le déplacement à pied, à l'époque romantique, en Allemagne, des voyageurs jeunes et peu fortunés, étudiants, artistes, compagnons, colporteurs… Sur le dos, le sac, flanqué de chaussures de rechange et quelque instrument de musique en bandoulière. Le goût du voyage à pied et de la chanson de route sont restés chers à la jeunesse allemande. Autre image qui retient l'attention: la vie aventureuse du marchand à cheval, seul, où le plus souvent, inséré dans les convois organisés par les corporations italiennes, les guildes des Pays-Bas, celles de la région rhénane, de l'Angleterre qui réglementent départs et relais, en attendant que des groupements plus larges – les Hanses –, organisent à leur profit le grand commerce et «domestiquent» la route.

Les textes ne manquent pas. Les traditions romaines revivaient à Byzance: les types de chars légués par Rome ont été conservés par des manuscrits enluminés, des ivoires et des textiles. Chez les Mérovingiens, le roi Chilpéric utilisait le *carpentum* tiré par des bœufs. Qu'en était-il des rois fainéants? L'étaient-ils vraiment? Au Moyen Âge, la voiture de voyage naît du chariot paysan.

Un pas important est opéré par la diffusion en Occident du chariot hongrois: *kocsi* (pron. *kotchi*, qui donne *coach* en anglais, *Kutsche* en allemand, *coche* en français...), voiture paysanne à allure rapide dont la souplesse est due, non aux ressorts ou à la suspension, mais à sa structure très légère, ses roues faites de bois durs bien assortis à la conception de sa caisse. On la retrouve dans le dessin en couleurs de Jérémias Schemal, peintre d'Augsbourg (1568) (Laszlo Tarr). En relation avec la Hongrie, les Italiens l'adoptent, concurremment d'abord avec le cheval. Ferrare, Milan, Venise en construisent. À Paris, en 1500, n'existaient que trois coches. En Allemagne, en 1562, au couronnement de l'empereur Maximilien II, l'électeur de Cologne se présente avec quatre voitures somptueusement décorées. En Angleterre, il faut attendre le règne d'Elisabeth, et, en Espagne, la seconde moitié du XVIe siècle, pour que le coche se répande. Charles Quint l'utilise. Par les puissants et la mode se diffusent, comme pour le costume et les arts de la table, à l'époque de la Renaissance, au sein des élites nobiliaires éprises de confort, de luxe et d'artifices, les nouveaux moyens de transport. Une conséquence immédiate: la diminution progressive du nombre des mulets, la progression des chevaux de trait. Au XVIe siècle, Montaigne donne sa préférence au voyage à cheval.

Seconde phase qui suit la multiplication du coche à travers l'Europe: l'apparition de trois véhicules nouveaux, après 1650: la berline, la chaise de poste, le carrosse d'apparat, tous trois répondent à des besoins nouveaux de la société: la commodité, la rapidité, le souci de la «gloire»et du décor. La berline vient de «Berlin»; mise au point en 1660 par un architecte italien; plus sûre (avec ses deux brancards) et plus légère, elle est par excellence la voiture du voyageur qui sillonne l'Europe sur les routes défoncées. Véhicule à deux roues, la chaise de poste apparaît comme une innovation utilisée par deux personnes: elle est traînée par un cheval. Rapides et pressées, elles répondent à un besoin nouveau, à l'époque de la monarchie administrative qui s'installe, celui de plaire au maître et de «gagner du temps», moteur essentiel de toutes les innovations. Transformé, décoré, attelé de quatre à six chevaux, selon le rang de son propriétaire, né du coche, le carrosse donne à lui seul une image, celle de la puissance du prince; en témoignent les défilés de carrosses au moment de l'entrée en ville ou en cour des ambassadeurs au Congrès des puissances. Moteurs de transformations de la vie sociale, ils influent sur la largeur des rues et l'ampleur des cours d'honneur des hôtels, le point crucial étant atteint à Paris – qui se répand à Versailles –, à Londres, Francfort ou Vienne. Par les «carrosses du sacre» tels ceux de la cour autrichienne conservés au Wagenburg, s'exprime une condition sociale et s'affirme la mise en condition d'une réalité institutionnelle. Le carrosse va rester le symbole de l'ancien régime politique en Europe[16].

La troisième phase est réalisée par l'apparition de la turgotine et de la diligence, d'une capacité plus ample, sans que soient modifiés en rien les principes d'origine. Nous les retrouverons au XVIIIe siècle et au début du XIXe siècle.

5. Les embarcations et la prédominance de la voie d'eau

Symptomatique apparaît, à l'époque de la Renaissance, œuvre de Sébastien Brant, descendant de Bâle à Strasbourg, le bateau mythique, désireux de dénoncer les vices de l'humanité, la Nef des Fous. Les gravures sont d'Albert Dürer. L'œuvre apporte à la navigation des fleuves ce «parfum philosophique et artistique» que reprendra, beaucoup plus tard, Michel Foucault. Dégagée de la veine moralisatrice, l'histoire des fleuves, des rivières et des lacs, liée à celle de la barque – et avant Lamartine –, met en évidence, aussi bien les avantages techniques et économiques de la voie d'eau, que les inconvénients inhérents à ce mode de transport. Le lac s'associe à la rivière. Sur le lac de Genève, le transport revient à la «barque» ou «brigantine», embarcation caractéristique du Léman, pontée et mue par deux voiles latines, pouvant transporter jusqu'à cent cinquante tonnes. S'y retrouve l'inspiration méditerranéenne. A.-M. Piuz note qu'au XVIIIe siècle, «malgré la cherté des transports terrestres, la concurrence entre le chariot et la barque est réelle. Les bateliers s'en plaignent» (*L'Économie genevoise, op. cit.*, p. 36).

Les inconvénients du trafic fluvial sont liés aux problèmes de débit, de régime et de stabilité du lit. L'exemple du Rhône est caractéristique. Après Lyon, aux plus basses eaux, la profondeur du fleuve est de quarante centimètres; pendant deux cent cinquante jours par an, elle atteint ou dépasse un mètre soixante; pendant cent dix jours, elle est de deux mètres. De là les attentes dans les ports pour les bateaux dotés d'un certain tirant d'eau. Mêmes arrêts aux moments des crues quand le courant est trop fort; entraînant des efforts considérables de traction à la remontée; des attelages de trente à quarante chevaux peuvent être nécessaires pour remorquer un train de six bateaux portant trois cents à quatre cents tonnes[17]. Sur la Saône circulent des barques ou des bateaux plats et pontonnés qu'on appelle les «plattes», mus à la rame. Ils sont, à la remontée, halés par des hommes ou par des chevaux. Le tonnage est variable: une barque porte cinq cent quarante-deux ânées de blé, une autre deux cent quatre-vingt, soit le chargement de quatre cent sept ânées ou de cent quatre-vingt-cinq mulets (R. Gascon). La Loire présente d'autres particularités étudiées par R. Dion et F. Billacois, avec l'histoire de la circulation et des turcies qui bordent le fleuve[18]. En Russie, lors des crues périodiques, les rivières s'étalent à d'énormes distances; les villes se sont réfugiées sur les rives élevées. Des travaux d'endiguement ont été nécessaires. On en arrive peu à peu à la notion qui triomphera avec le Rhin au XIXe siècle, celle de «fleuve fabriqué».

Les avantages de la voie d'eau restent considérables et ont été connus dès les temps anciens (*Archéologie*, n° 29, «La navigation dans l'Antiquité»). Pour le flottage d'abord, les trains de bois sont la condition de la mise en valeur des forêts et du ravitaillement des villes aux besoins considérables. Sur le Rhin s'opère, à Coblence et à Mayence, le rassemblement des convois qui descendent le fleuve jusqu'en Hollande. Pour la charge transportée et les efforts de traction ensuite, comparés à la route. Sur un bon pavage – alors rare – il faut vingt kilogrammes d'effort pour tirer une tonne; sur un canal, cet effort tombe à cinq cents grammes, et peut descendre à un tiers ou un quart de kilogramme. Le poids mort, celui du véhicule, est réduit au minimum. Sur une rivière, une péniche de deux cent quatre-vingt tonnes n'exige que deux chevaux, alors que des centaines eussent été nécessaires sur route. De là la faveur dont jouit, malgré sa lenteur et son irrégularité, ce mode de transport. De cette situation découle, parfois, une politique. On note:

– les efforts faits pour régulariser les cours d'eau dans les différents pays (aménagement des lits et berges), et la construction d'écluses à partir du XVIe siècle;

– le désir de relier entre eux les cours d'eau. Le but? Aboutir, en liaison avec la voie terrestre, à de véritables «réseaux» ou «systèmes» en France, en Allemagne ou en Russie. Le canal du Midi, construit sous Louis XIV par Riquet, est exemplaire à cet égard mais il n'est pas le seul. Différents projets, nés autant de l'imagination que de l'observation, ont vus le jour dans tous les pays. En Allemagne, la liaison Rhin-Danube a été conçue dès Charlemagne. En l'an LVIII, le préfet romain L. Antistius avait émis l'idée de réaliser une jonction par canaux entre le Rhône et le Rhin, en utilisant les rivières du Doubs, de la Saône et de l'Ill. En Flandres, où les canaux de divers types sont nombreux, l'écluse de Boesinghe a été construite en 1643 sur le canal d'Ypres à Furnes. Ce canal rejoint celui de l'Yser vers Dixmude et Nieuport. Ce système de l'écluse à sas, appliqué pour la première fois, sur la Vilaine entre 1539 et 1585, rend de grands services. À l'échelle européenne, entre les grandes voies que constituent le Rhin, l'Elbe, le Danube, la Vistule et la Volga, se dessinent les éléments d'un réseau international qui participera plus tard au développement industriel de l'Europe. La science de l'hydraulique, aux XVIIe et XVIIIe siècles, va faire des progrès considérables[19].

Quels sont ces bateaux? À la base, le radeau, composé des troncs d'arbres assemblés, débités en rondins; portant marchandises ou maison, sur les grands fleuves d'Europe, Volga, Vistule, Danube, Rhin, surtout à la descente. Un gouvernail à l'avant, une voile au centre, un démontage à l'arrivée, l'ensemble progresse en énormes masses: quatre-vingt-quatre mètres de long sur la Volga, comportant plus de quatre mille neuf cents tonnes. Suivent les différents types de bateaux, moins nombreux en Europe que dans les forêts d'Afrique ou du Nouveau Monde mais évoluant dès l'Antiquité, avec les progrès de l'industrie. Mi-pirogues, mi-canaux d'écorce, mais des barques à fond plat, les calfats, faites de planches en bois de sapin, assemblées, chevillées ou clouées. Seuls sur le Rhin, les Rangen (courbes) et Nolen (traverses) étaient en bois de chêne. Sur le Rhin supérieur, la Schnieck, d'une vingtaine de mètres, étroite, qui porte en son centre une cabine pouvant charger vingt hommes; à Bâle, on préfère la Lauertanne, plus trapue qui peut charger jusqu'à quarante tonnes, il ne peut que descendre le fleuve, vendu ensuite pour son bois. Puis apparaît le Rheinberger, de trente et un à trente-sept mètres, en bois de chêne avec arrière pointu et un chargement possible de cinquante tonnes et fin du XVIIIᵉ siècle, le Rohrmopsel, ou Sauköpfel, doté d'un équipage de cinq à sept hommes et deux mille cinq cents quintaux de charge[20]. Péniches et chalands, à l'existence quelquefois éphémère, étaient mus par des procédés de traction variés: à la descente le courant; à la remontée la voile, les hommes ou les animaux, bœufs dans le Bassin aquitain, chevaux dans l'Est de la France. Au loin, passées les plaines polonaises, retentit le long cri des bateliers de la Volga. Les temps sont doubles ou triples à la remontée. Les trajets fluviaux se combinent, quand cela est possible, avec les trajets terrestres. En Allemagne, au XVIIᵉ siècle, les navires restent de dimension modeste, du moins pour les chalands fluviaux, même sur le Rhin, réparti en bras multiples, dans un lit non parfaitement fixé, aux inondations nombreuses[21]. La voile est partout utilisée lorsque le vent est favorable.

En décadence à la fin du XVIIIᵉ siècle, la batellerie connaît un nouvel essor, avec la vapeur et le développement de la révolution industrielle, du fait des exigences de transport de masse. Essor fugace d'abord avec la «Grande flottille, 1803-1805» (F. L'Huillier, *RA*, 1935), lié au projet de Napoléon d'envahir l'Angleterre. Le conseil général du Bas-Rhin avait décidé la construction de vingt-cinq bateaux plats, chaloupes et canonnières. Sélestat décide de construire le plus gros bateau et donne l'ordre d'abattre cent chênes. D'aucuns, astucieux, préconisent le transport de cinq mille mesures de vin vers le nord. Le 4 mars 1804, la flottille se regroupe, arrive à Dordrecht. Le 24 août, la Grande Armée prenait la route de l'Allemagne. Quant au débarquement prévu, il n'aura jamais lieu. Un essor plus considérable encore suit la prise en compte de la vapeur. Mais une discrimination s'opère entre les voies navigables. Seules subsistent celles qui participent au développement des techniques de propulsion: augmentation du tirage supposant celle du tirant d'eau, accroissement de la vitesse et installation d'une machine à vapeur, régularité du trafic et chenal fixe et entretenu. Est ainsi augmentée l'importance potentielle des grands fleuves, tels le Rhin et le Danube.

Entravé par la double concurrence de la route continentale au nord et, au sud, de la voie maritime contrôlée par Venise dans l'Adriatique et la Méditerranée, le Danube a servi à véhiculer les influences occidentales vers l'est et orientales vers l'ouest. Un double caractère singularise cette vallée: «Théâtre d'immenses migrations humaines et lieu de sanglants affrontements entre groupes humains.» (F. Reitel.) Depuis 1526 et la défaite de Louis de Hongrie à Mohacs, le fleuve a subi le handicap de devenir une zone de contacts et d'affrontements des mondes de la Croix et du Croissant. Après la succession de bassins et de défilés du Danube autrichien et les plaines hongroises, la plupart des chalands s'arrêtaient à Zemum, un peu en amont de Belgrade, où ils étaient débités en bois de chauffe. Les portes de fer (gorges de Kassan) ont présenté pendant longtemps un mur infranchissable que Trajan, par une route, avait tourné. En 1781 seulement, on assiste au premier voyage de Vienne jusqu'à la mer Noire, véritable exploit.

En 1829 fut créée la première compagnie autrichienne de navigation du Danube, la *Erste Donau Dampfschiffahrts-Gesellschaft* (DDSG). Le premier navire, construit à Florisdorf, avec un moteur anglais de 240 CV, fut baptisé Franz I, du nom de l'empereur: la distance Vienne-Budapest fut parcourue en quatorze heures quinze minutes, la remontée dura quarante-huit heures vingt minutes. Aléas diplomatiques, rencontres militaires peu favorables au commerce, migrations multiples des bêtes comme des hommes, le fleuve doit attendre, pour réaliser sa vocation de trait d'union des peuples et des économies, la volonté des Habsbourg et les créations industrielles, en matière d'énergie, du XIXe siècle[22].

Chapitre III
La route et le pouvoir. «Modèles», «systèmes», critères

Création spontanée des groupes humains en mal ou en voie de déplacement, la route est prise en mains par le Pouvoir. La tentation est grande pour ce dernier, qu'il soit féodal ou royal, d'accaparer cette source de profits et de puissance. En échange elle demande qu'on s'occupe d'elle et qu'on l'entretienne. Substituer la création artificielle de commodité, voire de luxe ou d'apparat, aux conditions naturelles, ignorer le relief, le climat, le sol au profit des impératifs de la politique et de l'économie, telle est la loi des communications modernes.

1. Un attribut régalien? «Le pavé du roi». Diètes ou État?

Sous l'Ancien Régime, ce «progrès» est loin d'être réalisé même si, depuis Rome, la route a pris une valeur stratégique, administrative, fiscale et militaire, liée à la notion d'État. Dès le Moyen Âge, après l'anarchie des premiers siècles féodaux, réapparaît l'idée de la route à finalité marquée, dépendante de la métropole politique (R. Fédou, *L'État au Moyen Âge*, PUF, 1971). Autour de Paris se développe, après Philippe-Auguste, la pratique du pavage: «le pavé du roi» est composé de cubes de granit et de grès posés à même le sol et emballés dans du sable. Mais il est surtout un symbole, celui d'une présence et d'une activité: de la décision royale dépendent et la construction, et l'entretien des éléments de liaison et de communication que sont les routes de différentes sortes. L'argent est sans doute important, mais également l'opportunité, le tracé, l'équipement. «On ne saurait surestimer le bilan économique de l'opération pavé du roi», écrit P. Chaunu. Le Pouvoir? Un système relationnel qui utilise à plein la route et ses affluents pour remplir ses différentes missions: ravitaillement, sécurité, information, éléments permanents de la dialectique de l'homme et de son milieu.

Pénétrés de la hiérarchie, piste, chemin, route, les progrès de la circulation routière ont marché de pair avec les besoins des hommes jusqu'à l'épanouissement du XVIIIᵉ siècle, siècle des grands travaux. Besoins de ravitaillement en particulier: acheminement du bois de chauffage et des blés. Tel à Genève, qui, entre 1760 et 1780, dépense trente et un mille florins pour la remise en état des routes défoncées par les chariots ou ruinées par les intempéries: plus le lit d'une rivière ou d'un torrent qu'un grand chemin! Entreprises onéreuses recherchant une certaine sécurité. La répartition financière est prévue. Construites soit en dos d'âne, soit en berceau, les routes pavées sont d'un entretien coûteux: grandes routes aux frais de la seigneurie, routes secondaires à la charge des communautés ou des particuliers, chemins de traverse par les propriétaires. N'est pas paveur qui veut. Paver est un art, forgeant des dynasties.

Ce qui change, c'est «l'allure de la route»: largeur augmentée en général (vingt-quatre pieds à Genève), bordée de fossés, bombée en son milieu de dix-huit pouces, formée, dressée en parties égales, aux pentes réduites (six à sept pouces par toise, soit 7 % environ). Change également le matériau de revêtement: des procédés nouveaux sont mis en place en Angleterre et en France. On trie, on lie les pierres avec de l'eau et du sable, on cylindre l'ensemble. L'apparition vers 1775 des premiers services rapides pour voyageurs a amené l'ingénieur Trésaguet à imaginer un procédé d'empierrement que reprendra, au siècle suivant, l'Écossais Mac Adam (1756-1836). Mais l'idée essentielle, héritée de l'Antiquité, celle de «construction», seule, permet de répondre à l'accroissement du trafic, à l'augmentation des charges de la nouvelle civilisation industrielle comme aux nécessités de l'information. Quand il le peut, au tracé naturel, dû aux hasards des reliefs, du sol, de l'hydrographie, l'État substitue la construction autonome, entretenue et pérenne, d'un tracé direct, imposé sur le terrain[23].

Au même titre que le sceptre et l'épée, la route pourrait figurer dans les attributs régaliens, de fait, sinon de droit. «Le modèle romain», dit Françoise Hildesheimer en étudiant le pouvoir royal qui prend son indépendance par rapport à l'Église: certes, y compris les routes, c'est-à-dire le moyen de se faire obéir. Au XVIᵉ siècle, l'État de la Renaissance «naît affamé comme un Gargantua» (Michelet);

la route est pour lui un instrument nécessaire de domination, que ce soit en Italie, en Espagne, en France ou en Angleterre. Il y installe ce relais indispensable de son autorité que sont les postes royales et les relais de chevaux. Très tôt va naître ce qu'on est convenu d'appeler «le droit régalien des postes», appliqué d'abord à l'intérieur des États, puis étendu au courrier de transit.

L'État n'est pas seul. Les travaux récents (Marie-Laure Leguay, 2000) ont montré le rôle qu'ont joué les États provinciaux dans la construction de l'État moderne en France aux XVIIᵉ et XVIIIᵉ siècles. Le paradoxe, que constitue l'existence d'assemblées politiques, revivifiées dans une monarchie de plus en plus centralisée, se vérifie pour les provinces du Nord (Artois, Cambrésis, Flandre Wallonne), mais également en Bretagne (J. Bérenger, *Mélanges Y. Durand*, s.l., 2000) et en France méridionale (colloque de Montpellier, 1994). Le contrat noué par nécessité, forgé par la lutte contre la distance, comporte l'attribution quasi exclusive d'éléments du pouvoir provincial aux assemblées locales. Pour qui travaille le temps?

Le rôle des diètes et des assemblées représentatives peut être important. Jean Bérenger a étudié le rôle des diètes en Hongrie (*Les Gravamina*, 1974), en Autriche (*Finances et absolutisme autrichien*, PS, 1975) et Anton Schindling dans les États allemands, réunis dans la diète de Ratisbonne (*L'Europe, l'Alsace et la France*, 1986). Ces propos illustrent les réserves faites par les historiens britanniques et allemands sur l'étendue du pouvoir absolu, ardent dans ses ambitions, contenu dans ses possibilités, maîtrisé pour tout ce qui concerne la vie de relations.

2. Vaincre le temps et la distance: impératifs et stratégies

Les motivations sont connues. À l'idée de vaincre la distance, s'ajoute l'idée de lutter contre le temps, partie intégrante du Pouvoir au même titre que l'espace. La mesure de l'État. «Administrateurs et géomètres au XVIIIᵉ siècle», a écrit Eric Brian (*L'Évolution de l'Humanité*, 1994, Paris). Le tournant des sciences marqué par la mathématisation de l'univers voulue par Descartes, saisi par les observations de Galilée, les lois de Kepler et de Newton, la révolution mécaniste du XVIIᵉ siècle, a défini le temps comme mesurable, c'est-à-dire préhensible par les observations des académies des Sciences, quant à la mesure du globe, participant au siècle suivant aux données de l'expérience, substituant les données du nombre au rythme des saisons. À Montpellier, la chaire de mathématiques créée par Louis XIV en 1682 offre également des conférences d'hydrographie. L'existence de l'horloge et de la montre engendrent de nouvelles mesures, une autre conception de la vie, du renseignement et de l'exécution des ordres. La vitesse, la rapidité d'exécution, le compte rendu immédiat, deviennent des facteurs essentiels du Pouvoir et de son efficacité. La rationalisation intervient. Le réseau français suscite les observations d'Arthur Young, au XVIIIᵉ siècle: «Ces routes [du Languedoc] sont superbes jusqu'à la folie.

Des sommes énormes ont été dépensées pour aplanir même de simples pentes [...] Nous n'avons pas idée de routes semblables en Angleterre. Cependant le trafic de la route ne demande pas de tels efforts: un tiers de la largeur est battu, un tiers raboteux, un tiers couvert d'herbes [...] Sur un parcours de trente-six milles, je n'ai rencontré qu'un seul cabriolet, une demi-douzaine de chariots et quelques vieilles femmes sur des ânes: pourquoi toute cette prodigalité?»

Constatant la différence entre les routes misérables de Catalogne et les splendides chaussées du Languedoc, branchées sur les routes camisardes, il ajoute: «Je reconnais qu'on est amené à penser qu'il n'y a qu'une cause toute puissante qui stimule l'humanité, c'est le gouvernement»[24], disons mieux, «l'administration», centrale ou régionale, pays d'États ou pays d'élections et d'intendances, ou en Europe les différents modes d'administration territoriale. Justifient cette emprise les problèmes d'élaboration, les aspects financiers et les nécessités de main d'œuvre auxquels ont toujours été confrontés la création et, plus encore, l'entretien des routes européennes.

Une situation géographique modifiée peut dicter d'autres impératifs politiques et orienter de façon différente «la stratégie des routes» menée par les États. Tel au moment des «grandes oscillations» en France comme en Europe centrale. En France, oscillation entre les fronts atlantique et méditerranéen. Au XVIᵉ siècle attraction des ports atlantiques, Le Havre, La Rochelle... ouverts sur les espaces océaniques. Au XVIIᵉ siècle, Marseille, instituée en tant que port-franc par Colbert en 1669, est dotée de privilèges qui visent à en faire l'entrepôt de réception et de distribution des produits du Levant. Au rôle d'entrepôt de Marseille, est ainsi joint une fonction de transit à travers le royaume, vers la capitale, les cantons suisses, l'Allemagne et l'Europe centrale.

En Europe centrale, région de transition, on note les mêmes tentations, les mêmes inflexions politiques à propos des deux isthmes qui réduisent à mille kilomètres la distance entre les mers du nord et du sud. Ils fixent, dès les premiers âges, les voies commerciales entre les régions forestières septentrionales et les rivages de la Méditerranée. Deux grands empires ont tenté de maîtriser ces routes: la Pologne à l'est qui veut gagner la mer Noire et va connaître une tragique fin politique à la fin du XVIIIᵉ siècle, l'Allemagne à l'ouest qui reprend le rêve du Saint Empire et descend vers le sud. Des pinèdes du Brandebourg aux campagnes de Vénétie, les oppositions attractives sont à la base des voyages à travers les Alpes, éveillant les convoitises, l'esprit de lucre et de commerce, suscitant les ambitions, irisées par l'imagination. Une expression résume la situation: la descente en Italie. Une vision: Rome. Il en va de même pour l'Empire russe, en des progressions successives par le «rattachement à l'Europe» des peuples allogènes, cantonnés sur les frontières. S'ajoutent à ces «impératifs de situation» les tentations nées du climat et de l'espace libre. Autre vision: Constantinople. Entre la Russie continentale aux oscillations climatiques exagérées par l'éloignement de la mer, et l'Europe occidentale baignée par l'Océan, l'Europe centrale joue le rôle d'une aire de transition où, fréquents, sont les contrastes régionaux. L'Europe méditerranéenne? Une zone d'attraction. Un témoin, Goethe.

Même orientées par une volonté politique ou facilitées par des données physiques ou ethniques, les routes d'invasion est-ouest ne sont pas sans obstacles. En Europe centrale, les vagues d'invasion s'étalent moins largement que dans les immenses plaines russes. Canalisés dans les couloirs ouverts entre les montagnes, certains flux ont été arrêtés, bloqués sur place, créant par ce morcellement une zone d'instabilité politique, qu'au XVIᵉ siècle a cristallisée l'avance turque, stoppée à diverses reprises devant Vienne. Plus tard, mais en sens inverse, va s'exercer la volonté de la monarchie autrichienne de «reprendre la route». Les Habsbourg sont les hommes de la voie danubienne dans leur option vers l'Orient, mais également vers le Midi, le Milanais, la Vénétie, dans cet appel incessant que les mers bordières lancent aux États continentaux. Après les guerres du milieu du XVIIIᵉ siècle, l'impératrice Marie-Thérèse a confié le redressement économique et le soin d'affirmer «l'unité de l'Empire» au comte Rudolf Chotek qui s'attache particulièrement à restaurer les voies de communication. Grâce au bon état des routes, Marie-Thérèse peut aller déjeuner à Presbourg (actuelle Bratislava) et rentrer à Vienne dans la même journée. Le triangle d'or, que constituent Vienne, Prague et Budapest, exerce sa fascination culturelle et artistique au sein de l'Europe des Lumières.

Finances et rentabilité

L'entretien de la route pose au Pouvoir la question des finances et de la rentabilité. Elle suppose l'existence d'un noyau politique fort, capable de dresser un programme de voies de communication en usage dans un État moderne, de faire respecter ses décisions à distance, de disposer des moyens financiers (Bercy, 2001). En France, l'État prend en charge les éléments généraux des travaux publics comme les voies de grande communication, le reste étant fourni par les États provinciaux, municipalités et particuliers. La corvée dépassée, le système des adjudications est mis en place après la Révolution. Dans le Saint Empire, les différents États ont leur programme particulier. Ailleurs, comme en Angleterre avec les *Turnpike*, le système des péages a répondu aux exigences du trafic. Les besoins des puissants ont multiplié les taxes, qui ont suscité de multiples études, tel au col de Jougne dans le Jura. Colbert en France en a supprimé une bonne partie, préférant à la recette particulière l'amplitude de la circulation, élément visible, aisée à taxer dans des limites raisonnables.

Aux frontières, ont surgi au XVIᵉ siècle, les douanes sous le nom de «taxes à l'importation», étudiées par G. Zeller (*Mémorial Strasbourg*, 1947). Elles conditionnent la marche de l'économie. De là l'importance européenne des tracés par rapport aux tarifs de transport. Est fondamentale la notion de prix de revient pour toute production, dans le domaine du ravitaillement, produits des foires et des marchés, en fonction d'une théorie économique et d'une politique: le mercantilisme. Le rôle des transporteurs routiers conduisant leurs bêtes le long des berges des fleuves rejoint celui des commissionnaires qui orientent les destinations, surveillent les entrepôts et les lieux de pâturage, obtiennent les lettres de voiture, assurent la sécurité des convois. La rentabilité n'est pas immédiate, les contournements et les options diverses ne sont pas absentes.

La route est un être vivant, elle naît, vit et meurt par la coutume, le besoin, l'incident physique, l'impact économique ou la volonté des hommes. La géographie des prix (de revient) ou la géographie politique (de choix et de nécessité) double – ou se substitue – à la géographie (physique) de la circulation[25]. Sur cent kilomètres, le prix d'une denrée est, en moyenne, multiplié par deux, mais les évaluations restent délicates et les comparaisons souvent illusoires.

3. La permanence de certains itinéraires et la réduction des obstacles

«Les routes ne sont jamais isolées. À tout instant de leur existence, elles font partie d'un système, d'une combinaison de voies et de moyens qui ne cesse de varier en fonction des besoins, des situations de fait, des ambitions ou des inquiétudes des peuples et de leurs maîtres…» Et d'ajouter: «Toute modification d'une seule des pièces dont l'assemblage constitue "le système" entraîne aussitôt la réadaptation, la modification, la transformation du système entier. Et voilà le courant de circulation qui change de sens. Tel trafic s'intensifie, tel autre s'arrête. Des besoins nouveaux se manifestent et plient la route à leur satisfaction.»

Lucien Febvre invite ainsi à la connaissance de ces besoins nouveaux susceptibles de modifier le trafic. Est-il possible, au sein du milieu européen, de déterminer, dans la masse des faits, un certain nombre de «modèles» ou d'exemples concrets, de vérifier les agencements en «systèmes» et de fixer aux «réseaux» des critères valables d'explications?

Rapidement la notion d'itinéraire se substitue à celle de route. Celle-ci peut être, dans sa nature et son existence, entachée de précarité. Sans pour cela être l'esclave des normes physiques, l'itinéraire en retrouve les commodités essentielles, celles qui, depuis les origines, ont fixé les pas de l'homme ou la marche des animaux. La voie Regordane, celle des anciens pèlerinages de Clermont-Ferrand à Saint-Gilles où l'on s'embarquait pour Rome et la Terre sainte, en passant par Brioude et le sanctuaire du Puy, retrouve la voie romaine qui allait de Gergovie à Nîmes, recoupant les Cévennes. Elle-même sera reprise par la route royale et, sauf pour les gorges de l'Allier, par la voie ferrée du Bourbonnais[26]. Au XVIIe et surtout au XVIIIe siècle, avec l'essor du goût des voyages, se multiplient les guides qui, à l'échelle européenne, reprennent les anciens tracés, en fonction des sites à découvrir.

Si la commodité est la loi, elle demeure fonction de la distance et du coût, liés l'un et l'autre aux obstacles de tous ordres, à limiter, à aménager, à détruire. Les uns sont liés aux reliefs et se rencontrent dans les cols des Alpes, les abaissements d'axes des Carpathes, les chemins moussus et hauts du massif schisteux rhénan. Les autres sont liés aux cours d'eau, aux phénomènes d'inondation et de transbordement. Les derniers dépendent du climat dont les variations décuplent ou annihilent la valeur des obstacles. La réduction de ceux-ci dépend alors des moyens techniques, des sources d'énergie, de la trempe des caractères, de l'ingéniosité des hommes, ingénieurs ou non, des budgets envisagés et parfois des impératifs militaires. Alors on ne compte pas. Les grandes réalisations, tels les ponts sur le Rhin ou le Danube, quand il faut remplacer le provisoire par le définitif, forcent l'admiration. Ils demeurent à l'échelle humaine et les créateurs n'ont parfois pas laissé leurs noms dans l'histoire.

L'augmentation du parc européen des véhicules va de pair avec la multiplication des déplacements dans l'Europe cosmopolite du XVIIIe siècle, frénétique au début du siècle suivant, épousant le Romantisme, dans le double sens de l'individualisme et du collectif. S'opère alors une relative spécialisation de ce parc, suivant la finalité envisagée par l'utilisateur, aussi bien sur eau que sur terre. Le prix de revient et la main d'œuvre sont les moteurs de choix décisifs. Malgré la diversité des mœurs, s'établit une certaine uniformisation des moyens de transport sur l'ensemble de l'Europe. Un dualisme au départ, individuels ou collectifs. Trois impératifs de base, outre le besoin, combinent leurs effets: la mode, le confort, la sécurité.

De longues zones parallèles courent de l'ouest en est. Diderot va jusqu'en Russie et vend sa bibliothèque à Catherine II; Falconet dresse la statue de Pierre le Grand. Victor Hugo s'arrête au Rhin; Balzac et Mme Hanska hantent la Pologne. L'évolution est rapide: au départ, on peut distinguer les aires du portage, du traîneau, des animaux de bât; à l'arrivée on note l'essor des voitures et de la diligence, l'irruption du climat, la complémentarité de la voie d'eau et de la voie terrestre, l'apparition d'un monde de postillons et de routiers animant les relais, qui forgent, redressent, adaptent, et créent, dès l'aube, «une civilisation de la route», aux caractères spécifiques. Elle atteindra son point de perfection vers 1840, dans la première moitié du XIXe siècle, chant du cygne de l'Europe préindustrielle.

4. Existence et frémissements de l'«Europe du mouvement»[27]

La plupart des analyses sociales figent en général leur contenu à l'intérieur de la cité ou du village; peu d'entre elles consentent à quitter l'abri statistique de l'hôtel de ville, de la paroisse ou de la caserne. Cependant, dès cette époque, existe une «Europe du mouvement» qu'il convient de saisir dans ses composantes, définissant la base des phénomènes attractifs qui confèrent à chaque région sa physionomie originale. Elle trouve son explication:

– structurelle dans les phénomènes contrastés d'industrialisation accélérée et dispersée, et de paupérisation collective qu'a connus l'Europe à diverses époques (Geremek);

– conjoncturelle dans les multiples crises internes, telles les guerres de religion en France, en Allemagne ou en Bohême, qui signifient abandon d'entretien et rapines dans les forêts, dans les migrations nord-sud, est-ouest ensuite, de la plaine à la montagne, de la ville aux rivages de la mer; dans la recherche du travail enfin – type pâtres de l'Auvergne ou bergers de Castille ou d'Aragon, maçons de la Creuse, avant l'accélération de l'ère industrielle;

– dans l'évolution des mentalités suite aux explosions de la sensibilité et aux quêtes intellectuelles qui ont marqué différentes époques, Réforme et Renaissance, Lumières, classicisme napoléonien, idéalisme allemand ou romantisme aux multiples origines et à recevoir sous bénéfice d'inventaire, en termes de rupture et de continuité. Se profile une nouvelle manière d'écrire l'histoire des hommes, une nouvelle manière de comprendre le temps dans son double caractère d'éternité – le temps des Églises – et sa brièveté – le temps des politiques.

De la route, expression de l'Europe rurale, dépendent deux sortes d'émigration: l'émigration permanente et l'émigration saisonnière. C'est la répétition, le caractère cyclique qui crée le passage et définit la voie à suivre. Raoul Blanchard a étudié le phénomène pour les routes des Alpes. Philippe Arbos pour le Massif central. Dans la seconde moitié du XVIIIᵉ siècle, il y aurait augmentation de l'émigration. Celle-ci, associée à des phénomènes de prolétarisation massive, aurait tendance à se transformer, de saisonnière en définitive. À l'opposé d'une Europe close, isolée, bloquée et rurale, qui longtemps s'est définie par la stabilité des groupes humains, les chemins de migration mettent en contact villes et campagnes, plaines et régions hautes, pays du Nord et du Sud. Se manifeste l'attrait de la grand'ville où l'imaginaire joue son rôle autant que la vigueur pédestre. Europe des nomades qui s'oppose à l'Europe des sédentaires, comme l'a dit Jean Meuvret, en ce qui concerne la France. L'historien trouverait dans ces déplacements un «exutoire» aux crises de subsistance, et pas seulement en France, en attendant les départs outre-Atlantique[28].

Les crises de subsistance – et la misère des campagnes – entraînaient en effet un afflux des champs vers les villes. La ville? Le lieu où l'on trouve du travail. «On peut affirmer, dit Jean Meuvret, que les mêmes coefficients de mortalité, de fécondité et de nuptialité ne sont pas applicables» au monde des sédentaires et au monde des nomades. La famille et la fatigue, qui modifient ces coefficients, multiplient les errants, vagabonds ou non, en ajoutant aux professionnels de la mendicité et du «bricolage» les déracinés occasionnels qui, à partir de là, le restent souvent de manière définitive. L'enclosure, comme le grand domaine, chasse le paysan de ses terres: démuni, il se retrouve sur la route. S'y ajoutent les militaires, anciens soldats (et leur famille), sous-officiers réformés qui regagnent le pays et vivent le long du chemin, mercenaires aux aptitudes diverses. Les petits métiers de la route sont nombreux. J.-J. Jusserand en a énuméré quelques-uns: musiciens, bouffons, chanteurs ambulants, *outlaws* ou ouvriers errants, pèlerins, frères prêcheurs, moines mendiants... hantant auberges, tavernes, couvents et prieurés. La route est le commun dénominateur de la société marginale européenne, – ou considérée ainsi – telle qu'elle se présente en Allemagne, après la guerre de Trente Ans, guerre baroque aux multiples voies, celles des armées, des créances, des pamphlets, des missionnaires et des diplomates. Nous les retrouverons dans un prochain chapitre.

Appuyée on non par l'État, la révolution industrielle, au sein de l'Europe des échanges, donne toute sa valeur au phénomène de déplacement. La locomotive de Stephenson (après 1814) suit le rail, entraîne une modification de la géographie des routes, préparatoire à une nouvelle géographie urbaine. Concernant l'origine de ces déplacements en Angleterre, il convient de nuancer l'explication traditionnelle. L'étude des cartes de répartition de l'afflux de la population en Angleterre et le pays de Galles entre 1789 et 1815, opérée par W.-A. Armstrong, est révélatrice: (81,8 % dans le Lancashire, 77,3 % dans le Monmuthshire, 65,3 % dans le Kent, 64,4 % dans le Sussex). L'on ne croit plus, comme autrefois, que la population du Nord et des Middlands se soit accrue par un large afflux d'émigrants venus du Sud; les travaux de Bedford ont montré que les migrations internes, à cette époque, s'effectuaient généralement sur de courtes distances. La notion d'horaire intervient. L'horloge a une toute autre valeur pour l'ouvrier naissant que pour le rural qui part aux champs. Temps du prêtre, du marchand, du paysan et de l'ouvrier, voire du patron qui entend les données immédiates par-delà les mers: autant d'images aux rythmes divers qui se superposent, se rencontrent ou se détruisent au cours des siècles. Au XIXᵉ siècle, l'impression d'ensemble demeure, la modification de la géographie routière est liée au déplacement des centres de gravité vers les cantons portuaires et industriels. Londres, où arrive David Copperfield, reste la capitale attractive aux enfants malheureux, que décrira Dickens (1812-1870)[29].

5. Un problème d'entretien, de croissance et de mobilité

Dans quelle mesure la multiplication des voies de communications est-elle la cause ou la conséquence de la croissance économique, dans le monde occidental d'abord, puis plus à l'est, un demi-siècle plus tard? La question est délicate car elle met en cause les voies maritimes, alors en plein développement mais qui mettront également un certain temps avant d'adopter la vapeur pour la propulsion des *steamers*. La Cunard Line est fondée en 1840.

Les voies maritimes et l'activité des ports sont liées à la circulation de redistribution ou d'apports des matières premières. Les routes qui y aboutissent, tel à Hambourg, Lubeck, Rotterdam... se développent. Un exemple significatif de développement original est offert par l'évolution économique de la France et de l'Angleterre dans la seconde moitié du XVIIIe siècle: le commerce de la France a presque doublé depuis 1763, celui de l'Angleterre s'est moins accru. Or l'agriculture de la première n'a fait que de faibles progrès, celle de la seconde s'est fortement développée, bien que rarement favorisée par le gouvernement. Certaines décisions anglaises affectent la vie économique du continent, telle en 1846, l'adoption du libre échange par le ministère de Robert Peel[30].

Il devrait être possible, en fonction des statistiques existantes, de déterminer quelle est la part, dans cette croissance, du développement des voies de communication, en analysant les systèmes de variables qui freinent, contrôlent ou augmentent la prospérité générale. Dans quelle mesure est-il possible d'utiliser l'analyse factorielle appliquée à l'espace par Bernard Lepetit, chaque pays d'Europe pouvant constituer une de ces régions examinées par l'auteur à partir du XIXe siècle? Les chiffres sont donnés, le maillage réalisé. L'extension de l'Empire français a permis un progrès de l'ère statistique. Il semble possible d'appliquer la technique numérique et la méthode régressive à l'ensemble du patrimoine routier européen. Les critères pourraient être, outre l'espace, la démographie dans ses composantes – éléments naturels (diminution de la mortalité…) et facteurs accidentels (migrations) –, le commerce dans ses tenants et aboutissants, ses moyens et ses techniques d'action, ses résultats aux endroits névralgiques, l'industrie en suivant les installations progressives, passage de l'artisanat à la production de masse, et révolution agricole dans le domaine de la propriété, de l'exploitation, et de la vente à l'extérieur. Entretenue, la route apparaîtrait alors pour ce qu'elle est véritablement, que ce soit la voie hippique ou le rail, comme une création continue, résultante, mi-scientifique mi-empirique, expression de l'activité humaine dans son ensemble. Croissance et mobilité, tels seraient les caractères essentiels des paysages politiques et culturels qui colorent de façon différente, suivant les pays, moins les problèmes de création que de diffusion et d'échanges à l'échelle européenne[31].

Qui crée une route – et l'entretient – crée la richesse ou sème la désolation, telle dans l'exploitation des forêts, frontière ou non, bien suivie par la monarchie française dès Charles IX, face aux exploitations en coupe réglée des populations. En 1566 le roi décide l'arpentage général des forêts, la réserve obligatoire du tiers en futaie, la coupe générale des taillis à dix ans (1561) et la création des six grandes maîtrises. Le chemin forestier devenait la règle, la connaissance raisonnée forestière profita du *Commentaire de l'ordonnance de 1516*, paru en 1560. L'étude de la circulation forestière, au même titre que celle de l'exploitation agricole, reste à faire pour l'ensemble de l'Europe. Les sociétés d'agriculture, multipliées dans la seconde moitié du XVIIIe siècle, s'en sont préoccupé. La Double du Périgord est un exemple équilibré de mise en valeur, en fonction du rôle des étangs. La route et l'assèchement des étangs ont vaincu la fièvre. Sans route entretenue, pas d'exploitation possible, même par la schlitte dangereuse pour le bûcheron. En Angleterre, un des membres de la Royal Academy, John Evelyn, a donné dans *Sylva* (1664) une remarquable somme forestière de l'époque (M. Devèze, *Histoire des forêts*, p. 62).

Forêts qui participent de façon étroite à la vie des populations, qu'elles soient sédentaires ou nomades. «Dans un temps où, pour la foule des hommes – dans l'Angleterre du XIVe siècle – les idées se transmettaient oralement et voyageaient avec ces errants par les chemins, les nomades servaient réellement de trait d'union entre les masses humaines des régions diverses. Il y aurait pour l'historien un intérêt très grand à connaître exactement quels étaient ces canaux de la pensée populaire, quelle vie menaient ceux qui en remplissent la fonction, quelle influence et quels mœurs ils avaient.» (J. Jusserand.)

Les «routes des idées» sont difficiles à définir, de même que les conséquences des révolutions que nous avons rappelées: l'arrivée de la diligence donne le signal de la révolte, au même titre que le banquet: «Ils attendent de Paris le geste qui délivre et engage à la fois.» (F. Ponteil.) «Au milieu de l'allégresse générale, montés sur des voitures ou à cheval, dans leurs costumes chatoyants, paysans et paysannes emplissent les routes qui mènent à la grande ville.» (*Idem.*) Peuvent s'y ajouter, outre l'existence encore localisée d'une main d'œuvre ouvrière, l'extension du phénomène postal et de la presse à l'échelle européenne. Les phénomènes polonais et russe que l'on peut suivre sur la carte sont révélateurs qualitativement au début du XIXe siècle: l'histoire des routes s'intègre dans la lutte entre despotisme et libéralisme, entre classicisme et romantisme, entre religion ou religiosité et libertinage. La contrebande et le système douanier, libéral ou répressif, sont des éléments importants de cette «société des frontières» dont la clandestinité – et le silence – sont la loi.

Chapitre IV
Distance et réalité. La révolution des transports
Les grands «systèmes» européens de voies publiques

La route, création spontanée ou instinctive des hommes et des animaux, ignore au départ les frontières créées par les États. Elle répond aux besoins généraux des groupes humains, qu'ils soient matériels ou spirituels. Elle rend compte d'un appel, qu'il soit religieux comme dans le cas des pèlerinages, ou matériel comme dans le cas des foires de Champagne, de la Hanse, d'Allemagne centrale ou d'Ukraine. En fonction des conditions naturelles et de l'existence des accidents de la géographie, des «révolutions» successives techniques et politiques, des pôles nouveaux d'attraction économique, s'esquissent de grands itinéraires que fouleront les invasions des peuples venus de l'Est, les courants migrateurs portant les peuples vers les régions de production ou les descentes nord-sud vers la Méditerranée.

1. Les systèmes de relations pré-industriels et «l'équilibre» menacé

Entre 1780 et 1840, une distorsion critique s'installe entre la poussée spectaculaire de la production dans tous les domaines – hommes, produits agricoles et industriels… – et l'existence quasi immobile, mais arrivée à un point de perfection, du réseau et du matériel routiers dans l'ensemble de l'Europe.

Quelques chiffres de registres de péages témoignent de la valorisation et de la perfection du système. Sur la route de Lyon à Marseille, le pont à bascule de Livron donne au cours de la période 1821-1833 le passage en moyenne annuelle de plus de dix mille voitures à la remontée, chargées de plus de quatre cent mille quintaux; à la descente plus de cinq mille voitures dont la moitié repasse à vide du fait de la concurrence de la batellerie rhodanienne, emportant près de deux cent mille quintaux. S'y ajoutent près de mille diligences passées dans chaque sens avec près de dix mille voyageurs, soit cinquante voitures par jour. Passages qui demandent beaucoup à la route, d'autant qu'a été généralisée en Europe occidentale la voiture à deux roues, plus rapide, plus économique mais aussi plus fatigante pour la chaussée. «La cause essentielle de la dégradation des routes, écrit en 1833 l'intendant général de Savoie, dérive de l'usage de voitures à un seul cheval et mulet, dites «maringotes», employées pour le transport des marchandises… Ces voitures en plaine ont communément une charge pour deux chevaux; elles circulent à la file au nombre de dix, douze, quinze et dans les rampes se remorquent.»

Le premier quart du XIXᵉ siècle enregistre ainsi une rupture d'équilibre entre la résistance de la route – à laquelle il est beaucoup demandé – et la puissance d'érosion des routes entraînées par la charge et la traction. De là l'intérêt des recherches de B. Lepetit sur la résistance du revêtement. La distorsion s'accuse entre les nécessités de la vie économique et les possibilités techniques de la circulation intérieure, terrestre ou fluviale. De gros efforts ont été accomplis dans le domaine de l'élaboration des «systèmes», construction des canaux, utilisation des roues à aubes, prouesses techniques à l'échelle européenne, efforts demandés; dans les différents domaines, aux hommes, postillons, bateliers et conducteurs compris, et aux animaux. Ils restent encore insuffisants en regard des besoins: témoins plus qu'acteurs, ils sont contemporains «d'une accélération de l'histoire» (P. Léon, *Économies et sociétés préindustrielles (1650-1780)*, Paris, Colin, 1970).

2. Le nouveau visage de l'Europe: les «révolutions» et leurs conséquences

À la fin du XVIIIᵉ siècle et au début du siècle suivant, un fait nouveau a bouleversé l'économie des transports: l'adoption, à l'imitation de l'Angleterre, par l'industrie européenne, de la machine à vapeur et l'essor accéléré d'une révolution industrielle. Révolution contemporaine d'une révolution démographique et dans certains pays, d'une révolution agricole affectant les anciennes économies. Un paradoxe est à relever: le décalage entre l'existence de la révolution politique qui, en France et en Europe, modifie les structures sociales et politiques, et l'éclosion postérieure de la révolution technologique qui modifie la physionomie des transports dans la première moitié du XIXe siècle. Révolution politique et machine à vapeur, double libération ou nouvel esclavage? En bref, heurts et contacts, non solidaires, défis et ruptures marquent, pour une génération, la fin d'une époque, l'éclosion d'un monde qui se cherche et une nouvelle conception du temps et de l'espace.

Ces révolutions sont de différents types. La révolution démographique ou mieux l'accroissement considérable des populations de l'Europe est le fait essentiel: de cent millions en 1650, cette population passe à cent quatre-vingt-sept millions en 1800, accroissement plus marqué en Grande Bretagne, en France, en Prusse, et en Russie. Ce dernier pays, le plus étendu des États européens − y compris alors Finlande et Pologne, où le tsar est grand-duc et roi − est celui qui avait la plus faible densité de population. Le recensement de 1815 donnait, y compris l'Asie, quarante-cinq millions d'âmes, en 1825 on comptait cinquante-cinq millions, et en 1835, cinquante-neuf millions, dus à une très forte natalité et au recul de la mortalité. L'évolution s'est poursuivie au cours des siècles. En 1800 on compte une vingtaine de villes importantes contre treize ou quatorze en 1700. Londres a une population qui atteint presque le million, Paris et Constantinople comptent un peu plus d'un demi-million; Moscou, Saint Pétersbourg, Vienne, Amsterdam et Naples un peu plus de deux cent mille. L'Italie possédait plusieurs grandes villes, Milan, Rome, Gênes, Palerme, entre cent mille et deux cent mille habitants. Routes et villes sont liées. Dès sa création et plus encore son essor, la ville attire la route. Malgré la saignée napoléonienne puis outre-océan, la croissance se maintient: en sera modifiée, en répartition et en densité, l'économie des transports (P. Guillaume et J.-P. Poussou, *Démographie historique*, Paris, Colin, 1970).

La révolution agricole, expression usée, rejetée par beaucoup, que nous conservons sous bénéfice d'inventaire, apparaît comme l'œuvre d'une minorité dans les différents pays. Elle serait marquée par l'introduction de cultures et de techniques qui modifient, dans les pays européens, les rapports villes-campagnes et les possibilités de développement. Y sont compris l'augmentation des surfaces cultivées, les défrichements, la suppression des jachères, l'extension de la prairie artificielle et des plantes nouvelles, betteraves à sucre et pommes de terre, garance et tabac… et, en Angleterre, avec l'aide des *enclosures acts* du Parlement (cinq mille trois cents de 1727 à 1821), la plantation des haies vives. C'est en principe la fin des crises de subsistance, la modification des paysages, mais aussi la modification des directions et des besoins avec la constitution de grands domaines d'élevage. En France, avec la vente des biens nationaux, va triompher l'individualisme agraire, au profit de la bourgeoisie et de la grosse paysannerie (A. Antoine, J.-M. Boehler et F. Brumont, *op. cit.*)

Révolution industrielle provoquée par les inventions successives, modification d'une importance considérable, autant pour la géographie routière que pour le «matériel roulant». L'Angleterre a donné le branle. Après des siècles de stagnation, inventeurs et techniciens ont ouvert au machinisme l'industrie textile d'abord, métallurgique ensuite. Le métier à tisser mécanique est mis au point; le haut-fourneau au coke prend le pouvoir. Les machines nouvelles sont d'abord employées dans les mines; la Fusée de Stephenson construite en 1829 est utilisée avec succès en 1830, de Liverpool à Manchester. Une nouvelle géographie se dessine. Les problèmes de production et d'expédition de quantités considérables vont se poser dans certaines régions, telles celles du Nord et de la Ruhr, de la Saxe ou de l'Oural.

«Le machinisme ne fut pas seul à constituer la révolution industrielle; celle-ci ne commença vraiment que lorsqu'une nouvelle force motrice put remplacer celle de l'eau, du manège de chevaux ou des bras de l'ouvrier, pour actionner les machines.» (J.-A. Lesourd et C. Gérard.) L'histoire de la route se confond avec celle de la machine à vapeur, en attendant l'arrivée de l'électricité et du moteur à explosion.

3. La révolution des transports: le rail, nouveau venu

La révolution des transports a été la dernière mise en place et ne s'est pas faite en un seul jour, sur la terre ferme comme sur l'océan, de même en Europe médiane et orientale, où triomphait l'absolutisme politique. Les retards des uns et des autres étaient plus ou moins considérables. Les raisons en sont à la fois structurelles et conjoncturelles. Les premières tiennent au conservatisme des méthodes et à la conception même du temps et de l'espace; les secondes aux résistances collectives ou individuelles. En France, M. Baudot a étudié l'obstruction parlementaire aux premiers projets de grandes lignes ferroviaires (1831-1842). Pour triompher, il fallut l'intense propagande des saint-simoniens, persuadés que les chemins de fer contribueraient largement à l'avènement de l'ère industrielle dont ils attendaient la régénération du genre humain. Mais la bourgeoisie au pouvoir restait très réticente (CNSS Bordeaux, 1979). En Russie, la très grande majorité de la population était agricole et rurale. Sauf les trois capitales, Kiev, Moscou, Saint-Pétersbourg et le port récent d'Odessa, les villes russes n'étaient que d'énormes villages. Les types de villes révèlent les phases de l'expansion russe, depuis les vieilles cités historiques blotties sous la protection d'un *kremlin* occupant le site le plus élevé ou les couvents fortifiés jusqu'aux créations «coloniales» et industrielles des XVIIIe et XIXe siècles. L'intervention des tsars a été décisive pour la modernisation des communications, mais le retard était considérable en ce qui concerne les divers services municipaux.

En Europe occidentale, plus rapidement aménagée, le rythme des inventions va se poursuivre[32]. Des éléments décisifs interviennent.

«Les chemins de fer, a écrit Vidal de La Blache, ajoutent au passé plus qu'ils ne le remplacent». La phrase est vraie dans la mesure où l'inscription sur le sol se fait suivant les anciens itinéraires et les agglomérations préexistantes. Mais il convient de remarquer que, tout comme la route, le chemin de fer crée des conditions nouvelles: il tend à modifier, par son existence même, les rapports de peuplement et d'activité des villes et des campagnes. Il met en évidence et amène à la vie, dans un pays comme l'Empire russe, des peuples «étrangers», ceux des extrémités de l'Empire, de l'ancien Grand duché de Lituanie, des provinces baltiques, ouvertes sur la mer, de la Bessarabie, détachée de la Moldavie en 1812, les pays à l'est de la Volga et de la région du Caucase, d'un accès difficile, où se retrouvent Géorgiens et Arméniens, épris de liberté. Instrument d'unification, le chemin de fer ne peut cependant modifier ni les institutions traditionnelles, ni les religions, ni les langues, ni, au départ, rattraper le retard économique. Dans un premier temps, il révèle et accentue les contrastes.

Première conséquence déjà perceptible dans la première moitié du XIXᵉ siècle, la montée en puissance des agglomérations urbaines touchées par le rail. L'exemple de Bordeaux, étudié par J.-P. Poussou et P. Butel (1980-1991), est caractéristique: croissance assez lente de la ville, capitale de l'Aquitaine, puis du duché de Guyenne, urbanisation assez poussée au XVIIIᵉ siècle, siècle du Parlement et des routes, œuvre de l'intendant Tourny. Ouverte sur l'Océan et les îles, la ville compte cent mille habitants environ. Après la révolution de 1830, les chemins de fer font leur apparition. La population afflue, venant des campagnes voisines, de nouveaux quartiers naissent, posant à la municipalité des problèmes considérables de ravitaillement, de logement, de travail, d'éducation, de circulation, d'évacuation des déchets.

Seconde conséquence, par les cristallisations qu'il entraîne, le rail peut être un agent du dépeuplement des campagnes. Il s'agit d'un phénomène difficile à chiffrer: l'appel de la ville est né avec celle-ci et s'est révélé bien avant le rail. La «ville-tombeau» du XVIIIᵉ siècle, où l'excédent des décès sur les naissances était la règle, ne vivait que par l'afflux des migrants des campagnes voisines. Avant le développement du chemin de fer, compensé par les services réciproques, ce phénomène restait d'envergure limitée. Cet équilibre va être détruit par la multiplication et l'ampleur des moyens de circulation à longue distance. Sans doute, en principe, permettant l'arrivée de produits d'autres régions, voire d'outre-mer, le rail supprime les crises de subsistance mais la métropole régionale peut devenir une étape du déracinement. En témoignent les remarques d'un administrateur régional: «Depuis le premier jour qu'il s'est agi du futur chemin de fer […] le peuple de nos campagnes est alarmé; en effet, pour eux, plus d'engrais pour fortifier leurs champs, plus de moyens faciles d'exploitation. Car celui qui a un espace pour une bête de labour, en nourrit deux, trois ou un plus grand nombre et les occupe à ses moments de loisir à aider les charretiers à gravir la montagne; l'on fait son état habituel d'employer les chevaux à cet usage, l'autre vit du produit de la forge; celui-ci est occupé à faire des charrettes pour le roulage; celui-là compte, pour substanter sa famille sur le béné-fice que lui procure la vente de quelques boisseaux d'avoine; enfin huit à dix éta-blissements, qui occupent plus de six personnes chaque jour, pour loger et nourrir les voyageurs, vont devenir inutiles.» (cité par H. Cavaillès, p. 276.)

Joue également le «désintérêt» d'une partie de l'élite politique pour les cam-pagnes. Au congrès national des sociétés savantes de Bordeaux (1979), E.-M. de Ficquemont posait le problème à propos du département de la Creuse: «Peut-on parler d'une révolution ferroviaire positive? L'effet de cette révolution, un pétard mouillé? À la veille de la première guerre mondiale, la Creuse ne pénètre-t-elle pas dans le sombre gouffre de l'isolement et de l'oubli?»

Ce qui apparaît dans les villes, sans qu'on puisse parler d'un déterminisme absolu, c'est la croissance de la banlieue ouvrière, l'essor des industries de produc-tion liées, soit directement au chemin de fer, soit aux matières premières qu'il apporte ou aux produits fabriqués qu'il est susceptible d'emporter à des distances plus ou moins longues. Un nouveau type de complémentarité naît en Europe entre la campagne et la ville. Est-elle bénéfique à l'homme? C'est une autre question. Elle commence seulement à faire sentir ses effets à l'époque qui nous intéresse, dans les domaines politique, technique, économique et humain.

4. Jeux et enjeux de la route: densité, fonctions, articulations à de grands itinéraires

Il semble que se soient manifestées au cours des siècles, deux régions bien dif-férenciées: d'une part, une petite région noyau, en Europe occidentale, façade atlan-tique apparue au XVIᵉ siècle, foyer d'un mode de vie assimilée, dans de nombreux domaines, à l'idée de civilisation européenne, où sont nombreux et denses les moyens de communication aboutissant à l'Océan, correspondant à une avance démographique, économique, institutionnelle; d'autre part, une région dite «de colonisation», plus étendue, en croissant, encerclant la première au nord, à l'est et au sud, marquée par un sous-développement dans le domaine de la population urbaine et de l'organisation de l'économie, de la conception des voies de communication parallèles aux rivages de la mer, monde clos face à un monde ouvert sur le reste de la planète. Sont à comparer les distances-physiques, les distances-temps (de parcours) pour les hommes et les marchandises entre les différentes périodes, les maillages des systèmes présentés. Les indications sont surtout qualitatives: les «densités» tiennent compte des fonctions, des articulations, des thèmes récurrents: insécurité, entretien, concurrence des différentes voies.

Les voies nées et structurées par l'État et par l'économie[33]

Dans chaque pays s'est installé, après le XIIIe siècle, une autorité centrale, unique ou multiforme, qui tend à s'assurer, de gré ou de force, par la négociation, l'achat ou la conquête juridique, militaire ou économique, la maîtrise de la route. Née avant l'État, la route devient bientôt possession de l'État qui la protège, la rançonne, l'utilise, la coordonne avec d'autres organismes, tendant à édifier une administration, voire un «système», doublant, étayant, fortifiant le régime politique, voire culturel. Il en est ainsi en Europe centrale où, sous l'influence des gîtes miniers, à la durée quelquefois éphémère (notamment en Bohême), s'affirme, pour tout ce qui concerne le peuplement, l'influence des voies commerciales: voies privilégiées qui naissent dès que commence l'échange de l'ambre avec le bronze. L'une d'elles passe par le bassin de Thuringe, par celui de Fulda et celui de Mayence, pour remonter le Rhin jusqu'en Suisse ou, par le Neckar et le Jura Souabe, gagner le haut Danube; l'autre, partant de la Prusse orientale, remonte la Vistule et gagne la plaine hongroise, par l'Oder et la plaine de Moravie, ou la mer Noire par le bord oriental des Carpathes.

Joue également le facteur touchant à la «capitale du pays». En Russie les progrès de Moscou s'expliquent avant tout par le progrès des communications, du commerce et de l'industrie. Déjà au XVIIIe siècle, un voyageur étranger remarquait que «tous les habitants de Moscou, des plus considérés aux plus humbles, aimaient le commerce» et que, «dans les boutiques plus nombreuses qu'à Amsterdam, il n'était pas de marchandises qu'on ne vendît». Nœud de routes, Moscou résume les industries de sa région, fourrures comprises; la ville a subi des invasions dévastatrices, depuis celle du Khan tatar Batyi en 1237 jusqu'à celle de 1812, mais a su se reconstruire en gardant son âme. La suppression du servage y fit affluer les paysans qui trouvaient à s'y employer. De son côté, créée en mai 1703, sous le canon de la flotte suédoise croisant dans le golfe, Saint-Pétersbourg a développé son système de communications vers l'intérieur, – la Neva en premier lieu –, travaux de jonction par canal avec la Volga, puis avec deux autres affluents du fleuve qui complètent le réseau de batellerie desservant la capitale. En 1835, s'ouvrait la route vers Moscou; en 1851 le chemin de fer du tsar Nicolas unissait les deux capitales. Jouaient alors le développement industriel et commercial, le réflexe de sécurité et la création des voies de communication vers les villes principales et la Russie d'Asie.

Ainsi a été créé en Europe, de toutes pièces, un «système routier» qui, combinant routes terrestres et routes fluviales rendues rentables par la vapeur, a contribué à la prise en mains d'un pays par l'État et à la mise en valeur d'une économie. Il en était ainsi pour l'empire des Habsbourg, qui, de Vienne et grâce aux routes où circulait le *thaler* de Marie-Thérèse, retenait, sous sa domination, les royaumes de Bohême et de Hongrie.

Les voies d'intérêt local et régional

Face à ces œuvres communes où se retrouvent aussi bien l'influence des princes de Brandebourg que celle des archiducs d'Autriche, des rois d'Espagne – après l'union de la Castille et de l'Aragon – ou de la dynastie capétienne en France, subsistent, dans leur réalité quotidienne, pour les populations, les voies d'intérêt local ou régional. Nées du travail de la terre, épousant étroitement les réalités du paysage rural, limitant les horizons des travailleurs aux distances des villes voisines, elles vont du sentier des forêts aux chemins de la transhumance et aux chemins de terre, marqués des bornes armoriées qui indiquent seigneuries et finages. Longtemps délaissées par le pouvoir central, elles épousent étroitement les conditions générales de l'Europe du Nord et du Nord-Centre, «cil des bocages et cil des plans». Elles font partie de l'existence même du paysage rural. Sans doute, soumise aux aléas du climat, leur existence tient plus de la piste que du chemin, tel en Angleterre, entre Preston et Wigan, où Arthur Young, en 1770, «a mesuré des ornières de quatre pieds et inondées de boue par un seul été humide». Par contre, près de Norwich, à la place de «la vaste lande, sans arbre, ni buisson, simple parcours pour les moutons», il y a maintenant «une excellente route à péage, bordée de chaque côté par une bonne haie vive». (Lord Ernle, *Histoire rurale de l'Angleterre, témoignage des années 1780*, trad. fr., 1952. Yves-Marie Bercé a suivi dans *Croquants et Nu-pieds* (coll. «Archives», 1974, p. 88, «La révolte des blés») les chemins de la révolte paysanne et, en Europe (coll. «L'historien», Paris, PUF, 1980) «révoltes et révolutions» pour le maintien des usages traditionnels, concernant la circulation des biens et des personnes, jusque dans les espaces danubiens (p. 220). Désenclavement, mise en valeur, sécurité, prises de contact et entretiens multiples, autant de fonctions, modestes sans doute, mais dont l'importance est considérable pour les populations rurales: le temps des sabots et de la blouse sur les marchés franchira le seuil de la première guerre mondiale. L'on parle de «maillages» plus ou moins serrés suivant les systèmes retenus (concentriques, directionnels, de substitution…).

Les voies «de la campagne»

N'est pas interdit un grain de folie, qu'apporte l'évolution des mœurs. A. Young note en 1787 l'habitude nouvelle en France de passer quelque temps à la campagne, héritée peut-être de Genève (*Instructions aux ambassadeurs*, Suisse): «Paris est, relativement parlant, vide (en août et septembre). Quiconque a une maison de campagne y réside […] Cette révolution remarquable dans les mœurs est certainement l'un des meilleurs emprunts que l'on ait faits aux coutumes anglaises et son introduction se fit très aisément, grâce à l'influence magique des écrits de Rousseau, ce splendide génie…»

Les courants nouveaux ainsi créés se diffusent largement dans les capitales provinciales et dans toute l'Europe: Berlin tient Potsdam sur un lac de la Havel, et, non loin, le château et le parc de Sans-Souci, Vienne a Schönbrunn au superbe château impérial (1744-1750), Strasbourg a la Folie Marco (Barr) et Colmar, dans le piémont vosgien, les propriétés des magistrats du Conseil souverain. Moscou s'ouvre aux propriétés à l'extérieur, celle où se rend Léon Tolstoï allant à Ivitzki rendre visite à sa chère Sophie Andréïévna. Il a reçu celle-ci et sa famille à Iasnaïa Poliana («la clairière lumineuse»), le dernier relais de poste étant Toula.

Restent à prévoir les retours dans la capitale lorsque les occupations ou les divertissements le demandent. La banlieue de Saint-Pétersbourg se peuple de *datchi* (villas), dans un paysage de lacs et de collines boisées. Plus loin, les villages agricoles créés par (et pour) Catherine II, sont peuplés de colons allemands. Nombre de ces résidences secondaires ou propriétés familiales donneront naissance à des villes desservies par les relais de poste.

Conclusion

Le rappel des différents aspects a mis en évidence le rôle primordial des facteurs physiques et des liens qui les unissent à l'aménagement humain: rôle du relief et des abaissements d'axes, rôle de l'eau sous ses formes les plus diverses et dans tous les domaines, rôle de l'environnement physique et humain. Autrefois comme aujourd'hui, les vallées constituent les grands couloirs de la vitalité européenne. L'histoire s'est souvent faite autour des fleuves et celle des routes en particulier. S'y ajoute la création humaine qui a nom histoire, temps et développement des villes.

Liés de près aux conditions géographiques que l'homme a ainsi modifié à différentes époques, les différents types de circulation en Europe se retrouvent, suivant les espaces, tout le long des temps «étrangement longs» – un problème de vitesse? – avec des inflexions diverses fixées par les conditions politiques, les nécessités économiques, les révolutions techniques. Systèmes complémentaires aux yeux de l'historien, mais qui souvent s'ignorent, mènent des vies parallèles, terrestres ou fluviales, donnant naissance chacun à des types de vie et d'humanité étrangers l'un à l'autre, mais liés entre eux par les problèmes de l'énergie, la vieille alliance de l'homme et de l'animal, la volonté de réduire les temps et de dominer l'espace.

Est apparue la notion de politique, de réseau, voire de système et de maillage. S'inscrivant en termes de continuité et de rupture, le drainage s'opère, à la fin de la période qui nous intéresse, par le système des grands travaux, fidèles à l'utilisation des rivières et à la doctrine des raccordements[34]. S'y joignent la tentative de déblocage des campagnes, l'essor de la route libératrice et le jeu de ce médiateur qu'est le rail, au profit des métropoles urbaines que sont les capitales régionales et nationales, en voie de mutations profondes, issues plus ou moins de la route.

NOTES

1. RAYNAL (R.), «La Géographie dans les destinées de l'Europe», *Histoire générale de l'Europe*, sous la direction de G. Livet et R. Mousnier, 1983, t. I, p. 11-57. BLANCHARD (R.), *Géographie de l'Europe*, Paris, 1936. DERRUAU (M.), *L'Europe*, Paris, 1971. EAST (G.), *Géographie historique de l'Europe*, 8ᵉ éd., trad. de l'anglais (A. Vaillant), Paris, 1939. Sur l'arc alpin, placé au centre du dispositif, BERGIER (J.-F.), «Les Alpes dans l'histoire», *Les Foires de Genève et l'économie interna-tionale de la Renaissance*, Paris, 1903, p. 17-19 («immense barrière mais non pas un obstacle, à peine une frontière»); «Histoire des Alpes. Perspectives nouvelles. I. Les routes, trafics, commu-nications à travers et dans les Alpes», *RSH*, vol. 29, 1979; «Le trafic à travers les Alpes et les liai-sons transalpines du Haut Moyen Âge au XVIIᵉ siècle», dans «Il sistema Alpino», *Economia e Transiti*, Bari, 1975. Voir aussi les *Actes du colloque international sur les cols des Alpes*, «Antiquité et Moyen Âge», Bourg-en-Bresse (1969), Orléans (1971) et les annuaires du Club alpin français.

2. ANTOINE (A.), BOEHLER (J.-M.), BRUMONT (F.), *L'Agriculture en Europe occidentale à l'époque moderne*, Paris, Belin, 2000 («Ce livre se situe au confluent de quatre traditions historio-graphiques», p. 5-6; avec bibliographies sur les différents espaces, p. 411-419). LA BLACHE (V. de), *Principes de géographie humaine*, s.l.n.d., 3ᵉ partie («La circulation»). BRUHNES (J.), *Géographie humaine*, 4ᵉ éd., s.l.n.d. (oppose l'Europe forestière du Nord et l'Europe «décharnée» du Sud). Sur le climat, LE ROY LADURIE (E.), «Histoire et climat», *AESC*, 1959; «Aspects histo-riques de la nouvelle climatologie», *RH*, 1961; *Histoire du climat depuis l'an mil*, Paris, 1967. ALEXANDRE (P.), *Le Climat en Europe au Moyen Âge. Contribution à l'histoire des variations clima-tiques de 1000 à 1425, d'après les sources narratives de l'Europe occidentale*, EHESS, Paris, 1987, t. XXIV. Sur les paysages, BLOCH (M.), *Les Caractères originaux de l'histoire rurale française (1931-1956). Histoire rurale*, sous la direction de G. Duby et A. Wallon, Paris, 1975, 4 vol. (t. II dirigé par Le Roy Ladurie). REITEL (F.), *Les Allemagne*, Paris, Colin, 1969 («Les trois Allemagne», p. 69). Sur les révoltes paysannes, DUPUY (R.), *Les Chouans*, Paris, Hachette, 1997 («La vie quo-tidienne»). CR PETITFRÈRE (C.), *RHMC*, 1999, p. 1-2. CORVOL-DESSERT (A.), *Les Sources de l'histoire de l'environnement. Le XIXᵉ siècle*, Paris, L'Harmattan, 1999.

3. DEVÈZE (M.), *La Vie de la forêt française au XVIᵉ siècle*, Paris, 1961, 2 vol.; «Les routes forestières sous l'Ancien Régime», *Actes du colloque de Bordeaux*, 1979, 1980, p. 63-70; «Forêts françaises et forêts allemandes. Étude historique comparée», *RH*, avril-septembre 1966. MAGER (F.), *Der Wald in Altpreussen als Wirtschaftsraum*, s.l.n.d., 2 vol., t. I, p. 251. Essai de syn-thèse dans *Actes du colloque de Besançon*, préface d'E. Faure, AIE, Strasbourg, 1967. SLICHER VAN BATH (B.H.), *L'Histoire des forêts dans les Pays-Bas septentrionaux*, s.l.n.d., p. 88-98. RUBNER (H.), «Forstgeschichte im Zeitalter der Industrielle Revolution», *Schriften zur Wirtschafts- und Sozialgeschichte*, Berlin, Munich, 1967. Groupe d'histoire des forêts françaises, textes présentés par A. Cordol et C. Ducas de la Boissonny, *Enseigner et apprendre la Forêt. XIXᵉ-XXᵉ siècle*, Paris, 1992. *Forêt et guerre*, sous la direction de A. Corvol et J.-P. Amat, Paris, 1994. «La Forêt dans tous ses états. Réalités, perceptions, imaginaires», *Actes du colloque de Dijon*, AIE, novembre 2001. CORVOL-DESSERT (A.), «La forêt de montagne à l'époque moderne», *La Montagne à l'époque moderne*, AHM, 1999, p. 99-133.

4. BNF Paris ms f. fr. 2787. Recueil des fleuves. Carte de 1643 de L. Coulon. GAUTHEY (E.), *Traité de la construction des ponts*, Paris, 1832. BAULIG (H.), «Vallées et rivières», *Mélanges Philippe Arbos*, Clermont-Ferrand, 1952. REITEL (F.), *Mers et fleuves. Variations sur le thème de*

l'eau (dans le monde germanique), Paris, Didier, 1973. DEMANGEON (A.) et FEBVRE (L.), *Le Rhin. Problèmes d'histoire et d'économie*, s.l.n.d., p. 15I; SUTTOR (M.), «Sources et méthodes pour l'histoire de la navigation fluviale. L'exemple de la Meuse», *Le Moyen Âge*, t. XCVI, 1990. PARDÉ (M.), *Fleuves et rivières*, 5ᵉ éd., Paris, 1968, p. 183-203.

5. ALLIX (A.), «Le Danube jusqu'en 1939», *Études rhodaniennes*, s.l., 1942, p. 93-130.

6. Centre international de synthèse, *L'Évolution des peuples. Europe orientale, Baltique-mer Noire*, Paris, PUF, 1950.

7. Cinq types d'embarcations dans Ausone sur la Garonne et le Tarn dans ÉTIENNE (R.), «Les bateaux fluviaux sur la Garonne et le Tarn au IVᵉ siècle après J.-C.», *Revue de Libourne*, 1972, p. 71-76. *Voies d'eau et bateliers du Nord*, Lille, CRDP, 1980, 304 p.

8.Thèmes de recherche sur les villes antiques d'Occident: *Actes du colloque du CNRS*, publ. par P.-M. Duval et E. Frézouls, Paris, 1977.

9. NICE BOYER (M.), «Road and Rivers. Their Use ans Diuse in late Médiéval France», *Medievalia et Humanistica an American Journal for the Middle Age and Renaissance*, s.l., 1960, *13*.

10. DUBOIS (H.), *Les Foires de Châlon et le commerce de la vallée de la Saône à la fin du Moyen Âge (vers 1280-vers 1430)*, Paris, PU Paris, 1976. COCULA-VAILLIÈRES (A.L.M.), *Les Gens de la rivière de Dordogne. 1750-1850*, Lille, 1979.

11. LENTHÉRIC (C.), *Le Rhône, histoire d'un fleuve*, 2ᵉ édit., Paris, 1905. À noter sur l'importance du flottage, mythe et technique, la construction en 2001, selon le mode ancien, d'un radeau, *Europa im Fluss*, constitué de 2001 grumes de sapin et d'épicéa fauchés par l'ouragan de l'année précédente, dans la forêt de Gengenbach. L'esquif (15,8 x 22,8 m) construit par des flotteurs de bois allemands, devait, de Strasbourg, gagner Rotterdam et la mer du Nord. Projet intéressant mais non réalisé.

12. LE ROI-GOURHAN (A.), *Évolution et techniques*, Paris, 1945, vol II («Milieux et techniques»).

13. SCHADENDORF (W.), *Zu Pferde, im Wagen, zu Fuss. Tausend Jahre Reisen*, Munich, 1959. MUSSET (M.), *De l'élevage du cheval en France*, Paris, 1917. PRESEAU DE DOMPIERRE (P. de), *Traité de l'éducation du cheval en Europe*, Paris, 1788. Sur la question de l'académie de Versailles voir «Bartabas à Versailles», *Le Nouvel Observateur*, février 2002.

14. LEFEBVRE DES NOËTTES (Cdt), *L'Attelage et le cheval de selle à travers les âges. Contribution à l'histoire de l'esclavage*, préface de Jérôme Carcopino, Paris, 1931. SPRUYTTE (J.), *Études expérimentales sur l'attelage*, Paris, Crépin-Leblond, 1983 et *L'Histoire*, n° 45, 1983, p. 74 (reproduction d'un cratère grec, représentant Athéna montant en char, vase dit «à figures rouges» Vᵉ siècle av. J.-C. (musée du Louvre). Pour le Moyen Âge, d'Herrade de LANDSBERG, *Hortus Deliciarum* (fin du XIIᵉ siècle), J. Walter, 1952 (les travaux et la peine des hommes). Textes dans Bennassar (B. et L.), *Le Voyage en Espagne*, 1998, p. 691-750.

15. DEFFONTAINES (P.), *Géographie humaine de la France*, Paris, 1926. CAPOT-REY (R.), *Géographie de la circulation*, s.l.n.d., p. 82. CHAUNU (P.), *Histoire, science sociale*, s.l.n.d., p. 254.

16. JOBÉ (J.), *Au temps des cochers. Histoire illustrée du voyage en voiture du XVᵉ au XXᵉ siècle*, Paris, 1976. PATERSON (J.), *The History and Development of Road Transport*, Londres, 1927. Tarr (L.), *Chars, Charretiers et charrois. La voiture à travers les âges*, Paris, Budapest, 1979.

17. FAUCHER (D.), *Plaines et bassins du Rhône moyen entre Bas-Dauphiné et Provence*, Vienne, 1927. GEORGES (P.), *La Région du Bas-Rhône*, Paris, 1935. RITTER (J.), *Le Rhône*, rééd., coll. «Que sais-je», Paris, PUF. Voir note 11.

18. DION (R.), *Le Val de Loire*, Tours, 1934. BILLACOIS (F.), «La batellerie de la Loire au XVIIᵉ siècle», *RHMC*, juillet-septembre 1964, t. XI. (Cité par G. Livet, *Flaran 2*, p. 116.).

19. DE LA LANDE, *Des canaux de navigation et spécialement du canal du Languedoc*, Paris, 1778 (vol. de planches et comparaison avec d'autres canaux d'Europe). Sur les progrès de l'hydraulique, COURTONE, *Traité de l'hydraulique professé à l'Académie royale d'architecture*, Paris, 1731. *L'Encyclopédie* ou *Dictionnaire raisonné…* différents titres et extraits réunis sous le titre «Science de l'Ingénieur des Ponts et chaussées, turcies, levées, canaux et ports maritimes», Paris, s.d. VAUBAN, *Mémoire sur la navigation des rivières*, publication dirigée par J.-B. Michel de Boislile, Paris, 1881 (*Mémoires des intendants sur l'état des généralités*, t. I, p 399-414). Sur le «monument le plus représentatif de Louis XIV avant Versailles» (Voltaire): MAISTRE (A.), *Le Canal des Deux Mers, 1666-1810*, Toulouse, 1968.

20. KOENIG (C.), «Techniques et habitudes de navigation des bateliers strasbourgeois au XVIIIᵉ siècle», *Amis du Vieux Strasbourg*, 1975.

21. A.M.S. VI, 201, 9 (1746-1751). Rapports sur l'endiguement du Rhin, œuvre des siècles, de la part des communes riveraines, du fait des variations du lit. LOEPER (C.), *op. cit.*, 1873. LIVET (G.), *L'Intendance d'Alsace sous Louis XIV*, 2ᵉ édit., s.l., 1991, p. 627-633. DEMANGEON (A.) et FEBVRE (L.), *op. cit.* («La voie du Rhin, conditions naturelles et artificielles»). Sur les passages du Rhin, VOGLER (C.), «Le Rhin de Jules César à Théodose», *Fleuves, rivières et canaux, op. cit.*, p. 85-118. DESCOMBES (R.), «L'aménagement du cours du Rhin», *Une Histoire du Rhin*, édition dirigée par P. Ayçoberry et Marc Ferro, s.l., 1981. À relever, à propos de la Grande Flottille (qui suit), une gravure intéressante, illustrant de façon fantaisiste, le projet d'invasion de l'Angleterre par Bonaparte, et réunissant divers moyens de transport. Au centre, la mer et la Grande Flottille, dans le ciel une armada de montgolfières, au pied, un tunnel par lequel seraient acheminés l'artillerie, le reste de l'infanterie et l'intendance (TRENDEL (G.), «Histoires de bateaux», *DNA*, 09-10-1998).

22. LUKASZEWSKI (J.), «L'historiographie de l'Autriche-Hongrie», *RHMC*, s.l., juillet-septembre 1968. BÉRENGER (J.), *Histoire de l'empire des Habsbourg 1273-1918*, p. 209-218. TAPIÉ (V.-L.), *Monarchies et peuples du Danube*, s.l.n.d., p. 154. Sur la rencontre d'un fleuve, d'une ville et d'une famille, WANDRUSKA (A.), *Das Haus Habsbourg*, Vienne, 1956.

23. CHAUNU (P.), *La Civilisation de l'Europe classique*, s.l.n.d., p. 275-288. «Ce que Fernand Braudel écrivit sur l'homme et la distance dans la Méditerranée du XVIᵉ siècle s'applique mot à mot, toujours, 150 ans après, à toute l'Europe classique.» Comparaison des tracés: «Le pavé du roi modifie la carte de la Normandie.» (Croquis.) Et de citer Pierre de Saint-Jacob: «Dans toute l'histoire économique du siècle, il n'est sans doute pas de métamorphose plus décisive que celle-là.» (Pour la période 1745-1760 et par suite de l'abaissement des prix, p. 276.) Il en va de même en Alsace au moment du voyage de la Dauphine (1770), travaux de R. Werner et de J. Braun.

24. YOUNG (A.), *Voyage en France (1787, 1788, 1789)*, Paris, éd. H. Sée, 1934, 3 vol. Sur l'auteur, GAZELY (J.-G.), *The Life of Arthur Young, 1714-1820*, Philadelphie, 1973. ARBELOT (G.), «La grande mutation des routes de France au XVIIIᵉ siècle», *AESC*, 1973, 3, p. 765-791. LECATONNOUX (J.), «Les transports en France au XVIIIᵉ siècle», *RHMC*, 1908-1909, t. XI, p. 77-114, 269-292. ANTOINE (A.), BOEHLER (J.-M.) et BRUMONT (F.), *op. cit.*, p. 261-284.

25. RÉMOND (A.), *Études sur la circulation marchande en France aux XVIIIᵉ et XIXᵉ siècles*, Paris, 1956, t. I. («Le prix des transports marchands de la Révolution au Premier Empire»).

BAIROCH (P.), *Commerce extérieur et développement économique de l'Europe au XIXᵉ siècle*, Paris-La Haye, Mouton, 1976 (de nouveau sur la baisse des prix des transports, facteur essentiel du développement économique).

26. RÉVERDY (G.), *Histoire des grandes liaisons françaises*, s.l., 1981, t. I, p. 217-220; *L'Histoire des routes de France du Moyen Âge à la Révolution*, Paris, 1997; *Les Routes françaises au XIXᵉ siècle*, s.d., 1998.

27. «Restent les communications. Elles commandent tout…»: CHAUNU (P.), *La Civilisation de l'Europe des Lumières*, *op. cit.* («L'Europe des routes et celle des chemins» p. 358. «L'horizon 1780-1790 se signale, une fois de plus, comme l'horizon révolutionnaire de la vitesse et des communications» (contraste entre la France et l'Espagne, carte p. 354), *op. cit.*, p. 352 (avec bibliographie, p. 637). FEBVRE (L.), *La Terre et l'évolution humaine*, Paris, 1921.

28. REINHARD (M.) et ARMENGAUD (A.), *Histoire de la population mondiale de 1700 à 1960*, Paris, 1961. Travaux de Dupâquier et monographies régionales. FARON (O.), *Démographie historique. Histoire de la famille et des sociétés urbaines (XIXᵉ-XXᵉ siècles)*, thèse, Paris IV, 25 novembre 1999. POUSSOU (J.-P.), «Les mouvements migratoires en France et à partir de la France de la fin du XVᵉ siècle au début du XIXᵉ siècle. Approche pour une synthèse», *ADH*, 1970, p. 11-78. Pour un «modèle d'attraction urbaine», GARDEN (M.), «L'attraction de Lyon à la fin de l'Ancien Régime», *idem*, p. 205-228 (avec cartes des régions de provenance et des distances parcourues).

29. ARMSTRONG (W.-A.), «La population de l'Angleterre et du pays de Galles (1789-1815)», *ADH*, 1965, p. 135-189. JUSSERAND (J.), «La vie nomade sur les routes d'Angleterre au Moyen Âge (XIVᵉ siècle)», *RH*, 19, 1882.

30. ANTOINE (A.), BOEHLER (J.-M.) et BRUMONT (F.), *op. cit.*: «la commercialisation», p. 101-104 (les bocages de la France de l'ouest); «les facteurs de la modernisation», p. 138-140 (la diversité agricole de l'Angleterre); voir les schémas sur l'évolution des prix céréaliers, p. 302; sur «l'épopée du trèfle, quelques repères», p. 377. Et les travaux de Jean Vogt pour le cheminement d'autres produits agricoles (navets, safran, garance…). *Bibliographie sur les différents espaces*, *op. cit.*, p. 411-431. Le mouvement des prix, élément décisif de l'essor ou non des voies de communication: LIVET (G.), «Le mouvement des prix et les crises de subsistances», *La Guerre de Trente Ans*, 6ᵉ édit, 1994, p. 61-68.

31. LIVET (G.), «La route royale et la civilisation», *op. cit.*, p. 77-78.

32. CROUZET (F.), «Angleterre et France au XVIIIᵉ siècle. Essai d'analyse comparée», *AESC*, 1966, n° 2, p. 254-291. MANTOUX (P.), *La Révolution industrielle au XVIIIᵉ siècle*, Paris, 1906, 2ᵉ éd., 1947. HARTWELL (R.-M.), *The causes of the Industrial Revolution in England*, Londres, 1967 (3ᵉ éd. en 1970). FOHLEN (C.), «Naissance d'une civilisation industrielle (1765-1875)», *Histoire générale du travail*, Paris, s.d., rééd. avec une carte de l'Angleterre industrielle, d'après le recensement de 1851 (A. Petermann/G. Bahry). Inventions qui ne doivent pas faire négliger l'apport du siècle précédent. «On a peut-être exagéré l'importance de la révolution ferroviaire. Comme on l'a fait jadis de la machine à vapeur… La révolution commence tôt, bien avant le take off, au cours de cette longue préparation du XVIIIᵉ siècle» (CHAUNU (P.), *La Civilisation de l'Europe classique*, *op. cit.*, p. 276).

33. CLAVAL (P.), «Chronique de géographie économique: la géographie des transports», *RGE*, t. XX, 1980.

34. Il est intéressant de noter ce qu'est devenue cette politique aux temps actuels, dans le cas notamment de l'Elbe dont il était question de canaliser en partie, entre l'Allemagne et la Tchécoslovaquie. Le tirant d'eau étant souvent trop faible pour permettre la navigation, le fret se reportait sur la route. Les basses eaux avaient interrompu la navigation pendant 100 jours en 2001. On avait songé à lutter contre les basses eaux en «adaptant le fleuve». Mais l'optique traditionnelle a changé: «Nous ne devons plus accepter de vouloir adapter le fleuve aux bateaux, on risque de menacer la flore ou la faune […] Nous devons adopter les bateaux à un fleuve qui vient de vivre le retour des saumons» a déclaré un industriel de Dresde qui investit 7 millions de marks dans la construction d'un nouveau type de bateaux à fond plat, propulsé par des roues à aubes placées à l'arrière de la coque. Le problème de la concurrence est posé par le ministre de l'Environnement du Land qui déclare: «Nous ne voulons ni canaliser, ni défigurer notre fleuve, tout en évitant de provoquer le transfert sur la route d'un fret qui, malgré des coûts plus élevés, ne reviendra plus sur un fleuve qu'il aura quitté.» (*DNA*, 27-05-2001.)

LIVRE II

La route médiévale

Succédant à la route romaine qui a servi d'armature à la République et à l'Empire, la route médiévale donne une impression d'abandon et d'insécurité, due en grande partie à l'incertitude du régime politique et au triomphe de la féodalité. Compte tenu des progrès réalisés dans la recherche historique (*L'Archéologie*, n° 39 («Méthodes de prospection et de datation»), novembre-décembre 1979) et des résultats obtenus (*idem*, n° 35, et différents colloques), a été renouvelé le problème préalable posé aux chercheurs: celui du maintien ou non du système routier de l'Empire romain, «garant» on non des conditions générales d'existence, de construction et d'entretien des voies de communication au Moyen Âge. E. Demougeot a étudié *La Formation de l'Europe et les invasions barbares* (Aubier-Montaigne, 1979, 2 t.), et Michel Rouche un exemple typique avec *L'Aquitaine des Wisigoths aux Arabes (408-781). Naissance d'une région* (Paris, 1979), insistant sur le rôle capital de Saint-Martin de Tours et sur les différences qui séparent les pays romanisés du Sud de la Loire des pays septentrionaux plus ou moins germanisés.

Origines et filiation sans doute, mais également fonctions. L'époque est celle des contrastes, sur la route comme ailleurs. Le 28 janvier 1077, l'empereur Henri IV franchissait les Alpes pour aller, pieds nus dans la neige, faire amende honorable à Canossa. C'est aussi le moment des rassemblements: au concile de Clermont (1095), après avoir défini dans la Trêve de Dieu les éléments de lutte contre la violence, le pape prêche la croisade destinée à délivrer le tombeau du Christ, déclenchant avec les Croisades, l'exode de milliers de pèlerins. Rassemblement aussi des marchands qui hantent les itinéraires connus ou les marchés locaux, apportant les produits de première nécessité, grains, vins et textiles comme denrées précieuses échangées entre les Flandres et l'Italie, ou au sein de ce *consortium* économique que fut la Hanse médiévale. C'est l'époque de la naissance des États qui prennent en main les problèmes de circulation, France, Angleterre ou Italie, à ce moment lieu de toutes les ambitions et de toutes les promesses. Un guerrier, fin et avisé, Clovis, crée une réalité politique nouvelle, le royaume des Francs, et une capitale nouvelle, Paris (M. Rouche). Quelques siècles plus tard, l'État bourguignon, création «routière par excellence», tente de donner une nouvelle unité à l'Occident, au moment même où apparaissent les premiers linéaments de la poste aux chevaux. «Malgré de graves faiblesses, l'État bourguignon, gouverné plus prudemment, était viable […] possédant de sérieuses chances d'accéder à la souveraineté.» (W. Paravicini, *Karl der Kühne, Das Ende des Hauses Burgund*, Göttingen, 1970.)

Surgissent ainsi, par-delà le chaos apparent et après les premières transformations internes, les lignes de force de l'activité humaine que sont la foi, le profit, la guerre et la politique, alors que se manifeste l'émergence de l'État. Alors se constituent, sur le terrain, des itinéraires, formant, dans les États en gestation, le fondement le plus solide d'une Europe qui a débordé la zone méditerranéenne pour tenter d'incorporer, dans différents circuits, l'espace nordique et oriental.

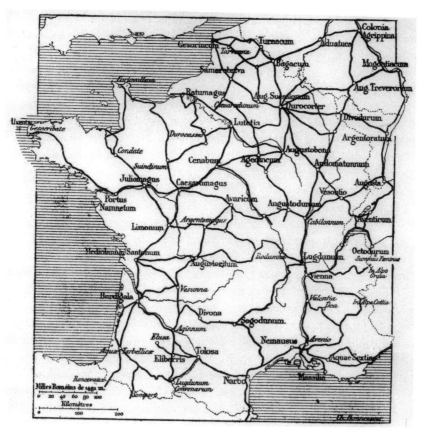

2. *La Gaule romaine*

Chapitre I
L'héritage romain et le «chevelu médiéval»

Pendant longtemps, – le *Manuel d'archéologie gallo-romaine* d'A. Grenier, déjà ancien (1934), en témoigne – a été répandue, à propos des itinéraires en général, l'opinion que le Moyen Âge n'avait rien créé, ou avait peu modifié, en l'utilisant à plein, le réseau subsistant des voies romaines, marque distinctive de l'Empire et contribution capitale de ce dernier à la civilisation européenne. D'emblée nous sommes placés au cœur du débat sur l'originalité du système routier médiéval et de sa dépendance, ou non, à l'égard du système antérieur. La discussion sur ce thème a été ravivée en France et en Europe par les études de Jean Hubert, de Robert-Henri Bautier et des médiévistes contemporains: elles concernent, d'une part, les modifications radicales d'itinéraires entraînées par des conditions et des besoins nouveaux, d'autre part, la persistance on non de certains itinéraires romains, tels en Transylvanie où les envahisseurs du XIIe siècle remirent en état de fonction une partie de l'ancien réseau romain (Michel Tanase)[1].

1. Principes et méthode

Après la multiplicité des études régionales effectuées à l'aide des procédés modernes d'onomastique, épigraphie, photographie aérienne, une opinion nuancée est émise:

– dans certaines régions privilégiées, les gens du Moyen Âge ont pu utiliser les tracés anciens (souvent ceux des grands itinéraires), sous la forme de tronçons parfois disloqués plus que de voies conservées et continues;

– dans la plupart des cas, de nouveaux «réseaux» – le chevelu médiéval – ont été mis en place par des autorités régionales, directement intéressées (plus par expérience et besoin que par politique). Le problème de base reste financier, d'investissement et de main d'œuvre.

Les principes posés, la méthode met en lumière les changements de motivation. La volonté d'unité romaine disparaît avec la fin des Carolingiens et avec l'épanouissement du régime féodal. Dans *La Communication dans le monde romain* (colloque de Reims, 1985), Edmond Frézouls en a défini les caractères essentiels dans le cadre de la cité et dans la perspective de la parole, puis de l'écrit. La finalité se transforme: les Romains construisaient pour affirmer le pouvoir de l'État, assurer des communications décentes aux courriers officiels, à la poste impériale – le *cursus publicus* –, à leurs armées, à leurs fonctionnaires, à leurs commerçants, de l'Italie aux frontières. Ils assuraient le relais par des villes carrefours. Lyon, pour les Gaules, apparaît comme le moteur et le symbole de cette politique qui n'a survécu que peu au régime qui l'avait fondée.

La société féodale et rurale du Moyen Âge a des besoins différents: les grands circuits disparaissent en partie, au bénéfice des déplacements, à court rayon, des agents domaniaux ou seigneuriaux. Les pèlerins et les commerçants, même effectuant de longues distances, vont de bourg en bourg, recherchant protection et sécurité dans des abris situés quelquefois hors des «grandes routes». Des étapes s'installent sur les fleuves, à l'ombre des châteaux forts et des villes neuves. Routes urbaines, routes monastiques, routes commerçantes vers les foires et marchés, s'installent dans un «chevelu de chemins». Méthode «monographique» de recherche dans des pays délimités. En Gascogne médiévale, R. Loubès a étudié avec soin «les voies romaines et leur survie», les chemins de pèlerinage, «l'extraordinaire réseau des chemins secondaires», les voies marchandes. Il a insisté sur la création, le développement et l'importance des centres de peuplement surgis, du XIe au XIVe siècle: castelnaux et bastides ont multiplié les chemins secondaires et commandé un redéploiement des chemins existants. La guerre est partout présente: les chroniqueurs du Moyen Âge, Foucher de Chartres, Villehardouin, Joinville ou Froissart, ont laissé dans leurs écrits une place de choix aux écrits militaires. Tous éléments, source de destruction ou de «progrès» que l'on peut observer, avant que ne reprenne une activité économique et politique qui entraînera un «remodelage» des axes de circulation à l'échelle de l'Europe.

2. Ce qui demeure de l'héritage ancien

Opération délicate que celle qui consiste à relever les restes d'une empreinte aussi profonde que celle de l'Empire romain, d'autant que la route n'est pas seule et qu'elle fait partie d'un ensemble de «représentations» collectives: s'y retrouvent d'abord le latin qui survit grâce à l'Église, puis le droit «un des agents les plus sûrs de l'héritage de Rome», droit écrit avant tout, enfin la notion de *res publica* qui aurait fait défaut aux chefs barbares, «mais dans une mesure moindre qu'on ne l'a longtemps dit», sans compter un minimum de structures administratives sans lesquelles nul État ne peut se concevoir. Le bénéfice de la réintroduction dans l'histoire de l'Occident de l'institution royale demeure au crédit des nouvelles formations politiques (R. Fédou). Combinés aux restes archéologiques, ces éléments se retrouvent dans ce qu'on ne pourrait appeler «une politique routière».

Ce qui demeure? Non plus des tracés mais des «tronçons»[2]. La difficulté est grande encore aujourd'hui de dresser l'inventaire de ce qui est romain et ce qui ne l'est pas. Ce que nous donnaient les cartes des itinéraires romains? Bien souvent une vue schématique, développée avec moins de sûreté qu'on ne le pense généralement. «Itinéraires» et non «tracés», comme le remarque R. Fiétier. Beaucoup d'incertitudes subsistent sur les tracés exact des routes d'Agrippa. Ce qu'on obtient, ce sont des «schémas cartographiques». Les routes connues? Celles de l'Itinéraire d'Antonin ou de la Table de Peutinger, créées à la suite de tâtonnements et d'expériences, même dans le tracé rectiligne. Les bornes milliaires renseignent sur la poste impériale. Des listes d'étapes peuvent être repérées. Essentiels, ces tronçons marquent la circulation de certaines régions du bord de la Méditerranée. Du fait de leur solidité, offerts aux lourds charrois, ils rentrent dans une civilisation de la pierre et de la ville. Ce fait autorisait Jean Hubert à parler «de la longue survivance des voies romaines», tel le trajet Besançon-Langres ou la voie domitienne, une des artères du monde romain.

Ce qui demeure mais menace de disparaître? Plus dans la mémoire collective que sur le terrain même, c'est un «esprit». Celui des grands itinéraires constitués en réseau au centre assigné, Lyon. Route d'Empire, la voie romaine était une route d'É- tat, publique et militaire. Elle reliait le centre à la périphérie, et, entre eux, les centres urbains. Elle n'était ni route de tourisme, ni de pèlerinage. Étrangère à la vie des campagnes qu'elle traversait, elle servait quelquefois de limite au partage des terres. Elle était esclave de la rapidité dans son tracé comme dans sa construction. Le droit d'utiliser le courrier public, privilège de l'État qui disparaît avec ce dernier, trouvait dans le code Théodosien la compilation des constitutions impériales pro- mulguées de 312 à 437. Symbole du maintien de la cohésion de l'empire, il avait connu une très forte extension avec la création d'un système de relais routiers (tous les douze ou quinze kilomètres), la distance moyenne entre les gîtes de nuit étant de trente à trente-six kilomètres, ce qui correspondait à l'étape normale du légionnaire (C. Vogler, *Revue d'histoire et droit*, janvier-mars 1995, n° 73)[3].

Vrai ou faux, le mythe inspirera plus tard monarques et bâtisseurs d'empire: les voies romaines ont souvent été utilisées, qu'il s'agisse des armées wisigothiques, franques (celles de Clovis comme celles de Pépin le Bref) ou locales. Esprit qui a sombré avec le régime féodal et qui réapparaît seulement avec le retour des anciennes relations. Il définit alors une vocation pour la Gaule ou pour la France: celle d'être le médiateur naturel entre l'Italie et les espaces nordiques et océaniques.

Ce qui s'oublie, au cours des siècles? «La technique». Dans le tracé comme dans la construction. Dans son profil en long, la route romaine délaisserait la courbe (quoique bien des exemples précis permettent d'affirmer le contraire) mais veut ignorer les accidents du sol. Voie de hauteur? Délaissant la vallée, elle gagne la mon- tagne ou le plateau. Question de rapidité, de sécurité, de solidité et d'économie: les tracés de crête sont à l'abri des inondations. Au Moyen Âge, la route descend dans la vallée. Autre oubli de taille, la construction. Sans doute restent parfois les monu- ments d'utilité publique, tels les aqueducs: le pillage des canalisations de plomb à la fin du IIIe siècle ne suffit pas à expliquer l'abandon des aqueducs romains dus à un changement complet de mode de vie à l'époque mérovingienne (*Archéologie*, n° 38). Technique de construction routière qui comportait un hérisson à la base pour le drainage, un noyau inerte, imperméable et plastique, un revêtement de cailloutis, de pavés ou de dalles. La largeur? De treize mètres au plus dans les villes, cinq à huit dans les campagnes. Un bornage régulier marqué au nom du prince, des stations régulièrement espacées. Le IXe siècle retrouve quelques-uns de ces éléments, mais les milliaires renversés avec leurs inscriptions sont remplacés par de simples bornes nues. La numérotation est maintenue.

Ce qui demeure? «Une méthode». Non sans doute celle du tracé rectiligne recherchant les hauteurs et délaissant les vallées, mais, en fonction des nouvelles directions, l'alliance primordiale avec la voie d'eau, fleuves gaulois, Seine, Loire, Rhône, Garonne, ou le Rhin et le Danube sur certains éléments de leurs cours. Routes terrestres ou routes fluviales? Les voies d'eau utilisées restaient subordonnées au plan d'ensemble des chaussées, c'est-à-dire au plan impérial. Le point important? Celui de la rencontre de la route et du cours d'eau qui lui fait obstacle. Encore faut-il «qu'à la simple commodité géographique de franchissement, s'ajoute l'heureuse disposition d'un carrefour de vertu plus générale». (M. Le Lannou, *Actes du colloque de Strasbourg sur les villes antiques*, 1971.) Selon Roberto Lopez (*La Révolution commerciale*), les grandes routes militaires étaient «trop étroites pour de larges chariots et présentaient souvent des déclivités trop prononcées pour n'importe quel véhicule». De là l'importance du transport par eau, les animaux de trait étant extrêmement chers, le transport d'une charretée ordinaire de foin sur cinquante kilomètres doublait son prix: le transport terrestre à longue distance doit s'effectuer uniquement en l'absence de cabotage par voie fluviale[4]. Cette notion de prix de revient est fondamentale pour l'ensemble de la période.

Esprit, technique, méthode, «rentabilité», autant d'éléments qui participeront, en proportions variables, pendant des siècles et jusqu'à nos jours, au «mythe de la route romaine». Ils reviront, au XVIIe siècle seulement, lors de la publication en 1622, de l'œuvre de Nicolas Bergier, *Histoire des grands chemins de l'Empire romain* (2e éd., s.l., 1722, 2 vol.) que, de nos jours, la critique a soumis à un sévère examen mais qui, alors, rentre dans l'éducation classique et demeure «actuelle» pour la construction et les fonctions de la route.

3. Le nouveau réseau: tracé et traction

Une distinction apparaît essentielle: grands itinéraires et chemins régionaux. Au XIe siècle, routes nouvelles et anciennes sont concurremment utilisées. Le réseau romain se perpétue par plaques dans les plaines ou en étoile autour des villes. En témoignent les voyages des ecclésiastiques, tels ceux de l'archevêque de Reims aux XIe et XIIe siècles (Reims, 1985) ou le voyage en France d'Urbain II en 1095-1096. De Lyon, partaient les voies vers les côtes et les ports. Pas de véritable transversale, sauf pour franchir les Pyrénées et les Alpes. Deux voies militaires, axes stratégiques, Boulogne-Cologne et Amiens-Mayence. Deux voies nécessaires à l'intendance, Bordeaux-Trêves et Arles-Trêves. L'essentiel est conservé mais le changement des centres de décision politique au nord de la Loire, Paris, Orléans, Soissons, Reims, va entraîner une réorientation des routes anciennes, les routes secondaires deviennent principales, les liaisons nord-sud plus étroites. À l'est, la Moselle, la Meuse et le Rhin fournissent les voies fluviales de pénétration en direction de la Frise. Ainsi l'histoire mérovingienne donne la clef de l'évolution du système routier romain dans le Nord de la France (M. Rouche, *L'Héritage*, 1980).

À côté, à la place, à l'intérieur de ce qui subsiste de l'œuvre routière romaine, s'installe ce que d'aucuns ont appelé le «chevelu médiéval». Pour certains chercheurs, dès les invasions, pour toutes sortes de motifs, les autochtones «rouvrent» les anciens chemins – type gaulois –, tels en Bourgogne (*Archéologie*, n° 35 juin 1979). Pour d'autres, délaissant la typologie légendaire des «chaussées de Brunehaut» qui participent au «mythe médiéval», il faut attendre la fin de l'époque carolingienne. «La vieille reine concentre sur elle la gloire de tous les autres rois mérovingiens, réparateurs de routes.» (M. Rouche.) Chaque petite ville, ancienne, nouvelle ou bastide, a organisé autour d'elle un réseau de chemins rayonnants.

Comme l'a montré Jean Hubert, les changements routiers peuvent provenir d'un changement de capitale. L'aspect politique est à la base du tracé des voies. Jouent pour les voies essentielles, la construction des châteaux forts et de villes neuves, le retour de l'ordre et de la sécurité, la montée en puissance de la vallée rhénane, le rôle grandissant des villes résidences. De son côté, le réseau régional monte en importance. Les liaisons rapprochées ont pour l'homme du Moyen Âge, en dehors du marchand et surtout du grand marchand, un intérêt beaucoup plus vif que les liaisons internationales (R. Fiétier). Pour le quotidien, le «chevelu» se substitue à la ligne droite, la multiplicité à l'unité. La diversité des conditions régionales peut entraîner, pour les itinéraires, des modifications que complique une situation de pays frontière[5].

Deux aspects préparent l'essor du XIIIᵉ siècle: les modalités de construction et d'entretien de la route, les modifications apportées à l'effort de traction. En dehors des destructions, celles notamment des ponts, les premières concernent le retour aux anciennes pistes, au tracé variable au hasard des saisons, des conditions naturelles, de l'existence ou non des gués et des péages. L'initiative privée, des seigneurs laïcs ou ecclésiastiques, des villes, de certains établissements monastiques ou ordres religieux, se manifeste de façon diverse, mais la loi est générale: le passant paye l'entretien du chemin[6].

Les modifications portent sur les possibilités de traction. «Les transports terrestres ont contribué, écrit Pierre Chaunu dans *Histoire, science sociale*, d'une manière décisive, à la grande mutation technique du Moyen Âge des XIᵉ et XIIᵉ siècles.» Les routes sont foulées par des chariots à quatre roues, les *bastarnae*, tirés par quatre bœufs, soit pour le train des équipages, soit pour les marchandises. Est augmentée la capacité de traction depuis le Xᵉ siècle, le collier d'épaule à armature rigide prenant appui sur la base osseuse des omoplates. Le dispositif en file et l'attelage en tandem, la ferrure à clous augmentent la puissance du cheval, de même que l'introduction, sur les chariots, de roues reliées par des essieux, à la place de roues indépendantes qui perdaient leur parallélisme à chaque tournant.

La France se convertit aux chevaux (et, dit R. Lopez, dans quelques cas, «aux mulets, dont le prix s'effondre entre le IXe et le XIIe siècle»), l'Italie resta fidèle aux bœufs (une paire suffisait pour une charrue légère), l'Espagne à la mule, l'Angleterre aux attelages mixtes. Est permise la pleine domestication de la force musculaire du cheval, technologie largement diffusée dans la chrétienté latine occidentale, suivie de l'apparition et de la généralisation de la charrette à quatre roues, prélude aux réalisations du XIIIe siècle, dans le climat d'une progression démographique et d'une croissance des villes[7].

4. Deux styles d'aménagement?

Deux styles coexistent dans le domaine routier: d'une part, celui où subsistent des traces du réseau romain, méditerranéen, illyrien, rhénan ou danubien; de l'autre, celui qui n'a pas connu cette emprise sur le sol et sur l'espace, où les chemins demeurent des pistes non empierrées où passent les troupeaux, et, comme telles, soumises aux aléas de la nature du sol et de la saison. En fait, cette distinction est moins accentuée qu'elle ne le paraît, en raison des nécessités d'entretien demandées par l'ancien appareil romain, qui aurait exigé un pouvoir central fort, ayant à sa disposition des moyens financiers considérables ou des équipes de corvéables. La conséquence immédiate? La suprématie de la voie d'eau pour les transports à grande distance.

Autre résultat, la formation d'un nouveau type de routes, plus souple, dû au progrès technique que, malgré la tradition historiographique de stagnation, n'a pas ignoré le Moyen Âge. Dans *Technologies médiévales et transformations sociales* (1969), reprenant et approfondissant les recherches d'historiens comme Marc Bloch, qui avaient souligné l'importance de la découverte du collier d'épaule, de la charrue à versoir, du système de la came qui transmet et transforme le mouvement, et de la diffusion du moulin à eau, Lynn White Junior a parlé d'une «époque de grande imagination et de grandes réalisations technologiques». L'étrier, en bouleversant les techniques militaires, a fait apparaître une nouvelle aristocratie. Les révolutions agricoles – attelage moderne, assolement triennal, charrue dissymétrique –, comme le développement du machinisme médiéval – moulin, came, horloge, canon, sans compter les nouvelles techniques de la guerre et des moyens de donner la mort à distance – «créent la société du bas Moyen Âge et annoncent celle de la Renaissance». S'opère une prise de conscience et l'élargissement du concept technologique des «théâtres de machines» dont, contemporain de Léonard de Vinci, le *Re Metallica* (1546) d'Agricola sera un des meilleurs représentants.

Joue enfin l'influence des centres de peuplement surgis du XIe au XIVe siècle et la distinction de deux sortes de chemins, ceux de crête restés à peu près immuables, ceux de plaine, plus malléables, sans beaucoup de changements jusqu'aux XVIIIe et XIXe siècles, où beaucoup ont été rectifiés, à moins que le paysan ne pousse sa charrue aux dépens de la chaussée. Passage du réseau impérial, hiérarchisé et centralisé, au réseau régional diffus et commode, de la construction en profondeur et empierrée à la piste battue; de la fonction urbaine, messagère et militaire, à la voie rurale, péagère et pénétrée par l'environnement, en fonction des nouveaux modes d'occupation du sol et de la création des principautés féodales, du maintien ou de la renaissance des foires et des marchés, telle se présenterait l'évolution de la route romaine à la route, ou plutôt, aux voies médiévales, «plurielles» par rapport à l'unité impériale. Le centre de gravité de l'Europe se déplace vers le nord. Robert Fossier, précisant dans *Enfance de l'Europe. Aspects économiques et sociaux*, les rapports de l'homme et son espace (Paris, 1982, I)[8].

Trois aspects paraissent essentiels en fonction de ces forces majeures que sont alors: la foi dans l'Europe chrétienne; le nouveau développement de la vie commerciale; l'apparition, au sein de l'Europe féodale, des premières formes de l'État monarchique, liées à la guerre et à la politique.

Chapitre II
Motivations et circuits: la Foi

La route n'est pas insensible à l'influence de l'Église. Le christianisme est lié à la route. Selon l'enseignement du Christ, le nomadisme serait la vocation du croyant, pèlerin sur la terre où il ne fait que passer. De même dans la migration généralisée des hommes et des idées, passée des rives du Jourdain à celles du Rhin ou du Danube. Au XIIIe siècle, la révolution religieuse qui a diffusé le christianisme sur l'ensemble de l'Europe s'achève, ou plutôt elle se stabilise. Sont alors fixés les grands traits de la géographie religieuse: les évêchés ont acquis leurs limites, les paroisses de même, et les monastères remplissent leur mission. Dans *Vivre sa foi dans l'Allemagne d'avant la Réforme* (DEA, 1988), Martial Staub a défini l'encadrement paroissial, cellule de base de la vie chrétienne. De leur côté, les pèlerinages jouent un rôle considérable. Sans doute a-t-on cru trop longtemps que tout le système routier français au Moyen Âge était constitué par «les routes de pèlerinage» ou, comme dans l'Espagne du Nord-Ouest, par les chemins de Saint-Jacques! La réalité est plus complexe mais l'amplitude demeure. La foi ignore les frontières. De leur côté, les croisades participent à ce transfert d'Occident en Orient où barons et hommes d'armes retrouvent, dans l'Empire byzantin, les restes vivants de l'Empire romain. La religion est déplacement, migration, mouvement. Friande de «portions aménagées», la route médiévale est le commun dénominateur de cette dynamique de masse et de ferveur[9].

1. Les moines et leur mobilité

Le chemin de la mission reste ouvert. Deux aspects sont prédominants: celui des séculiers soucieux de communication, celui des réguliers. Parmi les premiers, certains évêques s'adonnent à leur tâche. À Lyon, l'archevêque Humbert (1052-1077) construit le premier pont en pierres sur la Saône et multiplie les visites pastorales. Les seconds, les réguliers, sont représentés en Europe par leurs abbayes, centres de culture et d'activité matérielle. Saint Colomban et ses moines, venus d'Irlande, ont été de grands voyageurs. La règle de Saint Benoît se présente moins «comme un code juridique que comme un itinéraire spirituel» (J. Le Goff). Au XIIIᵉ siècle, les moines réformés reprennent le bâton du pèlerin: Saint François n'est-il pas l'«errant de Dieu»? Les moines mendiants sillonnent l'Europe occidentale Apparaissent de nouveaux types d'ordres religieux: des capucins ou autres qui trouvent, dans la route, la prédication et la rencontre quotidienne des foules d'inconnus, la raison d'être de leur existence. L'influence de l'Église est primordiale dans cette action créatrice ou conservatrice. Dans les deux premières décennies du XIIIᵉ siècle, Bernard Itier, de Saint-Martial de Limoges, a consigné sur des ouvrages à large marge «les principales étapes de sa vie religieuse et de sa carrière monastique». Il est allé à Cluny: «J'ai vu ce vénérable monastère, que l'on appelle le déambulatoire des anges.» (J.-L. Lemaitre, 1996.)

Entre le IXᵉ et le XIIᵉ siècle, ont essaimé fondations religieuses, abbayes reliées par des routes, jalonnées de prieurés. En Russie, l'étendue et la dispersion du temporel expliquent le recours aux moyens de transport pour assurer le fonctionnement économique, tel pour Saint-Siméon de Moscou ou la Trinité de Saint-Serge. La route commerciale de la Volga supérieure et de la Masta, qui reliait Novgorod au «Bas-Pays», était à la fois une voie fluviale et une voie terrestre (W. Vodoff). La Hongrie, par sa position dans le bassin moyen du Danube, a joue un rôle essentiel au cours du Moyen Âge. Poste avancé de la Chrétienté d'Occident, voie de passage vers Byzance et le monde russe, le royaume a été en contact avec le monde germanique, en nourrissant des ambitions méditerranéennes: par la Croatie, il avait accès à la mer Adriatique (G. Kristo, *Le Temps des Arpards*, s.l., 2000). En Italie, dans un article des *Quaderni Storici* (avril 1986, nº 61, «Monasteri sulle strade del Potere»), G. Sergi a étudié la question au niveau des fondations monastiques, extension qui ne se comprend qu'au point de vue routier et européen. En France, au Xᵉ siècle, la fondation de Cluny et son rayonnement international s'inscrivent au sein du réseau préexistant. Un regret: «Que l'histoire des routes reliant Cluny aux diverses parties de son empire demeure encore à faire.» (J. Imbert.) L'hospitalité est une des missions des moines. Les hôtelleries monastiques constituent des gîtes d'étapes. Clunisiens et cisterciens font construire par les confréries de frères pontifes des ponts, tels ceux d'Avignon (1177-1188), de Saint-Esprit (1275-1307), et à Nîmes, où passe la route qui, de Lyon, mène vers le bas Languedoc.

Les ordres militaires

La lutte contre les Infidèles donne naissance dans l'ensemble du Bassin méditerranéen à la naissance d'ordres militaires qui vont essaimer au sein de la Chrétienté. En 1113 le pape Pascal II reconnaît l'ordre des Hospitaliers qui dessert un hôpital à Jérusalem et se transforme, vers 1135, en ordre militaire, celui des Hospitaliers de Saint-Jean de Jérusalem. Après diverses vicissitudes, ils s'installeront, avec l'appui de Charles Quint, dans l'île de Malte en 1539, devenant les chevaliers de Malte. En 1120, pour protéger les pauvres pèlerins, est fondée la confrérie des Pauvres chevaliers du Christ. L'ordre, persécuté par Philippe le Bel (1307) est dissous par le pape Clément V en 1312. Liés à la reconquête ibérique, se créent, en 1158 l'ordre de Calatrava, en 1162 celui d'Avis, en 1183 celui d'Alcantara. Dans l'Europe centrale, introduit en 1226, établi sur les rivages de la Baltique, l'ordre des chevaliers teutoniques organise, face aux Slaves, un État militaire puissant qui devient un danger pour la Pologne devenue chrétienne et la Lituanie encore païenne. Les deux États s'unissent contre la menace teutonique (P. Czartorynski, *Conscience européenne, op. cit.*, p. 127). Dans l'ensemble, la participation des ordres militaires, liée de près à l'histoire des routes européennes, reste considérable, car ordonnée et «d'équipe». «Nomades guerriers de la route», ils affirment leur dévouement à la Chrétienté. Les Hospitaliers de Saint-Jean de Jérusalem sont les gardiens des «ports» et des monts. Les Templiers, qui y ajoutent le goût des entreprises fructueuses, installent leurs commanderies dans les lieux de passage les plus fréquentés[10].

2. Les «routes de pèlerinage»: une existence controversée

Expression consacrée à prendre sous toutes réserves. Plus ordonné apparaît le déplacement du pèlerin (du latin *peregrinus*, celui qui est parti au loin). Trois éléments sont fondamentaux: l'existence d'un lieu consacré où l'on se rend spécialement, le déplacement collectif ou individuel vers ce lieu, et enfin le but de ce déplacement qui est l'obtention d'un bien matériel ou spirituel. La route est un facteur essentiel de ce que Bédier a appelé «la dévotion itinérante»[11].

La découverte et l'exploitation de ces endroits attractifs pour les foules et les individus installent, au sein de la chrétienté, une hiérarchie entre les sanctuaires (F. Rapp). D'aucuns ne dépassent pas le cadre local ou régional, notamment en montagne. Certaines provinces, telles la Bretagne ou la Vendée, sont bien fournies, pardons de Notre-Dame d'Auray du 26 juillet ou du dernier dimanche d'août, à Sainte-Anne-la-Palue, au fond de la baie de Douarnenez. Dans d'autres régions, comme la Beauce et la Brie, la densité est réduite. Il en est de même à l'échelle européenne. Le Portugal voit se multiplier les petits centres, *romarias* du type des pardons bretons. L'Espagne, par contre, enregistre l'essor de centres de dévotion comme Notre-Dame de la Guadalupe, Notre-Dame-de-Pilar à Saragosse, Montserrat et

Nuriaz en Catalogne et Saint-Jacques-de-Compostelle en Galice. Les foules russes descendent vers la Terre sainte, le Mont Athos ou le Sinaï; traversant le Caucase et le Taurus au prix de multiples dangers, croisant ceux qui, de Sibérie, vont à Kiev vénérer les lieux sacrés. En Pologne, vers Czenstochowa, affluent les multiples charrettes où s'entassent hommes et femmes. Réunis autour de la ville, ils constituent une sorte d'auréole mouvante et pittoresque de couleurs, de bruits, d'odeurs, image d'un nomadisme religieux aux puissantes motivations collectives.

La qualification de certaines fonctions des pèlerinages peut entraîner une «spécialisation du sacré» parmi des foules qui y affluent: adeptes de tel ou tel culte, différences ethniques comme le pèlerinage aux Saintes-Maries-de-la-Mer, qui réunit les errants de type divers, romanichels, caraques, bohémiens, gitans…, gens de la route au premier chef. Le concept même de pèlerinage a varié au cours des siècles. Plusieurs types ont coexisté: on prenait la route pour prier, pour accomplir une pénitence, pour trouver la guérison, pour aller mourir en Terre sainte ou pour des raisons politiques. (P.-A. Sigal, *Les Marcheurs de Dieu*, s.l.n.d.). Suit la recherche de tel ou tel effet: pèlerinage de Saint-Hubert contre la rage, dévotions à Saint-Sébastien contre la peste en haute Alsace[12]. Le long du Rhin, la Bergstrasse est fréquentée. La voie de l'Ill s'allonge de Strasbourg et de Colmar vers Bâle, par Ensisheim, capitale des archiducs d'Autriche, dressant la route, religieuse vers Einsiedeln, politique vers Innsbruck, le Tyrol et Vienne. Plus au nord, Haguenau où l'on retrouve les franciscains, Wissembourg, Lauterbourg. Ce sont des étapes vers Trèves et Mayence, Saverne, puis Saint-Nicolas-de-Port, à la foire célèbre (O. Kammerer), étape de la route de Lorraine, où l'on échange dévotions, marchandises, idées. La route, dit P. Deffontaines, «est déterminée par la densité du surnaturel» (*Géographie et religions*, Paris, 1948).

3. Les chemins de Saint-Jacques[13]

Jalonnés de sites à visiter, offerts aux pèlerins venus des pays du nord, de l'est et du sud de l'Europe, les chemins de Saint-Jacques ont été décrits par Aymeri Picaud dès 1140:

– le premier, *via* Tolosona, vient d'Italie, passe par les sanctuaires d'Arles, de Saint-Guilhem, Saint-Cernin-de-Toulouse, Saint-Gaudens et, en Espagne, arrive à Jaca;

– le second part de Bourgogne et dessert Cluny, Notre-Dame-du-Puy à la célèbre Vierge noire, Sainte-Foy-de-Conques et son trésor, Moissac et son cloître et, non loin, Toulouse;

– le troisième a son origine également en Bourgogne, passe à Vézelay à la célèbre basilique, Saint-Martial-de-Limoges, Saint-Front-de-Périgueux, aux coupoles de style byzantin;

– le quatrième vient de Paris. Rassemblement des voies secondaires du Nord, la voie traverse la capitale: la tour Saint-Jacques-de-la-Boucherie et la rue Saint-Jacques, l'église Saint-Merri abritant une statue de saint Jacques, l'hôtel de Cluny répartissant généreusement coquilles et bourdons. Elle rencontre des cités riches en dévotions, Orléans, Tours, Poitiers, Saint-Seurin de Bordeaux, «véritable voie sacrée» de la chrétienté occidentale.

Ces voies traversent les Pyrénées au col de Roncevaux et se rejoignent à Puente-la-Reina, en Navarre espagnole, pour former le célèbre *Camino Frances*; l'une d'entre elles qui devient le *Camino Aragones* (deux cents kilomètres) passe par le Somport.

Le bourdon, la *pera* et la coquille forment l'élément reconnaissable de tout ceux qui arpentent ces chemins, résumés «transparents» de l'histoire routière européenne:

– en France, le chemin et ses affluents drainent les sanctuaires les plus renommés;

– en Espagne, le *Camino Real Frances*, reconnu par les Espagnols, franchit les huit cents kilomètres qui séparent Compostelle de Roncevaux. À Puente-la-Reina se fondent les chemins aragonais et navarrais, après avoir traversé maintes cités dotées d'une architecture religieuse remarquable.

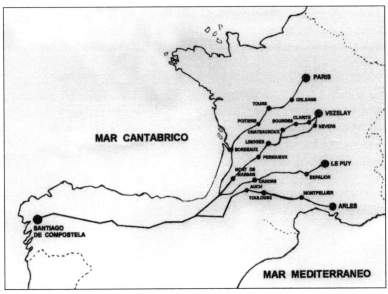

3. a. Les chemins de Saint-Jacques-de-Compostelle

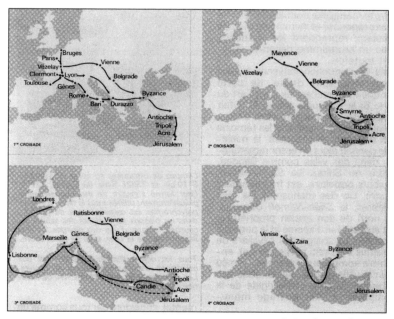

3. b. Les chemins des croisés

Les études récentes ont mis en lumière le rôle joué par le chemin de Saint-Jacques dans l'aménagement de l'espace, rôle différent selon les ensembles politiques traversés, en Aragon, en Navarre, en Castille… (CR C. Guilleré, *AHSS*, septembre-octobre 1997).

– en Grande-Bretagne, depuis le XIIIᵉ siècle, deux voies s'offrent aux pèlerins, l'une par la mer. Le *Camino Ingles*, de quatre-vingt kilomètres, relie le port de La Corogne à Compostelle; l'autre part non loin de Bordeaux, gagne Soulac et son église de Notre-Dame-de-la-Fin-de-la-Terre, traverse les Landes et le Pays basque, rejoint l'Espagne à Irun, puis le *Camino Frances* à Vitoria;

– en Allemagne, dès le XIIᵉ siècle, plus de cinq cents églises et chapelles de Saint-Jacques – dont cent vingt pour la seule Bavière – témoignent de la dévotion au saint et l'importance des «chemins de pèlerinage». En 1475, un pèlerin allemand, Hermann Künig von Vach, note la distinction entre la route inférieure (*Niederstrasse*), issue d'Aix-la-Chapelle et Cologne, et la route supérieure (*Oberstrasse*), issue d'Einsiedeln, le célèbre couvent. Voies de rassemblement pour l'Europe centrale et du Nord, les nombreux embranchements drainent et conduisent les pèlerins vers Paris, la Suisse, Chambéry, Genève et Montpellier;

– en Belgique, la *Niederstrasse* se prolonge par Tongres, Louvain jusqu'à Bruxelles, elle y rencontre les voies venues des pays scandinaves par le port d'Anvers ou par Groningue et la Hollande. Par Liège et Namur, est rejoint Paris, centre de rassemblement;

– en Suisse, on retrouve Einsiedeln, Constance et Genève, les multiples hostelleries et les oratoires. D'Einsiedeln à la prestigieuse abbaye, on rejoint Lucerne, Thun et Fribourg, Lausanne et Genève, où un magnifique vitrail de Saint-Jacques orne la cathédrale Saint-Pierre. De là on gagne Compostelle;

– en Italie, que nous retrouverons avec Rome, mais qui n'oublie pas Saint Jacques et ses promesses. De Pistoie, par Lucques et Gênes, l'on gagne la frontière française par la côte ou l'on franchit les Alpes par les cols du Montgenèvre ou du Grand-Saint-Bernard. Le risque est grand alors de se mêler à la foule des saints savoyards;

– au Portugal, le *Camino Portugues* traverse le pays du sud au nord: de Faro, le port du Sud, Lisbonne et Coïmbre, traversant Bela et Evora, avant de pénétrer dans la Galice espagnole, à Tui, dotée d'une cathédrale-forteresse du XIIe siècle et d'un hospice de pèlerins. À Pontevedra, le *Camino portugues* rejoint la plage de Padron et, bientôt, Compostelle.

Expression routière d'une dévotion particulière mais généralisée sur l'ensemble de l'Europe, Saint-Jacques est une réalité vivante d'hôtelleries et d'hospices «pour les pauvres passants», peuplée de souvenirs, de prières et de récits qui donnent une coloration attachante à cet aspect de l'Europe médiévale, dans l'histoire des arts comme dans celle des mentalités.

4. Le pèlerinage à Rome[14]

Dès 1300, Rome brille d'un vif éclat après un affaiblissement, au moins relatif, aux XIIe et XIIIe siècles, du nombre des pèlerins désireux de prier sur les tombes dites de saint Pierre et de saint Paul. Des foules accourent dans ses murs. Remplaçants professionnels et salariés effectuant le pèlerinage à la place des croyants restreints dans leurs facultés de déplacement, bourgeois florissants et reconnaissants, princes et évêques avec leurs suites, rejoignent la masse des humbles, mus par la seule dévotion et fascinés par la promesse des grâces offertes et des indulgences, plénières ou non.

Les archives des deux hospices, où les nombreux Anglais, de passage dans la Ville éternelle, étaient accueillis, révèlent que, sur plus de cinq cents personnes hébergées de 1504 à 1507, plus d'une centaine faisaient partie du clergé. Cent trente-huit hôtes sont qualifiés de *nobiles*. En 1350, vingt serviteurs, tous montés, accompagnent lady Nevill, dame de l'aristocratie britannique. Les *pauperes* de toute région sont nombreux. Pour arriver à destination, les Anglais mettent entre cinq et sept semaines, suivant des itinéraires variés. D'après Mathieu Paris, certains passent par Troyes, Beaune et Lyon; d'autres, par la vallée du Rhin, traversent les Alpes au col du Mont-Cenis ou gagnent le Tyrol, franchissant le Reschenpass pour descendre sur Trente. L'éventail se resserre au pied des Apennins, après Bologne et la Toscane.

Tous atteignent Montefiascone et Viterbe et, au sommet du Mont-Mario, découvrent Rome, la ville des sept collines. Autre forme de déplacement à Rome: la
confirmation épiscopale. Francis Rapp a examiné le cas de Guillaume de Honstein,
évêque de Strasbourg, en 1506[14]. L'Année sainte (1500) attire les pèlerins de toute
l'Europe. Sont utilisés le *Baedecker* du XVe siècle en moyen haut allemand qu'a fait
paraître Etienne Planck (26 éditions avant 1500), la *Romwege-Karte* de Erhard
Erzlaub ou d'autres guides en langue vernaculaire.

5. Le pèlerinage en Terre sainte

Troisième grande direction, extérieure à l'Europe dans sa finalité mais fidèle
aux chemins continentaux, souvent plus accessibles ou moins coûteux que la voie
maritime, le pèlerinage en Terre sainte. Les voies en sont diverses selon les points de
départ, des côtes de l'Atlantique ou de la Baltique, avec de nombreux détours rituels
pour des dévotions consacrées: pour les orthodoxes russes, le mont Athos au retour,
après le Sinaï et le bain rituel dans le Jourdain. En 1401, en compagnie du sénéchal
du Hainaut, Gilbert de Lannoy accomplit un premier pèlerinage à Jérusalem; il
visite Rhodes, les îles de l'archipel et Constantinople. Après avoir fait deux voyages
en Europe centrale en 1413 et 1414, devenu diplomate, il est chargé sept ans plus
tard par le roi d'Angleterre et le duc de Bourgogne, d'une mission militaire en
Orient. Il passe deux années à parcourir la Prusse, la Pologne, la Hongrie, la Russie,
les principautés danubiennes, les côtes de l'Égypte et celles de Syrie, Rhodes et le
détroit des Dardanelles: il s'arrête à Venise, traverse l'Allemagne, revient dans ses
foyers[15]. Ces itinéraires «énumératifs» ont donné lieu à la confection de guides,
ancêtres des guides actuels. Le plus ancien, l'Itinéraire de Bordeaux à Jérusalem, est
du IVe siècle. Ils se sont multipliés aux VIIe et VIIIe siècles avant de rejoindre le *Codex
Calistinus* ou *Livre de saint Jacques*, qui indique les reliques à vénérer, les rituels à
observer, les précautions à prendre[16]. Joue également le prestige de Byzance. Le colloque organisé par les universités de Bruxelles et de Liège (1994) a étudié *Les Voyages
et les voyageurs à Byzance et en Occident du VIe au XIe siècle*, analysant la représentation
médiévale du monde, l'attitude des voyageurs, les questions de communication orale
et écrite, ainsi que le rôle des interprètes et des routes terrestres (Droz, 2000).

Le costume et les attributs du pèlerin, où qu'il aille, comprennent une longue
robe serrée à la taille et un surcot fendu sur le devant pour ne pas entraver la marche,
hommes et femmes étant vêtus à peu après de la même façon, une guimpe pour les
secondes, un chapeau à bords rabattus pour les premiers. Au XVe siècle, le *sombrero
bello*, grande roue relevée devant; aux pieds, de forts brodequins et des sandales. La
besace, la *pera* des manuscrits, se porte en sautoir et contient les vivres, les passeports
et les attestations. Le bourdon est un bois fort et solide de près de deux mètres de
haut muni d'une pointe de fer. S'y ajoute, pour certains, le signe distinctif, la coquille

dite «de Saint-Jacques». Tout livre d'itinéraires se double d'un livre de miracles, réalité coutumière qui définit le chemin, éclaire, fortifie, accompagne l'âme du voyageur, même si celui-ci est parfois un «mandataire» qui accepte de «servir» les autres. La route est volonté mais également effort, fatigue et parfois abandon. Le chemin varie selon les pays, les sols, les temps et les climats, les sanctuaires.

«La circulation, écrit Marc Bloch, ne se canalise pas selon de grandes artères. Elle se répand capricieusement en une multitude de petits vaisseaux.»

Les caprices des rivières déplacent les gués, les fondrières se multiplient, les guerres locales et les rivalités intestines empêchent tout entretien. Les cartes sont peu répandues; le chrétien, illettré, se fie aux guides, aux instructions orales apprises par cœur, aux «montjoies», petites pyramides de pierres entassées balisant le chemin. Non seulement à l'aller, mais, comme le rappelle P. Monnet, au retour: «La *peregrinatio major* à Jérusalem ne semble prendre son sens que parce que le retour est certain», mais tout aussi difficile[16]. Cependant, à aucun moment, ni à aucun endroit, n'existent, malgré l'appellation de «chemins de pèlerinage», des voies uniquement consacrées aux pèlerins, de Saint-Jacques ou d'ailleurs.

6. Le réseau hospitalier[17]

S'est créé en outre un véritable réseau hospitalier, expression d'abord de l'œuvre de miséricorde, puis des nécessités de la protection, du voyage, de l'assistance. À chaque détour du chemin, la mort peut être au rendez-vous, d'où la nécessité d'une organisation empirique d'assistance médicale et funéraire: la confrérie double le groupe des pèlerins en marche. Les premiers hôpitaux, nés dans la seconde moitié du Xe siècle, reproduisent différents «modèles», reçus «par l'Occident de la Rome païenne et de la Rome chrétienne, directement ou par l'intermédiaire byzantin» (M. Mollat). En France, la plupart sont fondés un peu plus tard, une quarantaine dans le Sud-Ouest, mais non pour les seuls pèlerins de Saint-Jacques, tel l'hospice d'Aubrac fondé en 1120 à l'initiative d'Adalard, vicomte de Flandre. À la Dômerie, se tiennent trente prêtres et quatre chevaliers, essaimant à l'extérieur, vers Rodez, Chirac, Marvejols.

«Errantes revoco»

Le centre est doté d'une organisation complète, logis, réfectoire, dortoir, chapelle, four, puits. Il en est de même à l'hospice de Sainte-Christine, établi au passage des Pyrénées, sur le col du Somport. À Aubrac, la cloche des Perdus, baptisée «Maria», sonne avec entrain, *Errantes revoco* («Je rappelle ceux qui errent»). À Roncevaux, fier du souvenir du grand empereur et de Roland le Preux, retentit de même la cloche des égarés. Au début, l'accueil était gratuit; au fil des siècles, des spécialités se font jour. L'accueil des pauvres malades remplace celui des pauvres jaquets. Les vins d'Espagne réconfortent les pèlerins. La *tortilla* surprend, de même que l'emploi généralisé d'huile d'olive «pour faire la soupe et autre chose». À Vezelay, en concurrence avec Saint-Maximin, l'abbé fait de la Madeleine la sainte protectrice des prisonniers. Avec les chaînes des forçats délivrés, on peut confectionner les grilles pour le chœur! À Conques, avec sainte Foy, il en est de même. La foire se développe avec le pèlerinage. La ville étend son pouvoir d'attraction sur la campagne voisine (*AESC*, janvier-mars 1952, p. 65-74 – «Vézelay»). Le pèlerinage le plus fervent n'attend pas la Réforme pour connaître un certain dépérissement. Il reflète les convulsions de l'histoire, l'évolution de la foi, les aléas de la politique. Au XIVᵉ siècle, la peste noire bloque les pèlerins à l'intérieur des cités. La guerre de Cent Ans multiplie les hordes de mercenaires et de mendiants plus qu'elle n'attire des troupes altérées du message divin. De la fin du XVᵉ siècle, subsistent les récits de «l'anonyme de Florence» (1477), de Jean de Tournay (1488), Arnold von Harff (1496), Künig (1495). Un peu plus tard, dans ses *Colloques*, Érasme note que «la nouvelle doctrine qui se propage rend les visites moins fréquentes que d'habitude».

À la fin du XVIᵉ siècle, le pèlerinage reprend vie: la Contre-Réforme – le concile de Trente – proclame la légitimité du culte des saints et de leurs reliques. En 1660, l'hôpital de Bordeaux, déserté un siècle plus tôt, reçoit de trois mille à cinq mille pèlerins par an. Un danger nouveau menace: la prolifération des faux pèlerins, les «coquillards». Le 7 novembre 1665, Louis XIV interdit «à toutes personnes d'aller en pèlerinage sans passeport de S.M.», réitéré en août 1671. Sont attribués, à l'instigation de Louvois, à l'ordre du Mont-Carmel et de Saint-Lazare, les biens d'un certain nombre d'hôpitaux, disposition cassée à la mort du ministre.

Au XVIIIᵉ siècle, un renouveau se produit: la mode s'empare des symboles jaquaires, le pèlerin devient «galant». La permanence et la vitalité du pèlerinage sont attestées par les enrichissements de la ville et de la cathédrale de Santiago, mais il s'agit d'un témoignage peut-être plus méditerranéen que véritablement européen, comme au Moyen Âge.

7. Les routes des croisés[18]

Qu'elles soient considérées comme un épisode militaire de la lutte de la chrétienté contre l'Islam ou comme des épopées religieuses, les croisades n'en constituent pas moins de vastes déplacements d'hommes armés, avec chevaux, voitures, équipements de toutes sortes, qui, à l'initiative de la papauté, organisme européen, laissent loin derrière elles les entreprises clunisiennes, champenoises, bourguignonnes ou aquitaines. Élan populaire mystique, repris en main par le monde féodal, fait de conquête, puis de colonisation, la croisade reste avant tout un «transfert Occident-Orient», fait routier par excellence, que cette route soit maritime – et nous ne la retiendrons pas – ou continentale comme en témoigne la première croisade. Une fois passés les premiers rassemblements du Berry, la prédication de Pierre l'Ermite se continue à travers l'Orléanais, la Champagne, la Lorraine et la Rhénanie. Sortant de France, il entraîne à sa suite quinze mille pèlerins qui arrivent avec lui à Cologne le 12 avril 1096 (Barret et Gurgand, *Si je t'oublie Jérusalem. La prodigieuse aventure de la première Croisade. 1095-1099*, Paris, Hachette, 1982).

Deux éléments nous intéressent: les itinéraires et les résultats. Dans le premier domaine, il est tentant de voir dans le Danube la voie de transport la plus commode. Il semble bien que le fleuve ait été utilisé le long de certains tronçons et non sur l'ensemble du parcours. Les croisés ont emprunté diverses routes, sans qu'on ait des renseignements très précis sur les modalités de préparation des itinéraires. Il s'agit d'abord de la route du rassemblement populaire mis en mouvement, après le concile de Clermont (1095), par les prédications enflammées de Pierre l'Ermite et de Gauthier-sans-avoir. La route est indécise, seul le but est fixé, Jérusalem, mais une fois les pillages multipliés et passées les représailles byzantines, la foule errante se fait massacrer par les Turcs près d'Hersek, sur la côte de Bithynie (21 octobre 1096). Plus significatives apparaissent les croisades des barons, par l'opération de «convergence routière» qu'elles représentent. La première, féodale, (répartie en quatre groupes) va prendre Jérusalem (1099). La seconde, prêchée à Vézelay par saint Bernard, entraînée par le roi de France Louis VII et le roi de Germanie Conrad III, emprunte une route terrestre de Ratisbonne à Vienne. De là, les croisés quittent le Danube, gagnent la Drave et Belgrade, puis Constantinople, par la voie Morava-Maritsa. Ils empruntent les routes romaines, dont celle qui longeait la côte dalmate jusqu'à Durazzo et, de là, la *via Egnatia* jusqu'à Salonique. Les armées fondent en nombre. Saladin s'empare de Jérusalem en 1187.

Pour la troisième croisade (1190), si deux des rois passent en Sicile et débarquent en Syrie, Frédéric Barberousse gagne avec une puissante armée les provinces byzantines d'Europe, fait expédier du matériel, du ravitaillement par eau, de Ratisbonne à Belgrade, passe en Asie par Gallipoli, touche au but. Sa mort tragique dans les eaux du Cydnus détermine la dispersion de son armée (1190). Intéressant serait d'étudier le retour du roi d'Angleterre Richard Cœur de Lion, emprisonné au passage par le duc d'Autriche et que va délivrer le troubadour Blondel: route de la clandestinité et non plus route chevaleresque, malgré la conquête de Chypre, qui devient un royaume latin prospère aux mains des Lusignan.

En dehors des élans de l'imagination et de l'idéal chrétien, de la connaissance réciproque et des mythes créateurs, les résultats sont variables et contestés. Le juriste de la Renaissance, François Baudoin, qui préconisa l'union de l'Empire et de la France, y voyait la condition de la seule «guerre juste», celle qui libérerait la Grèce et Constantinople et amènerait «nos princes en triomphe à Jérusalem» (G. Demerson, *Conscience européenne*, s.l., 1982, p. 143). L'idée de croisade vivra, sous l'inspiration pontificale, jusqu'au XVIIe siècle. Dans le domaine du commerce, les résultats sont faibles. La prépondérance des routes maritimes depuis Gênes, Marseille, Venise est alors quasi absolue. Première esquisse de l'unité européenne, dont le moteur est la foi c'est-à-dire l'Église, l'entreprise des croisades s'affirme, sur le plan technique, comme la première tentative de voyage et de transport de masse (mis à part peut-être les déplacements des Hébreux?). L'échec est dû à une organisation logistique déficiente, aux nécessités du ravitaillement qui entraînent pillages et représailles, aux intrigues des autorités de Constantinople, aux rivalités internes et à un esprit de conquête dissimulé derrière un discours lénifiant. Considérations tactiques également: cotte de maille, armure, bouclier et pesante épée, mais aussi chevaux lourds et pesamment chargés, transpirant sous le poids et la chaleur sans pouvoir boire suffisamment, deux mondes s'opposaient dont l'un n'était pas adapté au terrain, ni à la manœuvre des vifs chevaux arabes, aux cavaliers qui, montés court, dressés sur leurs étriers, assénaient de puissants coups d'épée.

Reste le symbole. Jusqu'au XIIIe siècle, trois mondes coexistaient dans le bassin de la Méditerranée: le monde byzantin, héritier direct de Rome, séparé de la papauté depuis le schisme de Michel Cérularius, patriarche de Constantinople de 1043 à 1058, bloqué par la menace des invasions orientales; le monde arabe avec ses centres religieux, au service d'un Islam cultivé, dédaigneux et jaloux; le monde chrétien d'Occident pénétré par le système féodal et retourné à une civilisation agraire. Entre ces trois mondes, de gré ou de force, les Croisades ont tracé les routes, ouvert les portes, établi des contacts.

Moins spectaculaires et d'ampleur limitée, apparaissent les Croisades conduites dans le monde occidental, au tragique caractère, en Albigeois, en Languedoc, et en Espagne lors de la reconquête sur les Maures. Ces «routes de croisade» combinent œuvre de mission, par les moines, «pieds poudreux», qui convertissent les populations rencontrées, et œuvre de conquête par les chevaliers féodaux et les souverains, qui se livrent, contre les cathares et leurs alliés, aux opérations de siège et de luttes armées. Routes de la désolation, du meurtre et du bûcher. Intervient à ce moment un nouveau facteur, la politique du pouvoir royal, affirmant une nouvelle «unité», celle de la France monarchique ou de l'Espagne des rois catholiques. Politique qui prend possession de la route, la fortifie sans complexe, affirme son autorité.

8. *Le voyage formateur. La route? Un outil pédagogique*

Au colloque des médiévistes de Limoges-Aubazine de mai 1995, Françoise Michaud-Fréjaville, analysant les éléments constitutifs du voyage du seigneur Léon de Rozmital en Occident, a posé la question: un apprentissage? Ce qui ferait de la route un auxiliaire pédagogique dans la formation du jeune seigneur, notion bien connue du *Tour d'Europe* ou du *Voyage en France*. Périple intéressant pour un jeune seigneur qui va de Prague, fière de la cathédrale Saint-Guy, à Saint-Jacques de Compostelle, en passant à l'aller et au retour par quelques sanctuaires consacrés – Cologne, Aix-la-Chapelle, Cantorbéry, Tours, Burgos, la Guadalupe, Saint-Marc de Venise… –, expédition à la fois politique et chevaleresque, tournée des cours et mise à l'épreuve des capacités physiques et morales du futur chevalier. Confrontation avec la Nature également dans les éléments de la connaissance: l'eau et les ponts(grand pont de Londres, Blois, Dax, Ségovie, Salamanque, Montpellier, Narbonne, le pont d'Avignon, «très long» et bien d'autres encore); l'air auquel le jeune seigneur est très sensible (il évoque les moulins à vent du Brabant et de Flandre, le vent gonflant les voiles des embarcations, emmenant les miasmes de la peste comme à Coïmbre); le feu (la canicule règne en Biscaye et dans les Castilles, feu brûlant des supplices également au moment des exécutions capitales); la terre enfin (c'est-à-dire le contact direct, physique et charnel avec la route, construite ou simple piste, le relief de collines et de montagnes, la faune et la flore, le gibier d'Angleterre, les léopards de la ménagerie du roi René).

Les expériences se multiplient; les cinq sens sont intéressés: l'odorat et les parfums végétaux, le toucher dans ses diverses approches, le goût (le voyageur se plaît à noter les agapes qui prendront dans l'histoire de plus en plus de place jusqu'à résumer pour certains les plaisirs du voyage), l'ouïe avec la diversité des langues et la beauté des chœurs d'église, la vue enfin «qui remplit le récit et justifie le voyage». La mise en pratique ne tarde pas: la route? Une école de vertu: vertus chevaleresques par le nom même, force et tempérance, charité et espérance, et enfin justice et prudence à manifester dans diverses circonstances de la vie. La route? Des occasions de faire preuve de ces qualités, de se former soi-même et à l'égard des autres, de faire son apprentissage car, comme le dit la ballade de Deschamps, «il ne scet rien qui ne va hors».

Autres expériences à noter, celle des agents du roi qui commencent à apparaître sur les routes, en déplacements professionnels. Les officiers du roi? Des hommes de terrain – bailliage et élection ou diocèse – qui se déplacent beaucoup pour exercer leurs fonctions, à l'intérieur comme à l'extérieur de leur circonscription. À la base, les transferts de fonds effectués par les hommes de conduit et par des voituriers qui fournissent les chevaux de bât, l'officier étant présent. Le déplacement ordinaire est à cheval. La sécurité semble assurée mais les inondations de janvier sont présentes. La route, une attente? Celle de l'ordre royal. Une sécurité? Celle de l'autorité.

Chapitre III
Motivations et circuits. Le commerce et la route

Les débuts des temps féodaux avaient été marqués en Occident par un affaiblissement de la prospérité et de la circulation qui la sous-tend. Aux alentours de l'an mil, compte tenu de la réouverture progressive de la Méditerranée aux flottes chrétiennes, accompagnée d'un dynamisme démographique et de quelques transformations techniques, s'affirme le passage nuancé d'une économie agraire à une économie d'échanges. La monnaie retrouve son rôle médiatique auprès des structures politiques. «De l'accélération de la circulation des biens et de l'essor des nouveaux pouvoirs, il n'est pas facile, observe Guy Fourquin, de savoir lequel ou laquelle a précédé l'autre.» (Cité par R. Fédou, p. 180.) L'on parle aujourd'hui de l'existence de «plusieurs âges féodaux» et de l'introduction, dans le système féodal, d'un corps étranger, la ville. La transformation du système féodal est indissociable du renouveau des échanges et de l'essor urbain. En dépit de quelques améliorations techniques, les transports terrestres restent malaisés, inconfortables, peu sûrs et très coûteux. Le moyen normal reste la bête de somme, qu'accompagne souvent le marchand ambulant, à cette époque coutumière du commerce périodique et itinérant. Reste le problème des itinéraires.

1. Le nouvel équilibre et l'ouverture du Gothard (1220-1250)

Les causes de l'atonie étaient diverses: l'insécurité généralisée, l'impuissance politique, l'émiettement de la société, la dislocation de la vie économique et les progrès de l'économie domaniale, même si la Méditerranée, comme on l'a cru longtemps, ne fut pas entièrement fermée au grand commerce, du fait des invasions musulmanes. Ce qui a changé, c'est la position relative, par rapport à l'Europe, des régions du Nord et de l'Est. La Méditerranée cesse d'être la seule route importante du commerce européen. Dans l'empire de Charlemagne, le Rhin a formé un axe quasi central, culturel et économique de première importance. Malgré l'invasion mongole qui clôt la Russie, et bientôt à cause d'elle (la *pax mongolica* et l'exportation vers l'Asie des draps de laine recherchés par les clients chinois et mongols), va s'accroître la superficie de l'Europe cultivée, ouverte au commerce, et va s'affirmer peu à peu l'importance des routes nord-sud, esquisse d'une nouvelle Europe.

Les possibilités de distribution et de répartition de la Méditerranée, en rapport avec l'Orient, s'accroissent, entre mille et mille trois cents, grâce aux villes italiennes, qui prennent la tête de ce mouvement de rénovation commerciale – d'aucuns disent «révolution». Avec la renaissance des XIe et XIIe siècles, apparaissent un retour à la fonction internationale dans le sens des axes nord-sud, et une nouvelle structure de la circulation: non que la fonction régionale disparaisse – elle demeure comme l'a bien remarqué J.-F. Bergier, prédominante jusqu'au XVIIIe siècle –, mais, à travers des seuils – comme les cols alpins ou jurassiens –, se dessine ce qu'on pourrait appeler une «politique commerciale» des axes routiers.

Un symbole: l'ouverture vers 1220-1250 du col du Saint-Gothard, passage des Alpes centrales. Dès 1929, dans ses *Problèmes d'histoire routière*, C. Gilliard posait le problème. Jusqu'au milieu du XIIIe siècle, le Mont-Cenis et le Grand-Saint-Bernard demeuraient les points de passages les plus fréquentés entre les Flandres et l'Italie, en relation avec les foires de Champagne. À partir de 1250, la circulation tend à se déplacer vers les deux grands cols du Simplon et du Saint-Gothard. «La route du Valais vers le Haut-Jura et le célèbre passage de Jougne, celle du Tessin et du lac des Quatre Cantons vers Bâle, la Lorraine et la vallée du Rhin attirent particulièrement les marchands des villes italiennes septentrionales.» (P. Racine.) Avec l'ouverture des routes de l'Europe centrale, clef de l'histoire européenne, deux mondes entrent en contact: l'espace nordique et le monde méditerranéen[19].

2. Les points de rencontre et de rassemblement: les foires de Champagne[20]

Grands rassemblements d'hommes et de marchandises, nées aux carrefours des routes importantes – Saint-Gilles-sur-le-Rhône, Beaucaire, Bruges, Francfort, etc. – les foires définissent, en fonction de leur existence et de leur pouvoir d'attraction, les grands itinéraires routiers du Moyen Âge.

Aux XIIe et XIIIe siècles, les foires de Champagne sont «les lieux géométriques» du commerce européen. À Bar, à Troyes, à Provins, à Lagny, se succèdent foires «froides» et foires «chaudes», du printemps à l'automne, périodes commerçantes de l'année. Cette importance de la Champagne tient à plusieurs causes, sans qu'aucune apparaisse déterminante: site géographique favorable mais non exclusif, lieu de rencontre entre les deux zones extrêmes entre lesquels évoluent les transports commerciaux: d'une part, l'Orient, d'autre part, l'Angleterre et les plaines flamandes. «La politique intelligente des comtes de Champagne, qui, par l'exemption ou la réduction des taxes, "la paix du marché", la sécurité garantie par des "gardes de foire", font de celles-ci le rendez-vous des marchands de la Chrétienté latine.» (R. Fédou.) Le Moyen Âge est une civilisation de la laine et des épices, la première venant au départ d'Angleterre et des plaines flamandes, les secondes de l'Orient. Parmi les importations d'Orient, nombreuses sont celles qui alimentent l'industrie lainière, l'alun d'Égypte est employé dans le traitement des draps, comme dans celui des cuirs. Jean Delumeau a étudié *L'Alun de Rome (XVe-XIXe siècle)*, Paris, SEVPEN, 1962. Divers colorants sont en usage, tel le kermès ou cochenille, ou l'indigo de Chypre.

Quels sont les itinéraires? Les historiens italiens et P. Racine ont étudié les relations «de Lombardie en Champagne au XIIIe siècle» (Reims, 1985). Les villes champenoises sont bien placées au débouché des voies venant de la vallée du Rhône et de la Saône pour rejoindre la Seine et ses affluents; les marchandises utilisent tour à tour, par transbordement, l'eau et les bêtes de somme, les deux éléments partici-pant au même «système», au service du commerce international. Grands voyageurs, les commerçants se déplacent à époques fixes en fonction des arrivées des transports d'outre-mer, du 24 juin au 30 novembre, ou des dates des foires. On a pu établir que les routes romaines ne sont pour rien dans la géographie du cycle annuel de ces foires. C'est, au contraire, la foire qui engendra de nouvelles routes. Les acheteurs viennent de toute l'Europe, Placentins, Siennois, Vénitiens, Gênois (J. Day, *Les Douanes de Gênes, 1376-1377*, s.l., 1963, 2 vol.). Mais aussi Anglais et Flamands. La participation active des Allemands, d'abord entrevue, puis controversée, a été établie par les travaux d'Hector Amman. Cette prospérité ne dure qu'un temps. Avant la fin du XIIIe siècle, s'amorce le déclin: privées de leur jonction de relais, comme l'a souligné Robert H. Bautier, les foires de Champagne demeurent (J. Mesqui, 1980) mais, par suite de la modification des circuits commerciaux, elles cessent, comme les routes, d'être fréquentées assidûment.

3. Un pôle d'attraction: les villes des Flandres[21]

En 1252, s'est installé à Bruges le premier établissement de marchand han-séate. En 1294, les Anglais y créent l'étape, comptoir de vente obligatoire sur le continent où vont affluer les marchands étrangers. Grâce aux progrès de la naviga-tion, arrivent dans les ports flamands les premiers navires génois. Une conséquence immédiate: le commerce par voie de terre, qu'il s'agisse de routes ou de fleuves, est éclipsé par le commerce maritime. Des villes relativement nouvelles, Bruges, Gand… recueillent l'activité des cités champenoises en même temps que s'affirme le déclin des grandes foires internationales. La Bourse naît, nantie de tables de prêt, où officient prêteurs sur gages et marchands-banquiers. Aux XIVe et XVe siècles, les villes de Flandres apparaissent comme le point de jonction de la circulation terrestre et maritime, point extrême où peuvent se rencontrer flottes italiennes et vaisseaux han-séatiques. Partent les produits du Nord, les bois de construction, les fourrures, les cires provenant des marchés de l'Est, les produits de la pêche et des conserveries qui font la fortune des côtes danoises.

Il s'agit là de routes maritimes mais un nouveau phénomène apparaît: la convergence vers ces débouchés des routes terrestres nécessaires à l'exportation des produits, notamment ceux de l'industrie drapière. Une fonction nouvelle double et sous-tend l'essor commercial: la fonction industrielle. Dans la plupart des villes, à Ypres, à Gand, dans de petites cités comme Poperinghe ou Saint-Trond, bruissent les métiers à tisser. Circulent sur ces routes, qui vont des fabriques au port, les négo-ciants, ceux de la Hanse et de Londres qui achètent la laine dans les marchés anglais, à Winchester, à Northampton, ou à Bristol, ceux qui apportent les produits de teinturerie, d'apprêt, de transformation ou exportent les produits fabriqués.

Ainsi se conjuguent, sur ces itinéraires, les deux circuits, maritime d'une part, terrestre de l'autre et les deux fonctions, industrielle et commerçante. La Flandre, dotée d'une bourgeoisie dynamique, responsable, apparaît comme la plaque tournante de l'Occident.

4. *Un pôle de production et de redistribution: les villes italiennes*[22]

Au XIIIᵉ siècle s'est confirmée l'expansion italienne, expansion industrielle des villes qui marque le début de l'hégémonie économique et européenne du «quadrilatère urbain» (F. Braudel): Milan qui a remplacé Pavie, centre de distribution et de transformation des matières premières – métaux allemands et production des draps de laine –; Florence et ses satellites – Sienne, Lucques, Pise, Prato avec ses ateliers textiles où est transformée la laine anglaise en tissus de prix exportés en Orient et en Occident –; Venise, tête de pont de l'Orient (Alberto Tenenti); Gênes qui connaît un grand essor des échanges et de la banque en attendant qu'elle conquière les marchés de l'Atlantique et de la mer du Nord (J. Heers). Ajoutons Plaisance au débouché des routes alpines (P. Racine). Pendant près de cent ans (1250-1350), les compagnies toscanes ont possédé la domination économique du royaume d'Angleterre. La laine anglaise, aux fibres souples et longues, apte à la fabrication de tissus de qualité, était une des bases de la prospérité de Florence et de l'essor du centre milanais. Deux voies coexistaient:

– la voie traditionnelle, route terrestre, directe, entre mer du Nord et Italie: le trafic des laines anglaises avait atteint son point culminant vers 1350, franchissant le col du Grand-Saint-Bernard, emprunté dès 996 par l'archevêque de Cantorbéry, Sigéric, ou du Simplon;

– la voie rhénane – et mosellane – dont la clef était à Bâle et qui se poursuit par Lucerne, le Gothard et Venise.

A. Sapori a décrit *Le Marchand italien au Moyen Âge* (École pratique des hautes études, Centre de recherches historiques, Paris, A. Colin, 1952) et Y. Renouard, *Les Hommes d'affaires italiens du Moyen Âge* (Paris, A. Colin, 1972), entreprenants, ouverts au trafic maritime et terrestre, au crédit, et à la même époque, aux nouvelles formes financières (De Roover et Schneider, *Les Lombards en Lorraine*, s.l.n.d., et R.-H. Bautier, *Actes du colloque de Rome*, 1978). La véritable révolution interviendra avec la décision royale d'arrêter l'exportation des laines du pays et de créer en Angleterre une industrie textile, travaillant pour l'exportation. Révolution limitée. Entre laine ou drap, demeure une certaine prospérité qui permet le développement d'une «mentalité d'ouverture», tenant compte des modifications des sources d'approvisionnement, imposant une forme d'organisation politique qui se répand en Occident aux XIIᵉ et XIIIᵉ siècles, et qui permet de parler, dans certains cas, d'«État urbain».

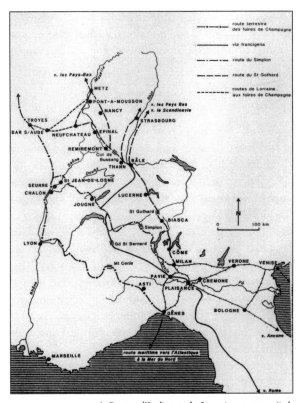

4. *Routes d'Italie par la Lorraine au XIVe siècle*

5. Une «seconde Italie»: les villes de l'Allemagne du Sud[23]

Les travaux de A. Schulte, anciens, font toujours autorité, relayés par R. Ehrenberg et R. Mandrou sur les Fugger. Ils ont mis en valeur la montée des villes de l'Allemagne du Sud «cette seconde Italie» (F. Braudel), et mis en évidence le glissement vers le sud et l'est des grands itinéraires. Sont à relever, et la présence des marchands italiens au nord des Alpes – à la fin du siècle, l'Allemagne envahie par ceux qui remontent jusqu'à Nuremberg et même Francfort –, et les déplacements multiples des Allemands vers Venise – le *Fondaco dei Tedeschi* – des familles de Lubeck, de Hambourg ou de Ratisbonne: elles envoient, dans la cité des doges, leurs agents commerciaux et les membres de leurs familles, désireux d'étudier la comptabilité et les méthodes commerciales (H. Simonsfeld, 1887). La politique minière, liée à la guerre, est soutenue par les autorités de l'État accordant des monopoles à des hommes d'affaires ou à des compagnies, les Médicis pour l'alun de Rome (J. Delumeau), les Fugger pour les mines d'argent du Tyrol («Copie du traité de commerce passé entre Antoine Fugger, Jean-Jacques Fugger et ses frères à Augsbourg le 30 mars 1538», AMS, IV 105 a, et R. Mandrou).

6. *Un espace privilégié. Strasbourg: un pont, une banque, une foire, une loge*

En relation avec les villes allemandes du Sud, les cités rhénanes en aval et helvétiques en amont, la République bourgeoise de Strasbourg participe à cette prospérité nord-sud (F.-J. Fuchs). Par suite des abaissements d'axes des montagnes parallèles au fleuve, Vosges et Forêt-Noire, le col de Saverne et la trouée de Pforzheim, Saint-Nicolas-du-Port à l'ouest (O. Kammerer, 1985) et Francfort à l'est, la République participe également au grand commerce est-ouest. Le croisement d'axes définit le rôle européen.

En 1548 le plan Morant donne une première image de la ville, alors république rhénane (Liliane Châtelet-Lange). Sont mis en évidence les deux privilèges impériaux qui concernent l'un, le pont sur le Rhin et la navigation (en 1417 la corporation des bateliers devient la première des corporations de la cité), l'autre la foire ou plutôt les foires, celle d'été, la plus importante, et celle d'hiver ou foire de Noël (1336). L'essentiel est d'assurer la sécurité des marchands: en 1592, Strasbourg veillera à la sécurité des bourgeois se rendant à la foire d'Ulm, Ulm fera de même pour la foire de Strasbourg (AMS IV, 5, 4). et celle de Francfort. La Tour aux *pfennigs* joue le rôle d'une banque de dépôt, de prêt et de change (*Wechsel*). Le régime des sauf-conduits est la règle entre les principautés territoriales, chaque État protégeant ses ressortissants. Le pont nécessite un entretien continu, de même que la maison des douaniers et les fortins y attenant (*Idem*, DD 223, 13).

L'unité culturelle est assurée par l'existence de certaines manifestations, notamment les invitations adressées aux arbalétriers et arquebusiers de Strasbourg par une cinquantaine de villes d'outre-Rhin: Augsbourg (1470), Fribourg-en-Brisgau (1467 ss), Leipzig (1490 et 1497, document imprimé), Munich (1467)... (AMS EE 155, 16a). Et surtout par la cathédrale, un des phares de l'Occident: dans la grande Loge de Strasbourg, se regroupent les maçons bâtisseurs de cathédrales. À une assemblée tenue à Ratisbonne, en 1459, Strasbourg fut choisie pour le lieu de l'assemblée, la *Bruderschaft*. On désigna pour chef de la loge, et pour toujours, l'architecte de la cathédrale de Strasbourg (J.-F. Hermann, *Notices*, s.l.n.d., II, 44).

7. *Un pôle subsidiaire: le carrefour helvétique et les foires de Genève*[24]

L'école de J.-F. Bergier a révolutionné la géographie alpine de la communication. Le 1er août 1291, avait été signé le pacte de solidarité des trois cantons, acte de fondation de la Confédération. La guerre de Cent Ans et l'insécurité chronique des routes françaises, combinées aux crises locales, démographiques ou autres, vont permettre à la Suisse de jouer à plein son rôle de carrefour de transit et de nœud routier. Le carrefour helvétique est alors, en premier lieu, un carrefour genevois: «"Vous savés que nous sumes tous marchans" […] Vers le Léman convergent, plus ou moins directement, toutes les traversées des Alpes centrales et occidentales, depuis les cols des Grisons loin vers l'est jusqu'à celui du Mont-Cenis, plus proche vers le sud. Elles y rejoignent la voie qui, d'Europe centrale par Nuremberg et le plateau suisse, vient suivre le cours du Rhône vers la France méridionale et la péninsule ibérique: une route essentielle, considérable par le volume des biens transportés. Sur la croisée genevoise de tels chemins, s'articulent encore ceux qui traversent le Jura en direction de Bourgogne, de l'Île-de-France, de Normandie et d'Angleterre; ou celui de l'isthme helvétique entre Rhône et Rhin – que deux millénaires ont rêvé, sans succès, de percer d'un canal. Voilà donc, écrit J.-F. Bergier, que, pendant cette première moitié, décisive, du XVᵉ siècle, l'axe qui unissait directement l'Italie à l'Europe atlantique se brise et que Genève est promue au rang de lien privilégié, sinon unique, entre deux des pôles principaux de l'économie européenne.» (*Mélanges offerts au professeur Anne-Marie Piuz*, 1989, p. 35.)

L'intervention de la monarchie française modifie ces données. Les lettres royales du 8 mars 1463 portent création à Lyon d'une quatrième foire ouverte à tous, avec interdiction aux Anglais d'aller à Genève, mais les *Merchant Venturers* ne se hasardaient guère à l'intérieur du continent. Les foires ont été une affaire de politique et de diplomatie, un élément précurseur de la formation de l'Europe moderne, que nourrit encore la montée des puissances baltiques.

8. Un espace conquérant: l'espace nordique et la Hanse[25]

Le fait que la Baltique et la Scandinavie aient été peu connues des géographes romains ne signifie pas qu'elles fussent en dehors des sphères d'activité des commerçants, voire des soldats. La mer du Nord avait déjà pour eux une importance politique et commerciale mais il était réservé aux siècles du Moyen Âge d'établir des relations plus poussées avec la Baltique et l'Est européen. À différentes reprises a été évoquée la présence ou l'influence des villes hanséatiques, élément d'unité. Par le Holstein, les pays côtiers de la Baltique proches des pays rhénans et des Pays-Bas en plein essor, communiquent avec l'Occident. Philippe Dollinger note «que pour le commerce hanséatique, la navigation intérieure fut presque aussi importante que la navigation maritime», du fait des transbordements, puis des expéditions.

Les routes terrestres de la Hanse – alliance de cités maritimes –, bien étudiées par H. Weczerka (1980), s'ouvrent sur un champ d'action qui va de la Russie aux Pays-Bas d'une part, entre l'Allemagne septentrionale et centrale et les ports de la

Baltique de l'autre. Elles joignent les villes où sont installés les comptoirs où siègent les «facteurs» des négociants: Novgorod, Londres, Bruges et Bergen, et d'autres en qualité de subsidiaires, en Angleterre, Boston, Lyonn, Yarmoth, Hull, chacune de ces villes étant accessible par eau. Les marchands de la Hanse y avaient leurs propres entrepôts et halles. Des routes menaient vers le sud à Cracovie, ville hanséatique et à Budapest; à Breslau et à Vienne, à Prague et à Linz. Les plus importantes étaient les voies plus occidentales qui menaient vers le sud depuis la Flandre, l'Elbe et le Rhin inférieur. En pleine prospérité jusqu'à la conversion «nationaliste» anglaise, s'est développée, dans ces lieux de rencontre entre le Nord et le Midi, une civilisation hanséatique, née de la convergence des routes et de la politique urbaine.

9. Un espace à conquérir: l'Europe centrale et danubienne[26]

Si l'espace nordique est tombé dans la nasse hanséatique, se pose également, dès cette époque, le problème du Danube en tant que voie commerciale. En 1929, N. Jorga évoquait «die Legende von Donauhandel um Frühmittelalter». Effectivement, sous l'Empire, en sa qualité de frontière Nord, le fleuve n'a pas joué un rôle commercial important. Ce n'est qu'à la fin du IXe siècle, après les invasions, qu'on voit renaître une activité commerciale de court rayon sur le Danube inférieur. Dans l'Empire byzantin, les marchands de Constantinople allaient en Hongrie par la route terrestre de la Maritsa-Morava. Dès l'origine, la ville, capitale de l'Empire byzantin était un centre important de consommation et d'échanges (*Voyages et voyageurs à Byzance et en Occident du VIe au XIe siècle*, sous la direction de A. Dierkens et J.-M. Santerre, Droz, 2001), ouvert à l'étude comparative.

Au moment des croisades, l'intérêt de la voie danubienne a été diversement interprété: ont été utilisés des tronçons, données locales, plus que la route directe. Les croisés ont progressé, par une suite de traités de non agression et de contrats de fournitures avec les potentats régionaux, empereur compris, accords souvent violés. Le ravitaillement de milliers d'hommes a été assuré. L'assortiment des marchandises présentés dans les marchés bulgares était complet: des céréales (blé, orge, millet, épeautre, riz.), des légumineuses, fruits et produits de consommation courante, beurre, fromage, œufs, lait, yogourt…, des fruits secs, des olives, du moût de vin, de l'huile d'olive, du vinaigre, de l'huile d'éclairage, des condiments, clous de girofle, cannelle, gingembre, des lapins et de la volaille, du petit ou du gros bétail, moutons, chevaux, ânes, et des produits artisanaux, cuirs travaillés, produits métalliques (tels que clous et fers à cheval), toutes denrées utiles aux voyageurs (B.-A. Cvetkova), offerts aux voyageurs compte tenu, bien souvent, de l'animosité latente à l'égard de l'étranger. Malgré les crises dont Freddy Thiriet s'est fait l'historien, le trafic méditerranéen avec Venise est alors essentiel, avant le grand déclin de la République au XVIIe siècle. De la mer Noire à la Baltique, l'Europe centrale et les espaces orientaux, en liaison jusque-là avec Constantinople, restaient, sinon à découvrir, du moins à intégrer commercialement, et par terre, dans les circuits européens occidentaux. La Hanse, Venise et Gênes, avaient planté les premiers jalons.

Chapitre IV
Le commerce: produits et courants

Une esquisse de spécialisation – plus qualitative que quantitative du fait de la rareté des sources exploitables – tend à se dessiner au cours des siècles. Elle concerne les routes «au long cours» où, en quantités variables (quand elles sont indiquées au poste de péage ou autres), suivant la conjoncture et sans compter les bestiaux toujours présents, circulent le sel, les harengs, le vin, les grains, les draps, le bois et les minerais. Tous participent au ravitaillement, souci primordial des magistrats municipaux. Ils permettent une montée parallèle du commerce urbain, du système des «réserves», de l'artisanat, alimentent les marchés éloignés. Sur les artères principales, routes des foires, des ports et des États, se greffent les voies secondaires. Destinées aux marchés locaux, «les routes du marché» restent le symbole de l'activité au sein de la cité, y compris celle des marchands ambulants, réalisant, dans les halles aux blés ou aux toiles, l'alliance de la ville et de la campagne.

1. *Les voies du sel*

Elles apparaissent anciennes et pérennes, qu'il s'agisse du sel continental ou du sel marin. De tout temps denrée alimentaire de l'homme, le sel a pris au Moyen Âge une valeur plus grande encore, en tant que moyen de conserver le poisson. Une des routes les plus importantes, connue des Gaulois et dont les Romains avaient héritée, figure à la fois sur l'Itinéraire d'Antonin et sur la Table de Peutinger, de Metz à Strasbourg. Elle dessert les salines de Lorraine par les pays de la Haute-Seille; s'en détachent des voies qui vont vers la Moselle et vers la Sarre.

Autres centres de diffusion: Salins en Franche-Comté, qui répartit la denrée vers Besançon, Dijon, Chalon-sur-Saône, vers Pontarlier et la Suisse; dans les Pyrénées, les salines du Béarn et de Couzerans; le Tyrol enfin qui ravitaille l'Autriche. Les flottes hanséatiques et hollandaises viennent chercher et rapportent le sel marin, de Bretagne à Bergen et les pays de la Baltique. Voie maritime d'abord, voie de terre ensuite sont utilisées pour la distribution. En Aunis et en Saintonge, les transports se font par voies d'eau. En Poitou, les chemins saulniers atteignent directement les salines. À Strasbourg les nobles revendiquent le droit d'importer librement en ville toutes les denrées alimentaires qui leur sont nécessaires et notamment le sel. Le magistrat veut les obliger à payer des droits de douane. (AMS I 22b, n° 28.) La ville se fournit directement aux mines de Schwäbisch-Hall, parfois à Bad Soden, où l'exploitation est un privilège impérial. Le sel est un instrument de pression politique et diplomatique, tel le sel de Franche-Comté sur la Suisse. En 1574, les Espagnols ont capturé au cours du siège de Leyde deux bateaux chargés de sel (AMS AA 708 a, feuillet 88)[27].

2. Le hareng, «personnage historique»

Une véritable industrie des transports est née de l'importance du hareng dans l'alimentation. Causes religieuses? La réglementation du carême. Causes matérielles? Les déficiences de l'alimentation en hiver, ni légumes, ni fruits, ni œufs, l'importance des salaisons, procédé «révolutionnaire». S'y ajoute la rareté relative des poissons d'eau douce, sauf en Sologne et en Lorraine. Causes économiques enfin, le prix du hareng est inférieur de moitié au prix de la viande de boucherie, argument essentiel pour les classes défavorisées, phénomène de masse accru par l'invention de la caque pour le transport en grandes quantités, cinq cents à mille.

De là l'importance des «chemins de carême» qui ont la particularité de durer toute l'année. Quelle en est la géographie? Trois zones existent: la marée dieppoise qui règne jusqu'en Franche-Comté et dans la France du Nord; la zone hanséatique: Lubeck s'est édifié sur des caques de hareng, ses richesses salines ont envahi de bonne heure les pêcheries du Sund où le hareng s'assemble par bandes chaque été; la zone hollandaise enfin. Les chargements de hareng, rejoints par ceux de morue séchée issus des pêcheries norvégiennes, se répandent non seulement dans la Baltique et la mer du Nord, mais dans l'Ouest de la France, au Portugal et en Espagne. Entre 1417 et 1425, le hareng hollandais, moins bon mais moins cher que celui de Scanie, refoule presque complètement ce dernier de l'Europe du Nord-Ouest et lui fait concurrence autour de la Baltique. L'invasion hollandaise qui, après la guerre, va prendre, au XVIIᵉ siècle, la relève des Hanséates et remonter les fleuves, ravitaille l'axe rhénan et la Suisse[28]. En 1526, le magistrat envoie à la délégation strasbourgeoise à la diète de Spire du lard et des poissons (AMS AA 407 a).

3. Le vin et ses débouchés

Le vin donne lieu à un commerce du même type: marchandise pondéreuse, de transport délicat, indispensable pour les besoins des sociétés et, notamment, pour le culte. Dès le Haut Moyen Âge existe un commerce d'exportation à longue distance, organisé, réglementé, contrôlé du fait de son importance pour les classes dominantes, pour l'Église et pour l'État. À Genève, Jean-François Bergier estime à cent quatre-vingt-quatre litres la consommation par personne. et par an. Vins du pays, en attendant, au XVIIᵉ siècle, l'arrivée des vins rouges de Bourgogne. Les crus du

Midi de la France et de la vallée du Rhône «viennent à Seyssel, en remontant le Rhosne, en tonneaux couverts et enveloppés, pour les plus fins, – comme les muscats de Frontignan, en petits barils ou bouteilles cachetés». Ceux de Bourgogne, pour Genève, prennent la route des Rousses jusqu'à Nyon, puis le bateau. L'exportation par bateau joue également, de longue date. Le problème est de conservation.

La thèse de Pirenne et de ses élèves, concernant l'absence de commerce à longue distance avant le XIᵉ siècle, est inadéquate: dès l'époque carolingienne, l'Alsace est un centre de rayonnement économique pour l'ensemble de l'Europe[29]. Vers l'ouest on retrouve le vin d'Alsace dans l'Allemagne du Sud, malgré la concurrence des vins tyroliens et hongrois. On le trouve en Bohême jusqu'à Prague, à Munich, à Nuremberg, à Ratisbonne où il arrive par le Danube (Himly). Autre zone d'expansion, celle qui part des foires de Francfort, surtout aux XIVᵉ et XVᵉ siècles, vers le nord au Danemark, rayonne jusqu'à l'Elbe, depuis Hildesheim, à Dresde, sans être gênée par l'existence des vins de Franconie, assez cotés au Moyen Âge. Vers l'ouest, il gagne Luxembourg et Bruxelles, le relais étant pris par la flotte hollandaise. En 1577, le magistrat de Hambourg prie celui de Strasbourg de laisser passer sur le territoire de la ville 60 foudres de vin achetés en Haute Alsace pour son compte par Thierry Dulman (AMS. AA 2021, n° 42-43).

Hors les routes maritimes qui assurent la fortune des Bordelais, deux facteurs contribuent à la diffusion des vins et des eaux-de-vie d'Alsace: la présence des voies fluviales et le croisement des routes Rhin-Danube qui s'opère non loin de Strasbourg, la renaissance urbaine, la rigueur du climat et les besoins ecclésiastiques qui réunissent catholiques et protestants. Sans compter les producteurs, il y a ceux qui vivent sur la route et de la route, bateliers, fabricants de bateaux, tonneliers, cabaretiers, charretiers, transporteurs à terre ou *Fasszieher*, ouvriers dockers ou *Krahnbeamte*, déchargeant les bateaux dans les *Ladhöfe*, à l'aide de grues illustrant les estampes de l'ancienne douane, intermédiaires obligés, contrôlant la qualité du vin et, parfois, des eaux-de-vie (le *schnaps*) expédiées vers le nord.

4. Les grains et le ravitaillement des villes. Les greniers

La politique frumentaire et de ravitaillement est au premier plan des préoccupations des magistrats des cités, dans le Sud et l'Ouest de l'Allemagne, dans les métropoles régionales que constituent Nuremberg, Cologne et Francfort. Les villes moyennes interviennent dans le commerce des blés en qualité de relais, de points de rassemblement et d'entrepôts. À Genève comme à Strasbourg, de même que dans les villes allemandes, les greniers sont célèbres. Froment et seigle forment le gros des stocks publics. En relation avec celle des subsistance, la question des grains est la pierre de touche de la police des cités, concentration de non-producteurs sur une petite surface, à la merci de la récolte extérieure ou de l'arrivage étranger. De là, la politique dite des «réserves». Trois zones apparaissent dans l'ensemble de l'Empire: les villes, au sud et au sud-ouest de l'Allemagne – elles entretiennent entre elles des relations multilatérales –; la région hanséatique caractérisée par la production et la consommation directe; la Rhénanie qui occupe une position intermédiaire tournée vers la liberté du trafic et le bon entretien des routes. La question des prix a son importance. De Bouard l'a étudiée dans le royaume angevin de Sicile (1266-1282). Elsass a donné les prix pour les villes allemandes et Hanauer pour l'Alsace. Étaient célèbres les greniers de Nuremberg, au même titre que ceux de Strasbourg[30].

5. La laine, les draps et les fourrures

Dans ses qualités intrinsèques, la laine et, dans leurs multiples façons, catégories, prix, les draps constituent un élément essentiel des marchandises transportées en caravanes ou convois, soit aux foires de Champagne ou entrepôts de la Hanse, soit dans les échoppes des commerçants des villes italiennes ou allemandes, soit enfin, par la voie maritime, en Orient, draps de luxe, qui réduisent tant soit peu, l'hémorragie d'argent vers l'Orient, fournisseur de parfums, de fourrures, d'épices et de soie, de l'Occident resté longtemps «barbare». Des distinctions sont à opérer au sein de ces appellations génériques suivant le lieu d'approvisionnement (draps flamands, draps brabançons…) dont chacun a sa route et son influence. En 1474, le magistrat de Strasbourg délivre un sauf-conduit sur le territoire de la cité pour des commerçants de Malines (AMS IV 101). Au XVe siècle, les draps hollandais et anglais supplantent leurs concurrents dans de nombreux pays (P. Dollinger)[31].

H. Laurent a étudié «un grand commerce d'exportation au Moyen Âge: la draperie des Pays-Bas en France et dans les pays méditerranéens du XIIe au XVe siècle» (*Le Moyen Âge*, s.l., 1964). La draperie rurale se maintient dans le Nord-Ouest méditerranéen (D. Cardon, *Actes du colloque de Flaran*, 1997) et pénètre en Mongolie et en Chine. Le commerce des fourrures a été étudié par Robert Delort (1978) à travers les structures du marché (distance et transport) et les courants d'échanges géographiques et politiques. La zibeline apparaît comme le personnage emblématique de la future Sibérie. Comprenant «peaux de mer ou de terre», les routes de la fourrure suivent les destins «mongoliens» des États de Kiev et de Moscou, épousent l'axe Baltique-mer du Nord, dépassent le carrefour livonien, atteignent la foire aux pelleteries de Bruges, en attendant d'envahir la foire de Châlon, celle de Leipzig et les foires allemandes. On les retrouvera plus tard, objet de la suspicion des magistrats, protecteurs jaloux de la bonne entente et de la prospérité des familles, à la foire de Strasbourg.

6. Le bétail, «sans cesse en remuement»

Cette histoire est une épopée que résumerait volontiers l'activité des gens de Schwyz et d'Uri, empruntant avec leurs bestiaux la route du Gothard «appelée à jouer un grand rôle dans ce trafic» (J.-F.-B., p. 75), et les livrant à la clientèle italienne. La présence d'un réseau serré de routes à travers les montagnes a encouragé l'élevage des bêtes de somme, mulets et chevaux. La localité monastique d'Einsiedeln entretenait quatre cents chevaux. Mais plus encore comptent les files de bœufs qui viennent de Hongrie, de Pologne ou des plaines valaques. Remontant le Danube, ils vont satisfaire la consommation de viande accrue en Occident. Jean Vogt les a suivis à la piste, passant le pont de Strasbourg; la plupart s'arrêtent quelque temps, cernent la ville du Rhin, occupent la plaine des Bouchers. Comptent également, les troupeaux qui, vers Constantinople, «ventre énorme de l'Orient», descendent la voie danubienne. Autant que les grains, le bétail «sans cesse en remuement» est un élément fondamental, en nombre, en masse et en volume, du ravitaillement des villes capitales, lié aux tanneurs et aux puissantes corporations des bouchers, avides de terrains libres. À Strasbourg, le magasin au suif, supprimé en 1684, rétabli en 1739, sera un objet de contestation avec le magistrat à la veille de la Révolution (AMS, AA 2615, n° 113-114).

7. Le bois, les minerais, les métaux

Matériaux pondéreux, ou flottables comme le bois, font l'objet de lourds charrois et d'un trafic fluvial prioritaire. Un aspect essentiel, le flottage et les trains qui, partout, descendent les fleuves. Le ravitaillement des villes – chauffage et construction – est à ce prix. À la fin du Moyen Âge, avec l'essor urbain et les besoins de la navigation, l'exploitation s'intensifie. En même temps, se développent l'exploration et l'exploitation du sol et du sous-sol: en 1531, paraît d'Agricola, le traité *De re metallica*, somme des connaissances minières et métallurgiques de l'époque, aux illustrations de voitures significatives[32]. Les vallées des Vosges, alsaciennes et lorraines, s'ouvrent au minerai. De même en Forêt-Noire, en Saxe, ou dans les Monts métallifères que visitera plus tard Philippe-Frédéric de Dietrich, commissaire des forges et bouches à feu du royaume de France. En 1474, le magistrat de Nuremberg annonce l'envoi de quatre-vingt quintaux de cuivre et de vingt quintaux de salpêtre demandés par la ville de Strasbourg (AMS 2028; n° 4-9). En 1787, sera délivré par le magistrat de la cité rhénane un laissez-passer, pour une livraison d'acier provenant d'Allemagne et destinée à l'intérieur de la France (*Idem*, AA 2063, n° 1-2). Le commerce des armes a fait la fortune de Nuremberg et, en partie, celle de Strasbourg à l'artillerie célèbre (la Mésange).

Chapitre V
L'État et les États: les diversités nationales et régionales

Les circonstances politiques et la montée, au sein de l'Europe féodale, des États en gestation, donnent à la route sa fonction d'agent de l'autorité, tel en France et en Angleterre. Les États italiens, ouverts au commerce et à la culture, ne sont pas indifférents aux questions dynastiques, familiales et municipales: la route agent des évolutions futures. État princier, riche de mariages et de terres, l'État bourguignon pose un problème de liaison interne. Se profile alors en Europe centrale une expérience de «méthodologie routière». Une connexion étroite – celle-là même de la route – réunit ces divers éléments, sans qu'on puisse encore parler d'un «système européen» coordonné.

1. La route médiévale en France: du chemin à la «via regalia»

De la résidence à la capitale

Dans *L'État au Moyen Âge* (PUF, 1971), René Fédou s'est plu à opposer au «temps des résidences» le «temps des capitales». Le premier est lié à ce qu'il appelle «le semi-nomadisme carolingien», temps de transition «vers les monarchies itiné-rantes» des Xe, XIe, XIIe siècles, et de relever l'évolution différente de la France et des pays d'Empire. Les rois de Germanie n'ont plus de résidence de prédilection et pas encore de capitale, «ils exercent leurs hautes fonctions en se déplaçant» (A. Schulte), *Länder* et Italie compris. Au contraire, en France, les rois limitent leur nomadisme à un territoire réduit, sur un domaine «restreint, mais bien centré» (Marc Bloch), où se préparent le rassemblement territorial et l'essor d'une capitale.

Le choix de Paris au lieu d'Orléans ou d'une autre ville apparaît décisif, notamment pour l'évolution future du réseau routier français. Conçu par les Romains à partir de Lyon, il sera, au XVIe siècle, centré sur Paris. La Hanse des mar-chands de l'eau avait pris possession du bassin de la Seine. L'alliance est nouée entre le roi et sa ville, malgré quelques «fantaisies ligériennes» aux siècles suivants: si le roi voyage et offre le spectacle, l'administration et les grands services publics demeurent dans la capitale[33].

Le parent pauvre de la connaissance? L'ébauche d'un système

Comme le rappelle Robert H. Bautier, la difficulté est grande de tracer un tableau d'ensemble[34]. La connaissance du réseau reste embryonnaire. Rien qui res-semble aux travaux d'Aloyse Schulte pour l'Allemagne, d'Amann pour la Suisse.

Dans son article «La première révolution des transports continentaux (c.1000-c.1300)», Alain Derville a noté que les «transports continentaux, par terre et par eau, restent le parent pauvre de l'historiographie médiévale». Pourquoi cette désaffection? se demande R.-H. Bautier. La dispersion des sources? La confusion entre route romaine et route médiévale? Les distinctions à opérer au sein des routes de pèlerinage? La réponse réside dans la complexité – et la vitalité on non – du système existant et, peut-être, également, dans la trop grande attention portée au réseau parisien

L'ossature moderne est en place, issue des voies stratégiques de Rome, en partie conservées suivant les endroits. «Victime d'un lent abandon aux Xe et XIe siècles, succédant à deux phases de maintien sans grande innovation», elle comprend souvent une série de voies que l'on pourrait qualifier de «voies médiévales», parallèles quelquefois à la voirie ordinaire. De nos jours, on pense que le Moyen Âge a créé ses propres chemins, aussi bien pour le commerce que pour le passage des troupeaux, les gués, les cols, «zones routières» spécifiques en plaine comme en montagne: dans les Alpes, le Mont-Cenis est très tôt traversé. Le Massif central n'a pas été délaissé. R.-H. Bautier a redressé les opinions anciennes qui faisaient du couloir rhodanien le principal passage entre la Méditerranée et les foires de Champagne. S'est créée ainsi cette ossature de différents types de routes mentionnés par les textes, fabliaux, contes et poèmes où l'imaginaire joue son rôle. Dans l'Ouest et le Midi de la France, outre G. Loubès avec «les routes de la Gascogne médiévale», P. Wolff a étudié «la route de Bordeaux à Toulouse à travers la Gascogne aux XIVe et XVe siècles». Pour le Nord, Robert Fossier a retenu «les problèmes du marché rural en France du Nord au Moyen Âge» (*Actes du colloque de Flaran*, 1992). Au Moyen Âge, on peut aller pratiquement partout, cette multitude de chemins locaux convenant à une époque où la vie lointaine est pratiquement inexistante, sinon par un système de relais comme dans le cas des relations de Toulouse avec les pays de langue d'oïl: ce sont les «pays de transition», Massif central et ses abords, le Quercy notamment, qui fournissent les caravanes et leur équipement[35]. Au XVIe siècle, la parenthèse va se refermer (M. Rouche), au moment où l'état monarchique met sur pied une politique routière efficiente.

Les fleuves et les rivières demeurent les voies normales de la circulation. «Les routes de terre, dit G. Fourquin, n'étaient le plus souvent utilisées que comme voies de raccordement entre des cours d'eau différents», eux-mêmes souvent non entretenus, encombrés de péages, «se révélant aussi onéreux que médiocres». Le chemin longe le cours d'eau, le traverse dès que possible par les gués, les bacs, les ponts de bois ou de pierre. Alcuin descend le Rhin en 781. L'armée des Francs utilise la Seine et l'Oise, sans parler des Vikings, navigateurs nés qui remontent le fleuve, voie d'invasion. Dans les régions traversées, profitant des périodes de paix, se multiplient les ponts gothiques, dus aux legs, aux testaments, au même titre que les hôpitaux et les maladreries, fruit de l'activité des Frères pontifes. Jean Richard a étudié les passages de la Saône aux XIIᵉ et XIIIᵉ siècles. Dans *Les Foires de Châlon et le commerce dans la vallée de la Saône à la fin du Moyen Âge*, Henri Dubois donne un tableau précis du trafic à la fin du XIIIᵉ siècle, trafic marqué par le renforcement de l'exploitation de la circulation par les seigneurs péagers et l'apparition de la distinction entre commerce local et commerce à longue distance[36].

La tendance actuelle revient à nuancer l'opinion de Jacques Heers: «Les transports terrestres n'ont pratiquement pas connu d'amélioration pendant le Moyen Âge». Médiocrité, immobilisme, Alain Derville «fait appel de ces verdicts écrasants». Il n'y a pas «un» Moyen Âge, mais «des» Moyen Âges qui couvrent un certain nombre de siècles, comme il y a des «régions» à l'identité bien définie. Des améliorations non spectaculaires mais efficaces ont été apportées dans les conditions de la traction animale. La montée des villes a engendré des besoins nouveaux, suscité des initiatives. Dans son étude sur *Commerces et marchands de Toulouse (vers 1350-vers 1450)*, P. Wolff a montré l'importance des courants de circulation, des objets d'échange, des instruments et des techniques du commerce... Pour Jean Schneider, la ville de Metz, à la même époque, se présente comme «un État urbain dominé par un patriciat qui ramène à lui l'essentiel des activités politiques et économiques. État urbain qui, dans un rayon de vingt kilomètres, commande à plus de deux cents villages». La réapparition du commerce nord-sud avait entraîné la mise en état des voies unissant les Flandres, Paris et les foires de Champagne, l'Italie. Organisés en communautés, les Italiens négociaient avec le roi, obtenaient sa protection, de même avec le duc de Bourgogne pour les marchands génois[37]. Les premiers pavements de routes apparaissent, multipliés dans le Nord et dans l'Est, créant des voies, assimilées plus tard par certains chercheurs à de prétendues voies romaines. L'ouverture du Gothard avait entraîné une redistribution des centres vitaux, en même temps que s'affirmaient la croissance urbaine et les débuts d'une organisation «administrative» de prévision, de régulation, d'entretien. «Ainsi nous pouvons affirmer qu'il existait un droit de la route au Moyen Âge [...] La filiation du droit romain à la classification médiévale est donc incontestable» (G. Jugnot, Reims, 1985)[38].

S'est développée ainsi une ébauche de «système» où s'introduisent des éléments juridiques et politiques. Avec l'esquisse d'organisation dont fait état J.-F. Bergier, une notion apparaît: celle de *via publica*; l'autorité fait régner la paix et la sécurité, les ponts sont entretenus, les passages assurés. Un élément essentiel se fait jour, parallèle au développement du domaine, le «conduit royal», qui a assuré l'ouverture des foires de Champagne. Sur la *via regalia*, le roi fait respecter son «conduit», installe son péage, puis la maréchaussée[39]. Dans le Nord de la France, on assiste à un premier développement de Paris et à la création d'un nouveau réseau, fourni et animé. X. Bezançon a étudié, dans les *Services publics en France*

(Presses de l'École nationale des ponts et chaussées, 1998), comment ces derniers, locaux et nationaux, sont nés sur le plan juridique. Quelle a été leur justification et le processus de leur création? Alain Sadourny a analysé «les transports sur la Seine aux XIIIᵉ et XIVᵉ siècles» (*Annales de Bretagne*, 1978): vins, sel, pierre, constituent des éléments essentiels, malgré des conditions physiques difficiles, brume, fonds instables, mascaret. De son côté, Claudine Billot a précisé la situation de «Chartres et de la navigation sur l'Eure» (*Idem*, 1978). Comme en Angleterre, le roi parcourt son domaine, entraînant ses chariots (plus de cent) et sa cour, entre la Loire et la Seine[40] et Alain Derville de conclure: «Il faut réagir contre le pessimisme habituel des historiens limitant les déplacements: on a trop écouté les doléances des sujets!» En témoigneraient s'il en était besoin, «les belles foyres et marchéz du Berry rural (XIVᵉ-XVIᵉ siècle)» qu'a examinés F. Michaud-Fréjaville, au colloque de Flaran (1992).

Une nouvelle capitale: la papauté en Avignon (1309-1377)[41]

Cette installation, liée peut-être plus à l'histoire politique qu'à l'histoire religieuse, a des conséquences importantes pour les relations avec le reste du royaume, Rome et l'Italie, sinon l'Allemagne, attentive à tout ce qui concerne la capitale du monde chrétien. Elle aboutit à la création d'une «Europe d'Avignon» marquée par l'établissement d'un réseau fonctionnant par drainage financier, culturel, humain, juridique (B. Guillemain) et irrigation du réseau préexistant. Particulièrement importante s'affirme la route qui va vers l'Italie. Six itinéraires sont possibles: France, Simplon ou le Gothard; Lyon, le Jura, le Léman; Bresse, pays de Vaud, Genève, le Mont-Cenis; la Savoie, le Rhône, le Montgenèvre; Aigues-Mortes, Marseille, Gênes ou Avignon, Carpentras, Sisteron, le col de Larche.

Le développement s'opère sur l'Europe avignonnaise, celle de la vallée du Rhône, du réseau alpin, créant des échanges, des transferts d'activité. Une typologie nouvelle se dessine, de même pour les relations avec Paris, le Nord de la France et les États restés fidèles. Yves Renouard a étudié «comment les Papes d'Avignon expédiaient leur courrier», il a analysé «leurs relations avec les communautés communales et bancaires». Il a étudié également *La Consommation des grands vins du Bourbonnais et de Bourgogne à la cour pontificale* (1952), autant d'éléments qui favorisent la vie de relations.

La reconstruction après la guerre de Cent Ans: un nouvel essor

La guerre de Cent Ans a posé le problème des routes sous le sceau du diptyque, destruction-reconstruction, tel que R. Boutruche l'a examiné dans le Bordelais et les pays de l'Ouest. Débarquements, manœuvres, combats, cessions, se succèdent.

De même que la reconstruction dans ses différents éléments, sans qu'une politique d'ensemble ait pu être définie par la royauté[42]. À la base, reste la cellule rurale, le village, centre d'approvisionnement mais aussi, bien étudié par Robert Fossier et Mathieu Arnoux, centre d'artisanat, centre métallurgique parfois, de remonte souvent, où se rencontrent différents métiers – le charron, le forgeron, le menuisier – qui «font» et «maintiennent» la route, les véhicules, les conducteurs et les voyageurs[43]. Le voyage devient, pour certains, un exploit sportif, prétexte à l'activité d'aubergistes qui, comme à Toulouse, sont à la fois courtiers des marchands et esquisse d'un service public, héritage des fonctions assumées jusqu'alors par les monastères et les hospices[44]. La notion de «conduit» est abandonnée. Un but pour les messagers, ceux du roi, des villes ou des universités: éviter le péage, d'où la riposte administrative et le développement en étoile des points de perception autour des lieux de passage obligés, tel à Bapaume au nord, entre terres de France et terres d'Empire[45].

Après l'installation biturige sous la guerre de Cent Ans, Paris redevient capitale avec Louis XI. Dans ses *Mémoires*, rompant avec la tradition nationaliste ou patriotique des mémorialistes courtisans, Philippe de Commynes, observateur hors pair de la vie publique de la fin du XVe siècle, qui a quitté en 1472 le camp de l'ordre de la Toison d'or pour se rallier à celui de Saint-Michel, donne, à l'aune de l'utilité et de l'intérêt, son regard sur le pouvoir. Au premier rang, leçon politique marquée au coin du sceau du pragmatisme, le système des communications et le développement, axé vers les frontières des «chevaucheurs de l'Écurie royale». Dans les conflits avec l'Angleterre (traité de Picquigny sur la Somme, 1475) comme avec le Téméraire (entrevue de Péronne, 1468), le renseignement est à la base de la politique (ou devrait l'être). La vitesse de circulation augmente à trente-cinq kilomètres par jour, cinquante à soixante kilomètres pour les gens du roi et les chevaux de selle. La rapidité devient la loi. Nœud des routes du royaume, Paris est le centre des relais postaux multipliés par le développement de l'administration judiciaire et fiscale, la généralisation de la corvée royale, les améliorations techniques des ponts de plus large portée, du système de coffrage employé. Le tunnel routier du mont Viso (Dauphiné-Saluces) utilise la poudre à canon pour faire sauter les rochers.

Deux visages de la France et de l'Europe?

Le cheval s'affirme de plus en plus comme la monture de la classe dirigeante et, dans le Nord, l'instrument de la vie économique. La charrette à deux roues, l'attelage en file, le bandage des roues, le ferrage des chevaux, le pavage des routes, autant de transformations liées à la civilisation du fer et à l'essor de la forge et de la métallurgie qui donnent un nouveau visage à la France du Nord, partie intégrante de la vaste étendue des plaines du nord de l'Europe. Une opposition semble se dessiner: d'une part, l'Europe des plaines où le cheval est roi, avec les puissants attelages de chevaux picards, boulonnais, ou normands, attelés aux char-rettes de grains, de sel, de vins...; d'autre part, l'Europe méditerranéenne restée fidèle au bœuf, à l'âne et au mulet.

De ces constatations découlerait, d'après R.-H. Bautier, l'hypothèse de dater de cette époque, combinée avec les données politiques et économiques, le grand décollage du Nord et le début de la récession du Midi, le premier lié au cheval, à la route qui s'élargit pour laisser de front passer deux voitures qui se croisent, au fleuve, à la royauté montante, à la capitale administrative, judiciaire, voire reli-gieuse; le second lié aux rivières irrégulières, aux maigres multiples et aux inonda-tions fréquentes, à l'âne et au mulet, domaine de la pierre, du système féodal, du droit local, de la coutume, de la religion aux accents baroques, du parler sonore, aux routes peu fixées, mis à part les circuits romains, souvent plus apparents que dans le Nord.

Vue synthétique intéressante qui ne doit pas faire oublier, dans le Sud-Est, et l'importance des facteurs politiques régionaux, et la prolifération des muletiers et charretiers adaptés au terrain, tout le long des voies de commerce. Dès ce moment, en ce qui concerne la route, se créent, parmi les populations limitrophes, de véri-tables vocations de «transporteurs», tels les Béarnais qui, depuis la fin du XIVe siècle, comme l'a noté P. Wolff, font la conquête de la plupart des transports régionaux. Sans doute les relations extérieures sont-elles plus réduites. L'activité maritime est essentielle, de même que celle des fleuves – quand elle est possible. Les difficultés sont aiguës et pérennes: insécurité due aux gens de guerre, péages des féodaux dont les Toulousains sont exempts non sans difficultés, coût élevé des transports. De là le renforcement des habitudes d'autoravitaillement au service d'un urbanisme perché sur la hauteur[46]. Le temps des bastides prélude à celui de la route.

Une dernière hypothèse se fait jour: les possibilités d'accroissement des villes seraient limitées par l'état de la technique des transports? Sans doute mais le contraire est exact également: ce sera une des faiblesses de l'économie européenne que l'on va retrouver, dès cette époque, dans l'ensemble des pays méditerranéens, Sicile et Italie du Sud, Grèce continentale et des îles, le tout compensé par une soli-darité étroite des cellules villageoises et urbaines, exprimée par le climat, la langue, le chemin, ses possibilités et son imaginaire.

2. Les routes anglaises

«Un royaume lié au continent» (Ve siècle-début XVIe siècle)

Ce trait emprunté à Roland Marx rend compte de la situation de l'Angleterre à l'issue de la conquête romaine jusqu'aux «révolutions du XVIe siècle» et l'envol maritime: «De Rome, l'Angleterre avait reçu des routes, des villes – telle Londres –, une culture et des institutions; de cet héritage, les traces ont été, pour la plupart, effacées par les invasions barbares […] le vieux fonds celte n'a pas resurgi pour déterminer les aspects d'une nouvelle civilisation…» (*Histoire de la Grande Bretagne*, Paris, A. Colin, 1980.)

Des migrations successives qui vont suivre, émerge une date: le 14 octobre 1066, la bataille décisive à Hastings et, le 25 décembre, le couronnement de Guillaume de Normandie, selon les règles traditionnelles de la monarchie anglo-saxonne, suivi de l'installation d'un régime féodal, «l'un des plus rigoureusement organisé de l'Europe continentale», manifesté par un inventaire agraire de premier ordre, cher à Marc Bloch, le *Domesday Inquest* (1086). Il doit permettre au souverain de connaître avec exactitude la répartition des richesses et la capacité fiscale et militaire des nouveaux fiefs, ancêtre des premiers plans cadastraux si utiles pour les tracés routiers. Invasion suivie d'une renaissance urbaine liée au développement du trafic dès le XIIe siècle. Les routes sont au service des ports qui se multiplient, Newcastle, Hull, Yarmouth, Bristol, en liaison avec le continent, et des villes marchés, centres de production artisanales et villes de foires, point de passage des rivières (Leeds), au confluent de plusieurs cours d'eau ou créations «particulières»: Salisbury à la magnifique cathédrale du XIIe siècle (née d'un abbé), Portsmouth (création royale et port militaire), Londres, à la Tour célèbre, qui reste une cité active, centre commercial et routier. Plus ou moins rapidement va s'effacer, dans la législation plus que dans les mœurs, la différenciation entre vainqueurs et vaincus.

Parlement et royauté

«Le retour de la paix a été favorable à l'épanouissement des institutions, royauté et Parlement» et, nuançant Roland Marx, ajoutons: à la survivance des routes romaines. «Là où le pouvoir est demeuré relativement fort dans le haut Moyen Âge, comme en Angleterre, le réseau s'est assurément bien tenu, alors qu'en France et en Allemagne, la royauté fut impuissante à le maintenir.» (J.-F. Bergier, *op. cit.*, p. 125.)

Dans une Angleterre «en mouvement», l'évolution «raisonnée» des institutions et des mentalités participe, au même titre que le commerce, à l'activité de la circulation[47]. «Plus que la royauté, c'est le Parlement qui a véritablement fait la nation anglaise et l'État anglais.» (A.-F. Pollard, *La Notion de l'État*, s.l.n.d., p. 215.) A joué également la «partie événementielle». «Enhardis par leurs premiers succès, les Anglais voient dans la guerre un remède aux difficultés économiques, aux tensions politiques [...] presque une raison de vivre.» (P. Contamine, *Histoire de l'Europe*, s.l.n.d., 2, 110.) De là l'intérêt des études «routières» qui suivent, pendant la guerre de Cent Ans, les «débarquements» et les «équipées» en France, à diverses reprises de 1346 à 1453. Parallèlement pourraient être rappelés le périple de Henri V (1387-1422), roi d'Angleterre, vainqueur d'Azincourt (1415), régent et héritier désigné de la couronne de France (traité de Troyes, 1420), le «héros» qu'a magnifié Shakespeare, et la chevauchée de Jeanne d'Arc (1412-1431) dans ses diverses étapes, où la religion ou plutôt la mystique, sinon la politique, avant Michelet, ont eu leur mot à dire. L'apparition d'une littérature anglaise, l'abandon du français dans les actes officiels, sont l'expression d'une conscience nationale. Au XVIe siècle seulement, on assistera au développement d'une littérature d'information et d'histoire consacrée aux divers pays européens (J.-P. Genêt, *op. cit.*, p. 158).

La royauté n'est pas restée insensible à l'activité des échanges. Deux aspects essentiels sont à mettre en lumière: d'une part la réglementation avec son arsenal de droits de douane, élevés, prohibition, octroi de monopoles à certains commerces. Édouard III (1327-1377), qui a saisi le profit qu'il peut tirer de l'exportation des laines, s'entend avec un petit groupe de marchands et crée la Compagnie des marchands de l'Étape. D'autre part, au siècle suivant, la fin des exportations de laine anglaise vers les villes italiennes et la création d'une industrie textile protégée au départ par des droits prohibitifs. La banqueroute des Bardi et des Petruzzi a mis fin «à cinquante ans de domination italienne» (A. Sapori), même si subsistent encore quelque temps, à Londres, les marchands banquiers italiens et hanséates. Mais les routes commerciales sont modifiées dans leur nature – route des draps et non plus de la laine – et leur destination – non plus les villes italiennes –, mais le Nord de l'Europe et la Baltique.

Religion, service public, justice

L'entretien des routes et ponts est, comme le service militaire, une charge qui pèse sur l'ensemble de la nation. Ces travaux sont considérés comme des œuvres pies et méritoires devant Dieu, au même titre que la visite des malades et le soulagement des pauvres. Pour encourager les fidèles à y prendre part, Richard de Kellawe, évêque de Durham (1311-1316) leur remet une partie de leurs péchés: quarante jours d'indulgence pour l'établissement et l'entretien du pont de Botyton, de même pour la chaussée entre Billingham et Norton, et la grande route de Brotherton à Ferrybridge (*Registrum Palatinum Dunelmense*). Des guildes, des associations animées par l'esprit religieux, réparent routes et ponts, telle la guilde de la Sainte-Croix de Birmingham, fondée sous Richard II, dont l'intervention peut être utile, comme le remarqueront, deux siècles plus tard, les commissaires d'Édouard VI. Le caractère pieux de ces constructions se révèle par la chapelle qu'elles portent, tel Bow Bridge, due à la reine Mathilde et qui, plusieurs fois réparé, existait encore en 1830. Le pont de Londres avait sa chapelle, presqu'une église, volumineuse construction gothique. Le pont sur la Teign, entre Newton-Abbot et Plymouth, reconstruit en 1815, semblable à celui de Stratford avec ses arches nombreuses et ses contreforts, est d'une origine plus ancienne: il serait de fondation romaine.

Autre moyen pour assurer l'entretien de l'édifice: la tenue d'un péage – Godfrey l'a fait avec succès à Strattford – ou la collection d'offrandes pieuses faites à la chapelle du pont et à son gardien, droit appelé *Pontagium* ou *Brudtholl*. Le roi peut concéder ce droit comme une faveur pour une période déterminée. Les luttes sont âpres pour obtenir la concession. Le pont peut lui-même être propriétaire d'immeubles ou bénéficiaire direct des offrandes faites à la chapelle. Les ponts sont compris dans la liste des enquêtes périodiques que doivent faire les juges errants, les shérifs et les baillis. Il y a cependant loin de la loi à la pratique. Certains ponts ont été construits sans être dotés. Les aumônes sont insuffisantes, les péages détournés de leur but. Les arches s'usent, les parapets se détachent. Des enquêtes spéciales sont nécessaires pour découvrir à qui appartient l'obligation d'entretien ou de réparation.

Il en va de même pour la route elle-même. Ornières et fondrières se multiplient au moment des pluies. Les difficultés d'intervention sont fonction de la structure politique du royaume. À la différence de la France, les rois d'Angleterre n'ont pas constitué de vastes apanages d'un seul tenant. Froissart le rappelle «car les terres et revenues des barons d'Angleterre sont par places et moult esparses». Par goût et par nécessité, le roi et les puissants vont d'un manoir à l'autre. De là la nécessité d'avoir des chemins praticables. Les moines qui ont essaimé dans le pays, tous agriculteurs dans de vastes domaines dont l'on retrouve la trace dans le *Domesday Book*, ont le même intérêt. Les besoins restent limités. Le voyage à cheval ou à pied reste la règle. Certaines artères sont l'objet de soins privilégiés. Le statut d'Édouard III (20 novembre 1353) prescrit le pavage de la Grande route – *alta Via* – allant de Tempel Bar (limite occidentale de Londres à cette époque) à Westminster. La route – presqu'une rue – a été pavée; il n'empêche que, remplie de trous et de fondrières, elle est devenue très dangereuse. Le roi ordonne à chaque propriétaire riverain de refaire, à ses frais, un trottoir de sept pieds, jusqu'au fossé – *us que canellum*. Le milieu de la voie – *inter canellos* – sera pavé et les frais couverts au moyen d'une taxe perçue sur les marchandises allant à l'étape de Westminster.

Les itinéraires royaux révèlent un besoin continuel de mouvement. Pour diverses raisons, Jean sans Terre passe rarement un mois au même endroit et, souvent, pas même une semaine. De même Édouard Iᵉʳ (1299-1300). L'accompagnent les officiers, les chambellans, et les officiers de justice, le chancelier et ses clercs, les maréchaux – de guerre et de police –, qui poursuivent «ces oiseaux de la nuit» que sont les courtisanes qui tiennent à la route et à l'armée, «hirondelles de la cathédrale» à Strasbourg.

Autres déplacement, les gens qui rendent la justice dans les comtés. Au Moyen Âge, en Angleterre, la justice est nomade. Les magistrats viennent de Londres dans les provinces, les baillis et les shérifs la portent dans les bourgs de leurs districts. Devant ces officiers a lieu «la Vue de francpledge», examen minutieux de la manière dont les lois de police et sûreté, celles de la propriété, sont appliquées. Ces tournées ne doivent avoir lieu qu'une fois pas an, du fait des déplacements des jurés et des logements des particuliers qui les logent. De leur côté, les juges errants examinent les articles de la couronne; quatre apparitions par an selon la Grande Charte (art. 18) en cour de comté, mettant les jurés locaux sur la sellette. Moines et séculiers se retrouvent sur les routes. Les premiers modifient leur costume en vue de leurs déplacements. Chaucer en donne une description. Le concile de Londres de 1342 leur reproche de porter des vêtements «plus dignes de soldats que de clercs», barbe longue, anneaux aux doigts, ceintures de prix… Le cortège de l'évêque en déplacement rappelle celui du souverain. Les serviteurs et les familiers le suivent dans les voitures adéquates – le «paraître» est aussi important que l'«être» – suivant leur hiérarchie et d'après leurs fonctions[48].

Les relais: monastères et auberges

Les monastères constituent des relais obligés pour le roi et sa suite. L'hospitalité est, dans les couvents, un devoir religieux et, pour l'ordre de Jérusalem, le premier des devoirs. L'ordre a des établissements dans toute l'Angleterre. Les grands seigneurs en abusent mais les pauvres en profitent. L'hospitalité s'exerce également dans les châteaux: les liens de fraternité lient ceux qui se déplacent et ceux qui restent en place. Les auberges communes, telles que la littérature les dépeint, sont faites pour la classe moyenne: marchands, petits propriétaires, colporteurs… On y trouve le «dormir» – à plusieurs – dans une chambre, voire dans un même lit, et la nourriture, du pain, un peu de viande et de la bière. Sur les routes fréquentées, des maisons basses donnent à boire. Une perche au-dessus de la porte ornée d'un bouquet alerte les voyageurs sur la présence recherchée de l'*ale-house*. En 1375, il est prudemment prescrit que ces perches ne s'étendront pas à plus de sept pieds au-dessus de la voie publique. À Londres, défense est faite de tenir maison ouverte après le couvre-feu. Langland a laissé la peinture d'une taverne au XIVᵉ siècle. Des scènes tumultueuses se passent dans l'*ale-house*, assemblée étrange où l'ermite rencontre le savetier et «le clerc de l'église la bande de coupe-bourses et d'arracheurs de dents au crâne chenu». Autres refuges, ceux des ermites qui, au XIVe siècle, ont quitté la profondeur des bois pour s'installer le long des routes. Ils y vivent de la charité des passants. L'évêque est loin et les faux ermites foisonnent. Dans la loi, le roi les confond avec les mendiants, les cultivateurs errants, les vagabonds qui, tous, doivent être emprisonnés en attendant jugement, sauf exception pour les «ermites approuvés»[49].

La sécurité sur les routes

En principe, la sécurité sur les routes est assurée pendant les voyages royaux. Les officiers de justice sont nombreux; la police du comté et la garde des villes sont bien encadrées; des services de carrioles existent entre Oxford, Londres, Winchester, Newcastle… Le prix des transports est peu élevé. Il faut compter avec l'imprévu, avec l'accident, même en dehors des conditions météorologiques qui font de l'hiver une saison longue et dure pour les usagers. L'accident peut être lié aux exactions de certains seigneurs, de bandes organisées, qui profitent des périodes de troubles et des guerres civiles, largement ouvertes avant le XVIe siècle. Contre eux, Édouard Ier a pris en 1285 des mesures spéciales dans «le statut de Winchester». Ayant constaté que les malfaiteurs ont coutume de se «tapir» dans les fossés au voisinage des routes, surtout celles qui relient deux villes marchandes, le roi ordonne que le bord des grands chemins sera défriché à une distance de deux cents pieds de chaque côté, de façon qu'il n'y reste ni taillis, ni buissons, ni creux, ni fosse, susceptible d'abriter des malfaiteurs. Seuls les gros arbres comme les chênes peuvent subsister. Le propriétaire du terrain est tenu de faire exécuter les travaux.

Le droit d'asile offert par les églises conféraient aux brigands l'immunité. Les églises étaient nombreuses et propices. Le chancelier d'Oxford défend de porter des armes sauf en cas de voyage (règlement de 1313). Les gens du shérif étaient également redoutables dans leur méfiance à l'égard des étrangers. La charte de Westminster d'Édouard III leur confère un pouvoir de faire arrêter, presque sans limite. Cette faculté de «faire courir sus» à la première sommation est à la fois une garantie pour la sécurité publique et une arme dangereuse entre les mains des félons. Elle ajoute aux dangers de la route pour tous ceux qui ne possèdent pas les sauf-conduits nécessaires[50]. Aux motifs religieux s'ajoutent ceux du service public et de l'économie. La surveillance est sévère, la dénonciation publique en cas de laisser-aller notoire: «Le défaut d'entretien causerait un grand dommage aux sujets de S.M. qui vont au marché dit de Galles ou en viennent, et la ruine de ladite ville, laquelle est une des plus belles et de celles qui donnent à S.M. les meilleurs revenus de toutes les villes du comté…»

Chars, chariots et charrettes

Les véhicules sont adaptés aux conditions difficiles du trajet: routes coupées en hiver, semées de trous et de fondrières, inondations fréquentes, vents violents. Sont utilisées les carrioles répandues dans les campagnes: les unes ont la forme d'un tombereau carré, en planches portées sur deux roues, d'autres plus légères sont formées de lattes garnies d'un treillage d'osier. On en trouve partout; elles sont louées bon marché. Deux pence par mille et par tonne est le prix ordinaire. Une rémunération, assez faible, est versée aux charretiers, issus de la campagne voisine. Une taxe générale frappe charrettes et chevaux apportant à la ville marchandises ou matériaux. Au point de départ, la constatation que les routes des environs de Londres «sont en si mauvais état que les charretiers et marchands sont souvent en danger de perdre ce qu'ils apportent» (*Memorials of London*). Désormais un droit sera perçu sur tous les véhicules et les bêtes chargées venant de la ville; on procédera par abonnement: pour un tombereau rempli de sable, de gravier ou de terre glaise, trois ducats par semaine. Exception faite, selon la coutume, pour les voitures et les chevaux employés au transport de denrées et autres objets destinés aux grands seigneurs. Le mauvais temps reste le maître des communications, tel qu'on le voit dans le texte de Richard Britnell (Durham), au colloque de Flaran, («Foires et marchés dans les campagnes britanniques, des origines jusque vers 1200», 1992). Dans les procès-verbaux des séances du 2ᵉ Parlement de la treizième année d'Édouard III (1339), on note une remise du Parlement «pour la réson que les Prélatz, Countes, Barouns et autres Grantz et Chivalers des countés, citeyens et burgeys des Cités et Burghes furent destourbéz par le mauvais temps qu'ils ne pouvaient venir audit jour».

Voyages, voyageurs et passants

Le plus grand voyageur et le plus impérieux, c'est le roi, accompagné d'un brillant cortège de seigneurs et suivi d'une armée de chariots d'emprunts, plus ou moins réquisitionnés par les «pourvoyeurs» officiels. Les paiements, toujours promis, ne viennent jamais, de même pour les provisions; la route suivie est zone de razzia. Le roi change le nom et appellent ces suiveurs «acheteurs», mais les mœurs demeurent. Voyages à cheval mais aussi en voitures. L'élément de base possède quatre roues, tiré par trois ou quatre chevaux, attelés à la file. Sur l'un d'eux est monté le postillon, armé d'un fouet à manche court à plusieurs lanières; sur les essieux reposent des poutres solides. Une voûte arrondie couronne l'ensemble, délicatement orné. À l'intérieur, les nobles, suivant le roi, flattent leurs animaux favoris. Le char des *ladies*, désireuses d'être vues, nécessite de gros investissements et fait des envieux. Il se transmet par héritage.

Plus qu'on le croyait jadis, la mobilité reste la loi. Les déplacements de tous ordres tendent à se multiplier, les anciens soldats des guerres de France se retrouvent un peu partout quand ils consentent à quitter Londres et à hanter les campagnes.

D'aucuns ont vu dans cette période la «crise du monde féodal» – celle du manoir et de l'obéissance, ou de la révolte, de la mendicité et du nomadisme –, marquée par des guerres extérieures et par des conflits internes, qui préparent une montée de l'absolutisme royal (1485-1530). À cette date, un tournant essentiel s'effectue en Angleterre, option nouvelle qui ne sera pas sans influence sur les courants de circulation: renoncement au rêve continental, naissance et développement d'une «première révolution industrielle» et maritime (R. Marx). Ajoutons: une montée démographique et une volonté de renforcement de l'«unité nationale», vers une nouvelle Grande-Bretagne dont la route sud-nord pourrait être la colonne vertébrale.

3. L'Italie «à la pointe du progrès»[51]

«À la fin du Moyen Âge, l'Italie est à la pointe du progrès dans les secteurs du commerce, de l'argent, de la lettre de change et des réseaux de communication...» (P. Chaunu). Nous ne disposons cependant, «pour l'Italie d'avant 1500, d'aucune carte ni de mentions qui puissent nous donner un aperçu satisfaisant du réseau des grandes routes» (T. Szabo). Restent les itinéraires des pèlerins et les relevés de routes effectués par les marchands. L'Itinéraire brugeois signale les routes allant de Bruges à l'espace hanséatique en France et en Italie; dans la perspective de la ville de Nuremberg, le *Manuel routier* de Jörg Gail de 1563 signale 160 routes européennes. Thomas Szabo rappelle également l'exemple de la *Pratica della mercatura* de Francesco Balducci Pegolotti, manuel fourni, réalisé en 1340 et mentionnant les nombreuses places commerciales d'Italie, de l'espace méditerranéen et de l'Europe du Nord, avec quantité de renseignements sur les poids, mesures et monnaies, les convertissant en unités courantes (*Voyages et voyageurs au Moyen Âge*, 1996).

Commerce extérieur et capitalisme naissant

Dans le premier volume de la collection «Affaires et gens d'affaires», réfutant les idées péjoratives diffusées par W. Sombart, A. Sapori a montré dans les marchands italiens, trafiquant de grandes quantités de produits, développant la banque, échappant aux contraintes de la religion et des corporations, les véritables fondateurs du capitalisme moderne. Y paraissent les grands ensembles qui sous-tendent ce dernier, crédit et changes, foires, routes, transports et auberges. Essor dans le domaine du commerce, également à l'intérieur de la péninsule, associé aux transformations internes dans le domaine des transports, après la fin de l'époque d'importation des laines anglaises.

Reprenant, après Y. Renouard, ce thème d'ensemble toujours valable, Thomas Szabo a étudié «la politica stradale dei comuni medievali italiani» dans *Quaderni storici*, n° 61 (avril 1986) et en application immédiate, à propos de la *Via francesca*, «chemin de Rome», les routes de pèlerinage, routes commerciales et itinéraires en Italie centrale» (Colloque des médiévistes, 1996). De son côté, Giovanni Cherubini (Florence) a analysé les conditions des échanges dans «Foires et marchés dans les campagnes de l'Italie médiévale» (Colloque de Flaran, 1992). Échanges culturels certes mais valables également dans les divers domaines de la vie économique. Une caractéristique essentielle se dégage de ces travaux: le pouvoir d'adaptation du marchand-banquier italien. Il voit dans la route un outil à double sens, ouvert dans toutes les directions. Le travail et l'opportunité font la loi.

Culture humaniste. Les chemins des livres et des étudiants[51]

Culture «commerciale» sous-tendue par l'extension de l'humanisme né dans les villes italiennes, qui a essaimé, sous des formes diverses, sur le Rhin, aux Pays-Bas, en Angleterre. Joints à l'invention de l'imprimerie, ces progrès posent un problème permanent: celui du livre et de sa diffusion. Question liée à celle des déplacements des professeurs mais plus encore, des étudiants qui fréquentaient les universités étrangères, tels ceux de Padoue, fréquentée par les étudiants anglais, ou de Bologne, dont les étudiants vont à Montpellier ou à Paris. Par mesure de sécurité, ils confient leurs livres, instruments de travail, à des *cursor* (courriers, marchands ambulants) pour en assurer la garde, disposition facilitée par la présence à Bologne des représentants des plus importantes compagnies de commerce italiennes qui ont des associés (*socii*) ou des agents (*factores*) dans les principales villes européennes. Ces banquiers effectuaient régulièrement, depuis la fin du XIIᵉ siècle, les transferts d'argent pour le compte des étudiants se rendant dans leur pays ou venant à Bologne, au moyen de prêts à terme (*mutum*), remboursables à Bologne, ou d'opérations de change (*cambium*).

Entre les années 1265 et 1269, des contrats de ce genre, couvrant le risque d'accident et comprenant l'intérêt du capital prêté, sont conclus en priorité avec Montpellier et Paris (quater-vingt-deux et vingt-neuf contrats); viennent ensuite les foires de Champagne (cinq contrats de change sur Provins et quatre sur Bar-sur-Aube), Lyon (trois), Avignon (deux), Gênes, Marseille et Lagny (*idem*), enfin un contrat de change sur la foire de Troyes, sur Milan, Rome, Padoue, Bari, Orléans, Bordeaux, Vienne, Carcassonne et Nogent. Contrats nourris des «privilèges accordés par la papauté aux étudiants de la nation germanique à l'université de Bologne», confirmés par le pape Grégoire XIII encore en 1576 (AMS IV, 45, 56).

En plus des prêts aux étudiants, ces compagnies de marchands banquiers effectuaient des transports de livres acheminés par leurs intermédiaires, vers les mêmes places d'échanges où se trouvaient les *factories* italiennes. Ces trafics cessent au cours du premier tiers du XIVᵉ siècle, du fait des nouvelles conditions économiques: c'est la fin des contrats de portage après 1317. L'importance de ces trafics a été considérable.

Trafic d'exportation fort apprécié des marchands italiens qui se procuraient par là des devises étrangères, surtout anglaises et françaises, sur les grandes places d'échanges du bassin méditerranéen, dans la Provence, en Île de France, aux foires de Champagne, dans les Flandres et à Bordeaux.

Quels sont les lieux de destination et les itinéraires? Deux lieux essentiels. Montpellier sur la route ibérique, quoique la voie Gênes-Barcelone ou Gênes-Valence fut moins coûteuse que le trajet par terre; Paris en second lieu qui révèle une clientèle encore plus internationale que la précédente: un étudiant irlandais envoie de la capitale, le 8 juillet 1269, cinq volumes à Bologne. Les itinéraires? Entre Paris et Bologne, la route passe ou par Alexandrie, le Mont-Cenis, et Lyon, ou par le Grand-Saint-Bernard, les Clées, Pontarlier, Langres, Dijon, route que prenaient également les convois se rendant aux foires de Champagne. Entre Bologne et Montpellier, le trafic s'effectue par mer, de Porto-Pisano ou Gênes à Aigues-Mortes, avant-port de Montpellier, d'une importance internationale aux XIIIe-XIVe siècles, en raison de son commerce très actif avec l'Italie et le Levant. Pour se rendre à Gênes par voie de terre, les marchands bolonais empruntent la *strata* ou *via francigena*, la route de France qui, par le val de la Servia, suit la vallée du Pô jusqu'à Alexandrie, puis longe le cours du Tanaro. Avec Avignon et Nîmes, le commerce se fait d'abord par mer par Marseille, puis la vallée du Rhône. Les rois de France, Philippe Le Hardi (ordonnance de 1278) et Philippe le Bel (édit de 1287) ont favorisé l'établissement de marchands italiens à Nîmes. La navigation sur le Pô a été étudiée par Pierre Racine pour le bas Moyen Âge («Poteri medievali e percorsi fluviali nell'Italia padane». *Quaderni Storici*, n° 61, avril 1986). Dans le cas des liaisons avec Venise, en particulier pour les communes italiennes et leurs ports, les Vénitiens apportent le sel, les matières exotiques en échange des produits finis destinés à l'exportation.

La descente vers Rome: Frédéric II et la fin de la vision impériale

Guerre enfin et relations politiques et militaires dont, en Europe, l'Italie est le centre. Rapports notamment entre Rome et l'Allemagne du Saint Empire, empire des villes et des routes, avec Frédéric II (1194-1250), petit-fils de Barberousse, solennellement couronné à Aix-la-Chapelle en 1215 et à Rome en 1220. Pupille du pape, il a reçu en 1208 d'Innocent III la couronne de Sicile. Esprit cosmopolite, enfant, il a appris le français, le grec, l'italien, l'arabe. Fondateur de l'Université de Naples (1224), il a étendu le contrôle de l'état au domaine de l'économie: le commerce de la soie, ceux du blé, du sel, du fer deviennent monopoles d'État. Croisé peu convaincu, son règne coïncide avec la phase la plus aiguë de la lutte du Sacerdoce et de l'Empire. Un épisode? Par le Brenner, la descente sur Rome.

Passer les Alpes, descendre en Italie, tel est le rêve qui hante Frédéric II, auquel tous les peuples, «depuis les rivages de la mer orientale jusqu'à ceux de la mer de Sicile et de la Baltique, témoignent leur respect». La maîtrise des routes alpines est indispensable. En 1237, par le Brenner et la vallée de l'Adige, l'armée débouche à Milan et ouvre la route de Vérone. Les Milanais ont l'humiliation de voir figurer, parmi les trophées de l'empereur, le fameux char – le *carroccio* – porte-étendard, symbole et palladium de la cité. Frédéric l'expédie au «Sénat et au peuple romain», car, dit-il, «il est juste que Rome ait, comme jadis, sa part des victoires remportées par le César romain». Ces routes d'Italie lui sont fatales: le 13 décembre 1250, il meurt de la dysenterie à Fiorentino près de Foggia (P. Racine).

La mort de Frédéric II marque la fin d'un grand rêve, celui d'une liaison organique entre Italie et Allemagne, rêve inscrit sur le terrain par-delà les Alpes. Près d'une auberge, sur le palier du lac du Brenner, un panneau signale un fragment, mis au jour, de l'ancienne chaussée romaine, foulée «plus de soixante-quinze fois» par les empereurs en route vers l'Italie. Partout la puissance des Hohenstauffen s'écroule: «Pas plus que la papauté, l'Empire n'est parvenu à se subordonner l'Europe.» (L. Halphen.) Fin d'une unité possible, rêvée sinon voulue, guerres intestines ensuite, en attendant, fin du XVᵉ siècle, le déferlement français sur les routes de la péninsule. Plus tard, franchiront les cols des Alpes, d'autres envahisseurs ou d'autres alliés… Avec Napoléon, la Rome pontificale viendra sur les bords de la Seine.

Dès cette époque sont apparus de vastes itinéraires, rassemblant non seulement des chemins de pèlerinage vers Rome, mais aussi les voies commerciales et les chemins «d'invasion» les plus connus d'Europe. Ce qui compte, autant que la manœuvre, et nourrissant la distance, c'est le ravitaillement, spirituel ou matériel. G.-B. Parks a donné *The English Traveller to Italy* (Rome, 1954). Vont apparaître, à Nuremberg, les premières cartes routières. Autant d'éléments du passage à l'Europe moderne.

4. Un problème de liaisons internes: l'État bourguignon[52]

Dans le dernier quart du XVᵉ siècle, Charles le Téméraire tente d'établir, par l'incorporation de la Lorraine à ses États, la liaison entre les deux groupes de possessions des Flandres et de la Bourgogne. Jean Richard a analysé (*Pays lorrain*, 1977) la question de «la Lorraine et des liaisons internes de l'État bourguignon», esquisse d'«une politique routière», tendant à la maîtrise des relations nord-sud. Une réussite d'un moment quand Charles le Hardi est reconnu comme duc de Lorraine (18 décembre 1475), mais éphémère: le dimanche 5 janvier, la bataille de Nancy, où Charles trouva la mort «au cours d'une brève et brutale tragédie, met fin au grand rêve bourguignon» (R. Taveneaux) et à cette unité dynastique, issue de 843, qui trouvait, dans les routes et grands chemins, son unité. Incluant, avec des valeurs diverses, les voies économiques (du vin, de la laine, des grains…), et politiques, quatre itinéraires différents et successifs sont concernés:

– le détour par Paris. Dans son *Étude des Itinéraires de Philippe le Hardi et de Jean sans Peur, duc de Bourgogne* (Paris, 1888), Ernest Petit note que les deux ducs, lorsqu'il leur fallait se rendre de Bourgogne en Flandres, ou de Flandres en Bourgogne, adoptaient habituellement deux routes: celle de Dijon à Paris par Châtillon-sur-Seine et Troyes, et celle de Paris à Gand par Senlis, Compiègne, Roye, Péronne, Bapaume et Arras. Le détour par Paris est alors quasi obligatoire, voie classique, mais aléatoire du fait des incertitudes politiques. Voie cependant la plus empruntée par les chevaucheurs des ducs, comme l'a montré J.-M. Pesez dans son étude sur les délais de transmission du courrier dans l'état bourguignon au temps de Charles le Téméraire (Flaran 2). Choix qui s'explique par l'absence de «système organisé» du côté bourguignon – ni maître de poste, ni relais –, cinquante employés en tout: ce ne sont pas «des courriers en poste» comme ceux de Jean Galeazzo Sforza, ou du roi (deux cent trente-quatre chevaucheurs);

– la route de Champagne. Ce n'est que plus tard que le chemin le plus court est utilisé. De 1414 à 1453, il traverse la Champagne méridionale, de Bar-sur-Aube à Vitry-le-François. Tantôt il s'infléchit à l'est par le pied de l'Argonne (Sainte-Menehould), tantôt à l'ouest par Berry-au-Bas ou Neufchâtel-sur-Aisne. Mais c'est pour retrouver le Rethelois: Rethel, Montcornet, Vervins, voire Mézières, ont plus d'une fois servi de gîte au grand duc d'Occident, avant qu'il ne prenne l'une des routes qui l'emmènent, soit vers Lille (par Guise ou Cateau-Cambrésis), soit vers Gand (par Avesnes, Valenciennes et Audenarde). La maison de Bourgogne est détentrice du comté de Rethel, héritage des comtes de Flandres, héritier de la maison de Nevers;

– la route de Lorraine et de la porte de Bourgogne. Autre facteur à considérer: le déplacement vers l'est de l'axe des domaines bourguignons avec l'entrée, dans cet ensemble, du Hainaut, du comté de Namur, du Brabant, du Limbourg et, surtout, du Luxembourg. Les échanges de messagers et de troupes se font souvent en direction de Luxembourg et non de Lille. La Franche-Comté devient, sur le plan stratégique, de plus en plus importante. Assuré de l'appui de Genève, malgré l'hostilité des cantons, le duc de Bourgogne regarde vers le comté de Ferrette, vers l'Alsace du Sud et le Brisgau, terres autrichiennes – Brisach est un point de passage obligé –, vers les territoires savoyards du pays de Vaud. Les routes de la porte de Bourgogne prendront toute leur importance pour l'Espagne, détentrice de la Franche-Comté, au moment de la révolte des Flandres – Geoffrey Parker l'a bien montré – et, plus tard, au moment de la guerre de Trente Ans, comme l'a rappelé Georges Bischoff (travaux sur la noblesse de la Haute Alsace);

– les routes suisses et de l'outre-Jura. Les routes suisses prennent place dans l'itinéraire international d'Italie en France par Lausanne et Dijon, la route de Jougne et de Salins, qui aborde le royaume à Saint-Jean-de-Losne. Y sont perçues diverses taxes, les unes pour le roi («cartulaire» et «boîte aux Lombards»), les autres pour le duc de Bourgogne («conduite et menue conduite»), la première portant sur les laines et les grands chevaux, la seconde sur les marchandises diverses. Passent également les harengs (avant le Carême), la mercerie, la laine et les draps et surtout le sel dont l'importance n'est pas à démontrer dans la politique de Charles le Téméraire à l'égard de la Suisse (H. Dubois, «Le Téméraire, les Suisses et le sel», *RH*, 1978). Salins était le centre économique le plus important des deux Bourgogne, exportant sel et marchandises en direction de Genève, de Lausanne, du pays de Vaud et de Fribourg, voire de Neuchâtel et de Berne. La ville est en liaison avec Chalon-sur-Saône dont l'activité est bien connue entre 1367 et 1430 (H. Dubois). L'histoire économique va devenir celle des conquêtes des vins de Bourgogne, opérées à travers l'Europe, par voie terrestre et voie fluviale. Après l'entrée de la France en Alsace, celle-ci sera la première conquise. Quant à la Rhénanie, voie ouverte vers le nord, elle se présente comme un réservoir d'alliés potentiels pour la France et la Bourgogne, à l'échelle européenne (H. Müller, Francfort-sur-le-Main, 2002).

Les ambassades et le rêve bourguignon[53]

En dehors de l'étude des rouages politiques et institutionnels qui serviront de «modèles» aux monarchies française et habsbourgeoise, on peut suivre en 1496 le «mouvement diplomatique», expression, autant que les expéditions militaires, du «grand rêve bourguignon». En 1454, Philippe le Bon fait un voyage en Suisse et en Allemagne pour visiter l'empereur et les princes de l'Empire, ses alliés. Il a envoyé près du sultan son conseiller Bertrand de la Broquière, premier écuyer tranchant, qui a donné dans *Le Voyage d'Outremer (1432)* (sous la direction de C. Schefer, 1892) des renseignements intéressants sur les peuples rencontrés. Sur les mœurs des Turcs, «leur gravité, leur franchise, leur esprit de discipline comparée à la mauvaise foi et à l'avidité des Arabes». Constantinople a séduit l'envoyé par ses églises et ses monuments, il est retenu par les charmes de l'impératrice Marie Comnène, femme de Jean Paléologue qui le fait questionner sur Jeanne d'Arc, «émerveillé qu'il est que le duc de Bourgogne eut pris la Pucelle, ce qui leur semblait une chose impossible».

Célèbre par son hospitalité fastueuse, Philippe le Bon jouit du prestige du trésor bourguignon. Arrive à Dijon, Rozmital, beau-frère du roi de Bohême, Georges Podiébrad, qui conduit à travers l'Allemagne, les Pays-Bas, l'Angleterre, la Bretagne, la France, la Péninsule ibérique et l'Italie, une ambassade destinée à promouvoir, de la part de son beau-frère, l'unité des princes chrétiens contre le Turc. Il doit se munir de «lettres de passage», plus ou moins efficaces qui «personnalisent» la route. Escorter, conduire, guider, est un aspect essentiel de l'hospitalité. Philippe le Bon donne à Rozmital un héraut d'armes «ayant fréquenté tous les rois chrétiens, connaissant dix-sept langues, qui va accompagner le noble bohémien jusqu'à son retour, pendant plus d'un an» (P. Condamine, «L'hospitalité au XVᵉ siècle», *La Conscience européenne, op. cit.*, p. 81).

Autre ambassade, mais du point de vue lorrain, celle qui va des rives de la Meurthe au lac de Constance, vingt années après la bataille de Nancy. Victorieux, le duc de Lorraine René II maintient les rapports avec l'Empire et décide d'envoyer des représentants à la diète que l'empereur Maximilien a convoquée pour le 2 août à Lindau. L'ambassade dispose de moyens limités et compte un effectif réduit. L'état détaillé des frais engagés au cours du voyage permet de suivre les envoyés dans leurs déplacements: six hommes dont un chevaucheur et six chevaux. Les bagages sont confiés à des voituriers; au retour les malles seront embarquées sur le Rhin en avant de Schaffhouse. Le groupe quitte Nancy le samedi 13 août, passe par Lunéville, puis à Raon l'Étape, le 15 août à Saint Dié; par le val de Liepvre, l'on gagne Sélestat puis Bâle par Brisach, Ottmarsheim. Suivent Lauffenbourg, Tiengen et Schaffhouse, avant de parvenir à Constance, ville du Concile, la veille de la Saint Barthélemy, le 23 août.

Le matin du 26 août, le groupe se sépare en deux, les serviteurs et les chevaux font la traversée du lac en son extrémité occidentale vers Meersbourg (relié encore aujourd'hui à Constance par un service de bateaux), d'où ils prennent la route pour Lindau en longeant les rives. Le retour se fait de la même façon mais à plus vive allure. Les Vosges sont franchies le 15 septembre au col du Bonhomme. Saint-Dié, Lunéville, Nancy, puis Pont-à-Mousson où réside le duc. Les dépenses du voyage supposent le règlement des problèmes de change. Une part importante va à l'entretien des chevaux mis à rude épreuve. Il faut fréquemment changer ou renouveler les fers. Le mauvais temps aggrave la situation. Au retour, à diverses reprises, on donne aux chevaux du beurre et du vin, équivalent des potions d'huile et de vin recommandés par les empiriques. Les hommes supportent mieux que les chevaux les fatigues du voyage. La traversée des Vosges, montagne moyenne ne pose pas de sérieuses difficultés. Georges Bischoff a caractérisé cet «espace de transition» («deux idiomes et deux cultures dans un espace voué à la circulation»); Marcel Thomann a étudié les divers chemins unissant deux pôles religieux, Marmoutier et Saint-Quirin.

Autre exemple: le voyage, qui préoccupe l'évêque de Strasbourg, de la reine Elisabeth, fille de l'empereur Maximilien II. Les problèmes essentiels? À l'aller, composer le cortège d'honneur; au retour, après la mort de son époux, Charles IX, assurer, par le val de Villé, Colmar et jusqu'à Bâle, la sécurité— «la sécurité des routes fait l'objet des préoccupations constantes des riverains du massif» – et, ce qui grandit la montagne moyenne: «Avec les guerres de Bourgogne, les Vosges deviennent un enjeu géopolitique à l'échelle de l'Europe.» (Georges Bischoff.)[54]

5. Une étude méthodologique expérimentale: les routes en Europe centrale

Différents travaux répertoriés dans Teresa Dunin-Wasowicz («Les routes médiévales en Europe centrale. Bilan et perspectives», *Actes du colloque de Flaran 2*, 1980) rappellent l'importance des deux sources utilisées pour l'étude du réseau routier médiéval, l'histoire économique et l'histoire institutionnelle: travaux sur la Pologne de Piast et la Grande Pologne (S. Weymann), la Silésie (J. Nowakowa), la Petite Pologne (B. Wyrozumska). L'ouvrage de J.-N. Sadowski (1879) avait établi un plan de recherches qui n'a pas été réalisé par la suite. La trop grande importance apportée au commerce et la non utilisation de la méthode régressive semblent avoir faussé les résultats.

Les principes de base à retenir seraient les suivants:
– l'archéologie fournit un matériel abondant pour l'étude de ces problèmes;
– une route commerciale existe en fonction de l'habitat humain: à un moment déterminé, l'habitat doit servir de base au tracé d'une route commerciale;
– les cartes schématiques, aux tracés rectilignes unissant des centres lointains, sont insuffisantes. Il faut autant que possible remplacer les lignes schématiques par la reconstitution du parcours réel de la route, remarque intéressante mais d'une exécution difficile pour certaines époques;
– l'étude du réseau routier n'est pas une fin en soi: elle doit être accompagnée d'une analyse attentive des phénomènes observés, habitat, commerce international à longues distances ou utilisation du réseau routier régional;
– doit s'y ajouter une appréciation plus exacte du rôle du transport et de la communication par voie fluviale au haut Moyen Âge. R. Grodecki l'a fait remarquer au sujet de la navigation de la Vistule, l'analyse devrait être entreprise pour le Bug, le San, l'Oder.

Progressive, régressive et comparative. Tels sont les traits qui caractérisent la méthode employée. L'auteur livre une esquisse de la carte du réseau routier commercial en Pologne entre le XIe et le XIIIe siècle (p. 287). Il existe effectivement «une liaison entre les grands nœuds routiers et les ensembles urbains, centres politiques du pays». Le nœud routier de Grande Pologne contrôlait les routes sud et est vers le nord, en direction du littoral. Seules les routes de Mazovie, dites «routes de l'ambre», qui menaient du littoral de la Baltique à travers la Prusse, n'avaient pas subi l'emprise du grand nœud polonais. Les nœuds routiers de la Petite Pologne contrôlaient, outre les routes à direction nord-sud, celles venant d'est en ouest. L'importance des centres situés au sud-est du pays ne doit pas être sous-estimée. Les routes de transit menant de Kiev à Prague, en passant par Sandomierz et Cracovie, ont été utilisées au XIe siècle. Reste à élargir la connaissance de l'habitat humain en Pologne et, par voie de conséquence, à reconstituer le réseau routier de l'époque, à l'existence facilitée par le relief et l'hydrographie et au rôle incontestable pour les échanges de l'Est européen.

6. Postes et messagers[55]

L'essor de la poste apparaît comme une des tentatives, aux multiples formes, destinées à maîtriser l'espace et à briser l'obstacle de la distance. Dans la région rhénane, dans l'Antiquité, une voie de circulation était desservie par le *cursus publicus* des Romains, qui parcourait régulièrement la route impériale longeant la rive gauche du fleuve. Cette route reliait *Augusta Raurica* (Basel-Augst) à *Mogontiacum* (Mayence), en passant par *Basilea* (Bâle), *Cambete* (Kembs), et *Argentorate* (Strasbourg). (J. Braun.) Après la chute de l'Empire romain, toute forme d'organisation véritable ne tarde pas à disparaître. Mais dès l'époque de Charlemagne, avec les destinées convergentes ou opposées des «résidences» ou des «capitales» et malgré les hésitations des souverains entre la forme itinérante et la solution sédentaire, s'est posé le problème de la «centralisation» (terme ambigu) dans l'État médiéval (R. Fedou).

Centralisation qui peut être personnelle, institutionnelle ou géographique (B. Guenée), déterminant les relations avec l'extérieur, dans un espace plus ou moins vaste. Sous Charlemagne, les *missi dominici* sont, non des messagers, mais des envoyés du prince possédant la puissance de ce dernier. Chargés de vérifier si les ponts sont bien entretenus – 12 ponts à réparer sur la Seine en 821 –, chargés de la surveillance des routes et des auberges, ils sont à la base de la restauration du réseau routier au IXe siècle. En 877 au plaid de Querzy, avant de partir pour l'Italie, Charles le Chauve précisait les modalités «de ce véritable réseau postal, qui devait être identique au *cursus publicus* romain» (M. Rouche). Le renseignement est à la base de l'État naissant. La renaissance économique multiplie les besoins. «La nouvelle, marchandise de luxe, écrit Fernand Braudel, vaut plus que son pesant d'or.» «Partout où va le marchand, le notaire le suit.» (Le Goff.) Nouvelle pour le marchand, mais aussi pour le religieux et l'homme d'État. En France, l'autorité des premiers Capétiens ne s'étend qu'à des territoires morcelés, souvent changeants. D'où la coexistence d'une multiplicité de transports postaux, répondant aux besoins des papes, des rois, des princes, des villes, des universités, des ordres religieux, des firmes commerciales qui connaissent des fortunes diverses. Le coût est élevé, en moyenne deux ducats par poste, et dix-huit lieues par jour en moyenne. En ultra rapide, Venise est à sept jours de Paris, Burgos ou Valladolid à quinze jours, Lisbonne à plus de ving et un jours.

La poste des papes a été une des premières à être méthodiquement organisée, de Rome sans doute, mais aussi d'Avignon, pendant le séjour du Saint-Siège (1305-1411), avec quelques interruptions. Une administration naît et se met en place avec sa hiérarchie, ses courriers, ses salaires. Peu à peu au service du public, la poste devient une administration, appartenant au pape, donnée à bail dans les villes. La famille des Taxis (Tassis) joue un grand rôle pour cette mise en place. À Avignon, les courriers pontificaux disposent «des chevaux de l'écurie», quarante courriers qui ne suffisent pas au trafic. Ils sont en outre chargés de certains achats; ils ont des correspondants attitrés, qui reçoivent les lettres et donnent les réponses. D'autres sont courriers professionnels, libres, dont certains servent comme informateurs. Les évêques possèdent eux aussi leurs messagers. La papauté dispose d'un réseau de renseignements à l'échelle de l'Europe chrétienne, source de sa puissance.

Avec le XVᵉ siècle et le développement de la grande politique, apparaissent les courriers. Les chevauchées se multiplient à l'époque de Charles le Téméraire, époque contemporaine de l'envoi, aux cours européennes, des ambassadeurs milanais et vénitiens férus de descriptions pittoresques et de commentaires avisés sur la force des nations. Avec Commynes, s'éveille la première école de sciences politiques appliquée au développement de la vie de relations par les voies diplomatiques. À Dijon, existe un corps de serviteurs, membres de l'Hôtel, dans lequel sont pris les douze chevaucheurs de l'Écurie. On compte ainsi cinquante chevaucheurs environ. À côté du Bourguignon, une dizaine de maisons nobles, soucieuses de leur indépendance, entretiennent une cour importante où les messagers figurent en bonne place. Jean II de Bretagne dispose de trois messagers, Anne de Bretagne de dix-neuf; dauphin, Louis XI utilisait les chevaucheurs dont il connaissait la fidélité.

Villes et universités possèdent également leurs messagers. Entre Bâle et Strasbourg, ils circulent dès le XIVᵉ siècle. Fort recherchée, la charge n'est confiée qu'à des citoyens honorablement connus: au XVIᵉ siècle, les échanges deviennent hebdomadaires; le *Manuel de voyage* de Georges Mayre (Augsbourg, 1573) indique les stations suivantes: Bâle, Ortenau, Colmar, Sélestat, Matzenheim, Strasbourg. Les cités un peu importantes ont leurs messagers, le plus souvent pédestres et munis d'une pique, rétribués sur le budget municipal. Les universités, fières de leurs privilèges, en tiennent également. Ont été étudiés les messagers de l'université d'Angers. Les boîtes de messagers, armoriées, sont des pièces d'orfèvrerie. L'importance économique des foires a provoqué la création de courriers commerciaux au service des négociants, ainsi pour les foires de Champagne. Entre celles-ci, Florence et autres cités d'Italie, s'est développée un moment une organisation de correspondance, comportant lettres de voiture et lettres de change.

Il revenait à Louis XI, devenu roi, ouvert aux problèmes économiques, sensibilisé par son expérience delphinale pour tout ce qui concernait les relations internationales, d'installer, pour la première fois, des relais à son usage. Sans doute n'a-t-il pas «inventé»» la poste et l'édit de Luxies de 1464 est certainement «un faux» (G. Zeller), mais le roi, dégageant les foires de Lyon par rapport à celles de Genève, a donné l'impulsion décisive, imité à la même époque par les autres princes d'Europe, les Habsbourg, installés à Vienne, sur le Danube.

La route et la naissance de l'État moderne

«On assiste dans la seconde moitié du XVᵉ siècle, déclare J.-F. Bergier, à une rénovation générale des voies de communication qui traduit surtout une circulation accrue dans l'ensemble; en même temps les souverains des grands États territoriaux cherchent à reprendre en main le contrôle de cette circulation et à substituer au système féodal des péages et à l'entretien des routes une administration qui reçoit ses directives d'un pouvoir central renforcé.» (*op. cit.* p. 188.)

Administration dont certains éléments se retrouvent à l'est de l'Europe. Depuis la chute de Constantinople (1453), prise par les musulmans qui remontent le Danube, Moscou prétend être «la troisième Rome», l'héritière de l'Empire romain d'Orient, victorieuse des Mongols et de leur système de «relais» et de messagers. À Novgorod, Ivan III a jeté les bases de la grandeur de Moscou. Sans doute, les dirigeants des «cités-empires» s'opposaient à l'ouest sur tout ou presque tout, institutions politiques, organisation économique et sociale, relations extérieures. Mais l'orientation est prise et la politique des communications en est dépendante. «La combinaison par le tsar du nationalisme russe et des vues sur l'héritage byzantin, avec un intérêt très vif pour l'Occident, prépare le développement d'un État centralisé et puissant.» (M. Laran.) Ce sera l'œuvre d'Ivan IV, dit «le Terrible». Les relations vont-elles reprendre avec l'Occident, malgré la distance aggravée par le climat et par le sens de supériorité, manifesté par le tsar, à l'égard des ambassadeurs?

À l'ouest, doté de ses moyens et d'un esprit nouveau, après maintes vicissitudes, en Europe occidentale et centrale, issu de la chrétienté, où la foi se mêlait étrangement au profit et à la politique, «de» la route et «par» la route, l'État moderne se préparait à naître[56].

Conclusion

Entre 1300 et 1460, la société européenne aura connu une longue période de dépression économique, marquée par les conflits militaires à épisodes, les épidémies, les heurts politiques et sociaux sans oublier meurtres et faillites. L'irrationnel semble triompher dans l'ordre intellectuel (Guy Bois, 2000)[57]. Crise globale de société ou de civilisation sans doute, mais dont la vue pessimiste ne doit pas dissimuler les éléments actifs d'un mouvement incessant. À l'idée d'un Moyen Âge, «tout de noir vêtu», marqué par la guerre, les conflits sociaux et les problèmes monétaires, la route oppose un désir, celui de voyager, la vivacité et la disponibilité des participants, la variété des paysages, la diversité des produits, aux couleurs, aux parfums, aux volumes variés, les liens créés entre les hommes et les rencontres de toutes sortes qui alimentent l'imaginaire, en scrutant le réel. D'aucuns découvrent l'argent ou le pouvoir et tentent de réaliser les «rêves italiens», impériaux, «bourguignons» ou français[58].

Ainsi, issus de l'imprimerie, servante de la route pour la diffusion des textes et de l'image, naissent les guides, déceleurs des «obstacles topographiques», telle la Table de Peutinger qui se retrouve dans la mappemonde d'Abraham Cresques, vers 1370, ou dans la carte d'Europe de la chronique universelle de Hartmann Schedel, parue à Nuremberg en 1493, et sur «la carte régionale» dessinée par Martin Waldseemülller pour la *Cosmographie* de Ptolémée, publiée à Strasbourg en 1512 et diffusée chez le duc de Lorraine, à Saint-Dié. S'éveillent autant «d'invitations aux voyages», tels l'Itinéraire de Bruges (XVe siècle) qui recense quatre-vingt-quinze grandes routes, le *Reisbüchlein des Jorg Gail* (1563), qui en signale cent soixante et enfin, pour le XVIe siècle, la *Guide des chemins de France* de Charles Estienne, qui mentionne deux cent quatre-vingt-trois trajets, voies d'eau comprises. Mais il s'agit d'une autre époque[59].

En rappelant ce qui pouvait demeurer du «mirage romain» (de la Rome antique ou chrétienne) et des expériences de «reconstitution» qui suivirent, serait-il permis d'emprunter à Christiane Deluz – *Voyage et déracinement dans la société médiévale* – le titre de son évocation, poétique et érudite, attendant Du Bellay après Charles d'Orléans: «Partir c'est mourir un peu», en ajoutant «et naître de nouveau»[60].

NOTES

1. Pour l'ensemble du problème, voir GUENÉE (B.), *L'Occident aux XIVe et XVe siècles. Les États*, Paris, PUF, 1974. BAUTIER (R.-H.), «La route française et son évolution au cours du Moyen Âge», *Sur l'histoire économique de la France médiévale. La route, le fleuve, la foire*, rééd., Variorum, 1991. HUBERT (J.), «Les routes du Moyen Âge», *op. cit.*, p. 25-56. ROUCHÉ (M.), «L'héritage de la voirie antique dans la Gaule du Haut Moyen Âge (Ve-XIe siècle)», «L'Homme et la Route en Europe occidentale», *Actes du colloque de Flaran 2*, 1980, p. 13-32. LOBRICHON (G.), «L'invention de l'Europe au XIIe siècle», *Conférence de théologie catholique de Strasbourg*, 29-11-2001. TANASE (M.), «La substitution du réseau routier romain en Transylvanie. Le cas de la vallée de l'Olt», *Actes du colloque de Flaran 2*, 1980, p. 289-294. FOSSIER (R.), «Problèmes du marché rural en France du Nord au Moyen Âge», «Foires et marchés dans les campagnes britanniques, des origines jusque vers 1200», *Actes du colloque de Flaran*, 1992. Témoignages intéressants dans *Europäische Reiseberichte des späten Mittelalters*, sous la direction de Werner Paravicini (analyse bibliographique), Peter Lang éd., 1999-2001: HALM (C.), Allemagne; WETTLAUFER (J.) et PAVIOT (J.), France; KRAACK (D.) et HIRSCHBIEGEL (J.), Niederland.

2. GRENIER (A.), *Manuel d'archéologie romaine*, Paris, 1931, t. II, p. 146-174 (les routes). GRIMAL (P.), *Les Routes et le trafic commercial dans l'Empire romain*, Paris, 1939; «L'Antiquité», *Histoire de l'Europe*, s.l.n.d., édit. cit. 1, 191. CHEVALLIER (R.), *Les Voies romaines*, Paris, 1972. DUVAL (P.-M.), «Les plus anciennes routes de France: les voies gallo-romaines» («Routes gauloises et réseau impérial»), *Les Routes de France, op. cit.*, p. 11-22. Pour l'Angleterre, mise au point de MARGARY (I.-D.), *Roman Roads of Britain*, s.l., 1967; *Roman Roads in the Weald*, s.l.,

1948 (les études sur les routes préhistoriques sont nombreuses; chaque chemin a son histoire; les abandons et résurgences, suivant les époques, ne sont pas rares). OLIVER (J.), *Ancien Roads of England*, Cassel, 1936. Pour l'Allemagne, *Mit dem Fahrstuhl in die Römerzeit. Städte und Stätten deutscher Frühgeschichte*, Munich, 1967.

3. FIÉTIER (R.), «Les voies de communication en Franche-Comté à l'époque médiévale. Essai de bilan et perspectives de recherches», *Transports et voies de communication*, AIE, t. XVIII, p. 37-52 («Besançon reste un nœud de voies de communications, dont les principales peuvent toutes avoir une origine romaine»). LOUBÈS (G.), «Routes de la Gascogne médiévale», *Actes du colloque de Flaran 2, op. cit.*, p. 33-55 (sur «l'extraordinaire écheveau des chemins secondaires»). GALLET DE SANTERRE (H.), «L'empreinte romaine», *Histoire du Languedoc*, Toulouse, Privat, p. 75-119 («L'existence de cette grande route est un fait essentiel dans l'évolution historique du Languedoc [...] On retrouve son tracé en bien des endroits, grandes lignes droites menées à travers les vignes...»). VOGLER (C.), «Le permis d'utiliser le courrier public dans la législation du Bas-Empire», *op. cit.*, p. 67-88 (rappelle H.-G. PFLAUM (sur le *cursus publicus*) et R. CHEVALLIER, *Voyages et déplacements dans l'Empire romain*, 1988).

4. «Thèmes de recherches sur les villes antiques d'Occident», *Actes du colloque du CNRS*, Strasbourg, octobre 1971, sous la direction de P.-M. Duval et É. Frézouls. Paris, 1977: voir LE LANNOU (M.), «Le rôle des communications fluviales dans la genèse et le développement des villes antiques».p. 29-34. FAVIER (J.), *Charlemagne*, Paris, Fayard, 1999 (et la naissance du genre historiographique). ROUCHÉ (M.), *op. cit.*, p. 20 («le IXᵉ siècle fut une époque de remise en ordre de l'ancien réseau romain»). «Charlemagne et la renaissance carolingienne», *Archéologie*, nº 30).

5. WALSER (G.), «La notion de frontière chez les Romains», *Frontières et voies de communication*, p. 23-36. HOYT (R.-S.), *Stanley Chodorow, Europe in the Middle Ages*, HBJ International éd., 707 p. Vues générales dans NOLTE (H.-H.), *Internal Peripheries in European History*, Göttingen/Zurich, 1991. CR MICHAUD (C.), *AHSS*, septembre-octobre 1997, p. 1231-1233. VOGLER (C.), *Le Rhin de Jules César à Théodose, op. cit.*, p. 93-110. CONDAMINE (P.), *La Guerre au Moyen Âge*, Paris, PUF, 1980.

6. HUBERT (J.), *op. cit.*, p. 35.

7. LOPEZ (R.-S.), *La Révolution commerciale dans l'Europe médiévale*, p. 18-21 et 116.

8. Voir également CHAUNU (P.), *Histoire science sociale*, p. 254. PACAUT (M.), «Le Moyen Âge jusqu'à la fin du XIIIᵉ siècle», *Histoire de l'Europe, op. cit.*, p. 267-338.

9. HUBERT (J.), *op. cit.*, p. 45. BAUTIER (R.-H.), *op. cit.*, p. 74. RAPP (F.), *L'Église et la vie religieuse en Occident à la fin du Moyen Âge*, réed., Paris, PUF, Nouvelle Clio. SZABO (T.), «Routes de pèlerinages, routes commerciales et itinéraires en Italie centrale», *Voyages et voyageurs au Moyen Âge, op. cit.*, p. 131-144. VODOFF (W.), «Les transports dans la vie économique des grands monastères de la Russie du Nord-Est au XVᵉ siècle», *Les Transports au Moyen Âge*, p. 315-336. «Voyages et voyageurs en Occident du VIᵉ au XIᵉ siècle», *Actes du colloque des universités libres de Bruxelles et de Liège (1994)*, 2000, 440 p. VAUCHEZ (A.), «Saint Benoît et la révolution des monastères», *L'Histoire*, juillet-août 1980, nº 25, p. 90-97.

10. Lampe (K.-H.), «Bibliographie des deutschen Orden bis 1959», *Quellen und Studien zur Geschichte des Deutschen Ordens*, Bonn, 1975. LE BRAS (G.), «La géographie religieuse», *Annales d'histoire sociale*, 1945, t. VII, p. 11 et 16. HIGOUNET (C.), «Une carte des relations monastiques transpyrénéennes au Moyen Âge», *Revue de Comminges*, 1951, t. LXIV, p. 128-138. IOGNA-

PRAT (D.), *Ordonner et exclure. Cluny et la société chrétienne face à l'hérésie, au judaïsme et à l'islam 1000-1150*, Paris, Aubier, 1998. RAGHEB (Y.), «Les marchands itinérants du monde musulman», *Voyages et voyageurs au Moyen Âge, op. cit.*, p. 177-215.

11. Cité par ROUSSEL (R.), *Les Pèlerinages*, Paris, 1955. RAPP (F.), «Les pèlerinages dans la vie religieuse de l'Occident médiéval aux XIV⁰ et XV⁰ siècles», *Les Pèlerinages de l'antiquité biblique et classique à l'Occident médiéval*, Strasbourg, 1973, p. 1-19. LABANDE (E.-R.), «Recherches sur les pèlerins dans l'Europe des XI⁰ et XII⁰ siècles», *Cahiers de civilisation médiévale*, s.l., 1958, I. JUGNOT (G.), «Les chemins de pèlerinage dans la France médiévale», *Actes du colloque de Flaran 2*, p. 57-83. SIGAL (P.-A.), *Les Marcheurs de Dieu. Pèlerins et pèlerinages au Moyen Âge*, Paris, 1974. HELL (V. et H.), *Die grosse Wallfahrt des Mittelalters*, Tubingen, 1964 (5 cartes, Espagne, Silésie…). KÖTTING (B.), *Perigrinatio religiosa. Wallfahrten in der Antike und das Pilgerwesen in der alten Kirche*, Münster, 1980. FOLZ (R.), *Études sur le culte liturgique de Charlemagne*, Paris, 1951.

12. SCHMITT (M.-M.), *Le Culte de saint Sébastien en Alsace: essai de sociologie religieuse*, préface Dr Schaff, Société savante d'Alsace, Strasbourg, 1977, p. 59. RIGAUX (D.), «L'iconographie de Saint-Christophe dans les régions alpines (XII⁰-XV⁰ siècle)», *Voyages et voyageurs au Moyen Âge, op. cit.*, p. 235-266.

13. VASQUEZ DE PARAGA (L.), *Las peregrinaciones a Santiago de Compostella*, Madrid, 1949, 3 vol. BARRET-GURGAND, *Priez pour nous à Compostelle*, Paris, 1978 (donne les textes de base). Exposition de Paris, AN, 1965 (*Catalogue*) et Conseil de l'Europe (*idem*). RENOUARD (Y.), «Le pèlerinage de Saint-Jacques-de-Compostelle et son importance dans le monde médiéval», *RH* 1951, p. 256. PARKS (G.B.), *The English Traveler to Italy, the Middle Ages (to 1525)*, Rome, 1954. DONALD HALL (J.), *English Medieval Pilgrimage*, Routledge and Kegan Paul, 1965. Sur les pèlerinages en Angleterre, témoignage d'Érasme, dans le 2⁰ livre des *Colloques*, Le Pot Cassé, s.d., t. III, p. 10 et 45.

14. ROMANI (M.), *Pellegrini e viaggiatori nell economia di Roma, dal XIV al XVII secolo*, Milan, 1948, p. 12. JEDIN (H.), «Die deutsche Romfahrt von Bonifatius bis Winckelmann», *Bonner Akademische Reden*, Krefeld, s.d. GOUGAUD (Dom), «Sur les routes de Rome et sur le Rhin avec les *peregrini* insulaires», *Revue d'histoire ecclésiastique*, 1933, p. 253-271. RAPP (F.), *op. cit.*, p. 134 («Mirabilia Roma») et «Ce qu'il en coûtait d'argent et de démarches pour obtenir de Rome la confirmation d'une élection épiscopale. Le cas de Guillaume de Honstein, évêque de Strasbourg», *RA*, 1962, t. CI, p. 393-404. Comptabilité de l'ambassade et trajet des émissaires d'Albert de Bavière en 1478, KAISER (H.), «Die Köstenrechnung einer bischöflichen Gesandtschaft an der Kurie», *ZGOR*, 1899, p. 180-193.

15. Textes dans *Recueils de Hakluyt*, Londres, 1811, t. IV. SCHEFER (C.), t. V et t. XI. Voir POTVIN (C.), *Les Œuvres de Gilbert de Lannoy, voyageur, diplomate et moraliste*, Louvain, 1878.

16. MONNET (P.), «Ville réelle et ville idéale à la fin du Moyen Âge: une géographie au prisme des témoignages autobiographiques allemands», *AHSS*, 56⁰ année, mai-juin 2001, p. 603 («Jérusalem et retour»).

17. LIVET (G.), «Orientation bibliographique générale», *Médecine et assistance en Alsace*, 1976, p. 352-360. CANDILLE (M.) et BUI (M.), *Bulletin de la Société d'histoire des hôpitaux*, s. d. *Description de l'Espagne par Jehan Lhermite et Henri Cock*, sous la direction de J.-P. Devos, SEVPEN, 1969, p. 120-122. IMBERT (J.), *Histoire des hôpitaux, op. cit.*, p. 99-160. Enquêtes sur

le réseau hospitalier et le pèlerinage de Saint-Jacques entre Loire et Dordogne et de celle-ci aux Pyrénées, dans COSTE-MESSELIÈRE (R. de la), TREUILLE et JUGNOT (G.), 104ᵉ CNSS Bordeaux, 1979. Confrontation avec les «chemins» du *Guide du Pèlerin*.

18. GROUSSET (R.), *Histoire des Croisades 1095-1285*, t. I, p. 5, t. II, p. 226 et t. III, p. 10 et 171. *A History of the Crusades*, sous la direction de K.M. Setton, Wisconsin Press, 1975. RILEY-SMITH (J.), *The Crusades and Military Orders*, reproduit en 2 séries, New-York, AMS Press, 1979-1980. FEJIC (N.), «Les Balkans aux yeux des voyageurs occidentaux au Moyen Âge», *Voyages et voyageurs au Moyen Âge, op. cit.*, p. 281-289.

19. GILLIARD (C.), «Problèmes d'histoire routière. I. L'ouverture du Gothard», *Annales d'histoire économique et sociale*, 1929, *1*, p. 177-182. BERGIER (J.-F.), *RSH*, 1979, I, vol. 29. FOURQUIN (G.), *Histoire économique de l'Occident médiéval*, Paris, 1969. LE GOFF (J.), *Marchands et banquiers du Moyen Âge*, Paris, 1956. LEIGHTON (A.-C.), *Transport and communication in Early Medieval Europe. A.D. 500-1100*, Newton Arbot, 1972. «Foires et marchés dans les campagnes de l'Europe médiévale», *Actes du colloque de Flaran*, 1992. SCHNEIDER (J.), «Les Lombards en Lorraine», *Annuaire de la Lorraine*, s.l., 1979, LXXIX. RACINE (P.), «D'Italie aux Pays-Bas: les routes lorraines (1280-1350)», *Les Pays de l'Entre-Deux au Moyen Âge, op. cit.*, p. 210-224, de F. Rapp et le numéro spécial de la *RSH*, 1979, n° 1, vol. 29, publié sous la direction de J.-F. Bergier sur le thème «Histoire des Alpes. Perspectives nouvelles». Le premier thème porte sur «les routes, trafics, communications à travers et dans les Alpes» (art. de F. GLAUSER, K. AERNI, P. CARONI et R. KRÜGER).

20. BOURQUELOT (F.), *Les Foires de Champagne*, Paris, 1865 et CHAPIN (E.), *Les Villes de foires de Champagne des origines au début du XIVᵉ siècle*, réimpr. de l'éd. de Paris, 1937: ces deux ouvrages n'ont toujours pas été remplacés mais il convient de corriger certaines vues de l'ouvrage de Bourquelot par la contribution de R.-H. Bautier.«Les foires de Champagne», *La Foire*, Recueil J. Bodin, Bruxelles, 1953, t. V, p. 97-148. «Les registres des foires de Champagne», *Bulletin philosophique et historique du Comité des travaux historiques*, 1942-1945, p. 173. RACINE (P.), «De Lombardie en Champagne au XIIIᵉ siècle», *La Communication en histoire*, coll. de Reims, 1985, p. 69-85 (avec une carte). MESQUI (J.), *Les Routes dans la Brie et la Champagne occidentale. Histoire et techniques*, Paris, 1980. Voir également HUVELIN (H.), «Les courriers des foires de Champagne», *Annales de droit comparé*, s.l., 1898, t. XII, p. 376-398. Sur l'état des routes et l'insécurité, SCHAUBE (A.), *Handelsgeschichte der romanischen Völker des Mittelmeergebiets bis zum Ende der Kreuzzüge*, Munich et Berlin, 1906 (cité par STELLING-MICHAUD (S.), «Le transport international des manuscrits juridiques bolonais entre 1265 et 1320», *Mélanges Antony Babel*, 1963, t. I, p. 95-127).

21. COORNAERT (E.), *Un centre industriel d'autrefois. La draperie sayetterie d'Honschoote (XIV-XVIIIᵉ siècle)*, Paris, 1930; «une capitale de la laine, Leyde», *AESC*, 1946, p. 168-177. DEROISY (A.), «Les routes terrestres des laines anglaises…», *Revue du Nord*, 1939, n°25, p. 40-60; BERNI, «La route de Bruges à Cologne», *Revue philologie*, 1953. LAURENT (H.), *Un grand commerce d'exportation au Moyen Âge. La draperie des Pays-Bas en France et dans les pays méditerranéens*, Paris, 1935.

22. Vue générale dans RENOUARD (I.), «Les voies de communications entre pays de la Méditerranée et pays de l'Atlantique au Moyen Âge», *Mélanges Halphen*, Paris, 1951. Histoire des villes: Venise par F. THIRIET, Plaisance par P. RACINE, Milan par CIPOLLA et G. SOLDI RONDININI (1978), Gênes par HEERS, Marseille sous la direction de G. Rambert, t. I («Le Moyen Âge» par

R. PERNOUD, «L'époque moderne» par F.-X. EMMANUELLI, 1999), Genève par J.-F. Bergier. L'intérêt se porte sur les types de relations: RENOUARD (Y.), «Les relations économiques franco-italiennes…», *Cooperazione intellectuale*, septembre-décembre 1936. DOERHAERD (B.), *Les Relations commerciales entre Gênes, la Belgique et l'Outremont»*, Rome, 1941. FINOT (J.), *Étude historique sur les relations entre la Flandre et la république de Gênes*, Paris, 1899. Sur les routes d'Avignon, SCLAFERT (T.), «Les routes du Dauphiné et de la Provence sous l'influence du séjour des papes à Avignon», *Annales d'histoire économique et sociale*, 1929, p. 183. THIRIET (F.), «Sur les relations commerciales entre Strasbourg et l'Italie du Nord à la fin du Moyen Âge», *RA*, n° 100, 1961, p. 121-128. RACINE (P.), «Autour des relations entre l'Alsace et l'Italie à la fin du Moyen Âge», *RA*, Strasbourg, 1981, n° 107, qui cite SOLDI RONDININI (G.), «La via transalpine del commercio milanese dal secolo XIII al secolo XV», *Felix Olim Lombardia* (reconstitution d'itinéraires et supplément cartographique), Milan, 1978, p. 343-484. COULET (N.), «Les hôtelleries en France et en Italie au bas Moyen Âge», *Actes du colloque de Flaran 2*, p. 181-205.

23. SCHULTE (A.), *Geschichte des mittelalterlichen Handels und Verkehrs zwischen Westdeutschland und Italien, mit Ausschluss von Venedig*, Leipzig, 2 vol., t. I; «Zur Handels- und Verkehrsgeschichte Südwestdeutschland im Mittelalter», *Jahrb. f. Gesetzgebung und Volkswirtschaft im deutshen Reich*, t. LXXXIX, p. 215-238. SCHNYDER (W.), *Handel und Verkehr über die Bünderpässe im Mittelalter zwischen Deutschland, der Schweiz und Überitalien*, Zurich, 1975, 2 vol. Sur les cols alpins, numéro spécial de la *RSH*, 1979, vol. 29, 1. GLAUSER (F.), *Der Gotthard transit von 1500 bis 1600*, s.l.n.d. AERNI (K.), *Die Entwicklung des Gemmipasses* (avec des indications sur les infrastructures), s.l.n.d. CARONI (P.), *Zur Bedeutung des Warentransportes für die Bevölkerung der Passgebiete*, s.l.n.d. GILLIARD (C.), *op. cit.*

24. BERGIER (J.-F.), *Genève et l'économie européenne de la Renaissance*, Paris, 1963; «Vous savés que sumes tous marchans. Témoignages sur le commerce de Genève dans la première moitié du XVIᵉ siècle», *Mélanges d'histoire économique offerts au professeur Anne-Marie Piuz*, Genève 1989, p. 35-45. BAIROCH (P.), «Genève dans le contexte des villes suisses et européennes de 1500 à 1800», *idem*, p. 17-34. CHOMEL (V.) et EBERSOLT (J.), *Cinq siècles de circulation internationale vue de Jougne. Un péage jurassien du XIII au XVIII siècle*, introduction de Lucien Febvre, Paris, 1951, 216 p. CR *Orientations* par F.-J. HIMLY, *RA*, Strasbourg, 1952: «Pour une histoire de la circulation. Un modèle: le col de Jougne», avec bibliographie concernant l'Alsace, p. 147-150.

25. DOLLINGER (P.), *La Hanse (XIIᵉ-XVIIᵉ siècle)*, Paris, 1964. Que complètent: WECZERKA (H.), «Les routes terrestres de la Hanse», *Actes du colloque de Flaran 2*, 1980; DUNIN-WASOWICZ (T.), «Les routes médiévales en Europe centrale», *idem*; et STOOB (H.), «Route du roi et des princes, routes des marchands. Deux exemples en Bavière médiévale», *idem*. Sur les relations entre les centres commerciaux, SCHNEIDER (J.), *Les Villes allemandes au Moyen Âge*, Société Jean Bodin, s.l., 1955, VII. Et KÖBERLIN (A.), «Der Obermain als Handelsstrasse in späteren Mittelalter», *Wirtschaft- und Verwaltungstudien*, 1899, *IV*. Études particulières dans KOELNER (P.), *Die Basler Rheinschiffahrt vom Mittelalter zur Neuzeit*, 2ᵉ éd. Bâle, 1954. Sur les conditions des déplacements, LUDWIG (F.), *Untersunchungen über die Reise- und Marschgeschwindigkeit im XII. und XIII. Jahrhundert*, Berlin, 1897.

26. JORGA (N.), *Points de vue sur l'histoire du commerce de l'Orient au Moyen Âge*, Paris, 1924. DELORT (R.), *Le Commerce des fourrures en Occident à la fin du Moyen Âge (vers 1300-vers 1450)*, s.l.n.d., t. II, p. 666-673. GRAUS (F.), «Die Handelbeziehungen Böhmens zu Deutschland und

Österreich im 14. und zu Beginn des 15. Jahrhundert», *Historica II*, Prague, 1960, p. 77-110. JANKULA (H.), «Probleme des rheinischen Handels nach Skandinavien», *Rheinische Vierteljahresschrift*, s.l., 1950-1951. PASCU (S.) et GOLDENBERG (S.), «Quelques problèmes concernant les villes médiévales de certains pays danubiens», *Actes du IIᵉ congrès international des études du sud-est européen*, Athènes, 1972, p. 461-470.

27. HAUSER (H.), «Le sel dans l'histoire», *Revue économique internationale*, 19, 1927, vol III; JEANNIN (P.) et LE GOFF (J.), *Questionnaire pour une enquête sur le sel dans l'histoire*, Paris, 1968. CABOURDIN (G.), *Le Sel et l'histoire*, AIE, Nancy, 1979. BERGIER (J.-F.), «Port de Nice, sel de Savoie et foires de Genève», *Le Moyen Âge*, 1963, 4ᵉ s., 18; *Une histoire du sel*, Fribourg, 1982. PIUZ (A.-M.), *Affaires et politique. Recherches sur le commerce de Genève au XVIIᵉ siècle*, Genève, 1964. MOTTU-WEBER (L.), «Contrats de voiture et comptes des blés et du sel. Contribution à l'étude des coûts des transports (1550-1630)», *RSH*, s.l., 1983, 33, p. 269-296.

28. Au hareng, ajouter la sardine et la morue (pour l'Espagne, *cf.* B. et L. Bennassar). ROBIN (D.), *Pêcheurs bretons sous l'Ancien Régime. L'exploitation de la sardine sur la côte atlantique*, PU Rennes, 2000. Et thèse de 1997, y compris sur le Pays basque. Pour le commerce «à l'intérieur en remontant les fleuves», *cf.* DOLLINGER (P.), *La Hanse, op. cit.*, p. 274 et «Relations directes entre Strasbourg et les villes hanséatiques (XIVᵉ-XVIᵉ siècles)», *Aus Stadt- und Wirtschaftsgeschichte Südwestdeutschlands*, Stuttgart, 1975, p. 118-136. Indications nombreuses dans les *Mélanges Jean Meyer*, PS, 1995 et *Mélanges Paul Butel*, PU Bordeaux, 2000.

29. DION (R.), *Histoire de la vigne et du vin en France des origines au XIXᵉ siècle*, s.l., 1959. HIGOUNET (C.-M.), «Wine Production and Trade in the History of Europas», *JEEH*, Spring, 1972, n° 1, vol. I, p. 163-165. HIMLY (J.-F.), «L'exportation du vin alsacien en Europe au Moyen Âge», *RA*, Starsbourg, 1951, p. 25-36.

30. HABERMANN (W.) et SCHLOTMANN (H.), «Der Getreidehandel in Deutschland im 14. und 15. Jahrhundert. Ein Literaturbericht» (deux parties avec abondante bibliographie et références), *Scripta Mercatura 2*, 1977, s.l., p. 27-55. Pour différentes villes et leur aire d'approvisionnement: Zurich (H. HEIDINGER, 1910), Bâle (H. BRUDER, 1954), Strasbourg (A. HERZOG, 1909), Augsbourg (R. MANDROU, 1969).

31. DOLLINGER (P.), *op. cit.*, p. 308. LAURENT (H.), *op. cit.*, Paris, 1935. Pour une époque postérieure, LIVET (G.), «Espace rhénan et espace rhodanien», *Mélanges Gascon*, p. 4. CIRIACONO (S.), «Pour un colloque international d'histoire de la soie; esquisse d'une histoire tripolaire. Les soieries franco-italiennes et le marché allemand à l'époque moderne» (sur les foires de Francfort et de Leipzig), *L'Europe, l'Alsace et la France*, Mélanges G. Livet, Strasbourg, Oberlin, 1986, p. 317-326.

32. Citons le cuivre acheminé vers Hambourg, l'argent du Harz vers Lubeck, le fer du massif schisteux vers Cologne, par les voies fluviales essentiellement. DOLLINGER (P.), *op. cit.*, p. 281. Bibliographie dans NEF (J.), «Mining and Metallurgy in Medieval Civilisation», *Cambridge Economic History*, 1952, p. 430-499.

33. GUENÉE (B.), *L'Occident aux XIVᵉ et XVᵉ siècles. Les États, op. cit.*, Nouvelle Clio, t. XXII. Sur les routes, p. 200, 219, 221, 261.

34. Voir les actes des colloques de Sarrebruck, de Flaran 2, de Dijon, «Transports et voies de communication» (AIE, 1975-1977), de Limoges-Aubazine. Également le colloque des historiens

médiévistes, «Voyages et voyageurs…», PS, (1995-96). Esquisse générale dans VIDAL DE LA BLACHE (P.), «Routes et chemins de l'ancienne France», Bulletin de géographie descriptive et historique, 1902, p. 115-126.

35. WOLFF (P.), «Une route de Bordeaux à Toulouse à travers la Gascogne aux XIVᵉ et XVᵉ siècles», *Bulletin de sociologie et d'archéologie du Gers*, 1951, p. 214-217. LOUBÈS (G.), «La Gascogne médiévale et son réseau routier», 104ᵉ CNSS Bordeaux, 1979: avec la poussée démographique des XIᵉ-XIIIᵉ siècles et l'éclosion des bastides, des nouveaux axes de communication se dessinent (axe Toulouse-Bayonne par Tarbes et Orthez; l'axe vallée d'Aure-Bordeaux en suivant la fameuse Ténarèze…). CASTER (G.), *Les Routes de Cocagne. Le siècle d'or du pastel. 1450-1561*, Toulouse, Privat, 2000.

36. RICHARD (J.), «Passages de Saône aux XIIᵉ et XIIIᵉ siècles», *Annales de Bourgogne*, s.l., 1950, XXII, p. 245-274. CHAUSSARD (P.), *Marine de Loire et mariniers digoinais*, Moulins, 1970. DUBOIS (H.), *Les Foires de Châlon et le commerce dans la vallée de la Saône à la fin du Moyen Âge (vers 1280-vers 1430)*, Paris, 1976.

37. RICHARD (J.), «Routes, ponts et forteresses au temps des ducs Valois», Publications du Centre européen d'études burgondo-médianes, 1961, n ° 3, p. 80-86. SCHNEIDER (J.), *La Ville de Metz aux XIIIᵉ et XIVᵉ siècles*, Nancy, 1950.

38. Sur la mutation urbaine, WOLFF (P.), *Commerces et marchands de Toulouse (vers 1350-vers 1450)*, Paris, 1954. DUBY (G.) et *alii*, *Histoire urbaine*, s.l.n.d. JUGNOT (G.), «Le droit de la route au Moyen Âge», *Actes du colloque de Reims, op. cit.*, p. 87-95 et «La juriction des routes médiévales à travers Beaumanoir», *idem*, p. 90, note 1.

39. RICHARD (J.), «Le «conduit» des routes et la fixation des limites entre mouvances féodales», *Annales de Bourgogne*, s.l., 1952, XXIV, p. 85-101. CRAECKER-DUSSART (C. de), «L'évolution du sauf-conduit dans les principautés de la Basse-Lotharingie du VIIᵉ au XIVᵉ siècle», *Le Moyen Âge*, s.l., 1974, p. 185-243.

40. «Paris, croissance d'une capitale», *Colloques. Cahiers de civilisation*, Paris, Hachette, 1961 et «Paris. Fonctions d'une capitale», *idem*, 1967, p. 39-55 (sur l'esquisse de la conjonction des routes). FAVIER (J.), *Paris au XVᵉ siècle*, Paris, 1974 (Nouvelle histoire de Paris). GEREMECK (B.), *Les Marginaux parisiens aux XIVᵉ et XVᵉ siècles*, Paris, 1976. Sur le concept de la ville-refuge, KINTZ (J.-P.), «Strasbourg, cité refuge. Mendiants, fugitifs, exilés», *350ᵉ anniversaire des Traités de Westphalie*, Strasbourg, PU Strasbourg, 1999, p. 517-524.

41. RENOUARD (Y.), *La Papauté à Avignon*, Paris, 1962. SCLAFERT (T.), *op. cit.*, p. 183-192. GUILLEMIN (B.), *La cour pontificale d'Avignon (1309-1376)*, Paris, 1966. SCHULZ (K.), «Bemerkungen zu zwei deutschen Juristen im Umfeld des päpstlichen Hofes in Avignon im 14. Jahrhundert: Johannes Henrici (von Seeland) und Wilhelm Hornborch», *Historische Forschung*, s.l., 2001, n° 71, p. 160-178 (avec une carte). RENOUARD (Y.), «La consommation des grands vins du Bourbonnais et de Bourgogne», *op. cit.*

42. «Répertoire des itinéraires des grands personnages» dans MOLINIER (A), *Les Sources de l'histoire de France*, Paris, 1902-1906. Appréciation critique des résultats dans RICHARD (J.), «Que sait-on du réseau routier de la Bourgogne au Moyen Âge?», AIE, t. XVIII («ce que nous savons… reste dans l'ensemble décevant»). *Transports et voies de communication, op. cit.*, Dijon, 1977, p. 53-69.

43. BOUTRUCHE (R.) et CONTAMINE, (P.), *La Vie quotidienne pendant la guerre de Cent Ans. France et Angleterre (XIVᵉ siècle)*, Paris, 1976. «Jeanne d'Arc. L'archéologie de la guerre de Cent Ans», *Archéologie*, n° 34. CONTAMINE, (P.), *Histoire de l'Europe, op. cit.*, t. II, p. 9-31 (les misères et les faiblesses matérielles): il cite un passage de Philippe de Mézières du Songe du Vieil Pèlerin (1389) page 8, évoque «toutes les parties d'Europe et d'Occident» et, page 9 attend la venue de «Justice», «Charité» et «Paix». TEYSSOT (J.), «Voyages et pérégrinations d'Auvergnats pendant la guerre de Cent Ans», *Voyages et voyageurs au Moyen Âge, op. cit.*, p. 63-70: «L'Auvergne reste en liaison avec le reste du royaume, notamment grâce à la voie Regordane qui la traverse du nord au sud». Colloque de Flaran, 1997, «L'artisan au village dans l'Europe médiévale et moderne»: rapports de R. FOSSIER, «L'artisanat rural au Moyen Âge: bilan et problèmes» et M. ARNOUX, «La métallurgie au village au Moyen Âge».

44. Sur l'équipement hôtelier (en partant des listes fiscales nominatives et des actes notariés, successions et mariages), WOLFF (P.), «Les hôtelleries toulousaines», *Regards sur le Midi médiéval*, Toulouse, Privat, 1978, p. 93-106 (avec une carte): «L'hôtellerie, devenue très tôt l'auxiliaire de la route, se rattache à l'urbanisme et à la vie sociale des XIIᵉ et XIIIᵉ siècles.»

45. RENOUARD (Y.), art. cit. *RH*, t. CLXXX, 1937 et DE BOCCARD, 1941. Pas d'étude d'ensemble sur les péages en France à cette époque, encore moins à l'échelle de l'Europe. Un exemple, AUDUC (J.-L.), «Le péage de Bapaume, un carrefour routier aux XIIIᵉ et XIVᵉ siècles», *Actes du colloque de Flaran 2*, 1980, p. 241-254. PICARD (E.), «Les péages du comté de Charolais en 1449», *Mémoires Soc. Eduenne*, X, 1881. Voir annexe (thèses de l'École des chartes).

46. BAUTIER (R.H.), *Les Routes françaises, op. cit.* WOLFF (P.), *Commerce et marchands à Toulouse, op. cit.*, p. 449-482 («Les transports»).

47. PETIT-DUTAILLIS (C.), *La Monarchie féodale en France et en Angleterre (Xᵉ-XIIIᵉ siècle)*, 2ᵉ éd., coll. «Évolution de l'Humanité», Paris, 1950. GENÊT (J.-P.), «L'Angleterre et la découverte de l'Europe», *La Conscience européenne, op. cit.*, p. 144-169. LOPEZ (R.-S.), «The Evolution of Land Transport in the Middle Âge», *Past und Present*, s.l., 1956, n ° 9, p. 17-29. BLAND (D.-S.), «The Maintenance of Roads in Medieval England», *Planning Outlook*, vol. IV, p. 5-15. ADELSON (H.-L.), «Early Medieval Trade Routes», *American Historical Review*, s.l., 1960, 63. BRITNELL (R.), «Foires et marchés dans les campagnes britanniques, des origines jusques vers 1200», *Actes du colloque de Flaran, op. cit.*, 1992.

48. BOYER (M.-N.), «Medieval Suspended Carriages», *Specula*, 1959, 34.

49. CHARTRES (J.), «Les hôtelleries au Moyen Âge et aux Temps modernes», *Actes du colloque de Flaran 2*. Sur les hôtelleries allemandes, KACHEL (J.), «Herberge u. Gastwirtschaft in Deutschand bis zum 17. Jhdt», *VSWG*, 1924, 5, p. 12-68. Et texte d'Érasme (*Colloques*).

50. WEINBAUM (M.), «London unter Eduard I. und II. Verfassungs- und Wirtschaftsgeschichte Studien», *VSWG*, 1933, cah. 28, t. I («Untersuchungen»), p. 126-164.

51. FEBVRE (L.) et MARTIN (H.-J.), *L'Apparition du livre*, Paris, 1958. STELLING-MICHAUD (S.), *L'Université de Bologne et la pénétration des droits romain et canonique en Suisse*, Genève, 1955; «Le transport international des manuscrits juridiques bolonais», *op. cit.*, p. 95-127. CHERUBINI (G.), «Foires et marchés dans les campagnes de l'Italie médiévale», *Foires et marchés, op. cit.* STOLZ (O.), *Geschichte des Zollwesens, Verkehrs und Handels in Tirol und Vorarlberg von den Anfängen bis ins XX. Jahrhundert*, Innsbruck, 1953. Pour les relations avec les pays du Nord, travaux de RACINE (P.), «D'Italie aux Pays-Bas: les routes lorraines (1280-1350)», *Les Pays*

de l'Entre-Deux au Moyen Âge: questions d'histoire des territoires d'Empire entre Meuse, Rhône et Rhin, 113ᵉ CNSS, Strasbourg, 1988. Paris, CTHS, 1990, p. 209-224. Sur les difficultés monétaires, DAYN (J.), *Monnaies et marchés au Moyen Âge*, préface de H. Van der Wee, 307 p., 1994.

52. BAUTIER (R.-H.) et SORNAY (J.), «Archives centrales de l'État bourguignon (1384-1508)», *Les Sources de l'histoire économique et sociale du Moyen Âge*, CNRS, 2001. SCHNERB (B.), *L'État bourguignon*, Paris, Perrin, 1998. DUBOIS (H.), «Un voyage princier au XIVᵉ siècle (1344)», *Voyages et voyageurs au Moyen Âge, op. cit.*, p. 71-92. RICHARD (J.), *Pays lorrain, op. cit.*, 1977, 3. THOMAS (P.), «Délai de transmission de lettres françaises à destination de Lille pendant la fin du XIVᵉ siècle», *Revue du Nord*, février 1913, n° 13, p. 89-120. DUBOIS (H.), «Marchands d'Outre-Jura en Bourgogne à la fin du Moyen Âge (vers 1340-vers 1440)», *Cinq siècles de relations franco-suisses. Hommage à Louis-Edouard Roulet*, Neuchâtel, 1984, p. 21-30.

53. SCHNEIDER (J.), «Des rives de la Meurthe au lac de Constance. Le voyage d'une ambassade lorraine en 1496», *Pays lorrain*, 1980, 3. Voir également la thèse de l'université de Milan (1980) de F. MAJOCCHI, *I rapporti tra Milano e la Borgogna al tempo di Francisco Sforza* et F. DE GINGINS LA SARRA, *Dépêches des ambassadeurs milanais sur les campagnes de Philippe le Hardi, duc de Bourgogne, de 1474 à 1477*, Paris-Genève, 1958. Sans oublier les *Rapports des ambassadeurs vénitiens* (pour le XVIᵉ siècle). PESEZ (J.-M.), *Chevaucheurs et courriers du duc de Bourgogne, Charles le Téméraire*, Faculté des lettres de Lille, DESS, 1956. RAUZIER (J.), *Finances et gestion d'une principauté au XIVᵉ siècle. Le duché de Bourgogne de Philippe le Hardi, 1364-1384*, préface de Henri Dubois, 1996, 766 p. Et différents colloques à Lausanne, Nancy…

54. BISCHOFF (G.), «Les Vosges à la fin du Moyen Âge et au début des Temps modernes: l'invention d'une frontière», *Frontières en Europe occidentale, op. cit.*, colloque AIE, Metz 1999, actes Metz 2001, p. 228-251. SPACH (L.), «Deux voyages d'Elisabeth d'Autriche, épouse de Charles IX, roi de France», *Œuvres choisies*, sl.n.d., t. III, p. 493-587). Le 7 janvier 1576, l'évêque de Strasbourg et le duc Guillaume de Bavière écrivent à Bâle «qu'ils viennent d'arriver à Colmar; ils envoient à l'avance le courrier et le quartier-maître de S.M., pour préparer les logements pour près de 600 chevaux». Maximilien II décédait le 15 octobre 1576. LIVET (G.), *Les Guerres de religion*, 9ᵉ éd., Paris, PUF, 2002, p. 17. Du même auteur, «Strade e poteri politici nei "Pays d'Entre-Deux". Il modello lorenese (Secc. XV-XVII)», *Quaderni Storici*, avril 1987, 64, a. XXII, n° 1, p. 81-110. RAPP (F.), «Routes et voies de communication à travers les Vosges du XVᵉ au début du XVIᵉ siècle», *Les Pays de l'Entre-Deux au Moyen Âge*, Paris, 1990, p. 195-208.

55. Sur les origines de la poste, VAILLÉ (E.), *Histoire générale des postes françaises, op. cit.*, t. I-V (1947-1957). DUVAL, (P.-M.) *La Vie quotidienne en Gaule (1952), la route, les voyages, les moyens de transport, op. cit.* AUTRAND (F.), «L'allée du roi dans les pays du Languedoc, 1272-1390» *La circulation des nouvelles au Moyen Âge*, Paris, P.S., 1994, p. 85-97. Sur «le faux édit de Luxies de Louis XI», ZELLER (G.) et VAILLÉ (E.), *RH*, 1937, t. CLXXX et *Bulletin des PTT*, mars 1938. Le texte incriminé a paru pour la première fois en 1660 et non en 1708 comme le pensait G. Zeller (E. Vaillé). LASSALMONIE (J.-F.), *Politique financière de Louis XI, (1461-1483)*, 2001. HEERS (J.), *Louis XI, le métier de roi*, Paris, Perrin, 1999 et NAUDÉ (G.), *Addition à l'histoire de Louis XI*, Paris, Fayard, 1999 (défense du roi avancée, dès 1630, par G.N., médecin de Louis XIII, sur l'homme «qui recherchait et récompensait les hommes doctes» et par qui «la barbarie a commencé à être bannie des écoles». FAVIER (J.), *Louis XI*, 2001.

56. DEMURGER (A.), «Les déplacements professionnels des agents du roi (vers 1380-vers 1410)», *Voyages et voyageurs au Moyen Âge, op. cit.*, p. 103-121 («sur les routes… durée et distance… le péril des chemins… défraiements et dépenses»).

57. BOIS (G.), *La Grande Dépression médiévale, XIVᵉ et XVᵉ siècles*, Paris, PUF, 2000.

58. HAMON (P.), *L'Argent du roi. Les finances sous François Iᵉʳ*, préface de J. Jacquart, avant-propos de F. Bayard, s.l., 1994, 609 p. Sont mis en lumière les contraintes permanentes de la mobilisation des fonds, mais aussi les problèmes plus généraux – rivalités politiques et idéologie du pouvoir – et spéciaux, les affectations aux grands services, travaux publics (rivières, routes et canaux…) qui doivent servir la «grandeur du règne et affirmer la notion d'intérêt public. Au militaire comme au civil: l'armée est dans la main du roi, l'artillerie connaît son développement et ses contraintes, la cavalerie, détrônée par une infanterie bien entraînée et une utilisation toujours plus massive des armes à feu, perd toute préséance. La véritable révolution de la Renaissance? Celle du feu qui va avoir des conséquences incalculables sur la guerre de mouvement (*Archéologie*, n° 170).

59. Sur les guides, voir *infra*, bibliographie. SZABO (T.), «Routes de pèlerinage», *Voyages et voyageurs, op. cit.*, p. 131-143 et RIGAUX (D.), «Une image pour la route. Iconographie de saint Christophe dans les régions alpines (XIIᵉ-XVᵉ siècle)», *Voyages et voyageurs, op. cit.*, p. 235-266. Voir également les recueils Paravicini, *Europäische Reiseberichte des späten Mittelalters, op. cit.*, Peter Lang, 1999-2001.

60. *Voyages et voyageurs au Moyen Âge, op. cit.*, PU Sorbonne, 1996, p. 291-303. Ajouter la conclusion de M. Balard, *op cit.*, p. 305-309. RICHARD (J.), «Les récits de voyages et de pèlerinage», *Typologie des sources du Moyen Âge occidental*, Turnhout, Brepols, 1981.

LIVRE III

L'Europe de la Renaissance
Circuits anciens et hommes nouveaux

La grande unité économique et religieuse du Moyen Âge, oscillant entre prospérité et dépression, dont on retrouve les traces dans l'opulence des cités comme Bruges ou Venise – ou des ruines comme Wisby dans l'île de Gotland –, connaît au XVIe siècle une profonde transformation: «Trois générations à peine sont en cause. Mais du grand-père au petit-fils, la vision du monde et les modes de vie, les conditions matérielles comme les approches spirituelles, les sentiments individuels comme les équilibres collectifs, tout cela n'a pas simplement évolué: c'est d'un bouleversement général qu'il s'agit.» (J.-C. Margolin, *L'Avènement des Temps modernes*, s.l.n.d., p. 13.)

Cette profonde transformation, à laquelle on a pu donner le nom de «Renaissance», touche les formes politiques, les circuits commerciaux, les mentalités, toutes formes de civilisation étudiées en fonction d'une réalité géographique mise en évidence par Fernand Braudel, les isthmes européens.

Circuits politiques avec l'apparition de l'idée et des formes de l'État, des besoins d'autorité et de puissance à l'ouest, d'extension territoriale vers l'est par incorporation, encore lâche, des espaces polonais et russes. Routes des armées et des diplomates.

Circuits commerciaux ensuite, avec la substitution progressive d'une civilisation atlantique à une civilisation méditerranéenne. En 1531, Anvers, port international, inaugure une Bourse de commerce, où affluent les négociants de toutes les nations. En fonction de ces potentialités d'une économie-monde, se créent des routes nouvelles, maritimes ou terrestres, routes de l'or et de l'argent, des marchands, des grains et des fourrures.

Circuits intellectuels enfin, des idées et des arts. qui, issus du sud de l'Europe, prennent la forme humaniste d'abord, religieuse ensuite, artistique enfin. Vérité, mystique et beauté, c'est-à-dire une unité profonde d'aspiration, de recherche et de méthode mais, dans l'immédiat, une division de l'Europe, non plus est-ouest – l'avance musulmane bloque la péninsule des Balkans et l'Europe danubienne – mais nord-sud: Europe méditerranéenne demeurée fidèle à Rome, mis à part le bastion orthodoxe, Europe du Nord passée au protestantisme et s'opposant à la première.

Ce temps des «retrouvailles» (avec l'Antiquité), des découvertes (du monde et du reste de l'Europe), des affrontements (des esprits), où se rencontrent intérêts dynastiques, ambitions politiques, passions religieuses et problèmes monétaires, présente un commun dénominateur, levier de présence, d'intervention et d'ouverture, le phénomène de communication: la route. Mise en veilleuse de certains itinéraires, valorisation d'autres circuits en fonction des «isthmes européens», apparition de nouveaux pôles d'activité commerciaux et de motivations originales dans l'art de voyager, ces notions constituent les éléments d'une «géographie routière», – où l'arc alpin joue un rôle fondamental – telle que la présente la *Carta Itineraria Europae* dédiée à Charles Quint et dessinée par Martin Waldseemüller. De son côté, juriste, secrétaire de la ville (*Stadtschreiber*), Sébastien Brant (1457-1521), dressait, en fonction de Strasbourg, une carte des itinéraires européens (1506-1543), première esquisse d'une unité européenne, avec indication des distances entre les localités, fragment publié en 1543 d'une *Chronique d'Allemagne* non réalisée (Philippe Dollinger).

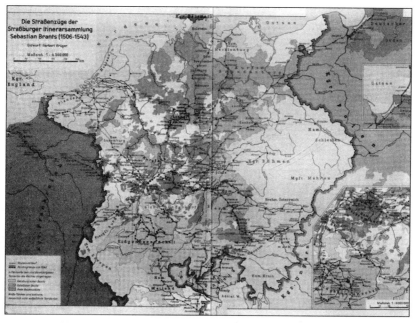

5. Les itinéraires de S. Brant

Chapitre I
Une Europe du mouvement, quelques témoignages

Au sein des phénomènes de circulation, se retrouve la trace de la transformation la plus profonde, celle de «l'homme de la Renaissance». Elle a touché la conscience individuelle et exprime, au cours des déplacements, le sens de l'observation, l'esprit critique, la curiosité et le goût de la découverte, en même temps qu'une appréciation aiguisée de l'environnement et des problèmes de société[1]. La route est la même. L'homme a changé, parfois à son insu.

Le XVIe siècle n'est pas resté indifférent au spectacle du monde. Profitant des trésors d'érudition dévoilés, se profile alors une notion plus concrète de l'Europe. S'esquissent des interrogations au sujet de l'existence ou non d'une «conscience européenne» (colloque ENS, 1982). Juste Lipse précise l'héritage intellectuel de la *Respublica Litteraria* (J. Jehasse), Richard Rowlands dédie au «prince des marchands anglais», sir Thomas Gresham, fondateur de la Bourse de Londres, sa traduction de l'allemand en anglais d'un guide de l'Europe: «*La Poste du Monde*, où sont contenues les antiquités et les origines des cités les plus fameuses d'Europe. Avec leur négoce et leur commerce. Leurs routes et leurs mesures en milles de pays en pays.» (M.-T. Jones-Davies.) À la recherche des éléments d'unité, d'aucuns affirment que l'Europe tient des Gaulois son unité de peuplement et de civilisation; les valeurs gauloises seraient des valeurs européennes. Pour beaucoup cependant, il n'y a pas d'unité européenne: face à la diversité, seule resterait une place pour l'équilibre européen (A. Jouanna): la possession des routes par certains garantirait la paix. Bodin pense que la «théorie des climats» jouerait «en faveur de la France pour affirmer le rôle d'arbitre ou de médiateur international» (F. Lestringant). Se multiplient chroniques et journaux de nature autobiographique, histoires de soi sans doute, victimes de «l'illusion biographique» (P. Bourdieu), mais également reconstruction et histoire de l'espace vécu, ou parcouru, qu'il soit urbain ou rural, qu'il s'agisse du *Journal de voyage aux Pays-Bas* de Dürer ou, en tant «que petite et grande histoire, quelques journaux intimes, livres de raison ou journaux de voyages» étudiés par J.-C. Margolin. Montaigne, perpétuel quêteur, témoigne de cette diversité. Charles Quint, taciturne et inquiet, laboure du nord au sud l'espace européen. Les évocations précises du Midi de la France (dont Montpellier), dans les années (1552-1559 et 1595-1599), de deux étudiants bâlois, les frères Platter, Félix et Thomas, ont été commentés par E. Le Roy-Ladurie. Beaucoup d'autres pourraient s'y ajouter, tel ce Lucas Rem, facteur des Welser à Anvers, en 1511, qui doit se rendre régulièrement aux foires de Berg et de Middelbourg, parfois à Bruges, souvent à la cour: ses livres de compte constituent une mine de renseignements (P. Jeannin). Plus que jamais, outil technique et juridique, à l'heure où la poste va réduire les distances, où les communications prennent leur essor, la route apparaît dans son double rôle: découverte du Monde et révélateur des mentalités.

1. L'Europe de Montaigne[2]

Pourquoi Montaigne voyage-t-il? Ce n'est pas chez lui simple curiosité de voir l'Allemagne et l'Italie qui lui fait entreprendre cette «promenade» de dix-sept mois, mais l'intérêt de sa santé. Valétudinaire, tenu par la médecine, il est partisan de l'usage des eaux minérales, en bain, en douche, en boisson. Il a «vu» les plus célèbres eaux de France, il veut «voir» celles de Lorraine, de Suisse et de Toscane. Les essayer toutes, telle est l'envie qui dirige ses mouvements. Bade en Forêt-Noire et Plombières dans les Vosges, se souviennent de ses visites. Envie qui se double d'une recherche du plaisir de voir et de se raconter dans le *Journal de voyage en Italie, par la Suisse et par l'Allemagne (1580-1581)*.

Montaigne quitte le 23 juin 1580 son château près de Bordeaux, passe par La Fère où il présente les *Essais* à Henri III, traverse Châlons, Épinal, Mulhouse, Bâle, Constance, Lindau, arrive à Munich, prend la route du Mittenwald, où «il s'engouffra tout à faict dans le vantre des Alpes», pénètre dans le Tyrol le 23 octobre, suit la vallée de l'Inn, arrive à Innsbruck, descend à l'hôtel Zur Goldenen Rose, «très bon logis, on nous y servit des assiettes d'étain», se rend à Hall d'où l'on tirait le sel nécessaire à la consommation de toute l'Allemagne.

Il suit la vallée vers le col du Brenner, «passant plusieurs ruisseaux et torrents», descend en Italie, où cessent les monts escarpés et les ravins profonds, «les montaignes d'autour s'étendent si mollement qu'elles se laissent testonner et peigner jusques aux oreilles». De Bolzano, il part pour Trente, Vérone, Vicence, Padoue, Venise, Ferrare, Bologne, Sienne. Il est à Rome le 30 novembre. Alors à la pointe de la «civilisation», l'Italie offre un double intérêt: couverte de ruines et de débris de l'Antiquité, elle est, depuis des siècles, la patrie des arts, enrichie des travaux de Palladio, de Vignole, de Michel-Ange, de Raphaël, de Jules Romain. Pèlerinages de la beauté conjoint aux pèlerinages du sacré. Ce qui frappe Montaigne, ce sont les anciens monuments. Il y recherche le génie de Rome qu'il a déjà perçu dans des récits qui lui sont familiers, ceux de Plutarque.

Le voyage est une recherche, une confirmation, parfois une confrontation entre un «imaginaire rêvé» et l'«imaginaire vécu». Dans ce domaine, compte la préparation préalable. Avec des cartes et des livres, Montaigne a étudié la Ville. Ce qui le touche dans les cités qu'il traverse, ce sont les «beautés anciennes». Les variétés locales, les arbres, les plantes, les animaux l'occupent fort peu. Il est curieux des machines hydrauliques et des inventions utiles: s'y ajoutent les mœurs et les usages des peuples, des contrées, des conditions; il veut voir quelques courtisanes à Rome, à Florence, à Venise. Il aime le commerce des femmes, pierre de touche d'une civilisation. À Innsbruck, il a rendu visite aux deux enfants de l'archiduc Ferdinand, petit-fils de l'empereur Maximilien, et de Philippine Welser, issue d'une famille de marchands d'Augsbourg: le cardinal André d'Autriche et son cadet le marquis de Burgau. Il est frappé par le cérémonial du repas, «le service des viandes à nostre mode».

Les qualités qu'il recommande au voyageur? Modération et ouverture. Sobre et peu sensible aux plaisirs de la table, il s'accommode de ce qu'il trouve et se conforme aux usages des lieux qu'il traverse, tel celui des poêles allemands opposés aux cheminées à la Française: d'un côté, une chaleur croupie et «la senteur de cette matière réchauffée de quoi ils sont composés; de l'autre une chaleur égale, constante et universelle, sans lueur, sans fumée, sans le vent que l'ouverture de nos cheminées nous apporte». Joue également l'absence de préméditation, «n'ayant nul projet que de se promener dans des lieux inconnus». Ses regrets à son entrée en Allemagne? «De n'avoir pas amené de France un cuisinier, non pour se faire apprêter à manger, mais pour qu'il apprît la cuisine suisse, allemande, italienne; de n'avoir pas pris pour l'accompagner quelque gentilhomme du pays; de ne s'être pas pourvu d'itinéraires et de livres qui lui eussent indiqué les lieux et les choses à voir de chaque lieu et n'avoir pas un Munster (Sébastien) ou quelqu'autre dans ses coffres.»

Peu de choses sur l'état des routes, mis à part les constatations ordinaires sur le mauvais état des chemins, le contraste des sommets et des vallées profondes. La représentation du voyage croise sans cesse, dans les *Essais*, celle de la nature. La «Chrétienté» (mot que Montaigne emploie à l'exclusion d'Europe et d'Européens) désigne le monde où le voyageur demeure en terre de connaissance. Autant idéologiques que géographiques, les frontières sont constituées par la présence lointaine du Turc qui marque la limite. La Moscovie est «parmi nous»: elle est l'objet de la menace turque et mérite notre attention.

L'unité c'est également Rome, «image de l'Empire», «seule ville commune et universelle». Montaigne voyage en troupe, accompagné de quatre amis et de leurs serviteurs. Il se plaît à rencontrer, à chaque étape, autorités ecclésiastiques et savants de renom (Claude Blum). Sur le mode de locomotion, il est catégorique: «Je ne puis souffrir longtemps ny coche, ny litière, ny bateau et hay toute autre voiture que de cheval, et à la ville, et aux champs. Je ne puis souffrir la litière moins qu'un coche et encore moins le bateau […] Je me tiens debout tout le long du jour et ne m'ennuye point à me promener mais, sur le pavé, depuis mon premier âge, je n'ay aimé aller qu'à cheval; à pied je me crotte jusqu'aux fesses.» Laissons cheminer l'auteur des *Essais*, nous le retrouverons plus tard, dès son arrivée en Italie.

2. Un grand voyageur, Charles Quint[3]

«Qui terre a, guerre a». Le dicton se vérifie pour l'empereur Charles Quint (1500-1558). Le caractère «éclaté» de son empire l'entraîne à des voyages perpétuels, contournant la France pour se rendre d'Espagne, en Italie, aux Pays-Bas, ou dans l'empire, empruntant la voie de mer, peu sûre, Atlantique ou Méditerranée, ou, dans certaines occasions, la voie de terre. Certains de ces déplacements ont été publiés, notamment dans la collection des «Voyages des souverains des Pays-Bas»: le tome II, édité par P. Gachard, contient les itinéraires de 1503 à 1531 et le journal de Jean de Vandenesse; le tome III donne la première édition du récit du premier voyage de Charles Quint en Espagne, par Laurent Vital (fils de Jean Vital, serviteur de la maison de Bourgogne). L'Espagnol Manuel de Foronda y Aguilera, dans *Estancias y Viajes del Emperador Carlos V* (Madrid, 1914) a donné une chronologie très détaillée du règne, permettant «de reconstituer avec précision les pérégrinations impériales et de retracer ses itinéraires» (P. Chaunu, 2000). Il en va de même pour le voyage qui, de Madrid, en 1539-1540, par Bayonne, Bordeaux, Loches et Paris, mène l'empereur jusqu'à Cambrai, première ville des Pays-Bas.

A joué, en face des révoltes populaires, la solidarité monarchique entre François Ier et son beau-frère. Voyage symbole, plus sûr que l'équipée maritime, seul moyen de vaincre la distance reliant l'Espagne aux Pays-Bas. Le voyage? Une affaire d'État, affaire technique également. En 1555, l'empereur se rendant de Bruxelles à Malines, l'administration envoie à l'avance des chevaucheurs de l'armée, «ouvrir les champs, chercher les lieux convenables (pour stationner) et couper les arbres pour en faire des ponts, afin que S.M. pût passer facilement» (Fleurange). Déplacement d'un monde en principe sédentaire, mais lié à la personne de l'empereur, comme l'était la cour qui accompagne le roi de France à Fontainebleau, Chambord et les châteaux de la Loire: tout comme le Valois, le Habsbourg connaît «le nomadisme curial et administratif».

Le premier caractère de ces déplacements? L'amplitude. Charles Quint a passé «en route» le quart de son existence, combinant terre et mer. Les difficultés sont aiguës. Les conditions atmosphériques et de circulation sont déterminantes pour la durée, la fatigue et l'efficacité. Second caractère: l'importance des conditions techniques et politiques. L'empereur n'est pas seul: une suite nombreuse l'accompagne. Sa «chapelle» avec son aumônier, ses conseillers et ses secrétaires, l'hôtel constitué de ses services domestiques et dirigé par un grand chambellan qui a la haute main sur l'office de chambre et l'office de bouche. L'accompagnent ses «meubles», des tapisseries, des sièges et des lits. Suivent chevaux, litières et chariots dont la responsabilité incombe au grand écuyer, assisté de pages, de valets d'écurie, de palefreniers, de maréchaux-ferrants. Les troupes

marchent à pied. Les «entrées» se suivent. L'escorte avant-coureuse prépare logement, repas et accueil. D'où la lenteur de l'ensemble, sensible aux conditions
climatiques, passant à pas mesurés des pays du vin à ceux de la bière. En tout,
neuf voyages en Allemagne, six en Espagne, sept en Italie, dix aux Pays-Bas,
quatre en France, tant en paix qu'en guerre, deux en Angleterre, deux en
Afrique, en tout quarante voyages, tel est le bilan. En août 1529, est prévu une
réunion de diplomates: à la paix de Cambrai, paix des Dames, sont reprises les
stipulations du traité de Madrid, sauf pour la Bourgogne qui reste à la France.
Charles Quint se fait couronner à Bologne par le pape, autre type de voyage,
reproduit par les estampes de l'époque, le «voyage triomphal», qui participe à la
«sacralisation de la route». Jamais n'est absent le caractère militaire.

Une expédition: le voyage entre Strasbourg et Metz (1552)

Deux expéditions concurrentes sont à relever: l'une de Henri II, l'autre
de l'empereur. Un but commun: Metz. «Ami et allié de l'Empire germanique»,
Henri II vient au secours de ses alliés protestants. Le 10 mars 1552,
Montmorency, connétable, franchit les défilés de l'Argonne. Toul est occupé le
12 avril, le lundi de Pâques 1552; le 18, le roi de France fait son entrée dans
Metz, «axe vital des communications impériales», de là il traverse les Vosges
pour entrer en Alsace et paraît devant Strasbourg. La défection du Maurice de
Saxe l'empêche de franchir le Rhin. C'est la fin du «voyage d'Allemagne ou
d'Austrasie». L'armée est licenciée le 24 juillet. La riposte n'a pas tardé. Malgré
les avis de Marie de Hongrie, l'empereur veut reprendre Metz, défendue par
François de Guise. De Ratisbonne à Metz, par Strasbourg, ce voyage, dans une
saison avancée, apparaît typique du déplacement militaire et politique, mal pré-
paré. L'armée suit l'empereur qui ne peut coucher dans Strasbourg, jalouse de
ses privilèges. Il reçoit les cadeaux du magistrat qui n'a pas prêté serment. Brisé
devant Metz par le froid et acculé par la détermination de François de Guise,
l'empereur lève le siège dès les premiers jours de janvier 1553 (G. Zeller). Le 13,
il est à Thionville; le 5 février, trahi par la route et le gel, il est à Bruxelles.

Tentative de prise de possession d'un espace gouverné par l'armée, cette
expédition rappelle que la guerre a été en Europe le lot constant dévolu à la
route, telles ces expéditions contre les Maures de Grenade, en Allemagne contre
la ligue de Smalkalde, ou sur les champs de bataille en Italie. Elle en rappelle les
servitudes. La guerre est affaire de ravitaillement, de communication, de nouvelles, d'argent et de chemins. La surprise fait son effet mais courts sont les trajets
journaliers. Les armes nouvelles sont à la fois pesantes et malaisées à faire suivre.
L'artillerie est lourde à manier. La saison l'emporte, de même le ravitaillement.
Beaucoup l'oublieront. La route en subit les caprices.

3. Les frères Platter, de Bâle à Montpellier[4]

Les frères Platter, Félix et Thomas II, et leur père, Thomas Ier Platter, instituteur et gardien de chèvres qui rédigea lui aussi un journal, sont les auteurs d'un groupe de textes. Premier élément, l'*Autobiographie de Thomas Platter I (vers 1499-1582)* d'abord. Thomas Ier raconte à son cher Félix l'ascension sociale qui a fait de lui, misérable pâtre, un bourgeois, maître d'école et propriétaire à Bâle. Récit des aventures «routières» entre le Valais, Zurich, Porrentruy, Bâle, à travers les chemins boueux, les auberges sordides, les fermes isolées, tout en portant en lui l'amour de l'étude. La route, celle des humbles et des pauvres, apparaît dans sa réalité quotidienne, ses dangers multiples, ses travaux et ses épidémies. Second élément, l'*Autobiographie de Félix Platter (1536-1614)* l'aîné, le seul de ses enfants que la peste n'ait pas enlevé. Félix a fait des études régulières à Montpellier et a pris son doctorat à la toute nouvelle université de Bâle. Il raconte son enfance citadine, puis son séjour à Montpellier, chez un pharmacien marrane. Le troisième élément, *Les Voyages de Thomas II Platter (1574-1628)* en France, en Espagne, Angleterre et Pays-Bas, est l'œuvre du fils cadet (d'un second mariage). Thomas II a étudié également la médecine à Montpellier. L'intérêt marqué pour l'analyse des mentalités a fait redécouvrir ces textes par la recherche contemporaine (étude de E. Le Roy Ladurie, *Le Siècle des Platter*, I, 1499-1628).

Chroniqueurs et non historiens, le père et les deux frères ont noté, dans ces «annales familiales», au cours de leurs voyages, les faits et gestes qui les ont frappés. «Pèlerinage en Valais» en 1563 de l'ancien berger Thomas Ier Platter, devenu directeur d'école secondaire à Bâle, rappel de la descente à Montpellier de Félix, sur un petit roussin (*rösslin*) avec son camarade Thomas Schöpflin, passage à Genève – dont «le cosmopolitisme de la population résidente» les frappe, de même que le nombre des Italiens – comme plus loin, la présence des juifs à Avignon, «habitant la même rue et protégés par le gouvernement papal» (A.-M. Piuz). Arrivée à Lyon, la très grand'ville, d'imprimerie et de soie, dont la population citadine a triplé depuis le règne de Louis XI, – elle atteint cinquante-cinq mille ou soixante mille habitants au milieu du XVIe siècle –, descente du Rhône, l'un en bateau, l'autre à cheval sur la rive, franchissant les gués. Est précisée la durée du voyage de Bâle à Montpellier: vingt et un jours, mais quinze auraient suffi pour parcourir quatre-vingt-quinze milles (soit un peu plus de sept cents kilomètres). Le 30 octobre, visite de celui de Nîmes. À Montpellier, ville de douze mille cinq cents âmes, «où la robe, la basoche, et l'université (surtout médicale) occupent les premières places», l'on est tolérant à l'égard des étudiants «réformés» venus d'Allemagne. Le retour vers Bâle des écoliers, par l'Aquitaine, le Val de Loire, l'Île-de-France, la Bourgogne et la Franche-Comté s'effectue par étapes de cinquante kilomètres par jour, nourries de descriptions érudites et pittoresques. À Paris, l'attend un correspondant de son père, muni de quelque argent à lui destiné. «La communauté germanique de Paris est une ville dans la ville, plus exactement un village, et des plus vivants.» Les routes et les auberges lui sont favorables. Il sera «rendu» à Bâle le 9 mai 1557. Son retour est une fête, fêtes des rues, pour le docteur de Montpellier, qui devient docteur de Bâle.

Bien des textes pourraient suivre, tels ceux que donne Jean Delumeau dans son *Éloge et présentation de l'Italie*. Dürer séjourne à Venise en 1506 et écrit à Pirckheimer: «Ici, je suis un seigneur, chez moi un pauvre hère.» Ou Commynes, le politique, pour lequel, en 1494, Venise avait constitué une révélation. Au moment des guerres d'Italie, Naples apparaît à Charles VIII et à son entourage comme un «paradis terrestre». Il en va de même dans le domaine intellectuel. Les relations sont nombreuses entre les trois institutions humanistes, les collèges trilingues d'Alcala, de Louvain, de Paris où a été fondé le Collège royal, futur Collège de France. De ces témoignages, une idée ressort quant à la route, celle de «révélation» de l'«autre», personnage, ville ou paysage, dans cette «quête des approches de l'intimité» (P. Braustein, cité par P. Monnet, *AHSS*, 2001, 3), du dépaysement et de la connaissance d'un «second soi-même», d'une solitude à nouveau peuplée. Ce n'est plus le même homme qui hante la route, à l'aller ou au retour. Aspect psychologique, important sans doute, mais qui ne doit pas dissimuler les aspects encore traditionnels de l'économie et des transports. En témoigne la vie des petites villes maintenues face aux grosses agglomérations qui se profilent; leur vie et leur maintien sont liés à l'arithmétique des distances, à la moyenne des vitesses routières, aux délais de transport. «Ne modernisons pas, dit F. Braudel, un siècle encore mal armé au point de vue technique et qui, on l'a vu, a plus recours encore aux services de la bête de somme qu'à ceux de la voiture.» La victoire du mulet n'est pas contestable surtout dans les pays méditerranéens, «muletz, bestes plus puissantes, écrit Rabelais, plus durables au labeur que les autres». Mulet qui s'apprête à conquérir, pour l'homme, l'espace de l'Amérique latine.

Chapitre II
Les grands axes de la circulation: les isthmes européens

Les voyages de différents types où le maire de Bordeaux étudie le genre humain, où l'étudiant communie avec la nature, où le militaire l'emporte sur le diplomate, empruntent les voies internationales et, en fonction des données physiques et des mutations économiques, assurent, à celles-ci, leur continuité.

Les nouvelles polarisations[5]

Au XVIe siècle, une «révolution» s'est accomplie avec les grandes découvertes, l'appel des routes maritimes, celles de la façade atlantique, celles de
l'Espagne et du Portugal, centres de redistribution. Un nouvel équilibre se profile entre routes maritimes et routes continentales. La route terrestre est refoulée,
pour un temps, au profit de la route maritime. Les épices quittent Venise pour
affluer à Lisbonne et à Anvers dont la domination s'installe. La circulation par
les cols centraux aurait enregistré alors une profonde dépression. Remarque
exacte mais qu'il convient de nuancer. Depuis les travaux de Fernand Braudel,
on sait que le commerce méditerranéen, après avoir subi le contre-coup des
voyages portugais, se redressa vers 1550 et jusque vers 1630. La situation de
déséquilibre serait compensée par l'essor du trafic. La Méditerranée reste une
mer commerciale. La population italienne augmente, un essor industriel se développe, la banque génoise fait la loi en Europe sous Philippe II et Philippe III.
Livourne connaît après 1580 une remarquable prospérité de même que Rome,
maîtresse du renouveau tridentin.

Routes terrestres et routes maritimes, complémentaires le plus souvent,
connaissent diverses fluctuations en fonction des polarisations nouvelles: villes,
foires, universités… Le mouvement ne cesse pas et semble universel.
«Individualisme, concurrence, publicité, tout cela prend un visage à Gênes et
un autre à Londres, un sens à Florence et un autre à Lubeck» a noté Jean
Favier. Multiplication, sur les routes, des voyageurs, militaires, étudiants et
humanistes chevronnés, prédicateurs de toute obédience, s'orientant vers Rome
ou vers Genève, et, avant tout, essor du commerce. Le marchand «aux pieds
poudreux» (qui accompagnait sa marchandise) cheminant au XIIe siècle, au pas
de sa mule, se transforme au moment de la Renaissance. Avec l'essor urbain, il
participe à l'apparition d'un homme nouveau, l'homme d'affaires et d'une
forme nouvelle, le capitalisme commercial, dopé par l'essor démographique et
la montée des prix, au sein de la bourgeoisie marchande. Les routes suivent.
Profitant des quelques inventions liées à la traction et à l'aménagement routier,
se développe, en nombre, en masse et en volume, la circulation terrestre ou fluviale à l'échelle du continent. La politique intervient, la route de Genève est
délaissée pour celle de Lyon, mais, malgré l'attrait atlantique, est maintenu le
circuit rhénan et alpin.

Depuis l'effondrement de l'unité chrétienne, la rupture s'affirme. La carte
scolaire de l'Europe a été modifiée. En dehors des collèges et universités médiévaux, parfois confisqués par les Jésuites, les protestants fréquentent soit des collèges, soit des académies qui dispensent les trois niveaux d'enseignement. La
concurrence entre réformés ou luthériens et catholiques fait décider du lieu

d'implantation. Genève est devenue une capitale pour les pasteurs et les théologiens. Il existe des routes catholiques et des routes protestantes, des routes espagnoles et des routes françaises. Se précise, analysé par Geoffrey Parker, le chemin de ronde de Milan à Bruxelles, révélateur de la puissance espagnole. À la même époque, les guerres civiles désolent la France, guerres de partisans et aussi de mercenaires, de type idéologique livrées plus aux manœuvres militaires, au surcroit habiles, de l'amiral de Coligny, qu'aux transports commerciaux. Mais la reconstruction suit de près la destruction, et parfois l'accompagne, à quelques jours près. Une étude précise serait à conduire dans les différentes régions.

En Europe, les temps sont accomplis. La révolte des Pays-Bas contre l'Espagne va entraîner la ruine d'Anvers. La chute de la cité de l'Escaut en 1570, clef du commerce international, sera suivie au XVIIᵉ siècle de l'essor des Provinces-Unies, de la montée d'Amsterdam et d'un mouvement de déplacement de la circulation vers l'est et les ports de la Baltique Au milieu du XVIIᵉ siècle, dans le sillage de l'économie capitaliste, s'affirmeront les nations de l'Atlantique. En 1651 Olivier Cromwell lancera l'Acte de Navigation: il n'est pas sans influence sur l'orientation des routes, qu'elles soient terrestres ou maritimes, en Angleterre comme sur le continent.

Les isthmes européens[6]

L'analyse des isthmes européens (F. Braudel et R. Raynal) rend compte des vicissitudes des routes qui, alors, définissent l'Europe marchande et culturelle. Peu de transformations véritables de structures, nous l'avons vu, mais une intensification ou un retrait du trafic. Se profilent des moyens de transport plus efficaces. Se développe une activité politique et culturelle qui annonce les temps modernes. Seront étudiés tour à tour: l'isthme français à deux voies, rhodanienne et aquitaine, l'isthme central ou isthme allemand, autrichien et suisse, l'isthme polono-ukrainien, le plus fragile, l'isthme russe, à la fois axe nord-sud entre la mer Noire et les mers du Nord et ouverture vers l'Asie, encore peu pénétrée par les influences occidentales.

1. L'isthme français et son développement[7]

Jean Jacquart a analysé les limites apportées à l'établissement de l'autorité monarchique et d'abord, «par la distance, en si vaste pays» (*François Iᵉʳ*, 1981). Les responsabilités gouvernementales concernant la vie de relations et la circulation routière et fluviale sont assumées par l'administration (communale ou royale) et le service postal. L'arrêt du 28 juillet 1500 ordonne au prévôt de Paris «de surveiller, avec ses lieutenants et quinze examinateurs du Châtelet, l'entretien des routes et de faire nettoyer les rues dans tout Paris». Les lettres patentes du 20 octobre 1508 ordonnent aux trésoriers de France «de voir, de faire voir et visiter tous chemins, chaussées, ponts, ports et passages du Royaume, et informer et enquérir de l'état en quoi ils sont», prise de position de la monarchie (dont il resterait à vérifier l'exécution). Les réparations sont entreprises, autour des capitales, Paris et Orléans. Plus tard des ormes seront plantés (en vue de l'artillerie). L'organisation de la poste royale par Louis XI avec son réseau de relais, son personnel «de chevaucheurs de l'écurie du roi», est en net progrès mais reste limitée par les capacités de résistance des hommes et des bêtes. Arrivés à destination, les ordres royaux sont enregistrés, publiés, diffusés.

À l'époque des grandes ordonnances de la monarchie des Valois, est introduit le système des enquêtes administratives, telle celle de 1573 sur les offices (J. Nagle). Nicolas de Nicolaï reçoit par deux fois (1567 et 1570) commission royale pour décrire «en général et en particulier» le royaume de France. Chargé de cartographier chaque région, il perfectionne son programme, y incluant la description de la situation, des limites, de l'origine des peuples, des fleuves, des forêts et leurs officiers… les paroisses avec le nombre des feux. Sont ainsi décrits le Berry, le Bourbonnais et le Lyonnais. L'esprit d'enquête se retrouve dans l'œuvre sérieuse et document de Froumenteau mais les statistiques s'arrêtent à 1578. Les généraux des Finances utilisent ces données. Les généraux alternatifs, créés en 1570, doivent «faire chevauchées», «surveiller les prévôts des maréchaux». L'édit de janvier 1583 ordonne aux officiers des Eaux et forêts et des Ponts et chaussées de vérifier l'état des routes et des chemins. Plus tard, les trésoriers de France recevront cette mission. Mais qui peut dire: mission accomplie, compte tenu des guerres continuelles, des velléités politiques, telle la création de la République protestante de Montauban (1573)? L'arsenal juridique est en place.

Les traditions et privilèges de chaque province sont autant d'obstacles. Les routes rentrent dans le domaine public. Mais quelles routes? Une classification s'impose, des choix sont nécessaires. De même pour les fleuves. L'ouverture des canaux, comme on le verra dans le cas breton, nécessite négociations et attente. Les mesures se succèdent, nombreuses au début du XVIIe siècle. En 1607 sera créée la charge de Grand voyer. En 1605 a été procédé à l'adjudication des travaux de pavage à Paris, deux sols par toise superficielle; en 1629, est notée l'existence d'un inspecteur des travaux et de cents paveurs; en 1631, Étienne Picard est adjudicataire du pavé de Paris pour la somme de cent quarante mille deux cents livres. En 1660-1661, avec le retour de la sécurité et la venue de Colbert, l'administration va se renforcer: en août 1669, l'ordonnance des Eaux et forêts prescrit le pavage des grandes routes et la remise à neuf des rues de Paris. Les intendants sont mis en place. Une nouvelle période va commencer.

Les grands itinéraires

Peu de changements sont à noter dans la géographie de l'ensemble dont la *Guide des chemins de France* de Charles Estienne dresse une synthèse, au milieu du XVIe siècle. L'esprit a changé: s'esquisse la centralisation future et se précise la notion de «grands itinéraires», empruntés d'un bout à l'autre, fait qui était rare à l'époque féodale. Le compas est ouvert. Paris en est la pointe, l'Italie et l'Espagne les extrémités. L'artère maîtresse reste la voie de Paris à Marseille par Lyon et antenne sur Rouen où se construit Le Havre. L'occupation de la Provence en 1486 a donné à la France une façade méditerranéenne. Sur cette voie se greffent des voies parallèles, complémentaires ou rayonnantes. Subsiste toujours la voie de Paris à Clermont-Ferrand, mais le tronc essentiel devient le Rhône et sa vallée, trait d'union entre l'Océan et l'Italie génoise ou florentine, alors en pleine ascension. La route muletière suit la rive gauche; déplacée vers l'est, une autre voie, par Carpentras, gagne Aix. S'enfonçant dans les Alpes, une voie gagne le col de la Croix Haute, frontière climatique, et, par Sisteron, rejoint Marseille. D'autres routes arrivent à Marseille ou à Aigues-Mortes, d'où se développe un éventail de voies maritimes vers Gênes, l'Orient, l'Afrique du Nord, et surtout la Catalogne et l'Espagne. Se retrouvent, dans le cycle Gênois, marchands d'Allemagne, de Genève, de Lyon et de Savoie. Dès Pont-Saint-Esprit, la voie d'Espagne bifurque pour gagner le Languedoc par Nîmes, Montpellier jusqu'à Toulouse et, de là, à Bordeaux, reprenant la route romaine.

Autre voie «impériale»: la route «atlantique d'Espagne»[8]. La reprise des relations avec Bordeaux a suivi l'expulsion définitive des Anglais hors de la Gascogne en 1453. Le parlement de Bourges, installé à Poitiers de 1418 à 1436, avait été en relations constantes avec le roi et toutes les parties du royaume par l'intervention d'huissiers, de sergents royaux, de chevaucheurs, de messagers à pied ou de moines mendiants. La paix revenue, «après la guerre de Cent Ans, la situation change, non pas brutalement mais radicalement» (R. Favreau). Depuis l'établissement du service des postes par Louis XI, le grand axe nord – sud-ouest a été une «route de poste», dans sa partie médiane, entre Tours et Bordeaux, dès 1480, de même que la route de Lyon. Toutes les sept lieues environ, existaient des relais, Tours, Port-de-Piles, Châtellerault, Poitiers, nantis de chevaux frais et de chevaucheurs disponibles. La vitesse du cheval au galop sera immuable jusqu'au rail. Est à relever une incidence d'ordre international: par le mariage de l'archiduc Philippe le Beau, prince des Flandres, avec Jeanne la Folle, fille de Ferdinand et d'Isabelle la Catholique, les destinées des Pays-Bas étaient liées à celles d'Espagne. Pendant un certain temps, les «postes» de l'archiduc furent autorisées «à relayer, nuit et jour, dans le royaume de France pour unir Flandres et Espagne». En 1501, les portes d'une ville comme Poitiers s'ouvraient, de jour comme de nuit, lorsque postes et coureurs de l'archiduc les sonnaient. Cette «amabilité» ne dura pas. Se renforcèrent les postes royales sur la route royale qui menait à Saint-Jacques-de-Compostelle par le col de Roncevaux et non plus celui du Somport. D'autres routes de poste se greffent peu à peu sur l'axe principal, Blois-Nantes par Tours ou Bordeaux-Toulouse.

Les voyages royaux vers l'Espagne frappent l'imaginaire: par la voie aquitaine passent les ambassadeurs ou les «fiancées françaises», telle Eléonore, sœur du roi. Type de voyage officiel, ponctué de relais obligés, d'«entrées» significatives et de découvertes pittoresques. Un test à retenir, le voyage qu'entreprend Catherine de Médicis, «voulant montrer son royaume au jeune Charles IX», bien étudié de nos jours. En 1659, la signature du traité des Pyrénées verra le mariage de Louis XIV avec l'infante Marie-Thérèse (M.-F. Wagner et D. Vaillancourt, *Anthologie des entrées royales dans les villes françaises de province (1615-1660)*, Paris, Champion, 2001), présentant une ville baroque, métamorphosée par l'emblématique des architectures éphémères et la magie d'une présence, celle du monarque.

Les liaisons internes et externes

En dehors de ces déploiements de «magnificence et d'apparat routier et urbain» – la route servante de la Renaissance –, de Lyon ou de Bordeaux à Paris, la capitale aimée de Montaigne, en voie de progression politique et administrative, différents tracés surgissent:

– l'un, par Roanne, utilise la Loire jusqu'à Briare ou Orléans;

– les deux autres rejoignent la capitale après Châlon et la remontée sur la Saône, soit par Dijon et Troyes, soit par Auxerre et Sens;

– le dernier de Bayonne et Bordeaux à Paris, ancien chemin de Saint-Jacques, autre axe de la France du XVIᵉ siècle, braquée vers l'ouest et l'Océan;

– vers le Centre, on enregistre l'usage plus fréquent des voies moins «faciles» que constituent, de part et d'autre, les chemins du Massif Central, en dépit de leur rudesse, surtout par mauvais temps. Josiane Teyssot a étudié les *Voyages et pérégrinations d'Auvergnats pendant la guerre de Cent Ans* (Limoges-Aubazine, 1996);

– vers l'ouest par la «rue» animée que constitue l'artère de la Seine, Paris-Rouen, dont l'importance est accrue par la fondation du Havre, symbole et force du développement maritime et de l'ouverture océanique, au même titre que Nantes et La Rochelle.

Les liaisons externes ne manquent pas:

– vers l'est et l'Italie, de Lyon, plaque tournante, l'Italie gagnée par Grenoble et Chambéry, liées au Mont-Cenis et au pas de Suze, où passera Richelieu au siècle suivant;

– vers l'est et l'Allemagne, les postes doivent épouser en Lorraine, Franche-Comté et Alsace, des postes étrangères. Les sauf-conduits sont nécessaires. L'on rejoint le Rhin à travers le Jura ou les Vosges, peu par la porte de Bourgogne, Besançon et Belfort, davantage par Nancy et la Lorraine, par Metz et par Strasbourg. Bâle, Francfort et les villes d'Allemagne du Sud sont atteintes de Lyon de la même façon, relations nourries des privilèges des foires;

– vers le nord, par Reims et la Champagne, ou Amiens et la Picardie vers Bruxelles, et Gand, capitales des Pays-Bas espagnols; Anvers a eu également sa zone d'attraction.

S'accroît également la fréquentation de l'autre voie nord-sud qui s'ouvre, à partir de la Suisse et de Genève, vers la Savoie, le Dauphiné et la Provence, le long du sillon alpin. Cette bretelle préalpine, demeurée longtemps au second plan, est liée à la conjoncture genevoise et internationale: les marchands allemands demeurent en terre d'Empire le plus longtemps possible, le Dauphiné relevant de l'empereur, la Provence de la Maison d'Anjou. S'inscrit également un avantage fiscal: par rapport à la route rhodanienne, les péages sont moins nombreux. Joue l'attraction de Marseille, «la nouvelle Rome» (X. Emmanuelli): les affrontements de 1588-1591, liés à la dictature de Casaulx, suscitent l'intervention des forces royales.

S'ouvrent également des voies parallèles. La route de Genève connaît diverses vicissitudes. Elle est doublée: d'une part par Annecy, cité active, au trafic intense à l'époque des foires, d'autre part par Chambéry, la capitale des États de Savoie, carrefour des routes du Mont-Cenis et du Dauphiné. Dès 1515, en guerre avec la France, les Gênois y tiennent leurs «foires de change» avant de les transférer à Besançon en 1535. Les deux routes se rejoignent à Montmélian sur l'Isère. Grâce au trafic et au péage, la ville a acquis un grand développement dès 1300, contrôlant le trafic du Mont-Cenis, point de passage des draps de France en Savoie, par les «grandes voitures». Non loin de là, seul pont sur l'Isère, Grenoble joue le rôle de capitale politique et surtout économique d'une vaste région alpine, moins dépendante que Chambéry des centres genevois et lyonnais, trop proches. Ville d'étape, marché régional, c'est une grosse bourgade de dix mille habitants.

L'intérêt des carrefours régionaux

Sur l'artère principale nord-sud, se greffent des carrefours secondaires de distribution, valorisés selon les périodes. À la fin du siècle, trois d'entre eux peuvent être retenus sur l'artère nord-sud: carrefour lorrain, carrefour alsacien, avec double entrée à Strasbourg et dans la porte de Bourgogne, carrefour lyonnais ouvert sur le Sud et les Alpes.

Déjà mis en lumière au Moyen Âge (P. Racine), le carrefour lorrain est à triple détente: échanges à faible rayon d'action avec la province (sel, minerais et textiles), relations unissant les centres urbains avec la création et la montée de Nancy en face de Pont-à-Mousson, transport à longue distance où la foire de Saint-Nicolas-du-Port joue un rôle important (O. Kammerer). Sont mis en vedette, d'une part «le transit lotharingien» et marchandises entre pays éloignés, Pays-Bas, vallée rhodanienne, Franche-Comté ou Suisse, d'autre part, l'importation ou l'exportation de quelques grands produits, les grains et le sel. Sous l'autorité de ses ducs, en particulier de Charles III, la Lorraine, dans l'Europe déchirée des guerres de religion, puissance catholique, dotée d'une capitale religieuse, administrative et militaire, Nancy, jouit d'un prestige européen[9].

Le carrefour strasbourgeois, un peu extérieur, déjà reconnu au Moyen Âge, né du croisement d'axes opéré entre le Rhin et les abaissements de crêtes des Vosges et de la Forêt-Noire, reçoit, avec l'Ill, l'appui d'une région, l'Alsace où se conjuguent produits de la plaine, des coteaux vinicoles et de la montagne boisée. Jouent à plein, aux XVe et XVIe siècles, les avantages «développés» de la cité, le pont, la foire et la banque. Les deux foires, qui ont lieu chaque année, l'une de la Saint-Jean, l'autre la plus ancienne, celle de Noël, nouent leur existence dans le réseau des foires d'alors, du côté français – Paris, Troyes, Lyon –, du côté allemand – Francfort, Nuremberg, Leipzig, Hambourg, Cologne – (F.-J. Fuchs). Combiné avec les possibilités de magasins, d'entrepôts et les droits de péage, le *Stappelrecht* donne les ressources nécessaires à l'activité du magistrat, dont la constitution a été admirée par Érasme, sans connotation économique. Le port fluvial, situé en ville, est dominé par un vaste bâtiment, la Douane. La ville prête des sommes importantes aux nobles protestants, dont Condé, et au roi de Navarre, amoureux de sa «banquière». Forts de la carte des lieux en relations avec la République et des chemins y conduisant dressée par le secrétaire de la ville, Sébastien Brant, les «capitalistes strasbourgeois», Obrecht et Minckel, sont en relations avec le Grand Parti de Lyon[10]. Va arriver également à Strasbourg la Route de France, étudiée d'après les procès-verbaux d'abornement (1661) par J. Barthélemy, passage stratégique établi à travers le duché de Lorraine pour relier l'Alsace à la Champagne par Verdun, Metz, Sarrebourg et Phalsbourg. (*SHAL*, 1967); plus au sud, la porte de Bourgogne, commandée par Belfort et les Habsbourg, ouvre la voie aux influences méditerranéennes (G. Bischoff).

Carrefour lyonnais, où se rencontrent, outre deux fleuves, les voies de l'argent autochtone et de la production américaine. Enserrant l'Ouest français, de Rennes à Bordeaux et à Bayonne, l'argent espagnol revient en France par les migrants du Massif Central, «ces poux qui rongent l'Espagne», aux dires de Quevedo. Rendez-vous de la banque italienne en France, Lyon, ancienne capitale des Gaules, ouvre les chemins de la péninsule italique aux commerçants, artistes, gens de guerre venant de France, armées qui s'y rassemblent au moment des Guerres d'Italie, diplomates qui s'y retrouvent, poètes, hommes et femmes, qui s'y arrêtent[11]. Routes de Besançon et d'Allemagne également, où se rencontrent les commerçants de Haute Allemagne, où vit Cleberger, «le bon allemand». Grâce au soutien de Louis XI, les foires ont détrôné celles de Genève. De 1520 à 1570, siège du «Grand Parti», Lyon est une des capitales commerciales et bancaires de l'Occident. Capitale terrienne, elle s'intègre dans un système d'échanges autant continental que maritime. Les guerres de religion mettront, pour un temps, un terme à cet essor[12].

Du qualitatif au quantitatif: variété et masse des produits échangés

Il est toujours difficile à cette époque de chiffrer des quantités, même en partant des registres de la douane. Dans le couloir rhodanien, Richard Gascon l'a tenté, effectuant la hiérarchie des trafics, tenant compte de la spécialisation des itinéraires. D'abord les routes partant de Lyon pour l'Italie, emportant épices, velours et soies. À la fin du siècle, quatre séries de convois muletiers, correspondant aux quatre foires, assurent l'essentiel de ces échanges. Ils suivent les routes de la Loire: «autant que la Saône et plus que le Rhône, la Loire fut au XVIᵉ siècle, la rivière marchande de Lyon» (R. Gascon). La voie, qui part de Pierre-Scize et conduit à Roanne, une des plus fréquentées du royaume, exporte textiles, draps, serges, chapeaux et acier.

Routes de la Saône ensuite, qui unissent Lyon à la Bourgogne devenue au cours du siècle, sa «mère nourrice». S'affirme le déséquilibre entre navigation montante et navigation descendante. Routes de Paris, puissamment alimentées. Routes qui, par la porte de Saint-Just, pénètrent dans le Massif central. Route du Rhône qui ouvre Genève, les Allemagne et l'Italie par le Valais et les Grisons. Sur les plateaux jurassiens, «la route des Allemands», par Pontarlier, mène à Bâle. Les grands chemins remplissent une double fonction, régionale et internationale. Ils traversent les frontières, les pénètrent et les dépassent (Colloque de Metz, AIE, 1999). La descente vers le sud est assurée, grâce à l'essor de la route de mer Marseille-Livourne, nouvelle preuve, s'il en était besoin, de «la solidarité des itinéraires maritimes et fluviaux». À la remontée, le fleuve transporte deux matières lourdes: le charbon de terre et le sel, à partir du grenier à sel de Beaucaire. À la descente, des blés, des armes et des munitions. Munitions destinées à l'artillerie: «les canons de Marignan». Se multiplient les arquebuses à mèche des Espagnols (Jean Delumeau, «Considérations sur les guerres d'Italie», *L'Italie de Botticelli à Bonaparte*, Paris, Colin, 1974).

Grands itinéraires et carrefours secondaires ressentent directement les effets de la conjoncture monétaire – avec la montée des prix dont rend compte le dialogue Malestroit-Bodin –, l'accélération de la vitesse de circulation des moyens de paiement – «sang nouveau et plus vif qui court en Occident» – et la crise qui, à la fin du siècle, affecte l'économie occidentale. Guy Cabourdin pense qu'après 1560 (c'est peut-être un peu tôt pour la région rhénane), précipitée après 1566 par la chute d'Anvers, s'esquisse une nouvelle géographie des échanges en Europe occidentale, modification des routes et nouvelle hiérarchie des places commerciales plus que déclin prononcé de la masse des produits échangés. Selon Richard Gascon, le fléchissement affecte d'abord le commerce, puis en 1575, la banque de Lyon. À cette date, commence également, mais un peu plus tard, à Strasbourg, l'ère «des grandes faillites» qui va ouvrir, dans l'Empire, la période des spéculations – *Wipper- und Kipperzeit* –, préludes de la guerre de Trente Ans[13].

Les rapports culturels

S'ils occupent la route dans sa quasi-totalité, les rapports commerciaux ne doivent pas dissimuler les progrès de l'imprimerie, ni la diffusion de la culture artistique et littéraire. À l'instar des villes italiennes, la cour de France joue dans ce domaine un rôle décisif.

Dans l'aller et retour des expéditions et des échanges, en fonction des lieux consacrés, Paris et la vallée de la Loire, lieux de prédilection de la cour des Valois, ouvrent l'inventaire les rapports culturels: progrès de la langue française, des études juridiques, montée à Paris des Italiens, de leur goût du luxe, de leur ingéniosité, bancaire et théâtrale, présence des Allemands, de leur théologie et de leurs psaumes. L'histoire des routes de l'isthme français est celle des guerres d'Italie, de la Réforme, de l'humanisme, de la révolution commerciale, de la Renaissance et du baroque. La première Renaissance de 1490 à 1540 voit une circulation sans frontières; des Italiens viennent travailler en France et vice-versa, grâce aux contacts entre les Gonzague ou les Este et les frères Briçonnet, créant une ornementation composite. Si l'émail peint est une création limousine, l'estampe vient surtout du Rhin et de l'Italie (A. Chastel). La Réforme est fille des fleuves, comme de l'imprimerie.

Sur la Loire triomphe la voile et, sur le Rhône, la batellerie. Halage exclusif par le col jusqu'en 1475 sur la totalité du Rhône et ses affluents navigués. Entre l'homme et l'animal s'établit, au péage, «un rapport fiscal»: un couple de quatre chevaux paie une somme égale à celle de douze hommes. «Pourquoi les grandes troupes d'hommes qui halaient (par le col) les convois médiévaux semblent-elles avoir disparu de la batellerie «à longs jours» entre 1470 et 1550, en période d'expansion démographique?» demandait M. Rossiaud au colloque de Rennes (1976). Et de rappeler les contraintes auxquelles étaient soumis les bateliers du Rhône. «Dans les lourds convois, le labeur sur le Rhône n'était pas le fait de vagabonds, de marginaux, mais de paysans endettés, ou chassés temporaire-ment de leur village par la misère.» Une thèse d'État a repris le problème. Le phénomène de communication déborde les cas particuliers et les circuits locaux, il s'inscrit dans les mouvements d'ensemble: de l'émancipation économique à l'expansion rhénane, de la Réforme des Cévennes aux plateaux parisiens, aux séjours de Calvin à Strasbourg et à Genève, au voyage des théologiens wurtem-bergeois vers la France dans l'automne 1561 (*Würtemb. Vierteljh*. N.F. 8, 1899). Dans l'évolution générale des faits culturels et économiques, il retrouve son unité. La sécurité est assurée, mais pour peu de temps, par Henri IV, auquel est associé le nom de Sully. De la France on passe au reste du continent (B. Barbiche, «Henri IV et l'Europe», *Les Bourbons en Europe*, Paris IV, Table ronde, décembre 2000).

2. L'axe nord-sud: l'isthme allemand et les cols alpins

Les éléments de l'isthme allemand concernent cette région qui s'étend au centre de l'Europe, barrée par les Alpes, de la France à la Hongrie et à la Pologne. Elle est comprise entre deux lignes essentielles: l'une de Gênes à Londres, l'autre de Venise à Dantzig, limitée au nord et au sud par des rivages, mer du Nord, Baltique, Méditerranée. L'Angleterre et la Scandinavie s'y asso-cient par mers et flottes interposées. Cette zone d'activité est fondée sur l'omni-potence des transports terrestres dans leur conjonction avec les fleuves, eux aussi de direction nord-sud, le Rhin, l'Elbe et l'Oder. Au XVIe siècle, le déplacement vers l'est de ces rassemblements de peuples et de marchandises que furent les foires, la ruine de certaines places financières, le rôle important joué par les États dans les questions religieuses et politiques, débordent largement les fron-tières de l'Allemagne et définissent des types sociaux, culturels et financiers, liés à l'activité des voies publiques.

La route et le Saint Empire[14]

Se retrouve la distinction fondamentale – qui n'est pas une opposition – entre grands itinéraires et circuits régionaux. Avec la montée des États princiers dans le Saint Empire romain germanique, où se conjuguent pouvoir impérial et pouvoirs des princes, l'un possédant la souveraineté, les autres, la supériorité terri-toriale, la route apparaît comme une personnalité juridique, voire politique, posant des problèmes de structure, techniques et autres, esquissant une nouvelle forme d'administration et d'utilisation pratique.

Une personnalité juridique? En Allemagne les routes ouvertes à la circula-tion sont placées sous la juridiction de l'empereur et assurées de la paix publique, aussi les nomme-t-on *Reichs-* ou *Königsstrassen*, dépendant des droits régaliens. En principe chacun peut les emprunter. La condition? Se soumettre au paiement des différentes taxes ou douanes que l'empereur a permis aux corps locaux de percevoir. Le *Geleitsgeld* ou droit d'escorte, est exigé en contre-partie de la sécurité. Les usagers de la route sont soumis au *Strassenzwang* qui les oblige à suivre certaines routes, de préférence à d'autres. De même pour la navigation, le *Stappelrecht* ou droit forcé, d'escale ou d'entrepôt enjoint aux bateliers de faire halte dans certains ports et d'y exposer leurs marchandises pendant trois jours avant de repartir. Strasbourg, Francfort, Cologne en bénéficient. L'interdiction est faite d'entamer les routes avec les charrues ou de prélever, pour leurs champs, la terre des chemins. À l'inverse, on prévoit, des amendes pour les charretiers empiétant sur les champs ou les prés.

Des problèmes de structure? Trois traits retiennent l'attention: d'abord l'importance des conditions naturelles – nous l'avons rappelée en introduction. Les routes suivent de préférence la ligne des collines où elles trouvent un sol propice au roulage, évitant le fond des vallées marécageuses, surtout dans l'est de l'Allemagne. On appelait ces routes des *Hohe Strassen*, nom que l'on retrouve fréquemment (en France, les corniches?). Il faudra attendre l'invention des écluses à compartiments – les *Kammerschleusen* – pour que les canaux soient établis dans les régions vallonnées.

Second trait: la permanence des techniques qui a frappé les contemporains. Elles restent tributaires de l'acquit médiéval. Malgré l'épanouissement très réel de la pensée technique dans les milieux de l'humanisme et de la Renaissance, on n'assiste à aucun bouleversement d'envergure, mais plutôt à des améliorations, importantes certes pour la commodité du voyageur, mais non comparables à celles des XVIIIe et XIXe siècles. Depuis la découverte, aux siècles précédents, de l'attelage moderne, elles visent à donner à la voiture plus de maniabilité par la mise en œuvre de l'avant-train mobile. S'y ajoute, pour les voitures particulières, le problème de la suspension, encore imparfaitement résolu dans la seconde moitié du XVIe siècle. La découverte du ressort résoudra le problème au XVIIe siècle. Des systèmes efficaces sont essayés pour la protection des roues.

L'importance du charroi croît, mais «l'essor du machinisme», du fait même des orientations des «ingénieurs de la Renaissance», allemands et italiens, profite d'abord à l'art de la guerre. La «révolution de l'artillerie» a exigé des routes susceptibles de transporter canons et munitions, a multiplié le nombre des chevaux nécessaires, a exigé un élargissement des voies, permettant à l'infanterie de progresser et, à la cavalerie, de prendre ses positions et d'assumer le rôle d'éclaireur qui lui revient. Joue également une connaissance plus intime des conditions naturelles, axée sur les problèmes de l'environnement, en fonction des progrès des sciences physiques et mathématiques, pas toujours réalisables sur les plans immédiats et concrets. Par ses intuitions, dans le domaine de la propulsion sur terre, dans l'eau et dans les airs, Léonard de Vinci est un témoignage significatif de cet état d'esprit (B. Gilles).

Troisième trait: l'immobilisme de la construction. On se sert de la terre des fossés latéraux pour former un remblai qui donne une surface plane après égalisation; on y mêle du sable et du gravier qu'on cherche dans la carrière ou la rivière voisine. Dans les endroits marécageux, l'on pave les routes quand on en a les moyens, sinon on essaye de remédier à l'insuffisance de l'infrastructure par des accumulations de pierres et de bois; en général seuls les abords des villes sont pavés. Les constructeurs doivent s'en tenir aux dix-huit ou vingt-quatre pieds de largeur qu'indiquent les règlements des tribunaux. Les problèmes de main d'œuvre sont résolus par le recours à la corvée, phénomène européen sur lequel nous reviendrons. En Hesse, est créé un embryon d'administration spécialisée: les *Wegemeister*, chargés de la surveillance et de l'entretien des routes. Une amélioration radicale semble impossible. Sans tenir compte de la destination primitive des péages – et le phénomène est général – les princes et seigneurs péagers laissent reposer le poids des réparations sur les épaules des communes riveraines, sauf lors de la construction des ponts où le bois est tiré des forêts domaniales.

Une administration? La route relève de la supériorité territoriale et participe au développement du fait administratif, contemporain de l'État de la Renaissance. Ce dernier se dote d'une bureaucratie, de finances, de leviers de puissance, dont fait partie le système de communication. Les princes ont pris le relais des communautés urbaines. Ils tentent de trouver les moyens que réclame une telle entreprise, même si de nombreux projets, tels les canaux, restent sans suite. La construction de canaux est alors peu fréquente, ce n'est qu'en 1669 que la Spree sera reliée à l'Oder par le *Friedrich-Wilhelmskanal*.

Désertes ou fréquentées, ces routes ont un point commun, où se brasse et se presse la population: les auberges. Dans le premier livre des *Colloques*, évoquant les auberges allemandes, Érasme, esquisse une étude «d'hôtellerie comparée» qui pourrait être étendue à l'ensemble de l'Europe occidentale: «Que diriez-vous, si, maintenant, je vous rapportais de quelle manière on reçoit les hôtes dans cette région de l'Italie appelée la Lombardie, en Espagne, en Angleterre, et au pays de Galles? Les Anglais s'en tiennent pour une part aux usages français et, pour l'autre, aux coutumes germaniques, étant donné qu'ils sont un composé de ces deux nations.» (éditions du Pot cassé, t. II, p. 19-32.)

L'hospitalité? Une question d'éducation. Érasme s'en est emparé.

La distance maîtrisée. L'Europe de la poste: les Thurn et Taxis[15]

Le premier grand itinéraire postal est né entre deux cours européennes, Bruxelles, Malines et Innsbruck, Maximilien Ier et ses enfants, Philippe et Marguerite. En 1500, François de Taxis est nommé maître des postes de Maximilien; en 1502, Philippe le Beau, appelé en Espagne, le nomme capitaine et maître de ses postes. Les Thurn et Taxis s'affirmèrent comme poste européenne dans le rôle d'intermédiaire entre les diverses branches de la famille impériale. Leur courrier acheminait également les messages reçus par des financiers, comme les Fugger. À chaque Nouvel An, la maison Tassienne recevait des Fugger d'Augsbourg un don de huit gulden d'or.

«La correspondance est la vie même de toute maison de commerce internationale.» (P. Jeannin.) Les propriétaires de grandes maisons comme les Fugger et les Welser ont des besoins impérieux de service postal, lettres d'affaires courantes, lettres de change, achats et ventes, lettres privées… Ils ouvrent des crédits aux mandataires. Liés à la cour impériale, tout agrandissement, toute conquête territoriale, étaient couverts d'un réseau postal, affermé à la famille des Taxis, sous la forme d'une tenue en fief héréditaire. En 1516, une convention entre Charles Ier, le futur Charles Quint, et François de Taxis (1459-1517), précisait: «Le roi fera en sorte d'obtenir pour lesdits maîtres de poste, des lettres patentes de notre Saint Père le Pape, le roi de France, et, dans la mesure où cela serait nécessaire, des princes et seigneurs à travers les terres desquels leurs courriers doivent passer, et demandera que ces mêmes courriers aient passage libre, à travers les villes fermées, sur les bacs, aux gués et autres endroits.»

Naîtront ainsi, au XVIIe siècle, des conventions multiples avec les pays traversés par les postes d'Empire. Malgré la concurrence d'autres dynasties postales comme les Fischer de Berne, adversaires redoutables, les Gomes de Matta au Portugal, les Guldenlöwe au Danemark, la dynastie des Thurn et Taxis étendit son influence: la Ferme française des postes traita avec elle pour tout ce qui concerne le transit vers les pays allemands, le Danemark, la Pologne et la Russie.

L'arc alpin: barrière, passage ou lieu de vie?[16]

«Quand la Montagne a une histoire», ce joli titre des *Mélanges offerts à François Bergier*, le maître historique des études alpines, rend compte de l'importance des Alpes à travers les siècles: barrière, passages, vie intérieure témoignent d'une complexité et d'une richesse découvertes peu à peu, souvent, par la peine des hommes. Les marchands de Milan, qui, au XIIIe siècle, ont construit la «route révolutionnaire» du Saint-Gothard, utilisaient également les passes du Splügen, de la Maloia, du Septimer, pour rejoindre la haute vallée du Rhin. La Suisse va devenir le boulevard privilégié d'un trafic de type européen. C'est le moment où, note François Bergier, débordant le cadre resserré de ses montagnes, la Confédération s'associe aux États urbains du plateau, contrôlant non seulement la circulation transalpine du Gothard, mais l'ensemble des routes du piémont occidental.

L'ouvrage d'Aloyse Schulte, consacré à la *Grosse Ravensburger Gesellschaft*, déjà ancien mais non remplacé, précise les itinéraires des facteurs et convoyeurs, liés au pôle d'attraction que constitue la zone fortement urbanisée de l'Allemagne du Sud à partir de 1450: Nuremberg, Augsbourg, Ulm, Munich, Francfort, Bâle, Zurich, Innsbruck. Véritable centre de gravité du commerce interalpin, ce pôle urbain anime les relations avec le Nord – où se retrouvent les restes de la Hanse – avec la Pologne et la Russie, et avec le Sud de l'Europe, à travers la chaîne alpine. Dans la seconde moitié du XVe siècle, le rétablissement de la paix en France, l'essor des foires et de la banque de Lyon, le développement des villes d'Allemagne du Sud, celui du port de Marseille, donnent à l'isthme allemand toute sa valeur. Est maintenue également la vitalité des routes de Lorraine, du Rhin et de la Bavière, élément du trafic des Pays-Bas vers l'Italie, à travers le plateau suisse. Le centre des affaires n'est pas à Cologne sur le Rhin, mais plus à l'est. Nuremberg l'emporte sur Augsbourg. La paix revenue (1555), l'Allemagne et l'Europe centrale connaissent un essor industriel considérable dont témoignent la diffusion des toiles de lin en Bohême, en Saxe, en Silésie, essor qui soutient et conforte, à travers les Alpes, le grand trafic de Venise à Hambourg où se fait le joint avec la vie atlantique. «La route alpine de la Renaissance est, au premier chef, un grand fait de civilisation européenne.» (P. Chaunu.)

Fernand Braudel a défini l'originalité profonde des échanges transalpins qui profitent de cette croissance et de la perméabilité des Alpes aux courants culturels et économiques: société latine au sud, société germanique au nord. À partir du XIIe siècle et jusqu'au XVIe siècle, les routes jouent un rôle essentiel à courte et à longue distance; trafic du nord vers le sud, cuivre brut des mines tyroliennes allemandes ou hongroises, quincailleries et articles de métal manufacturé de Nuremberg et d'ailleurs, textiles de qualité courante comme les futaines, les toiles de lin et de chanvre, les laines, du blé, des chevaux, du bétail et des hommes, lansquenets et mercenaires d'Allemagne et de Suisse. Les fondations de colonies allemandes s'installent dans les villes d'Italie du Nord – *Fondaco del Tedeschi* –, aux aboutissements des grands axes: à Milan, sortie du Gothard; Vérone et Venise aboutissent au Brenner. C'est la création, au nord des Alpes, d'une «seconde Italie», celle d'Augsbourg, d'Ulm, de Ravensbourg, de Nuremberg, élargie à Genève, Lyon et Avignon. Symbiose durable établie entre les deux versants, échange à très long terme au travers des Alpes, «élément fondamental dans l'histoire de l'Europe moderne» (F. Bergier).

Face à cette «remontée» du sud, la montagne a représenté, sinon un obstacle, du moins une «invitation»: les Italiens se sont installés au débouché des vallées alpines, dans les premières villes importantes où descendent les routes des cols, villes dont la double chaîne de toits et de clochers ceint les massifs alpins. Se constitue ainsi, du nord des Alpes au Haut Danube, une frange urbaine entre les deux Europe, celle du Nord et celle du Midi, frange qui apparaît comme la véritable «charnière de l'Europe», bien plus que la «solennelle frontière du Rhin», pour reprendre l'expression de Mme de Staël.

Un trait important est à relever: la concurrence entre elles des passes alpines. Toutes peuvent être utilisées mais l'intensité de la circulation varie avec les circonstances. Les décisions politiques ou fiscales des bourgeois des villes ou des États, quelquefois lointaines, modifient parfois les itinéraires. Quand, en 1454, Lyon obtient de Louis XI l'autorisation de recevoir directement le poivre et les épices, la route du Rhône et le port d'Aigues-Mortes déclinent au bénéfice du Montgenèvre, du Mont-Cenis, du Petit et du Grand-Saint-Bernard. En 1603, Venise, toujours vigilante, conclut une alliance avec les Grisons: la route est achevée de Morbegno à Chiavenna; une partie du trafic en direction du Milanais va y passer. Route des Grisons essentielle pour la monarchie française. À l'aube de la guerre de Trente Ans, l'histoire de la Valteline et de l'intervention du duc de Rohan, confirme ces dispositions (Y.-M. Bercé). Bien avant Richelieu, le duc avait compris l'importance des cols alpins, du point de vue militaire, pour éviter la jonction des forces espagnoles du Milanais et des Pays-Bas espagnols.

Deux aspects peuvent être distingués suivant l'orientation, l'un à l'ouest autour du Saint-Gothard, point central, l'autre à l'est qui comprend, autour du Brenner, des zones plus aisées à franchir. Saint-Gothard et Brenner répondent chacun à leur situation, Alpes occidentales et Alpes orientales.

Les Alpes occidentales: spécialisation et échanges actifs[17]

Le premier col, le Saint-Gothard, profite de sa situation centrale. Le massif de l'Aar et du Saint-Gothard n'est pas seulement une entité géologique, bloc de gneiss et de schistes cristallins aux plis serrés, dont l'obstacle a joué un rôle essentiel dans les charriages ultérieurs. Il s'agit également d'une entité géographique: nœud orographique où se rejoignent les crêtes de plus de trois mille mètres, échancrées par des cols nombreux; nœud hydrographique d'où les eaux ruissellent comme d'une fontaine dans différents sens: le Rhône vers l'ouest, l'Aar et la Reuss vers le nord, le Rhin vers l'est, le Tessin et la Maggia vers le sud. Altitude considérable et action intense de l'érosion: vers le sud, les vallées qui descendent vers les lacs Majeur et de Côme ont fait reculer la ligne de partage vers le nord en poussant leurs têtes vers le sillon central. Ces vallées profondes, qui font pénétrer la nature méridionale à travers les Alpes, commandent un large éventail de passages, Simplon, Gothard, Bernadino, Splügen, Maloia, et par là même, les grandes orientations du trafic. Entre 1534-1545, les statistiques des transports d'Anvers en Italie signalent la priorité du Saint-Gothard: il conduit aussi bien vers Milan et Gênes que vers Venise.

6. Itinéraires alpins: cols des Alpes occidentales

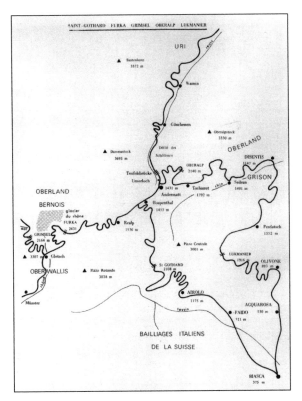

6. a. Saint-Gothard

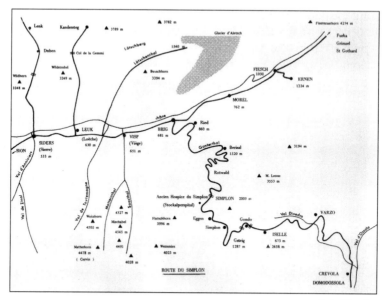

6. b. Simplon

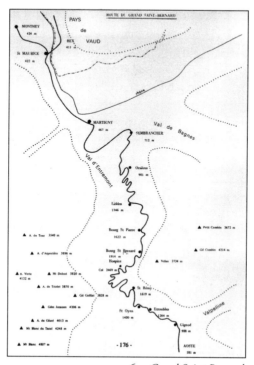

6. c. Grand-Saint-Bernard

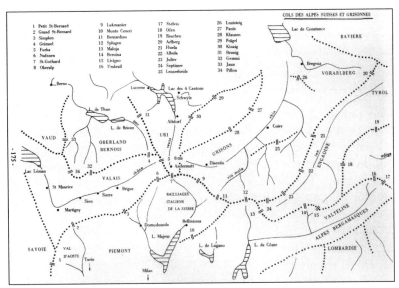

6. d. Alpes suisses et grisonnes

En dehors de cette remontée vers le nord de la vie de la Méditerranée reprise, happée, prolongée par une circulation exceptionnelle, vu les moyens de l'époque, certains traits caractérisent l'activité interne des échanges:

– d'abord, l'apparition de la petite entreprise commerciale qui, dans la seconde moitié du siècle, succède aux firmes internationales, tels les Fugger, les Hochstetter, les Welser, les Affaitati. Suivent les entreprises aux proportions plus modestes, mais actives, aux Pays-Bas et en Italie;

– puis la dissociation des firmes et leur spécialisation: les unes travaillent à la commission, d'autres se spécialisent dans le transport. F. Braudel cite à Anvers et à Hambourg des firmes de transporteurs, celles de Lederer, des Cleinhaus, des Annoni, souvent d'origine alpestre. De même à Lyon et à Venise. Les *cenduttori* (transporteurs) utilisent les services de *spazzadori* qui convoient les charges sur les voitures appropriées, barques, animaux de bât ou de trait, d'auberge en auberge, prévoyant les relais nécessaires;

– enfin l'existence des «compagnies» internationales, étrangères au pays ou issues des pays alpins eux-mêmes. Leurs transports portent sur de longues distances, sur des marchandises de prix, cuivre, argent, quincaillerie, épices, coton du Levant (dont Venise est l'entrepôt pour la réexpédition vers le nord). Dans un sens, les *carisee* d'Angleterre et de Flandres, toiles, sayettes de

Hondschoote, puis de Leyde, de gros grains (Lille…). Dans l'autre sens, venus d'Italie, des tissus de soie, d'or et d'argent; étoffes de luxe, indice de l'essor et de la diffusion, dans les pays du Nord, des goûts de luxe de la Renaissance.

Les Alpes orientales: chemins et trafics[18]

Un milieu, un trafic (nord-sud), des contacts de civilisation, telles se présentent les Alpes orientales, où la ville de Trente, avec sa double population, attire l'attention «sur un phénomène de grande ampleur: l'axe de communication issu du Brenner, la vallée de l'Adige, enfonce un coin de germanité entre deux zones latines, les Dolomites et les Grisons jusque dans la plaine padane, ce "jardin de l'Empire", décrit au début du XIIe siècle par Otto de Freisingen» (P. Braunstein, 1982).

Voie fréquentée, qui connaîtra au cours des siècles, un grand développement. Le moins élevé des cols transalpins (mille trois cent soixante-quatorze mètres), largement utilisé par les Romains comme par les souverains germaniques, le Brenner ne connaîtra une route carrossable qu'en 1772, la voie ferrée seulement en 1867. Le col fait communiquer deux voies d'eau divergentes, l'Inn et l'Adige et conduit à Venise. La route offerte est peu accessible aux grosses voitures allemandes, les *carretoni*, transportant vins, épices, draps, métaux. Une voie nouvelle, ouverte en 1530 par l'archevêque de Salzbourg, la route des Tauern, simple *Sauweg*, chemin muletier, suscite une concurrence contre laquelle s'élèvent les États provinciaux du Tyrol.

La zone qui, à l'est, s'étend de l'Engadine au bassin de Villach ou, à proprement parler, des Grisons aux Alpes juliennes, traversée par deux faisceaux de routes d'où se détachent deux cols, le Brenner et le Tarvis, présente un quadrillage de vallées, des cols aisés à franchir, qui laissent place, chacun, à une «route haute» et à une «route basse». La «route basse» occidentale, dite «strada de Alemania», réunit Venise au monde germanique par la Haute-Piave, la Pusteria et le Brenner, route d'Augsbourg, d'Ulm et au-delà, des Flandres. La «route basse» orientale, celle du Tarvis, passe par le Karschberg et Salzbourg. C'est la route de Prague et de Nuremberg. La relative facilité des communications a fait naître des agglomérations de transporteurs et apporté des profits substantiels à nombre de montagnards, créant ces villes couplées aux fonctions homologues que sont Bolzano et Mittennwald sur la route du Brenner, Gemona et Tarvis sur la route du Tarvis. Outre le vin, transitent les troupeaux qui descendent de la Carniole vers le Frioul: troupeaux de porcs et de moutons, de six cents à huit cents têtes, participent à la croissance urbaine de l'Italie du Nord et au développement de Venise: des milliers de bêtes, destinées à la boucherie convergent vers la lagune.

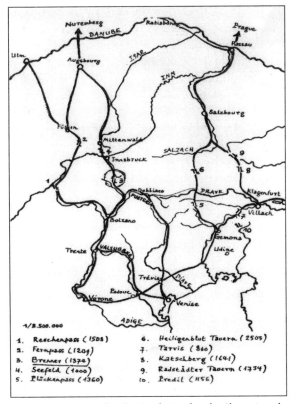

6. e. La circulation dans les Alpes orientales

Une société montagnarde où s'affirme la vie de relations

À l'intérieur des massifs, s'affirme une civilisation alpine authentique où se nouent les rapports des individus, moins avec les routes bordières ou traversières qu'avec la nature alpestre. Le problème du déplacement change de sens, de rythme et d'amplitude. Il s'agit alors de la transhumance des troupeaux, de l'élevage des chevaux et des mulets indispensables au trafic des marchandises, aux migrations internes. Absence de villes sans doute dans ce monde transalpin, mais alimentation, au débouché des cols, des cités bordières, en denrées et en hommes Les circuits de circulation se doublent ainsi d'une circulation régionale qui assure la pérennité de la société montagnarde. Droit d'étape et associations de transport apparues à partir du XIIᵉ siècle sont les traits dominants du XVIᵉ siècle. Au sein d'une organisation très stricte, la tradition commande :

– les modalités de la circulation qui suivent les saisons. La circulation la plus intense est hivernale, chevaux et bœufs sont alors disponibles pour tirer charrettes et traîneaux sur des pistes parfaitement aménagées;

– la faible amplitude des transports de vivres. L'activité des paysans germaniques affirme la prédominance de la charrette sur le cheval bâté et s'efforce, pour éviter les dépenses de nourriture, de fournir elle-même aux besoins du ravitaillement;

– la rapidité des transports locaux: il convient de multiplier les allées et venues rapides, d'éviter aux convoyeurs les frais d'hébergement. Pour nombre de paysans, il s'agit d'une activité d'appoint indispensable.

Les produits transportés, soumis aux péages, concernent le vin, – chaque faisceau de vallées a son cru –, les échanges d'huile italienne qui s'effectuent contre des cuirs, la viande sous forme de jambons, de lard, de suif. Les troupeaux de porcs et de moutons, déjà cités, participent à l'effort d'identité des vallées montagnardes. La transhumance de large amplitude se maintient. Il est difficile d'orienter, sur les voies internationales, les choix des itinéraires. Les grandes sociétés ont obtenu le privilège d'échapper au droit d'étape, les Fugger avaient créé une «route du cuivre» qui allait directement de leur factorerie de Hall sur l'Inn à Gênes. Indispensables à la survie d'une civilisation montagnarde, aux hivers rudes, aux étés brûlants, les communautés villageoises trouvent, dans les compagnies de transporteurs, les ressources nécessaires à leur vie quotidienne et au maintien de leurs traditions.

La route est ainsi l'intermédiaire vivant, agissant, des caravanes ou convois, partant à l'assaut des cols alpins, aussi bien ceux des marchands allemands, présents par leurs «fondations» dans les villes d'Italie du Nord, que ceux des marchands italiens pénétrant les places allemandes. Marchands de Florence, de Milan ou de Venise, surtout après 1556, Vénitiens de la ville mais surtout de la terre ferme, sont présents à Nuremberg, à Prague, à Augsbourg, de même à Francfort et à Leipzig, deux cités dont les foires vont devenir célèbres et fréquentées. En 1585, à Francfort, sur quatre-vingt-deux firmes qui demandent à la ville la création de foires aux changes, vingt-deux sont italiennes.

Loin d'être une barrière, la montagne serait une médiatrice par l'association des sociétés, des économies étagées, des cultures enserrées dans les vallées, des villages de piémont fleuris, aux poutres apparentes, en passant par les villes de foires des bassins intérieurs, aux activités minières et de flottage, qui se veulent intactes par rapport aux axes de circulation qu'animent les sociétés de transporteurs internationaux. L'isthme allemand est le lieu de la confrontation entre le Nord et le Midi, entre Venise et Amsterdam, croisant une ligne longitudinale qui se déplace de Francfort à Leipzig, en gagnant toujours plus vers l'est, avant de traverser et de faire fructifier l'isthme polonais.

3. L'isthme polonais-ukrainien et l'influence italienne à la Renaissance

Morceau de la plaine d'Europe centrale allongée vers l'est, l'isthme polonais mène de la Baltique au Danube et, de là, à Istanbul. Au XVIᵉ siècle, la Pologne est incorporée, par l'humanisme et la politique, à l'espace occidental. Aux yeux de l'humaniste François Baudoin, elle est «l'une des plus grandes couronnes d'Europe» (*Histoire des rois et princes de Pologne*, traduite du latin par Jean Herburt de Fulstin, Paris, 1573). Elle a réalisé son unité avec la Lituanie. Le problème de formation de la jeunesse est à la base de l'activité de la formation de l'État. A. Frycz-Modrzewski (1503-1573) réserve dans son traité *De la Réforme de la République* (écrit en latin) un chapitre à l'éducation. Il dénonce l'abandon des études à de vils professeurs, demande que les biens ecclésiastiques servent à l'entretien des étudiants de Cracovie et à la rémunération des professeurs qualifiés, face à une noblesse qui ne pense qu'à envoyer ses enfants faire leurs études à l'étranger. Strasbourg est un lieu d'accueil. Prospèrent en Pologne comme nulle part en Europe, calvinistes, luthériens, arianistes, frères moraves. Dès 1564, développant les rapports avec Rome et l'Italie, les jésuites s'y sont installés. Instituée par l'acte de 1572, la tolérance religieuse est symbolique d'un état d'esprit. Routes polonaises, routes du commerce et de la tolérance. Pour combien de temps?

Les découvreurs

Quelle est, face à cette gestation culturelle et religieuse, la situation du réseau routier? Téresa Dunin-Wasowicz a dressé un tableau critique – nous l'avons vu –, «Les routes médiévales en Europe centrale: bilan et perspectives» (*Actes du colloque de Flaran 2*).

Vers la mer Noire, la Pologne rencontrait l'Ukraine dont la découverte, après l'épisode mongol, est récente. Le 16 avril 1245, un moine franciscain Jean du Plan de Carpin a quitté le concile de Lyon pour se rendre, comme prélat du pape Innocent IV, à la cour du grand Khan des Tartares. Aux XVᵉ et XVIᵉ siècles se multiplient les rapports: en 1413, Gilbert de Lannoy (1386-1462), déjà cité, conseiller chambellan de Philippe le Bon, entreprend un voyage dans l'Est de l'Europe pour apporter son aide aux chevaliers de l'ordre teutonique, luttant contre les Lituaniens. Il visite la Galicie et la Podolie, qui dépendaient alors de Vitautas, grand duc de Lituanie, maître d'un empire qui allait des rives de la Baltique à la mer Noire. Son voyage a été publié pour la première fois en 1480[19]. Vient ensuite Sigmund, chevalier d'Herberstein (1486-1566), ambassadeur impérial à Moscou en 1517 et 1526 qui donne des renseignements sur Kiev et les Cosaques. En 1550, Michel le Lituanien visite le pays de Kiev; en 1579, Martin Bronioski y passe en tant qu'ambassadeur de Batory auprès du Khan de Crimée. Laurence Muller va, dans la même qualité, en

Suède et au Danemark. François de Beccarie de Paive, baron de Fourquevaux, fait, à vingt-deux ans, un voyage en Europe orientale, accompagné d'un sieur de Bioncourt, dessinateur, qui illustra le manuscrit du premier, longtemps resté inédit. En 1594, l'empereur Rodolphe dépêche Éric Lassota de Steblau (1550-1616) gentilhomme silésien, auprès des Cosaques zaporogues, luttant contre la Porte. Au XVIIᵉ siècle, le livre de Beauplan aura un retentissement durable.

Le fleuve et les villes

Que nous apportent ces descriptions dans le domaine routier? D'abord un rappel de l'importance du système fluvial qu'a analysé J.-B. Neveux dans «Le talweg: la géopolitique des fleuves dans l'isthme balto-pontique aux temps de la Republica polono-lithuanienne» (*Actes du colloque de Strasbourg*, AIE, 1995). La priorité est à accorder au fleuve dès qu'on peut utiliser la voie d'eau qui s'ouvre vers le nord: la Vistule, nourrie de ses affluents, se jette dans la Baltique. Puis l'immensité de l'espace, espace vaste et libre avec un minimum de douanes et de péages, les distances doublent et quadruplent le prix des marchandises transportées sur chariots, en convois. Enfin l'aspect international. L'espace polonais, en son entier, participe au circuit européen, du fait de la Hanse d'abord, à l'économie conquérante, aux besoins pressants, qui draine vers la mer les richesses de la Pologne; des Hollandais ensuite, qui achètent grains, produits forestiers, fourrures et produits d'Orient. La lutte pour la prépondérance dans la Baltique opposera au XVIIᵉ siècle, Allemands, Danois, Provinces Unies, Suédois; sans négliger les révoltes cosaques – 1647 – (BNF ms. fr.18998).

Ville de trente mille habitants à la fin du XIVᵉ siècle, affiliée à la Hanse, le port de Dantzig joue le rôle d'*emporium* à l'égard des marchés intérieurs, foires d'hiver de *Thorun* (Thorn) et Lublin, centres relais où sont acheminés les produits de l'Orient et les récoltes des domaines seigneuriaux, transportés dès le dégel. De là un système de communication où se retrouvent les routes de la Hanse. Utilisant tour à tour voies de terres et voies fluviales, il aboutit à Dantzig, «intermédiaire entre l'Orient et l'Occident» (J. Ancel), dans une structure ramifiée en patte d'oie[20]. À partir du déclin de la Hanse, les liens entre Amsterdam et Dantzig, ouverts sur Cracovie, deviennent plus étroits.

Cracovie est alors non seulement la capitale politique du royaume, mais une place commerciale, l'un des plus actifs marchés de l'Est, doublée d'une ville culturelle: en 1364, fondation de l'université par Casimir le Grand, réorganisée par Ladislas Jagellon, où vécut Copernic (1492), où s'installèrent en 1473 les premiers ateliers d'imprimerie. Située au milieu d'une voie de trafic qui, par eau, vers le nord, débouche sur Dantzig, et, vers le sud, par Léopol, *via* Tartarica, sur la Valachie, elle est le principal entrepôt des vins et des métaux de la Hongrie, dont la rapprochent les passes des Carpathes. Point de contact avec l'Allemagne par Breslau et la Silésie, autrefois polonaise, elle apparaît «comme un anneau cosmopolite de cette chaîne de la Hanse qui enserrait l'Europe mercantile du Moyen Âge», un des rares points de rencontre, à l'est de Venise et au sud-est de Bruges, entre marchands allemands et italiens, une des avancées de l'Occident vers le monde des commerces arménien, russe et juif, centre de redistribution pour les métaux, le sel, la bière, les harengs, les draps moyens ou fins, les épices, les fourrures, la soie. En 1306, la ville a obtenu le droit d'étape; le grand commerce est doublé du commerce local. Adoptant le plan régulier, classique en Occident, des villes «neuves» du XIIIe siècle, hors du Wawel avec château et cathédrale, l'urbanisme groupe des habitations fort serrées autour d'une floraison d'églises et d'une place, où se rassemblent les bâtiments publics, balance, hôtel de ville, halles de bois, de pierres et de briques (R. Delort)[21].

L'arrivée des Italiens

C'est dans une ville à demi-allemande où règne le *Jus Teutonicum* (droit de Magdebourg), qu'à l'époque de la Renaissance, arrivent les Italiens par les cols des Alpes et les passes des Carpathes: Florentins qui y exportent des draps fins, concurrençant ceux des Flandres, Vénitiens qui y écoulent leur verrerie, leur papier, leurs vins, marchands lucquois et milanais qui y fondent des comptoirs, forment une petite avant-garde au XVe siècle, devenue une légion au XVIe siècle, au moment où le roi Sigismond le Vieux, poussé par la noblesse, entreprend de «dégermaniser» la capitale de son royaume. Il avait épousé en 1508 Bonna Sforza, fille de Jean Galeas, duc de Milan et d'Isabelle d'Aragon.

Routes du Sud des Italiens, routes de l'Ouest des Allemands: la compétition est ouverte; l'école de Nuremberg lutte en vain contre l'école de la Renaissance qui pousse son empreinte jusqu'en Lituanie. La politique suit l'économie, la mode et la culture. En 1569, est soudée l'union entre Pologne et Lituanie. En 1590, la capitale est transférée de Cracovie à Varsovie. Les comédiens français divertissent la cour. Reste à faire coïncider le réseau routier avec les impératifs politiques, même si ces derniers sont réduits, par suite de la constitution polonaise, ennemie du centralisme à la française, qui, autour des routes, construit l'État. L'amour de la liberté vit au cœur de chaque polonais.

«La caravane de Pologne qui passe...»

Autres routes fréquentées dans l'isthme polonais, celles qui se dirigent vers le sud ou en viennent. Routes du vin venant de Hongrie, d'Italie ou de Valachie, vers la Pologne, à Cracovie ou Lwow (Lemberg), routes du bétail à partir de la Moldavie, des troupeaux sur pied, monnaie d'échange pour les textiles communs, les produits métallurgiques, dans les foires frontalières, où se dirigeant vers les marchés de l'Occident le long des fleuves, jusqu'à Paris, et, vers le sud, les Balkans et Constantinople.

Deux voies se disputent la prééminence, l'une libre, Lublin, sans droit d'étape, l'autre Lwow, qui défend ses privilèges: les marchandises doivent s'y arrêter et être mises en vente. S'y rassemblent, venant de Pologne, fourrures, peaux, ambre, tissus, fer... Venant du sud et apportés par les marchands arméniens, grecs et turcs, des chevaux, des soieries, des épices arrivent jusqu'à Cracovie. Les transports sur ces chemins peu sûrs, aux directions mal indiquées, sinon par les ornières des chariots précédents, se font par convois de lourds chariots, attelés de bœufs, ou de chevaux au nombre de six à huit. C'est la «caravane de Pologne» qui passe, comprenant rouliers et marchands de toutes origines, venus par Dantzig et Lwow, entre le Bug et le Dniestr. De là, gagnant Constantinople, s'arrêtant aux bans des villes ou en pleine campagne, jusqu'aux plaines roumaines, «pareils à une mer sur terre»[22].

Importance enfin des relations avec l'Ouest, le Sud-Ouest et la Méditerranée. On l'a vu pour les convois de bétail qui se transportent vers Francfort-sur-l'Oder, de Poznan à Leipzig, et, plus loin Francfort-sur-le-Main. quarante à soixante mille bovins chaque année, partiraient de Pologne. Un rythme semblable anime les relations avec l'Italie et Venise. Le marchand suit ou précède l'humaniste dans la Pologne du XVIe siècle, qui achète armes et armures, étoffes de luxe, livres et tapisseries. Les hommes d'affaires italiens pullulent à Cracovie, Lwow, Varsovie, Lublin, Sandomir, et cela jusqu'au milieu du XVIIe siècle. On les retrouve en Hongrie et en Transylvanie. Le retour par Venise de Henri III, délaissant la couronne de Pologne (1573), ne fait que matérialiser des relations fort étroites. La politique polonaise s'ouvre vers la Baltique et la Russie, après Ivan IV le Terrible et les troubles intérieurs (1611-1612)[23]. Il en sera de même au siècle suivant sous l'influence de la reine Marie-Louise de Gonzague: «Les Français étaient plus nombreux à Varsovie que les diables en enfer.» L'épisode polonais prélude à l'entrée en scène des Romanov dont le premier tsar fut Michel Feodorovitch (1613-1645).

Routes fluviales vers le nord, marchandises lourdes utilisant le réseau ramifié qui aboutit à Dantzig, routes terrestres et longs convois descendant vers le Sud d'où viennent denrées rares et chères, et, partout, s'acheminant en nombreux troupeaux, le bétail se dirigeant vers l'ouest, tel se présente au XVIe siècle, l'isthme polonais, humaniste, pédagogique, économique et tolérant, au sein du continent européen.

4. L'isthme russe: vers la Baltique, la mer Noire ou la Caspienne

L'on serait tenté de dire, affirme F. Braudel, qu'il n'y pas d'isthme russe au XVIe siècle, isthme qui jouerait un rôle de liaison et conduirait de larges courants d'échanges entre les mers nordiques et la Méditerranée. Le Sud de la Russie est en effet occupé par les bandes nomades des Tartares de Crimée qui sillonnent le pays, des rebords nord du Caucase ou des rives de la Caspienne vers Moscou qu'ils incendient en 1571 et jusqu'au cœur des pays danubiens. C'est le vide jusqu'au XVIIIe siècle que va rencontrer, dans ces pays, la colonisation russe: une immense zone de parcours, mal tenue par des nomades pillards, éleveurs de chevaux et de chameaux, semant la mort sur une terre dangereuse, peu propice au commerce et aux échanges de tous ordres. Ces pillards, Cosaques Zaporogues et autres, sont appuyés du dehors par les Turcs, à Constantinople depuis 1453, qui les fournissent d'artillerie et d'arquebuses. En revanche ils alimentent la capitale en domestiques et en ouvriers, en esclaves russes et polonais. Dans ces pays déserts, domaine du cheval, les Russes lancent des raids et profitent des facilités de circulation qu'offrent, aux mouvements des troupes, les fleuves gelés, seules voies de communication, le long desquels se développent les agglomérations. Le problème majeur est celui de la sécurité. De là, différents types de villes et couvents fortifiés qui révèlent les phases de l'expansion russe. Les cités historiques se blottissent sous la protection d'un *kreml* (kremlin) qui occupe le site le plus élevé. Construit en pierre, il renferme l'arsenal de défense. Le grandiose kremlin de Moscou domine la rivière. Tracées à l'imitation des pistes suivies par les envahisseurs successifs, les routes qui courent sur le plateau à partir du XVe siècle progressent vers le sud, de kremlin en kremlin[24].

L'attraction des routes de l'Ouest

«Pour la majeure partie des Européens de la fin du Moyen Âge, la Russie n'existe pas.» (M.-L. Pelus.) Le changement va s'opérer au cours du XVIe siècle. Deux signes révélateurs: la Russie est inscrite dans le recueil *Novus Orbis* (1532), au même titre que les découvertes d'Amérique et d'Afrique; en 1607, paraît de J. Margeret, l'*Estat de l'empire de Russie et Grand duché de Moscovie* (Paris, rééd. 1946). Découverte de la Russie donc, de ses immenses étendues, de ses villes et de ses fleuves qui attirent, outre les Hanséates, Polonais et Suédois, mais également du sud, des Italiens répandus sur l'ensemble du continent. Dans le domaine des arts de la paix, arrivent, à travers les Alpes et la Bohême, jusqu'à Moscou, les maçons architectes italiens et tyroliens, constructeurs d'églises baroques et de clochers à bulbes. Dans le domaine des sciences et techniques de la guerre, suivent la poudre à canon et les premiers éléments de l'artillerie, avant l'impression typographique. Les *Actes des Apôtres* est le premier livre imprimé dont la datation soit sûre (1564). Malgré les avis lancés par la Pologne qui redoute l'armement de ces ennemis de la chrétienté romaine, l'exportation du matériel de guerre est un élément fondamental du trafic ouest-est.

De 1206 à 1227, s'étendirent les conquêtes de Gengis Khan. En 1240, ce fut la chute de Kiev. La domination mongole dura plus de deux siècles. En 1380, la victoire de Koulikovo (1380), remportée par Dimitri Donskoï, embellie par les chroniques, entraîna un recul des Mongols, suivie de la bataille de l'Ougra (1480). En se retirant, les Mongols ravagèrent Moscou. En 1480, Ivan III proclame la fin de la domination mongole. Elle n'a pas été sans intérêt dans le domaine routier et a donné lieu à une controverse. Pour les uns, outre les privilèges accordés aux métropolites et invoqués plus tard face au pouvoir temporel, les Russes auraient emprunté aux Mongols le système de la monnaie, des poids et mesures, de l'armée, de la finance, des voies de communication et de la poste, avec l'acquis des relais et des chevaux disponibles, à tout moment, dans tous les coins de l'empire. D'autres, qui allèguent l'antériorité de la tradition russe, mettent en avant l'exemple d'Anna Jaroslavna, princesse de Kiev, qui épousa le roi de France Henri Ier. N'avait-elle pas trouvé Paris «arriéré et sauvage» par rapport à Kiev? Novgorod avait maintenu ses relations commerciales avec l'Occident, même après la chute de Kiev: les Mongols ne s'y étaient pas installés. Née de la colonisation des terres entre l'Oka et la Volga, cette prise de conscience ou plutôt de connaissance avait commencé avant l'invasion des Mongols. La science politique n'est pas absente. Montrant «Novgorod, le mythe démocratique et l'illusion eurasienne» (*Slovo*, 20-21, 1998), Michel le Guével oppose «la tradition démocratique de Novgorod» à «la tradition autocratique de Moscou». Le marquis de Custine, dans son *Voyage de 1639*, cite Novgorod, «la fameuse république du Moyen Âge», annexée par Moscou en 1477.

De 1533 à 1584, le règne d'Ivan IV, dit «le Terrible», a ouvert une période cruciale dans l'histoire des communications. Il a été «le Réformateur» de 1549 à 1556, façonnant une œuvre magistrale, rejetant dans le passé l'univers des princes et des *boïars* rivaux. Primauté de l'État, de la loi et réforme administrative, réorganisation de l'armée, convocation d'un Concile pour régulariser les rapports avec l'Église. Les routes d'invasion prennent un autre sens: Ivan IV lance ses troupes contre Kazan pris en 1552, s'empare du khanat d'Astrakhan en 1556. Seul, demeure, soutenu par le sultan, le khanat de Crimée: Catherine II, paracheva l'œuvre d'Ivan IV. Bilan utile mais bref. Tout change après 1564 avec l'établissement jusqu'en 1572 du règne de l'*opritchinina* (domaine séparé, propre au souverain), préludant à la «tyrannie absolue» (H. Carrère d'Encausse, *Le Malheur russe*, s.l., 1988, p. 92), œuvre du «Prince des ténèbres», qui, cependant, en 1582, entreprend la conquête de la Sibérie, et établit le cadastre en Russie (1581-1582)[25]. En 1589, le patriarche de Constantinople accepte la fondation d'un patriarcat de Moscou et l'érection de quatre métropoles, Novgorod, Kazan, Rostov, Kroutitza. Après «le temps des troubles» qui met en danger le pouvoir des tsars, le 21 février 1612, Michel Romanov ouvre une nouvelle dynastie. Les cosaques et les marchands continuent à progresser sur les pistes de Sibérie. Tomsk est créé en 1604.

Les relations internationales sont épisodiques. Peu fréquentes sont les ambassades échangées, à partir de 1489, entre Moscou et l'Occident. Des préoccupations religieuses se font jour: le pape envoie, vers 1523-1525, à Moscou, le fameux historien Paul Jove. Ce dernier publie un ouvrage d'ensemble sur la Moscovie. Des préoccupations politiques se retrouvent chez Maximilien Ier et ses petits-fils Charles Quint et Ferdinand Ier. Le baron Sigismond de Herberstein (1486-1566), envoyé de l'empereur (1517) et du roi de Bohême (1526), publie à Vienne en 1549, en latin, un livre de souvenirs, nourri de notations psychologiques (la duplicité des Russes…) qui connaît un certain succès (*La Moscovie au XVIe siècle*, trad. R. Delort, Paris, 1965). Dénominateur commun, la lutte contre les Turcs inspirera, au XVIIe siècle, l'ambassade du baron de Mayerberg. Ce dernier est chargé par l'empereur Léopold Ier, en 1661, de persuader – en vain – le tsar Alexis de mettre fin à la guerre qui l'oppose à la Pologne et de participer à une coalition contre la Turquie (*Voyage en Moscovie*, Leyde, 1688). Le résultat de ces ambassades et des récits faits au retour? une connaissance plus approfondie de Moscou et des peuples de Moscovie. On doit à Herberstein, outre un texte, *De la manière de recevoir et de traiter les ambassadeurs* (1549), une étude d'une utilité incontestable sur *Le Commerce extérieur de la Moscovie* et sur la façon dont il faut traiter avec les Russes. Herberstein évoque la question des transports et note en particulier l'existence, «non loin de la citadelle, d'une vaste maison, entourée de murs, appelée «la cour des seigneurs marchands», mise en pratique du système du troc, couramment employé[26]. Les règlements sont stricts. Le matin, le maître de poste – le *iamschnick* – qui tient une auberge de relais, une *iama*, amène à l'ambassadeur trente ou quarante chevaux, entre lesquels il choisit. De Novgorod à Moscou, six cents verstes soit cent vingt milles allemands (un mille vaut cinq kilomètres) sont parcourus en soixante-douze heures avec des chevaux petits, peu soignés, mais endurants et rapides.

L'appel des routes de la Baltique

Dans les conflits ouverts entre les peuples riverains cherchant à contrôler les débouchés et les points d'arrivée maritimes, la Baltique a vu se heurter, à la fin du XVIe siècle, divers impérialismes. Au point de départ, les rapports avec la Hanse dont le commerce avec la république russe de Novgorod avait revêtu une certaine importance, depuis le XIIIe siècle. Une grande activité avait été déployée par les marchands de Novgorod, aventurés jusqu'à Visby où on a signalé une église orthodoxe, et jusqu'à Lubeck[27]. Refoulés par la Hanse, ils se replient sur l'intérieur des terres. Au XVᵉ siècle, ces rapports se tendent du fait de la guerre entre Novgorod et l'ordre teutonique. Puis les contacts reprennent mais en 1570, Ivan IV, qui a pris Novgorod, massacre ses habitants. À la paix, venant des provinces du Nord, les Russes rapportent fourrures, bois, cires, miel, poissons, pour les échanger contre les produits manufacturés et les épices apportés par les Allemands. La Russie pourvoit ceux-ci en matières premières utiles à l'économie occidentale: bois, lin, chanvre, peaux, suif, goudron, potasse et quelques produits de luxe comme les fourrures et les cuirs fins. Le paiement de ces denrées s'effectue en partie sous forme de marchandises (draps de laine, soieries, quincaillerie). Les Russes demandent en outre métaux précieux, or et argent.

Dès la fin de la guerre de Trente Ans, une puissance nouvelle intervient: la Suède. Au XVIIᵉ siècle, la politique suédoise va s'orienter vers le contrôle des côtes méridionales de la Baltique où aboutit le gros des exportations russes. Elle va s'efforcer de conquérir le marché allemand, de refouler le cuivre hongrois, de faire de la Baltique «un lac suédois» pour ses exportations, son cuivre, son fer et les produits de son industrie métallurgique. Ce sera en partie, joint à l'idée de croisade protestante, un des objectifs – non réalisé – des chevauchées de Gustave Adolphe en Allemagne pendant la guerre de Trente Ans. Quant aux Hollandais, ils pensent, face aux Danois, obtenir la maîtrise des détroits baltes. «Les marchands hollandais ont là-bas des comptoirs.» (Chancellor.)

La recherche de la route du Nord. L'ambassade de Chancellor

Parallèlement aux efforts de Moscou pour s'emparer, en Russie, de l'influence économique, sans pour cela obtenir, de la part du système routier, une convergence comparable à celle des États d'Occident, s'inscrivent les efforts des Anglais pour utiliser l'isthme russe en vue d'une liaison Occident-Orient. De tous temps, cette idée a hanté les esprits des Européens, jaloux de l'aventure de Colomb. En 1553, a lieu l'expédition de Chancellor qui obtient d'Ivan IV une charte ouvrant le marché russe aux commerçants anglais. Les Anglais établissent leur premier entrepôt à quarante kilomètres du lieu où sera construit le port d'Arkangelsk, sur la Dvina. Par une lettre de décembre 1555, leur sont concédés les droits d'entrée, de sortie libre et de commerce, sans impôt, dans toute la Russie. Au retour d'un second voyage, Chancellor périt en mer au large de l'Écosse (1556)[28].

La tentative de liaison Russie-Iran

L'activité commerciale sur ces routes de l'isthme russe – mer Blanche, mer Caspienne – est importante, plus par la valeur des marchandises transportées que par leur masse. En premier lieu, pour l'importation, les draps anglais, surtout les *kirsies* : la route de terre tente de se substituer à la route maritime. Jenkinson veut approvisionner le shah, directement d'Angleterre, *via* Moscou et la Caspienne, de toutes les marchandises reçues jusque-là par Venise, Tripoli et Alep. Le rôle de la Russie, dans ce commerce anglo-persan, serait considérable, tant pour le port d'attache du Nord que pour la sécurité des routes terrestres et fluviales[29].

S'est créée en Angleterre la Moscovy Company. Elle a le monopole du commerce avec la Russie, commerce exempté de toute taxe. En 1569 les Anglais obtiennent le droit de faire transiter librement leurs marchandises par la Volga en direction de l'Orient. De 1589 à 1629, Chah Abbas, qui a choisi Ispahan pour capitale, rénove le royaume de Perse, en s'appuyant sur une fiscalité, une administration et une armée permanente. Il construit des mosquées et des places royales. Forte de ses privilèges, la compagnie anglaise prospère. Cette prospérité va décliner à la fin du siècle. Jaloux de conserver, après l'accession au pouvoir des Romanov, ce commerce pour lui-même, le gouvernement russe tient bientôt à distance les Anglais, considérés comme des concurrents dangereux. Il fait appel aux sujets du duc de Holstein qui, en 1633, viendront en Russie construire des bateaux à destination de la Perse. Une ambassade solennelle du duc de Holstein est reçue par le grand duc avec toutes les formes diplomatiques et donnera au retour une *Relation du voyage de Moscovie, Tartarie et de Perse* (Paris, 1656).

Après un voyage de quarante-cinq jours d'un trois-mâts de cent vingt pieds de longueur et de quatre cent cinquante de largeur, ils font naufrage. L'expédition échoue, mais une trace importante en reste, le gros volume du géographe, Oléarius, conseiller du duc de Holstein.

Un voyage sur la Volga (1635)

«Cette rivière de Volga est, à mon avis, déclare Oléarius, une des plus grandes du monde.» Aidé d'un contre-maître hollandais et d'un pilote moscovite, Oléarius dresse une table de navigation : la saison commence en mai et juin, lorsque la chaleur a dégelé les rivières qui s'y déchargent. «C'est pourquoi les bateliers qui vont de Moscou à Astrakan le font en cette saison.» Les bateaux trouvent alors assez d'eau pour passer. Non seulement par-dessus les sables qui y sont fort fréquents, mais aussi par-dessus les îles qui s'y rencontrent ou bateaux échoués qui pourrissent le long des berges. Le vent peut être contraire ; les arrêts sont fréquents sur le sable. Prières et musiques alternent sur le navire.

La sécurité est médiocre et la navigation dangereuse: les barques, vieilles et point calfeutrées, faites d'écorce d'arbres, ne sont liées que par des cordes. L'on distribue en trois compagnies tous ceux qui sont capables de porter les armes, tant soldats que domestiques; les rames sont utilisées quand la voile, souvent rapiécée, fait défaut. En quatre jours, deux lieues ont été faites. Il en reste cent cinquante jusqu'à la Caspienne. À la remontée, quand le vent manque, y supplée le halage par deux cents hommes attelés. En passant près des villes, le navire tire le canon; on fait de même pour saluer les convois qui viennent en sens contraire, tel le 1ᵉʳ septembre, quand se croisent trois grands bateaux de cinq à six cents tonneaux chacun. Ils entraînent après eux plusieurs petits, pour la décharge aux lieux où la rivière est basse. Les ambassadeurs croisent la caravane de Perse et de Tartarie composée de seize grands bateaux et de six petits rassemblés à Samara. Des salves de mousquet sont échangées. Les voyageurs arrivent ainsi à l'embouchure de la Volga, à l'entrée de la mer Caspienne, toute parsemée de petites îles, couverte de roseaux, au fond boueux. «Ayant mis les voiles au vent, nous prîmes la haute mer.»[30]

Auberges et caravansérails

Les auberges sont à l'image du pays et de ses habitants, «d'ordinaires gros et gras, forts et robustes». Estimant beaucoup «les grandes barbes et les gros ventres», peu accoutumés à se nourrir délicatement ou à coucher mollement: ils n'ont pour tout lit «que le plancher, ou la terre, et, en hiver, le poêle, où maîtres et maîtresses, fils et filles, valets et servantes, couchent tous ensemble. Les gens de qualité ont leurs lits ou matelas, et s'accommodent un peu mieux». De même pour les voyageurs, suivant leur qualité et leur fortune. Après Astrakan, se retrouvent les caravansérails qui, comme les *Ventas* en Espagne, servent d'hostelleries sur le grand chemin dans les déserts de Perse. Ils sont à une journée des uns des autres, pour la commodité des passants qui sont obligés de porter avec eux des vivres et du fourrage: l'on n'y trouve que des chambres ou des salles voûtées, mais toutes nues; pour le couvert seulement. Le commerce est actif. Oléarius parle de la soie, raison profonde de l'expédition, évaluant sa production annuelle à dix mille ou vingt mille ballots dont mille seuls restent dans le pays. Rapidement, au XVIIᵉ siècle, le tsar fait du commerce persan son monopole. Après une brillante activité de style international, la route de la Volga redevient, au XVIIᵉ siècle, une route russe et impériale.

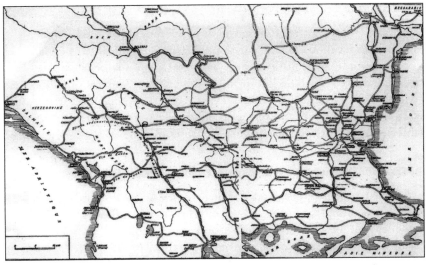

7. *Le réseau routier entre l'Adriatique et la mer Noire*

Chapitre III
Villes et routes méditerranéennes: Balkans et péninsules

Dans *La Méditerranée et le monde méditerranéen à l'époque de Philippe II*, Fernand Braudel a défini les vicissitudes des routes, routes de la mer établies surtout le long de côtes, multiples routes de terre, les unes disposées en bordure des littoraux, courant de port en port, les autres de type perpendiculaire aux littoraux, voies naturelles liées aux fleuves y débouchant, chemins d'eau de la plaine du Pô ou le Guadalquivir jusqu'à Séville ou voies traversières des Balkans, orientées d'est en ouest, de Salonique à Durazzo ou de Constantinople à Spalato. Routes nourricières, qui alimentent les villes, les clouent à leurs carrefours, fixent la foire et le marché. La concurrence est grande avec les routes maritimes.

1. Le Sud-Est européen et les Balkans

Dans cette partie de l'Europe, enchevêtrement hétérogène d'aires de relief, de climats, de sols et de végétation, coupé de couloirs et de bassins, on retrouve, dans le domaine des communications et des transports, la même conjonction des circonstances historiques et des données géographiques, celles-ci favorisant celles-là de façon différente selon les époques.

Un horizon continental: les Balkans

Platon comparait les hommes groupés autour de la Méditerranée à des grenouilles autour d'un étang. Ce n'est pas l'étang qui nous intéresse quelles que soient ses aptitudes – vie facile, climat tiède, mer bienveillante en apparence, littoral hospitalier – mais bien l'horizon continental qui l'enserre, essentiellement les Balkans, c'est-à-dire les montagnes. Un rempart et non une barrière ou un obstacle, les Balkans sont des terres disloquées. Des effondrements ont émietté l'archipel, échancré les golfes, effondré les hautes plaines.

Une histoire tourmentée: de Byzance à Constantinople et Istanbul

Les circonstances historiques rappellent l'existence de l'antique Byzance à laquelle Constantin a donné le nom de Constantinople, qu'elle va garder jusqu'à la conquête turque. Admirablement placée sur la voie du Salut, la région a accueilli les croisés, Gauthier-sans-Avoir et, en 1189, Frédéric Barberousse, qui avait fait précéder son expédition par des missions diplomatiques auprès des Hongrois, des Serbes et des Bulgares. La 4ᵉ croisade vit la chute de Byzance en 1204, le partage entre les États latins successeurs, les États grecs, la Serbie et la Bulgarie. L'empire est restauré en 1261. Demeurent différents témoignages de ces événements[31]. Au milieu du XVᵉ siècle, les Turcs frappent à mort l'empire. Après la prise de Constantinople (1453), ils étendent leur domination sur les possessions byzantines, serbes, bulgares, vénitiennes, angevines, catalanes, ensemble auquel ils vont donner une unité factice.

Une mosaïque de peuples

De cette géographie et de cette histoire tourmentée, résulte pour les populations, objets de migrations successives, une grande diversité de religions, de tempéraments et de genres de vie. Elles participent tantôt à la vie pastorale des montagnes – réseau routier régional –, tantôt aux courants de civilisation de l'Europe centrale, aux itinéraires des pays méditerranéens, ou du monde musulman. Diversité des vocations qui, jointe aux aléas démographiques et historiques, n'est pas sans influence sur les réseaux de communication.

Au XVIᵉ siècle, aboutissement des luttes «partielles» qui constituent la conquête ottomane, expression des «valeurs» et des «clichés, mythes et légendes» nés avec la victoire, l'existence de cette «portion d'empire» exerce une véritable fascination sur les Occidentaux de la Renaissance (R. Mantran). Frédéric Tinguely a tenté d'en démêler les divers aspects dans son ouvrage, *L'Écriture du Levant à la Renaissance* et dans son *Enquête sur les voyageurs français dans l'empire de Soliman le Magnifique* (Genève, Droz, 2000). Contrairement à une opinion généralement admise en Occident, la conquête turque, en vagues successives (Belgrade, 1521, Buda 1526, et siège de Vienne 1529) n'a pas bloqué les courants d'échanges qui animaient ces contrées. Tout au plus les a-t-elle décentrés et orientés vers de nouvelles directions. Vers la capitale notamment: les routes balkaniques sont des routes fiscales et d'approvisionnement qui travaillent au profit du vainqueur, le Turc. Par ailleurs, c'est le transit qui est affecté plutôt que l'exportation elle-même, bétail mis à part.

Outre celle des commerçants extérieurs, italiens, juifs, allemands ou levantins, les routes des Balkans restent la voie de passage des troupeaux, des moines, des ambassadeurs et des pèlerins, de tous ceux qui refusent la voie maritime pour se rendre à Constantinople ou dans les lieux saints. Elles témoignent également des luttes internes, telles celles menées par les ordres chrétiens, dont celui de Saint-Jean de Jérusalem et des résistances internes, réfugiées dans les montagnes, ne descendant que sporadiquement dans la plaine. L'idée de croisade plane encore aux XVIᵉ et XVIIᵉ siècles sur les rapports entre les Turcs, Venise, la papauté et l'Occident. La loi est religieuse en principe, militaire en réalité, terrestre et navale en application. N. Vatin a étudié les relations de l'Empire ottoman avec la Méditerranée orientale entre les deux sièges de Rhodes (1480-1522): *TURCICA*, 1994.

Voies externes et voies internes

Sous les auspices de l'Académie des sciences de Hongrie, dans son ouvrage, *Ethnographica Carpatho-Balkanica* (1979), B. Gunda a tenté de cerner les caractères originaux de ces milieux traversés par différents peuples (Hongrois, Slovaques, «Romanians», Rartard de Dobroudja…) qui ont laissé des formes spécifiques de culture. La montagne se laisse franchir plus ou moins aisément mais, nulle part, elle n'atteint trois mille mètres, différence avec le nœud alpin, au cœur de l'Europe, qui sépare les mondes latin et germanique[32]. Deux orientations se retrouvent dans cette «zone occupée», à laquelle l'autorité ottomane donne une unité relative où se mêlent traditions et modernité:

– celle des voies internes, unissant, aux régions de concentration, les régions de production, régions d'élevage situées sur le cours du Bas-Danube ou sur le littoral occidental de la mer Noire. Le Danube, «univers spirituel» fait la loi. Il rend compte de cette occupation qui, d'après Boca Bordei, «conjugue trois axes: le réel spatial avec sa dimension géographique, l'espace vécu avec sa dimension socio-historique, la représentation spatiale, porteur de valeurs, créateur de sens et d'identité» («Le Danube et sa représentation entre symbole et histoire», *Actes du colloque de Strasbourg*, 1995);

– celle des voies externes, issues de centres importants, souvent plaquées le dos à la montagne et regardant vers la mer: tels sont Dubrovnik (Raguse), intermédiaire constant entre l'Orient, les Balkans et la Méditerranée; Varna, le port de la mer Noire, dont le trafic maritime, s'épanouit entre 1560-1580; Rodosto, sur la mer de Marmara, débouché des terres bulgares; Salonique enfin, entrepôt de la Macédoine et de l'*Hinterland* balkanique, avant de devenir, au XVIIIᵉ siècle, celui de la Turquie d'Europe.

La route de Raguse s'inscrit le long de la longue muraille du littoral occidental où s'inscrivent de rares trouées, porte de Fiume, porte de Scutari, vallée du Shkoumbi, golfe de Corinthe. Les galères de Venise, longtemps dominatrices de l'ensemble, suivaient la côte, le long du chenal que trace l'archipel dalmate. Sous les îles Ioniennes s'installaient capitaines et *mercanti*, couvrant villes et îles de forteresses, d'églises, à Zara (Zadar), Spalato (Split), et, surtout, dans la république indépendante de Raguse (Dubrovnick), barrant les bouches du Cattaro (Kotor). Née d'une ancienne colonie grecque, rattachée par l'Illyricum à l'empire d'Occident, demeurée longtemps de culture latine vouée au commerce maritime, face au monde oriental, elle a été rattachée d'abord à l'Empire byzantin, puis à Venise dès le XIᵉ siècle, au roi de Hongrie en 1358. À l'abri de ses remparts, elle reçoit les colonies repliées de Constantinople, s'installe dans les bassins miniers de Bosnie et de Serbie, connaît une grande prospérité économique et culturelle. Maurice Aymard a étudié *Venise, Raguse et le commerce du blé pendant la seconde moitié du XVIᵉ siècle*, (1966). Après 1526 (Mohacs), payant tribut au sultan, elle sert d'intermédiaire entre les pays chrétiens et les pays musulmans[33].

Par Novi Pazar et Pristina, la «route de Raguse» gagne Belgrade. Quand en 1547, le baron d'Aramon est chargé par Henri III d'aller négocier une alliance avec Soliman le Magnifique contre Charles Quint, il arrive à Raguse, accompagné de son secrétaire Jean Chesneau. Il va coucher à Trebigne (Trebisnjica), puis à Serniche (Cernica, village de l'Herzégovine). Tous deux vont à Cochia (Foca), «ville de Serbie à la turquesque assés marchande» et, de là, à Belgrade. Deffens, autre envoyé, utilise la même route et en donne une description dans son *Discours du voyage de Venise à Constantinople*. Un peu plus tard, Louis des Hayes, diplomate français, emprunte cette route de Raguse pour rejoindre son poste en Perse.

La route connaît son apogée aux XVIᵉ et XVIIᵉ siècles jusqu'au tremblement de terre du 6 avril 1667 qui détruisit la cité presqu'entièrement. Les éléments slaves prennent davantage d'influence au moment de la reconstruction du futur Dubrovnik, non sans avoir suscité au XVIIIᵉ siècle, les ambitions de la Russie, qui, outre Malte, cherchait un port d'attache en Méditerranée. La route de Raguse est empruntée au XVIIIᵉ siècle par le comte de Bonneval qui se rend à

Constantinople pour offrir ses services au sultan. Il s'embarque à Venise, débarque à Raguse le 13 juin 1529, puis se rend à Sarajevo où l'accueille le pacha de Bosnie. Il poursuit sa route pour Constantinople où il arrive le 17 janvier 1732. À Sarajevo, pendant son séjour forcé, il a rédigé un projet de mise en état de défense de la province et d'amélioration des voies de communication (*Mémoires*, Londres, 1737).

La route de Split est utilisée, entre 1623 et 1625, par Louis Gédoyn de Bellan, consul de France à Alep, se rendant en Syrie. Désireux d'éviter les corsaires, il a débarqué à Split, port vénitien sur la côte dalmate, deux cents kilomètres au nord-ouest de Raguse. Il passe à Klis, site fortifié enlevé par les Turcs aux Vénitiens. Il atteint Bosna Saray (actuellement Sarajevo), chef lieu de la province de Bosnie. Fondée en 1462 par les Turcs qui y ont édifié un palais, contrôlée par une puissante forteresse, peuplée de colons turcs transplantés d'Anatolie, bien placée à la bifurcation des routes de Dubrovnik et de la Macédoine vers la Hongrie, la ville possède, au XVI⁰ siècle, son *bezistan* (marché couvert), sa *cifuthana* (quartier juif), son *latinluk* (quartier des Ragusins). De là, Bellan gagne la ville de Srebrenica, centre minier dont les gisements de plomb argentifère étaient déjà exploités sous les Romains. L'exploitation a repris au XII⁰ siècle grâce à des mineurs saxons; les négociants de Raguse commercialisent la production. La région recèle des monuments de la secte des Bogomiles, lieu de pèlerinage. Après Valjevo, gîte d'étape où est rejointe la route de Raguse, c'est l'arrivée à Belgrade, «ville riche, marchande et populeuse». Le commerce est entre les mains des Ragusins. Bellan découvre le caravansérail «halle ouverte à tous les vents», et remonte le cours de la Morava, prise par les glaces. Il arrive à Andrinople et, six jours plus tard, atteint Constantinople.

La ville clef, Belgrade est installée au carrefour des routes des Balkans, au confluent du Danube et de la Save. Ville de passage, grâce aux terrasses de lœss glissées entre des zones de marécages, dotée de l'île de Guerre (*Ratno ostrovo*) à la rencontre des deux fleuves, la cité a fixé un camp de Celtes scordisques au IV⁰ siècle avant J.-C. Forteresse romaine de *Syngidunum*, détruite puis restaurée par les Huns, les Avars et les Byzantins, Beograd (la ville blanche) a pris son nom au IX⁰ siècle. Son rôle commercial commence en 1284, quand le roi serbe Milutin appelle les Ragusins et les installe au pied de la forteresse. Prise par Soliman II en 1521, par l'électeur de Bavière en 1688, par le grand vizir Mustapha Koprulu en 1690 et par le prince Eugène en 1717, la ville a été restituée au traité de Belgrade (1739), par l'Autriche à la Turquie, avant que ne se réalise le rêve de Kara-Georges. Dans les faubourgs travaillent les artisans turcs, allemands et serbes en majorité. Ragusins, juifs et Grecs utilisent le réseau régional des routes pour échanger étoffes et verres d'Italie, fers de Styrie et de Bohême, contre bois, cuirs, laines et vins locaux, cotonnades, épices et cafés, apportés de Salonique et de Constantinople et repartant pour l'Europe centrale. Trois voies se conjuguent pour la grandeur de Belgrade: le Danube, les voies Morava-Vardar et Morava-Maritsa[34].

Le Danube, un étranger ou une voie impériale?

Au XVIe siècle, le Danube est devenu un fleuve turc, au-dessous de Comorn. Fait militaire d'abord, mais aussi fait routier par excellence. La *via militaris* qui, dès l'époque romaine, reliait à Byzance les pays de l'Europe centrale, n'a rien perdu de son importance. Les Turcs l'ont emprunté lors de leurs expéditions contre l'Autriche, alors sur la défensive. Voie centrale, elle passe par Belgrade, devenue, après avoir été prise par les Ottomans le 23 août 1521, une base de départ pour les offensives turques en Europe centrale. Le siège de Vienne a marqué l'arrêt de l'expansion (1683). La cavalerie polonaise a brisé l'élan ottoman. L'offensive des Habsbourg a été marquée par les victoires de Charles de Lorraine et du prince Eugène, l'installation de la zone tampon dite «des confins militaires» (colonel Nouzille). À chaque offensive, il s'agit d'un monde en déplacement sur une terre de colonisation.

Restent les rapports commerciaux. Des traités commerciaux, périodiquement, rythment les relations des Ottomans avec les Habsbourg. Les registres de péages et les archives fiscales renseignent sur la nature des transports. La première taxe sur les bâtiments naviguant sur le fleuve est la taxe d'accostage dans le port, déterminée d'après la nature du bâtiment et son chargement. L'importation et le commerce du sel valaque en Bulgarie par les ports de Vidin, de Silistre… existent depuis le Moyen Âge. Au cours des XVe et XVIe siècles, a lieu une prospection intensive des gisements salins. Des vestiges toponymiques ont permis de localiser plusieurs routes, ayant servi au transport du sel dans les ports danubiens. Dès l'arrivée de Moldavie et de Valachie dans les localités riveraines du Danube, le sel était pesé en vue de la perception des taxes. Du monopole du prince valaque, le sel tombe sous le monopole turc, étendu depuis les conquêtes et qui en tire un bénéfice considérable[35].

Évitant l'estuaire, la navigation sur le Danube est contrôlée par des fonctionnaires qui assurent la direction des deux filiales du *Tuna capudanligi* ou de l'amirauté danubienne. Il en est de même dans le code de Salonique: les règlements concernant les taxes portuaires sont réunis dans un chapitre à part intitulé «Loi sur le *qapudan* de Salonique». La navigation mise en service est reliée aux routes de terre, anciennes et nouvelles. La notion de réseau n'est pas inconnue aux Ottomans. En dehors de l'intérêt économique, ils y voient des moyens de déplacement commodes pour leurs mercenaires ou agents, et un instrument de domination politique de l'empire.

Pour le transport terrestre, lié au précédent, est utilisée la charrette paysanne, tirée par des bœufs ou des chevaux. Les notes de voyage de Stephan Gerlach en 1587 indiquent que l'ambassadeur du Saint Empire, D. Ungnad, en 1587, a loué, à partir de Belgrade, dix charrettes bulgares (*Karch*), chacune d'elles tirées par trois chevaux. Parfois le mulet est préféré comme bête de somme. Le baron de Risbeck note dans ses *Voyages* qu'il manque souvent des chevaux sur la route longeant le Danube; l'on est obligé d'en louer au départ pour l'ensemble du voyage. La technique des chariots reste archaïque, les voitures sont pourvues de roues à raies, au lieu de roues pleines, cerclées de fer et parfois inclinées sur leur axe de rotation, ce qui les rendrait plus résistantes aux chocs et donnerait au véhicule une plus grande stabilité. Dans le nord de la péninsule balkanique, la charrette à quatre roues germanique est parfois employée. En domaine autrichien ou ottoman, les difficultés concernent les péages et les douanes, entraves constituées par l'obligation de sauf-conduit et le paiement de multiples taxes tout le long des itinéraires. Les droits régaliens ont été supprimés par les traités (1648) – la navigation sur les grands fleuves est proclamée libre – mais multipliés en fait: au début du XVIᵉ siècle, on comptait sur le Danube autrichien soixante-dix-sept péages. Les marchandises entrant dans le port de Constantinople sont soumises à des droits de douane, payables suivant la valeur de la marchandise ou le volume de la charge. Une administration des douanes et péages a été créée au niveau des États. Fraude et contrebande exigent des détours conséquents, entraînant, en cas de prises, des peines de prison[36].

Les grands couloirs balkaniques: Morava-Vardar, Morava-Maritsa

Découpant ou ciselant la péninsule, s'inscrivent les routes intérieures. Grands couloirs d'une part, voies traversières d'autre part, les uns et les autres empruntés par les habitants des lieux, le sont aussi par les voyageurs. On y a vu passer les croisés, avec plus ou moins de bonheur. La voie traditionnelle des caravanes à destination des territoires bulgares sous domination ottomane a été suivie par J. Cheper et B. Ramberti (1533), J. Gassot et J. Chesneau (1647), C. Zeno (1550), M. Seydlitz (1566-1559), P. Lescalopier (1574), P. Contarini (1580), G. Rosaccio (1574-1606), M. Quadus (1600) qui ont laissé pour la plupart, ambassadeurs et commerçants, des notes de voyages. S'y ajoutent l'itinéraire anonyme de l'ambassade de L. Deshayes (1626), la communication de l'archevêque Bizzi (1610) et les notes de voyage de Lefèvre (1611). Soumis à un examen critique, ces récits, parfois répétitifs, sont utiles. Aux sources ragusaines s'ajoutent les comptes publics des villes importantes comme Salonique, et les archives elles-mêmes. Ne nous y trompons pas. À la différence de l'Angleterre ou des Provinces-Unies, la France a développé moins une politique commerciale qu'une attitude de type militaire qui vise, par l'entente avec les Turcs, à l'encerclement de la maison d'Autriche (F. Nouzille)[37].

Du fait des avatars des successions, et des rivalités internes militaires et politiques, l'espace balkanique, aux Temps modernes, ne s'identifie pas à un ensemble cohérent, ou stable, aussi bien sous l'autorité nominale de l'empereur byzantin que sous celle des Turcs. L'autorité du sultan est déléguée aux pachas, tyrans féodaux plus ou moins indépendants et toujours en conflit entre eux. Au XIXᵉ siècle, servi par le relief, Ali de Trebelen, pacha de Janina, va se tailler un empire qui englobait l'Albanie, l'Epire, une partie de la Thessalie. Il se déclare indépendant en 1819, arme des volontaires serbes, grecs et valaques et meurt en 1822, en défendant sa citadelle de Janina. Personnage symbolique de cet intérêt européen pour la région et pour la Grèce qui marque la fin du XVIIIᵉ et le premier tiers du XIXᵉ siècle, intérêt que partage Byron rencontrant le pacha: ce dernier donne au jeune Anglais des guides et une escorte pour le retour. «Parcourir un pays barbare sous la garde de soldats à demi barbares, était une entreprise hardie mais enivrante»[38], lot commun de la circulation au XIXᵉ comme au XVIᵉ siècle, dans les pays balkaniques.

La voie Morava Vardar: vers Salonique[39] se présente comme une route naturelle tracée de la porte de Belgrade à la porte de Salonique, coupure nord-sud insinuée entre les régions compliquées de la Choumadia, de la veille Serbie, de la Macédoine, aux vallées opposées tête-à-tête: de la Morava qui descend vers le Danube, du Vardar qui descend sur Koumanovo et Skoplié. Nœud d'un éventail de voies naturelles sur un gradin à l'abri des inondations, la position de Skoplié commande le passage du Vardar entre deux montagnes. Elle a connu le rythme ordinaire des occupations balkaniques: de capitale d'une tribu illyrienne des Dardaniens, *Skuopi*, devenue cité romaine, *Justiniana Prima*, élevée par Justinien Iᵉʳ au VIᵉ siècle, elle est devenue en 1346, sous le règne du tsar Dusan, la métropole du grand État serbe. Après la conquête turque, la cité change de style, les quartiers musulmans nouveaux venus ou convertis à l'Islam installent leurs bazars sur la rive gauche du fleuve, «entre les bicoques des tsiganes, les masures du ghetto, les boutiques des Grecs et les maisons des Slaves» (J. Sion et J. Ancel). Les gorges sont les obstacles qui séparent les bassins. Devant ces défilés au nom slave, *Klissouré*, des postes militaires ont été placés par les empereurs et conservés par les sultans. D'autres lignes de bassins à peu près parallèles permettent d'éviter ces défilés, mais la route garde son rôle politique. On y trouve la trace d'une chaussée romaine. Les forces impériales la jalonnaient à *Singidunum* (Belgrade) et dans d'autres cités dont Salonique (Thessalonique). Les premiers États slaves se formaient dans la montagne, les dissidences religieuses également (les Bogomiles). Les Ottomans, musulmans et tolérants, y ont installé leurs postes de surveillance avec leurs *karakol,* leurs villes fortes et marchandes.

De tout temps l'armée a surveillé les points stratégiques. Légions romaines et troupes barbares à la solde de Byzance, mais surtout en 1526, troupes ottomanes qui pénètrent en Hongrie *via* Belgrade. La route terrestre l'emporte sur celle du fleuve, gênée par les marais et par l'estuaire: les bouches du Danube, dans la mer Noire, apparaissent, comme la «clé de l'axe médian européen» dont Jean-Noël Grandhomme a défini, aux temps contemporains, le rôle en tant qu'«enjeu des grandes puissances» (Colloque Strasbourg, 1995). Sécurité, rapidité, commodité? Route des conquérants qui ont attaqué Constantinople, non par le sud, en débarquant d'Asie, mais par le nord, après avoir pris possession des routes des Balkans. C'est le cas également des Latins de la croisade, des empereurs de Nicée qui occupent d'abord la Thrace et la Macédoine, des sultans du XVe siècle qui se sont rabattus sur Constantinople, après avoir battu les Slaves à Tchernomen près d'Andrinople (1371), à Plotchnick près de Nich, au *Kossovo polié* (1389). Cette victoire ottomane a laissé aux Serbes le goût d'une amère défaite qui étonne le monde chrétien et survit dans la mémoire collective[40]. De Salonique, au retour, on peut gagner Skopje, telle l'ambassade de Metochite, avant les Turcs, en 1299. Les voyageurs allaient au rythme des bêtes de somme. À Thessalonique comme à Skopje, l'ambassadeur y retrouvait le faste de la cour de Constantinople[41].

La voie Morava-Maritsa se dirige vers Sofia et Constantinople. Autre voie d'articulation essentielle pour gagner Constantinople, orientée vers le sud-est, elle s'intercale entre le Balkan et les Rodopes à partir de Nich et se prolonge par des cols peu élevés vers le bassin de Sofia. Y coulent en sens opposé d'une part la Nichava, affluent de la Morava, qui unit différents bassins, d'autre part la Maritsa, de l'étroit bassin d'Ikhtiman à la large plaine de Plovdiv (Philippopoli). Dotée d'un climat doux, de faibles précipitations, après avoir été dirigée par les Ragusains au XIVe siècle, puis par les Grecs, la ville sera prise en mains au début du XIXe siècle, par les Arméniens et les juifs.

C'est la voie qu'emprunte en 1554 Busbeck, l'ambassadeur impérial, envoyé à Constantinople (1555-1562) à la cour de Soliman II le Magnifique. Il s'est rendu à Constantinople de Vienne à Buda en carrosse, par la voie terrestre. De Buda à Belgrade par la voie fluviale. Il a embarqué sa famille, ses chevaux et ses véhicules sur deux petits bateaux et une pinasse, tirés par un «remorqueur» propulsé par vingt-quatre rameurs turcs. Le trajet jusqu'à Belgrade ne prend que cinq jours malgré les méandres et sans arrêt, au lieu de douze par terre dans la plaine hongroise de Belgrade. À partir de Belgrade, il suit la voie Morava-Maritsa, avant de traverser la Thrace et d'arriver à bon port[42]. Rapportant arbres et fleurs du Levant, dont le marronnier d'Inde, les tulipes et les lilas, le baron Ogier Ghislain de Busbecq a recueilli en Orient des manuscrits anciens et des inscriptions, dont «le monument d'Ancyre», en Galatie, où Bajazet Ier fut vaincu en 1402 par Tamerlan.

Au XVIe siècle, on assiste à un renforcement des relations routières entre les régions danubiennes, bulgares, roumaines. Ce fait s'explique par plusieurs circonstances favorables: la «communauté» du régime politique épris d'unité, les institutions, les garnisons des forteresses établies par la porte, les nécessités d'approvisionnement de ces garnisons et des fonctionnaires ottomans. S'y ajoutent les besoins accrus de la consommation de Constantinople et des centres urbains de Roumélie. On importe de Moldavie et de Valachie de fortes quantités de céréales. La vassalité des principautés roumaines facilite leur exploitation économique par la voie du Danube. La Maritsa (jusqu'à Plovdiv et Pazargik), et la Strouma dans son cours inférieur remonté par des navires venus de Dubrovnik, Venise et l'Égypte, sont les voies naturelles de débouchés pour les blés, la laine, et les cuirs, apportés à Sérès des localités ou régions limitrophes. De multiples voies secondaires sillonnées de convois – charrettes, chevaux, ânes, chameaux et, sur le fleuve, radeaux, barques ordinaires et grands navires – assurent les systèmes de liaison entre les campagnes, les villes et l'exportation par la mer Noire ou la mer Égée.

Les travaux de Bogumil Hrabak ont montré qu'entre 1450 et 1600, les voies de propagation de la peste sont les routes commerciales et militaires: marchandises en circulation et armées en campagne propagent l'épidémie. Le contact continu et l'interpénétration villes-villages est favorable à cette propagation. Autre observation: les régions contiguës, la Serbie et la Bosnie, toutes deux sous la domination turque, ne souffrent pas dans la même mesure. Située sur la route principale des armées turques vers la Hongrie et, plus tard, vers Vienne, la Serbie souffre plus que la Bosnie, située à l'écart. Le climat ajoute à la propagation: les étés trop chauds et les hivers glacés ne facilitent pas les déplacements individuels ou collectifs. C'est à Raguse (Dubrovnik) que revient en 1377 l'idée d'isoler durant un mois d'abord, quarante jours ensuite, tout arrivant d'un lieu pestiféré avant de le laisser pénétrer dans la ville. Une «politique sanitaire de frontières», «synthèse cohérente des théories aéristes d'Hippocrate et contagionistes de Frascator, est alors définie à la fin du XVIe siècle dans l'Empire ottoman». (D. Panzac, *TURCICA*, 31, 1999, p. 87-108)[43].

Les voies traversières

Aussi importantes pour la constitution des États, le commerce local et régional, les déplacements de population, sont les voies traversières qui, sur des portions limitées, assurent les communications dans un pays où, souvent aggravé par l'occupation étrangère, l'isolement est la loi. Au sein d'une histoire tourmentée, trois voies apparaissent importantes: la voie Egnatia qui coupe les plaines de Macédoine et l'Albanie, la *via di Zenta* ou porte de Scutari, la porte de Fiume entre cette ville et Lioubliana

La première, la voie Egnatia, empruntée par la première Croisade, a servi pour gagner rapidement, d'Italie centrale, la Macédoine et la Thrace. L'empruntèrent les légions romaines et les Normands de Sicile aux XI⁰ et XII⁰ siècles. À la conquête de la Macédoine, les conquérants espéraient la reconstitution d'un Empire balkanique et italien de Durazzo à Byzance, de l'Adriatique au pont Euxin. Sur la côte basse, Duzazzo, est un des rares ports albanais valables. La route monte jusqu'à Elbassan où, sillonnée de petits chars à roues pleines, portant trois cents à quatre cents kilogrammes, elle atteint le fleuve, le Shkoumbi. Gravissant la montagne, elle tombe sur le lac d'Okhrid, traverse la seconde et troisième chaînes jusqu'à la route turque, à travers les bassins macédoniens jusqu'à la Campania de Salonique, avant de rejoindre, par la Maritsa, la direction de Constantinople.

La *via di Zenta* prend son point de départ plus au nord, à la porte de Scutari où s'est bâti Lyssus la romaine (*Alessio* des Italiens, *Lesch* des Albanais), puis Scutari, (*Skadar* en serbe, *Shkodra* en albanais) capitale du royaume serbe de Zéta, fréquentée par les marchands italiens en route vers la Macédoine. Elle devient route de Raguse et permet aux marchands de la cité de pénétrer dans l'arrière-pays balkanique et de concurrencer Venise, «maîtresse du sel et du blé, qui s'en sert comme arme politique afin de contrôler les montagnards dont elle redoute le penchant guerrier» (O. Jens Schmitt, «Venise et Skandenberg. Documents inédits» *TURCICA*, 31,1999, p. 247-312)[44].

La porte de Fiume est un autre élément de pénétration interne et transversale: les plateaux karstiques s'amincissent, la plaine pannonienne se rapproche. Une coupure s'y insère près de Lioubliana, ligne relativement basse, ligne d'eau où les rivières disparaissent dans le karst (G. Chabot). Cette liaison entre la mer et les plaines slaves de Mésopotamie du Nord conditionne l'importance du port de Fiume. La ville a été haussée, par la Hongrie, en rivale de Trieste, en tant que sortie de l'Europe centrale sur la Méditerranée. Les Slovènes et les Croates ont, par là, colonisé la Carniole («marche-frontière» en slave), véritable liaison internationale de l'Europe, par laquelle passera le Simplon-Orient-Express qui utilisera cette coupure du karst, entre Trieste et Lioubliana.

Ces voies traversières, dont l'importance est considérable au XV⁰ siècle, ont été utilisées, selon les saisons, par les ambassadeurs, négociants et courriers vénitiens et ragusins se rendant de l'Adriatique à Sofia et, de là, à Constantinople. Ils peuvent être accompagnés, le cas échéant, de sergents de l'armée turque et voyagent en caravanes: le temps, le coût, la sécurité sont les éléments essentiels du choix de l'itinéraire. Étapes des armées, routes commerciales depuis le Moyen Âge, ces voies s'opposent aux chemins de montagne accessibles aux seuls mules et mulets, animaux de charge au pied sûr. Elles rejoignent les routes des vallées qui rendent possible le transport des marchandises à dos de cheval. Sur ces couloirs allongés, naît un commerce par convois et caravanes de chevaux ou mulets, le *kiridjilouk* turc. Ils trouvent dans les *khans*, auberges où les *kiridji* passent la nuit, les relais nécessaires, peuplés et bruyants.

Les sentes pastorales

Les voies de la montagne, moins visibles sur les cartes que les précédentes, moins connues dans l'histoire, sont indispensables à la vie des populations. La montagne impose dans l'ère préindustrielle, au peuple des bergers, la transhumance, déjà constatée dans les montagnes de France. Le berger des Balkans est un homme qui a deux patries: une patrie d'été, une patrie d'hiver. Pour aller de l'une à l'autre, selon des coutumes ancestrales, les mêmes chemins retrouvent les mêmes pâturages, les mêmes relais et les mêmes points d'eau. De Martonne a tenté de décrire la vie des populations pour les Karpathes valaques, Cvijic pour les montagnes yougoslaves[45].

À part demeurent les montagnes de Transylvanie. Rattaché à l'Empire romain en 106, le pays a bénéficié pendant deux siècles d'un réseau routier romain. Après l'évacuation militaire et administrative de la Dacie en 271, l'arrivée des envahisseurs, Hongrois et Saxons, à partir du XIIe siècle, remettait en fonction une partie de l'ancien réseau et parfois lui substituait de nouvelles routes. En prenant le cas de la vallée de l'Olt, Michel Tanase a mis au point une méthode d'investigation basée «sur l'observation directe à trois niveaux: représentation cartographique, toponymie et observation sur le terrain», dans une comparaison appuyée des paysages, avant et après la route. Sont apportées, par cette étude de la route, «au niveau du parcellaire d'une agglomération traversée, des réponses aux problèmes de l'occupation du sol et du peuplement» (*Actes du colloque de Flaran*, p. 289-294).

Coincés dans une montagne de calcaire blanc, brûlée de soleil en été, parsemée des maigres touffes d'une *phrygana* épineuse, les sentiers grecs apparaissent, face aux plaines brûlées et fiévreuses, comme un asile doté de croupes herbeuses et de pentes boisées, parcourues par des pâtres conduisant moutons et chevaux en de nombreux troupeaux. Dès la neige, tous descendent vers les plaines littorales albanaises ou les plaines côtières du nord de l'Égée. Sentiers des montagnes dinariques déroulant les plateaux karstiques, moutons de la Zagora qui hivernent sur les bas poliés du Monténégro, de l'Herzégovine, suivant les pistes des *Homliatsi*, vieille tribu de pasteurs. De l'autre côté, s'étendent les hautes *planiné* alpestres, propices aux bovins, où estivent les populations avant de retrouver les basses plaines fluviales.

Ainsi, au XVIᵉ siècle, se maintient et s'accroît le mouvement incessant des cimes aux plaines des deux versants. Transhumance variée: si le mouvement des brebis des moyennes plates-formes (huit cents à mille mètres) reste stable, le chemin va des bas-villages aux bergeries des monts. Phénomène encore plus important comme ampleur et signification, celui qui va des prairies du Bas-Danube jusqu'au piémont valaque: demeure vivante l'opposition *Vlakh* (Valaque) le berger, et *Bougar*, le cultivateur, qui n'est pas sans rappeler – type le Morvan ou le Harz – dans l'Ouest européen, certaines oppositions des massifs anciens, de leur piémont ou de leur dépression périphérique.

2. Entre la mer et l'océan: les routes de la péninsule ibérique

Les routes de France vers le sud ne s'arrêtent pas aux Pyrénées: elles franchissent ces dernières aux deux extrémités, col de Roncevaux à l'ouest, col du Somport à l'est, sans compter les chemins transversaux, routes muletières ou de transhumance qui pénètrent dans la montagne, débouchent dans une Espagne, en pleine ascension, vainqueur des guerres d'Italie (B. et M. Cottret), mais où subsistent, vivants, les souvenirs d'une Espagne musulmane.

Les routes du royaume de Grenade et de la «Reconquête»

Dans son étude sur *Le Royaume de Grenade au milieu du XIVᵉ siècle*, Christine Mazzoli-Guintard s'est attachée à définir les formes de peuplement à travers le voyage d'un homme de pèlerinage, Ibn Battûta, de Gibraltar à Grenade, aller et retour. Les routes y sont évoquées de manière «brève et laconique»; il donne les distances, signale les villes traversées et s'étend sur ses motivations: rencontrer à Grenade les célèbres docteurs. Le trajet révèle l'existence de grands centres du savoir, il voyage à dos de mulet, comme son «successeur» Abd al Bâsit, un siècle plus tard, sur des routes où règne l'insécurité. Le moment n'est pas venu de l'introduction de la race du pur sang arabe, rapide, maniable, courageux et résistant, croisé avec les produits de la «race ibérique». Le paysage urbain est évoqué sobrement: au centre la mosquée, à côté les habitations, tout autour les fortifications. Son discours reflète la diversité des formes de peuplement. E. Lévi-Provençal (*Mélanges W. Marçais*, 1950) a identifié les étapes de son expédition. Humain avec les Maures, les juifs et leurs usages, son passage du détroit a été motivé par son désir «de prendre part à la guerre sainte et aux combats contre les Infidèles».

De là une autre vision de l'Espagne, celle des «routes adverses», les unes celles de la reconquête par les royaumes chrétiens, les autres, celles de la résistance maure, appuyée sur une brillante civilisation. Yûsuf Ier (1333-1354) avait alors édifié la monumentale porte de la Justice de l'Alhambra, une partie du palais royal et la *madrasa*. S'était installée une identité arabo-andalouse où la ville, centre politique par excellence et symbole d'une civilisation raffinée islamique avec sa mosquée et ses bains publics, attirait marchands et artisans (Christophe Picard). Le 16 août 1462, le duc de Medina-Sidonia et le comte d'Arcos s'emparaient de Gibraltar. Grenade tombait en 1492, alors que les routes maritimes s'ouvraient dans l'Atlantique pour la grandeur de l'Espagne. Va triompher la politique des rois catholiques, dans la vision moderne de la formation d'une monarchie nationale, basée sur l'obtention de l'unité territoriale, judiciaire, religieuse, de la pensée. En principe pays de soldats, la Castille devient pays d'étudiants, de juristes, de clercs, de théologiens, de secrétaires. Un sang nouveau circule. Les routes en sont les artères nourricières.

L'espace acquis était alors, pour les neuf dixièmes, pratiquement vide d'hommes. La «*Reconquista* préludait à une opération beaucoup plus importante, la *Reploblaciôn.*» (P. Chaunu.) Repeupler et, en même temps, s'insérer dans le système de communication mis en place par l'État et symbole de sa présence, tel était le problème[46]. Formées de provinces récemment réunies à un centre commun, la Castille jointe à l'Aragon, pénétrées de l'expérience encore neuve de la *reconquista*, les terres espagnoles voient les routes «nationales», colonne vertébrale, filer du nord au sud, les voies transversales, agent de l'unité, s'orienter d'ouest en est, de la mer à l'Océan. Routes de Barcelone, le port catalan méditerranéen, à la Navarre et aux provinces basques par la voie de l'Ebre; importante transversale de Valence à Médina del Campo et au Portugal, raccourcis terrestres d'Alicante et de Malaga à Séville qui permettent d'éviter le passage de Gibraltar resté espagnol jusqu'en 1713, autant de voies qui résistent à l'attraction atlantique qui joue à plein à Lisbonne, la péninsule ayant retrouvé son unité de 1580 à 1640.

Valladolid, centre routier régional

Les routes transversales se coupent en des nœuds importants à une époque où la puissance de l'Espagne était grande, où se fortifiait le pouvoir royal. L'un de ces nœuds, Valladolid, bien connu depuis les travaux de Bartolomé Bennassar, profite d'une convergence opportune. La ville est placée sur le grand axe économique et politique du royaume de Castille, voire de l'Espagne qui, de Bilbao ou Laredo à Séville-San Lucar, traverse, du nord au sud, des villes importantes: Burgos, Valladolid, Medina del Campo aux célèbres foires, Ségovie, Madrid, Cordoue. En 1604, Barthélemy Joly, ecclésiastique français, assiste à Valladolid à la Semaine sainte où défilent les reliques. Les sujets d'Aragon sont exclus du commerce d'Amérique: leur restent la péninsule et l'Italie[47]. Publié en 1546 par le Valencien Juan de Villuga et repris en 1576 par Alonso de Menesen, le *Repertorio de todos los caminios de Espana* note que la partie de l'Espagne, la mieux pourvue en routes au XVIe siècle, correspond au polygone Burgos, Zamora, Salamanque, Avila, Tolède, Madrid, Valladolid. Réseau d'une longueur d'environ quatre mille kilomètres, d'une densité quatre fois supérieure à la moyenne péninsulaire. Entre 1546 et 1576, croît l'importance de la route directe Valladolid-Madrid, du fait de la montée de la capitale, qui s'affirmera au siècle suivant.

Exerçant, durant une partie du siècle, un rôle primordial, Valladolid est reliée aux itinéraires internationaux, notamment celui qui va des Pays-Bas à Madrid *via* Paris, Irun, Burgos et Médina del Campo. Se retrouvent ici les trajets des grands personnages, dont Charles Quint, qui empruntèrent cette voie. Au départ de Valladolid, deux routes s'orientent vers Tolède, l'une courte, rapide, à l'usage des voyageurs pressés et des courriers, «le chemin des chevaux», à travers les sierras, par les relais sommaires, de simples *ventas;* l'autre, plus longue et plus lente, aux passages et aux pentes moins rudes pour les charrettes, desservant bourgs et villages, Olmedo, El Espinar, Guadarrama, avec de nombreux détours. Autres itinéraires qui se croisent à la porte de la ville: le vieux chemins de Saint-Jean-Pied de Port à Compostelle, vers le Léon et la Gallice par Tordesillas, et, à six lieues, la transversale Saragosse-Salamanque. Centre d'une toile d'araignée dont les fils saisissent les gens, les bêtes et les marchandises, Valladolid est la ville-pont la plus importante de la Meseta du Nord, malgré le caractère archaïque de la technique des ponts et chaussées, face aux crues et aux érosions des sols. L'entretien, coûteux, reste précaire; la sécurité est en général assurée, grâce aux effort des *alcades* de la *Hermandad*. Les auberges sont rares et chères, la rapidité des courriers variable[48].

Burgos et Medina del Campo: la laine et les foires

Autres centres décisifs en Vieille-Castille, Burgos d'abord, dont l'histoire au XVIe siècle est celle d'un apogée. Gaspard Contarini note alors: «Burgos est une ville peuplée de marchands qui entretiennent un grand commerce avec la France et avec les Flandres.» Apogée suivi d'une rapide décadence, dont témoigne Nazario Gonzalès dans *Burgos, ciudad marginal de Castilla* (1958).

La source de la richesse de la ville? La laine et le commerce international qu'elle suscite. À Burgos sont organisés les convois qui acheminent la laine vers Bilbao: sept mille à huit mille mules y sont employées. S'y ajoutent l'industrie du cuir, des cordonniers, pelletiers d'art… au carrefour de plusieurs voies vers Valladolid, Soria, Barcelone, La Biscaye, Laredo, Santander, Santiago. La *Puerta de las Carretas* évoque ce trafic. La décadence commence avec la peste de 1565, la révolte des Pays-Bas et la guerre contre l'Angleterre. S'y ajoute le rôle croissant de Madrid en tant que place financière, et de Séville comme place commerciale. Le départ des juifs (1492) – dont il faudrait analyser les conditions de déplacement (les routes de l'exode sont différentes des routes de la reconquête, ne serait-ce que par l'esprit qui les anime) – accélère le processus de détournement et du retour à la terre d'une population: c'est la fin d'une épopée urbaine, industrielle et routière, rendant plus sensible l'opposition essentielle: *munifundio* au nord, *latifundio* au sud (P. Chaunu, p. 268).

Autre exemple de cité prospère, Médina del Campo qui détient deux des foires de Castille, les autres étant réparties entre Médina de Rioseco et Villalon. Valladolid aurait voulu regrouper en son sein ces quatre foires car, dit Henri Lapeyre, «un pareil système d'allées et venues qui obligeaient à transporter plusieurs fois les mêmes marchandises lorsqu'elles n'avaient pas été vendues et posait dans trois localités différentes des gros problèmes de logement, était le legs d'un passé lointain». Sous le règne de Philippe II, les foires furent regroupées à Medina del Campo déjà favorisée par Isabelle la Catholique. Les foires de Castille étaient la raison de vivre de Médina, avec quarante-sept gros marchands, quatre facteurs de maisons étrangères, vingt et un épiciers, quatorze libraires… en 1561. La fortune de Simon Ruiz était évaluée à trois cent soixante-trois mille ducats[49]. La ville avait surmonté les crises grâce aux réformes de 1578 et de 1583. Les affaires et l'argent affluaient de France, d'Italie, du Portugal, des royaumes de Valence, Aragon et Catalogne jusqu'en 1594, quand se produisit une nouvelle crise: le retour de la cour à Madrid sonna le glas des foires de Médina et de la spectaculaire intensité du trafic sur les routes qui convergeaient vers la ville.

Salamanque, la ville des livres et des écoliers

Autre exemple qui rejoint celui de Bologne en Italie et rappelle le commerce des livres hérité de l'humanisme: Salamanque, la capitale intellectuelle dont l'*estudio* fut créé au début du XIIIᵉ siècle et consacré par un bref du pape Alexandre IV en 1255. Dès le XVᵉ siècle, la réputation de l'université est internationale. De nombreux étudiants en lettres et sciences y affluent. En 1561 l'Université accepte le système de Copernic. Le pédagogue Juan Luis Vives (1439-1540), né à Valence et qui se fixera à Bruges, a formé de nombreux disciples. Le ministre de Philippe IV, Olivarès, homme cultivé et ami des lettres et des arts, passé par Salamanque, y avait acquis l'art de l'éloquence. Cinq mille huit cents étudiants en 1551, 6778 en 1584, année record. Soixante-dix chaires magistrales se dressent dans cette féconde capitale du savoir, du livre et de l'imprimerie. En 1630, la ville est entraînée dans la décadence qui affecte l'ensemble du pays. Depuis 1508, une autre université lui faisait concurrence, Alcacâ de Henarès, création du cardinal Jimenês de Cisneros. La Réforme menace. Philippe II défend aux étudiants et professeurs de sortir à l'étranger, exception faite pour les études à Rome, Naples et les universités portugaises, Coïmbre et Evora, directions privilégiées. En 1492, était décidée par la monarchie l'expulsion des juifs et, en 1609, celle de plus de trois cent mille morisques (Maures restés en Espagne après la *Reconquista*), décisions qui accentuèrent le déséquilibre économique du royaume de Valence et de l'Espagne tout entière.

Séville, la porte des Amériques

Ville au passé vénérable dans une région de longue date urbanisée, l'antique Hispalis présente un site classique, déjà reconnu par Strabon en tant qu'étape fluviale sur le fleuve. La marée gonfle le Guadalquivir, qui, resserré dans un chenal unique avant de se diviser en plusieurs bras, offre des facilités de franchissement. Dernier point vers le sud où la route, allant des villes de l'Alcor à la cité d'Italica (dont il ne reste que des ruines) et à Huelva, pût la traverser par un seul pont. Conjonction des routes, conjonction des commerces, l'un de terre, l'autre de mer, par où arrivent au XVIᵉ siècle les trésors d'Amérique, maîtrisés par Pierre et Huguette Chaunu (*Séville et l'Atlantique (1504-1560)*, Paris, Colin, 1955-1959).

Centre du commerce des Indes, siège de la *Casa de Contrataciôn*, Séville rythme les arrivées de métaux précieux qui vont sous-tendre la puissance de Philippe II: or du pillage et de l'orpaillage jusqu'en 1520, ressources des mines du Mexique à partir de 1535-1540, puis celles du Pérou. Arrivent à Séville plus de cent cinquante tonnes (équivalent argent) par an, du moins jusqu'aux années 1630 où la production chute. Se développe la recherche de ressources nouvelles, les manipulations monétaires et l'utilisation de la monnaie de cuivre. À la fin du siècle, «le passage de la prédominance de l'or à celle de l'argent (du Potosi) fait du siècle d'or un véritable siècle d'argent» (Fr. Hildesheimer). Reste le problème de la réexpédition, de la transformation et du transport des métaux précieux. Une partie s'évade par la voie maritime, mais les routes de l'intérieur – et la route de Madrid en particulier – en voit passer sous bonne garde une certaine quantité. Il s'agit d'un service quasi public, par Cordoue, en remontant d'abord le Guadalquivir, puis en traversant les âpres territoires de la Nouvelle Castille. Mais nous n'avons que peu de renseignements sur les modalités pratiques de ces transferts qui alimenteront les finances des catholiques français et des Habsbourg de Vienne.

Madrid, la capitale à la croissance accélérée

Autre exemple d'extension, en dehors des centres urbains et routiers que sont alors Tolède, Séville, Lisbonne en Portugal, ouvert sur les espaces océaniques: Madrid à la croissance accélérée aux XVIᵉ et XVIIᵉ siècles. À l'origine, beaucoup l'ignorent. En 1582, lors de son ambassade, Jean Sarrazin découvre la nouvelle capitale. La ville s'est haussée au rang de résidence royale par le palais que Charles-Quint y a bâti, par sa démographie et par le nombre de routes qui s'y croisent. La culture et les arts prospèrent. Quand se diffuse la pédagogie des Jésuites, louée par F. Bacon, y est fondé en 1625 avec plus de vingt chaires, le collège impérial qui attire nombre d'étudiants de Salamanque ou d'Alcalá. Quand François Bertaut visite la ville en 1659, elle a beaucoup changé. La *plaza Mayor* a été dessinée. La cour y réside, les fonctions de tous ordres s'y développent. Selon la saison, le voyageur sera livré à la boue ou à la poussière[50]. Nous la retrouverons au XVIIIᵉ siècle dans une «nouvelle Espagne», en voie de «centralisation» et de développement routier.

La Mesta, l'Aragon et l'immigration française

Un phénomène essentiel reste celui de la transhumance des moutons, la *Mesta*, à travers une partie de l'Espagne, en Castille essentiellement, en Aragon également, suivant les *pacerias* (passeries) ou accords de paix. Les routes nord-sud ont d'abord été celles de la reconquête surgie des massifs montagneux du Nord, accusant les contrastes entre l'Espagne des plateaux et l'Espagne périphérique. À cette histoire est liée celle de l'élevage transhumant. Les progrès de la reconquête avaient mis à la disposition des chrétiens, réfugiés en nombre dans la montagne avec leurs troupeaux de moutons, des étendues dépeuplées. Les privilèges leur en ont garanti l'usage. Par ailleurs, favorable à la production de la laine, la reine Isabelle a poursuivi une politique systématique d'extension des pâtures aux dépens des champs cultivés.

Pour se défendre contre les communautés du plateau, les *serranôs* ont créé une association, la *Mesta*. Le premier privilège, de 1273, durera plus de six siècles, marqués par le double déplacement annuel des troupeaux, s'avançant au milieu d'une nuée de poussière, celle-là même que Don Quichotte, chevalier de la route, prit pour une armée en marche. «La *Mesta* obtient le respect scrupuleux des droits de passage et de possession qui rendent difficile la protection des récoltes ou l'accroissement des surfaces cultivées.» (J. Pérez, *Comunidades*, p. 35, P. Chaunu, I, 117, s.l.n.d.) Démembrement de la propriété foncière au profit du pasteur, elle dispose d'un faisceau de routes protégées contre les empiétements des riverains – *canadas reales, cordeles, vezredas* – qui unissaient les pâturages d'été et les pâturages d'hiver. En 1526, 3530156 trois millions cinq cent trente mille cent cinquante-six têtes de bétail les ont empruntées: alliée du pouvoir royal, la *Mesta* a marqué son passage dans les institutions, dans les paysages des plateaux, comme dans les relations des régions entre elles. Klein, l'historien de la *Mesta*, a été sensible au synchronisme entre le déclin de la *Mesta* et celui de la monarchie à la fin du XVIᵉ siècle. Le recrutement des soldats et la politique impérialiste en Flandres et en Italie, les incessantes demandes de subsides royaux entraînent la perte des effectifs de la *Mesta*. Jouent également la supériorité des transports maritimes sur les transports terrestres et l'essor de Madrid[51].

En Aragon les accords de paix tentent d'éluder les antagonismes nationaux. Les associations d'éleveurs du cru se distinguent des institutions castillanes. La *Casa de Ganaderos de Zaragoza* qui finit par contrôler une grande partie de la *Tierra Llana* (une partie de la dépression de l'Ebre), était antérieure à la *Mesta* et a conservé son autonomie par rapport à celle-ci. Ses privilèges furent réaffirmés par Ferdinand VII en 1828. Fausta Garasa (*Frontières*, Metz, 2001) note également que «jusqu'au XXᵉ siècle, les montagnards ne disposèrent pas de moyens de transports modernes ni d'un réseau routier digne de ce nom. En ces temps, voyage rimait avec expédition». Les jeunes gens se consacrent à la transhumance, les jeunes filles émigrent en France pour travailler dans les fabriques d'espadrilles. Le voyage transhumant et le commerce des animaux, facteur d'échanges à plus ou moins grand rayon, apparaissaient «comme élément relationnel et de transgression des limites», trait d'union entre des contrées à l'identité bien marquée[52]. Multiples sont les chemins entre la France et l'Espagne. L'importante immigration française qui gagne la côte du Levant espagnol, depuis Perpignan jusqu'à Valence, ou se répartit pour les récoltes et les vendanges sur l'ensemble de la Meseta, n'est pas toujours la bienvenue, mais ces allers et retours, précurseurs de la décadence qui va frapper la péninsule après 1630 (Vilar parle de 1600-1605) s'accompagnent, sur la société française et dans les régions du Sud-Ouest, d'une emprise hispanique bien marquée à l'époque de Philippe IV et de Louis XIII.

Les transports intérieurs sont réduits aux charrois et aux bêtes de charge. Les charrettes répondent au modèle traditionnel à quatre roues aux prises avec un relief souvent difficile.

L'État, de son côté, se préoccupe peu de l'entretien des chemins, même si, en 1497, les rois catholiques ont créé la *Cabana real de Carretoros*. L'essentiel reste le transport par bêtes de charge: chevaux et mules se croisent dans la péninsule. Deux itinéraires apparaissent essentiels: l'un de la Castille aux ports de la Méditerranée, spécialement Carthagène et Alicante, d'où la laine s'exporte pour l'Italie; l'autre de la *Mesta* à Bilbao, en passant par Burgos et les cités des foires. F. Braudel a relevé le destin de l'axe qui, de Medina del Campo à Valladolid, Burgos et Bilbao, unit des villes particulièrement actives: la ville des foires, la capitale (jusqu'en 1560) de Philippe II, la grande place des marchands de laine et enfin la ville des marins et des transporteurs, point d'aboutissement et point de départ des activités commerciales.

Ne peut exister en Espagne l'utilisation pérenne des voies navigables même si, en 1585, l'ingénieur italien Antonelli présentait aux rois et aux Cortès un projet pour rendre navigable le cours du Tage, de Lisbonne à Talavera. Une inondation qui emporte un chemin est toujours à craindre. En 1659, François Bertaut notait «que le Tage pourrait porter bateaux jusqu'à Tolède, mais ils n'y viennent point [...] Philippe Second entreprit de faire venir un bateau de Lisbonne jusques à Aranjuez et en vint à bout, quoique avec beaucoup de peine». En 1793, J.-F. Bourgoing diplomate, décrit le canal d'Aragon, à une demi-lieue de Saragosse, commencé sous Charles-Quint. Il le parcourt, non ter-miné, dans une grande barque avec l'ingénieur don Ramon Pignatelli, compre-nant écluses et ponts, dérivé de l'Ebre, lui-même navigable cinq ou six mois de l'année depuis Saragosse jusqu'à la mer.

A suivi un développement parallèle des postes publiques indispensables au développement commercial. Le monopole espagnol est entre les mains de la famille des Taxis dont un membre a obtenu la charge de *Correo Major* de Castille. Au temps de la grandeur de la monarchie, la poste utilise six routes principales, de Madrid vers les frontières et les pays étrangers, rentrant dans le vaste dessin étudié par Alain Hugon, *Des Habsbourg aux Bourbons: le combat espagnol pour la conservation de l'hégémonie européenne*, entre le milieu du XVIe et la fin du XVIIe siècle[53].

3. Dans la péninsule italique, un centre d'attraction et de rayonnement: Rome[54]

«Tous les chemins mènent à Rome» (ou en viennent). La Réforme a peu modifié le dicton, d'autant que la Contre-Réforme a pris le relais. Rome vit intensément le passage entre le Moyen Âge et la Renaissance, par une participa-tion directe aussi bien à l'histoire culturelle européenne et à la présence conti-nue de l'Antiquité qu'à l'histoire économique, commerciale et bancaire internationale (Arnold Esch). De Rome partent trois itinéraires, la *via Cassia* vers Florence, la *via Appia* vers Naples, la *via Flaminia* vers Ancône. Dans une Italie, faible politiquement, mais brillante économiquement et puissante dans les arts et les lettres, les *avisi* éclairent le trafic commercial. Participant au pres-tige de la péninsule, les routes de Rome (Jean Delumeau) rendent compte de la situation de la cité vaticane, carrefour du monde catholique.

Les voies de terre

Traversant le Nord de la Toscane, en mai 1581, Montaigne avait été frappé par le bon état du réseau routier (T. Szabo). Bornes le long des routes, bon état des ponts, auberges fréquentes qu'évoque Boccace dans le *Décaméron*, autant de signes à mettre au bénéfice du XVIe siècle en Italie. Peut-être faut-il rappeler la diffusion de la poste et surtout le rôle des communes plus que des princes: existe en effet depuis le XIIe siècle une administration communale des routes qui veille à l'entretien matériel et a laissé de gros dossiers, notamment à Pistoia et à Florence[55].

Plus qu'ailleurs, la ville est liée à la route. En Occident les grandes villes se pressent près de la mer, route universelle, de préférence aux routes de terre quand elles existent: «Une carte des villes méditerranéennes au XVIe siècle coïncide, dans son ensemble et dans ses détails, avec la carte routière.» (F. Braudel.) En témoigne cet axe qui va de Tarente par Bari jusqu'à Ancône et d'Ancône par Bologne, Modène et Parme, jusqu'à Plaisance et s'arrête au Pô. Entre Rome et le pèlerinage de Lorette, le chemin est particulièrement soigné. Les coches et les carrosses représentèrent une innovation presque sensationnelle en Italie où ils apparurent plus tard qu'en Allemagne. Des velléités d'améliorations, mais peu de choses est réalisé. Le pape Sixte Quint (1585-1590) serait l'homme de la route. Il installe «une congrégation des routes»; dès 1587, il nomme «un commissaire général à la restauration des routes, ponts et fontaines de l'État». Un programme complet de création, d'entretien et de financement est élaboré mais disparaît avec son auteur. Les routes sont nourricières: elles meurent ou pâtissent suivant les gênes routières progressives: en 1528 les liaisons de Florence vers le sud ont été coupées par le sac de Rome (1527), de même vers le nord, en direction de la France, du fait de Gênes, et de l'Allemagne, du fait de Venise. Florence doit avoir recours à des routes détournées ou de contrebande pour maintenir son activité: telle est l'influence du politique.

De Naples à Florence, sur la *via Appia*, malgré la primauté qui demeure à la bête de somme, circule la *procaccio*, lente caravane qui met quatre jours pour l'une ou l'autre destination et utilise, voyageant de jour, chevaux et mulets sur des routes, au relief tourmenté, franchissant les ponts intacts et, à gué, les fleuves et les rivières. Au premier plan, les marchandises, des textiles, soit à l'état de matière première, soit sous forme de soie grège napolitaine. Dans l'autre sens, les textiles florentins descendent jusqu'à Naples. Rome reste un centre de consommation, du fait du luxe du vêtement et des appartements. Ville des tailleurs et des «stylistes», Rome file et tisse peu. Telle Avignon, elle a conservé les transports de monnaie et l'acheminement du numéraire venu de toute l'Europe. L'utilisation de la lettre de change, en progrès, n'est pas toujours possible. Les emprunts de la ville des Papes font de la place une «cité de l'argent», inscrite sur l'axe Barcelone et Séville, Naples, Florence et Gênes, grâce au service des *procaccia*. L'imprimerie a stimulé les échanges intellectuels. Le latin fait vivre encore nombre d'érudits, au service des échanges scientifiques stimulés entre universités, quelle que soit la distance. L'italien est la langue internationale des affaires, le latin celle de la religion catholique et de la diplomatie.

Du fait du développement des relations avec l'Orient, a grandi le rôle de la cité de l'Adriatique, Ancône, devenue, depuis Clément VII, partie intégrante de l'État pontifical (1532), bourrée de réfugiés juifs, grecs, levantins, arméniens, dalmates, allemands, français, flamands… De même est considérable la fréquentation de la *via Flaminia*, pour les marchandises comme pour le numéraire, en rapport avec les colonies étrangères, juives (à Rome) et allemande (à Venise). Outre les draps de luxe, se retrouvent aux abords de la capitale, la soie, le papier, la cire, le bois, les toiles et les tissus de Bologne, le travertin et la chaux de Tivoli, indispensable à la politique des grands travaux, sans oublier l'alun, l'huile et le vin[56].

Le fleuve, artère vitale

Le chemin de terre double la voie d'eau, le Tibre. Entre le chemin terrestre et le chemin d'eau, les hommes du XVIᵉ siècle préféraient souvent le second. De là l'effort des dirigeants pontificaux – et des magistrats des villes – pour reconstruire les ponts et améliorer les voies d'eau, telle le Bas-Tibre ouvert jusqu'à Rome aux barques de mer. Non que la sécurité y soit meilleure: les pirates barbaresques désolent la Méditerranée et remontent les fleuves. En 1652, ils pilleront Ostie. S'y ajoutent les dangers des naufrages, «réalité quotidienne et banale», réduisant les quantités de blé ou d'alun reçue par la capitale. La barre du Tibre est mauvaise. Les lourds tonnages préfèrent la voie maritime, ainsi vers l'amont sur l'axe Ancône-Rome. En 1591, une tentative est faite, par le pape Grégoire XIV, pour faciliter les approvisionnements, par un édit «pour l'acheminement, par barques, sur le Tibre, des marchandises habituées à venir à Rome par terre ou à dos de mulet». Dans son *Itinerario delle poste per diverse parti del mondo*, paru à Venise en 1564, Giovanni de l'Herba, maître des postes génoises à Rome, écrit: «Si Rome était privée de son fleuve, elle périrait de faim en trois jours et serait abandonnée de tous ses habitants.» Le régime du fleuve fait la loi.

Le trafic[57]

Vers l'aval, la voie fluviale prend le relais de la voie de mer à Civita Vecchia; les marchandises sont transportées dans des barques qui se dirigent vers Ostie, puis remontent le Tibre. Des projets de canaux entre Civita Vecchia et

Rome ou de création d'un port près de Rome ont échoué. Les «barques», groupées en flottilles, transportent, en remontant le fleuve, le ravitaillement de la capitale: des blés de Sicile (sans être obsédés par le souvenir de Verrès), de Provence, d'Espagne et d'Afrique du Nord; des vins napolitains, siciliens, «grecs», de Crête, de France ou de Corse, les fruits, les agrumes, les fromages et, par les navires atlantiques, au début du Carême, les cargaisons de thon et de hareng. Le fer provient de l'île d'Elbe, le savon est qualifié de Gênois, l'alun de la Tolfa, les marbres de Carrare et, de plus loin, les produits exotiques. La question des tonnages est importante mais en l'absence des livres de la douane, elle apparaît difficile à résoudre. Restent les livres fiscaux, les taxes étant perçues sur les quantités. Plus proches de la réalité seraient les chiffres tirés de l'augmentation, dans le domaine de l'alimentation, de la population pendant le XVIe siècle. Plus exacts et collant davantage aux routes, apparaissent les chiffres tirés des archives du Capitole, sur les besoins de la ville en viandes de toutes sortes. En 1559, huit mille deux cent trente-six bœufs, sept mille sept cent trente-deux veaux, trente et un mille huit cent quatre-vingt-dix-neuf moutons, vingt-sept mille deux cent soixante-treize agneaux, seize mille six cent quarante-sept porcs, chiffres qui vont en augmentation. Rome mangerait beaucoup de viande. Les Romains? Les riches? Les visiteurs ou les pèlerins? La question a préoccupé Jean Delumeau. Les bêtes sont d'ailleurs plus maigres que de nos jours.

Qu'exporte Rome par ces chemins, tant de terre que fluviaux? Peu de choses par rapport aux entrées. Rôle de transit d'abord entre le Nord et le Sud ou Sud-Est. Un peu de produits de l'industrie textile sans doute, mais exportation de carrosses – la ville compte d'excellents menuisiers –, et des œuvres d'art. Des originaux? À l'époque de certains papes peu soucieux de conserver des œuvres païennes, des copies ou des moulages. En 1540, le Primatice, envoyé par François Ier, revient avec cent trente-trois caisses de moulages et de marbres dont l'arrivée provoquera, à la cour de France, une véritable révolution artistique. «Exporter la Vérité et l'Art, déclare Jean Delumeau, tel est le destin de Rome.» Peut-être aussi, malgré le progrès des lettres de change, rassembler les espèces d'or et d'argent, les unes restent, – le trésor pontifical – les autres passent: transit de l'argent espagnol pour les possessions d'Italie sur lequel l'Hôtel des Monnaies de Rome exige son pourcentage, autant d'«emprunts» rendus nécessaires par la «furie de construire» qui nécessitent, brigands à part, la venue de grosses quantités de numéraire issues de Florence et, plus encore, de Gênes.

Rome, ville cosmopolite, capitale du monde chrétien et capitale postale

Au XVe siècle, Rome est le centre postal le plus actif de la péninsule italienne et peut-être d'Europe. Philippe II y implantera son «courrier majeur» pour toute l'Italie: entre Rome et Madrid, circule le premier «ordinaire» de l'histoire. Les contacts que veulent garder entre eux les papes et les princes catholiques – face à la Réforme – expliquent cette primauté.

Rome et les cardinaux sont en liaison constante avec les églises nationales: octroi des bénéfices consistoriaux, ou bénéfices mineurs, contentieux multiples, filiales bancaires et versements à la Chambre apostolique. Rome est situé sur un des axes routiers de l'Empire espagnol, entre Orient et Occident. Les idées suivent la monnaie. Mireille Peytavin a étudié *Les Possessions italiennes dans la monarchie espagnole: «toujours prêtes à reprendre leur liberté»* (PU Sorbonne, 2001).

La marche du duc de Bourbon et le sac de Rome (5 mai 1525)

Un symbole demeure, le 5 mai 1527, la prise et le sac de Rome par l'armée impériale: «Par la somme des actes sacrilèges, le sac de Rome vaut largement celui de Constantinople en 1204.» (P. Chaunu.)[58] Après Pavie (25-02-1525), le traité de Madrid et différentes tractations, le pape Clément VII avait pris parti pour François Ier. Délaissant Florence, à la tête des contingents allemands, italiens, espagnols, Charles de Bourbon, passé à l'Espagne, pénètre en territoire pontifical le 1er mai 1527, progressant de quinze à vingt milles par jour, triomphant des obstacles naturels et humains. «La Paglia grossie par les crues, est traversée par l'infanterie, grâce à la cavalerie qui parvient à ralentir le courant, les soldats, rangés en files de cinquante hommes, se tenant les bras enlacés et ayant de l'eau jusqu'à la bouche.» (Denis Crouzet, *Mélanges Malettke*, 2001, p. 202.) Route de l'Enfer et de la rupture et, non plus, comme à l'origine, chemin du Paradis (ou de la Rédemption). Excommunié, Bourbon meurt pendant l'assaut. Lui disparu, les cercles littéraires se reconstituent. C'est moins la richesse matérielle qui est en jeu que l'idée même de Rome; confrontée à l'idée d'Europe (A. Michel, *La Conscience européenne, op. cit.*). L'idée de Rome avait joué un rôle considérable dans l'élaboration d'une pensée européenne. Elle apportait le modèle césarien (la force qui unifie), cicéronien (la parole libre), augustinien (la transcendance) et peut-être mondain (l'amour des richesses). Ajoutons le pragmatisme politique par le droit et la jurisprudence, la route qui rassemble et unifie, mais qui demande également à être entretenue, gardée et, à la frontière, «sacralisée» (J. Delumeau).

Courriers, nouvelles et hôtellerie

Sur ces routes circulent les courriers, extraordinaires ou ordinaires. Ces derniers partent à dates fixes et suivent des itinéraires arrêtés à l'avance. Ce sont ceux de la France, de l'Espagne, de Milan, et de Venise, où aboutissent les nouvelles d'Allemagne, de Gênes et de Florence en liaison avec le courrier de Lyon, de Bologne et d'Ancône par la *voie Flaminia*. Relations attestées de façon régulière vers 1570-1580. Les fréquences varient de huit jours à un mois; le chemin de Lorette est très fréquenté. À quelle vitesse voyagent ces courriers? Les appréciations sont diverses: Rome est à dix ou douze jours de Lyon, six ou sept de Gênes, quatre ou cinq de Venise. Chiffres plus élevés pour Paris, vingt jours, Bruxelles, par Milan, vingt à vingt-cinq; Prague, seize à dix-neuf; Cracovie, vingt-cinq à trente. Les chiffres changent avec les courriers extraordinaires, une quarantaine de jours seraient nécessaires entre Rome et Constantinople.

Les nouvelles varient selon les correspondants, vacances de bénéfices qui nécessitent de promptes réponses, annonces de prêts de banquiers ou de gros commerçants, paris sur l'élection pontificale ou la promotion au cardinalat de membres de la haute société: les prix sont élevés. Pour Rome-Venise, en 1521, vingt cinq ducats d'or; les prix des chevaux de même, calculés «par poste», chaque poste représentant douze à quinze kilomètres[59]. De là la fréquence des voyages à pied. Messagers et courriers sont les premiers bénéficiaires des installations hôtelières sur les routes et dans les villes. La répartition des auberges répond au double principe, de dispersion (dans les différents quartiers) et de concentration (au centre), tel que P. Wolff l'a montré pour Toulouse.

Cette question des auberges a fait l'objet ces dernières années d'études attentives en France, Angleterre et Italie. Auberges que l'on analyse sous quatre aspects: l'hôtellerie, l'hôtelier, la clientèle, la pratique du métier. Pour le moment, nous ne retiendrons que la conclusion de Noël Coulet (*Actes du colloque de Flaran 2*). Utilisant livres de comptes et actes notariés, évoquant deux catégories d'occupants: les politiques et les marchands, cet auteur note «l'importance économique du métier, la densité du réseau des auberges et l'ampleur des possibilités d'hébergement qui frappe par sa diversité», et de terminer sur une large ouverture: «Auxiliaire de la route, l'hôtellerie est aussi le miroir d'une ville et de sa région.»[60]

L'organisation postale de la papauté est en rapport avec ces possibilités diverses et ces exigences. Le monde catholique a désormais deux capitales, Rome capitale de l'esprit et de l'art, Madrid capitale de la foi et des armes. Quelles que soient les difficultés, la curie pontificale doit et veut être renseignée. Il en est de même des souverains qui tiennent à Rome des maîtres de poste, en rivalité entre eux. Ville internationale, Rome se doit de maintenir sa vocation. Le maître de poste français y durera jusqu'à la fin de l'Ancien Régime. La poste pontificale accroît son réseau, sa fréquence, ses relations, sa régularité et sa discipline. Il s'agit, par la route et par la poste, d'un véritable service de «nouvelles», efficace, discret et rapide, étendu sur la Chrétienté et, de là, sur le monde.

Conclusion

Que conclure sur les routes de ce XVIe siècle «européen»? Modernité et progrès de la civilisation européenne? Peut-être mais surtout essor démographique et mobilité des peuples, avancée ottomane, pointes migratoires malgré les aléas d'ordre divers, montée de l'Atlantique, «horloge du monde nouveau» (F. Braudel), descentes des armées, révolution des prix de 1520 à 1620 avec toutes ses conséquences, contacts fréquents et échanges aux aspects multiples, rôle également de la tradition et de la diplomatie dans le langage, le comportement et l'attitude pendant les déplacements. Le rapport de l'homme et de la route est primordial et révélateur. La multiplication du nombre des mulets aurait eu, en Méditerranée, la même importance que la multiplication des chevaux (de labour et de transport) dans l'Angleterre élisabéthaine. Le commerce essentiel reste cependant celui de l'argent et de la spéculation (apprécié), ou du salut (contesté). L'histoire routière, celle de la Renaissance, est faite des souvenirs d'une éducation scolastique ou «rénovée», de «reconnaissances» entre l'imaginaire et le réel, éléments plus ou moins «fabriqués» ou reconstruits chez les frères Platter, une esquisse de l'idée d'«équilibre à l'européenne» chez Montaigne, le primat du politique chez Machiavel ou du soubassement psychologique «comparatif» chez Érasme.

Autres progrès techniques, moins spectaculaires mais efficaces: directs avec la montée de l'État, comme en France, «indirects», avec la prise en main de l'administration par les communes (en Italie) ou par le gouvernement local (en Angleterre). Ils vont de pair avec les progrès concernant la poste (les Habsbourg), la rivalité des deux religions (Allemagne et France), et la rencontre de l'«Autre», le vide laissé par ceux qui partent, le juif (1492) et le Morisque (1609) évincés d'Espagne, réfugiés à Rome ou en Grèce (Salonique). Se fait jour une nouvelle attention, née de l'humanisme, dans la connaissance des lieux, à la fois théorique et pratique, dans la lecture des guides parfois érudits (les monuments et leur signification), dans le déchiffrement du paysage, l'écriture de l'histoire et la connaissance scientifique: en 1543, Copernic dédie au pape Paul III son livre sur *Les Révolutions des orbes célestes*. Peu de progrès populaires dans l'apprentissage de la lecture. L'oralité monte en flèche; le théâtre, l'image, la caricature triomphent avec la nouvelle venue, l'imprimerie. Les universités créées en 1348 par Charles IV – l'université de Prague, rénovée par Jean Huss entre 1409 et 1415, celle de Copenhague, fondée en 1479 par Christian Ier et celle d'Uppsala, celles d'Oxford et de Cambridge, et les deux institutions prestigieuses de Winchester (1382) et d'Eton (1440), l'université de Paris, celles de Salamanque et de Alcala de Henarès –, toutes sont fréquentées par un nombre croissant d'étudiants, allant à pied le long des chemins que hante Érasme, attentif aux leçons d'un nouvel humanisme urbain et «patriotique» (de clocher). Le temps est compté. Un nouveau calendrier, promulgué en 1582 par le pape Grégoire XIII, est adopté avec réticence par les États protestants: 1700 pour le Danemark, la Hollande, les États de l'Empire, 1752 pour la Grande-Bretagne (raccourcir la vie de dix jours?) Avant le départ, l'imaginaire et le rêve; la confrontation avec le réel et ses dangers ensuite et, au retour, le rôle du souvenir et de la mémoire «re-créationnelle» plus que reproductrice.

Ouvrant le trafic terrestre et fluvial, domptant les cols alpins, exigeant à chaque fois une remise en question, une attente, une satisfaction «primaire» – manger, dormir, jouer, saluer – les conditions matérielles ont leur mot à dire, dans une diversité des enjeux où le collectif côtoie l'individuel. À la base, sauf pour le grand seigneur, en dehors de l'appréhension du «Temps», un problème de budget, des surprises, un règlement, milieu moral qui attend, réserve des surprises et révèle l'individu à lui-même, milieu social qui se prolonge, et milieu physique qui se définit, Le savoir-faire comme le savoir-vivre sont utiles. Le latin également. Un «monde» riche en valeurs de toutes sortes, civiles ou militaires, une noblesse au premier plan, avide de voyager et une suite colorée. Nombreux, issus des corporations, les bourgeois vont de compagnie; négociants et «facteurs», attentifs à leurs épouses et à leurs montures. Parfois les fêtes, religieuses ou autres et, sanglants, révoltes et autodafés. Partout la misère et le nomadisme. Une solidarité quasi mécanique. Un XVIᵉ siècle routier, «cavalier» et novateur, «microcentralisé» à l'échelle de l'Europe?

NOTES

1. Vue générale dans BRAUDEL (F.), *La Méditerranée et le monde méditerranéen à l'époque de Philippe II*, Paris, Colin, 1949, réed. 2 vol.; *Civilisation matérielle, économie et capitalisme (XVᵉ-XVIIIᵉ siècle)*, Paris, Colin, 1979 (Tome 1: Les structures du quotidien: le possible et l'impossible...; La diffusion des techniques...; La lenteur des transports, p. 251 et 314. Tome 2: Les jeux de l'échange. Tome 3: Le temps du monde).

2. BLUM (C.), «Des Essais au Journal de voyage. Espace humain et conscience européenne à la fin du XVIᵉ siècle», «La conscience européenne au XVᵉ et au XVIᵉ siècle», *Actes du colloque de Paris*, ENS de Jeunes Filles, s.d., n° 22, p. 23-33. Sur Montaigne, *Œuvres complètes*, La Pléiade, Paris, Gallimard, 1962. DEDEYANT (C.), *Essai sur le Journal de voyage de Montaigne*, Paris, s. d. (avec une carte). «Journal de voyage en Alsace et en Suisse (1580-1581)», *Actes du colloque de Mulhouse-Bâle*, réunis par C. Blum, P. Derendinger et A. Tola, 12 juin 1995, Paris, 2000, 255 p. Les citations du paragraphe précédent (J. Jehasse, M.-T. Jones-Davies, A. Jouanna, F. Lestringant) sont tirés de *La Conscience européenne, op. cit.*, 1982. Confronter le texte de Montaigne avec les indications tirées de l'«Itinéraire et aventures de Jean et Joachim du Bellay dans leur voyage italien», *Connaissance de l'étranger. Mélanges Jean-Marie Carré*, texte de V.-L. Saulnier, Études de littérature étrangère et comparée, Paris, Didier, 1964.

3. BOOM (G.), *Les Voyages de Charles Quint*, Bruxelles, 1957. LAPEYRE (H.), *Les Monarchies européennes du XVIe siècle. Les relations internationales*, Nouvelle Clio, s.l.n.d., éd. succ.; «Les voyages de Charles Quint», *L'Histoire*, janvier 1981, n° 30, p. 59-65 (avec une carte). Sur les entrées, *Les Fêtes de la Renaissance*, Paris, CNRS, 1960, t. II («Fêtes et cérémonies au temps de Charles Quint»). ZELLER (G.), «Charles Quint à Strasbourg (19 sept 1552)», *RA*, t. LXXXV, 1938; *La Réunion de Metz à la France (1552-1648)*, PU Strasbourg, 1926, 402 p., chap. III («Le voyage d'Allemagne», p. 285-392); MALETTKE (K.), «La situation politique du Saint Empire à la naissance de la Réforme», *Luther et la Réforme*, p.p. Jean-Marie Valentin, Paris, 2001, p. 29-49 (spécialement la note 10 sur les notions de «supériorité territoriale» et de «souveraineté»).

4. PLATTER (T.), *Autobiographie*, texte traduit et présenté par Marie Helmer, EHESS 1964, 144 p. LE ROY LADURIE (E.), *Le Siècle des Platter, 1499-1628*, Paris, Fayard, avec nombreux plans des villes traversées: t. I («Le mendiant et le professeur»), 1995: t. II, («Le voyage de Thomas Platter, 1595-1599), 2000. LIECHTENHAN (F.-D.), «Les territoires des historiens. Histoire et historiographie chez les frères Platter», *L'Histoire grande ouverte. Hommage à Emmanuel François Ladurie*, Paris, Fayard, 1997, p. 527. PIUZ (A.-M.), «La Genève de Thomas II Platter», *idem*, p. 534. Sur la valeur de ces témoignages, MONNET (P.), «Ville réelle et ville idéale à la fin du Moyen Âge: une géographie au prisme des témoignages autobiographiques allemands», *AHSS*, mai-juin 2001, p. 591-621.

5. FAVIER (J.), *De l'or et des épices. Naissance de l'homme d'affaires au Moyen Âge*, coll. «Pluriel» et «Poche», Paris, Hachette, 1987 et 1998. LE GOFF (J.), *La Bourse et la Vie. Économie et religion au Moyen Âge*, s.l.n.d. MOLLAT (M.), *Jacques Cœur ou l'Esprit d'entreprise*, Paris, 1988. W. BRULEZ a étudié «l'exportation des Pays-Bas vers l'Italie par voie de terre au milieu du XVIe siècle» (*AESC*, t. XIV, 1959), précisant sa pensée dans les *Mélanges Amintore Fanfani* (1962): «les routes commerciales d'Angleterre en Italie au XVIe siècle».

6. BRAUDEL (F.), *La Méditerranée...*, *op. cit.*, t. I, p. 172. GILLE (B.), «Les XVe et XVIe siècles en Occident», *Histoire des techniques*, s.l.n.d., t. II, p. 8-18 (sur «l'école italienne» et «l'école allemande») et p. 19-26 (sur le problème des transports).

7. *La Guide des chemins de France... les fleuves du royaume de France*, 3e éd., Paris, 1553, texte réédité et commenté par Jean Bonnerot: t. I, commenté; t. II, fac-similé et cartes, Paris, 1936. LIVET (G.), «La route royale et la civilisation française», *Actes du colloque de Sarrebruck*, 1956 (mise au point dans *Flaran 2*, 1980). GASCON (R.), «La France du mouvement. Le commerce et les villes» (chap. VI) dans GASCON (R.) et CHAUNU (P.), «L'espace organisé: les grands chemins marchands», *Histoire économique et sociale de la France I (1450-1660)*, p. 369-389 (cartes). LÉON (P.) et CARRIÈRE (C.), «L'appel des marchés» dans BRAUDEL (F.) et LABROUSSE (E.), *Histoire économique et sociale de la France*, Paris, 1970-1980, 4 vol. COORNAERT (E.), *Les Français et le commerce international à Anvers. Fin du XVe, XVIe siècle*, Paris, 1961. *The Golden Âge of Antwerp. L'âge d'or d'Anvers*, Mercator, Anvers, 1976, 248 p. (traduction et adaptation française par A. Fillon). Sur le Havre et l'estuaire de la Seine, BAUDOIN, *La Batellerie...*, *op. cit.*

8. *Une route de poste. La route d'Espagne*, Exposition de mai-juin 1977, MP Paris, catalogue avec commentaires et reproductions.

9. BNF ms f. fr. 14512 (routes de Lorraine et du Barrois). SCHNEIDER (J.), «Les routes dans la Lorraine médiévale», *Bulletin sociologique de Lorraine, études locales,* octobre-décembre

1958, n.s. n° 7. RACINE (P.), *op. cit.* CABOURDIN (G.), «Routes et grand commerce en Lorraine du milieu du XVIe siècle à la guerre de Trente Ans», *Actes du colloque de Dijon*, AIE, 1975, p. 81-96 (avec schéma). G. Parker (sur la route espagnole du Milanais aux Pays-Bas): nommé gouverneur (lettres patentes du 25 octobre 1567) à la place de la régente Marguerite de Parme, trop tolérante à l'égard des «Gueux», le duc d'Albe s'embarqua à Carthagène le 10 mai, était à Gênes le 27, et, avec des troupes assez importantes, dont 49 enseignes d'infanterie, gagna les Pays-Bas, en traversant la Savoie, la comté de Bourgogne et la Lorraine. Il était à Bruxelles à la fin d'août.

10. FUCHS (F.-J.), «Les foires et le rayonnement économique de Strasbourg en Europe», *Histoire de Strasbourg*, s.l.n.d., t. II (avec carte des itinéraires de S. Brant, secrétaire de la ville, auteur de la Nef des fous). ZELLER (G.), «Deux capitalistes strasbourgeois du XVIe siècle», *Études d'histoire moderne et contemporaine*, t. I, 1947, p. 5-14.

11. GASCON (R.), *Grand commerce et vie urbaine au XVIe siècle. Lyon et ses marchands*, Paris, 1971, t. I, p. 140. *Lyon et l'Europe. Hommes et sociétés. Mélanges Richard Gascon*, PUL, 1980, 2 t.

12. LIVET (G.), *Les Guerres de religion*, Paris, 9e édit, 2002, p. 106-123 («Les relations internationales») : traduction espagnole, *Las Guerras de religion*, coll. «Qué sé?» n° 34. GASCON (R.), «Nationalisme économique et géographie des foires, la querelle des foires de Lyon. 1484-1494», *Cahiers d'Histoire*, s.l., 1956). BERGIER (J.-F.), «La politique commerciale de Genève devant la crise des foires de Lyon, 1484-1494», *Lyon et l'Europe, op. cit.*, p. 33-46; «De Nuremberg à Genève. Quelques notes sur l'activité des marchands d'Allemagne aux foires de Genève, autour de 1500», *Wirtschaftskräfte und Wirtschaftswege. Festschrift für Hermann Kellenbenz*, Nuremberg, 1978, vol. 1, p. 581-602. LAHARPE (N. de), «Luther et les problèmes économiques de son temps», *Luther et la Réforme, op. cit.*, 2001, p. 511-530. Travaux de B. Moeller (1988) sur l'Allemagne et d'E. Isenmann, (1988) sur la ville.

13. CABOURDIN (G.), *op. cit.* GASCON (R.), *op. cit.* MEUVRET (J.), «Circulation monétaire et utilisation économique de la monnaie dans la France du XVIe et du XVIIe siècle», *Études d'histoire moderne…, op. cit.*, p. 15-28. «L'administration des finances sous l'Ancien Régime», *Actes des colloques de Bercy*, 1996 et 2001-2002 («Histoire du franc»). WEE (H. van der), *The Growth of the Antwerp Market and the European Economy (XIVth-XVIth centuries)*, t. II, La Hague, 1963. SAYOUS (A.-E.), «Augsbourg au temps des grandes faillites», *AESC*, X, p. 218. Sur la fonction bancaire de Genève, BERGIER (J.-F.), «La banque et la finance», *Encyclopédie de Genève*, Genève, 1984, t. III («La vie des affaires»).

14. SCHILLING (H.), *Aufbruch und Krise. Deutschland 1517-1648*, (Das Reich und die Deutschen), s.l.n.d. *Germany*, édition dirigée par Bob Scribner, 1996, vol. I (1450-1630): voir notamment la population (C. PFISTER), l'économie agraire, 1300-1600 (W. ROSENER), le développement urbain (T. SCOTT et B. SCRIBNER). CONTAMINE (P.), «Mutations économiques et sociales», *Histoire de l'Europe, op. cit.*, t. II, p. 77-118. BRAUDEL (F.), *Civilisation matérielle, économie et capitalisme*, Paris, 1979; *La Méditerranée et le monde méditerranéen, op. cit.*, p. 150-156. EHRENBERG (R.), *Le Siècle des Fugger*, trad. de l'allemand, Paris, 1955. BRAUNSTEIN (P.), «Confins italiens de l'Empire. Nations, frontières et sensibilité européenne dans la seconde moitié du XVe siècle», *La Conscience européenne…, op. cit.*, p. 35-48 (avec une carte des confins du Trentin). LINDGREN (U.), «Les frontières de l'Allemagne (le Vieux *Reich*)

dans la cartographie d'avant 1800», *Études d'histoire européenne. Mélanges Pillorget*, p. 89-95. Ouvrages de Jean Suratteau sur le Gothard, le Simplon, les Grisons (pour une période postérieure mais les cartes sont toujours valables).

15. BEHRINGER (W.), *Thurn und Taxis. Die Geschichte ihrer Post und ihrer Unternehmen*, Munich, 1990. *Une poste européenne avec les Grands maîtres des postes de la famille de la Tour et Tassis*, MP, Paris, 1978. CHARBON (P.), «Évolution des moyens de transport en Alsace», *SA*, n° 85, 1984, p. 83-101.

16. *Quand la Montagne aussi a une histoire. Mélanges offerts à François Bergier*, sous la direction de M. Körner et F. Walter, Bern, 1996. CR KRASCHEWSKI (H.-J.) (de Marbourg), *VSWG*, 85/2, 1998, p. 256-157. SCHULTE (A.), *Geschichte der Grossen Ravensburger Handelsgesellschaft 1380-1530*, *op. cit.*, Stuttgart-Berlin, 1923 (réimpr. Wiesbaden, 1964, 3 vol). BERGIER (J.-F.), «Le trafic à travers les Alpes et les liaisons transalpines du haut Moyen Âge au XVIIᵉ siècle», *Le Alpi e l'Europa. III Economia e transiti*, Bari, 1975, p. 1-72. AMMANN (H.), «Der Verkehr über den Pass von Jougne nach dem Zollregister von 1462», *Mélanges Paul-E. Martin*, Genève, 1961, p. 223-237. *Instructions aux ambassadeurs. Suisse*, sous la direction de G. Livet, CNRS, 1983, t XXIII, *2* (Les Ligues des Grisons, p. 675-680). BERCÉ (Y.-M.), «Rohan et la Valteline», *L'Europe des traités de Westphalie, op. cit.*, p. 320-335 (avec une carte). SCHEURER (R.), «Les Grisons dans les communications entre la France, Venise et l'Orient au milieu du XVIᵉ siècle», *Cinq siècles de relations franco-suisses…, op. cit.*, p. 37-49 (avec carte schématique de Coire à Vérone, par l'Albula et la Bernina). À signaler ROHAN (S.) et DEYON (P.), *Relation du païs, mœurs et gouvernement des Grisons*, 1616 (BNF, 500 Colbert 492). L'utilité de la route convoitée? «Secourir aux occasions les amys que la France a en Italye.»

17. SIEGLERSCHMIDT (J.) *Germany II, op. cit.*, p. 30-31. LINDGREN (U.), *Alpenübergang von Bayern nach Italien. 1500-1850*, Munich, 1986. Sur le Simplon, cédérom des moines du couvent situé au col (rapport du Dʳ J.-P. Lang, 2001).

18. BRAUNSTEIN (P.), «Dans les Alpes orientales à la fin du Moyen Âge: chemins et trafics», *Actes du colloque de Dijon*, AIE, n° 18, p. 71-78. Insiste sur la persistance des trafics et des chemins immémoriaux, p. 78; rappelle les travaux des historiens à qui l'on doit la recension des connaissances sur les conditions de la circulation dans les Alpes orientales: O. STOLZ pour le Tyrol et le Vorarlberg, H. HASSINGER pour les Alpes Juliennes…

19. BRAUDEL (F.), *op. cit.*, t. I, p. 182. BORSCHAK (E.), «L'Ukraine dans la littérature de l'Europe occidentale», *Le Monde slave*, 1933, t. III. («Les voyageurs étrangers dans les pays ukrainiens»). G. de LANNOY a raconté ses *Voyages et ambassades*, entre autres de brefs séjours en Lituanie, à Novgorod et Pakov (1413-1414), puis en Ukraine (1421). *Cf. Œuvres de Childebert de Lannoy*, Louvain, 1878. (LARAN et SAUSSAY, *op. cit.*, p. 328).

20. ANCEL (J.), *Slaves et Germains*, s.l.n.d., p. 73-74 (sur Dantzig). MALOWIST (M.), «Die Problematik der sozial-wirtschaftlichen Geschichte Polens von 15. bis zum 17. Jhdt», *La Renaissance et la Réformation en Pologne et en Hongrie. Studia Historica*, Budapest, 1963, 53.

21. DELORT (R.), «Cracovie, cœur de la Pologne médiévale», *Histoire*, janvier 1980, n° 19. PTASNIK (J.), *Gli Italiani a Cracovia dal XVI secolo al XVIII*, Rome, 1909. FOURNIER (L.), *Les Florentins en Pologne*, Lyon, 1893, p. 205. KELLENBENZ (H.), «Le déclin de Venise et les relations… avec les marchés au Nord des Alpes», p. 170.

22. Sur la caravane de Pologne, RUTKOWSKI (J.), *Histoire économique de la Pologne avant les partages*, Paris, 1927. VOGT (J.), «Die Zufuhr ungarischer und polnischer Ochsen nach Strassburg im 16. und 17. Jhdt», *Festschrift f. Wilhelm Abel zur 70. Geburtstag*, II, 1974. WESTERMANNN (E.), «Zum Handel mit Ochsen aus Osteuropa im 16. Jhdt», *Z. f. Ostforschung*, 22, 1973. LIPOWSKI (A.), *Le Mécanisme de marché das l'économie polonaise. Fondements théoriques, perspectives, dilemmes*, Varsovie, 1988 (en polonais). CR DESPINEY (B.), *AESC*, 1989 (5), p. 1163-1164.

23. SERWANKI (M.), «Henri de Valois, candidat au trône de Pologne», *Renaissance européenne et phénomènes religieux*, Montbrison, 1991, p. 299-314. NOAILLES (E.-H. de), *Henri de Valois et la Pologne en 1572*, Paris, 1867 (textes). SALMONOWICZ (S.), «La tolérance religieuse dans le "modèle polonais" (XVIᵉ-XVIIIᵉ siècles)», 350ᵉ anniversaire des traités de Westphalie. 1648-1998, *Actes du colloque de Strasbourg*, sous la direction de J.-P. Kintz et G. Livet, PU Strasbourg, 1999, p. 113-128.

24. GILLE (B.), *Histoire économique et sociale de la Russie*, Paris, 1949. PORTAL (R.), *Russes et Ukrainiens*, Paris, 1970; *Les Slaves. Peuples et nations*, Paris, 1965. HAUMANT (E.), «Les influences géographiques dans la formation de la Russie», *AG*, s.l., 1919, XXVIII, p. 360-372).

25. *Slovo*, CERES, 20-21, 1998, *Aux sources de la Russie: Kiev et Novgorod*. BLANKOFF (J.), «L'art de Novgorod dans la culture de l'ancienne Russie», *idem*, p. 7-25; CORNILLOT (F.), «Le feu des Scythes et le prince des Slaves» (fondation de Kiev), *idem*, p. 27-127. NIQUEUX (M.), «Le mythe de Novgorod dans la littérature russe», *idem*, p. 129-140. CARRÈRE D'ENCAUSSE (A.), *Le malheur russe. Essai sur le meurtre politique*, Paris, Fayard, 1988, p. 28-31 («L'apogée de Kiev»). «Le joug tartare et la formation de l'État moscovite (XIIIᵉ-XVᵉ siècle)», dans LAURAIN (M.) et SAUSSAY (J.), *op. cit.*, p. 87-107 (textes: la conquête mongole et la résistance nationale; la grande invasion (1237-1240), d'après Jean de Plan Carpin). *Histoire des Mongols*, traduit et annoté par Dom J. Becquet et par L. Hambis, Paris, 1965. *La bataille de Koulikovo. 18 septembre 1380* (multiples versions dans les chroniques, p. 102-105, avec un plan) et *Le Dernier Face-à-face: la «bataille» de l'Ougra (1480)*, p. 105-107. Suit la lutte victorieuse contre Novgorod en 1471 et l'ascension de Moscou (p. 113-117).

26. *La Moscovie du XVIᵉ siècle, vue par un ambassadeur occidental, Sigismond von Herberstein*, présentation de R. Delort, coll. «Temps et continents», Paris, 1965, p. 32. LARAN et SAUSSAY, *op. cit.*, p. 151-153 et 202-203 (textes). HERBERSTEIN (*idem*, p. 151, note 1) a publié à Vienne en 1549 un livre de souvenirs, *Rerum Moscoviticarum commentarii*, rapidement traduit dans la plupart des langues européennes. POMMIER (E.), «Les Italiens et la découverte de la Moscovie», *Mélanges d'archéologie et d'histoire*, École française de Rome, 1953, p. 267. DELORT (R.), *Le Commerce des fourrures...*, *op cit.*, t. II, p. 1089 («Les Foires aux pelleteries»).

27. Sur la Baltique, MALOWIST (M.), «The Economic and Social Development of the Baltic Countries from XVth to the XVIIth Centuries», *The Economic History Review*, 1939, p. 179 ss; «Les produits des pays de la Baltique dans le commerce international au XVIᵉ siècle», *Revue du Nord*, avril-juin 1960, p. 175-206.

28. CHANCELLOR (R.), «Voyage en Moscovie», LARAN et SAUSSAY, *op. cit.*, p. 206-207. Voir éd. de BERR (L.-E.) et CRUMMEY (R.-O.), *Rule and Barbarous Kingdom*, Wisconsin University Press 1968 (version remaniée de C. Adams, 1589), et la *Description du voyage de Sibérie* (*idem*, extrait p. 210-212). LUBIMENKO (I.), *Les Relations commerciales et politiques de l'Angleterre avec la Russie avant Pierre le Grand*, Paris, 1933, p. 24.

29. CARRÈRE D'ENCAUSSE (H.), «Les routes commerciales de l'Asie centrale et les tentatives de reconquête d'Astrakhan, d'après le registre des "Affaires importantes" des archives ottomanes», *Cahiers du monde russe et soviétique*, 1970, vol. XI, p. 391-422. WOEIKOFF (A.), *Le Turkestan russe*, Paris, 1914. CONRAD (H.), «Le voyage de A. Jenkinson dans l'Asie centrale en 1558», *Union géographique du Nord de la France*, 1879-1898, n° 18 et 19.

30. OLEARIUS (A.), *Voyages faits en Moscovie, Tartarie et Perse (1633, 1635)*, Paris, 1659, 1666, 1679, 1732 (traduit de l'allemand). Les notations de mœurs ne manquent pas, telles sur les paysans: «Ils sont quasi tous sorciers et le sortilège y est si commun que les pères et les mères l'enseignent à leurs enfants» (p. 66). LARAN et SAUSSAY, *op. cit.*, texte p. 261-268, trad. A. de Wicquefort («Occidentaux et Tartares en Moscovie»). BARON (S.-H.), *The Travels of Olearius in XVIIth Century Russia*, Stanford University Press, 1967. MOHRENSCHILDT (D.-S. von), *Russia in the Intellectual Life of Eighteenth Century France*, New York, 1972.

31. Guillaume d'Angoulême (qui s'est rendu en Terre Sainte en 1026), l'évêque de Cambrai, Lambert, qui a fait de même en 1054, Guillaume de Tyr, en 1169, le duc de Saxe, Henri le Lion, qui traversa les Balkans en empruntant la voie militaire de Belgrade à Nis et de Sofia vers Constantinople. Sujet à l'hostilité des populations, le passage dans l'immense forêt bulgare parsemée de marécages est funeste aux attelages. En témoignent Guillaume Adam, archevêque d'Antivari qui rédige en 1332 un *Itinéraire pour le voyage en Terre sainte* et Bertrandon de la Brocquière en 1443. Au retour d'une mission diplomatique au service de Philippe le Bon, Bertrandon emprunte à rebours la route qui relie Constantinople au bassin danubien et donne un récit vif et coloré des villes traversées (*Le Voyage d'Outremer*, sous la direction de C. Schefer, H. Cordier, Paris, 1892). Voir également FEJIC (N.), «Les Balkans aux yeux des voyageurs occidentaux au Moyen Âge», *Voyages et voyageurs au Moyen Âge, op. cit.*, p. 281-289. HAMMER (J. von), *Histoire de l'Empire ottoman depuis son origine jusqu'à nos jours, 1835-1839*, t. VI. PLANHOL (X. de), *Fondements géographiques de l'histoire de l'Islam*, Paris, 1968. MANTRAN (R.), *Istambul dans la seconde moitié du XVIIᵉ siècle*, Paris, 1969 et *Histoire de l'Empire ottoman. An Economic and Social History of the Ottoman Empire 1300-1914*, sous la direction de H. Inalcik et D. Quataert, Cambridge, 1994. «Histoire économique et sociale de l'Empire ottoman et de la Turquie (1326-1960)», *TURCICA*, sous la direction de D. Panzac, 1995. CVETKOVA (B.), «Les Bulgares et la situation politique internationale au XVIIᵉ siècle», *Bulgarian Historical Review*, 1978, 2 (rappelle les projets de croisade, la tentative du duc de Nevers, les éléments de résistance nationale et, au XVIIᵉ siècle, l'entrée en scène des Russes).

32. GEORGE (P.), *La Géographie de l'Europe centrale, slave et danubienne*, Paris, 1964. Sur la voie danubienne, SAHIN-TÖTH (P.), «Autour de la guerre de Hongrie (1593-1606). De la croisade au service du sultan», dans «Chrétiens et Musulmans à la Renaissance», *Actes du 12ᵉ colloque international. du CESR*, 1994), réunis par B. Bennassar et R. Sauzet, Paris, Champion, 1998, p. 467-485: sur les «mécanismes de refus» et la «ligne de démarcation».

33. CVETKOVA (B.), *Vie économique des villes et ports balkaniques aux XVᵉ et XVIᵉ siècles*, Paris, 1971. MAHNKEN (I.), «Beziehungen zwischen Ragusanern und Albanern während des Mittelalters. Randbemerkungen zur Problematik der balkanologischen Forschung», *Beiträge zur Südosteuropaforschung*, Sofia/Munich, 1966, p. 339-390. AYMARD (M.), *Venise, Raguse et le commerce du blé pendant la seconde moitié du XVIᵉ siècle*, Paris, 1966. SIMON (B.), «Le blé et les rapports véneto-ottomans au XVIᵉ siècle», *Actes du IIᵉ Congrès international d'histoire économique et sociale de la Turquie*, Strasbourg, juillet 1980.

34. NOUZILLE (F.), *Les Routes et les voyages...*, *op. cit.*, p. 50 et 71. SPISAREVSKA (J.-D.), «Le réseau routier entre l'Adriatique et la mer Noire dans le cadre des échanges commerciaux des territoires bulgares aux XVe-XVIe siècles», *Académie bulgare des sciences. Institut d'histoire. Études historiques*, T. IX, p. 151-172, Ankara, 1979 (à l'occasion du IVe Congrès international des études sud-européennes).

35. HOCQUET (J.-C.), *Le Sel et la fortune de Venise*, Lille, 1978-1979, t. I, «Production et monopole»; t. II «Voiliers et commerce en Méditerranée, 1200-1650»; «Le Burchio, outil privilégié du transport du sel en Vénétie», *Le Sel et son histoire*, AIE, Nancy II, 1979-81, p. 117-138. THIRIET (F.), *Histoire de Venise*, 2e éd., 1961, p. 105. JENS SCHMITT (O.), «Actes inédits concernant Venise, ses possessions albanaises et ses relations avec Skanderbeg entre 1464 et 1468», *TURCICA*, *op. cit.*, 1999, *31*, p. 247-312.

36. SPISAREVSKA (J.-D.), *op. cit.* BOUÉ (A.), *Recueil d'itinéraires dans la Turquie d'Europe*, Vienne, 1854.

37. NOUZILLE (F.), *op. cit.*, p. 44 (Les ambassadeurs). En ce qui concerne la France, en dehors des ouvrages classiques – CHARRIÈRE (*Négociations... dans le Levant*, Paris, 1848-1860. MASSON, (*Commerce*, s.l.n.d.), DUPARC (*Instructions aux ambassadeurs. Suisse*) –, voir SPIRIDONAKIS (B.-G.), *Empire ottoman. Inventaire des mémoires et documents aux archives du ministère des Affaires étrangères de France*, Thessaloniki, 1973; GAUTIER (A.) et TESTA (M. de), «Quelques dynasties de drogmans», *RHD*, 105, 1991, p. 39-102; *L'Empire Ottoman, la République de Turquie et la France*, sous la direction de H. Batu et J.-L. Bacqué-Grammont, Paris/Istambul, 1986. Voir aussi SCHMIDT (J.), «French-Ottoman relations in the early modern périod and the John Rylands Library. Mss Turkish 45 and 46», *TURCICA*, 1999, *31*, p. 375-436 et VATIN (N.), *Sultan Djem, un prince ottoman dans l'Europe du XVe siècle*, Ankara, 1997.

38. MAUROIS (A.), *Don Juan ou la vie de Byron*, *op. cit.*, p. 141 («L'Albanie était alors presque inconnue. Ses montagnes sauvages rappelèrent à Byron l'Écosse de ses vacances enfantines...»). JIRECEK (K.), *Geschichte der Serben, Gotha*, 1918. DUCELLIER (A.), *La Façade maritime de l'Albanie au Moyen Âge. Durazzo et Valona du XIe au XVe siècle*, Salonique, 1981. OSTROGORSKY (G.), *Pour l'histoire de la féodalité byzantine*, Bruxelles, 1954. Témoignages dans HAARSCHER (A.-M.), «Un aventurier alsacien: Ibrahim Manzour Efendi», *RA*, t. CXVIII, 1992 (auteur de *Mémoires sur la Grèce et l'Albanie...*, 1828) et POUQUEVILLE (F.-C. de), *Voyage en Morée, à Constantinople, en Albanie et dans plusieurs parties de l'Empire ottoman* (1805) et d'un *Voyage dans la Grèce* (1820-1822).

39. ANASTASSIADOU (M.), *Salonique, 1830-1912. Une ville ottomane à l'âge des Réformes*. Brill, 1997. GEORGEON (C.-R.-F.), *TURCICA*, 1999, 31, p. 576-578: «cité plurielle... qui vit sous les menaces, celle du manque d'eau, celle des incendies, celle des maladies (peste, choléra, malaria)».

40. Kossovo ou *Chant des Merles* demeure jusqu'à nos jours vivant. Lazare, dernier tsar de Serbie, s'y défendit héroïquement contre le sultan Mourad Ier et y succomba (1389); le Hongrois Jean Hunyade y fut écrasé à son tour par Mourad II (1448).

41. MALAMUT (E.), «Sur la route de Théolode Métochite en Serbie en 1299», *Voyages et voyageurs au Moyen Âge, op. cit.*, p. 165-175.

42. NOUZILLE (F.), *op. cit.*, p. 50. Quittant Belgrade, Bellan écrit le 26 janvier 1624: «Les rivières glacées m'ont arrêté plusieurs jours pendant que je les faisais rompre à mes despens et, souventes fois, j'ai donné dix escus pour fondre les neiges et m'ouvrir les chemins par les montagnes».

43. PANZAC (D.), «Politique sanitaire et fixation des frontières: l'exemple ottoman (XVIIIe-XIXe siècles)», *TURCICA*, 1999, *31*, p. 87-108. «Quarantaine» adoptée par Venise (1377) et par Marseille en 1383.

44. NOUZILLE (F.), *op. cit.*, p. 59 («les marchands»). Les conflits interrompent le circuit des Balkans. Certaines marchandises doivent prendre la route de l'isthme polonais qui conduit de la Crimée à Varsovie en 50 jours. Problème de «la concurrence des routes» (distance, temps, équipement, difficultés, peuplement, sécurité…).

45. KASER (K.), *Hirten, Helden, Stammeskrieger*, Vienne, Cologne, Weimar, 1992 (avec bibliographie). ZÖLBL (D.), *Die Transhumanz (Wanderschafthaltung) der europäischen Mittelmeerländer im Mittelalter in historischer, geographischer und volkskundlicher Sicht*, Berlin, 1982.

46. MAZZOLI-GUINTARD (C.), «Le royaume de Grenade au milieu du XIVe siècle: quelques données sur les formes de peuplement à travers le voyage d'Ibn Battûta», *Voyages et voyageurs au Moyen Âge, op. cit.*, p. 145-164 (avec cartes); LEVI-PROVENÇAL (E.), «Le voyage d'Ibn Battuta dans le royaume de Grenade (1350)», *Mélanges offerts à W. Marçais*, Paris, 1950, p. 205-224. ARIÉ (R.), *L'Espagne musulmane au temps des Nasrides (1232-1492)*, Paris, de Boccard, 1973. CHAUNU (P.), *L'Espagne de Charles Quint*, SEDES, 1973, I, 33 (avec cartes). PICARD (C.), *Le Portugal musulman (VIIIe-XIIIe siècle). L'Occident d'al-Andalus*, Paris, 2001 et GUICHARD (P.), *Al Andalus, 711-1492, une histoire de l'Andalousie arabe*, coll. «Pluriel», Paris, Hachette, 2001. Travaux de Henri Lapeyre sur l'Espagne morisque (géographie et démographie, expulsion de 1609, *RH*, 1961).

47. PÉREZ (J.), *Histoire de l'Espagne*, Paris, Fayard, 1996. VICENS VIVES (J.), *Historia Social y Economica de Espana y America*, Barcelone, 1957, 4 vol. Texte fondamental de MENENDEZ PIDAL (G.), *Los Caminos en la Historia de Espana*, Madrid, 1951 (note les efforts de construction des chemins sous l'impulsion de la politique. royale: la route de Santander à Valladolid ouverte en 1522, la route de Madrid dans la seconde moitié du siècle). CAVEREL (P. de), *Ambassade en Espagne et en Portugal en 1582 du R.P. en Dieu Dom Jean Sarrazin, abbé de Saint-Vaast*, Arras, 1860 (cité Sarrazin). Inflexions nouvelles au XVIIe siècle, THOMPSON (I.-A.-A.) et YUN CASALILLA (B.), *The Castilian Crisis of the Seventeenth Century, New Perspectives on the Economic and Social History of Seventeenth-Century Spain*, Cambridge University Press, 1994, 328 p., 17 tabl. CR PIEPER (R.) (de Hambourg), *VSWG*, 85/2, 1998, p. 252.

48. BENNASSAR (B.), *Valladolid au siècle d'or. Une ville de Castille et sa campagne au XVIe siècle*, Paris, Mouton 1967, p. 79-111 («Les routes et les grandes villes proches»). VITAL (L.), *Premier voyage de Charles Quint en Espagne de 1517 à 1518*, coll. de chroniques présentée par Gachard et Piot, s.l.n.d. GUICCIARDINI (F.), *Diaro des viaggio in Spagna*, Florence, 1932. MAURO (F.), *Le XVIe siècle européen, aspects économiques*, Nouvelle Clio, Paris, PUF, 1966. BENNASSAR (B. et L.), *Le Voyage en Espagne, op. cit.*, p. 281. Les Français et l'Espagne à l'époque moderne XVIe-XVIIIe siècles, Toulouse, CNRS, 1990.

49. GONZALÈS (N.), *Burgos, ciudad marginal de Castilla*, Burgos, 1958. LAPEYRE (H.), *Une famille de marchands, les Ruiz de Medina*, Paris, Colin, 1955. SALOMON (N.), *La Campagne de Nouvelle-Castille à la fin du XVIe siècle d'après les «Relaciones topograficas»*, Paris, Sevpen, 1964 (nombreux recensements de population). CASEY (J.), *The Kingdom of Valencia in the Seventeenth Century*, Cambridge University Press, 1979.

50. DESFOURNEAUX (M.), *La Vie quotidienne en Espagne au siècle d'or*, Paris, 1964. Tableaux démographiques (les villes) dans CHAUNU (P.), *L'Espagne de Charles Quint*, t. I, p. 130-131 et p. 108-109 (carte: le commerce du vin au XVIᵉ siècle). Sur l'artisanat: textile (F. BRUMONT), sidérurgie basque (I.-C. ARREGUI), rural (J.-C. ENRIQUEZ et A. BLAZQUEZ) Flaran, 1997. Sur l'essor de Séville (§ suivant), CHAUNU (P.), *Séville et l'Atlantique (1504-1650)*, Paris, SEVPEN, 1955-1960, 12 vol.

51. KLEIN (J.), *The Mesta, a study in Spanich économic History. 1273-1836*, Cambridge, Mass, 1920, p. 5 ss. LE FLEM (J.-P.), «Las cuentas de la Mesta (1510-1709)», *Madrid, Moneda y credito*, s.l., 1972, n° 2. CHAUNU (P.), *op. cit.*: la transhumance en Castille, carte, d'après J. Vicens Vives et J. Klein, p. 114-115, chemins de la transhumance (*canadas*) et terrains de parcours des Ordres militaires (Alcantara, Calatrava, Santiago).

52. GARASA (F.), «Frontières et limites géographiques en Aragon. Transgressions et relations liées au monde de l'élevage», dans «Frontières (?) en Europe occidentale et médiane de l'Antiquité à l'an 2000», *Actes du colloque de Metz*, AIE, 1999. Actes, Metz 2001, p. 515-540 (carte des chemins de transhumance en terres d'Aragon, p. 534).

53. *Monarchie et pouvoirs en Espagne, milieu XVIᵉ-début XVIIIᵉ siècle*, BSHMC, 2000/3 et 4. MONTANEZ MATILLA (M.), *El correo en la Espana de los Asturies*, Madrid, 1953. DEVÈZE (M.), «Les relations psychologiques franco-espagnoles de 1615 à 1635: curiosité, animosité, guerre des nerfs», *BSHM*, 1967, *2* (mais aussi guerre d'argent, celui qui sort d'Espagne). Les «Gavaches» monopolisent le commerce de détail et de colportage; BENNASSAR (B.), «Pratiques de l'État moderne en France et en Espagne de 1550 à 1715», *Les Monarchies française et espagnole*, AHM, PU Strasbourg, 2001, p. 7-23. HILDESHEIMER (F.), *Du Siècle d'or au Grand Siècle. L'État en France et en Espagne. XVIᵉ-XVIIᵉ siècle*, Champs Universitaires, Paris, Flammarion, p. 121: «Communiquer rapidement fait partie de l'art et des aléas de la négociation…»

54. DELUMEAU (J.), *Rome au XVIᵉ siècle*, Paris, 1975 (1ʳᵉ partie: «Les routes de Rome» p. 9-56); *Vie économique et sociale de Rome. L'alun à Rome*, Paris, 1962; *L'Italie de Botticelli à Bonaparte*, Paris, Colin, 1974. LINDGREN (U.), «Les frontières de l'Allemagne dans la cartographie d'avant 1800», carte d'Erhard Etrzlaub, dite «Romwegkarte» (routes des pèlerins allemands en 1500).

55. SZABO (T.), «Les routes toscanes du XIᵉ au XIVᵉ siècle», *Actes du colloque de Flaran 2*, p. 267-274 (traite également des ponts); «La politica stradale dei comuni medievali italiani», *Quaderni storici*, avril 1986, n° 61 («Vie di comunicazione e potere»), p. 77-115.

56. DELUMEAU (J.), «Ancône, trait d'union entre l'Occident et l'Orient à l'époque de la Renaissance», *Sociétés et compagnies de commerce…*, Paris, 1970.

57. SZABO (T.), *op. cit.*, p. 273: il note l'augmentation de population des villes toscanes. Vers 1300, Florence avait 95000 habitants, Sienne 47000, Pise et Lucques 40000, Pistoia 11000. «Le réseau routier allait se trouver confronté à des exigences sans commune mesure avec ce que l'on avait connu antérieurement – d'où l'impérieuse nécessité de mettre en œuvre des méthodes d'entretien des routes nouvelles et plus efficaces.» (Interventions des «communes», voir note 52.) Problème du déblocage des campagnes (GASPARINI (D.), «Laboureurs, brassiers, artisans dans les campagnes de Vénétie au XVIᵉ siècle», *Actes du colloque de Flaran*, 1997).

58. CHAUNU (P.) et ESCAMILLA (M.), *Charles Quint*, Paris, Fayard, 2000, p. 227. CHASTEL (A.), *Le Sac de Rome, 1527*, Paris, Gallimard, 1984. PEYTAVIN (M.), «Les possessions

italiennes dans la monarchie espagnole», *Les Monarchies française et espagnole…*, *op. cit.*, p. 177-206. MALETTKE (K.), «L'équilibre européen face à la *monarchia universalis*», *L'Invention de la diplomatie*, éd. L. Bély, 1998, p. 48-55. La «maîtrise des routes» fait partie, dans la balance des forces, de l'équilibre européen: LIVET (G.), *L'Équilibre européen*, Paris, PUF, 1976, p. 180. RACINE (P.), «Un élément de l'équilibre européen à la Renaissance: la paix de Lodi (1454)», *L'Europe, l'Alsace et la France*, Oberlin, 1986, p. 177-185. CROUZET (D.), «Le connétable de Bourbon ou une métaphysique de l'action», *Formen internationaler Beziehungen in der Frühen Neuzeit. Frankreich und das alte Reich im europäischen Staatensystem. Mélanges Malettke*, Berlin, 2001, p. 179-207.

59. SARDELA (P.), «Nouvelles et spéculations à Venise…», *Cahier des annales*, 1949, I. ROMANI (M.), *Pellegrini e viaggiatori nell' economia di Roma, dal XIV al XVII secolo*, Milan, 1948.

60. COULET (N.), «Les hôtelleries en France et en Italie au Bas Moyen Âge», *Actes du colloque de Flaran 2*, p. 181-206. WOLFF (P.), «L'hôtellerie auxiliaire de la route, note sur les hôtelleries toulousaines au Moyen Âge», *Bulletin philosophique et historique (jusqu'en 1610) du Comité des travaux historiques et scientifiques*, s.l., 1961, repris dans *Regards sur le Midi médiéval*, Toulouse, 1978, p. 93-106.

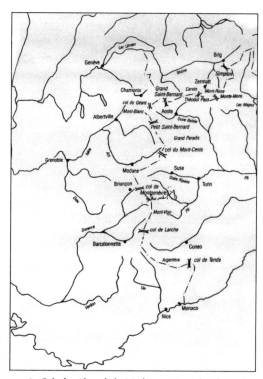

8. Cols des Alpes de la Méditerranée au lac de Genève

1. Atlas de Gerard Mercartor et Henry Hondius (1633)

2. *Europe, par N. Sanson fils*

L'EVROPE
Dediée
a Monseigneur
Monseigneur le Tellier Secret.ʳᵉ d'Estat &c.

Par N. Sanson le fils
Geographe du Roy

A Paris, chez l'Autheur avec
Privilege Pour 20 ans

3. *L'Europe, dédiée à Mgʳ le Tellier par N. Sanson fils*

4. *Transport et véhicules au XVIe siècle (1890)*

RELATION
DV
VOYAGE
DE
MOSCOVIE,
TARTARIE,
ET DE PERSE,

FAIT A L'OCCASION D'VNE AMBASSADE,
Enuoyée au Grand-Duc de Moscouie, & du Roy
de Perse ; Par le Duc de *HOLSTEIN* : Depuis
l'An 1633. iusques en l'An 1639.

Traduite de l'Alleman du Sieur OLEARIVS,
Secretaire de ladite Ambassade.

PAR L. R. D. B.

❧

A PARIS,
Chez PIERRE AVBOVIN, proche la porte de Monsieur
le Premier Président, à la Fleur de Lys.

M. DC. LVI. 1656

AVEC PRIVILEGE DV ROY

5. *Relation du voyage de Moscovie, Tartarie et de Perse…, par A. Olearius (1656)*

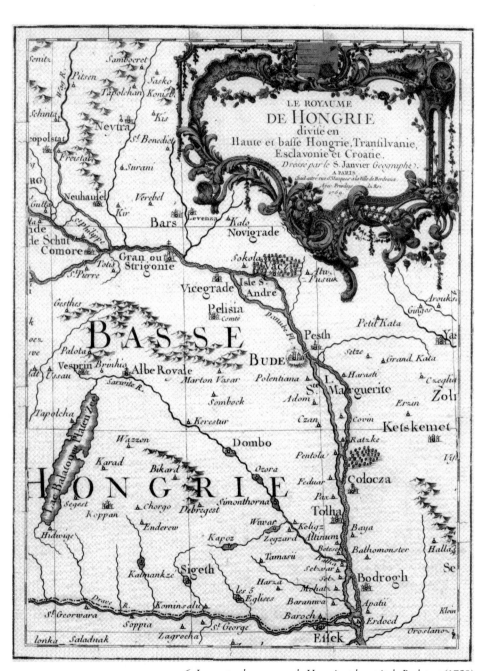

6. *Les routes du royaume de Hongrie et la capitale Budapest (1759)*

7. *Vue de Spire: la ville et le fleuve (1645)*

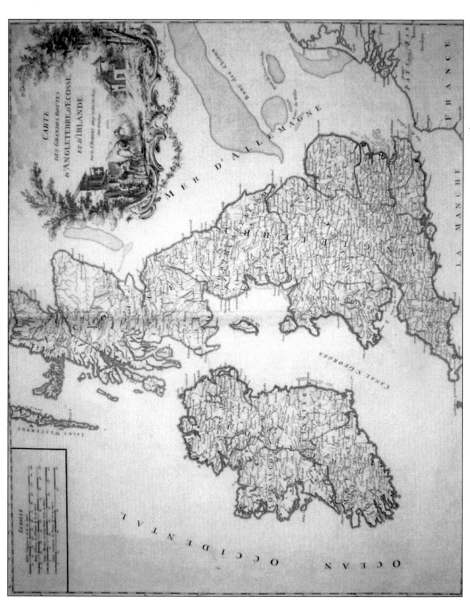

8. *Carte des grandes routes d'Angleterre, d'Écosse et d'Irlande (1757)*

LIVRE IV

Les XVIIᵉ-XVIIIᵉ siècles et l'emprise des États
Du relais au «système»

Avec le XVIIᵉ siècle, et poursuivie au siècle suivant, l'emprise des États sur la route se précise. En France, elle devient mercantiliste, militaire et catholique; en Allemagne et en Europe centrale, elle participe aux épreuves du pays et subit les lois de la guerre. En Angleterre, malgré deux révolutions successives, elle connaît un développement certain avec les Tudors et les Stuarts. Aux Provinces-Unies, elle épouse la «montée invincible des canaux». Autour de la Méditerranée, malgré l'abondance des voyageurs de toutes sortes, elle reflète, de façon encore modérée, une baisse d'influence annoncée. En Europe orientale et à Constantinople, s'impose à elle la double loi des tsars ou des sultans, de l'orthodoxie ou de l'islam. Elle structure le domaine des relations internationales, donnant à la «frontière» son sens historique (L. Bély, *Espions et ambassadeurs*, Paris, PUF, 1990, carte p. 95) et, à la «capitale», son aire de rayonnement. Versailles et l'Escurial sont les modèles du genre. Prague est fichée en Bohême «comme un microcosme planté sur le front de la lutte anti-ottomane» (*Lugares de poder, Europe séculos XV a XX*, sous la direction de R. Costa Gomes et G. Sabatier, Lisbonne, Fondation Gulbenkian, 1998). Du fait de sa résistance aux forces ennemies (1683), Vienne connaît un nouveau départ.

À un moment où va disparaître l'unité linguistique offerte par le latin, et où surgissent les nationalismes, la route, acteur ou témoin, reste partout en Europe un élément essentiel d'unité, porteur de mort ou de civilisation, facteur de destruction ou levier de la reconstruction. Elle est liée intrinsèquement à la guerre, qui reste alors une composante essentielle de la vie des populations. Les pays frontières sont surtout concernés mais les autres provinces des différents États en subissent les répercussions, ne serait-ce que pour les fournitures aux fortifications. En créant le 22 juillet 1691 le département des Fortifications des places de terre et de mer, Louis XIV donne naissance à une institution, ancêtre direct des corps actuels du Génie, qui fera tâche d'huile en Europe. Nous étudierons brièvement dans les différents pays les «répercussions routières» de ces créations sous leurs aspects caractéristiques, au

XVIIᵉ siècle et dans la première moitié du XVIIIᵉ siècle, en commençant par la France, qui, en cybernétique plus qu'en morale politique, et Angleterre mise à part, constitue le «modèle» du réseau routier qui se répand en Europe[1].

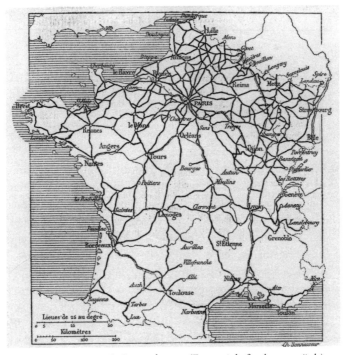

9. Routes de poste (France, à la fin du XVIIIᵉ siècle)

Chapitre I
Le «modèle français»: au service de l'État monarchique

Trois ordres de fait, dans la France de Louis XIV, et au sortir des troubles de la Fronde, en fonction des réalités de la société et de l'État, sont importants dans ce domaine: ils sont de caractère politique et administratif, technique, de fonction ou de civilisation.

1. La conception politique du réseau: la maîtrise raisonnée de l'espace

Elle est liée à la croissance de l'État, et, pour ce dernier, à la maîtrise de l'espace, à la fois héritage et conception raisonnée du réel. Comme l'écrit Vidal de

La Blache: «Un système de routes suppose un développement politique avancé, dans lequel les moyens de communication sont combinés entre eux, tant pour assurer à l'État le libre emploi de ses ressources et de ses forces, que pour mettre la contrée en rapport avec les voies générales du commerce. L'histoire a déjà marqué là-dessus son action; elle s'imprime directement sur ce réseau, qui est comme l'armure dont elle revêt la contrée.»

Phénomène récent, le réseau, existe depuis la montée de Paris en centre de commandement où s'installe, avec Henri IV, la royauté et ses organismes administratifs. Choix politique mais également économique, né du développement urbain et de l'existence d'un trafic important. La prééminence de Paris s'est établie en rapport avec l'unification territoriale. Le réseau des voies de communication satisfait les besoins de la monarchie, la transmission des ordres et la fourniture des denrées de consommation. Les notions de vitesse, d'efficacité et de sécurité se rejoignent pour multiplier les relais de poste, qui fournissent chevaux et conducteurs ou jalonnent certains itinéraires. Ces derniers apparaissent alors comme «privilégiés», esquisses des distinctions futures entre routes royales et chemins d'intérêt local ou régional. Parmi les premières, sont prioritaires les routes de l'armée dans le «roulement incessant» entre les garnisons. «Dans les jambes, est tout le secret des manœuvres et des combats» disait le maréchal de Saxe, théoricien autant que «praticien». Dans les «étapes» également: dans son *Testament politique*, Richelieu a affirmé que beaucoup d'armées ont davantage péri faute de pain et de «police» que par l'effort des armées ennemies (B. Kroener, *Les Routes et les étapes...*, s.l., 1980). A.-M. Granet-Abisset a parlé, pour le Dauphiné, de «la route réinventée» et R. Favier a rappelé le rôle des villes. En 1584, est paru l'*État des postes assises pour le service du roi Henri III en son royaume* que l'on peut confronter avec *La Guide* de Charles Estienne (1553), les cartes de Tavernier (1632) ou *Le Tableau portatif des Gaules* de Jean Boisseau (1646, rectifiée 1643, Esmonin). La sûreté est assurée (BNF ms fr. 4221). Est dressé le *Catalogue des grands chemins de France* (Id., 15383). Une comptabilité régulière est tenue (*id.*, n.a. 166). À travers la multiplicité des voies inscrites dans les itinéraires, apparaît une nouvelle hiérarchie, politique et centralisatrice, de Paris aux frontières, chemins des diplomates, des militaires et des administrateurs, autant que voies commerciales ou religieuses: prise de conscience du gouvernement face aux données de l'espace français et, dans l'espace européen, d'une nouvelle hiérarchie des cités, passant de la résidence à la capitale, définissant d'autres réseaux au service de l'institution monarchique.

De la politique de Colbert, contrôleur général des finances, et par-delà «la mythologie ministérielle», se dégagent (circulaire aux intendants, 1681) quatre règles à valeur générale:

– lier l'entretien des chemins aux intérêts du commerce: «Sa Majesté veut donc que vous observiez avec soin en quoi consiste le plus grand commerce de l'estendue de vostre généralité, et en quels lieux il se fait, soit qu'il y ayt de grandes foires, soit qu'il y ayt un grand peuple qui consomme beaucoup, comme dans la ville capitale»;

– affirmer l'importance du trafic maritime et des ports: «Vous observerez aussi, à l'égard des provinces aux villes maritimes, et aux ports de mer, que les chemins qui y conduisent doivent toujours estre mis au nombre des principaux chemins, parce que c'est toujours le lieu d'un grand transport et d'une grande consommation»;

– agir dans le sens de la centralisation: «Il faut de plus considérer la grande route des provinces à Paris comme la principale et la plus importante, à cause de la communication continuelle que toutes les provinces, ont avec la capitale du royaume, et que c'est presque le centre de toute la consommation»;

– maintenir une liaison, dictée par la politique, avec la voie d'eau, telle que la définira Vidal de La Blache: «Les voies qui se dirigeaient directement du Rhône vers l'Océan, de la Saône vers les Pays-Bas, semblent avoir subi une torsion. Elles se détournent vers Paris, s'y nouent; elles décrivent tout autour une sorte de toile d'araignée».

Thème essentiel. L'idée d'ensemble est axée sur la capitale, avec la double articulation, vers le Rhône et les régions méditerranéennes, vers le Sud-Ouest et l'Aquitaine, encadrant le Massif central, le sommet étant Paris-Orléans. Peu de voies transversales. Marquée par la volonté politique s'esquisse la physionomie «centralisée» du «réseau».

Les questions administratives: intendants et ingénieurs

Bien connues depuis les travaux de E. Vignon (1862-1880), exploitant le *Traité de la Police* de Delamare, apparaissent les questions administratives. Elles dépendent de l'évolution politique, voire ministérielle. À l'origine se retrouvent la multiplicité et l'hétérogénéité des juridictions: prévôt de Paris et bailli d'Orléans pour leur circonscription particulière, juges ordinaires des lieux, chargés de faire appliquer les ordonnances, trésoriers de France depuis l'édit de 1508 et leur constitution en Bureaux en 1577, élus dans les provinces d'élection, États dans les pays d'États, sans oublier les officiers des Eaux et forêts (édit de janvier 1583, 1595). Au centre, les quatre secrétaires d'état – chacun étant le maître dans sa circonscription –, la réalité du pouvoir étant dans la main du contrôleur général des finances. Nommé grand voyer de France (1599), Sully a entrepris une première coordination des travaux. Entreprise après les multiples destructions – «la France semblable à un cadavre» (selon l'expression du chancelier Pasquier) – elle s'inscrit à l'intérieur du «mythe politique» du compagnon d'Henri IV (L. Avezou, *Sully à travers l'histoire. Les avatars d'un mythe politique*, préface de Bernard Barbiche, École des chartes, 2001). Les armées ont dévasté les campagnes, la mendicité a augmenté, les ouvrages

d'art sont détruits. Mais court est le «temps henricien», les guerres civiles reprennent, l'aide de l'État est mesurée. Elle consiste surtout en allégements d'impôt et en
bonnes intentions.

Richelieu supprime la charge de grand voyer en 1626. La guerre stoppe les
velléités d'implantation routières. Avec J.-B. Colbert, l'effort est mené dans le cadre
de la reconstruction du pays, dans une confrontation entre les projets et la réalité
(J. Meyer, *Colbert*, Paris, Hachette, 1981). Le système des enquêtes inauguré aux
règnes précédents se poursuit et devient systématique. La notion de service public se
précise avec celle d'obéissance. Dans les pays d'États comme le Languedoc, les
assemblées s'occupent de la voirie. Dans les pays d'élection, l'intendant est assisté, à
partir d'octobre 1669, avec le titre de «commissaire pour les ponts et chaussées»,
d'un des trésoriers de la généralité, nommé sur sa proposition. Le roi paye et
contrôle les travaux. Outre les subventions royales et celles des États, une source
demeure, le produit des péages, souvent accaparés par leurs possesseurs. Un effort
de rationalisation est entrepris: le 17 novembre 1661, Colbert ordonne une enquête
sur les péages existants, avec obligation aux détenteurs de présenter leurs titres de
possession. Par le règlement du 31 janvier 1663, il ordonne la publicité, l'enregistre-
ment et la tenue de registres de péages. Le principe est rappelé: «Les dits péages ne
sont établis que pour l'entretien desdits chemins, ponts et chaussées.» L'application
laisse à désirer. En Alsace, les péages intérieurs sont supprimés par l'intendant
Charles Colbert (1663).

Au contrôle général des Finances, avec plus ou moins de bonheur, les successeurs de Colbert prendront la relève. Au XVIIIe siècle, trois mesures «politiques» touchent à l'entretien des chemins: en 1738, l'adoption dans l'ensemble du royaume
de «la corvée des grands chemins» par simple circulaire administrative; en 1743, la
séparation des fonctions techniques et des fonctions financières: Trudaine prend la
direction du nouveau service; en 1747-1748, l'inscription d'une mesure d'une
importance capitale, la création de l'École des ponts et chaussées, dotée d'un règlement, doublée de l'école du génie de Mézières et de la réorganisation du bureau des
dessinateurs (Anne Blanchard). Mesures d'ordre administratif et technique d'importance capitale, elles permettent la création, unique en Europe, après bien des
vicissitudes, d'un corps, d'une administration, autonome et compétente: celle des
Ponts et chaussées, colonne vertébrale du système routier[2]. Passage de l'empirique
au scientifique.

«Tout au long du XVIIIe siècle, la route et le canal se glissent au centre de la
réflexion économique, en ancrant les rêves de développement liés à l'échange»
(Jean-Marcel Goger, 1995) sous le double jeu de la théorie et de la pratique. «Éri-
gées en enjeu nodal», les communications focalisent l'ardeur des théoriciens, d'où
une abondance relative de textes et d'expériences «pratiques», fruit parfois d'un
«despotisme éclairé» à l'échelle provinciale. Saisie dans son ensemble, la «mutation

routière» du XVIIIe siècle (mais non une révolution comme d'aucuns l'ont vue) semble marquée par une série de bonds et d'arrêts. Relativement étale de 1716 à 1776, le rythme de ces hésitations s'accélère au cours des années 1780, pour devenir franchement saccadé au cours de la crise révolutionnaire où se succèdent les plans d'aménagements contradictoires et éphémères. Les archives des assemblées provinciales puis départementales sont révélatrices, ne serait-ce que par le rappel des ressources financières affectées aux Travaux publics. Sont mis en œuvre trois paramètres, administration centrale, corps des Ponts et Chaussées, assemblées locales ou régionales.

2. Les questions techniques

Elles se posent avec acuité sans qu'interviennent des transformations décisives. L'œuvre routière, de longue haleine, expression d'un milieu, exige beaucoup de la part des hommes au travail. Elle demande du discernement et de la continuité dans l'action des pouvoirs de commandement et dans la fourniture régulière des finances nécessaires.

«À la fin du XVIIIe siècle et encore au commencement du XIXe siècle, dit Vidal de La Blache, la circulation des choses, sinon des hommes, restait assujettie aux mêmes difficultés et aux mêmes lenteurs que par le passé. Les routes sont encore l'expression d'une France rurale, fonction de ce personnage historique que reste «le sol français»: il agit par la pression qu'il exerce sur les habitudes; par les ressources qu'il met à la disposition de nos détresses; il règle les oscillations de notre histoire. (*Tableau de la géographie de la France*, éd. M.-C. Robic, 2000.)

Les caractéristiques du réseau routier, dont la notion se dessine, demeurent sensibles à l'héritage des siècles passés. On n'enregistre aucune révolution technique d'importance, ni dans l'infrastructure, – la route, son matériau, son profil –, ni dans la superstructure, moyens de transport et techniques de déplacement, alors que ces derniers se sont accrus dans une population en accroissement sensible. L'effort d'entretien est en liaison avec les conditions administratives, politiques et économiques. Il participe aux exigences du pouvoir monarchique, à la recherche de cette «maîtrise de l'espace» cher à l'esprit cartésien, sur le territoire national parcouru et préservé: «La route au service de l'État est postale et militaire; les relais de chevaux doivent permettre la circulation rapide des courriers sur des chemins qu'il faut rendre accessibles aux armées et à l'artillerie. Fortifications et frontières en interrompent le cours, les deux éléments tendant à coïncider...» (F. Hildesheimer, *Du Siècle d'or au Grand Siècle. L'État en France et en Espagne (XVIe-XVIIe siècle)*, s.l.n.d., p. 122.)

En 1674, le roi a fait établir par l'Académie des sciences le tableau des distances des routes reliant Paris aux villes de province: la lieue est adoptée, fixée à deux mille quatre cents toises. Le départ est fixé aux Halles, la largeur est fixée à trente six pieds pour le service des coches et des carrosses. Des arbres, espacés à trente pieds, seront plantés le long des fossés.

L'arrêt du 26 mars 1705, qui indique les modalités de la construction de routes tracées en ligne droite, prévoit les indemnités à régler aux propriétaires. En 1693 a paru le *Traité de la construction des chemins* par H. Gautier (deux éditions), qui s'inspirait du livre, paru en 1622, du Rémois Nicolas Bergier, *Histoire des grands chemins de l'Empire roman*, dont l'influence a été considérable. L'ingénieur est alors au service de la ville comme de la route. Une ère nouvelle s'ouvre dont les influences en politique ne seront pas négligeables.

La royauté du cheval

Objet de tous les soins avec la création des haras, symbole du rôle fondamental de la société nobiliaire, «équestre» par définition, le cheval reste le moyen de locomotion le plus commode et le plus rapide, sinon le plus reposant. Le renouvellement des haras est une des préoccupations du pouvoir central. La Franche-Comté est une précieuse pourvoyeuse; l'Alsace fournit, aux armées engagées en Allemagne, outre des bateaux et des voitures, des montures, des «bidets» pour la plupart. Chevaux lourds et chevaux de selle sont également réclamés par les utilisateurs, des champs de bataille au halage des péniches, en passant par le débardage des bois. Puissants, les Ardennais, trapus et vifs, sont toujours prêts à travailler, le breton fait l'orgueil de ceux qui le possèdent, distinguant à la fois «le trait» et le «postier». Croisé avec des races du voisinage (le Percheron, le Boulonnais), il est réputé faire «la moitié de la valeur de l'artillerie française» à l'époque où la mobilité de celle-ci est un facteur de la victoire. Quant au Percheron, cheval de trait apprécié, il a tiré de lourdes voitures de marchandises sur toutes les routes de France et les péniches, le long des chemins de halage.

À côté des fourgons et chariots, lourds, lents et incommodes, circulent les coches, chariots couverts, non suspendus. Traînés par des chevaux ou halés par des hommes, les coches d'eau disposent d'un mât que l'on rabat au passage des ponts. La chaise de poste, tirée par des chevaux de poste, est la voiture la plus rapide et la plus chère. À la fin du XVIe siècle, le maréchal de Bassompierre a introduit d'Italie le premier carrosse à glaces. Celui-ci va évoluer vers plus de somptuosité d'une part, vers des perfectionnements de structure d'autre part, adaptation au terrain et au relief comme au confort des voyageurs. Des témoignages multiples sont disponibles dans les ordonnances royales, les *Mémoires* des intendants, les *Fables* de La Fontaine, les lettres et surtout les récits de voyages qui ont tendance à se multiplier: on assiste à la création d'une mentalité plus ouverte et, partant, à la création d'un genre littéraire nouveau[3]. Alternant cheval et carrosses, bon cavalier, Louis XIV est allé quatre fois aux bords du Rhin, franchissant le pont, et souvent, à la frontière du nord. Fléchier, qui l'accompagnait, écrivait de Brisach, le 17 octobre 1681, à Melle Des Houlières: «Je vois ce Rhin dont on tant parlé, qui semble avoir perdu sa fierté et baissé ses eaux à l'approche du roi», les eaux du fleuve étant alors très basses.

Au début du XVIIIe siècle, les carrosses apparaissent sur les grands itinéraires.

Les «façons» de la route

L'entretien – et les réparations – aussi nombreuses que celles que le cultivateur pratique sur son labour ou sur sa prairie – nécessitent des soins quotidiens, plus fréquents à certaines saisons, souvent anonymes jusqu'au début du XIXe siècle qui verra l'établissement, au village, du cantonnier. Soins donnés également par le riverain et prescrits par le pouvoir. «De tous les chemins, choisir celuy qui est le plus utile et le plus avantageux au peuple [...] et le mettre en bon état [...] en sorte que les peuples en reçoivent du soulagement et de la commodité.», tel est le mot d'ordre que Colbert a donné aux intendants. Le but? Faciliter l'approvisionnement des provinces. Le Roy Ladurie en témoigne: «Pour ce qui est de la Bourgogne et de l'Auvergne, il est certain que le développement des routes a énormément aidé à résoudre le problème des subsistances.» Et d'ajouter: «Mais à lui seul, il ne suffit pas à tout expliquer.» Sont à voir également les défrichements, la vigne, les rendements. Pierre Deyon a étudié à cet effet, la production agricole et les communautés paysannes de Flandres et d'Artois (*BSHM*, 1, 1974). Dans son *Dictionnaire de géographie des Gaules* (t. V, 1768), l'abbé d'Expilly note que «Paris, la grand'ville, a été l'âme du commerce, non seulement de la généralité et des provinces voisines, mais de toute la France», rappelant l'organisation, dans la capitale, d'un marché central, la Halle parisienne, «le plus considérable des marchés de légumes, œufs, beurres, fruits, ainsi que de tous les éléments nécessaires à la vie», suscitant des arrivages de toutes origines.

L'idéal, pour le pouvoir, reste «la route pavée» qui jouxte la capitale. Des devis sont faits, répartissant la dépense sur trois ou quatre années, dépense que réglera le Trésor royal. Seuls les grands chemins bénéficieront de ces libéralités après mai 1680. Autre préoccupation, lancinante à toutes les époques. celle de la réparation et de l'entretien des ponts. Du bac au pont de bois, de celui-ci au pont de pierre, telle est la règle qui, malgré les progrès réalisés au XVIIe siècle, n'est pas toujours appliquée, du fait des difficultés financières et de l'absence de bons techniciens. Sous l'impulsion de Vauban, les entreprises utilisent des ingénieurs employés aux frontières (A. Blanchard, *Vauban*, Paris, Fayard, 1996 et Nicole Ferrier, 1979).

Un réseau cohérent: routes, rivières, canaux

Dès 1604, Sully, le ministre de Henri IV, avait élaboré un vaste projet visant à faire de la France «un carrefour fluvial européen»: «Les conjonctions de la rivière de Seine avec la Loire, de la Loire avec la Saône, et de la Saône avec la Meuse, de la Garonne et du Rhône, par le moyen desquelles, en faisant perdre deux millions de revenus à l'Espagne, et les faisant gagner à la France, l'on faisait, par à travers icelle, la navigation des mers océane et méditerranéenne de l'une dans l'autre».

Homme de bon sens et d'expérience, Colbert préfère, pour les transports, le chemin par eau à la voie de terre: «J'estime qu'il sera bien plus avantageux de s'appliquer à faire des canaux ou à rendre les rivières navigables, étant certain que les voitures par eau sont toujours beaucoup plus commodes et à moindres frais.» (Depping, *Correspondance des intendants*, du 28-11-1670, *I*.)

Durant l'hiver 1698-1699, Vauban écrit le *Mémoire pour la navigation des rivières*. Il sait qu'«un bateau de raisonnable grandeur, en bonne eau, peut lui seul, avec six hommes et quatre chevaux, mener la charge que quatre cents chevaux et deux cents hommes auraient bien de la peine à mener par les charrois ordinaires». Son rêve? Créer un ensemble de rivières et de canaux (tant latéraux que de jonction) innervant la presque totalité du royaume.

Vastes projets, anciens et nouveaux, dont la construction du canal de Briare n'a été qu'un premier élément. La chronologie s'établirait ainsi:

– 1559, canal de dérivation des eaux de la Durance;

– 1539-1575, canalisation de la Vilaine (en vertu des lettres patentes de François Ier);

– 1641, canal de Briare;

– 1662, projet Riquet d'une liaison navigable entre Méditerranée-Atlantique;

– 1681, canal des Deux Mers ou du Midi. qui provoque l'admiration des contemporains;

– 1692, canal d'Orléans;

– 1724, canalisation du Loing, jonction de la Seine et de la Loire.

Accompagné ou suivi de courts canaux, se forme un système non encore cohérent: dans le nord de Calais à Saint-Omer (1681), de la Bruche (en vue de la construction de la citadelle de Strasbourg, de Basse-Alsace le long du Rhin vers Lauterbourg, de Châtenois pour Neuf-Brisach), de La Haute-Deule (1693), de la Deule à la Scarpe. Dans la première moitié du XVIIIe siècle, est ouvert le canal de Crozat, entre Oise et la Somme, de Chany à Saint-Quentin. Après 1750, le canal de Givors, le canal de Neufossé entre l'Escaut et la Scarpe, de Valenciennes à Courtrai… En 1789, on compte en France mille kilomètres de canaux et sept mille kilomètres de voies navigables. Ampleur de la vision, médiocrité des moyens: la distinction s'impose entre projets et réalisations. Ces dernières ont été rendues possibles grâce aux progrès dans la mise en service des écluses, dans l'édification des ponts, grâce à la pratique des arcs surbaissés, pour élargir le débouché des eaux. Au XVIIIᵉ siècle, s'introduiront la technique du calcul des voûtes et un tracé plus scientifique des ouvrages en maçonnerie. De nombreux projets restent à l'état latent dans le Sud, le Centre et la Bretagne.

Un mal nécessaire: la corvée des grands chemins

Reste entier le problème de la main-d'œuvre: à la solution à l'anglaise du paiement par les utilisateurs – péages ou *turnpike* – l'administration a préféré la solution fiscale que représente la corvée royale des grands chemins. Une abondante littérature, plus polémique qu'historique, a vu le jour au XVIIIᵉ siècle. On a dépeint la corvée, symbole de l'arbitraire royal, comme un héritage médiéval, rencontré dans toutes les provinces, rejetée, honnie par les populations, courbées sous son poids écrasant. Au fil des temps, à l'usager, sous prétexte de désenclavement, le pouvoir a substitué le riverain, même éloigné, pour lequel, souvent, la route n'est qu'une étrangère. La priorité est donnée aux grands itinéraires: l'impératif politique dicte les solutions techniques[4]. La corvée royale doit être distinguée de la corvée seigneuriale. Celle-ci, domaniale ou particulière, distinguée elle-même en «réelle» et «personnelle», consiste en un service temporaire dû au seigneur: l'effort de la monarchie se dirige vers une fixation des modalités de ces services dans le temps et dans l'espace. La corvée royale se veut d'intérêt public. Ouvrant les chantiers, procédant aux adjudications et réglementant le marché du travail, soutenue par une activité bureaucratique statistique, l'administration royale devient la première entreprise de travaux publics. «Toute une civilisation prend la route.» (D. Roche.)

Contribution gratuite en travaux manuels au service de la collectivité, la corvée royale comporte l'emploi de bestiaux et de voitures. Certains travaux sont urgents. Pour les voyages royaux, les intendants y ont recours; ainsi dans les provinces frontières, en Artois, Franche-Comté, Dauphiné, Alsace, ou dans le Midi vers l'Espagne. En 1717, le régime est officialisé en Alsace; en 1726, dans la généralité de Soissons; en 1727 dans les Trois Évêchés; en 1729, dans la généralité de Châlons; en 1733, dans la province de Bresse. En Lorraine ducale, la corvée, à la différence de la milice, n'est pas d'importation française. Sous Léopold et sous François III, elle a été utilisée sur «le pied de la subvention»: l'ordonnance ducale de 1699 déclarait que les communautés avaient à fournir les manœuvres, les voitures et les bois nécessaires aux entrepreneurs. En décembre 1737, La Galaizière, beau-frère d'Orry, contrôleur général des finances, confirme et précise les modalités d'usage des corvées dans la province. Les corvéables sont classés en deux catégories: les manœuvres qui ont pour travail la confection des chaussées et l'extraction des matériaux, les laboureurs et voituriers qui chargent et conduisent la terre et les pierres nécessaires aux ouvrages. Les bourgeois, et ceux dont la profession ordinaire «n'est point de travailler la terre», envoient leurs domestiques ou autres. En 1738 la corvée est étendue à l'ensemble de la France.

Différentes enquêtes sont à ouvrir sur le suivi de ces travaux, la façon dont ils sont conduits, les répercussions sur la vie des campagnes, la mentalité des populations, pionniers ou laboureurs, jeunes et vieux, célibataires ou hommes mariés. Tenant compte des critiques faites à la corvée en nature et de ses propres expériences dans la généralité de Limoges, le contrôleur général Turgot décide, par l'édit de février 1776, le remplacement de la corvée en nature par une imposition additionnelle aux vingtièmes. Tollé dans les provinces. Les privilégiés obtiennent de son successeur la Déclaration du 11 août 1776 qui rétablissait la corvée en nature, mais avec possibilité de rachat. Des modalités diverses s'installent. Les difficultés rencontrées amènent Calonne en 1787 à ordonner à titre d'essai, et pendant trois ans, la conversion de la corvée en une imposition particulière. Conversion parfois impopulaire. «Le peuple d'Alsace demande à grands cris la corvée», écrira de Turckheim en 1787. L'assemblée provinciale se penche sur le problème des routes; est dressé un état général des réparations à entreprendre (R. Werner).

Les hiérarchies de fait

Au XIIIe siècle, Philippe de Beaumanoir se plaisait à énumérer, dans les *Coutumes du Beauvaisis*, cinq sortes de chemins, suivant leur largeur. Division théorique, comme demeure l'arrêt du conseil qui fixe la largeur des grands chemins à soixante pieds. En vain! Sont limités les chargements: «Fait défenses à tous rouliers et voituriers d'atteler plus de quatre chevaux sur chaque charrette et harnais, à peine de confiscation.» Sans doute le pavé est roi, mais il coûte cher, d'où son emploi limité, sur la route de Paris à Orléans, tarte à la crème de la monarchie, sur certaines portions de grands chemins de la généralité de Rouen, de Verdun à Metz, autour de Moulins... Pour le reste on utilise le caillou, le bois et la terre. Reste le dernier expédient, au moment des voyages royaux – moments décisifs –: «Faire ouvrir les terres, en ouvrant les hayes, et remplissant les fossés pour le seul passage du Roy – ou des Princes.» Une distinction s'impose: d'un côté les grands itinéraires, reconnus, construits, entretenus et classés, de l'autre, les chemins ruraux, laissés au soin des particuliers et des communautés, abandonnés au rythme des saisons, au caprice des inondations. Des premiers, nous pouvons décrire les vicissitudes: ils sont liés à la force de l'État, à laquelle ils participent, et aux pulsations de l'économie, qu'ils nourrissent. Des seconds, ouverts aux réactions paysannes, domaine des Croquants dont la route est l'ennemie, œuvre anonyme et obscure poursuivie par des générations, successives et tronquées, nous constatons l'existence, au hasard des archives locales, notariales ou judiciaires. Plus proches du paysan, plus révélateurs de sa vie profonde, ils font partie de son patrimoine (Y.-M. Bercé).

3. Les questions de civilisation: les fonctions de la route

Elles sont liées aux problèmes de tous ordres, politiques et militaires, économiques, sociaux et culturels, que pose la vie de relation. Dans le cadre du mercantilisme royal, il s'agit d'une définition de pôles d'attraction, dans leur intensité relative, et d'une contribution à l'histoire de l'unité du royaume, dont, en 1561, Michel Suriano, ambassadeur vénitien, écrivait: «Ses onze provinces sont autant de membres vigoureux d'un même corps qui, joints ensemble, se communiquent mutuellement la force et la vie.»

Les voyages royaux, l'armée et l'essor de la poste

L'importance de la route est grande dans l'œuvre centralisatrice de la monarchie. La réciproque est vérifiée. Le roi est le premier usager – et le plus important – de la route, pour lui-même, ses messagers, ses diplomates, ses armées. La route est facteur de prestige et source d'efficacité, instrument de combat, moyen de gouvernement, présence d'une administration affirmée par les intendants ou représentants des États provinciaux. Les voyages royaux portent témoignages. Catherine de Médicis «présente à Charles IX son royaume (1564-1565)», Louis XIII et Louis XIV sont des «monarques de la frontière»; Vauban est toujours en inspection, autant de traits caractéristiques de cette «royauté à cheval», chère à Michelet, où «la cour sent l'écurie», avant l'installation versaillaise et le passage à la royauté administrative, stable et bureaucratique, du XVIIIᵉ siècle.

Avec le roi ou par ses ordres, voyage l'armée, utilisateur qui, sans cesse, parcourt le pays. Piétaille de l'infanterie, cavalerie nombreuse, et surtout artillerie et «train des équipages», forment des convois qui, depuis les réformes de Richelieu et de Le Tellier, suivent les «étapes» de l'armée en déplacement. Grand voyer de France, Sully fut grand maître de l'artillerie. Les convois de subsistances, problème ardu, déterminent, avec les prés renaissants, après les quartiers d'hiver, l'ouverture de la campagne. Le Tellier et Louvois y ont consacré tous leurs soins (A. Corvisier, *Louvois*, Paris, Fayard, 1983). Parfois la route crée elle-même le tracé dont elle a besoin, au bénéfice de la manœuvre, en cas de conflit. La surprise reste, comme à toutes les époques, l'élément décisif du combat, tel Turenne longeant les Vosges et traquant l'ennemi dans la plaine de Haute Alsace. Dans le jeu, large de la stratégie, ou subtil, de la tactique, le bon usage de la route reste l'un des facteurs déterminants du succès (J. Bérenger, *Turenne*, Paris, Fayard, 1987).

Le rôle de la poste, service privé devenu service royal, apparaît essentiel. Après le régime de liberté qui caractérise la poste au Moyen Âge, où se retrouvent la poste du prince, celle des moines (les *rotulae*), les messagers de l'Université et ceux des villes, l'évolution a été marquée par le développement de la poste royale qui absorbe les autres entreprises par rachat, extinction ou défense. Trois noms sont à

retenir. Louis XI et les premiers relais, Henri IV, la création et le développement des
messageries royales, Louvois qui s'empare du service la Ferme des postes reçoit sa
forme définitive de monopole, en même temps que se crée la poste internationale.
La titulature de Louvois s'adressant au maître de poste d'Ottmarsheim (ABR E
1590, 1685) donne la mesure du chemin parcouru: «François Michel le Tellier,
marquis de Louvois et Courtevaux, conseiller du Roy en ses Conseils, commandeur
et chancelier de ses ordres, secrétaire d'estat et des commandements de S.M., grand
maistre des courriers et surintendant général des postes, relais et chevaux de louage
de France [...] avons donné et octroyé par les présentes la poste d'Ottmarsheim,
nouvellement establie, pour jouir et user de ladite poste aux gages de cent quatre-
vingt livres par an [...] et l'exemption entière de toutes tailles [...] contributions et
logements de guerres et faculté de tenir à ferme et exploiter cent arpents de terres de
labour, prés ou vignes, non en ce compris les héritages à lui appartenans [...] à
charge de tenir le nombre suffisant de bons chevaux pour monter les courriers
conformément à nos règlemens et ordonnances.»

Se pose le problème de la transformation de la route postale, qui passe du
domaine public au domaine royal, substitution incomplète car la concurrence subsiste longtemps entre les messagers privés ou des collectivités et les messagers d'État.
Le relais devient un centre d'activité, un milieu social autonome que la poste crée et
entretient: il vit par elle et pour elle et, sur les frontières, il prend une importance
politique, voire diplomatique[5].

Les routes nourricières. L'activité économique

On s'accorde à reconnaître l'importance que les routes présentent pour l'économie. «Routes nourricières» selon l'expression consacrée, sensible aux influences
diverses: le nombre, la croissance de la ville, le paysage rural.

«Les agglomérations peuvent dessiner sur le sol des figures variées aux
contours changeants et instables; comme des êtres vivants, elles laissent leurs formes
s'établir, se fixer, évoluer au gré des influences extérieures», écrit A. Demangeon.

Parmi ces influences, jouent celles de la route. En tant que création humaine,
indice du passage de l'homme isolé ou en groupe, de son installation permanente
ou temporaire, dans l'effort de reconstruction qui caractérise l'histoire des provinces
après la Fronde, la route est liée à la ville qu'elle crée ou accompagne, dans sa dynamique même et le réseau de relations qui, au XVIIe siècle, la définissent, plus qu'une
enceinte périmée (A. Corvisier). Villes, mais aussi campagnes, notamment au sein
de la France du Nord et de l'Est, «cil des plans». Dans *Les Fermiers de l'Île-de-
France, XVe-XVIIIe siècle*, Jean-Marc Moriceau a montré «ces fermiers à grosses bottes
qui gardaient un pied au village et plaçaient l'autre à Paris, ouverts sur le monde à
tous les horizons». Dans la France de l'Ouest, «cil des bocages», les chemins creux

sont propices aux révoltes populaires. Le village disparu, la route abandonnée, la friche gagne rapidement. Chèvres et moutons, à la dent ravageuse, prennent possession des fossés. Source de vie, la route est également source de mort ou de ruine. Seraient à étudier, dans ce domaine, les éléments naturels, natalité, nuptialité et mortalité, selon leur proximité plus ou moins grande de la route. Peu d'études démographiques ont relevé cet «aspect topographique quotidien» dont le village-route lorrain est un exemple (G. Cabourdin)[6].

Suivent les accidents migratoires à moyen ou à court rayon dont Abel Poitrineau a étudié pour la Haute Auvergne les pulsations hebdomadaires ou mensuelles. De rayon plus large, apparaissent les migrations temporaires ou définitives entre régions différentes, entre plaines et montagnes, entre la province et la capitale, entre la France et l'Espagne au XVIIᵉ siècle et, après la guerre de Trente Ans, entre la France rhénane et jurassienne et les cantons helvétiques. Des accidents démographiques – famines ou épidémies – ont leurs routes propres, elles semblent progresser par bonds ou suivre certaines artères, en fonction de foyers que l'on n'oserait qualifier de «privilégiés». Jean Delumeau a étudié ces «peurs successives», génératrices de fuites ou de départs: «Certains prennent la route comme d'autres le voile.»

Baisse également de certains déplacements, tel, en Bretagne, le pèlerinage des Sept-Saints, fondateurs – réels ou supposés – des évêchés bretons. Pèlerinage circulaire: le *Tro Briez*. En antidote se dressent ces centres d'attraction et d'espérance que sont les stations thermales, en vogue à l'époque classique. Le «bain de Plombières» qu'a connu Montaigne, autrefois fréquenté uniquement par les Allemands, voit arriver «depuis quelque temps ceux de Franche-Comté. Plusieurs Français y arrivent à grande foule» écrit dom Calmet. Luxeuil, la ville de Saint-Colomban, profite de cet engouement, partagé par l'intendant de Franche-Comté, pour obtenir un collège et une caserne. Chemin également des eaux de Bourbon, particulièrement soigné, chemin de Vichy dont «le peuple est fort poli par la fréquentation des personnes de qualité qui y viennent». Mᵐᵉ de Sévigné, éternelle voyageuse, illumine ces sites de sa plume alerte, en notant les incidents coutumiers du voyage. Stations des Pyrénées lancées par les séjours de quelque grand seigneur. Si la fréquentation des pèlerinages diminue, certains centres continuent à être fréquentés, les Prémontrés s'installent à Sainte-Odile (M.-T. Fischer), d'autres à Mariental, autant de comportements, inscrits dans la mémoire gestuelle collective, où jeunes et vieux sont réunis. Le problème social est permanent, une distorsion s'installe. Les groupes constitués, rouliers, voituriers, haleurs, paysans manœuvres ou contrebandiers... prennent place au sein d'une «société d'ordres», qui, «assise» et urbaine, enferme les exclus, leur enlève leur refuge, la route, et favorise peu les initiatives sur le terrain. Initiatives répressives, de grande ampleur parfois, avec l'ouverture du Massif central aux *Grands jours d'Auvergne* que décrira Fléchier (1665). Cette route, parsemée de brigands, échappant à tout contrôle, est-elle «compatible» avec la société d'ordres dotée d'une armature bureaucratique, religieuse, militaire et fiscale? Cette société correspondait à «l'Ordre du Monde», à «l'idéal politique» et «aux valeurs sociales de la France du XVIe au XVIIIe siècle» (Y. Durand, SEDES, 2001). Combinant entraves médiévales et interventions de l'État, traditions et modernité, la route transcende l'histoire. Pour certains – phénomène de mentalité – la route «hors de la loi» reste «hors la loi» (J. Nicolas).

Produits et nature des transports[7]

Nos renseignements sur le commerce intérieur de la France du XVIe au début du XVIIIe siècle sont peu abondants. Nous connaissons avec précision les lois et règlements de Colbert, les monopoles seigneuriaux, le régime des aides, le système des douanes intérieures et les théories qui préludent à l'essor du mercantilisme, la réglementation du commerce des grains, mais le détail du commerce intérieur nous échappe, en dehors des registres de péages (quand ils existent) et des déclarations des intendants publiées par Boulainvilliers dans l'*État de la France*. La circulation intérieure a suscité moins d'intérêt que le grand commerce maritime et colonial qui va s'amplifier au XVIIIe siècle. Par ailleurs, la prospérité nouvelle des Antilles et la primauté de l'Atlantique ne sont pas sans influence sur le tracé général des routes commerciales à l'intérieur du royaume.

Les travaux d'Ernest Labrousse, de Jean Meuvret, de Pierre Goubert, de J.-M. Boehler et de bien d'autres chercheurs, ont tenté de voir clair dans ces problèmes en fournissant des éléments chiffrés. Les enquêtes d'André Rémond et de Jacqueline Roubert portent sur les conditions du roulage qui assume le gros des transports routiers. Dans ses modalités d'abord: charrettes à deux roues ou charrettes à quatre roues – la seconde l'emportant. Les différents domaines et secteurs géographiques ensuite: les points de départ, les pôles d'attraction, le transit des régions frontalières, les entraves juridiques et administratives, la lutte contre le monopole et la concurrence du régime fluvial. Les prix enfin. Ils sont élevés: en 1679, pour transporter de Honfleur à Paris quarante-deux barils de harengs blancs et douze de saur, le port coûte moitié autant que la marchandise elle-même. Jack Thomas (Toulouse) a étudié foires et marchés dans la France méridionale. Se sont multipliées les monographies, touchant la Gascogne (M. Bordes), les Pyrénées occidentales (C. Desplat), la bastide de Masseube (1759-1830) (R. Cairou, *Actes du colloque de Flaran*, 1992). Yves Le Moigne a étudié *Le Commerce des provinces étrangères (Alsace, évêchés, Lorraine) dans la seconde moitié du XVIIIe siècle* (1975).

La nature des transports est dictée par les exigences du ravitaillement et la production des matières premières. Les bois d'abord. À la fois matière première pour la construction, le mobilier et le carronnage, combustible par excellence pour le chauffage domestique, la boulangerie et les usages artisanaux et industriels, le bois tient une place importante dans l'économie routière et fluviale. Autour de Paris, le déboisement s'est étendu. À la fin du XVIIIᵉ siècle, les bois proviennent du Morvan par la Haute-Seine, l'Yonne et ses affluents, grâce au «flottage», flottage «à bûches perdues» au départ puis flottage en train, par radeaux, de Clamecy à Paris. Navigation fluviale brutale et dangereuse. Arrivés à destination, les radeaux sont démontés par les débardeurs que Daumier va illustrer, nus, plongés à mi-corps dans la rivière. Il en est de même sur les grands fleuves, tels les bois des Vosges, de la forêt de Haguenau et de la Forêt-Noire, descendant vers Strasbourg, lieu de concentration avant d'emprunter le cours du Rhin.

Les grains, ensuite, en fonction des centres de consommation parisien, lyonnais, bordelais, ou d'autres grandes villes; blés de Lorraine «dont la province abonde plus que de tout le reste», de Champagne, avec le pays d'élection de Vitry et le Perthois, de Langres, de Franche-Comté, s'évadant vers la Suisse et vers l'Allemagne, du Dauphiné vers Lyon et le Vivarais, en liaison avec les ordonnances réglementant l'exportation et la circulation des grains. C'est le début de l'ère statistique administrative qui touchera la route plus encore que les autres institutions.

Le bétail, qu'a retrouvé J.-M. Moriceau dans son *Histoire de l'élevage* (2000), est «sans cesse en remuement». Christian Wolff a étudié «les activités de quelques bouchers, tanneurs, marchands de bestiaux d'origine huguenote à Phalsbourg et Bischwiller, villes neuves, au XVIIᵉ siècle» (92ᵉ CNSS, 1970). Leur originalité? Le bilinguisme, le goût du risque et des déplacements, des relations sociales et familiales nouées souvent loin du lieu de leur résidence. L'essentiel? La mobilité. Un handicap parfois? Ne pas savoir écrire. Des intermédiaires? Les bouchers attachés aux régiments. La vie quotidienne? Des risques, parfois des sacrifices pour enlever les marchés et, souvent, des retards dans les payements. Maurice Garden a étudié «les bouchers et boucheries de Lyon» (*idem*), fournisseurs d'un marché du bétail fréquenté. Entrent pour un mois à Lyon, huit cent quatre-vingt-douze bœufs, vingt-neuf vaches, deux mille deux cent quatre-vingt-seize veaux, sept mille neuf cent quatre-vingt-dix moutons, sans compter deux mille porcs et les agneaux. Pour l'approvisionnement de la Charité et de l'Hôtel-Dieu, le boucher va faire ses achats aux foires du Charolais, de Bresse ou du Velay. Les bœufs et les vaches engraissés en Auvergne fournissent, les uns les boucheries du Languedoc, les autres vont jusqu'à Paris, ceux des Vosges sont vendus aux Allemands et aux Suisses, ceux d'Auxois échangés à rayon plus restreint pour l'embouche entre plaine et montagne, sans compter ceux qui arrivent des pays danubiens, en longues files, longeant les fleuves, dépassant les moulins à eau, campant aux portes de Strasbourg dans la plaine des Bouchers (*Francia*, 1987 et G. Livet, *Mélanges P. Goubert*, s.l., 1984). Suivent les fromages et les produits laitiers.

Les vins, et les eaux-de-vie, dont l'exportation vers l'Angleterre et les pays du Nord continue et s'amplifie par rapport au XVIᵉ siècle (F.-J. Himly, *RA*, 1951 et P. Butel, *La Croissance commerciale bordelaise…*, s.l., 1973). De même pour la marée et les poissons dont est mortel, pour certains, le retard à l'arrivée. Le sel continue d'être l'objet d'un commerce important, qu'il vienne des salines de Lorraine, de Franche-Comté (d'où l'intérêt de l'occupation de la Lorraine et du rattachement de la Franche-Comté qui maîtrise le ravitaillement des cantons helvétiques), de l'Océan ou de la Méditerranée. En dehors des zones reconnues de distribution, il donne naissance à des trafics clandestins: les chemins de la contrebande ne sont pas moins fréquentés à l'intérieur du royaume que sur les frontières.

Le transport des espèces monétaires n'a rien d'innocent. Outre les transports «ordinaires» des hôtels des monnaies, les routes clandestines qu'empruntent les écus et les louis sont dénoncées au contrôleur général par les intendants, en liaison avec les ambassadeurs à Soleure et les résidents à Genève. La surveillance est renforcée vers la Suisse et vers l'Allemagne. Alimentée par Lyon et la banque protestante, l'hémorragie des devises s'amplifie avec les dévaluations de la fin du règne de Louis XIV. Le problème monétaire hante le gouvernement. Enregistrant le jeu des variations monétaires et du marché des changes, «instrument important de la politique étrangère du roi» (P. Jeannin et L. Bély Antonetti, *Bercy*, s.l., 2001-2002), la route fournit aux besoins des armées, en fonction de l'extension du territoire et du rôle des provinces nouvellement incorporées au royaume.

Ainsi se précise, pour le meilleur et pour le pire, dans sa rentabilité comme dans son extension, le rôle de la route, agent du capitalisme commercial qui a précédé et, en quelque sorte, engendré, en France comme en Angleterre, le capitalisme industriel. De la connaissance et de la maîtrise des axes de communication et des moyens de transport, dépendent la puissance de l'État comme la fortune des marchands en gros qui transforment la cité et des commerçants itinérants qui dominent, dans les campagnes, les marchés locaux.

«*Prendre la route*»: le ciment monarchique, linguistique et religieux

Dans son *Histoire de la langue française* (tome VI et VII), Ferdinand Brunot a montré l'importance linguistique du réseau des routes. Le français a rencontré au XVIIe siècle deux adversaires: le latin et le patois. Le latin est vaincu. Plus de poésie latine, plus d'éloquence latine; le collège suit, même celui des bénédictins de Sorèze que salue F. Brunot: la route y est pour peu de chose, la société a fait l'essentiel. Plus dure à mener a été la lutte contre les patois (L. Febvre). L'école est déficiente, l'administration royale également. À l'abri de toute circulation, vivent dans les campagnes nombre de populations. L'évêque y vient peu, l'intendant jamais. F. Brunot étudie les routes, les transports, la circulation générale et, rendant compte de l'ouvrage, Lucien Febvre de conclure: «Pour la langue même, le problème primordial, c'était un problème routier.» (*Revue de synthèse historique*, t. XLII, 1926.)

Les difficultés «de dialogue» sont renforcées par le mauvais état des communications, notamment en hiver, les entraves administratives, les destructions des inondations, les guerres ou les intempéries, sans compter l'inconfort ou la non-appropriation des instruments utilisés. Tout voyage, quel qu'en soit l'amplitude, suppose une mentalité spéciale, du loisir, de l'endurance, un bon moral, un sens de la réceptivité, le goût de l'imprévu et un peu d'intrépidité, surtout lorsqu'il s'agit des «routes de l'exil» comme dans le cas de Dominique Dietrich, ammeister de Strasbourg, envoyé à Guéret, dans la Haute-Marche, puis à Vesoul. Ces conditions défavorables restreignent l'efficacité des contacts nécessaires à la propagation de la langue, à la diffusion des idées ou à la réception des formes artistiques.

Cependant ces contacts existent, même épisodiques: peu dans les «mondes clos des campagnes», où se maintiennent les traditions, où la femme est servante, où l'usage du patois empêche toute promotion sociale, où sévit «le colonialisme urbain» qui entraîne «le bilinguisme de fait»: la ville parle français, la campagne parle patois. L'exemple de La Fontaine, dans son *Voyage en Limousin*, est bien connu. Un élément précurseur à ne pas négliger, l'idée que le poète se fait de ce voyage avant de partir. On y retrouve cette présomption naturelle à certains: «beaucoup de Limousines de la première bourgeoisie portent des chaperons de drap rose sèche sur des cales de velours noir» mais les chaperons sont surannés! La condamnation est sans appel, la remarque se retrouvera chez un mémorialiste accompagnant Louis XIV à Strasbourg (1681), «les dames y portent des grands chapeaux de velours noir», notait Fléchier. La mode, critère de valeur? Deux aspects sont relevés en Limousin: «Le mauvais état des routes et l'odeur de l'ail.» S'y ajoute l'obstacle linguistique: «Passé Chavigny, (misérable gîte), l'on ne parle quasi plus français.» «Ici commence vraiment l'Occitanie.» (J.-P. Collinet.) On gagne Bellac, par une route impressionnante. La moitié des voyageurs se rompait le cou durant le trajet. «Sinon, on remercie Dieu.» À Limoges, on rentre dans le monde civilisé: «La table de l'évêque est la meilleure du Limousin.»[8]

Au XVIIIe siècle, un fait nouveau intervient: «L'étude de l'action de l'État passe par la saisie de l'espace et des hommes qu'il faut connaître pour les contrôler.» (F. Hildesheimer.) On retrouve les visites administratives, déjà rencontrées au siècle précédent. J.-B. Colbert a recommandé à son frère, Charles de Croissy, de «connaître le mieux possible les grandes ordonnances des Valois», de recueillir la méthode et de multiplier les enquêtes. La cartographie provinciale est en progrès (Numa Broc, p. 406). De là l'augmentation du nombre de déplacements des magistrats locaux, les uns rendus nécessaires et obligés du fait des conditions politiques, des exigences de la centralisation et du développement de l'écrit, les autres motivés par les aspirations personnelles, le besoin d'éducation, de voir du nouveau et de s'ouvrir, par la lecture et la conversation, au nouvel univers façonné par la paix. Galilée a ouvert le siècle... et le ciel. À Strasbourg, par les soins de

Bernegger, ami de Kepler, a eu lieu la traduction en latin et l'édition du *Systema cosmicum* (1635-1636), «dernier combat copernicien de Galilée», au nom de la libre circulation des idées et soustrayant cet ouvrage à la censure romaine (Saint Garcia, *BSHPF*, t. CXLVI, 2000/2). Après l'époque de Descartes et de Pascal, les progrès des connaissances, tant théoriques que pratiques, la multiplication cartographique et des «librairies», l'enrichissement des «itinéraires», le récit des expériences d'autrui, diffusent le sens du voyage dans les classes bourgeoises et non plus seulement nobiliaires. Le voyage – le fameux «tour» des étudiants allemands –, est le complément indispensable de l'éducation de l'«honnête homme»: il s'insère dans un système social et culturel dont témoigne l'érudit Daniel Martin, à Strasbourg, dans son *Parlement nouveau* (1629). Brackenhoffer, fils d'un membre du magistrat de Strasbourg, qui a appris le français à l'école de Montbéliard, a fait «son tour de France». La connaissance de la langue, instrument de communication, est un élément primordial de celle-ci: avant de «prendre la route», en connaître les arcanes. L'école, pour le pauvre, est rare et chère.

Par la langue, passent les idées. Idées politiques d'abord. Propageant l'éclat de Versailles, rapprochant le ministre qui ordonne de l'administrateur qui exécute, la route est le premier élément du loyalisme à l'égard du souverain: sur la route circule l'image du monarque, parfois une effigie, le nom d'une auberge ou une caricature. C'est en même temps l'instrument de l'absolutisme, si discuté soit-il. Dans la province, jusque-là protégée par l'obstacle de la distance, surgissent officiers et commissaires du roi, envoyés des ministres et intendants. La réciproque ne tarde pas. Venus d'Allemagne ou des Provinces-Unies par des chemins plus ou moins clandestins, pamphlets et libelles franchissent les frontières. Le «chemin de ronde» stratégique, forgé par l'Espagne autour de la France, de Milan à Bruxelles, est remplacé à la fin du siècle par les étapes de la croisade «anti-Turquie française et royale». Ulrich Obrecht, préteur royal, rend compte à Louvois, surintendant des postes, des manifestations de Strasbourg et de Kehl, de Vienne, d'Amsterdam et de Milan.

Idées juridiques? E. Champeaux a noté que, dans le pays de Vaud, se croisaient les routes internationales du Moyen Âge et du XVIe siècle, d'Allemagne, d'Italie et d'Espagne. Ces contacts ont influencé le droit. Pourraient être étudiés les étapes de la diffusion de telle ou telle coutume ou du droit romain, les établissements judiciaires, Parlement, Conseil souverain ou conseils présidiaux, les règles de procédure en fonction des tracés des routes des plaideurs, des habitudes corporelles de déplacement, relais et points d'arrêts, des réseaux et des foyers d'appel, sans négliger les «Grands Jours» dont témoigne Fléchier (1665).

Idées religieuses? «C'est le long de la route d'Allemagne à l'Espagne que se répandit, par l'intermédiaire des marchands au XVIe siècle, la Réforme qui gagna si rapidement le Midi de la France...» (E. Champeaux.) En contrepartie, au XVIIe siècle, siècle de la Révocation (par Louis XIV) et de l'appel (par le Grand électeur), s'ouvrent les «routes du refuge» répertoriées par von Thadden, M. Magdeleine, M. Yardeni et M. Gresset. Ouverture qui s'accompagne de l'exportation de «modèles d'églises» comme en Hesse-Cassel (J. Desel, 1992) et Brandebourg-Prusse entre 1685 et 1809 (F. David, 1992). Dans le cas tragique et «national» de la réduction des Camisards, avant l'épopée du Désert, il s'agit, aux dires de l'intendant Baville, «de pratiquer, par toute l'étendue des Cévennes, des chemins assez larges pour y faire rouler du canon et porter des bombes en cas de besoin […] Cela leur a appris qu'il n'y avait point d'endroits inaccessibles et eux-mêmes ont été contraints de travailler à ces routes fatales qui éteignaient les restes de leur liberté».

Sur ces chemins, outre les soldats, sont passés les missionnaires. Les résultats ont été maigres: «C'est en vain qu'on a prétendu suppléer aux pasteurs ordinaires par des Missions. Il s'agit de gagner les cœurs et ce n'est point l'ouvrage d'un jour.» (*Correspondance des Intendants…*)

Marquant l'influence de la route, Baville en marque les limites, bien analysées par P. Joutard. Dans la Lotharingie médiane, R. Taveneaux a défini les voies européennes – à la fois religieuses et politiques –, de la Contre-Réforme tridentine, affirmées par l'abondance des missions étudiées, en France et en Italie, par le colloque de Chambéry de mars 1999. Les pèlerinages subsistent de même que les processions «à l'itinéraire très conservateur depuis une géographie très ancienne des lieux de culte du terroir» (N. Lemaître). La continuité du pèlerinage à Saint-Jacques est remarquable, celui de Rome est plutôt lié aux jubilés (tous les vingt-cinq ans), celui de Rocamadour «l'un des hauts lieux médiévaux de pénitence et d'expiation de la violence» garde son prestige. À l'époque de la Contre-Réforme, va se développer «la pratique des chemins de croix, avec méditation aux quatorze stations». Engouement pour les pèlerinages au XVIIᵉ siècle qui se marque par la naissance de nouveaux sanctuaires, souvent mariaux, liés aux reliques opératoires. Dans son roman, *Le Pèlerin de Lorette*, le jésuite Richeome fait de ce dernier «un homme de passage, dont l'horizon s'ouvre grand sur le ciel et qui s'ouvre sur le monde» (A. Dupront, «Pèlerinages et lieux sacrés», *Encyclopedia universalis*, s.l.n.d.). En Allemagne, la route apaisée, les Réfugiés – notion nouvelle quant à la prise en charge et à l'organisation des secours –, trouvent l'accueil de Berlin et ses créations variées: écoles françaises, collège, Maison des orphelins, École de charité, Hôpital des enfants, écoles du dimanche)⁹.

Diffusion des techniques? Ni le XVIIᵉ ni le XVIIIᵉ siècles n'ont connu de bouleversement considérable dans le domaine des techniques. Période de stabilité relative dans l'évolution générale, ils enregistrent avant tout, avec les progrès de l'esprit expérimental, «une modification très sensible du climat intellectuel et économique qui réagit profondément sur cette dernière» (B. Gille). Dans quelle mesure la route a-t-elle favorisé cette diffusion? Il est difficile de le dire. Une fois découvertes, les inventions voyagent: pour la théorie, par les traités techniques, les théâtres de machines, nombreux dès le XVIᵉ siècle; pour la pratique, par les ouvriers chargés de l'appliquer. Créée en 1666, l'Académie des sciences de Paris joue un rôle considérable, en rapport avec la Royal Society de Londres et, plus tard, avec celle de Berlin, créée par Frédéric II. Plus commode à appréhender, quoique bien dispersées, apparaissent les migrations d'ouvriers étrangers – anglais ou saxons – dont le débauchage est pratiqué par Colbert sur une grande échelle. Les retours d'Angleterre sont clandestins. En contrepartie, malgré certaines études récentes qui minimisent le fait, mais différents sondages locaux l'ont prouvé, les départs protestants occasionnent, sinon une léthargie, du moins une baisse considérable d'activité dans certaines régions de la France du Centre. La route – et le royaume – en pâtissent.

Plus spectaculaire et moins connu apparaît le compagnonnage. Avec ses déplacements d'ouvriers se déplaçant de ville en ville, le tour de France regroupe des associations remontant au Moyen Âge: Enfants de Salomon (compagnons du Devoir de liberté, Gavots), Enfants de maître Jacques (Compagnons du Devoir, Dévorants), Enfants du père Soubise (Bons drilles). Condamnées par la Sorbonne, le 14 mai 1655, sur une dénonciation de la compagnie du Saint-Sacrement, ces associations ouvrières retrouvent, dans les villes, la «mère» qui les accueille et le «rouleur» qui les embauche. Ils essaiment le long des routes, pratiquant les métiers les plus divers, maçons et peigneurs de chanvre, ramoneurs, chaudronniers et rempailleurs de chaises ambulants, ouvriers qualifiés, tous éléments qui ont leur langue, leurs habitudes, leurs étapes fixées à l'avance, leurs rites, leur manière de travailler, leur esprit de résistance aux demandes des patrons, leurs oppositions internes, premières esquisses d'une «unité ouvrière» réalisée grâce à la route et aux communications qu'elle permet. Nous les retrouverons dans la première moitié du XIXᵉ siècle[10].

Dernier aspect et non le moindre, la route et les arts, thème des relations et filiations spirituelles. Si le Moyen Âge a bien connu l'influence de certains ateliers, en rapport avec le tracé de quelques routes, souvent des routes de pèlerinage ou d'exode d'artisans, telles les relations entre Prague (capitale de l'Empire sous les Luxembourg), Munich, Strasbourg et Paris, bien étudiées par Roland Recht, il semble plus difficile – tant les influences sont diverses – de déterminer le cheminement des formes artistiques qui, à telle période, en telle région, a permis telle ou telle réalisation. Paulette Choné l'a tenté avec un certain succès dans *La Peinture et la notion de l'État* (PU Sorbonne, 2001)[11]. «Peintre français ou peintre romain?» se demande Jacques Thuillier à propos de Nicolas Poussin (1594-1665) qui, sauf vingt-deux mois, a passé quarante et une années de sa vie à Rome, où il se marie, vit à la romaine, fréquente les artistes et les jésuites, mais n'oublie ni les Andelys où il est né, ni son petit-neveu normand dont il fait son légataire universel. Parfois, dans la tentative d'explication, joue un certain état d'esprit national ou local. La route n'est pas neutre: l'imaginaire joue son rôle au même titre que le réel. L'homme veut croire avant de savoir.

En cette période de «classicisme autoritaire» (F.-G. Pariset), est capital le rôle de l'Académie royale d'architecture, créée en 1672 par Colbert, en tant que Conseil supérieur des ponts et chaussées. De 1682 à 1690, l'Académie donne son avis sur la réparation des ponts de Nantes, de Moulins, de Lyon, sur la construction des ponts de La Charité, d'Hennebont. Louvois la consulte sur l'aqueduc de Maintenon. L'aqueduc Médicis à Arcueil Cachan qui apporte l'eau à Paris est une des belles réalisations du siècle. Il n'y a pas de séparation, dans ce domaine, entre l'art et la construction utilitaire. Mansart fut l'auteur – malheureux – du pont de Moulins. Bruant, architecte du roi, connaissait des travaux routiers. Dominée par Vauban, la fortification impose l'ordre classique et le dessin des portes[12].

Resterait à voir le problème social dans son ensemble, thèmes de la «culture populaire» vue par Robert Muchembled ou de la «culture urbaine», analysé par Michel Cassan, aux XVIe et XVIIe siècles, «thème d'une puissance évocatrice indéniable» (*BSHMC*, 1995, 1-2, p. 62-74 et 75-85). En relèvent également ceux qui font de la route leur habitat ordinaire, gens du théâtre ou fruits de la misère… Nous les regrouperons, hors des différents pays, dans une étude générale à la fin de l'ouvrage. La misère sur la route se joue des frontières comme des époques: dotées de pérennité, adoptées par les différents pouvoirs, les solutions sont à la fois proches et différentes.

Chapitre II
En Allemagne: le temps des épreuves. Guerres, routes et politique

Après le XVIe siècle et la fin des guerres religieuses, le XVIIe siècle a connu jusque vers 1630 une prospérité que confirment le niveau des salaires, l'évolution de la production, le mouvement des échanges (F.-G. Dreyfus, *BSHM*, 1965, 4). Les Allemagne ont environ seize millions d'habitants, chiffre qu'elles ne retrouveront que vers 1750. Prospérité due en partie aux étrangers: «La conquête de l'Allemagne par les marchands du Nord (les calvinistes des Pays-Bas), de l'Est (les marchands juifs de Posen), et du Sud (les Italiens) se fera silencieusement.» (F.-C. Spooner.) Par Hambourg, l'Allemagne a fait son entrée dans le grand commerce international. Dans le Sund et la Baltique, le trafic s'est étendu. Si la Hanse est en déclin, Hambourg, Dantzig et Brême ont prospéré. Francfort-sur-le-Main a connu un grand essor entre le XVIe et le XVIIe siècle, de même que Nuremberg et Leipzig. Industrie textile et métallurgique se développent, de même que les voies d'accès aux entreprises et que s'esquisse une prérévolution agricole (*Germany I, 1450-1630*, 1996)[13], dans une Allemagne en pleine expansion économique, telle que la verra à la fin du XVIIIe siècle le baron de Risbeck, prévoyant la grandeur de son pays, unifié.

1. L'état des routes. De l'abandon à la reconstruction

Prospérité qui ne dure pas. Le second quart et le milieu du XVIIᵉ siècle apparaissent comme une période «noire» pour le Saint Empire divisé en deux camps hostiles: catholiques et protestants. L'Allemagne devient le champ de bataille de l'Europe. Outre la crise monétaire de 1620-21 qui précède les hostilités et les destructions variables selon les lieux, les traités de Westphalie, consacrant le morcellement du pays en 350 États quasi indépendants, maintiennent cette impuissance et multiplient les douanes intérieures. Suivent les guerres de Louis XIV et «les guerres de succession». Les destructions physiques et humaines paralysent l'agriculture, l'industrie et les échanges. Éclate, replacée dans le cadre de l'Europe centrale, une grave crise économique, étudiée par Bernard Stier et Wolfgang von Hippel dans «War, Economy and Society» (*Germany II*, p. 232-262).

À la fin du XVIIᵉ siècle, le relèvement économique se manifeste lentement, variant ses résultats en fonction de l'intervention des États. Au même titre que l'électeur Palatin, Charles-Louis, le Grand électeur, Frédéric-Guillaume de Hohenzollern (1640-1688) veut transformer le Brandebourg en État moderne: il donne l'exemple de la reconstruction. Héritier de la famille des Hohenzollern par son père, et de celle d'Orange-Nassau par sa mère, Frédéric-Guillaume mène dans son électorat une politique active dans les territoires que lui a laissés son père en 1640. À la base, face aux pouvoirs locaux, la réorganisation de l'administration centrale tend à faire des petits territoires affaiblis par la guerre, un ensemble politique, économique et militaire solide et homogène. La route a sa part dans la transformation de la mentalité des sujets et dans la reconnaissance de la supériorité de l'idée d'État sur les intérêts particuliers (G. de Pérignon, 1995). Par une approche méthodologique renouvelée de l'histoire des relations internationales, Klaus Malettke corrige l'image traditionnelle, non seulement des aspects politiques, mais de l'impact européen de l'Allemagne au XVIIᵉ siècle (Paris, 2001).

L'évolution d'ensemble connaît un double caractère: immobilisme ou continuité dans les structures, transformation ou ruptures dans la conjoncture qu'elle soit politique, économique ou culturelle [14]. Au départ, dans la réalité quotidienne, dès la disparition de la troupe, la tradition reprend ses droits. La reconstruction suit les anciens modèles. La conjoncture est autant l'affaire du quotidien que du politique: le quotidien avec le retour des anciens habitants, non toujours massacrés mais «retirés» ou en fuite, le politique, avec les ordonnances princières, accueillant les réfugiés victimes des «redistributions religieuses» liées à la paix de Westphalie, et les huguenots. La route facilite l'arrivée dans les villes plus ou moins accueillantes, où reprennent vie, foires et marchés, tels que les ont étudiés au colloque de Flaran (1992), Jürgen Schneider (Bamberg), et au colloque Mozart à Strasbourg en 1991 (Publications du Conseil de l'Europe, 1997), Paul Charbon et Klaus Malettke (Marbourg).

L'état des routes reste médiocre. Dans une lettre de 1651, le landgrave Guillaume IV de Hesse-Cassel relate qu'il a reçu des plaintes de commerçants concernant l'état des routes de sa principauté. Les chemins empierrés, en mauvais état, aussi bien en ville qu'à la campagne, sont quasi impraticables: buissons et arbustes poussent en leur milieu. Empruntés par les troupes, les pièces d'artillerie, les chariots de munitions, de vivres, de récupération et de bagages, les chemins sont détériorés. Les coches et les voitures, tirés par huit à douze chevaux, s'enlisent, empruntent les champs contigus et créent, éphémères, d'autres voies au détriment des récoltes. Ces constatations peuvent être étendues à l'ensemble du Saint Empire pour lequel, du fait de la constitution politique, n'existerait aucun réseau commun. Les routes ne sont que des chemins de terre plus ou moins bien entretenus et empierrés aux abords des villes et des résidences princières. La circulation est lente, dans la dépendance des conditions atmosphériques, neige, gel et glace, retardée par les frontières, les péages, les octrois.

L'entretien des voies de communication reste à la charge des populations. L'État fournit le bois destiné à construire ou à entretenir les ponts, encore faut-il le couper. Dans certains États, les frais d'entretien ou d'amélioration des chemins sont théoriquement à la charge de la *Konstructionskasse*, comme dans la principauté d'Hildesheim depuis 1668. En réalité, ils sont à la charge des villages situés à proximité, astreints à fournir les corvées, fixées en journées de travail, et les attelages nécessaires. Les fondrières sont comblées avec du bois et des branchages que l'on recouvre de terre ou de sable. Une ordonnance du 30 mai 1702 fixe la largeur des chemins à deux *Ruthen* (une *Ruthe* vaut 3,766 m) et rappelle l'obligation de creuser des fossés de part et d'autre des chemins pour favoriser leur assèchement. La route s'interrompt au passage des rivières, la plupart du temps franchies à gué. Elle reste peu utilisable en mauvaise saison.

La technique de construction des routes a peu avancé depuis l'époque romaine, mis à part l'usage, pour la construction des ponts, de quelques outils nouveaux: la grue, la sonnette, la pompe et le dragueur. Pour J.-B. Neveux, «ce Reich mal défini est en réalité à l'écart de ces grandes voies commerciales que les découvertes ont créées» (*Vie spirituelle et vie sociale entre Rhin et Baltique au XVIIe siècle*, 1967, p. 331-359). «Tout compte fait, l'histoire économique et sociale ne semble pas s'appuyer sur des données absolument incontestables», notamment dans le domaine des statistiques de populations, et ajoutons-le, des données élémentaires du trafic. M. Villey parle de ce «frisson d'effroi qui, périodiquement, a sollicité la réflexion démographique» (p. 331, note 278). Il serait difficile de dépasser l'exposé monographique et l'horizon qualitatif [15]. L'amélioration ne débute qu'à la fin du XVIIe siècle avec la «redécouverte» de la voie romaine par des ingénieurs français et du retentissement en Allemagne, après 1693, du *Traité de la construction des chemins* de H. Gautier. Ce dernier donne des indications sur la technique de construction des routes et des ponts, en maçonnerie ou en charpente. Il distingue les ponts fixes des ponts mouvants ou ponts de bateaux, et des ponts volants, ou bacs à traille. Quelle fut la part des réfugiés protestants, pionniers et entrepreneurs, venus d'ailleurs, dans l'œuvre générale de rénovation? Elle varie selon les États. L'enquête est ouverte Au XVIIIe siècle, le baron de Risbeck note en Allemagne «des progrès plus grands et plus rapides qu'en aucun autre pays d'Europe».

2. La modification des courants commerciaux. Foires et marchés

Si le rôle du prince est important, tel au Palatinat et au Brandebourg, notamment en matière de peuplement, l'est plus encore l'activité d'une partie de la noblesse attachée au sol et les entreprises de la bourgeoisie commerçante. Suivant les cas, comme l'a bien montré Étienne François pour la ville d'Augsbourg, l'emporte ou le prince ou la ville. La construction et l'entretien des routes, sources de richesse, constituent un point important du programme mercantiliste, tel chez le caméraliste autrichien J. von Sonnenfels.

Peu à peu reprennent vie les courants commerciaux. Sur la carte, du fait des conditions physiques, les grands itinéraires restent assez constants, pénétrant la zone hercynienne et la zone rhénane, les deux axes économiques de l'Europe centrale. Les itinéraires longitudinaux prédominent dans la grande plaine du Nord. Compte tenu des conditions générales de la circulation et de la volonté de reprise de la population, l'évolution du grand commerce se traduit par trois ordres de faits:
  – le déclin de la Hanse et la montée de Hambourg;
  – le maintien de l'axe rhénan et le rôle de Francfort sur le Main;
  – la montée de l'Est avec l'essor de la Silésie et de Leipzig, vestibule de l'Orient.

Le déclin de la Hanse et la montée de Hambourg[16]

La décadence de la Hanse est définitive. Au début du XVIIe siècle, elle n'est plus une force politique ni même économique. Elle se réunit pour la dernière fois en 1669 *(Hansetag)*, laissant la place à la Nouvelle Hanse, née de l'alliance entre Brême, Lubeck et Hambourg en 1630, alliance durable même si, en réalité, les trois villes «libres et hanséatiques» ne représentaient plus qu'elles-mêmes (P. Dollinger). Politiquement amoindries, les villes hanséatiques ont souffert de la guerre: cependant la population de Hambourg et de Dantzig semble s'être accrue; malgré les vicissitudes politiques, le commerce maritime s'est maintenu. Doivent reprendre vie, sur terre, les axes routiers qui relient les villes hanséatiques à l'intérieur de l'Allemagne et aux marchés de l'argent «sécurisés», villes de foires ou de commerce, où résident les «facteurs», à renouveler en grande partie.

Hambourg a su recueillir, en grande partie, avec Amsterdam, l'héritage d'Anvers, mise à sac par les Espagnols (1576). Sa situation sur un grand estuaire, à peu près à la limite des marées, la favorise au même titre que la commodité des relations avec l'intérieur. Sans être une voie navigable comparable au Rhin, l'Elbe se laisse facilement aménager et enfonce ses sources au cœur de la Saxe et de la Bohême. Ville libre dès l'époque de la Hanse, Hambourg doit beaucoup à la franchise d'entrée et de sortie de matières premières et des produits. La ville est en pleine expansion: seize mille habitants en 1500, trente-cinq mille au début du XVIIᵉ siècle, près de cinquante mille, vingt ans plus tard et quatre-vingt mille à la fin du XVIIIᵉ siècle. Créé et entretenu par les marchands étrangers, marqué par l'esprit de tolérance, cet essor est stimulé par un équipement commercial et financier de premier ordre – la ville est dotée d'une Bourse dès 1558 et d'une banque de dépôts et de virement dès 1619 –, par le développement de sa batellerie et ses prises de position sur l'Elbe, vers l'Oder par Havel et la Spree. Elle a obtenu de la Chambre impériale la reconnaissance de son statut de ville immédiate d'Empire (1618) et a repoussé, pendant la guerre, les offres de l'Espagne et de Wallenstein. Elle s'affirme comme un important relais vers l'Angleterre (déjà sous Elisabeth, Ehrenberg, 1896), Amsterdam, Lubeck, Stettin et Dantzig, autant de pôles d'attraction. Grand marché de redistribution de céréales, nourrie de réfugiés, Hambourg exporte le seigle de la vallée de l'Elbe et du Brandebourg. Vers la péninsule ibérique également. En 1655, un traité de commerce avantageux est conclu avec la France.

À l'ouest, Cologne, Aix-la-Chapelle sont en relations avec la France du Nord, Francfort, Strasbourg et Lyon. Au centre d'une véritable toile d'araignée routière, Nuremberg et Augsbourg font le commerce avec l'Italie (Milan, Gênes, Lucques, Florence et Venise), et avec Vienne, relais vers la Hongrie et vers Prague. Certaines routes longent les rivages maritimes. Lubeck-Dantzig et Lubeck-Bruges par Brême, Deventer et Nimègue, assurent des transports beaucoup plus rapides que par mer mais moins sûres. L'estuaire de la Weser a vu naître avec Brême, devenue ville hanséatique, un port et une place de commerce, moins avantagée par la nature que Hambourg mais néanmoins considérable. Les pillages de voiture, fréquemment signalés sur ces routes côtières, attestent la réalité de la concurrence terrestre et maritime, surtout pour des articles précieux et de faible poids.

La Hanse, ancienne ou nouvelle, forme un ensemble composite non encore restauré et, à la différence de la France, sans recherche véritable d'un centre quelconque, qu'il soit économique ou politique. «La Hanse, ce corps affaibli tant sur le plan politique qu'au niveau économique, manifeste cependant une tenace volonté de survie.» (M.-L. Kaplan.) Les routes anciennes sont revigorées par l'utilisation de certains trajets et tronçons anciens. L'hégémonie politique de l'organisme hanséatique est terminée mais, facilitant l'entrée des marchands d'Angleterre et de Hollande, se développe l'essor individuel des portes ouvertes vers le large que

10. Carte de l'empire d'Allemagne où sont marquées exactement les routes des postes

constituent Hambourg, ville ouverte, et ses sœurs. Des rivalités subsistent. «Malgré l'essor spectaculaire de Hambourg, c'est toujours Lubeck qui mène le jeu, au moins jusqu'au milieu du XVIIᵉ siècle.» (M.-L. Kaplan.) Les ports et leurs antennes apparaissent, en tant que fournisseurs de débouchés et de capitaux, au service des relations humaines jusqu'au cœur de l'Allemagne. Les routes internes sont réutilisées, même si leur état laisse à désirer.

Le maintien de l'axe rhénan: la primauté de Francfort[17]

Pendant longtemps a été répandue l'idée que la guerre interrompait toute activité commerciale. Les recherches récentes, celles de Peter Hertner sur le commerce de Strasbourg et d'autres historiens sur les finances des villes entre Meuse et Rhin (Luxembourg, Mayence, Sarrebruck et Trêves) permettent d'affirmer que, sur les grands axes, le commerce subsiste, mais qu'il change de nature et de sens. Le cas s'applique en particulier à l'axe rhénan au moment des guerres du XVIIᵉ siècle. Malgré les défenses impériales, aucun des belligérants n'a intérêt à une interruption brutale des échanges. À la paix, le jeu des péages, l'obligation des passeports, la nécessité des sauf-conduits divers pèsent plus lourdement sur le trafic que les hostilités elles-mêmes. Certaines routes ont changé, du fait des péages (M. Braubach et AMS VI 315, 5). L'intensité du trafic et la diversité des voyages ne diminuent pas dans les intervalles de paix relative. La nature en est modifiée, matériel de guerre, denrées d'approvisionnement et d'équipement – les besoins des armées étant considérables –; le sens est également modifié avec l'apparition d'un personnage nouveau, «le neutre» que double le contrebandier. Les voies de la neutralité, – celles notamment de Bâle entre l'Empire et la France –, prennent de l'ampleur au cours des guerres de Louis XIV. Créées pour la guerre, éléments d'un système triangulaire, elles subsisteront après la paix.

En 1670, désireux d'améliorer les relations commerciales avec Strasbourg, le magistrat de Bâle énumère les plaintes des marchands, voituriers, bateliers bâlois (AMS IV, 45, 30). En 1656-1657, est envisagée la création d'un service régulier de transport pour voyageurs entre Strasbourg et Nancy avec correspondance pour Paris. Jean Bonnet est nommé en qualité de courrier entre Strasbourg et Metz (AMS II, 127, 7). Les voyages sont coûteux: en témoignent, entre 1671-1696, la liste des frais de déplacement du docteur Schrag à Wissembourg et à Spire, de l'avocat Frantz à Ratisbonne et à Vienne, du syndic Fried à Ulm et à Paris, d'Adam Schultz, envoyé à Brisach par le syndic Klinglin (*idem*, II, 127, 9). La voie de terre double la voie d'eau. En 1737 les lettres réversales du prince palatin relatives à la construction d'une grande route entre Mannheim et Coblence mettent en danger les privilèges des bateliers et des marchands strasbourgeois (AMS VI, 580, 4).

La fermeture d'Anvers après 1570 avait été durement ressentie dans la vallée rhénane. Rapidement s'est ouvert sur le fleuve – et en Allemagne de l'Ouest en général –, l'ère de la prépondérance hollandaise. Le port d'Amsterdam est devenu le point d'aboutissement du trafic. Y arrivent les radeaux, rassemblés à Mayence, descendant le Rhin et le Main. Cologne n'a recueilli qu'en partie l'héritage d'Anvers. La ville a reçu les réfugiés, mais n'a pas su retenir les Portugais; plus nombreux furent les Italiens venus en 1578 et 1585, selon une tradition d'immigration établie dès le XIIIe siècle[18]. À Strasbourg, Michel Masset, originaire de la Savoie, marié à une Strasbourgeoise, sollicite le droit de bourgeoisie et déclare qu'il est en relations commerciales avec Nuremberg, Leipzig, Francfort, Ulm, Augsbourg et Cologne depuis vingt-cinq ans (1573): à l'appui de sa demande, liste précieuse, il indique les marchands qui le connaissent dans lesdites villes (AMS IV, 48, 55).

Exportation vers l'Italie des draps d'Angleterre et des Pays-Bas, importation de la soie et des soieries italiennes, mais aussi céréales de la Baltique, fourrures, munitions de guerre telles sont les bases du trafic routier[19]. En tant que réfugiés «actifs», apparaissent ceux des Pays-Bas eux-mêmes, artisans et marchands catholiques, provoquant dès la fin de la guerre, un mouvement d'aller et retour sur des routes très fréquentées. La trêve de douze ans a précédé la reconnaissance par l'Espagne de l'indépendance des Provinces-Unies (1648), fait déterminant de la politique européenne du XVIIe siècle. La concurrence de la voie de terre grandit au XVIIIe siècle. Les villes d'étape comme Strasbourg, Mayence et Cologne possèdent des privilèges qui ont fait la prospérité des tribus des bateliers. Les contestations viennent des princes et des autres villes riveraines: en 1681 Mayence, ville-pont et carrefour, au confluent du Main, obtient les mêmes avantages que Strasbourg, quant à la fréquentation de la foire de Francfort, baromètre économique de la région. En 1751 survient l'électeur palatin. Une vingtaine d'années plus tard, le margrave de Bade intervient en faveur de Kehl, rivale de Strasbourg. Les rouliers de l'Alsace transportent par an de Strasbourg, ville d'étape, vers la Suisse, plus de soixante mille quintaux de marchandises dans de fortes voitures tirées par huit à dix chevaux. La province est alors dénommée «à l'instar de l'étranger effectif». Le «recul des barrières» sous la Révolution fera cesser ce privilège.

Le trafic est drainé par les foires de Francfort, routes régionales «d'alimentation» à large rayon, en conjonction avec le Main et le Rhin, routes internationales de production et d'échanges de Cologne à l'Italie: les premières à acquérir une dimension internationale, devenant un des pivots du système européen qui prenait le relais – lointain – des foires de Champagne[18]. De 1560 à 1630 environ, avant l'occupation de la ville par les Suédois, s'était établi un réseau commercial à deux têtes, Amsterdam et Francfort. Y affluaient livres, soieries, bijoux et argent. L'apport juif est fondamental. Non plus le «juif errant» et pas encore le «juif de cour», mais le banquier et le négociant. Leur place importante dans la cité leur a valu la haine des corporations et a entraîné des soulèvements, comme celui de 1612. Pourchassés par les édits impériaux de répression, les manants proscrits errent sur les routes, dernier refuge[19]. Les procès relatifs aux douanes, entre la ville et Nuremberg d'une part, Strasbourg d'autre part, sont portés devant la chambre impériale de Spire (1629-1631; AMS IV 18, 43). Après l'essor commercial entre 1580 et 1630 malgré la crise sociale de 1617, l'occupation suédoise en 1631 a donné à la ville un éclat éphémère: voulant faire de la ville le centre de ses projets économiques, Gustave-Adolphe a donné aux commerçants des lettres patentes installant un service postal autonome. Sa mort a entraîné la fin de ces projets. Le crédit de la ville n'est pas épuisé à la fin de la guerre, malgré les réquisitions. Le XVIIIe siècle voit l'épanouissement commercial, la ville devient «le grand canal par lequel l'or de l'Empire s'écoule» (Risbeck), du fait des importations, au moment des foires, des «épiceries», bijoux, mouchoirs, soieries, et mille objets dispendieux de luxe que fournissent l'Italie, la France et la Hollande (G. Livet, *Mélanges Gascon, op.cit.*).

À l'occasion des foires, en liaison avec le Rhin, circulent les *Markschiffe*, services réguliers de batellerie. Le voyage est plus agréable que sur le Danube. «À l'exception des lacs de Genève et de Zurich, je ne connais rien de comparable au Rhin.» Deux navires, munis de sauf-conduits, armés contre les voleurs, partis à 10 h de Francfort, à 9 h à Mayence, assurent chaque jour la correspondance avec les esquifs venant de Bingen et d'Oppenheim. En été les *Frühschiffe* partent à 6 h et 8 h. Tiré par des chevaux de halage, un navire, qui remorque six à huit barques chargées des bagages des voyageurs, se présente comme un marché flottant, où des marchands de toutes régions trafiquent au milieu d'une cohue indescriptible, en tant que prolongement de la foire terrestre. Après 1648, cependant, les foires «à l'ancienne mode», peu à peu menacées, déclinent par rapport à celles des États mercantilistes, qui leur accordent un patronage efficace. Les échanges financiers, servis par des techniques de plus en plus perfectionnées, prospèrent et se détachent du rythme des foires. Le statut de ville d'Empire, là où a lieu de couronnement des empereurs, tendrait à devenir un handicap pour Francfort (Nils Brübach, 1994).

Dans l'effort de la conjoncture rhénane pour s'intégrer davantage dans l'univers économique de l'Occident, est rendu sensible le double rôle du Rhin et des routes parallèles: rôle régional dans ses différentes parties, rôle international dans toute sa longueur et son embouchure en mer du Nord. Les chemins adjacents, où se développe la production agricole rhénane (E. Juillard et J. Vogt), alimentent les marchés locaux et connaissent, pour l'écoulement des récoltes, les mêmes turpitudes de sols et de fondrières qu'aux temps anciens. Nourri d'affluents aux nombreuses ramifications où renaissent les villes, le «grand chemin» est accessible en tout temps. En témoignent les souvenirs et comptes-rendus des ambassadeurs et résidents du roi se rendant dans les cours rhénanes. Outre les colporteurs savoyards, nombreux sont les Français qui arpentent ces routes, marchands de Lyon lourds de fanfreluches et d'objets de mode, ou artistes et musiciens. Les Mozart vont de cour en cour. (P. Charbon). Après l'épisode de Varennes (juin 1791) – initiative d'un maître de poste –, va s'amplifier l'émigration nobiliaire et catholique française. Hermann et Dorothée voient se profiler les équipages des convois, cherchant un refuge dans les pays rhénans[20].

La montée de l'Est: Leipzig[21]

Il peut paraître paradoxal de parler au XVIIe et au XVIIIe siècles d'une «montée de l'Est» alors que se rétablissent les pays rhénans. F.-G. Dreyfus a souligné «la discordance qui apparaît vers 1760 entre l'Allemagne de l'Ouest et l'Allemagne de l'Est». Il fait cependant tenir compte, et de l'impact des guerres frédériciennes et, peut-être à cause d'elles, après 1763, de la montée industrielle des entreprises silésiennes et saxonnes (*Germany II*, Sheilach Ogilvie, p. 270-271, tableau). Les marchands hollandais et anglais déversent leurs produits sur l'Allemagne de l'Est et du Sud, par l'intermédiaire des ports de la mer du Nord et de la Baltique qu'ils contrôlent, et par l'Elbe et l'Oder qu'ils dominent. Le symbole de cette puissance: Leipzig et ses foires. Plus récentes que celles de Francfort, celles-là deviennent au XVIIIe siècle les plus importantes d'Allemagne. Elles mettent en contact l'espace économique germanique avec ses voisins de l'Est, pour qui les foires régulières restent le cadre indispensable du commerce. Les foires de Brunswick constituent, quant à elles, un exemple de relais entre les réseaux nationaux et régionaux (M.-A. Denzel, 1994).

L'essor de Leipzig date de l'octroi, par Maximilien Ier (1497), du privilège des trois foires annuelles à Pâques, la Saint-Michel et au Nouvel An. Maintenues malgré la guerre, elles ont permis de briser la supériorité de Nuremberg. Jusque là, cette ville avait profité de sa situation à la croisée de deux routes commerciales, l'une venant de Venise, l'autre de Vienne. Après la Réforme, Leipzig attire les protestants, qui y apportent des Pays-Bas et de France, les tissages et le commerce de toiles et soieries, de Francfort, le commerce du livre. Grâce aux foires, Leipzig, porte de l'Orient, enrichie par l'exploitation des mines de l'Erzgebirge, passe du petit commerce aux grands échanges. Le lin, le coton et l'acier constituent les pôles d'activité. Au XVIe siècle, a été prolongée la durée des foires qui se tiennent pendant trois semaines. La dernière semaine, la *Lahwoche*, où se règlent les comptes, est une des manifestations bancaires les plus suivies d'Allemagne. L'influence des marchands juifs de Pologne et de Slovaquie est déterminante. Ils apportent tabac (dès son envol), peaux et fourrures. Au courant du siècle, sous l'action prédominante des marchands hollandais qui, par la ligne Amsterdam-Brême-Hambourg-Allemagne du Sud-Est, ont détrôné Cologne, la ville remplace Francfort comme plaque tournante du commerce nord-sud et est-ouest.

Au début du XVIIᵉ siècle, la promotion de Leipzig est assurée. En 1631 s'y réunit l'assemblée des États protestants d'Allemagne (AMS, IV, 49, 52). La ville prend ses lettres de noblesse, devient un centre de vente des objets d'arts: Nuremberg et Augsbourg apportent leurs orfèvreries, les Pays-Bas leurs peintures, l'Italie ses bijoux et des parures, la ville elle-même ses livres, cartes et manuscrits. Ces richesses attirent les marchands étrangers qui s'installent, notamment nurembergeois, et provoquent la formation d'une riche bourgeoisie qui favorise, et le mouvement de proto-industrialisation (F.-F. Mendels et S.-C. Ogilvie, *Germany II)* et le développement des arts. «Science et commerce, la foire et l'université sont les deux piliers sur lesquelles reposent la richesse et la fierté de la ville» (E. Kroker), d'où part l'éventail de routes qui irriguent les campagnes orientales allemandes. Au cours de la seconde moitié du siècle, le rôle tend à s'étoffer. «Centre de la librairie de toute l'Allemagne et du commerce des laines, la ville fournit la plus grande partie de la Saxe, de drogues, de médicaments, et a la plus grande part de tout le commerce qui se fait entre le Midi de l'Allemagne, la Suisse, l'Italie du Nord» (Risbeck) et ajoutons, le Levant. Elle se heurte à la concurrence du Brandebourg et de la maison de Habsbourg, libérée des guerres étrangères. Leipzig cherche à s'assurer la maîtrise des cinq routes les plus importantes:

– celle venant de Silésie, Pologne et Russie;
– celle de Bohême, Autriche, Hongrie et Italie;
– celle de Thuringe, Hesse et Rhénanie;
– celle de Hambourg et des villes maritimes;
– celle de Bayreuth, Bavière et Lombardie.

Dans cette lutte opiniâtre, Leipzig apparaît comme le symbole de la puissance et de la fragilité du système routier de l'Allemagne, créatrice de richesses et de modernité, ouverte aux entreprises étrangères, paralysée par des entraves internes. Parallèlement, se développe, hors de l'héritage médiéval, la tentative des États mercantilistes pour utiliser à leur profit, pour leur prestige et leur rayonnement, ce trésor fiscal qu'est la route, servante et maîtresse de la foire. L'étude de W. Dlugoborski sur *Les Foires de Breslau* (entre 1742 et 1749), rappelle l'importance de cet instrument de la politique anti-saxonne de Frédéric II. Sa situation est comparable à la fois à celle de Magdebourg et à celle de Leipzig. Comme la première, c'est une ville-pont et un port fluvial; comme la seconde c'est un marché international, mais c'est aussi une ville coloniale, longtemps place forte et centre religieux pour l'évangélisation et la conquête des pays slaves. Plan Carpin, en route, au XIIIᵉ siècle, vers la résidence du Grand Moghol, décrit les Russes et les Tartares venus y échanger leurs fourrures, leurs suifs et leurs résines contre les toiles de Silésie, les draps de Flandres, les vins de Hongrie et du Rhin. La cathédrale est bâtie au milieu du lacis des bras de l'Oder.

3. *Le trafic: hommes, chevaux et voitures*

Au cours de la guerre de Trente Ans, le commerce s'est maintenu dans les régions où a été menée une politique de bascule entre l'Autriche et la Suède, de la part des électeurs de Saxe et de Brandebourg, des villes de Hambourg et de Brême au nord, et Francfort à l'ouest. De même, pour la Bavière, entre l'empereur, la France et la Suède. Ces princes «opportunistes» ont réussi, dans une certaine mesure, à maintenir éloignés les cantonnements des troupes, à empêcher les dévastations et l'appauvrissement du pays. Les chefs d'armée ennemis, tel Tortenson ou Turenne, ont compris leur intérêt d'épargner les villes pour maintenir le trafic. La sécurité demeurait un problème majeur qu'a résolu l'électeur de Mayence dans la voie qui va d'Aschaffenbourg à Francfort (Risbeck).

Le transport des marchandises par voie de terre est alors assuré par les charretiers groupés en corporations, travaillant pour leur compte ou pour celui d'entrepreneurs. Le roulage se décompose ainsi: articles de luxe, comme les draps de Hollande, redistribués à partir des ports maritimes ou fluviaux; produits alimentaires qui se conservent comme les gruyères ou le lard, ou les céréales dans les régions déficitaires, produits fabriqués comme la quincaillerie de Nuremberg qui gagnent l'Italie par les cols alpins; le sel, importé de Lorraine par le col de Bussang ou le col de Saales. Un projet de communication entre la Sarre et la Moselle pour l'approvisionnement des salines en houille ou charbon de terre est établi par Robin père en 1776. Il sera suivi de nombreux autres (R. Descombes, *La Sarre au fil de l'eau*, Sarrebourg, 1982, p. 72-73). Pour les autres marchandises pondéreuses, on utilise également la voie fluviale, de même pour le vin, le bois et les pierres de construction.

Outre les marchandises, apparaissent dans les textes les hommes qui fréquentent ce milieu. S'y rencontrent toutes les couches sociales: les transporteurs d'abord, bateliers, charretiers, maîtres de poste qui assurent de plus en plus le trafic des voyageurs, les marchands ensuite. Depuis le XVIe siècle, on les rencontre de moins en moins, comme au Moyen Âge, accompagnant leurs produits sur les routes. L'existence des «compagnies» leur permet de faire circuler leurs chariots hors de leur présence. S'ils se déplacent, c'est pour les nécessités du négoce. Un service de voitures de poste circule à leur intention entre Francfort et Leipzig. On se sert alors des *Speditionsfirmen* apparues dans les régions alpines à la fin du XVe et au cours du XVIe siècle. Chaque firme entretient des relations avec les points de transit les plus importants – transbordement et chargement. Se développe le commerce par commission. Les représentants (ou facteurs) ont à leur disposition des voituriers et bateliers qui travaillent pour eux, sans dépendre d'eux normalement. Les douanes et les frais de transport sont compris dans le prix à payer d'avance et fixé par contrat; moyennant finances, les entrepreneurs se chargent de l'assurance du fret. Chaque ville a ses privilèges. Jouent le statut municipal et les privilèges octroyés aux bourgeois, détenteurs du droit de bourgeoisie, par rapport aux «manants» et aux simples résidents.

Si les commissionnaires et les rouliers commencent à jouer un rôle certain dans le transport des marchandises, la catégorie des paysans voituriers demeure nombreuse. Elle utilise les puissantes races de chevaux qui existent en Allemagne, le Hanovrien comme le Holstein. Les premiers, les Hanovriens, très prisés au XVIIe siècle, liés à l'Angleterre, ornaient les armoiries de l'électeur Ernest-Auguste (1629-1698). Dès le Moyen Âge, les moines cisterciens avaient développé un important élevage. En 1735, participant à la reconstruction, est fondé, dans le Hanovre, le haras de Celle, en vue de développer une race hanovrienne au profit des sujets. Riche de plusieurs Holsteins noirs et de chevaux venus de Prusse, de Danemark, d'Italie et d'Espagne, le prince veut créer un solide «sang-chaud», destiné à l'agriculture et au transport. Il y réussit pleinement et contrôle la majeure partie du trafic, en Allemagne centrale, où les voituriers de Hesse sont actifs, de même que dans les régions pauvres et montagneuses. Autre création de «reconstruction», celle du haras de Trakehnen en 1732 par Frédéric-Guillaume Ier, roi de Prusse, qui fait venir les meilleurs reproducteurs du royaume et met sur pied une politique d'élevage sélective, créant ainsi un type de cheval, le *Trakehner*, monture polyvalente et équilibrée, résistant et habitué aux hivers rigoureux de la région. Dans son *Autobiographie*, Jung Stilling cite le cas de son grand-père, né en 1596, familier du cheval, «qui a vécu sur les routes» et qui est mort centenaire.

Il est difficile, faute de documents chiffrés, de dresser la géographie du trafic et d'évaluer les quantités, mais l'on peut opérer la distinction suivant le rayon d'action, long, moyen et court. Il devrait être possible dans quelques cas bien choisis, de cartographier, sinon les tracés en dehors des villes, du moins les zones d'activité. La méthode britannique du «relevé des auberges» dans leur activité pourrait-elle être appliquée? «Francfort est remarquable, note Risbeck, par ses auberges aussi vastes et aussi magnifiques» et d'ajouter «seules, Hambourg et Francfort ont conservé leur ancienne splendeur.» Le cas de Nuremberg, cité au XVIe siècle, demeure typique[22]. Renouvelé dans ses composantes, issu de la proto-industrialisation, le trafic s'oriente au départ vers les centres de redistribution des marchandises que sont les foires – Lyon y compris – et les ports. Il trouve des zones d'attraction dans les régions industrielles rhénanes comme dans les zones saxonnes et silésiennes en voie d'expansion. S'il n'atteint pas toujours ce rayonnement lointain, il demeure sur le plan local ou régional et crée une zone d'économie mixte à court rayon d'action, qui draine autour d'une ville les ressources d'un territoire restreint: le roulage à l'échelle de la province[23].

4. *Les postes et messageries: le monopole Thurn et Taxis menacé*[24]

Avec l'apparition des premières gazettes (1605, Strasbourg), les postes sont peut-être la partie la plus moderne du trafic. Par-delà les diversités féodales et malgré les protestations de certaines villes ou principautés, soutenue par l'empereur, la famille Thurn et Taxis a créé un véritable service public.

Centres vitaux de cette organisation, les relais sont confiés à des maîtres de poste qui doivent tenir prêts deux ou trois chevaux. On leur confie le courrier et les paquets. Le postillon court la route et sert de guide au voyageur. Souvent combiné avec une auberge, centre d'accueil, voire de séjour, le relais devient un centre d'affaires. Ces relais sont relativement espacés: de Francfort à Hambourg, on compte vingt postes pour un parcours fait en cinq jours et demi. La guerre a perturbé ces services mais sans les faire disparaître. Par une utilisation renforcée et appropriée, Suède, Empire, France se disputent le marché. Des initiatives locales se succèdent: en 1669-1670, par une pétition signée de quarante-trois marchands, le magistrat de Schaffhouse, en Suisse, demande à celui de Strasbourg l'établissement d'une liaison postale entre les deux villes, par l'intermédiaire de Nicolas Klingenfuss, pour accélérer le transport des lettres en provenance des Pays-Bas, de Francfort et retour. Des difficultés de principe sont élevées par Kraut, maître de poste à Strasbourg, lié aux Taxis (AMS IV, 45,29). Avec les Taxis, l'importance du facteur «temps» diminue au bénéfice du facteur «gain». Les Taxis comptent sur la masse et sur la régularité du courrier plus que sur la vitesse pour réaliser des bénéfices, tels ceux de Birghden, maître de postes à Francfort, qui possède en 1629 la coquette somme de cent mille ducats.

La vitesse reste sensiblement la même qu'au XVIe siècle, cents kilomètres par jour en moyenne. De Francfort, nœud postal, il faut deux jours et demi pour aller à Leipzig, deux pour à Strasbourg, six pour Paris, quinze pour Madrid. En 1665, grâce à l'emploi des correspondants, se multiplient à Strasbourg les nouvelles d'Italie (en italien), datées de Rome et Venise, de Paris et d'Amsterdam dans un premier temps, et dans une deuxième temps, de Ratisbonne, Cologne, Vienne et Hambourg, (AMS IV, 46, 110/111). En 1667, les nouvelles sont datées de Vienne; en 1668, de Bruxelles; en 1673, de Hambourg, Francfort, Cologne, Erfurt, Wesel, Vienne; en 1679, y sont joints des extraits de la *Gazette imprimée d'Amsterdam* (*idem*), éléments d'une esquisse d'une «diplomatie en étoile» de la connaissance et du renseignement. Peut-on parler des «routes de l'information» (L. Bély, *Espions et ambassadeurs...*, 1990. «Réseaux et filières» p. 85; «Les voyageurs du prince» p. 351) ou du renseignement?

Avec l'accroissement du nombre des utilisateurs, les prix baissent. Pour envoyer une lettre de Francfort à Nuremberg, Cologne, Aachen, et en Hollande, on paye six *kreutzers*. On en paye huit pour Augsbourg et Hambourg, dix pour

Strasbourg, Marbourg, Kassel, Erfurt et Leipzig. La fin du XVIIe siècle voit le développement et le succès de l'acheminement du courrier à cheval qui s'était manifesté avec la publication, par les messagers, dans toute l'Allemagne, de la signature de la paix (1648). La première voiture postale allant de Leipzig à Hambourg, en passant par Magdebourg, la ville sacrifiée pendant la guerre (1630) et Halle, la ville des théologiens. Elle fut suivie en 1690 par une poste pour voyageurs de Francfort à Nuremberg. Outre des personnes, ces voitures transportaient des paquets et des envois de valeur.

Des initiatives des États en voie de constitution vont troubler cette harmonie. Le Brandebourg va organiser ses propres postes et un service régulier fonctionne dès 1603. Malgré l'injonction impériale du 20 décembre 1659 de supprimer ces postes pour les remplacer par celles des Taxis, l'électeur maintient son droit. En 1699, différentes lignes sont inaugurées: de Königsberg à Tilsitt en vingt-quatre heures, de Königsberg à Varsovie en cinquante heures et de Berlin à Clèves. Les trajets sont réduits en temps: Vienne-Berlin passe de quatorze à six jours, se fait en deux jours au lieu de cinq entre Königsberg et Berlin. J.-F. Regnard (1665-1709), l'auteur du *Joueur* et du *Légataire universel*, note «l'admirable commodité, les excellents chevaux» du service installé, de Berlin à Hambourg. Les voies de poste brandebourgeoises conduisent les produits exotiques de Minden à Emden, par Brême, après la fondation en 1682, de l'*Afrikanische Handelscompagnie*. En 1693, une ligne postale relie Halberstadt à Cassel et, de là, à Francfort-sur-le-Main et Nuremberg. En 1680, les efforts de la famille des Grands maîtres des postes aboutissent à la promulgation d'une ordonnance impériale, interdisant les installations postales similaires et affermissant la poste d'Empire entre les mains de la famille Thurn et Taxis. Mais un édit du roi de Prusse, en 1712, menace de peines sévères tous ceux qui préfèrent confier leurs lettres et paquets aux courriers des Taxis passant par leurs villes. Trop fortes, les oppositions et contestations ne furent jamais réduites. Le seul recours de la famille Taxis? Reconnaître ces divers postes d'État. Elle-même en devenait concessionnaire, moyennant le versement d'une rente annuelle.

En 1698, le Grand maître des postes Eugène Alexandre de Thurn et Taxis avait proposé à l'empereur la première ordonnance générale sur la poste d'Empire. Promulguée par Léopold Ier, elle contenait toutes les instructions techniques et prescriptions importantes pour le fonctionnement de la poste et servit de modèle à beaucoup de règlements du même ordre, bien que quelques-uns l'eussent déjà précédé dans d'autres pays. L'empereur Joseph Ier le confirma dans son entier en 1706. Dans le cadre de la réforme générale, la poste d'Empire fut ainsi dégagée de sa fonction de courrier de la cour pour devenir un service public. Les voyages à l'extérieur reprennent, tels ceux des Allemands chez leurs voisins des Pays-Bas (*Niederlanden*) entre 1648 et 1795: ils y trouvent la mer, le commerce et des valeurs de liberté et de tolérance, ignorées dans l'Empire (Anja Charles de Beaulieu, 2000).

5. Les liaisons fluviales et les canaux

Vaste sujet et toujours d'actualité à considérer sous un double point de vue, géographique et juridique, comme l'a présenté F. Reitel dans *Mers et Fleuves d'Allemagne* (s.l.n.d.).

Du point de vue géographique, les voies fluviales de l'Empire, orientées en majorité vers le nord, relient l'intérieur de l'Allemagne à la mer du Nord ou à la Baltique. Routes naturelles munies de nombreux affluents, bien alimentés, aisés à relier entre eux en communications transversales, les quatre fleuves, Rhin, Weser, Elbe, Oder, acheminent vers les ports du Nord, les produits de l'Allemagne intérieure. Le transport par voie d'eau a toujours été fréquent, malgré les entraves apportées à son utilisation, à divers moments, par les hommes et les États. Demeure essentiel le rôle du régime hydrographique qui donne au tempérament des rivières principales – largeur, rythme saisonnier –, tirant des eaux une signification historique et économique (B. Auerbach, *Annales de l'Est*, t. VI, XI, XII, y compris le Rhin, la Moselle et la Vistule). La combinaison des hautes eaux d'été, d'origine alpine, avec les hautes eaux d'hiver et de printemps, qui gonflent les affluents hercyniens, assurent un débit soutenu au Rhin, la plus belle des voies d'eau naturelles. Seules les barres rocheuses dans la traversée du massif schisteux rhénan étaient un obstacle naturel redouté. Les grands fleuves de l'Allemagne du Nord, Weser, Elbe, Oder, ont des maigres déjà dessinés en été, faute d'apport des eaux alpines. La rivière – que ce soit l'Elbe, l'Oder ou la Weser –, fait l'éducation du batelier et de l'entrepreneur. Les communications d'un bassin à l'autre sont aisées et suscitent maints projets de jonction. Dès le XVIe siècle le port de Lubeck était relié à l'Elbe; le canal de Finow conduisant de l'Oder à la Havel par la vallée glaciaire d'Eberswald date de 1620. Assurant à Berlin une situation privilégiée, utilisant les dépressions glaciaires, le réseau des canaux du Brandebourg va naître dans le premier tiers du XIXe siècle.

Du point de vue juridique, les fleuves sont régis par un double statut: en principe, existence de «la navigation libérale» qui, par des traités internationaux, est reconnue comme droit régalien aux princes souverains (traités de Westphalie, 1648; R. Descombes, 1999), en pratique, par l'existence de la «navigation exclusive» qui assure aux bateliers d'une ville, de Brême, Lubeck, Ulm ou Strasbourg… le monopole des transports. Existence d'un droit, de *Stappelrecht* ou *Umschlagrecht*, droit d'étape ou de débarquement au lieu d'accostage des marchandises transportées. Droit seigneurial, relevant de la supériorité territoriale et qui, sous prétexte d'entretien, permet la création et la perception de péages intérieurs tout le long du fleuve. Multipliés pendant et après la guerre de Trente Ans, les péages sont un frein considérable aux échanges. En 1685, un chargement de bois, acheminé sur l'Elbe, de Dresde à Hambourg, paie en taxes et péages les neuf dixièmes de sa valeur d'achat; la durée du voyage est quadruplée par les formalités. La création par l'empereur Léopold Ier d'un collège ou conseil du commerce et l'octroi de divers privilèges manufacturiers en Autriche n'ont pas une efficacité certaine, en raison du morcellement politique. On compte, à la fin du siècle, quatorze péages sur l'Elbe entre Magdebourg et la mer, quarante-huit entre Prague et Hambourg, cinquante-trois sur le Main de Bamberg à Mayence, trente-deux sur le Rhin entre Strasbourg et la frontière hollandaise, vingt et un sur la Weser entre Brême et Minden. Entre voisins et à titre de réciprocité, l'exemption peut quelquefois être accordée. En 1714, les officiers du margrave de Bade-Dourlach remercient le magistrat de Strasbourg d'avoir laissé passer en franchise au pont du Rhin soixante foudres de vin et deux cents quintaux de fer *von Basel den Rhein herunter*. Ils demandent au margrave la restitution du *Pfundzoll*, déposé à l'occasion de la vente d'un bateau (*Fahrschiff*) (AMS IV 29, 65).

Pour le franchissement des rivières, en dehors des ponts réguliers, les armées construisent parfois des ponts de bateaux. D'après le *Journal d'opérations du margrave de Bade*, pour l'année 1694, soixante-neuf bateaux ont été réquisitionnés, chargés sur trois cents voitures et déplacés pour construire en trente-quatre heures un pont de bateaux sur le Rhin à Daxlanden. Les bateaux militaires, longs de cinq mètres quarante et larges d'un mètre, pesant quatre cent soixante-dix kilogrammes, sont assemblés pour faire un pont de trois mètres quarante de large. Y passeront voitures, troupes et canons. Ponts et routes seront utilisés dans les régions de marais.

Les prix dans l'ensemble restent élevés, que ce soit pour le ravitaillement, les subsistances et les matières premières. Le transport d'une tonne de céréales par l'axe Spree-Havel-Elbe coûte le double du même poids transporté par voie maritime entre Dantzig et Hambourg. Les douanes mecklembourgeoises de Lenzen, sur l'Elbe, sont particulièrement tatillonnes et corrompues. De nombreuses conférences réunies de 1669 à 1711 pour favoriser le trafic sur l'Elbe, en diminuant le nombre de péages, ont été vouées à l'échec.

6. L'Empire ou les États: Berlin, nouveau centre de rassemblement[25]

En contraste avec les misères nées de la guerre qui a désolé l'Empire et les efforts de la diète perpétuelle pour donner un semblant d'unité aux États disparates (A. Schindling) apparaît, dans «le Saint Empire en miettes», le rôle pionnier que va jouer la route, élément fiscal et administratif d'unification, joignant entre elles les cités de la plaine du Nord, une de ces régions où les voies de communication peuvent se nouer indifféremment en différents endroits. La religion joue son rôle après le bouillonnement et l'essor du XVIᵉ siècle (J.-M. Valentin). Berlin se développe en tant que ville nouvelle, à la différence de Francfort-sur-l'Oder ou Magdebourg, issues des «routes de colonisation», dès le début de la période de peuplement germanique du haut Moyen Âge.

S'affirme au XVIIe siècle, l'individualisme politique de certains États, dont la Prusse, même après la disparition du Grand électeur (1688). La Prusse royale c'est l'ancien ordre teutonique sécularisé en 1525 et réuni au Brandebourg en 1618. En 1701, l'électeur de Brandebourg était devenu roi *en* Prusse. Comme son père qui a gagné le combat contre les États provinciaux nobiliaires, Frédéric III estime que l'avenir de son pays dépend de la progression du commerce. Dans ce programme, où les réfugiés huguenots ont leur mot à dire, la route, terrestre ou fluviale, joue un rôle essentiel. Le roi accroît la circulation postale: les revenus du monopole des postes qu'il a su conserver passent de trente mille (1685) à cent trente-sept mille quatre cent cinquante *thalers* (1700). Il achève le pont de Berlin qui coûte cent mille écus. Il projette l'établissement de messagers entre Colberg et Dramburg. Des plans sont dressés pour la canalisation de la Drege et de la Rega en Poméranie orientale, celle de l'Oder et de la March, ainsi que l'ouverture de voies navigables internes entre la Baltique et la mer Noire. Outre ses visions d'unité européenne, Leibnitz rêve d'unir, sous les auspices du roi de Prusse, par un réseau de canaux, l'Elbe et la Weser, à l'Ems et au Rhin, joignant ainsi les voies d'eau allemandes à celles de la Néerlande.

Berlin ne fut d'abord que la minuscule capitale de l'électorat de Brandebourg, très marginale par rapport aux centres de gravité politiques, culturels et économiques du Saint Empire: la ville a crû par l'affluence des huguenots, environ cinq mille dont près de mille deux cents Messins. Les Français apportent l'arboriculture, l'horticulture, les cultures maraîchères, les débuts de l'industrie, le sens de l'État et l'expérience administrative. Agrandie et reconstruite par Frédéric II, qui apporte l'industrie et pense que «la politique, le militaire et les finances ne sauraient être séparées», la capitale voit monter son influence: de trente-cinq mille habitants en mille sept cents, elle compte cent ans plus tard cent soixante douze mille habitants dont 15 % de militaires; elle est en passe de devenir un foyer des Lumières, «l'Athènes du Nord» qui se pose en rivale de Vienne. Contrairement à Madrid, Berlin possède de bonnes voies navigables, reliée qu'elle est à l'Elbe par la Spree et le Havel, à l'Oder par un canal[25]. En 1755 la corvée a été remplacée dans les domaines de la couronne par une redevance en argent.

Le règne du carrosse Louis XIV

Peu de choses changent à l'intérieur des seigneuries dociles à l'influence de la Prusse, mais inclinées vers une amorce de cosmopolitisme où, combattues par la présence anglaise, triomphent les influences françaises. Reichard s'en fait l'écho dans sa *Carte itinéraire de l'Europe*, dressée par Güssefeld (1793), à Weimar, au bureau d'industrie, accompagnée d'un *Guide des voyageurs en Europe* (2 t.). Francfort, Leipzig et Hambourg constituent le triangle actif autour duquel va s'articuler, au XVIIIe siècle, le réseau des voies de communication. Au retour de son «pèlerinage philosophique et littéraire», Voltaire emprunte la voie Berlin-Strasbourg-Colmar, en berline avec Mme Denis. Il retrouvera en Alsace, avec Jean-Daniel Schoepflin, grand voyageur également, *Les Annales de l'Empire* et, en Lorraine, avec dom Calmet et l'abbaye de Senones, les voies de l'érudition. De l'impression également avec la parution à Kehl, entre 1781 et 1789, des soixantes-dix volumes des *Œuvres complètes*, par les soins de Beaumarchais («Voltaire und Deutschland», *Actes du colloque de Mannheim*, 1979). Quant à Mozart, aidé par son père, il arpente les chemins de l'Allemagne du Sud. Il connaît les salons parisiens et s'arrête à Strasbourg en 1778, bloqué par l'inondation, avant de gagner Mannheim, la ville chère à son cœur[26].

Aux essieux renforcés, au timon renforcé, une caisse plus confortable qui a vu venir à Strasbourg le roi avec les «quatre reines», le carrosse Louis XIV se diffuse dans les cours allemandes. Au total, un symbole du règne de Versailles et un «modèle européen» largement répandu. L'Europe des Lumières? Un système de création, de diffusion, de réception dans le domaine de la circulation des hommes et des idées.

11. Le carrosse Louis XIV

Chapitre III
L'essor routier et postal de la Grande-Bretagne: les premiers développements

Époque des révolutions comme des restaurations et de la reconstruction «civique», le XVIIe siècle est, en Angleterre, l'ère des Stuarts et du Protectorat. Si les phénomènes religieux et politiques ont accaparé pendant longtemps l'intérêt du public, il n'en reste pas moins que, pendant cette époque, des transformations importantes se sont produites. Intellectuelles au premier chef dans le domaine des «champs de la connaissance, champs de la pratique», (*Actes du colloque de Tours*, mai 2001, Gérard Chaix), connaissance cartographique, cosmographique et mathématique. Sociales également: «Tout change à partir des années 1670 sans que cela soit immédiatement apparent. Le mouvement ascendant dans lequel l'Angleterre est entraînée depuis le XVI° siècle s'accélère depuis la Restauration.» (J.-P. Poussou.)

Faire de l'île un État moderne, tel est le problème, non qu'il s'agisse d'une «révolution», d'un changement brutal des conditions économiques: les recherches récentes ont bien montré qu'il a fallu plus d'un siècle, 1710-1830, au mouvement pour se généraliser et s'imposer aux individus comme aux collectivités, dans la pratique quotidienne. L'étude de A.-H. Dodd sur le Nord du pays de Galles (1933) s'inscrit dans une double approche contrastée: la lenteur avec laquelle s'est faite l'évolution mécanique, la rapidité avec laquelle a été opérée la concentration de la population ouvrière, dans des établissements parfois hauts de six étages. En 1789, les premières inventions, Arkwright, Cartwright, Crompton, Hargreaves, Kay étaient peu maniables et s'adressaient d'abord à la laine, alors que leur champ d'application sera le coton, à la culture encore réduite outre-Atlantique. De même dans la métallurgie: les noms bien connus de Darby I°ʳ, de Huntsmann, de Cort, de Wilkinson, de Watt devront bénéficier de circonstances favorables, nées en partie de la guerre, pour que les inventions deviennent des réalités efficaces. Une double concentration a eu lieu: celle de la main d'œuvre avec les migrations nécessaires et une concentration rapide, celle des capitaux avec l'essor de banques multiples en rapport avec la *City* et du crédit. Le marchand entrepreneur est à la base des progrès. Hors de la mer et des estuaires ou combinée avec eux, la route, nœud des communications, aura un rôle important à jouer. Ce seront les *roads* de Mac Adam, les canaux de Bridgewater, l'activité de Telford, l'évolution capitaliste des serges de Exeter abandonnées plus tard pour les draperies de Norwich. (L. Cahen). Après 1740, la grande phase d'urbanisation va commencer. Une nouvelle époque va naître, celle des transports de masse et celle de la recherche d'une vitesse toujours plus grande.

1. Les conditions économiques et sociales
«Une Prérévolution industrielle»[27]?

À la base, au XVII° siècle: le développement du commerce et la «Prérévolution industrielle», revue de nos jours et marquée, en premier lieu, par l'augmentation de la population: trois millions environ sous Henri VII, moins de cinq millions cinq cent mille vers 1579, environ quatre millions quatre cent mille selon Grégory en 1688, malgré des incidents démographiques coutumiers, retours de la peste en 1563, 1578-1583, 1593, et surtout 1665, année meurtrière à Londres. Un effet de nombre joue sur la route et sa fréquentation. Jouent également les nouvelles conditions économiques analysées par Patrick Verley, à propos de l'ouvrage de E.-A. Wrigley, «Continuity, Chance and Change. The caracters of the Industrial Revolution in England» (1988; *AESC*, mai-juin 1991).

L'accroissement de la masse monétaire, consécutive à l'arrivée des métaux précieux, a été accompagnée d'une augmentation des revenus. Producteurs et employeurs bénéficient de profits supérieurs qui stimulent l'esprit d'entreprise, jusqu'à 1650 environ. De pays exportateur de matières premières (les laines anglaises expédiées sur le continent), le pays était devenu fabricant et industriel: les draps anglais étaient exportés et les «marchands aventuriers», créés à Londres, expulsaient les Hanséates. Les progrès de la production agricole et industrielle ont suivi, sous l'impulsion de l'État et des particuliers. L'individualisme continue de progresser aux dépens des servitudes collectives (Roland Marx). Un marché national tend à se créer par l'abolition des douanes intérieures (1571). Les Tudors, comme plus tard les Stuarts, ont joué, dans une certaine mesure, le rôle d'animateurs et de contrôleurs des forces économiques. Le *Statut des apprentis et artisans de 1563* fixait des règles impératives pour l'emploi et le salaire. La ville-marché est devenue la règle. P. Verley analyse «anciennes et nouvelles pistes» et rappelle les spécificités de l'économie britannique.

La circulation bénéficie de cette situation où d'aucuns ont voulu voir une «première révolution industrielle». Elle en subit le contre-coup et devient à son tour un facteur déterminant. De nouvelles orientations se dessinent. Placée dans une position nouvelle par les grandes découvertes, l'Angleterre n'est plus le cap extrême et fragile d'une civilisation orientée vers la colonisation continentale; elle prend place sur la route maritime des échanges mondiaux et du grand commerce alimentés par l'industrie nationale. En 1651, Cromwell publie l'aActe de navigation et se fait attribuer le titre de «Lord Protecteur» de la République d'Angleterre, d'Écosse et d'Irlande. En même temps, par le jeu des hasards dynastiques, va s'achever l'unité intérieure. Les rapports avec l'Écosse (union personnelle en 1603 et Acte d'union de 1607) sont renforcés, au moins pour les classes dirigeantes. La population a augmenté: 1300, un million; 1500, sept cent mille; 1755, un million deux cent soixante-dix mille (I.-D. Whyte, *Scotland before the Industrial Revolution. An Economic and Social History c.1050-c 1750*, s.l., 1996). Il en va de même pour l'Irlande par l'Acte d'union de 1800. De gré ou de force, ces décisions placent au premier rang la politique de communication entre les «États».

S'ajoutent à ces données économiques, les données intellectuelles, religieuses et juridiques, issues de l'humanisme et de certains centres du savoir, universitaire ou autres: désir de connaître, renouveau religieux dû à la Réforme, stimulation de l'esprit d'entreprise, primauté de l'expérience affirmée dans John Locke et la Glorieuse Révolution de 1688, urbanisme rénové tel à Bristol qui présente avec fierté son église des Templiers et celle de Sainte-Mary-Redcliffe, sa cathédrale, ses hôtels privés, témoins de l'indépendance d'esprit d'une bourgeoisie cultivée et d'une instruction plus développée, – les «routes d'étudiants» inscrits aux universités d'Oxford ou de Cambridge –, appel à Londres des procès et nécessité de plaider devant la nouvelle cour de Westminster, tous ces faits ont pu déterminer une prise de conscience de ce qu'on pourrait appeler «l'insularité routière dynamique».

2. Les «révélations» des installations hôtelières, témoins et acteurs[28]

En Angleterre comme dans le reste de l'Europe, sauf en France, les XVIe et XVIIe siècles ne marquent pas un tournant dans la connaissance de l'histoire routière. Comme le remarque J.-A. Chartres, «il est difficile de donner un exposé sommaire des hôtelleries et du réseau routier de l'Angleterre post-médiévale. Il reste encore à faire beaucoup de recherches primaires sur les siècles tardifs du Moyen Âge et l'époque approchant 1600, et nous n'avons pas encore d'étude générale du réseau routier» (*Actes du colloque de Flaran*, 1980).

L'auteur explique la carence des chercheurs par le déclin d'une «institution qui dépérissait sous leurs yeux»: le cheval cédait le pas au chemin de fer! Restait le pittoresque et de citer les anecdotes extraordinaires rassemblées dans *The Coaching Age*, de Stanley Harris (les souvenirs d'anciens cochers!). Hôtelleries et postes, en plein essor, offrent une méthode originale d'investigation pour remédier à cette situation: partant du rapport établi entre lieu de séjour et fait routier, J.-A. Chartres propose, pour la période entre 1400 et 1800, de considérer «les caractéristiques et la répartition des hôtelleries et celle des établissements voisins – la taverne, le cabaret et le débit de boissons – afin de pouvoir évaluer leur expansion et les changements qu'elles ont subis au cours de cette période». Conception analytique qui permet d'utiliser la documentation importante qu'il est possible de réunir sur l'hôtellerie et de suivre l'évolution de celle-ci. Il faut cependant attendre une nouvelle génération d'historiens avec W.-G. Hoskins, *Industry, Trade and People in Exeter, 1688-1800* (PU Manchester, 1935), Maurice Barley, pour l'architecture et Alan Everit, avant que l'institution de l'hôtellerie ne soit replacée dans l'ensemble économique anglais. Favorisés par l'esprit du temps, Peter Clark et Keith Wrighton se rallient à cette conception, quittent les palais gouvernementaux pour retrouver, dans le cabaret, le poste de commandement de ceux qui cherchaient à bouleverser le monde traditionnel et à créer une société alternative à leur gré (*Actes du colloque de Flaran 2*).

L'idée est généreuse de tenter un recensement des auberges pour tenter de cerner l'activité routière. Dans ces auberges, l'on retrouve quatre origines: les *hospitia* monastiques, de type européen; les créations des grands propriétaires, soucieux de revenus aux XVIIe et XVIIIe siècles; les initiatives du gouvernement en cas de nécessité; les créations «organiques» dues à l'esprit d'entreprise des particuliers, laboureurs ou fermiers, créations nombreuses et révélatrices des milieux ambiants. Une constatation se fait jour: l'augmentation constante du nombre d'établissements, vingt mille en 1577, trente mille avant 1630, quarante mille dans les années 1680, Joseph Massie propose quarante-deux mille pour 1760. Pour ce dénombrement, Grégory King prend pour critère la vaisselle plate en leur possession, En gros on pourrait compter cinquante mille familles hôtelières de types divers parmi la population de l'Angleterre et du pays de Galles, et J.-A. Chartres de conclure: «Mes propres recherches sur la croissance de la circulation routière au XVIIe siècle m'amènent à croire que celle-ci s'accorde bien avec le mode d'expansion des hôtelleries. Les débuts de l'amélioration des grandes routes avant 1750 viennent à l'appui de cette thèse générale», en rapport «avec l'énorme accroissement de l'utilisation des routes au cours du XVIIIe siècle», en liaison avec les «vraies» révolutions de Grande-Bretagne et d'Irlande.

Dans son rapport, complété par une étude sur «les foires et marchés ruraux en Angleterre, dans la longue durée, de 1500 à 1860», J.-A. Chartres donnait les premiers résultats. Sur l'importance de l'activité hôtelière d'abord. Elle ne se bornait pas à loger voyageurs et chevaux. Tout un monde gravitait autour de cette activité «primaire», bureau de location et de courrier comme nous le verrons, vente à crédit du fourrage ou de l'avoine, emplois divers, forgerons, maréchaux-ferrants, bourreliers, charrons. Dans les alentours des grandes villes, s'esquissaient diverses spécialisations, autour de Londres notamment, voyageurs ou marchandises, de même dans les quartiers de la capitale. Chartres bouleverse certaines conceptions «immobilistes» sur le rôle de la monarchie, la situation des routes «d'Ancien Régime», moins impraticables qu'on ne l'a dit, tout en demeurant dans la dépendance des variations climatiques et de l'évolution des techniques dont celles de la poste.

À ces données élémentaires, se sont ajoutées des sources nouvelles, purement statistiques, qui relevaient du ministère de la Guerre, soucieux du recensement, en prévision des hostilités entre la France et l'Angleterre, des possibilités des logements en hommes et en chevaux. S'est ainsi établie une subtile hiérarchie des villes et des villages de chaque comté et des comtés entre eux, pour déterminer le groupement des hôtelleries sur les grands itinéraires du pays. En choisissant de larges concentrations, il devenait possible d'identifier les nœuds principaux du réseau de transport routier à l'époque considérée. La quantité recensée de lits et d'écuries croît avec la grandeur de la cité, telle à Bristol, plus riche que Bath. On peut ainsi obtenir une classification originale: «Avec une justesse remarquable, elles tracent le réseau routier de l'époque pour autant qu'on puisse le vérifier à l'aide des cartes routières telles que le *Britannia* d'Ogilby.» (Londres, 1675.)

En dehors de l'axe structural sud-nord, Londres-Edimbourg par York, peuvent être suivis:

– le grand itinéraire qui, vers le sud-ouest en direction d'Exeter et de Plymouth, passe à travers le Dorset jusqu'à Salisbury et Andover, d'où il monte par Staines et Brentford à Londres;

– la route de Douvres qui traverse le Kent et la route de l'ouest qui mène à Bath et à Bristol;
– au nord de Londres, une route principale allant vers le nord-est;
– les routes filant vers l'Écosse et l'Irlande.

La route de Londres à Bristol, définie par Bowen dans *Britannia Depicta* de 1720, est une voie d'une importance considérable jusqu'au moment où Liverpool remplacera Bristol comme premier port provincial. Bristol est encore le plus grand port du Sud-Ouest. Le dernier pont y franchit l'estuaire de l'Avon où le flux fait monter le niveau des eaux à plus de sept mètres cinquante au dessus du niveau hydrographique. De l'intérieur arrivent les «routes faciles» qui viennent des bassins de la Tamise et de Londres. Elle commande la voie transversale qui mène de Londres à l'Atlantique. La route dessert Bath, station balnéaire en vogue, depuis le moment où les légions romaines soignaient leurs rhumatismes aux sources chaudes d'*Aquae Sulis*, à la respiration prolongée suivant la saison, quand les architectes des Lumières donnaient une «forme» à la ville, avec ses édifices sur le modèle de Palladio, où l'Angleterre géorgienne pastichait l'antique, «routes d'été» qui se multiplieront, suivant la mode, au XVIIIᵉ siècle, vers les stations du Sud. Chemins d'une jeunesse dorée, d'une brillante société féminine et véhicules en conséquence, sociétés ouvertes des tavernes ou des salons aimés des peintres, les Hogarth, Reynols ou Gainsborough que recueillera la fondation Holburne.

De son côté la demande londonienne, sans cesse croissante, multiplie les routes des campagnes «ravitailleuses», attire les peuples déracinés que l'on retrouve, misérables, d'après Dickens, dans *David Copperfield* et les faubourgs. Routes «de l'intérieur» pour la construction desquelles il faut tenir compte des facteurs traditionnels d'une Angleterre où le luxe a longtemps été honni, où les besoins ont été volontairement limités. «Les journaux intimes du XVIIᵉ et du XVIIIᵉ siècle, les premiers romans évoquant la vie familiale (comme ceux de Fielding, ou de Jane Austen, plus tard de Dickens, de Thackeray, et Thomas Hardy) révèlent la simplicité des mœurs, la frugalité de la table.» Et François Crouzet d'ajouter: «La robe de mariage de la femme du brave vicaire de Wakefield doit lui durer toute sa vie», voyages compris.

Les premiers résultats obtenus par cette méthode d'identification de l'activité hôtelière nuancent les jugements sur l'incapacité du système routier d'alors à assumer sa mission économique, opinion répandue autrefois – c'est à dos de cheval, d'après Dechesne, que se seraient effectués, dans le Yorkshire, la plupart des transports de laine et de drap! «Les grands marchands de Leeds s'en allaient de marché en marché avec des troupeaux de chevaux de somme pour acheter et vendre le drap, ne voyageant guère qu'en été, à cause du mauvais état des routes en hiver», affirmation pittoresque et simpliste que dément la révision générale des modalités de l'activité économique, maritime et industrielle.

3. Le développement de la communication: le système postal[29]

Une seconde méthode d'identification du système routier et de son importance est proposée par l'étude des transformations du système postal. En Angleterre comme en France, la création des postes, avec leurs relais et leurs routes, est à la base d'un développement organisé et «politique». Développement qui est fonction des conditions d'éducation et d'instruction à travers le pays et notamment de la «révolution pédagogique» qui se produit en Grande Bretagne dès le début du XVIe siècle. Elle est l'œuvre de trois personnes qui illuminent le ciel de l'humanisme européen: Thomas More, l'auteur de l'*Utopie* (1516), John Colet qui sera professeur à Oxford et doyen de la cathédrale de Saint-Paul, Érasme. Les voies du savoir recoupent celle du commerce et de la politique. Les axes de communication s'inscrivent en direction générale nord-sud et en fonction de la capitale Londres, à la prééminence incontestée, direction également de l'Écosse et, vers l'ouest, de l'Irlande. Le Parlement est l'expression vivante de l'unité du pays qui connaît la paix intérieure jusqu'en 1642. L'époque des routes continentales où Henri VI (1422), de la maison de Lancastre, pouvait se proclamer roi d'Angleterre et de France, est révolue. Le continent reste isolé.

Les origines du service des postes

C'est à Henri VIII que revient le mérite de la création d'une charge de maître des postes avec la création et la direction entière du service. Avant lui, l'on trouve des tentatives solitaires, notamment l'établissement des courriers à cheval sous Edouard IV, *Nuncii*, messagers chargés des dépêches d'État; et des postes fixes où des chevaux de louage sont tenus prêts. En 1481, la guerre avec l'Écosse avait commandé une transmission rapide des nouvelles entre la capitale et le théâtre de la guerre, d'où la création d'un système de postes, relais de chevaux et de messagers établis de vingt milles en vingt milles; les courriers parcouraient en moyenne soixante-dix milles par jour. La paix rétablie, le système décline. Au moment de l'insurrection des comtés du Nord, les chefs des rebelles établissent des postes régulières de Hull à York et de York à Durham, de Durham à Newcastel. Trouvant trop d'irrégularités dans la location des chevaux de poste, le Conseil d'Edouard VI fait passer un acte fixant la taxe, par mille et par cheval, à un penny. Jusqu'à la fin du règne d'Elisabeth, aucun perfectionnement à ce système n'est apporté, sauf dans la réforme de quelques abus introduits pendant le règne de Marie. Les dépenses de la poste sont réduites à cinq mille livres (cent vingt-cinq mille francs) par an. La grande route du Nord reste la plus fréquentée.

Les postes ordinaires constituent l'organisation permanente destinée à la transmission des ordres du gouvernement. Parfois, on établissait des postes extraordinaires, employées dans les cas d'une urgence extrême: guerre contre l'Espagne, nouvelles inquiétantes venues de France, postes établies dans le Kent et le Sussex, «un complot se tramait contre la personne de la reine!» D'autres postes de ce genre ont été établies entre Hampton Court, Southampton et Portsmouth «pour la prompte expédition des nouvelles venues des ports de Normandie ou de Bretagne». Il s'agit aux yeux de la reine du soutien, apporté aux protestants français pendant les guerres de religion, autour du Havre et de Calais, terres promises: sont retrouvées des routes empruntées autrefois. En attendant celles de l'exil de Jacques II, acceptant à Saint-Germain-en-Laye, l'hospitalité de Louis XIV.

Les correspondances étrangères pouvaient faire l'objet d'un régime spécial, en rapport avec leurs privilèges, tels les Hanséates, objet au départ de la faveur des souverains anglais. Dans la deuxième moitié du XVIe siècle, la couronne change de politique et donne son appui aux «marchands aventuriers» et à l'expansion du commerce anglais sur le continent, fixant à Emden l'étape des draps, puis à Elbing (1579). En conflit avec l'empereur Rodolphe II, Elisabeth prononçait le 13 janvier 1598 la fermeture du comptoir de Londres et l'expulsion des Hanséates, exception faite des marchands de Dantzig et d'Elbing. De leur côté, les Flamands avaient obtenu par faveur spéciale le droit de nommer un *postmaster*, faveur qu'ils voulaient faire reconnaître comme un droit. Les Italiens, autre colonie importante, étaient tentés de faire de même. Les négociants anglais protestèrent. Un maître de poste anglais fut nommé, chargé de la double correspondance sous le titre de *postmaster* en chef. Thomas Randolf fut le premier titulaire de cette charge.

STATIONS OU POSTES ÉTABLIES SUR LA ROUTE DE LONDRES À BERWICK
dans la quinzième année du règne d'Elisabeth (1558-1603)

1. Londres	11. Tookesford (Tuxford)	19. Durham
2. Waltham	10. Newark	20. Newcastle
3. Ware	12. Toroby	21. Morpeth
4. Royston	13. Doncaster	22. Hexham
5. Caxton	14. Ferry Bridge	23. Hawtwestl
6. Huntingdon	15. Wetherby	24. Carlisle
7. Stilton	16. Bournghbridge	25. Alnwick
8. Stamford	17. Northallerton	26. Bedford
9. Grantham	18. Dermeton (Darlington)	27. Berwick

Pendant trois siècles, la grande route du Nord dessert ces différentes stations à l'exception de Tuxford. Un détour considérable est fait à Morpeth afin de desservir les villes alors importantes de Hexham et Carlisle. La route postale continuait vers le nord par Alwick du côté de Berwick, la route de l'Ouest n'étant qu'une sorte d'embranchement.

Les progrès: Tudors et Stuarts

Il était réservé aux Tudors d'abord, aux Stuarts ensuite, d'organiser un système régulier de communications. Les étudiants d'abord. Les deux universités acceptent les jeunes gens à la sortie des *grammar schools* dès l'âge de quatorze à seize ans. Le système est sclérosé et, dans ses écrits, *The Advancement of Learning* (1605) et *Novum Organum* (1620), Francis Bacon (1561-1626) a frayé des voies jusqu'alors inconnues à la pensée scientifique. Aux axiomes d'Aristote, il veut substituer des faits et des preuves. La rénovation pédagogique, dont John Locke (1632-1704) prendra la succession, est engagée. Les communications vont suivre. Si l'Angleterre est en retard sur certaines nations européennes pour l'ouverture d'un service public, elle tend à les rattraper, dans le domaine des postes à cheval, dès les Tudors; mais plus encore, avec l'accession du roi d'Écosse (Jacques VI), fils de Marie Stuart, né à Edimbourg (1566-1625) au trône d'Angleterre, en 1603, en tant que Jacques Ier Stuart. Lui succède son fils Charles Ier. Époux d'Henriette de France, réfugié en Écosse, livré aux parlementaires, il meurt sur l'échafaud en 1649. Pendant ces différents épisodes, la poste et le renseignement jouent un rôle certain dans la politique, commandant parfois aux tragiques événements. Après l'intermède de Cromwell, les Stuarts reprennent le pouvoir jusqu'à la révolution de 1688. Celle-ci donne aux idées de John Locke leur entière diffusion par une rénovation de la pédagogie. Le voyage à l'étranger est le point culminant de ce système d'éducation. Sont préconisés plusieurs voyages entre sept et seize ans au cours desquels l'élève sera accompagné d'un précepteur avisé et ouvert: il réussira à perfectionner, non seulement sa connaissance des langues étrangères mais il deviendra «plus sage et plus prudent en conversant avec les hommes et des peuples qui n'ont ni le même tempérament ni les mêmes mœurs». C'est le début du Grand tour et des envois épistolaires à l'échelle de l'Europe.

Un trait essentiel déjà évoqué? La mise en service régulier de la grande route de Londres à Edimbourg. Les incidents, nombreux à l'origine, qui retardent les courriers arrêtés des jours entiers, faute de chevaux, pris par les Lords écossais, et par les *gentlemen* qui se précipitaient vers la capitale, entraînent de la part du monarque, dès la Restauration, la mise en œuvre d'une proclamation. Celle-ci enjoint à tous les magistrats d'assister les *postmasters* «dans ce temps chargé d'affaires», en s'assurant qu'ils étaient munis «de chevaux frais selon les besoins», valides, suffisants, bien pourvus de selles, bridés, sanglés, conduits par de bons guides qui recevront, pour eux et leurs chevaux, de la part des usagers, les prix accoutumés. Deux services postaux ont été établis sous le règne de Jacques Ier. Le premier qui consiste en messagers spéciaux, parcourant la distance entière «avec le cheval et le guide», date de 1603. Les courriers ont ordre de payer à raison de deux pence cinquante (quinze centimes) par mille pour chaque cheval et d'avance. Ils ne doivent pas faire plus de la moitié d'une poste avec chaque cheval (sept milles en été et six en hiver).

Le second service postal ou *Post for the packet* prescrit à chaque *postmaster* d'avoir au moins deux chevaux prêts «avec les accessoires nécessaires», de façon à réexpédier, un quart d'heure après la réception, à la station suivante, le «paquet», sac contenant les lettres. Un registre doit être tenu à cet effet. Les heures d'arrivée et de départ sont mentionnées. Deux sacs de cuir bien doublés sont prévus de manière à ne pas détériorer les lettres. Des cornets «sonnent et jouent» chaque fois que la poste rencontre quelqu'un, ou au moins quatre fois par mille, coutume qui se retrouvera au moment des malles-postes.

Une autre amélioration est apportée dans la nature du courrier transporté. Durant le règne de Jacques Ier, les dépêches des ambassadeurs peuvent seules côtoyer les dépêches gouvernementales dans les sacs de cuir de la *Post for the packet*. Le gouvernement se réserve certains privilèges, telle la location des chevaux de poste. La priorité appartient à toute personne voyageant pour les affaires de l'État et munie d'un ordre du Conseil. Pour les lettres venant de l'étranger, la question est réglée par le *General postmaster*. Des querelles de personnes retardent cette installation. Pour éviter que des secrets d'État ne puissent être dévoilés, il est interdit, à partir de 1632, à tout autre qu'aux *postmasters*, de se charger du service de réception et de transport des lettres.

L'établissement du monopole: le «post office»

En 1635, Witherning propose au roi d'établir un *packet Post* entre Londres et les comtés pour le transport et la réexpédition des lettres: les lettres privées sont jusque-là transportées par des charretiers ou des personnes voyageant à pied! Deux mois s'écoulent pour qu'une réponse puisse être reçue, à Londres, d'Écosse ou d'Irlande! Les lettres de Madrid arrivent plus rapidement! Charles Ier ordonne alors l'institution d'un service journalier entre l'Angleterre et l'Écosse, le trajet aller et retour se faisant en six jours. Suit un service de correspondance, moyennant taxes, reliant au «tronc central» des villes comme Lincoln, Hull, Chester, Bristol ou Exeter. Les distances sont comptées à partir de Londres. Le contrôle appartient au *post office* général étranger. Withering tient un moment les deux emplois: en 1640, accusé de malversations, il est remplacé par Prideaux. Des querelles s'élèvent entre les offices rivaux. L'usage d'affermer le revenu du *post office* est établi à partir de 1650 et dure, en ce qui concerne les lignes secondaires, jusque vers 1800. En 1650, le revenu est affermé pour cinq mille livres.

En 1653, Mahley obtient du Parlement le droit d'organiser les postes et messageries moyennant dix mille livres par an et la suppression des entreprises particulières. Monopole établi non sans difficultés: en 1649, le Conseil de Londres avait établi, en rivalité directe avec celui du Parlement, un *post office* pour les lettres intérieures. La Chambre des communes réagit. Le Conseil d'État déclare que l'emploi de *postmaster* ne doit être que dans la seule puissance du Parlement. Les postes communales sont supprimées. L'opinion publique réagit. En 1669, est publié un livre intitulé, La *Penny Post* de John Hill, revendication du droit de tout Anglais de transporter les lettres des commerçants ou autres personnes, en dehors des fermiers officiels. En vain!

Sous le Protectorat, le *post office* se développe. Cromwell, qui en comprend tout l'intérêt, réorganise le service en 1656. Son but? «Découvrir et prévenir les desseins mauvais et dangereux pour la République.» Un officier général est nommé directeur; la taxe des lettres et paquets est fixée pour l'Angleterre, l'Écosse et l'Irlande. Existent un *post office* général et un fonctionnaire avec le titre de *postmaster* général d'Angleterre et contrôleur du *post office*. Il surveille l'entretien et la fourniture des chevaux sur les routes postales directes. Interdiction est faite à toute autre personne d'établir ou d'employer aucun piéton ou poste à cheval ou paquebot, sauf exception consentis aux deux universités – qui continuent à user de leurs anciennes franchises – et aux cinq ports.

À la Restauration, l'organisation du *post office* est confirmée par *The post office charter* (la charte postale restée en vigueur jusqu'en 1710). Les revenus augmentent, durant les dernières années de l'administration de Prideaux. Ils sont ensuite affermés. Avant chaque renouvellement de ferme, une commission examine les améliorations susceptibles d'être apportées au service, et la possibilité d'augmenter le rendement de la ferme qui, à l'avènement de Charles II, duc d'York, retourne à la Couronne. En 1681 est créée à Londres, sur l'instigation d'un tapissier, Robert Murray, une poste métropolitaine, confiée à la mort de Charles II à William Docwray, au prix d'un penny pour les lettres et paquets au poids inférieur à un livre. Vers l'ouest, deux postes sont installées entre Londres et Bristol et l'Ouest de l'Angleterre. La première allait par Maindenhead, Neubury, Marlborough et Chippenham, l'autre allait par Hunnslon, Maidenhead, Reading, Marlborough, Maxfield, jusqu'à Bristol. Pour Londres existaient également deux routes postales, toutes deux passant par Canterbury, siège de l'archevêché, à la magnifique cathédrale du XIIe siècle.

«*Post offices*» écossais et irlandais[30]

Ce n'est qu'à la fin du siècle que sont mentionnés, autonomes, les établissements postaux écossais et irlandais, parallèles à des établissements universitaires déjà anciens. Au XVe siècle s'étaient ouvertes des universités écossaises qui épargnaient aux étudiants de longs et hasardeux voyages aux universités du continent. Au moment où l'Angleterre n'avait que deux universités, l'Écosse en avait quatre, Saint-Andrews (1411), Glasgow (1453), modelée sur Bologne et sur Louvain, Aberdeen (1494), Edinburgh (1582). Le contrôle de l'Église est souverain dans les écoles élémentaires qui se sont multipliées. Tradition et modernité se partagent le pays.

David Hume, Adam Smith, Joseph Black et James Watt sont des figures représentatives du XVIIIe siècle. L'établissement d'un *post office* écossais est décidé en 1695 sous le règne de Guillaume et de Mary. Du fait des rapports étroits entre les deux couronnes, ces relations existaient bien avant, mais ce n'est qu'après la Révolution qu'elles deviennent permanentes et légalisées. Le roi donne un salaire de trois cents livres par an à Robert Sinclair Steveson.

Il en va de même pour l'Irlande. Les vicissitudes politiques n'ont pas manqué. Malgré les efforts des gouvernements successifs, les Irlandais sont restés fidèles à leurs coutumes ancestrales et à la religion catholique, devenant «plus catholiques que le pape» (S.-J. Curtis). Pas moins de trois routes postales existent pour l'Irlande, plus ou moins utilisées, dès le règne d'Elisabeth. La plus importante part de Londres, dessert différentes postes successives, avant d'arriver à Liverpool, d'où part un paquebot. Les deux autres, par des itinéraires différents, aboutissent toutes deux à Holyhead, d'où part également le paquebot pour l'Irlande (Dublin et Kingstown, cent douze kilomètres). Sous Charles Ier, le système des lettres – réception et expédition – était semblable au système anglais. Des messagers à cheval étaient utilisés par les nobles – souvent des immigrés d'Angleterre – qui employaient ces «intelligences» pour porter les lettres à leurs vassaux. Charles Ier ordonna que les paquebots fassent régulièrement le service entre Milfoed Haven et Waterford: il fallait acheminer rapidement ordres et nouvelles entre Dublin, Castle et le gouvernement. Les paquebots allaient de Holyhead à Dublin, de Liverpool à Dublin dès le règne d'Elisabeth.

Cromwell maintint les deux lignes. À la Restauration, une seule ligne est conservée entre Cester et Dublin pour les lettres privées; la taxe entre Londres et Dublin est de six pence (soixante centimes). Pour remplacer la ligne de paquebots supprimée, une nouvelle ligne est créée, entre Port Patrick et Donaghde, route courte et aisée, entre l'Écosse et l'Irlande. Une allocation de deux cents livres (cinq mille francs) est plus tard accordée au *post office* pour l'affectation d'un bateau plus adéquat pour ce service. En 1784, la ligne Milford-Haven est rétablie. Les taxes d'affranchissement entre Londres et Waterford sont les mêmes que celles entre Londres et Dublin, *via* Holyhead. À la fin du siècle, les résultats, sans être éclatants, sont positifs. L'organisation générale est fixée. Le *post office* de Londres est administré par le *General postmaster* assisté d'un personnel de vingt-sept employés. L'armature est prête pour l'étoffement des différents services, dans l'espace et dans le temps, notamment pour tout ce qui concerne l'unité économique et morale du pays et les rapports avec l'étranger.

4. L'amélioration du système routier: les Turnpicke roads[31]

En ce qui concerne les routes elles-mêmes, leur établissement posait deux problèmes: l'un technique, lié au tracé de la construction de la voie et à la rareté des surfaces dures; l'autre administratif, du fait de la lenteur et de la complexité des prises de décision. L'essentiel restait cependant l'entretien. Plaçant la responsabilité au niveau des communautés locales (statut de 1555), la *Commun Law* obligeait celles-ci à entretenir les traversées urbaines. Des surveillants parcouraient le pays, levaient l'impôt et mettaient en place matériel et personnel. À la fin du siècle, le système ne répond plus aux exigences de l'heure ni à l'évolution des mentalités. Pourquoi ces créations? La mer qui pénètre, par maintes articulations, n'est-elle pas là pour résoudre tous les problèmes? Les Tudor réagissent et cherchent à doter de routes l'Angleterre où s'active la vie économique. Philippe et Mary créent des bureaux avec inspecteurs chargés de les remettre en état, avec droit d'exiger des habitants quatre à six jours de corvée. Mais les habitants s'intéressent surtout à leurs chemins ruraux, peu aux routes d'intérêt général. Jacques Ier édicte un statut. Il établit un *inspector* de la *Kingsrailway*, office qui sera maintenu jusqu'à la fin du siècle.

Sous Charles II, en 1663, l'initiative privée suggéra la formule des *Turnpike roads* (*peages'act* sur les barrières), associations volontaires, groupant sous la forme de sociétés *landlords, farmers*, commerçants et industriels, exigeant des usagers le versement d'un péage pour en assurer l'entretien. Placées sous le contrôle du Parlement, ces sociétés se multiplient à partir de 1740-1750: quatre cent cinquante-deux *acts* d'autorisation sont promulgués de 1760 à 1774, six cent quarante-trois de 1785 à 1800, permettant l'édification de routes d'un type nouveau, œuvre d'ingénieurs remarquables. Développé en réseau, le système pourvoit aux améliorations indispensables pour les routes et devient le point de départ de la législation originale de l'Angleterre. Un acte du Parlement définit le rôle de la route du Nord, dotée d'un péage pour les usagers. En 1706 une entreprise privée s'établit localement. Il s'agit de longues distances. Le nombre d'utilisateurs n'est pas conséquent. La fonction importante, pour les populations, restait le transport sur de courtes distances des biens et des denrées. L'essor économique du XVIIIe siècle va tout balayer; le système s'avère alors rentable, les chantiers se multiplient, les recettes vont s'enfler jusqu'en 1810 pour atteindre leur sommet en 1845.

Sans doute les plaintes n'ont pas cessé concernant les tâtonnements auxquels a donné lieu l'installation du système: dans les régions où il y avait peu d'*enclosures*, le tracé est souvent direct et neuf; pour les parties habitées, la nouvelle route recouvre l'ancienne. Pendant longtemps, comme dans la région de Nottinghamshire, les résultats ont été précaires et décevants. S'y ajoutaient l'inconfort des voyages et les difficultés de sol et de climat. En voyage vers le nord, au début du XVIIIe siècle, sur la route où passe tout le commerce, les impressions de Foë varient avec la nature du sol, les intempéries et l'accueil des hôtelleries. En 1640, en raison des relations avec le continent, la route de Douvres restait la meilleure d'Angleterre. Cependant il fallait toujours, à la reine Henriette comme aux autres usagers, trois ou quatre jours pour la parcourir. Le problème? Les bagages et les ornières. Fuller nous dit que, de son temps, il a vu fréquemment six bœufs employés à porter une personne à l'église; Wayler rapporte que huit cents chevaux furent pris pendant la guerre civile par les forces de Cromwell: ils n'avaient pu fuir, du fait du mauvais état des routes[32].

Quelle influence eut cette situation routière sur les manœuvres, les combats des forces antagonistes, les résultats de la révolution de 1648 et plus tard, les relations culturelles et autres? Cromwell, homme de guerre, n'est pas l'homme des routes, mais il en sent l'importance; de même, nous l'avons vu, en ce qui concerne l'établissement d'un bon et rapide système renseignements et de relations postales. La peste de 1665 qui affecte Londres, suivie du Grand Feu (1666) n'est pas oubliée dans les cheminements secrets rappelés par Daniel Defoe, *A journal of the Plague Year*, (Londres, 1722. Le mal ayant alors ravagé la Provence, l'on craint qu'il ne reparût sur les bords de la Tamise). Se poursuit alors le processus d'«unification de l'archipel britannique». La défaite de Jacques II a été suivie d'une nouvelle colonisation de l'Irlande (1690) qui dépossède les catholiques de leurs terres au bénéfice des colons britanniques. En 1707, tout en conservant leur individualité, l'Écosse et l'Angleterre s'unissent en un seul royaume, le Royaume-Uni de Grande Bretagne, comportant le même souverain, le même Parlement, le même régime douanier. La vie de relations se développe mais subsistent de forts éléments de particularisme.

La ville de Londres conserve sa puissance de rayonnement, non encore complètement élucidée. Pour Londres, «la bibliographie est finalement décevante» déclare J.-P. Poussou, (*op. cit.*, p. 212). Un ouvrage intéressant, M.-D. George, *London Life in the Eighteenh Century*, 1925 (Penguin Books, 1966) et de multiples guides touristiques ne remplacent pas le recueil des *Voyages outre-Manche* constitué par P. Joly (1998). Le développement de Londres s'est fait en fonction de deux éléments topographiques qui constituent son site: la Tamise, chemin de commerce aux espaces longtemps marécageux, la berge septentrionale formant terrasse, où s'appuient les fondations du pont de Londres et où s'élèvent la cathédrale Saint-Paul et la Tour de Londres. Comme toutes les villes, dès le XVIIᵉ siècle, Londres connaît les problèmes de circulation, mais les voyageurs sont unanimes à louer la discipline et le sang-froid du conducteur anglais. Dans les nouveaux quartiers, Oxford Street (ancien Tyburn Road), puis Oxford Road, la largeur des grandes artères écarte toute difficulté, mais il n'en est pas de même dans les quartiers anciens. Edimbourg, la capitale de l'Écosse, à la grande université et aux puissantes sociétés savantes, est dans le même cas[33]. Plus impressionnante cependant est la croissance de Glasgow, élevée au XVIIIᵉ siècle au rang d'entrepôt colonial, devenue un grand port du fait des travaux sur la Clyde, et un centre industriel de premier ordre.

La mer, les fleuves, les canaux

Mer, fleuves et rivières restent les principales artères de la vie du pays. De là l'importance des «connexions»: routes, mers, fleuves, et des conditions physiques qui président à l'ensemble, connexions qui ont attiré l'attention dès avant la révolution industrielle. L'Angleterre possède sept cents milles de fleuves navigables au début du siècle, elle va être dotée de mille cent milles de plus. Si l'épine dorsale du pays intérieur reste le grand tronc routier Londres-Edimbourg, le système nerveux est de type fluvial, formé par les principales artères combinées avec la mer, même si, en amont des estuaires à marée, peu de rivières ont d'assez forts débits pour accueillir de gros bateaux. La Tamise, «cette rivière pacifique et modeste», dès Teddington, se transforme dès qu'elle reçoit les atteintes de la marée. C'est le fleuve de Londres, *the River of London*. Elle et la Severn roulent cinq fois moins d'eau que la Seine mais elles procèdent à une large action de «récupération». Avec ses affluents, la Tamise reçoit le trafic des comtés voisins, le Sud, les Middlands Sud. La Severn, de son côté, avec ses affluents, la Trent, Idle, et la Ouse, ouvre l'est et le nord des Middlands, le sud et l'ouest du Yorkshire, le plus petit, Dee, Mersey, Weaver le nord-ouest.

La Humber, seul estuaire profond entre la Tees et la Tamise, par où les bateaux de mer pénètrent à l'intérieur des terres, offre un réseau hydrographique en éventail qui ouvre en tous sens des chemins vers les montagnes et vers les plaines. Du XVe au XVIIIe siècle, ces rivières, Ouse, Aire, Calder, Derwent et Trent font l'objet de nombreux travaux de correction; des convois de grains les descendent et gagnent, par Hull, les Pays-Bas. Hull joue le rôle d'un port de transbordement entre bateaux de rivière et bateaux de mer ou vice-versa. Les efforts pour améliorer ces «chemins d'eau», ont commencé au XVIe siècle et se sont poursuivis dans la première moitié du XVIIe siècle (avant les troubles). Le premier de ces efforts concerna Exeter (1564-1568). Successivement établissement celtique, étape romaine, capitale saxonne, forteresse anglo-saxonne avec le château de Rougemont, cité du Moyen Âge avec une cathédrale du XIIe siècle et un hôtel de ville du XVe siècle, un foyer de métiers à tisser exportant ses produits au XVIe siècle jusque dans le Levant, la ville est désireuse de garder le trafic maritime qui s'éloignait, faute de profondeur de la rivière, l'Exe. Des travaux sont faits dans ce sens, mais il faut rappeler que, dans cette lutte, il s'agit, face aux éléments naturels, d'une tâche de Pénélope dont la précarité et la démesure sont la loi[34].

Trois périodes de construction de canaux vont se succéder: en 1660, lors de la Restauration; en 1690, après la grande Révolution; et en 1719-1721, la paix rétablie. Ce sont encore des cas particuliers qui trouvent leur justification dans une constatation: un cheval tirant une barge peut tirer douze fois plus que sur le chemin de terre! Pour l'ensemble du pays, la double ceinture de la mer et des fleuves transporte l'essentiel du commerce interne. Le cabotage est essentiel. Il permet l'existence du commerce externe et forme le seul chemin routier valable pour l'exportation vers le marché colonial et l'étranger. Le cas des Highlands, en Écosse, est plus démonstratif encore. Les communications par terre sont difficiles. La vraie route est la mer; c'est par mer que le pays se rattache au foyer de Glasgow dont il dépend: un chemin vicinal et régional circule le long des chenaux, à l'abri des îles, comme sur les côtes norvégiennes. La route à suivre? Celle du hareng, du 15 juillet au 1er septembre. Partout le hareng est roi. Partout, il règle la vie de tous, leur activité, leur fortune et la circulation rattachée, avec Aberdeen, non plus à la terre, mais à la vie de la mer du Nord.

Les efforts de rénovation de Jacques Ier Stuart sont contemporains de ceux de Henri IV et de Sully, inspirés par les mêmes théories mercantilistes, en vue de développer la richesse de la nation. Les ingénieurs Vermyden et sir Hugh Mydelton s'emploient à la construction de routes, à assainir des marais, à embellir la métropole. Le système routier s'insère dans un vaste un programme de reconstruction rurale qui valorise les produits de la terre; la commercialisation – trop souvent oubliée quand on parle de l'agriculture – exige l'entretien des chemins, qui permettent de briser l'isolement du paysan, au progrès de pénétrer à l'intérieur de vastes domaines et surtout d'assurer la vente des récoltes et la rentrée d'argent frais. Luttant contre la précarité des récoltes, ils rappellent moins la notion de «profit» que celle du payement des redevances et impôts. Par l'importance des troupeaux, l'Angleterre était «l'Australie du Moyen Âge» (Marc Bloch). Le caractère essentiel de l'élevage, en rapport avec la multiplication des *enclosures* et l'excellence de la production britannique, c'est la mobilité, l'autonomie du déplacement vers les centres de consommation et d'expédition, autonomes ou étrangers.

5. Les modes de transport: le cheval ou la voiture?[35]

Un seul choix existe pour les voyageurs: aller à cheval ou partir à pied. Les nobles et les bourgeois aisés vont à cheval, les juges font leur tournée en bottes à l'écuyère. Les dames chevauchent avec des coussins fixés sur le cheval et, généralement, en croupe de quelque parent ou serviteur. À son entrée dans Londres, la reine Elisabeth était en croupe derrière le Lord Chancelier. Par son élevage largement répandu, son utilisation au titre du travail comme du plaisir, – les courses à la ville comme à la campagne –, le cheval reste, le compagnon favori, l'ami des mauvais jours. L'on croit entendre le cri désespéré prêté par Shakespeare au roi Richard III à la bataille de Bosworth (1485): «Un cheval. Un cheval! Mon royaume pour un cheval!» Par son climat qui ignore aussi bien les grands froids que les chaleurs caniculaires, l'Irlande a élevé de tous temps chevaux de course, de chasse et de travail. À la base, l'*irish draught*, cheval lourd, compagnon des fermiers du pays. Isolée sur les terres à végétation rare et éparse, soumise à un climat rigoureux, la race du poney *highland* a été croisée, après le Moyen Âge, avec des chevaux lourds français, espagnols puis arabes. Dès le XVIᵉ siècle le duc d'Atholl employait des étalons orientaux pour créer des poneys plus grands et plus rapides. En Angleterre, barbes (de Barbaresques) et chevaux arabes sont utilisés pour améliorer les races locales. En 1662, passionné de courses de chevaux, Charles II reçut dans la dot de sa femme le port marocain – et portugais – de Tanger. Durant les vingt et un années où la ville demeura sous sa domination, on expédia vers la Grande-Bretagne et à partir d'elle, quantité de chevaux barbes, rapides, maniables, rustiques et endurants. Ils furent utilisés pour améliorer la vitesse et la vigueur des premiers chevaux de course britanniques. Importés en France et en Angleterre aux XVIIᵉ et XVIIIᵉ siècles, trois étalons arabes Byerley Turk venu de Turquie, Godolphin Arabian, en réalité un barbe-arabe, et le fameux Darley Arabian, furent croisés avec des centaines de juments (éd. Atlas). Ainsi du barbe et de l'arabe, naquit le pur-sang anglais, objet de tous les soins.

Une sorte de diligence avait été mise en service pour la première fois à Londres vers 1608. Vers le milieu du siècle, ces «engins» sont successivement adoptés dans la métropole et sur les meilleures routes des environs de Londres. Dans aucun cas, elles ne tentent de dépasser une vitesse de trois milles à l'heure. À la fin du siècle, ces voitures sont placées sur quelques routes du royaume entre Londres et York, Chester et Exeter, uniquement pendant la saison d'été. Pendant l'hiver, dit M. Smilles, «elles cessent de circuler et sont abandonnées comme des vaisseaux dans des glaces arctiques». En été, les chevaux entraînent les voitures emportant les bagages. Les voyageurs vont à pied s'il le faut. Pour la diligence d'York, sur la grande route d'Écosse, les difficultés sont accrues, les comtés de l'intérieur sont sujets dans les vallées aux inondations. Les voyageurs doivent attendre le retrait des eaux.

L'opinion publique est divisée sur l'opportunité de l'introduction de ces moyens de transport. À la fin du siècle, les pamphlets pleuvent. En 1673, une brochure prétendait que «l'introduction de la diligence a été la plus grande calamité qui eût frappé le royaume durant ces dernières années [...] Ceux qui voyagent dans ces voitures contractent une habitude paresseuse du corps; ils deviennent las et nonchalants dès qu'ils ont fait quelques villes et sont alors incapables de voyager à cheval [...] Ils ne peuvent plus endurer le froid, la neige, ou la pluie, ni coucher à la belle étoile».

D'autres sont des défenseurs ardents du nouveau mode de transport: «Outre l'excellente organisation pour transporter les voyageurs et les correspondances à cheval, il y a eu récemment une si admirable commodité, pour les hommes et pour les femmes en voyage de Londres, que rien de semblable ne s'est vu au monde; et c'est par la diligence, grâce à laquelle n'importe qui part et peut se faire transporter n'importe où, à l'abri du mauvais temps et des mauvais chemins, sans craintes pour sa santé qui est si souvent mise en danger par les mouvements désordonnés du trot des chevaux et, tout, cela, non seulement à bas prix (environ un shilling pour cinq milles) mais encore avec une telle vélocité et promptitude en une heure qui n'est pas même atteinte, en un jour, par la poste de certains pays étrangers.»

Sur les routes principales existe un service régulier de voitures. Entre Londres et Liverpool, elles partent de Axe Inn, Aldermanbury, tous les lundis et tous les jeudis, mettant dix jours pour faire le voyage en été et généralement douze jours en hiver. Les «services de chevaux» voyagent plus rapidement pour le transport des voyageurs et des objets légers. Mais les voyages sont plus lents dans le Nord de l'Angleterre – après York –: une semaine est encore nécessaire à la fin du siècle. Les étudiants offrent un public de choix. Le voyage entre Oxford et Londres demande deux jours de voiture. La performance de la «voiture volante» – *the flying coach* – qui, sous Cromwell, a fait en treize heures le trajet, semble un record de vitesse. Entre Edimbourg et Glasgow, une diligence fait le service en 1678 en six jours aller et retour (quarante-quatre milles) sur la route principale. Elle est traînée par six chevaux. Entre Londres et Downs (entre Turnbridge Wells et Bath) existe une communication régulière pendant la belle saison. Les lettres expédiées de Londres partent à des jours différents: tous les lundis et mardis (par le courrier continental), tous les samedis pour toutes les localités de l'Angleterre, d'Écosse et d'Irlande, les autres jours, part le courrier des Downs, de même vers une ou deux villes importantes ou de petites localités proches de la capitale.

Se développe également la poste internationale qui relie l'île au continent. Tous les frais de transport entre Paris et Calais, point de départ favori, sont à la charge de la France, l'office anglais assumant le transport Calais-Londres, y compris la fourniture et l'entretien des paquebots chargés du transit maritime. Les négociants anglais protestent au moment de l'augmentation des tarifs. Sous Charles II (1630-1685) sont signés les traités de 1670 et 1677, les deux signataires étant «le comte d'Arlington, général de tous les courriers et postes étrangères du royaume d'Angleterre, d'Irlande et d'Écosse, et le marquis de Louvois». La France acheminait les envois du Royaume-Uni pour l'Espagne et le Portugal, de même que pour les pays italiens (courrier de Rome), mais elle se heurte aux efforts des princes de Turn et Taxis pour assurer ce transit, par les Flandres (E. Vaillé). Ont lieu alors les «voyages internes» dont Defoe ou Locke ont donné l'exemple. Arthur Young, ardent «comparatiste», multiplie voyages et observations pertinentes.

Ainsi se développent, d'une façon plus dynamique que l'on a cru jusqu'à ces dernières années, les premiers efforts pour les déplacements de personnes, les transports de marchandises, la transmission de la pensée. Combinée avec l'acte de navigation (1651), et la Déclaration des droits (1688), la route apparaît comme un élément non négligeable de communication au service de la classe politique qui détient le pouvoir en Angleterre. Encore faut-il ne pas oublier l'action des souverains. Une opposition avec la France est à relever et à nuancer. Dans son *Histoire de l'administration des Ponts et chaussées*, déjà citée, Jean Petot note: «L'Angleterre s'est passée, jusqu'à une époque récente, d'une administration des voies de communication. Au contraire, en France, les gouvernants ont admis, de très bonne heure, qu'un service des Ponts et chaussées était indispensable.»

Une technique similaire, deux modes d'emploi, deux comportements, peut-être deux mentalités? Apparaît une différence essentielle: en Angleterre, quels que soient le mode d'intervention et les déchirements internes, ce n'est pas le gouvernement central qui décide en dernier ressort, mais le pouvoir local qui exerce et conserve ses responsabilités, pour tenter d'obtenir un réseau routier qui donne, en partie, satisfaction aux usagers.

12. Les canaux en Angleterre

Chapitre IV
Une organisation pionnière: l'eau et le transport des passagers
aux Provinces-Unies. Le cas des provinces méridionales (Belgique)

«1609, 1618, 1648: en trois temps, un nouvel État est né. En 1648, l'Espagne reconnaît officiellement la jeune République. La province de Hollande domine largement la fédération; elle est la plus vaste, la plus peuplée, possède la plus grande flotte, la meilleure pêche, le grand commerce [...] les deux ports d'Amsterdam et de Rotterdam.» (B. et M. Cottret). Ajoutons: «Le meilleur service de transport par eau des passagers à l'intérieur du pays», combiné avec les routes maritimes, terrestres et fluviales[36]. En 1625, Grotius, réfugié en France, a publié le *De jure belli ac pacis*, dédié au roi de France.

1. Bras de mer, rivières et canaux

Bras de mer et rivières, mais aussi des centaines de canaux, absorbent presque tous les transports lourds. Si les villages sont reliés aux villes par des bateaux circulant les jours de marché, ce qui est assez normal et se rencontre dans maintes villes d'Europe, les relations interurbaines sont assurées de façon quasi permanente par les *beurtveren* et les *trekwarten*. Le premier terme désigne les accords passés entre les cités pour l'établissement de services réguliers de bateaux de messageries – *beurtveren* –, destinés au transport des marchandises et qui assurent celui des passagers à partir du XVe siècle. À la fin de 1580, de tels accords se multiplient. Le second terme, les *trekvaarten*, apparaît à la même époque. Déjà expérimenté dans les Pays-Bas du Sud, il est plus spécialement destiné au trafic des passagers et désigne des canaux de quinze à dix-huit mètres de large, profonds de deux mètres à deux mètres cinquante, rectilignes, destinés à relier directement deux villes. Sur ces canaux circulent, à une vitesse d'environ sept kilomètres par heure, des coches d'eau – *trekschuiten* – longs et étroits, halés par un cheval: les voyageurs prennent place sur des bancs latéraux, à l'abri d'un toit.

Au XVIIIe siècle, interviennent, de même que sur les *beurtveren*, la séparation en deux classes au confort inégal et l'apparition d'un *trekschuit* «volant», tiré par deux chevaux à une vitesse de dix à onze kilomètres par heure.

2. Un système de navigation intérieure

Le réseau de *trekvaart* se met en place dans la première moitié du XVIIe siècle, au cours de deux périodes 1632-1647 et 1656-1665. À l'issue de la première phase, six cent cinquante-huit kilomètres de canaux couvrent deux grandes régions: l'ensemble Hollande-Utrecht et l'ensemble Frise-Groningue. La liaison entre les deux zones est assurée par le Zuiderzee, sillonné par des services réguliers de *beurtveren*. Plus au sud, la région du delta du Rhin, peu propice à l'établissement de canaux, est le domaine des *beurtveren*. Système très dense de voies d'eau remarquable par la fréquence et la régularité des communications: sur les routes les plus fréquentées, *trekschuiten* und *beurtveren* partent toutes les heures dans chaque sens, de même pour le service de nuit. Le contraste est frappant entre ces canaux empruntés par le coche d'où sortent quelques bourgeois vêtus de grossière étoffe noire, amateurs de harengs et de fromages, et l'influence de ceux que le protocole appelle dès 1639 «Nos Seigneurs Leurs Hautes Puissances» «pièce désormais essentielle de la politique européenne» (H. Hauser).

3. Les routes terrestres subordonnées aux canaux

Que deviennent les routes terrestres auxquelles sont réservés les transports légers et rapides? Les Pays-Bas ne possèdent que cent quarante kilomètres de routes pavées de briques, «où la circulation glisse sans effort», au début du XIXᵉ siècle (A. Demangeon). Ce sont en général des chemins de halage parallèles aux canaux, qui les remplacent au moment des gels et des glaces. Autres routes quand, après 1660, sont apparus les voitures de poste et les coches reliant entre elles les grandes villes de l'Ouest, et celles-ci aux provinces du Sud. Les proportions sont significatives: 6,2 pour les routes terrestres, 25,8 pour les *beurtveren* et 68,7 pour les *trekvaarten*, du potentiel total offert aux voyageurs. Routes terrestres qui assurent les liaisons pour les voyageurs et leurs bagages: le 22 octobre 1643, Théodore Godefroy, adjoint aux plénipotentiaires français à Munster, quitte Paris avec ses deux clercs, Doulceur et Nicolas Le Febvre, et cinq ou six caisses de volumes imprimés ou manuscrits (histoire des négociations, géographies et une traduction des *Psaumes*). Le 28 octobre, il est à Calais, «un trou», embarque sur un navire hollandais, entassé dans la chambre du capitaine, de Flessingue à La Haye, et de là par terre, «à Münster-en-Barbarie», où il habite la maison «des nids à rats», «danse la courante» et meurt, son œuvre accomplie, le 5 octobre 1649.

4. Harmonie avec le système urbain

Le résultat de cette prépondérance des canaux? Une circulation de masse qui, modifiant le paysage naturel, constitue un phénomène unique en Europe occidentale. Sans le bateau, on n'aurait pas colonisé les tourbières. Modicité des tarifs, gratuité du transport pour les pauvres, solidarité effective des classes sociales, au sein du *trekschuit*, voyages pour divers motifs, affaires, familles, assistance aux kermesses des villes voisines, chères à Brueghel le Vieux, autant de reflets des complexes urbains et du réalisme des scènes villageoises, objet d'une consommation de groupe au sein de la République, contre-partie d'une puissance économique qui trouve son répondant dans la banque d'Amsterdam (1609)[37]. S'y ajoute l'importance de la *trekvaart* en tant qu'entreprise de l'Europe préindustrielle. Sa construction appelle un investissement de près de cinq millions de florins – un peu moins que le capital de départ de la Compagnie hollandaise des Indes, créée sous l'impulsion de Maurice de Nassau, en 1621. Son fonctionnement fournit du travail à deux mille personnes. Cependant l'organisation demeure archaïque: chaque ville exploite pour son compte un tronçon de réseau, concurremment avec les guildes de bateliers *(skippers)* qui possèdent bateaux et chevaux. Organisation inadaptée responsable en partie des vicissitudes de la conjoncture. À l'apogée du milieu du XVIIe siècle, succède dans les années 1670, une baisse longue et régulière de la fréquentation du réseau. Le résultat? Du fait de la stabilité des frais de fonctionnement et de l'augmentation des coûts d'entretien, se produit une chute du profit. Considérant le *trekvaart* comme un service public, les municipalités, refusent l'augmentation des tarifs, la réduction du nombre de bateaux et de la fréquence des trajets que réclament les guildes de *skippers*. Par ailleurs le trafic passager tend à prendre un caractère nettement saisonnier. Dans la seconde moitié du XVIIIe siècle, se manifeste une légère remontée concentrée sur les voies desservant Amsterdam.

5. *Un équilibre menacé*

Au XIXe siècle, l'existence de ce réseau dense et massif va retarder l'apparition des chemins de fer. En 1855, les Pays-Bas ne possèdent que deux cent cinquante-cinq kilomètres de voies ferrées, retard conséquent par rapport à l'Angleterre et à la France. Le nouveau réseau ferré des Pays-Bas ne bouleverse donc pas la géographie des transports intérieurs, mais ne fait que renforcer les routes et nœuds de communication existants. Avantage social et non bouleversement des rapports ville-campagne, comme on le verra dans le reste de l'Europe occidentale. De même pour la répartition de la population et les migrations internes. Le trafic suit le ralentissement général de l'économie à partir du dernier tiers du XVIIe siècle, la baisse importante du revenu moyen par tête, la montée du chômage, tous ces éléments du recul des Pays-Bas en Europe occidentale. Une légère remontée se manifeste après les années 1740 pour aboutir à une période de faible croissance.

Une conclusion s'impose face à l'originalité d'un système: l'idée d'une relation entre le déclin de la *trekvaart* et la désagrégation d'un système urbain qui, équilibré au départ grâce à la croissance harmonieuse de l'ensemble des cités, se concentre d'abord au XVIIIe siècle autour d'Amsterdam, avant que Rotterdam ne se développe comme un second pôle d'attraction. Une liaison a été établie entre le système routier (qui évolue avec les conditions économiques, démographiques et politiques) et l'espace urbain, dans un pays voué à l'eau, maîtrisant la terre et les hommes, et d'étendue limitée.

À partir de la deuxième moitié du XVIIIe siècle, Rotterdam montre une croissance autonome qui va en faire une rivale d'Amsterdam. Le transport des passagers Delft-Rotterdam augmente de 30 % après 1750, sans trouver un équivalent dans le nord du réseau. Les autres communications de Rotterdam avec les régions des fleuves et du Sud (Nimègue, Anvers…) augmentent également. Se développent les centres régionaux avant leur intégration au système général basé sur la rivalité Amsterdam-Rotterdam, dualité que l'on observera dans la construction du réseau de chemin de fer (A. van der Woude, *La Ville néerlandaise, op. cit.*, p. 351).

Une remarque enfin: le pôle de richesse et de convergence relationnelle n'est pas à l'intérieur du pays, mais au-delà des mers. Dès le XVIIe siècle, les manufactures d'Amsterdam travaillent les matières premières que, seul, un grand port peut offrir: sucre, camphre, borax, diamants, et réexporte toiles, draps, poteries, papier, fromages. La moitié des flottes européennes sortent des chantiers de Zaandam qui viennent chercher leurs bois, par le Rhin, jusqu'en Alsace. Si la réalité sociale se retrouve naviguant sur les canaux, non loin des moulins à vent appliqués au sciage du bois, l'imaginaire politique et économique est ailleurs. La route maritime l'emporte sur les routes continentales et approvisionne largement le pays en revenus comme en images et en projets.

6. Les provinces méridionales: un développement mesuré[38]

La grande époque des routes belges – ou bourguignonnes – se situe au Moyen Âge et au XVe siècle. La période des XVIIe et XVIIIe siècles est dominée par les problèmes posés par les guerres – Bruxelles se rend avec mille deux cents hommes au maréchal de Saxe en 1746 –, et plus tard par les révolutions, qui feront, des provinces méridionales espagnoles puis autrichiennes, un prolongement du territoire français sous la Révolution. En 1830 est créée la Belgique, État autonome. Les routes sont liées à l'unité du pays, mais également aux débuts de la proto-industrialisation, à l'amélioration des rapports villes-campagnes, à l'essor des communications, en fonction des villes, Liège, Gand, Anvers, Bruxelles «une des plus belles et des plus brillantes villes de l'Europe» (Risbeck, 1788). Le relief facilite les rapports avec les États voisins: est insensible le passage d'une souveraineté à l'autre.

Les voies navigables ont joué leur rôle dans l'histoire du pays comme le précisait, dès 1842, J.-B. Vifquain, *Des voies navigables en Belgique* (Bruxelles). Un intérêt tout particulier s'est attaché à l'étude de la Meuse: H. Guillery fournissait, sur l'ordre du gouvernement belge, en 1843, un rapport en cinq volumes. Ces rapports permettent de reconstituer les éléments du relief, tels que la pente – profil en long – et les lits – profil en travers –, présentant une succession de seuils, bancs de gravier où la pente est forte, et de bassins ou mouilles où elle devient presque nulle.

La localisation inchangée des gués mosans de 1568 à 1843 permet d'utiliser les chiffres notés au XIXᵉ siècle pour rendre compte de l'état du fleuve dans les siècles précédents, permettant, «le contrôle de la rivière» – par application de la méthode régressive. (M. Suttor, *Une étude d'hydrographie fluviale: la Meuse*, s.l.n.d.). Cette étude de «géographie historique appliquée», lourde d'enseignements pour l'avenir, permet de comprendre au cours des années l'évolution des cours d'eau, le régime, les crues, de même que la navigation, les bateaux, l'infrastructure fluviale, les aspects économiques, sociaux et politiques, parfois militaires dans ce champ de bataille de la France sous la Révolution, et administratifs, quand la Belgique était divisée en neuf départements.

Entraînant la multiplication des grosses bourgades, les progrès démographiques de la seconde moitié du XVIIIᵉ siècle ont favorisé l'extension du réseau routier. Au début du siècle, la totalité des routes des Pays-Bas autrichiens représentait à peine deux cent trente kilomètres dont soixante kilomètres seulement étaient pavés en 1715. Cassini voulait inclure le pays dans son œuvre de triangulation. Des centaines de kilomètres de routes furent alors construites à l'initiative des États provinciaux, des châtellenies, des villes, de simples particuliers... Vers 1794, la Belgique a le réseau routier le plus dense de l'Europe: deux mille huit cent cinquante kilomètres de chemins pavés, répartis de façon fort inégale. La Flandre et le Brabant sont les provinces les mieux loties, puis viennent la principauté de Liège et le Hainaut, le comté de Namur. La Campine, l'Entre-Sambre-et-Meuse et le Luxembourg demeurent privés de «routes modernes». L'Empire, dans le lancé de ses grandes traversées longitudinales, y mettra bon ordre – Waterloo n'est pas loin –, en attendant, après 1815, les diverses restaurations.

Chapitre V
Absolutisme, mercantilisme, pragmatisme dans les royaumes du Nord

Après les chevauchées de la guerre de Trente Ans, les discussions des traités de Westphalie qui visaient à faire de la Baltique un «lac suédois», et les durs moments de la guerre de Hollande, le redressement national s'impose à la Suède, jointe à la Finlande[39]. La royauté confiée à Charles XI, roi à cinq ans (1660) est désireuse de se doter des instruments de puissance et de défendre l'empire créé à l'époque de Gustave-Adolphe, pièce maîtresse du rapport des forces dans la Baltique. L'expérience de l'absolutisme royal engendre une mutation structurelle de la monarchie dans le domaine du gouvernement, des finances et de l'armée, tout en prônant la recherche du bien des sujets. À la mort de Charles XI (1697), reprendront, sous Charles XII (1682-1718), les chevauchées en Europe centrale et orientale[36] qui prendront fin à Poltava (1709). Charles XII s'enfuit chez les Turcs. En vain! Aux traités de Nystadt (1721) et d'Aabo (1743), avec la Russie, la Suède perd en Finlande les gouvernements de Viborg et de Kexholm. En 1808, la conquête de la Finlande, restée fidèle à la Suède malgré les sollicitations des impératrices Elisabeth et Catherine II, sera réalisée par Alexandre Ier qui devient grand duc de Finlande (1808-1809). La Norvège est, jusqu'en 1814, une province du Danemark, l'Islande gravitant étroitement dans le sillage, d'abord de la Norvège, puis du Danemark.

1. En Suède, l'absolutisme tempéré par la noblesse

Au XVIIe siècle, la défense de l'empire, qui s'étend de la frontière norvégienne à la rive occidentale du lac Ladoga et comprend de larges portions de territoires allemands, pose aux autorités suédoises un problème de relations intérieures, transports de troupes, de vivres, de munitions, de ravitaillement pour joindre, à «la contrescarpe», les possessions baltiques. À la base des entreprises routières de Charles XI se trouve, comme dans la France de Louis XIV, une nécessité militaire et politique. S'y joint l'idée d'unité. Reliées à la capitale et entre elles, les principales villes affirment une solidarité intrinsèque. De là partent les liaisons avec les ports d'embarquement, les places frontières et les villes marchandes. Suivent culture, science et voyages d'exploration. Le synode de Stockholm (1637) a jeté les bases d'un système d'enseignement d'organisation en trois degrés, entériné par une ordonnance de 1649, appliqué dans toute la Scandinavie. Naît en 1668 une seconde université à Lund dans le Sud-Ouest. Outre Scheffer (1676) circule Carl von Linné (1707-1778), le médecin et naturaliste qui multiplie les voyages en Laponie (1732), en Oeland et Gotland en 1741. Chefs-d'œuvre littéraires et scientifiques, par la description des paysages, l'analyse des conditions de vie des populations, de leurs coutumes, de la faune, et de la flore, ses comptes-rendus rejoignent ses ouvrages fondamentaux, *Systema naturae* (1735), *Fundamenta botanica (1736), Philosophia botanica* (1751), contributions à la connaissance du milieu naturel (J. Anthès).

Qui paie l'entretien des routes dans cette monarchie tempérée par les pouvoirs de la noblesse? Les villes et les propriétaires de terres et non l'État. Les gouverneurs de province inspectent les travaux de voirie. Traditionnellement, par le *skjöstning*, les paysans étaient tenus d'assurer le transport du roi et de sa suite pendant ses déplacements à travers le royaume, fournitures de paille, charrois, ravitaillement. Converties en taxes, servitudes lourdes pesant sur la classe paysanne, surtout dans le Sud, ces prestations ont été rétablies par Charles X Gustave, lors de la première «Réduction». Une attention spéciale a été portée à la poste royale, organisée sur les grandes routes avec les relais, les auberges ou hôtelleries royales situées à environ deux milles suédois (vingt kilomètres) les uns des autres. Comme en France, modèle en la matière, les maîtres de poste doivent tenir prêts, chevaux, voitures, vivres et fourrages. Des poteaux indicateurs guident les voyageurs.

Le résultat a été excellent. La Suède, dit Claude Nordmann, eut la réputation de posséder les meilleures voies d'Europe, sinon les meilleurs chariots, voitures et charrettes attelées à de petits mais robustes chevaux. Notent ce bon état des routes les voyageurs, Just van Eppen au début du XVIIIᵉ siècle, l'abbé R. Puthier qui se rend dans le Nord en 1736-1737, les écrivains, Jean-François Regnard (1665-1709) le dramaturge, les savants, Jean Gérard Scheffer (1621-1679) de l'université de Strasbourg détaché à Uppsala, dans son ouvrage, *Lapponia* (1673): en hiver, tiré par les rennes, le traîneau file droit et remplace la voiture, au service des nécessités militaires, de la religion et de la politique mercantiliste[40].

2. Des routes au service de l'armée

Sont prioritaires les multiples contraintes destinées à faciliter les déplacements de l'armée, thème étudié dans le cadre «des régiments allemands au service du roi» (G. Tessin, 2 t., Bölhau, 1967). Les rois de Suède ont combattu, moins avec des troupes suédoises (et finlandaises) qu'avec des troupes allemandes. Pendant la guerre de Trente Ans, près de cinq cents régiments allemands avaient servi la Suède. Dès 1680, des plans de marche sont constitués, les étapes, les magasins, sont fixés par le roi lui-même, assisté de son directeur général des fortifications, l'ingénieur Erik Dahlberg, et du conseiller militaire Johann Hoghusen qui rédige les *Journaux de marche* des troupes en campagne. De multiples manœuvres empruntent ces itinéraires que fragilisent les déplacements des troupes, nanties d'une forte artillerie de campagne (*Feldartillerie)* et un train des équipages soigneusement étudié (G. Tessin, p. 147). Comme en France, la cartographie fait des progrès. En 1683, Carl Gripenhielm, nommé directeur de l'arpentage, fait établir des cartes géographiques, en vue d'une nouvelle carte générale de la Suède; des prospections sur le terrain sont pratiquées en Finlande et dans les pays baltes. Cette organisation – et le génie de Charles XII – sont à la base des premières victoires à Narva (1700) contre les Russes. En Pologne, le roi place sur le trône Stanislas Leszczynski (1706) avant de sombrer, victime de l'hiver 1709, dans la steppe russe à Poltava. L'expédition turque échoue. Les conquêtes suédoises du XVIIᵉ siècle sont abandonnées. La route et le gel ont trahi le conquérant (Ragnhild Hatton).

3. Mercantilisme et communication

Politique mercantiliste également. Du fait du sol et du climat, la Suède ne produit pas suffisamment de grains pour nourrir sa population. Dans son célèbre *Essai sur le principe de la population* (1789), Thomas Robert Malthus, qui visita la Suède à la fin du siècle, concluait à un trop grand nombre de naissances par rapport aux subsistances du pays. De là les importations, non du blé de la Poméranie suédoise, mais du seigle de Russie, *via* Riga. Les productions du pays s'orientent vers les mines: cuivre d'abord (qui avait financé la participation suédoise à la guerre de Trente Ans), fer ensuite, forêts et pêcheries. Depuis Louis de Geer, pionnier wallon de l'industrie métallurgique, le fer, renommé pour sa pureté, une fois fondu, est expédié en barres malléables en Angleterre, en Hollande ou en France. Les forêts fournissent, autour du golfe de Botnie, du bois, des goudrons et de la poix. Facilités par le gel des marais et des rivières, les transports se font surtout en hiver, par traîneaux, plus aisément que par charrois. Période d'une grande activité: le charbon de bois est envoyé aux forges, on achète de nouveaux minerais, transportés par quelque rivière ou lac avant d'être embarqués à Stockholm ou Göteborg. Les pêcheries suivent le hareng qui, comme en Norvège, salé ou fumé, est expédié en France ou dans les pays méditerranéens.

De son côté, malgré les épreuves des invasions russes et les mutilations territoriales, la Finlande a connu au XVIIIe siècle un essor et une prospérité remarquables. Elle appartient à cette zone pionnière de l'Europe périphérique, de l'«Europe des frontières ouvertes» (P. Chaunu). L'arpentage commença en 1747, la triangulation en 1750, avec révision du cadastre. Le calendrier grégorien y fut adopté comme en Suède en 1753. Routes et voies fluviales furent améliorées en même temps que se développaient l'industrie métallurgique et la création des scieries, jalonnant les cours d'eau.

4. Stockholm et Göteborg

Deux ports tiennent le trafic extérieur, Stockholm, à la croissance rapide, construite sur un groupe d'îles et de presqu'îles du lac Mälar, doté de bassins profonds, et Göteborg, qui commande le terminus maritime de la plaine centrale suédoise comme Stockholm le fait à l'est. Le port exporte du fer, du poisson, des harengs et de l'huile extraite des cétacés. Les routes fluviales et maritimes jouent un rôle important, et qui grandit, hors même les besoins de l'armée, en fonction du trafic intérieur et extérieur de la Suède. Les lacs ont été reliés entre eux. En 1800 est entrepris un canal continu entre Stockholm et Göteborg. En même temps se développe l'éducation sous deux tendances croissantes, celles de l'utilitaire pour la bourgeoisie négociante et, sous l'effet du piétisme, celle de la diffusion de l'enseignement dans les couches les plus pauvres de la société. La route contribue à la diffusion du savoir.

Tels sont, entre les deux épopées de Gustave-Adolphe et de Charles XII, les travaux – chevauchées comprises – qui ont permis aux deux conquérants, dans leurs ambitions terrestres, de faire trembler l'Europe. Est terminée l'époque où Descartes, hôte de la reine Christine, fignolait *La Naissance de la Paix* (1648):

«Célébrons donc cette Naissance…
«Et que de nous donner la Paix
«C'est le plus grand des bienfaits.»

Poltava a marqué la «fin d'une armée», non d'un régime. Les rois laissent, au début du XVIIIe siècle, une Suède ramassée sur elle-même, son économie et ses routes intérieures, en fonction du continent dispersé, vu par S. von Pufendorf, *Introduction à l'histoire des principaux États, tels qu'ils sont aujourd'hui dans l'Europe* (Utrecht, 1687-1689), texte que reprendront plus tard, à Strasbourg, ce grand érudit que fut Jean-Baptiste Schoepflin, et son école diplomatique, sensible à la diversité des États européens[41].

5. Le Danemark uni à la Norvège: absolutisme et mercantilisme

Uni à la Norvège et étroitement mêlé à la politique européenne, le Danemark, gardien des passages du Sund, a connu les avatars de la guerre de Trente Ans dans la bataille pour la Baltique (1500-1660). Défait par les forces impériales, le roi Christian IV (1588-1648) a engagé l'État entier dans un idéal commerçant, tout en renforçant le pouvoir royal et en stimulant la culture et les arts. En 1660, malgré l'appui des Provinces-Unies, le Danemark est contraint de signer la paix qui réduit son territoire au pays situé à l'ouest du Sund, foyer de richesses qu'il fallut partager avec la Suède, équilibre maintenu en 1720. Le règne de Frédéric III (1648-1670) a été marqué par une réorganisation générale du pays: unité générale de la législation, réforme de l'administration locale, du système des voies de communication, des poids et mesures, autant d'éléments qui persistèrent au XVIIIe siècle. Ils furent accompagnés, avec la multiplication des entreprises textiles (les draps) et métallurgiques, de l'essor urbain et de la montée de Copenhague. Mesures fortifiées par la mise en place d'un «rempart protectionniste» qui se traduisit par le «bon usage du mercantilisme» (J.-M. Bizière)[42].

13. *Europe de la Baltique à la mer Noire*

Chapitre VI
La nouvelle orientation des pays danubiens et le problème routier

Un élément nouveau modifie la physionomie de l'Europe centrale au XVIIᵉ siècle: l'orientation que prend la monarchie des Habsbourg vers l'espace danubien. Rejetée d'Allemagne et, sous l'impulsion des Lorrains et d'un chef de guerre, grand administrateur, le prince Eugène, la monarchie part à la conquête des terres perdues par les chrétiens, face aux Turcs, depuis trois siècles. Le problème est militaire avec l'occupation des confins et des places fortes, fluvial avec le Danube et ses affluents, routier avec les voies qui filent vers l'Adriatique, la mer Égée, bientôt la mer Noire; économique avec la colonisation et le peuplement. La «question des nationalités» va se poser de façon aiguë (J. Bérenger, *BSHM*, 1974, 4) dans cette «véritable tour de Babel» (Komensky). Elle ne facilite pas l'harmonisation de la politique routière qui trouvera son apogée dans Joseph II, à la fin du XVIIIᵉ siècle[43].

1. Un pôle de croissance et de gouvernement: Vienne

Dès le Moyen Âge, et malgré le fait que l'Autriche et les comtés alpins, pays de forêts, n'avaient pas les ressources agricoles des pays voisins, Vienne a connu une prospérité certaine du fait de sa situation. Par sa liaison fluviale avec Ratisbonne d'une part, avec Venise de l'autre, par les vallées de la Styrie et de la Carinthie, elle est un centre de distribution en direction de la Bohême, de la Hongrie et de l'Italie du Nord. Elle tient une position clef, à la croisée des routes continentales et d'une grande artère fluviale, le Danube.

Sans doute, à l'origine, la situation géographique ne semble pas déterminante. Le Semmering, à neuf cent quatre-vingt-cinq mètres d'altitude, ne présentait pas la voie la plus facile aux communications entre le monde méditerranéen et l'Europe transalpine. Ce sont les conditions politiques, le rôle de capitale mais aussi de place-forte qui ont fait de Vienne un carrefour de routes dont l'importance va grandir avec les siècles. Le site lui-même était plus un site de défense qu'un site de passage. Vienne est bâtie dans une plaine enserrée de collines (Kahlenberg, quatre cent quatre-vingt-trois mètres); les bras du Danube enserrent des marécages. En raison des inondations, la ville n'est pas sur le Danube même, endigué seulement à partir de 1868, mais au confluent de la Wien, qui lui a donné son nom, et d'un bras du fleuve, le Donaukanal. Les deux cours d'eau limitent le noyau urbain ancien.

Conditions politiques favorables: les Romains se sont installés à *Vindobona* (la «ville blanche»). Y passaient deux routes commerciales de grande importance: la route du sel qui suit le Danube, et la route de l'ambre qui descend de la Baltique à Rome en contournant les Alpes. Croisement de voies commerciales mais aussi site de place-forte, siège d'une légion, Marc-Aurèle y est mort en combattant les

Marcomans (180 apr. J.-C.). Tombée entre les mains des «Barbares», elle disparaît de l'histoire pendant quatre siècles. Bientôt s'affirme sa double vocation: les voies commerciales vont s'étoffer du fait des rapports avec la Hongrie et l'Allemagne du Sud. Le rôle militaire s'affirme: la place frontière participe à la défense de la Chrétienté face à l'Islam. Ce seront les sièges fameux de 1529 et de 1683.

Va s'étoffer également le rôle de capitale: en 1237, l'empereur Frédéric II, vainqueur de Frédéric II de Babenberg, fait de Vienne une ville impériale. En 1276, elle est la capitale de Rodolphe de Habsbourg. L'essor de la ville – et des routes qui y mènent – est lié désormais à une «Maison» et à l'«Empire». Route de l'intelligence également, des arts et des lettres au moment de l'humanisme. En 1365, Rodolphe IV y a fondé l'Université qu'ont illustrée au XVe siècle des savants comme Regiomontanus, Bessarion, Peutinger, Celtis, et bientôt au XVIIIe siècle, des médecins renommés. En 1617, le sort en est jeté: les Habsbourg qui, jusqu'en 1806 vont conserver la couronne impériale (sauf de 1742 à 1745), fixent leur résidence à Vienne. Ils ramènent celle-ci dans l'obédience catholique, en font, dès après la guerre de Trente Ans, une des capitales européennes du baroque et de la Contre-Réforme, en liaison avec Rome et l'Italie, se préoccupent du développement économique et des liaisons internes et externes de la cité qui, bien que menacée à différentes reprises par l'action conjuguée des Franco-Suédois, a échappé aux ravages de la guerre de Trente Ans[44].

2. Une orientation routière, militaire, de peuplement et mercantile

Trois aspects définissent l'originalité de la ville en matière de politique routière, inspirée dans son principe, dès le XVIIe siècle, aussi bien par les nécessités militaires et les efforts de peuplement prônées par le prince Eugène, que par les conceptions mercantilistes des caméralistes, Becher et Schroeder, protestants convertis, tournés vers la Hollande et l'Angleterre et Jean Christophe Bartenstein (1690-1767), ancien élève des juristes de l'université luthérienne de Strasbourg. Ils prônent au gouvernement le développement des enquêtes statistiques et du crédit, la création des manufactures et des grandes compagnies de commerce, la constitution d'un droit moderne fondé sur la raison et non sur la seule volonté du prince. Demeurent les données politiques impériales, tel en 1663, le voyage de couronnement de Léopold Ier «von Wien nach Frankfurt über Prag» (J.-G. Schleder).

Dans la seconde moitié du XVIIe siècle, la guerre victorieuse contre les Turcs a nécessité une mobilisation générale, axée vers l'est, des forces de l'empire. Ce n'est qu'après 1683 et la levée du siège de Vienne que peut commencer la reconstruction. Le pouvoir se préoccupe de remettre en état les routes traditionnelles et, grâce à la «corvée attelée» imposée aux paysans, d'en créer de nouvelles, telle la route de montagne qui unit Vienne à Gratz et à Trieste. Jusque-là la monarchie n'avait d'accès à la mer que par le petit port croate de Buccari, situé dans l'espace économique hongrois et relié à la Transdanubie par un difficile chemin muletier (étape Kalovac-Buccari). Jean Bérenger a étudié dans «Les Habsbourg et la mer au XVIIIᵉ siècle» (*État, marine et société. Mélanges Jean Meyer.*, PU Paris-Sorbonne, 1995), la tentation des souverains vers la Méditerranée, avec Trieste, où le consulat de France a été installé en 1769 (R. Dollot, 1961) et Fiume, au fond du golfe de Quarnero, en attendant Venise (1797). Les résultats sont satisfaisants. Montesquieu, le philosophe de *L'Esprit des Lois*, est optimiste et témoigne lors de son voyage en Autriche: «L'on va depuis Vienne jusqu'à Gratz à travers les montagnes comme sur la levée de la Loire. L'empereur a fait faire de très beaux chemins pour communiquer à ses ports d'Adriatique.»[45]

La conquête de la Hongrie et des pays danubiens rend à l'axe fluvial toute sa valeur. Le débouché – futur – des pays autrichiens est la péninsule des Balkans et le Proche-Orient, c'est-à-dire l'Empire ottoman, susceptible de fournir des matières premières et surtout d'absorber les produits manufacturés que produit l'industrie dans les pays des Habsbourg, Bohême comprise. La victoire militaire ouvre les routes hongroises, fluviales et terrestres: Budapest en 1686 et la Hongrie, la Transylvanie et la Slavonie cédée par les Turcs aux traités de Karlowitz (1699) et de Constantinople (1700). Importantes concernant le Danube sont les stipulations des différents traités de paix. Le traité de Passarowitz (1718) donne, à l'Autriche, la Serbie du Nord avec Belgrade et Semendria, le banat de Temesvar et la petite Valachie, entre le Danube et l'Aluta. Entrée en contact direct avec le monde slave et roumain, la monarchie dispose de larges zones de concentration pour ses armées et de départ pour ses négociants vers la Macédoine et Salonique, vers le Bas-Danube et Constantinople. S'impose une mise en valeur des territoires récupérés en 1699 et 1718, laissés à l'abandon, par les Turcs: régularisation des rivières, constructions de digues le long du Danube et de la Tisza, desséchement des zones inondées, et repeuplement de la zone dite «des Confins» entre la Save et la Drave (colonel J. Nouzille). Belgrade est rétrocédée en 1738. Au milieu du XVIIIᵉ siècle, la vie économique renaît dans l'ensemble du royaume.

De nouveaux postes de douanes sont installés, pour les livres, les personnes comme pour les marchandises. En Autriche et en Moravie, ces postes suivent la voie du Danube. À Vienne existent différentes stations. Situé sur le canal, *Die Mautham Rothern Thurn*, péage fluvial, est complété depuis 1663 par un péage routier. Le péage routier du Tabor est situé à l'extrémité du faubourg Nord, devenu après 1670 et l'expulsion des juifs, la *Leopoldstadt*. Le bureau des douanes est situé à l'entrée du pont unique qui franchit le Danube en direction du Nord. D'autres postes de douanes s'ajoutent à ceux de Moravie et de Basse-Autriche, face à la frontière hongroise. Ils concernent le passage des bœufs et chevaux de Hongrie et de Slavonie, les livraisons de vin d'Autriche et de Hongrie, de lin et toiles de

Silésie, de céréales, de sel destinés à une capitale en voie d'accroissement démographique considérable. Les tarifs douaniers sont fixés; ils visent à faire de la Hongrie le pays rural par excellence. En l'absence de voiture publique pour le voyageur, est utilisé le chariot du paysan à quatre roues attelé à deux chevaux, le même pour le logis «à la maison», en l'absence d'auberges (R. Townson). Le commerce de bœufs assure l'approvisionnement de l'Occident et de Paris au XVIIIe siècle (*Francia*, 1987, 15). Leur viande «est d'un excellent goût» (Risbeck).

Dans l'ensemble, malgré les méthodes nouvelles et l'effort consenti, les voies de communication restent insuffisantes et incommodes, malgré les ressources de la Hongrie recouvrée (Risbeck, 1788, qui voit dans l'intolérance religieuse la cause de l'atonie économique). Malgré les rappels de la diète, il en va de même pour les routes de Bohême, mal entretenues et peu sûres, orientées vers Prague. La ville a perdu son rang de capitale mais conserve, avec ses palais splendides, son université (créée en 1348 par Charles IV), et les débuts d'industrialisation du pays, son prestige dans l'empire et en Europe.

3. Le despotisme éclairé: les routes au service de l'absolutisme

Le second aspect est peut-être plus «raisonné» et politique. Il correspond au règne de Marie-Thérèse et de Joseph II qui, tous deux, se sont intéressés à la route, partie intégrante et essentielle de la «philosophie pratique» du despotisme éclairé. Marie-Thérèse fut surnommée *Mater castrorum* (la mère des camps ou des soldats). L'organisation des transports et des voyages connaît ses premières transformations. En 1750, est aboli le *Rottfuhr*, système de transport par relais, qui avait assuré aux paysans du Tyrol, pour la traversée des Alpes, un monopole en la matière. Les ruptures de charge obligatoires sont terminées. La construction des routes progresse. Elle sort de la compétence des douanes locales. Est créé en 1746 le «Directoire universel» dont dépend, pour les routes, le *Hofbaurath*. En 1761, des instructions sont envoyées aux «directeurs des routes» installés dans les régions. L'écoulement des eaux doit être facilité, la largeur et les pentes des nouvelles constructions sont fixées. En 1776, fut édifiée entre Salzbourg et l'Italie, «la route Marie-Thérèse», trop étroite et trop raide: la route du Brenner ne sera construite qu'en 1840, en attendant les autoroutes actuelles (U. Lindgren, *Alpenübergänge von Bayern nach Italien, op. cit.*, 1986).

Joseph II fuyait la cour et l'écrasante personnalité de sa mère. Il voyageait beaucoup à une époque où les voyages étaient pénibles, s'arrêtait à Paris, y retrouvant sa sœur. Sa mère le déplorait, déclarant «ne pas pouvoir compter sur l'empereur, car il se trouve bien partout, sauf à la maison». Il met au premier plan les problèmes de la circulation dont il comprend l'importance pour assurer la prospérité et l'unité de l'empire. Développant l'œuvre de Marie-Thérèse (1740-1780), il met en chantier de grands travaux et rajeunit le réseau routier. Une voie pavée, la *via Josephina*, va joindre Karmovstvi en Croatie à Segna sur la côte adriatique: est ainsi assuré un débouché supplémentaire au marché hongrois.

Établie entre Vienne et Prague, une route passe par Ihlava et Brünn (Brno) qui deviendra un centre industriel dans une Bohême, au cœur hercynien, en voie de transformation. Large dépression entre le massif bohémien et les plis carpathiques, la Moravie joue le rôle de couloir commercial pour les relations entre la Hongrie et la Pologne. Au XIVᵉ siècle Charles IV avait fixé la route du Nord-Ouest à Brno qui, au XVIIᵉ, l'emportait sur Olomouc comme capitale de la Moravie. La régularisation des cours d'eau, l'Elbe, le Sazava, la Vltava qu'empruntent les radeaux de bois flottant, apporte le combustible aux manufactures du Nord.

Le rôle de Budapest en Hongrie est comparable à celui de Vienne en Autriche. Les voies de communication y convergent tout naturellement. Ville des collines et ville de la grande plaine, elle réunit les deux types de régions qui se partagent la Hongrie, le site de forteresse danubienne et celui de marché de l'Alfoeld. La citadelle de Bude domine le dernier grand passage facile du fleuve avant qu'il ne se divise en plusieurs bras au milieu d'une plaine d'inondation marécageuse. Le pont jeté sur le courant encore rapide fixe la croisée de la route fluviale avec celle de l'Est. Les Turcs avaient fait de Bude le point d'appui de leur domination. Après l'expulsion des Ottomans en 1686, la peste de 1710 réduit la population à moins de mille âmes.

Le développement ne commence que dans la seconde moitié du XVIIIᵉ siècle avec le repeuplement de la plaine pannonique, le développement des relations «avec l'intérieur» et les mesures nées du despotisme éclairé, prises pour faciliter les communication. S'inscrit en premier lieu, la suppression, dans le goût du siècle, en 1783, des douanes intérieures et des péages dans les États héréditaires. En 1784, c'est le renouvellement de l'ensemble du système douanier et une modification dans la nature des denrées importées. Aux routes traditionnelles de la laine se substituent les routes du coton, introduit par Trieste, Fiume et Dubrovnik. Ces routes alimentent les manufactures reconverties à la nouvelle matière première qui concurrence les produits anglais, dans la capitale, jusqu'en Russie et à Constantinople. Les privilèges des corporations freinent ces transformations: elles protestent contre l'usage des colporteurs qui hantent les routes du royaume, comme les Savoyards celles de France. Marchands ambulants, juifs, Grecs ou Serbes offriraient la marchandise à vil prix et à domicile! Le colportage n'est alors autorisé que pour les produits des pays héréditaires, en excluant les produits étrangers, même ceux de Lombardie et des Pays-Bas[46].

Ces réalisations s'insèrent dans la politique qui tend à faire des routes l'instrument de la politique d'expansion impériale. Joseph II a annexé la Bukovine en 1775 et cherche à se faire adjuger la Moldavie, sur le Bas-Danube. Il n'attend qu'une occasion pour dépouiller la République de Venise d'une partie de la

Dalmatie afin de mieux assurer la position de Trieste et l'accès de ses États à la Méditerranée. En Italie, il projette de relier le Milanais directement au Tyrol. Au centre de l'Europe et nœud routier par définition, la Suisse est au cœur de ses vastes desseins. La voie la plus directe, si l'on veut éviter la République de Venise, passe par les Grisons. L'empereur reprend le projet de faire d'un mauvais chemin, trop étroit pour les chariots, un passage stratégique. À Vienne est esquissée l'idée d'un élargissement de la route Chiavenna-Coire par le Splugen. Projet qui, dans le contexte des communautés des Grisons, rentre dans le faisceau traditionnel d'intrigues des Salis et des Planta et met en cause la politique française *(Instructions aux ambassadeurs. Les Grisons, op. cit.,* 1983).

Aux Grisons, où le droit de construire et d'entretenir les chemins appartient aux communes, il suffit de l'opposition d'une seule commune pour faire échouer le projet autrichien. Les paysans du val Bregaglia refusent d'adapter leur route aux chariots de l'étranger. Une inondation anéantit les premières réalisations. Le projet est repris en 1774 sous la pression des fermiers généraux de Milan et l'accroissement, prétendu par l'Autriche, du passage des marchandises vers l'Est, depuis le partage de la Pologne et la nécessité de relier ce pays au Sud par une voie directe. Des oppositions diverses apparaissent: celle de la France, peu intéressée à voir l'Autriche – amie depuis 1756 – en état de mener une politique d'intervention militaire en Italie; celle du roi de Sardaigne, qui a intérêt à empêcher toute voie directe conduisant en Italie et susceptible de concurrencer le Saint-Gothard. Les communes alpines exigent l'exclusion des rouliers étrangers. Le projet est abandonné mais ont été définies les modalités de «la politique routière des despotes éclairés»: diplomatie et interventionnisme. D'autres projets se font jour au moment de la succession de Bavière par un échange possible avec la France, incluant les Pays-Bas. Vergennes est hostile a toute modification de l'équilibre européen dont font partie routes et territoires (L. Bély). En 1798, le traité de Campo-Formio verra, par suite de l'entente de la France de Bonaparte et de l'Autriche, la disparition de la République de Venise.

4. L'aménagement de la voie danubienne[47]

Autre aspect de cette politique, l'aménagement de la voie danubienne. Elle a pris une grande importance au cours des guerres austro-turques: Montecuccoli a particulièrement étudié le développement des voies de communication dans la plaine pannonienne (A. Veltzé) où les transports fluviaux sont plus rapides et moins coûteux. Antichambre de la grande plaine, la région de Bratislava s'ouvre dans le massif des Petites Carpathes s'avançant jusqu'au Danube qui le perce dans une cluse étroite, avant de se répandre en trois bras écartés de trente kilomètres, divaguant en méandres. Une des nombreuses villes danubiennes nées sur un défilé entre deux plaines, gardienne de la route de l'Orient qui suit le fleuve et de celle qui le franchit entre les berges rocheuses, Bratislava (Presbourg), occupe une situation forte et deviendra aux temps contemporains le siège de la Commission européenne du Danube.

La route danubienne est, pour l'Autriche, un choix et un moyen de pénétration politique et militaire. Dès 1683 l'empereur Léopold a chargé le marquis de Fleury de réorganiser la flottille du Danube sans négliger complètement le réseau routier de la plaine pannonienne. Participer à la croisade pontificale, refouler les Turcs vers l'est, protéger les Slaves contre «la tyrannie ottomane», empêcher la reconstitution dans la péninsule des Balkans, autour de la mer Égée, d'un Empire ottoman régénéré et exploité par «l'état-major hellénique», telles sont quelques-unes des motivations du prince Eugène de Savoie (1663-1736). (M. Braubach.) Fils du comte de Soissons et d'Olympe Mancini, né à Paris, il est passé au service de l'Autriche. Après avoir chassé les Turcs de la Hongrie, de la Transylvanie, d'une partie de l'Esclavonie, il a complété ses conquêtes par celles du Banat et de Belgrade, organisant, de son château du Belvédère, les «confins militaires» sur la rive gauche du Danube, s'orientant le long des routes filant vers l'Adriatique, la mer Égée et la mer Noire.

En amont de Belgrade, porte des Balkans, le Danube est sous le contrôle politique de l'Autriche et de la Bavière. Va-t-on assister à un développement de la navigation? Les servitudes techniques sont considérables. Un service régulier de bateaux pour voyageurs a été créé en aval entre Ulm, Vienne et Presbourg, l'ancienne capitale de la Hongrie. Dix jours pour aller d'Ulm à Vienne, huit heures de Vienne à Presbourg, et à la remontée, de Vienne à Ratisbonne, six semaines. De même les servitudes politiques. Si, en amont, les contacts sont nombreux entre la Haute Autriche et la Bavière – le prince Louis de Bavière a tenté une liaison Rhin-Danube par un canal –, en aval se dresse l'opposition ottomane et, quand celle-ci s'éclipse, la rivalité anglaise ou russe. Le traité de Passarowitz (1719) garantit à l'Autriche la liberté de navigation sur le Danube, garantie renouvelée en 1739 au traité de Belgrade et, en 1784, au traité de Constantinople. L'Autriche obtient la Bukovine (ancienne Moldavie) avec Cernautzi, au nord de la Moldavie. Ce changement de souveraineté est favorable à l'économie de ce territoire faiblement peuplé, inexploité, qui va connaître un certain essor.

Autre modification de la carte de l'Europe qui pose un problème de relations: les partages de la Pologne mettent fin à l'ancien système orienté sur Varsovie et Dantzig et dépèce le pays en différentes parties soumises à des attractions diverses. Malgré l'essor démographique considérable du pays et l'essor culturel et pédagogique, après les partages de 1772, 1793, 1795, la Pologne disparaît de la carte, modification considérable de l'organisation de l'espace oriental au bénéfice de la Russie, de la Prusse et de l'Autriche. Le programme de rénovation de Stanislas Poniatowski (1732-1798) n'est plus qu'un souvenir (Jean Fabre). L'Autriche développe ses liaisons routières avec la Galicie.

D'autres difficultés tiennent aux pays eux-mêmes et aux conditions de navigation. Le point le plus bas de la plaine hongroise n'est pas du côté du Danube mais de la Tisza qui coule à dix mètres au-dessous du fleuve. L'organisation du drainage est indispensable et un véritable peuplement a été nécessaire. Il s'est amplifié après le traité de Passarowitz (1718) qui a provoqué une politique systématique, conduite par le gouvernement autrichien ou par les magnats hongrois, possesseurs de domaines orientés vers l'élevage. Pour l'Autriche, l'espace danubien est, dans une large mesure, un espace colonial. Quand, en 1782-1783, l'empereur ordonne d'aménager le lit et les chemins de halage du Danube hongrois et de ses affluents, les autorités locales résistent à cet ordre, jettent à l'eau les troncs d'arbre destinés à ces chemins. Les moulins à eau, au nombre de plus de cin cents sur le Danube hongrois au-dessous de Presbourg, sont des obstacles à la navigation; vers le port de Fiume, les transports de Hongrie se font par terre. À l'embouchure, où les bras surgissent dans une mer de roseaux, des mesures sont prises pour organiser, sur le bras le plus favorable à la navigation, le trafic avec la mer Noire, trafic autorisé par un *sened* turc en 1784. Des tentatives ont lieu en 1786, avec plus ou moins de succès. En dehors même des incidents politiques, les conditions de navigation sont difficiles. Les transports en amont, sur les bateaux à rames, sont longs et coûteux: il faut un mois pour transporter un chargement de grains de Pest à Vienne et l'aide de huit bateliers, quarante chevaux et trente conducteurs. Joseph II a aboli la peine de mort et l'a remplacée par les travaux forcés: le halage des bateaux qui remontaient le Danube! Déchargements et rechargements se succèdent en-deçà et au-delà des défilés. En 1812, par le traité de Bucarest, la Russie, obtenant la Bessarabie, deviendra riveraine du Danube.

5. Un service postal étoffé et unifié: Thurn et Taxis [48]

Bien organisé par la famille Thurn et Taxis sur l'ensemble de l'empire et malgré quelques exceptions comme le Brandebourg, le service postal est renforcé, unifié, les relais multipliés, de même que s'étoffe le ramassage et que se multiplie la distribution, effectuée par des agents en uniforme. Aux messagers anciens, munis de piques, se sont substitués les facteurs aux tournées régulières. Les relais de postes, bien ravitaillés en hommes, en voitures, en chevaux, assurent les communications entre les différents points de l'empire, avançant au fur et à mesure de l'extension des conquêtes. En 1769 au moment des réformes de Marie-Thérèse, le système féodal des Taxis est aboli, et le service postal est assuré en régie propre par le gouvernement autrichien. F. Gastebois a étudié un relais de la poste aux chevaux en Autriche (*Diligence*, n° 27).

6. Les routes d'une civilisation: le baroque et ses tentations

Routes viennoises par excellence, routes des militaires et du commerce, routes aux mains de l'aristocratie qui, en Bohême ou en Hongrie, domine les diètes et le gouvernement local, dans quelle mesure ces routes des Habsbourg sont-elles, en même temps, les routes de l'art, de la littérature, de la civilisation baroque? Celle-ci triomphe en Europe centrale – l'axe Vienne-Rome – dans ses aspects multiples et ses relations, où la couleur, la courbe et le stuc tiennent une large place, de même que les valeurs de sensibilité et de religion. La route danubienne a été un instrument de choix. pour l'épanouissement des valeurs du baroque. Jean Delumeau avait tenté d'en cerner les contours dans *Rome au XVIe siècle*, V.-L. Tapié pour la période suivante y associant les Habsbourg. Jean Bérenger évoque les métamorphoses d'une capitale et «la fièvre des bâtisseurs». Fischer von Erlach est, avec von Hildebrand, un des maîtres de l'architecture viennoise, inspirée des maîtres italiens. À partir de 1700 sont tracés le jardin, puis le palais du Belvédère, symbole éclatant de la *Vienna gloriosa*, où vont aboutir, dans leurs facettes multiples, en Europe centrale, les routes de l'esprit des Lumières et du despotisme éclairé (Fr. Bluche)[49].

7. Les liaisons nord-sud. La Suisse au centre de l'Europe[50]

Les cantons helvétiques ont maintenu leur rôle aux XVe et XVIe siècles de médiateurs au centre de l'Europe, par la possession des cols alpins, relevant de divers États, ceux du Mont-Cenis, du Simplon et du Brenner. Tel que l'a vu en 1626 Louis Deshayes de Courmenin, se rendant dans le Levant (R. Pillorget, 1986), le pays constitue un réservoir d'hommes pour les puissances antagonistes, (*Instructions aux ambassadeurs. Cantons helvétiques, op. cit.*, CNRS, 1982-1983). À la fin du XVIIIe siècle, passage obligé d'Allemagne en Italie, il participe à la stratégie révolutionnaire.

«L'occupation de la Suisse donna au Directoire tout ce qu'il pouvait désirer: la maîtrise des passages des Alpes et des ressources financières qui provenaient des trésors des villes helvétiques, que l'on pilla, et des contributions qu'on y leva.» (C. Gilliard.)

Les routes militaires et fiscales plus que commerciales, livrées aux XVIIe et XVIIIe siècles aux influences étrangères – la rivalité de la France et de l'Autriche qui succède à l'Espagne –, sont au service d'un particularisme cantonal qui surveille de près les levées de troupes et les versements d'or et d'argent des grandes puissances. «Il est triste, écrivait un envoyé français à Torcy en 1706, de ne pouvoir plus parler en ces pays sauvages que l'argent à la main. Ce n'est plus négocier, c'est trafiquer, et ce ne sont plus des ambassadeurs, ce sont des banquiers qu'il faudrait envoyer…» et de noter «l'immobilisme» qui caractériserait le pays où rien ne bouge: «Les maisons particulières, les édifices publics, les villes ne changent non plus de forme que les montagnes qui environnent la Suisse.» (*Instructions aux ambassadeurs, Suisse, op. cit.*, I, XCVII). Jugement un peu hâtif. L'affaire de la Valteline a été une des origines de la guerre de Trente Ans. Les renouvellements de la vieille alliance de 1516 avec la France ont été opérés en 1663, en 1715 (avec les seuls cantons catholiques), en 1777 avec l'ensemble du corps helvétique. Le service militaire à l'étranger – France ou Empire – est alors «un appât pour les jeunes gens de famille». Soucieuse de voir maintenus ouverts les passages entre la France et l'Italie, la révolution de 1789 n'a pas épargné les cantons. Mulhouse est devenue française (1798). Dans un pays réorganisé par l'Acte de médiation imposé par Napoléon Bonaparte (19 février 1803), Genève a été incorporée à l'Empire. La tranquillité fut assurée, sauf à l'époque du blocus continental où les importations de coton furent rendues difficiles en Suisse orientale. La contrebande sévit à large échelle. Une modification du système routier, provenant de la fermeture des voies maritimes, était alors nécessaire. Les grands travaux furent entrepris. L'armée helvétique ne put résister en 1813 aux troupes alliées qui se pressaient sur ses frontières. Les derniers jours de décembre, le pont de Bâle facilita l'invasion de la France. Un pays neutre n'est pas maître de ses routes. Dans les cantons, fut rétabli, avec la paix, l'ancien régime.

Les cantons y ajoutèrent une qualification supplémentaire dans le domaine touristique. Les descriptions de la Suisse se sont multipliées. À la veille de la Révolution, Dutens note que «depuis Genève jusqu'à Bâle, on trouve de beaux chemins, de bonnes auberges, des gens qui ont l'air content; pas une personne en guenilles, pas une maison délabrée». Sur la carte de la Suisse dressée en 1793 par H. Reichard, «l'on a marqué les routes suivies par Maître Wil. Coxe dans ses quatre voyages en 1776, 1779, 1785 et 1786», avec les indications sur les treize cantons: huit anciens et cinq nouveaux, les références aux milles d'Angleterre, aux milles communs d'Allemagne, aux lieues françaises d'une heure de marche. Précepteur de différents jeunes *wighs* de la famille Walpole, William Coxe a publié, en 1802, *Travels in Switzerland and the country of the Grisons*, dotée d'une immense carte dépliante, qui ouvrira, la paix revenue, l'ère du tourisme anglais en Europe et notamment en Suisse. En 1789, le comte Grégoire de Razoumowsky, membre des académies des Sciences de Saint-Pétersbourg et de Stockholm, qui passa une grande partie de son existence en Suisse, avait publié l'*Histoire naturelle du Jura et de ses environs, celle des trois lacs de Neufchâtel, Morat et Bienne... du pays de Vaud et de la Suisse romande* (Lausanne). En 1812, Schiner donne la *Description du département du Simplon ou de la ci-devant république du Valais*; en 1821, Businger, *Lucerne et ses environs, suivi d'un itinéraire au Mont-Righi et autour du lac des Quatre-Cantons*, doté de planches et de cartes qui facilitent l'exploration.

Le séjour, le transit et les transports forment dès ce moment une branche importante de l'économie helvétique. À Lausanne, à côté de l'activité des postes et diligences de l'État, instituées en 1804, nombreux sont les voituriers qui envoient leurs voitures dans toute l'Europe. En 1830, part tous les jours une diligence de cinq à dix-huit places pour Genève (prix de la course: quatre francs), Berne (dix francs), Pontarlier (six francs), Neuchâtel et Vevey (*La Caroline*). Trois diligences quittent chaque semaine Lausanne pour le Valais et l'Italie et deux la relient à Turin par le Grand-Saint-Bernard. Le transit des chars de roulage et d'approvisionnement par la ville est estimé à quatre cent mille chars par an. Dans ses *Mémoires d'un touriste*, Stendhal narre son passage sur le bateau à vapeur, le Guillaume Tell, établi sur le Léman par Church, consul des États-Unis en France, «le bateau était rempli de petits traités religieux, distribués gratis...» L'équipement hôtelier s'accroît, face à la Maison des postes où s'arrêtent les diligences. L'Hôtel d'Angleterre, l'Hôtel de France et les Trois Suisses offrent aux voyageurs de multiples possibilités de séjour. La route de Mme de K. est recommandée aux dames par les guides touristiques.

La poste des Fischer a rivalisé longtemps avec celle des Tour et Taxis (*Diligence*). Les contingents suisses ont arpenté toutes les routes d'Europe, les ambassadeurs français et étrangers ont fait de la citadelle helvétique un haut lieu des relations diplomatiques de l'Europe. À l'intérieur des cantons, s'opèrent les expériences de la démocratie. Se conjuguent, sur les routes des montagnes, des relations de toutes sortes, Autriche succédant à l'Espagne, France à Soleure, Prusse à Neuchâtel, sommets élevés et plat pays, éléments en voie de transformations profondes (*Instructions aux ambassadeurs. Suisse, op. cit.*, p. LXXVII et J.-F. Bergier, *Naissance et croissance de la Suisse industrielle*, s.l., 1974).

Chapitre VII
L'ouverture vers l'est: le rôle de Moscou et l'appel de l'Oural

Très rapidement, les efforts du XVIe siècle vont porter leurs fruits dès la fin des troubles intérieurs qui ont suivi le règne d'Ivan le Terrible (1533-1584), grand rassembleur de la terre russe. L'avènement d'une dynastie dotée d'une volonté politique, celle des Romanov, entraîne la transformation de l'empire des tsars et une volonté prononcée, malgré les résistances, d'appartenance à l'Europe. Le problème routier se pose par rapport à l'Occident, c'est-à-dire par rapport à l'État. Subsiste l'attraction chinoise: comme le dit François Moureau, à propos des itinéraires jésuites, «les lumières naissent à l'Est»[51].

1. L'expansion territoriale et la croissance routière

Les modifications territoriales dues à une politique extérieure entreprenante ne sont pas sans influence sur la politique routière et sur l'essor des quatre voies commerciales, amorcées au XVIe siècle qui rayonnent autour de Moscou:

– la route d'Asie descendant la Volga et menant par Astrakan vers la Perse;

– la route de la Dvina du Nord et d'Arkhangelsk vers l'Océan qui amenait navires anglais et hollandais;

– la route de Novgorod et du Ladoga qui conduisait en Suède;

– la route de l'Ouest vers la Pologne et l'Allemagne.

Ces différentes voies auxquelles s'ajoutent les relations très suivies avec la Chine par la Sibérie, ont connu, entre le XVIe et le XVIIIe siècle, diverses vicissitudes dues aux conditions politiques – omniprésence de l'État et guerres incessantes – combinées au pouvoir contraignant des conditions physiques. Ces dernières sont omniprésentes: distances dans un pays immense, rigueur des hivers, inondations vastes qui ont surpris dès l'Antiquité les colons grecs établis sur la côte septentrionale de la mer Noire –, difficulté de maintenir un tracé uniforme (la route est partout et nulle part), faible longueur des côtes par rapport à la surface, immensité des terres de faible altitude entre les Carpathes, la Crimée, et l'Oural, terres «plates comme une feuille d'érable». Conditions physiques mais aussi climat moral dont on trouve les échos dans une lettre de Miette Teilhand, nièce de Romme, futur conventionnel, précepteur du prince Stroganoff: «Au milieu de cette population de gens ignorants et cruels, il se trouve des savants remarquables et des législateurs éclairés [...] Le progrès des lumières se fera plus lentement en Russie qu'ailleurs, mais avec le temps, elles parviendront à éclairer ce grand empire.» (D. Stremooukhoff, *Études historiques*, s.l., 1947.)[52]

La création de Pétersbourg (1704) et le transfert de la capitale près de la mer (1712), aux frontières, ont souvent été cités en opposition avec la politique traditionnelle menée au départ de Moscou, capitale d'un État terrien. «La brillante erreur de Pierre le Grand» (Karamzine) serait, outre son rôle dans l'économie et la politique du pays, d'être «une machine à mythes». Rattachée volontairement à Constantinople et à la nouvelle Jérusalem, la ville démentirait l'image réductrice du comte Algarotti qui, en 1739, y voyait «une fenêtre sur l'Europe», image reprise par Pouchkine et bien d'autres. C'est tout autant «une fenêtre sur la Russie», en vue de doter la Russie «d'un nouvel empire universel». Ambition mais également utopie, celle d'une société décloisonnée, d'une population mélangée dont Pierre le Grand avait aperçu le modèle à Amsterdam. (Wladimir Berelowitch et Olga Medvedkova, *Histoire de Saint-Pétersbourg*, Paris, Fayard, 1996). Pour d'autres, il s'agit d'un aspect complémentaire: la nouvelle cité doit être une puissante forteresse, un arsenal bien fourni, un port militaire et marchand à l'embouchure de la Neva, ouverte sur l'Occident. Moscou demeure la capitale traditionnelle, plus centrale. De 1750 à 1804, de quatre-vingt-quinze mille à deux cent soixante et un mille habitants, Saint-Pétersbourg rattrape Moscou. C'est autour des deux capitales, la tradition et la «ville décor», que s'organiseront, et la Russie nouvelle, et la politique routière. (H. Rogger, *National Consciousness*, Cambridge (Mass), 1960.)

Russie nouvelle. Est visée la politique intérieure de Pierre le Grand (1672-1725) avec son mélange de modernisme et de brutalité. Dans ses *Anecdotes sur le tsar Pierre le Grand* (Oxford, 1999), Voltaire a rappelé les voyages en Occident, les rencontres, les expériences sur les chantiers plus que dans les cours. Au retour, la création d'une industrie, le développement des voies de communication et l'introduction de nouvelles méthodes agricoles. Modification également du «paysage culturel», par l'adoption des mœurs, coutumes et costumes occidentaux. En 1698 une révolte, qui interrompt un des voyages en Occident, est réprimée. Sur l'estuaire de la Neva, frappée par l'inondation du 7 novembre 1724, centrée autour de l'«idole» – la statue de Falconet – que dénonce Pouchkine, naît Saint-Pétersbourg, une ville classique inspirée de Versailles, pénétrée de baroque italien (règne de Bartholomeo Rastrelli), par l'accumulation de symboles, «ville décor, ville fantôme, ville mirage» à laquelle les routes prêtent vie.

Au XVIIIᵉ siècle, après divers aléas de succession, est reprise, par l'impératrice Catherine II (1729-1796) l'œuvre du fondateur. *Petro Primo Catharina Secunda*, telle est l'inscription que porte le socle de granit de la statue de Falconnet. «Ces deux noms, Pierre et Catherine, dominent ou accablent même, dans leur pesante grandeur, la Russie du XVIIIᵉ siècle, l'un a formé le corps de la Russie moderne, l'autre lui a insufflé une âme.» (D.S.) D'aucuns ont reproché aux impératrices (Elisabeth et Catherine) d'avoir créé en Russie des formes de sociabilité artificielles, en s'attachant à l'embellissement de la vie et de l'intelligence de la noblesse, accusant la séparation avec le peuple. De toutes façons, comme le note Romme, qui a parcouru le pays de la Sibérie à Kiev et de la mer Blanche à la Tauride, la civilisation en Russie s'implante par en haut, par des oukases impériaux, et non par en bas. La politique routière fait partie de cette volonté impériale d'unité et de sociabilité qui vise à transformer la Russie[53]. En 1780, Joseph II est en Russie (E. Donnert, «Deutsch-Russische Beziehungen im 18. Jahrhundert», *Wolfenbütteler Forschungen*, s.l., 1997, t. LXXIV, p. 23).

L'organisation du système des relais qui commence en Courlande est basée sur les *werstes* – sept *werstes* pour un *meile*. Pour le paiement des chevaux de poste, on ne paye par *werste* que depuis Riga, capitale de la Livonie. Les stations varient de dix à vingt-cinq *werstes*. Un cheval coûte par *werste* trois *kopeks*: deux au maître de poste et un au gouvernement. Pas de chevaux sans permission de ce dernier. Cette permission, ou *podoroge*, trace la route que l'on doit parcourir. La diversité monétaire est réelle. Cent *kopeks* font un *rouble*, en argent ou en papier: trois *roubles* d'argent font un ducat dont la valeur varie. Les voyageurs peuvent changer, plutôt à Wilna qu'à Riga, des ducats de papier pour leurs dépenses en Russie. Un sac de monnaie de cuivre n'est pas inutile pour les menues dépenses. La taxe des postillons n'est pas réglée: vingt à vingt-cinq *kopeks* par station les satisfait. S'y ajoutent quinze à dix-huit *kopeks* pour le graissage et l'entretien. Comme partout, l'omnipotence des maîtres de poste est réelle. Ils jouent sur la fourniture des chevaux à des voyageurs souvent pressés. Ils allèguent les ordres du gouvernement: que toujours soient prêts dix chevaux pour les courriers et estafettes! Ils proposent, moyennant finances, les chevaux des paysans. À la merci des maîtres de poste, «les voyageurs se voient obligés de se plier à leur volonté arbitraire» (abbé Georgel).

2. *Routes et fleuves, voies complémentaires*

Essentiel par sa distribution en étoile, le réseau fluvial n'est pas homogène dans son tracé, du fait de l'histoire du sol. Le glacier scandinave, couvrant le pays, a barré la route à des rivières antérieures à sa venue; ainsi s'expliquent gorges et rapides dans un pays dépourvu de relief. La Volga naissante et ses tributaires tombent de lac en lac, changeant de direction et de pente; la Neva, qui n'a qu'à descendre du lac Ladoga à la mer, se rétrécit et s'accélère devant le village de Porogli (rapides), chutes chantées par les poètes. Autres événements antérieurs à la glaciation: la diminution du bassin dont la mer Noire est le reste, elle entraîne l'allongement du Don et du Dniepr dont l'embouchure avance à mesure que recule le rivage marin. Il en a été de même de la Petchora et de la Volga lorsqu'eût pris fin la transgression qui avait rapproché l'océan Arctique et la Caspienne.

De là des longueurs considérables: la Volga trois mille trois cent cinquante-sept kilomètres; l'Oural deux mille trois cent soixante-dix-huit kilomètres; le Don mille huit cent huit kilomètres; le Dniepr, deux mille trois cent trente-huit kilomètres; la Petchora, mille six cent quarante-huit kilomètres. Des pentes très faibles s'ensuivent: la Volga, de sa source à la Caspienne, ne descend que de deux cent cinquante-six mètres et, en aval de Tybinsk, quand il lui reste à parcourir deux mille sept cents kilomètres, sa pente est toujours inférieure à six centimètres au kilomètre. La congélation permet à certaines caravanes les traversées commodes et les courses rapides. S'y ajoutent la hauteur et la date des crues. Les rivières s'étalent alors sur d'énormes distances; les villages ont cherché refuge sur les rives hautes. La navigation est difficile, le chenal continu, *Volojka*, est devenu un *zaton*. Sur la Volga, ces *zatony* rendent de précieux services pour abriter de l'assaut des glaces, lors de la débâcle de printemps, quand s'étend le phénomène bien connu de la *raspoutchisa*[54]. Malgré ces défauts, le réseau fluvial va rendre d'énormes services à la politique des tsars (Y. Gauthier, *La Voie des tsars*, Neva, Paris, 1999). À noter également le rôle de la forêt dans le pays déprimé, partagé entre la Russie blanche et la Pologne: elle a servi de refuge dans les temps difficiles, période des troubles au début du XVIIe siècle et l'invasion de 1812, dont le principal courant passait par Vitebsk et Smolensk. Le transport des bois anime ces rivières. Comme la Volga dans l'Est, le Dniepr approvisionne en bois la steppe qui en est dépourvue.

3. Les phénomènes de raccordement: le rôle des Anglais[55]

Dans quelle mesure l'absolutisme développé par les tsars a-t-il utilisé la route comme facteur politique de première liaison? Les travaux récents visent plus les idéologies que les réalisations effectives (J. Brennan, J.-P. Le Donne...). S.-O. Schmidt a défini «la politique intérieure du tsarisme au milieu du XVIIIe siècle» *(AESC 21, 1966)*. Les travaux de Kozlovsky, *La Première Poste en Russie* et *Court aperçu de l'histoire du commerce russe* (Kiev, 1898), de même que ceux de Zakostine, *Routes fluviales et constructions de bateaux en Russie avant Pierre le Grand* (Kazan, 1909) ont mis en évidence, – et sont toujours valables malgré leur ancienneté –, les phénomènes de raccordement qui conditionnent la navigation fluviale nord-sud, aux XVIIe-XVIIIe siècles.

Le bassin de la Dvina du Nord a servi de route au temps de la splendeur de Nijni Novgorod et du commerce hanséatique. L'emprise de Moscou s'est fait sentir dès le XIVe siècle. Avant la construction d'Arkhangelsk, le centre administratif est la ville de Kholmogory, éloignée de la mer d'un peu plus de soixante-dix kilomètres; d'où, en remontant la Dvina et la Soukhona, on arrivait à Vologda, sur la rivière du même nom, centre important de commerce nordique, également accessible par terre depuis la mer Blanche, mais en faisant plus de huit cents kilomètres en traîneau. Le problème était de rejoindre le bassin de la Volga: la ville de Vologda est construite à l'endroit où les deux bassins, celui de la Dvina et celui de la Volga se rapprochent le plus. Se posait le problème du raccordement que résolvent les Anglais, en traînant ou transportant les lourds bateaux de l'une à l'autre, pendant quelques kilomètres. Vologda devient un dépôt des marchandises anglaises en Russie. Elle n'est pas loin de Moscou, éloigné de la mer Blanche de mille deux cent quarante kilomètres environ.

Le même phénomène se produisit vers l'ouest et le sud. Par de courts «portages» d'une rivière à l'autre, la «route des Variags chez les Grecs» servit de bonne heure au commerce entre Novgorod et Byzance, par Smolensk et Kiev. D'autres voies de moindre envergure font de même. Les pays du versant de la Baltique ne produisant pas assez de grains pour leur subsistance, Novgorod ne pouvait se passer des blés de Smolensk; de son côté, Moscou pouvait affamer sa voisine en interceptant les convois de vivres. Remarquable foyer de vie artistique au XIVe siècle, terrassée par la répression d'une révolte en 1570 par Ivan le Terrible, Novgorod, où résidaient d'importantes colonies d'étrangers allemands et scandinaves, finit par tomber dans la dépendance politique de Moscou.

L'important pour les voyages est le choix du moment, comme en témoignent les *Récits des voyageurs étrangers en Russie* publiés par V.-O. Klutchevsky (Moscou, 1918). L'habitude est prise d'envoyer les bateaux en Russie au début du mois de mai, mais il faut compter avec les printemps tardifs; les navires anglais arrivent rarement avant juin, seuls les gros bateaux de plus de cent tonneaux pouvaient être utilisés.

Pour remonter les fleuves, les Anglais construisaient des barques légères, appelées *dostohaniki* qui permettaient un transport à bon compte. Les prix des transports variaient avec la saison. Souvent le prix de base est très faible, le sel venant de la Caspienne est mené dans le nord à un prix dérisoire.

4. Le rôle des Hollandais: commerce et transports[56]

Au XVIIe siècle, les Hollandais ont remplacé les Anglais pour la mise en valeur et le trafic des richesses de l'Empire qu'avaient pressentis les Hanséates aux siècles précédents. Le premier navire hollandais a été signalé en Laponie en 1564, 11 ans après la première arrivée de Chancellor en Russie. Différentes petites compagnies sont alors fondées, à la différence des Anglais qui commercent par une compagnie privilégiée, la Moscovy Company. C'est à Anvers, alors métropole du commerce occidental, qu'a été fondée la première de ces compagnies; elle crée un comptoir, à l'embouchure, Poudozemsk, visite Kola et commerce à l'intérieur. Comme les Anglais, le but des Hollandais est double: commercer avec les Moscovites – la tentation des zibelines? – rechercher une route à travers la Russie jusqu'en Chine et aux Indes. Les rapports, médiocres au XVIe siècle, s'intensifient au XVIIe siècle, jusqu'au moment où, en 1649, les Anglais perdent leurs privilèges. Une première industrialisation de la Russie, qui engendre un essor économique limité mais présent, modifie sur les routes les conditions générales du trafic.

Le rôle des Allemands: colonisation et peuplement

Important a été le rôle des Allemands. Il a débuté dès le XIIe siècle avec les prisonniers qui affluaient, après la guerre contre l'ordre teutonique. En 1508, le pape Jules II demandait au magistrat de Strasbourg «de soutenir la lutte que menait l'ordre teutonique contre les peuplades de Russie»(AMS, II 89, 15). Ces temps sont révolus. Les connaissances et la culture générale des anciens ennemis sont exploitées par les tsars. L'influence allemande se propage alors peu à peu en Russie, elle ne tarit pas. Le terme *Allemandy* désigne l'étranger en général. Cette influence – et cette affluence – n'iront pas sans provoquer, à diverses reprises, des réactions brutales. Le 22 avril 1667, Alexis taxant le transport des denrées entre Arkhangelsk et Moscou, interdisait aux étrangers de commercer entre eux, ou en boutiques et dans les foires et marchés. Expérience qui ne dure pas. Le rôle des nouveaux venus se transforme. Si l'activité commerciale rejoint celle des autres étrangers, s'y ajoute leur rôle important dans la colonisation. Huit cent mille immigrants, le plus souvent allemands, s'installent entre la mer Noire et la Caspienne. Les services postaux sont affermés à des étrangers, parmi lesquels les Vinius et les Marsel.

La descente vers le sud: la création d'Odessa

Les guerres turques ont mis au XVIIIᵉ siècle la Russie en possession des steppes riveraines de la mer Noire et de la mer d'Azov, terres médiocres, à l'eau et au bois rares, jusqu'aux montagnes de la Crimée, utilisables seulement le long des rivières ou au bord de la mer. S'y retrouvaient le souvenir et les ruines des anciennes colonies grecques. Naît alors une politique de peuplement et de colonisation où les routes tiennent une place essentielle. Accompagnée de son favori Potemkine qui multiplie les villages fantômes, la Grande Catherine (1762-1796) se rend dans le Sud. La route suit l'habitat, même éphémère. L'acte signifie prise de possession. La méthode est au point – l'appel à des pays étrangers, à des chrétiens sujets de la Turquie et à des Allemands, la création de points d'attraction: les villes et ports de commerce. Villes neuves dont la série débute avec Tiraspol sur le Dniestr et se poursuit avec Odessa, sur l'emplacement d'une ancienne forteresse turque. Dès 1794, l'amiral de Ribas avait obtenu l'approbation de Catherine II pour y créer un port. Les travaux n'avancent pas. En 1803 le duc de Richelieu est nommé gouverneur de la ville.

«Quelques toises de jetée commencée pour abriter un petit coin de rade, deux bureaux de douane et de quarantaine établis et resserrés sur le bord de la mer sous de petits hangars en bois, ou de mauvaises bâtisses, étaient les seuls établissements pour le commerce. Deux cabanes couvertes en chaume servant d'églises et quelques casernes composaient tous les établissements publics; des huttes couvertes de terre ou de paille pour maisons, éparses çà et là sur l'alignement des rues où croissait l'herbe, formaient ou plutôt indiquaient la ville…»

Onze ans plus tard, quand Richelieu rentre en France, Odessa est devenue une grande cité, avec ses deux mille maisons, ses trente cinq mille habitants, ses banques, son théâtre, ses rues pavées, son port qui, dès 1806, reçoit quatre cents navires. L'industrie double le commerce. Les progrès se poursuivent avec le comte Langeron et le prince Vorontsov. D'autres villes suivent. En 1865 est ouverte l'université. En 1866, le chemin de fer atteint Odessa, relayant le rôle du port, instrument de la sortie des blés et, par les routes des vallées intérieures, artisan du déblocage du plateau de l'Ukraine méridionale.

5. La voie vers l'Oural, la Sibérie et la Chine

La route de colonisation vers l'est allait devenir au premier chef, une voie militaire, stratégique et industrielle. «Le passé de la Sibérie m'avait d'abord attiré, écrit Roger Portal en 1950, mais en marche vers la Yakoutie, vers le pays de l'or, je me suis arrêté en chemin, entièrement captivé par l'originalité de l'Oural industriel.» Ce chemin? Bien d'autres avec cet auteur, mais d'une façon plus concrète, avaient dû ou pu le prendre[57].

Les étapes de la pénétration

Ni une limite naturelle, ni un obstacle au peuplement par son relief, l'Oural, jusqu'à la fin du XVIe siècle, n'a eu pour les Russes d'autre intérêt que de se trouver sur la route de la Sibérie: y passaient chasseurs et collecteurs de fourrures qui travaillaient pour les villes commerçantes de l'Ouest, Novgorod en particulier. La base du déplacement, c'est le raid du chasseur au cœur des forêts sibériennes avec le double but, de la chasse, et de la perception d'un tribut sur les populations. Les routes s'orientaient suivant le réseau des fleuves ou de leurs affluents, complété par le portage. Malgré les rigueurs du climat qui repoussent le peuplement sédentaire, les premières pistes recoupent vers le nord les chaînes de l'Oural, entre la Petchora et la basse vallée de l'Orb. S'y ajoutent les concessions, au-delà de l'Oural, en vue d'une exploitation du sel, faites par Ivan IV le Terrible à la famille Stroganov, entre Solikamsk et l'embouchure de la Tchoussovaïa. Ces territoires vont passer à la fin du XVIe siècle sous la domination de l'État moscovite qui charge ses *voïevodes* de lever un tribut sur les indigènes et de percevoir des taxes sur les fourrures entre Russie et Sibérie. Chaque nouveau poste fortifié devient un centre commercial et un repère d'implantation pour la route future.

Seconde étape: après les routes du Nord, celles du Centre ouralien. À la hauteur des domaines des Stroganov s'est établie une route qui, par la Vichera et la Lozva, reliait les bassins de la Volga-Kama et de l'Ob. Dès 1568, lançant les raids du cosaque Ermak sur le Tagil, la Toura et l'Irtych, les Stroganov affirment la domination russe jusqu'en Sibérie occidentale. S'établit d'ouest en est, par la Kama Tchoussovaïa et la Toura, la route qui sera longtemps la voie fondamentale à travers les monts Oural. Elle comporte deux variantes; l'une par le Tagil au nord, l'autre par la Neiva au sud. Cette voie centrale détrône l'ancienne route Nord-Transouralique que gardait la forteresse de Verkhotourié, «porte de la Sibérie», fondée en 1598.

Troisième étape enfin: la route qui, plus au sud, par Koungour et la Haute Tchoussovaïa, rejoint la Prychma ou l'Iset: elle va devenir, après la fondation d'Ekaterinbourg (Sverdlovsk), en 1722, la route la plus fréquentée.

Ces expéditions et ces mises en service de voies plus rapides et plus commodes déterminent un changement de la politique des tsars. De simple zone de passage, l'Oural devient, non seulement une marche défensive contre les nomades de la steppe, mais la base de l'industrialisation et de la pénétration éventuelle vers l'Asie centrale. Le gouvernement abandonne «la politique des raids» pour un plan de domination des lignes fluviales et des portages, par la construction de forteresses.

Vers l'Oural industriel

S'y ajoute une autre conséquence qu'affirme l'établissement des lignes de circulation entre la Russie d'Europe et la Sibérie, celle de la colonisation accélérée et de l'industrialisation du pays. Colonisation affirmée sous deux formes: l'une libre et diffuse, spontanée, qui est le fait de serfs fugitifs et de paysans de l'État en quête de terres; l'autre officielle liée à l'établissement des centres fortifiés, jalonnant les routes, liée à une politique de sécurité. Industrialisation d'un secteur limité, animé par des voies de passage, goulet de circulation de deux cent cinquante kilomètres de large environ, entre Perm à l'ouest et Irbit à l'ouest, entre Verkhotoutié au nord et Stchdrinsk au sud, formant l'«Oural utile», grâce aux mines abondantes du nord au sud de la chaîne, secteur qui va localiser l'effort des prospecteurs et, plus tard, des chefs d'entreprise, au nord de ce «camp militaire», sans frontière nettement définie, que constitue la Bacchkirie. Se constitue ainsi une région industrielle qui pose des problèmes spécifiques de main d'œuvre, de circulation et de transport

Trois faits freinent l'industrialisation de l'Oural: l'absence de main-d'œuvre, l'éloignement de la région vers l'est et l'absence de voies de communication pratiques pour le transport de marchandises au poids considérable. Pays colonial, l'Oural ne possède qu'une population très clairsemée et libre, établie à une date récente et attirée par la liberté qu'elle espérait trouver dans cette région éloignée. De là un combat perpétuel entre les exploitants d'usines et les ouvriers-paysans, rebutés par les conditions physiques du travail forcé. Les incidents sont quotidiens: voitures qui s'embourbent dans les pistes glaiseuses, «barges» qui heurtent les fonds rocheux ou sont retenues dans des sections de rivières peu profondes, retardant les entreprises, tant que n'ont pas été réalisés l'aménagement des pistes et la régularisation des débits fluviaux par la construction de barrages à écluses. La dépendance du climat est complète, de l'employeur également.

En 1745, une première période s'achève grâce à l'action de l'État et des «pionniers»: une contrée à peu près déserte sauf à ses extrémités, le Centre Oural, est devenue un foyer industriel de premier ordre, grâce à la multiplication de petits centres industriels, séparés par d'immenses zones forestières, jalonnant un réseau de pistes fluviales et terrestres qui rattachent l'ensemble au reste de la Russie européenne, par le système Kama-Volga. L'action des voies de communication a modifié le destin de cette zone de passage, de cette marche frontière à proximité des peuples de l'Asie centrale. En 1763, la production ouralienne représente les 2/3 de la production totale de la Russie. Par la destination de ses produits, et grâce à la politique routière, l'Oural joue un rôle considérable dans l'économie russe: la plupart des usines de la Russie d'Europe n'ont qu'un débouché local, voire régional, les usines de l'Oural expédient leurs productions vers la région centrale, soit sous forme de gueuses destinées aux arsenaux, soit sous forme de tôles, fils de fer, vendus à l'État ou aux marchands en gros; s'y ajoutent les exportations de fer dont 50 % sont dirigés vers l'Angleterre. Des mesures législatives favorisent cette circulation: le manifeste du 20 décembre 1753 abolit les douanes intérieures.

L'Oural n'est plus une région refuge. Un réseau administratif se superpose aux lignes de postes espacés qui représentaient l'autorité du tsar. La colonisation prend, dès le milieu du siècle, un caractère officiel et public. Les traits du régime féodal s'étendent dans l'Oural à la faveur de l'industrialisation. Le soulèvement de Pougatchev, se disant tsar et agissant comme tel, met en pleine lumière les vices de la construction et définit une nouvelle espèce de routes, «les routes de la révolte» dont la carte serait à faire pour l'ensemble de l'Europe aux différentes époques (guerre des Paysans, Grande Peur…). L'isolement relatif de l'Oural a développé plus qu'ailleurs la conscience d'une solidarité «ouvrier-paysan». L'essor des relations commerciales – la montée des exportations de fer – a fait cesser l'isolement de la Russie, la rendant plus perméable aux influences occidentales mais sans créer cette bourgeoisie d'affaires, à la base de l'avancée industrielle de l'Occident, Saxe, Suède ou Angleterre, dans le domaine métallurgique.

La route a ainsi rempli son rôle, dans le transit des idées et des fers, de double détonateur, dont le premier est à retardement. Elle est aussi créatrice d'«un milieu original» de pénétration où s'intègrent étroitement le sol et la neige, le fleuve, le gel et le véhicule, dans une combinaison efficace qui varie avec les saisons et les groupes humains.

Vers le Caucase: steppes et guerre de montagne[58]

«Tout avait commencé avec le quadrillage de la grande steppe et la domestication de la mer Noire. Un étau s'était peu à peu refermé sur les peuples du Caucase» écrit Georges Charachidzé, dans son étude «La fin de la grande steppe et la chute de la Circasie» (*Slovo*, 18/19, 1998). Est mise en jeu la force d'expansion russe vers le sud. Georges Weill suit les Cosaques à la trace: «Une sorte de force irrésistible poussait les Cosaques envoyés par l'État russe à travers les déserts, à toujours avancer dans les immenses régions parcourues par des nomades qui ne connaissaient point de frontières.» (*L'Éveil des nationalités*, p. 477.)

La Caucasie s'était ouverte en 1800 quand un roi de Géorgie, pour sauver son peuple chrétien de la tyrannie persane, abdiqua en faveur du tsar. Les victoires russes de 1812 sur les Turcs et de 1813 sur les Persans préparèrent d'autres conquêtes. Établie en Transcaucasie, la Russie voulut maîtriser le Caucase, «au carrefour stratégique de voies commerciales et de routes d'invasion entre Asie et Europe». S'engagea alors une guerre de montagnes que Chamyl, qui prit la tête des musulmans contre la suzeraineté russe, devait prolonger pendant vingt-cinq ans. «L'invasion et la guerre d'extermination de 1829-1830 suivit la pénétration de l'armée russe dans le cœur de l'espace circassien.» (G. C.)

La Chine, proche et lointaine[59]

Dans son *Histoire des relations de la Russie avec la Chine sous Pierre le Grand, (1685-1730)*, G. Cahen analyse les livres de compte des ambassades. Il montre ce qu'était une ambassade de Pierre le Grand auprès de Kang-hi, comment s'organisait une caravane, quels produits transportaient ces dernières, traçant le profil d'une «expédition routière» au tournant des XVIIᵉ-XVIIIᵉ siècles. L'équilibre des productions est établi: du côté chinois, des soieries, des cotonnades, du thé, du tabac, des métaux précieux; du côté russe, presqu'exclusivement des fourrures sibériennes. C'est la Chine, remarque l'auteur, qui est alors le pays manufacturier; les «Barbares du Nord» ne fournissent, en dehors de quelques articles de transit, que des matières brutes.

Au regard de l'histoire politique, le contact est établi entre les deux empires: la Chine désireuse d'aboutir à une fixation de frontière, d'arrêter les empiétements moscovites dans la région de l'Amour, d'écarter le péril kalmouk; la Russie uniquement préoccupée d'intérêts commerciaux, de constituer ce marché de Kyakhta dont le rôle ira croissant jusqu'à l'ouverture du Transsibérien.

Ainsi se trouvent déterminés pour cent soixante-quinze ans au moins (la grande ambassade de Sava Vladislavitch qui aboutit au traité de Kyakhta est de 1725-1728), la nature et le caractère particulier des relations russo-chinoises: relations de contiguïté, de voisinage, qui ne ressemblent en rien aux relations de la Chine avec aucune autre puissance européenne, car seules, elles ne sont pas «ultra-marines». Est mis en lumière le rôle des jésuites, cosmographes et mathématiciens, qui s'imposent d'abord comme intermédiaires obligés entre les négociateurs des deux empires, et qui font même du latin, pendant quelque temps, la langue des relations russo-chinoises. Si bien que l'installation des orthodoxes à Pékin, en amenant la création d'une sorte de séminaire de chinois, de mongol et de mandchou, sera l'une des premières victoires de l'orientalisme: les lumières naissent à l'est (F. Moureau). Conformément à l'image de propagande diffusée par les jésuites, l'Empire chinois apparaît à l'Europe du XVIIIᵉ siècle comme gouverné par un ordre de lettrés, recrutés en fonction de leur savoir. Un système de sélection sera introduit en France et en Angleterre, avec l'institution, typiquement chinoise, des examens écrits.

6. L'âme des routes et l'imaginaire russe

Dans un article de l'*Information historique* (1966), M. Laran a défini les caractères de «l'absolutisme en Russie dans la seconde moitié du XVIIIᵉ siècle», mettant en lumière ses innombrables contradictions, son héritage d'une longue tradition et ses désirs de modernisation, sa volonté de prestige et de d'expansion, sa fragile équilibre entre la grandeur de l'État, la docilité de la bureaucratie, les exigences d'une noblesse qui se sait indispensable, la menace toujours présente des soulèvements populaires, et les aspirations d'une classe moyenne qui tarde à naître, autant d'éléments qui constituent «l'aura» dans lequel se profile, dans ses interrogations et ses contraintes techniques, l'histoire routière. S'y ajoute une certaine fascination de l'Occident. C'est le moment où, avec l'aide des savants agrégés à l'académie de Pétersbourg, dont Euler et Lambert, les Russes découvrent le ciel

(A.-T. Grigorian et N.-I. Nevskaïa, *Travaux sur l'histoire de l'astronomie au XVIIIe siècle*, s.l.n.d.). En 1686 Simon de Polock avait créé l'Académie slavo-gréco-latine où étaient admis quarantes fils de *boyards*[60].

Ces traits continentaux, qui expatrient au loin la notion d'Europe dans une tension quasi indéfinie, mettent en lumière combien la Russie demeure, dans son intimité, «le pays des routes». Au sein de cet «absolutisme éclairé», l'âme russe trouve son essence même, et, dans les chansons de la route, comme dans la littérature de voyage, son expression vivante. L'expression se retrouve dans l'œuvre littéraire. Le *Voyage de Pétersbourg à Moscou*, d'A. Radichtchev (trad. M.-W. Berelowitch, Paris, 1988), écho lointain du *Voyage sentimental* de Sterne, participe à cette mode de récits de voyage sentimentaux dans toute l'Europe, chers au XVIIIe siècle. Rodolphe Baudin y a étudié, écho de Bachelard, «l'eau et les rêves» (*Revue Russe*, 16, 1999). L'eau, c'est-à-dire les fleuves et rivières, dans leur typologie: station, aspersion, traversée, départ, «mes chevaux étaient attelés», notant l'ambivalence des flots, source de vie, source de mort. «Nous n'aurons jamais de routes comme en avaient les Romains; la durée de notre hiver s'y oppose ainsi que les grands froids, tandis que les canaux, même si un revêtement n'en protège pas le fond, ne risquent pas de se combler rapidement.»[61]

La route, terrestre ou fluviale, rivière ou canal, c'est le mouvement comme la vie. L'histoire de la route s'inscrit ainsi en étages successifs: routes militaires de Géorgie, routes religieuses descendant vers Byzance dont on vu l'impact au Moyen Âge, routes commerciales, suivies d'abord par les étrangers bien avant les autochtones, routes de la culture et de l'art, développées à l'ère des Lumières. Prise en mains par le Strasbourgeois émigré Nicolaï, la nouvelle académie des Sciences de Saint-Pétersbourg, réorganisée, multiplie les *Mémoires* en français. Nommée en 1783, par l'impératrice Catherine II, la princesse Dachkova, née Vorontsova, devenue directrice de l'académie de Moscou, fonde sur le modèle français une Académie russe qu'elle préside également. L'essor de la fréquentation des universités, au temps de Diderot, permet de supputer les plaisirs et les dangers du voyage. Jürgen Voss a étudié *Les Étudiants de l'Empire russe à l'université de Strasbourg au XVIIIe siècle*. Il en donne une liste exhaustive, indiquant leur origine (*Wolfenbütteler Forschungen, op. cit.*, p. 351). C'est l'époque où sans ostentation, facilitant les contacts, l'Europe parlait français. (M. Fumaroli, *La Diplomatie de l'esprit*, s.l., 2000.)

Ne faut-il pas ajouter, en contre-point, dans ces espaces sans repères, l'absence de routes au sein de cette civilisation du renne, du traîneau et du cheval, qui tente de se moderniser «par en haut», «la route indéterminée» qui fait du détachement par rapport au but, son critère essentiel? Route qui disparaît en automne et au printemps! L'on sait combien la *raspoutisza* a contribué à former la mentalité russe dans ses symbolismes successifs, proches de la nature. Ce que l'on trouve sur la route? En dehors des militaires et de leurs convois partant «construire le

Caucase» ou les terres marginales? Les moines, les paysans sans terre, tels que les ont décrits sans concession Oléarius ou Reutenfels, les colporteurs chargés de nouvelles et de merceries, les facteurs des commerçants qui vont chercher les peaux de zibelines, emportent du miel et des grains, et sont victimes, à chaque péage, du fisc et des taxes multiples. En Russie plus qu'ailleurs, – Aristote l'avait déjà remarqué pour Athènes et Thèbes – la route a deux sens. Dans son ambiguïté même, dans ses transformations saisonnières, la route est, pour l'étudiant qui va de Géorgie à Saint-Pétersbourg ou à Moscou – l'université sera fondée en 1755 –, gardienne d'espérance; pour le réfugié et bientôt, pour le déporté, au XIXᵉ siècle, la croix lourde à porter.

7. Un espace convoité: l'espace polonais⁶²

Analysant la situation du commerce en Pologne au XVIIIᵉ siècle, dans l'*Observateur en Pologne*, un jésuite moralisateur, précepteur entre 1777 et 1782, notait «que ce commerce n'a été de tout temps qu'un échange nécessaire pour du superflu ou pour de l'or; il ne diffère pas du trafic que faisoient les Gaulois, les Germains et les Scythes avec les Romains et les Grecs», indiquant le caractère «colonial» que revêtaient alors ces échanges en Europe à l'époque de l'ancien régime économique.

Certains traits semblent confirmer cette opinion qui oublie l'essor éclatant de la Pologne au XVIᵉ siècle. Mais ces temps semblent révolus. Les partages ont obnubilé le déroulement d'une histoire et d'une géographie où, malgré l'essor culturel et la tentative de rénovation de Stanislas Poniatowski, manquent la vision claire de l'avenir, une volonté politique et l'obligation du bien commun. Restent à préciser les éléments économiques de base: le primat de l'agriculture, l'absence d'une industrialisation, même relative, du pays, les difficultés de l'exportation, la concurrence des Habsbourg, de la Prusse et de la Russie, aux intérêts divers. Face à l'agriculture «nourricière» mais sans grande exportation, d'importants travaux seraient nécessaires concernant les voies navigables. Sont relevés:

– l'organisation des routes de poste en fonction du système des relais en liaison avec le système des prix autrichiens ou russes. Dans les pays autrichiens, on paye quarante-cinq *kreutzers* de Vienne pour un cheval, par poste; dix-sept *kreutzers* à chaque postillon: on paye de même en Galicie ou Pologne autrichienne; mais en Lituanie ou dans la Pologne russe, depuis Brzesk jusqu'à Riga en Livonie, on paye par *meile* deux florins de Pologne pour un cheval; le florin de Pologne vaut quinze *kreutzers* d'Empire; un florin d'Empire vaut quatre florins de Pologne;

– le rôle prépondérant du débouché maritime, Dantzig, de même que celui des routes qui y mènent. À l'époque de la Hanse au moment de la prospérité, y affluaient les richesses du pays au débouché de la Vistule. Autrefois elle allait charger ses bateaux à Kazimierz, dans la Voïvodie de Lublin. Depuis, la situation a évolué au détriment des Polonais. Dantzig a forcé les Polonais à transporter leurs denrées jusqu'à ses portes où elle les taxe arbitrairement et en paie une partie en marchandises. Ce rôle premier est menacé après les partages. La Prusse occupant toute la partie inférieure de la Vistule, les Polonais transportent leurs marchandises à Elbing, mais «les douanes tant nationales qu'étrangères et les frais de transport absorbent le produit des ventes»;

   – la nature des chemins qui ne permet les charrois qu'en hiver et une partie de l'été. Les propriétaires éloignés des rivières utilisent les traîneaux pour charger les marchandises, les déposant dans des magasins près des rivières. Si les traineaux ne peuvent sortir, l'exportation n'a pas lieu. «Au printemps, comme en Russie, le pays est plus couvert d'eau que de terre»;

   – l'absence de canaux, locaux d'abord, internationaux ensuite. Les possibilités sont grandes. Stanislas est désireux d'aménager le réseau fluvial en un système de rocade et de liaison entre les deux mers. De la mer Noire à la Baltique: il faut mettre en valeur l'isthme polonais, joindre le Prypet, affluent du Dniepr, avec la Szczara, affluent du Niémen. «Aucune idée n'a été plus chère à Stanislas que ce canal dont il rêvait de faire l'artère vitale du pays.» (Jean Fabre.) De hardis ingénieurs, comme Dudefil, lui soumirent des plans pour un vaste ensemble de canaux: de la Warta à la Vistule, du Niémen au Pripet, du Bug au Dniestr. Les études préalables furent poussés très loin. Les difficultés techniques n'étaient rien à côté du refus ou de l'indifférence des magnats dont il fallait obtenir le concours financier;

   – la dépendance d'une agriculture peu évoluée. Venant, en 1783, de Silésie, en direction de Varsovie, le baron de Baert du Hollant, ami de Lavoisier, est plutôt surpris de ce qu'il voit en Grande Pologne: «Quoique les villages y aient l'air misérable, les paysans y sont bien vêtus […] de grande robes de drap bleu et les postillons mettent dessus une veste rouge à revers verds. Il y a une quantité considérable de juifs qui tous parlent allemand, ainsi que les maîtres de poste, et tiennent seuls auberge […] Les environs des villages sont couverts de bestiaux qui, avec les grains, font la seule richesse de la Grande Pologne […] Il y a beaucoup de mendiants, et les paysans que nous rencontrâmes, conduisant en Saxe de petits chariots attelés de bœufs et chargés d'un ou deux tonneaux de miel ou de cire qui, la plupart, sont juifs, ont l'air de grands gueux possibles.»

   Michel Cadot, «Un témoignage inédit sur la Pologne. Le voyage de Baert du Hollant en 1783», dans *Approches des Lumières. Mélanges Jean Fabre*, Paris, 1974, p. 39-52, témoignage moins pessimiste que ceux du couple Coyer-Jaucourt ou de Mably qui peignent le paysan polonais sous de plus sombres couleurs. Le paysan appartient à son seigneur comme son cheval et ses bœufs. «Le propriétaire les ménage parce qu'il a peur de les perdre.» Il n'y pas là une source de progrès économique.

Le comte Oginski fut un des rares à consentir les sacrifices nécessaires pour construire à ses frais le canal qui relie les bassins de la Vistule et du Pripet. En 1784, un bateau est passé du Dniepr dans le Niémen. Les travaux entre le Dniepr et la Vistule ont repris. Ces deux canaux importants, grâce aux ramifications des fleuves, permettraient à la Pologne de créer «un réseau immense, aboutissant à deux termes, l'Océan et la Méditerranée». Vision grandiose! Reste que le fond mobile des rivières rend la route incertaine, les eaux manquent par insuffisance des neiges et des pluies, l'aide incertaine des féodaux riverains. La construction des bateaux n'est pas adaptée au peu de profondeur des rivières. À leur centre s'élève un mât de soixante pieds munis d'une voile, mais les bas-fonds guettent les pilotes.

Produire est bien, vendre est mieux. On note le manque de marchés intérieurs et le rôle mineur des foires. Le commerce intérieur est réduit par suite de l'absence de grandes villes, sauf trois centres, Léopol qui accroît son commerce; Cracovie qui voit diminuer le sien; Varsovie qui progresse. Partout les juifs colportent et les foires pullulent. Chacun des propriétaires en a établi au moins deux dans son domaine. Leur abondance même les rend peu importantes «sauf pour une grande foire connue sous le nom de «contrats», transférée de Léopol à Dubno en Volynie», une fois par an. Alors, les lettres de change affluent, les routes apportent vers les villes et grands domaines les objets de luxe et de valeur importés d'Occident, mais le fait reste exceptionnel.

Une poste digne des Lumières

Une réussite cependant, l'organisation de la poste liée à la renaissance culturelle. Des ordonnances de Ladislas IV, prises en 1645 et 1647, avaient fait de la poste un monopole de la couronne. Mais aucun roi n'en avait jamais fait usage, villes et particuliers remédiant, vaille que vaille, à la carence de l'État. Le privilège une fois reconnu et renouvelé par la diète d'élection, Stanislas en tira le meilleur parti. Même pendant les années de troubles, le système fonctionna vers la France, notamment entre le roi et ses amies philosophes. Une seule critique: son prix élevé, mais les revenus royaux croissent, triplant entre 1767 et 1794, date du troisième partage. La Pologne est rayée de la carte en 1795: demeure présente l'idée que, servie par la transmission de la pensée, l'éducation est la première valeur humaine. Alexandre Ier reprendra cet exemple et cette théorie pour la Russie au XIXe siècle.

Après les partages, les incertitudes demeurent, chaque puissance se préoccupant de multiplier les relations – routières et autres –, avec ses propres territoires, telles les relations entre Vienne et Cracovie (Krakow) ou entre Cracovie et Brzesk (Bresk-Litowsk, près du Bug) par Lublin, Biala, et Thérespol sur le Bug. De même de Brzesk au port de Riga en Livonie par Byalystok et Wilma (Vilna), ancienne capitale de la Lituanie. Partout se rencontrent des auberges tenues par des juifs (abbé Georgel). Le Grand duché de Varsovie sous Napoléon Ier ne remédiera pas à cette situation d'un empire «disloqué». L'aller et retour polonais de la «Grande armée», bouclier du Grand Empire, ne dure pas. Napoléon qui a filé en traîneau vers la France, a laissé Murat qui doit tenir en respect les Russes sur la Vistule. Illusion d'un moment! L'hiver, domptant fleuves et rivières, russes et polonaises, a joué son rôle dans le parcours routier qui consomme la défaite.

Chapitre VIII
La rivale ottomane. Constantinople, centre de consommation et *emporium*

Le Sud-Est européen connaît un pôle d'attraction incontestable en la ville de Constantinople vers laquelle convergent, par des moyens divers, les biens, les personnes, les images et les rêves[63]. Dans son étude sur *L'Écriture du Levant à la Renaissance* (Droz, 2000), Frédéric Tinguely a parlé «de la fascination sans égale exercée par l'Empire ottoman sur les Occidentaux de la Renaissance» et d'énumérer les curiosités zoologiques, la topographie des villes, la vie quotidienne des Turcs. En découle au cours des siècles une vision de l'Orient représentée et construite par une littérature de voyage en pleine expansion, favorisée un moment par la protection accordée aux étrangers par Gabriel d'Aramon, ambassadeur de France près de Soliman le Magnifique, entre 1546 et 1553.

Capitale de l'empire par le séjour des sultans et par sa population, Constantinople constitue un centre de consommation où affluent denrées alimentaires et matières premières. Par sa situation géographique, la ville constitue un point de convergence des voies d'approvisionnement pour les villes des Balkans et de la Thrace, pour les transports de la mer Noire et de Marmara, point de passage obligé de la mer Noire et des pays riverains vers la Méditerranée. Ce double et même triple rôle a été le sien dès l'époque de Justinien. Commerce qui, aux dires de M. de Peyssonel, «est demeuré enveloppé de ténèbres, compte tenu des idées très confuses des relations de quelques voyageurs et des connaissances fort imparfaites de quelques négociants» (*Traité sur le commerce de la mer Noire*, Paris, 1787).

1. L'organisation des transports

Il n'existe pas «de caravanes d'État pas plus que de flotte marchande officielle». L'empirisme qui triomphe laisse aux transporteurs privés – grecs ou arméniens – le soin d'organiser les déplacements de la cour et du sultan, ou la livraison des marchandises pour les besoins du sérail. Voituriers, caravaniers sont recrutés par les gouverneurs en tenant compte des conditions locales, sécurité des routes, saison des froids hivernaux, entrepôts, – *han-s* – dépôts désignés à l'avance pour alimenter le fret de retour des caravanes arrivant des Balkans ou d'Anatolie. «Reporter les caravansérails sur une carte, c'est reconstituer les anciens réseaux routiers.» (F. Braudel, *Les Temps du monde*, p. 410.)

2. Les routes d'accès

Vers la capitale politique et religieuse, au prestige incontesté, débouche, en dehors des circuits maritimes, la voie principale Andrinople-Istanbul aux usages multiples, route «impériale» pour le cortège du sultan se rendant au palais d'Andrinople, ou des diplomates et de leurs épouses, telle Lady Montaigue, femme de l'ambassadeur d'Angleterre, route stratégique pour le départ des expéditions en Europe orientale et centrale, route commerciale pour le ravitaillement en grains, en sel ou en viande. Le rôle d'Andrinople est considérable comme avant-poste de la capitale: y aboutissent les divers itinéraires en provenance de Grèce, de Macédoine, de Bulgarie, de Valachie. «Très bonne ville et la meilleure que le Turc a en Grèce, très grande et très marchande et fort peuplée de gens [...] sur une moult grosse rivière que l'on nomme la Marisse [...] et demeurent en cette ville plusieurs marchands vénitiens, cathelans, Genevois et Florentins, déclare Bertrandon de la Broquière, au retour de Syrie. Elle constitue, grâce à ses multiples ponts, un passage facile sur la Maritsa, obstacle majeur.

Les monts Istrandja imposent le détour par la ville. Des points d'étape jalonnent la voie principale, bourgs agricoles comme Babaeski, Lüleburgaz, Corlu; une autre route au nord, rejoint la première à Silivri, avant-dernière étape avant Istambul. En Anatolie, Izmit (Nicomédie) joue le même rôle qu'Andrinople, plaque tournante, passage obligé, relais pour les caravanes venant de Perse, de Syrie ou de l'intérieur du pays.

3. Caravanes et relais

La route est jalonnée de villes servant de gîtes d'étapes et, entre ceux-ci, de caravansérails où se reposent les conducteurs d'*araba-s* (voitures), circulant sur les itinéraires Constantinople-Andrinople-Sumen-Galatz, ou Constantinople-Andrinople-Salonique dont nous avons déjà parlé (chap. II), ou Constantinople-Andrinople-Nisch-Belgrade (*idem*). Routes entretenues, mieux adaptées à la circulation des voitures et d'animaux de trait, de convois militaires que celles d'Anatolie, pistes souvent empierrées, entretenues par les habitants des villages voisins.

Sur les routes d'Europe, s'acheminent les caravanes, véritables convois de trois cent à mille bêtes de charge (R. Mantran). La périodicité est établie; la caravane de Pologne pour Constantinople part tous les mois de Cracovie. L'on se sert de carrosses, de chevaux et de mulets. Celle de Raguse part une fois l'an, nantie de chevaux et de chariots. Le temps compte peu, la sécurité davantage. Se pose le problème des rapports avec les populations indigènes, montagnards compris. La durée varie avec le climat, le relief, le séjour dans les villes traversées. «Il faut porter avec soi le nécessaire, car on ne trouve rien pour se loger [...] Pour cette cause, portent-ilz tout et mènent grand charroy, de chameaux et autres bestes.» Et d'ajouter: «Je vois mener des chrétiens enchaînés à vendre et demandoient l'ausmone avant la ville, qui est grande pitié de voir les maux qu'ils portent.» (La Broquière.)

Durée moyenne des trajets

Constantinople-Andrinople, six jours en été; Constantinople-Spalato, trente à cinquante-deux jours; Raguse, vingt-cinq à quarante-six jours; Belgrade, vingt à trente jours; Philippopoli, neuf à dix jours; Sofia, treize jours; Nisch, seize jours.

Les points d'arrêt? Les *han-s* (khan) et caravansérails, vastes bâtiments de pierre. Au centre, une cour carrée avec une fontaine, de chaque côté, des arcades avec chambres et galeries, les salles inférieures servant d'écuries ou de dépôts. Les *han-s* sont affectés aux marchands et négociants. Relâches pour le repos, entrepôts pour les marchandises, ces établissements, fondations pieuses à l'origine, sont un élément indispensable du commerce par terre. Parmi les marchands, peu de Turcs vont chez les étrangers, mais des Grecs, intermédiaires indispensables, des juifs, des Arméniens. Les difficultés, outre les dangers de la route? Les impositions locales, les droits de douanes à l'entrée des villes, *gümrük* affermés annuellement à un *gümruk emini* (intendant de la douane).

De tout temps, la multiplication des droits d'entrée ou de transit a obéré le commerce. D'aucuns cherchent à éviter Constantinople où les frais sont élevés et dangereuse la population flottante. Suit la répartition des «dons» entre les demandeurs: sérail, services officiels, armée, marine, chefs des corporations... Plus que les routes de terre trop exposées, la mer reste l'intermédiaire obligé: la quasi totalité du commerce international, mises à part les caravanes dont le dénombrement s'imposerait, s'effectue par la voie maritime.

4. L'organisation routière provinciale

Les différentes provinces ont chacune, malgré le vernis ottoman, leur individualité. En Bulgarie, les marchandises prennent la route de Varna par la voie de terre et on les embarque dans ce port pour Constantinople. «le transport se fait sur des chariots de bœufs ou de chevaux [...] Les Ragusins ont joui presque seuls pendant longtemps du commerce de la Bulgarie et ont fondé des établissements considérables...» (de Peyssonel). Dans les provinces de Moldavie et de Valachie, «les jardins d'Istanbul», la diligence est communément utilisée pour les voyageurs, la poste et les paquets. L'organisation est de caractère quasi militaire, sous direction ottomane ou phanariote. Dans la capitale, Bucarest, résident trois directeurs, chefs de service. À chaque office de poste, un capitaine est chargé du recrutement des postillons et des chevaux. Les animaux ne sont pas la propriété des convoyeurs. Ils sont réquisitionnés chez les habitants qui regardent le service des postes comme une calamité! Les diligences sont réservées en priorité au service officiel. À la fin du XVIIIe siècle seulement, les particuliers munis d'une autorisation spéciale pourront l'utiliser. Puis une entreprise autonome est créée, moyennant le paiement d'une taxe fixe à l'heure, variable suivant le rang social du bénéficiaire. Les postillons sont dispensés d'impôt. Actifs, le fouet vigilant, tels les décrit un voyageur français, Belanger, en 1836: «Il lance ses attelages – huit à douze chevaux – à toute volée; le véhicule et les voyageurs ne comptent pas. La diligence traverse l'espace comme un objet en folie; les fossés, les trous, les buissons, rien ne résiste à cette furie moldaque.»

Sur les routes de province, se rencontrent aussi les voitures des *boyards*, charrettes grandes, spacieuses, bien montées, ornées et entretenues, attelées de vigoureux coursiers et menées par d'intrépides et expérimentés postillons, elles résistent aux embûches du chemin. La sécurité n'est pas parfaite. Des escortes accompagnent les personnages importants. À la fin du XVIIIe siècle, le voyage reste une aventure (*Instructions aux ambassadeurs... Turquie*, éd. P. Duparc, 1969), fonction des fortes tendances des sujets à se soustraire à la tutelle ottomane: elles prennent appui sur un début de commerce, le plus souvent illégal, mais rémunérateur, avec l'Autriche ou Venise.

Gagner l'ambassade de France à Constantinople

Constantinople était la capitale la plus éloignée où la France entretînt une ambassade. La voie habituelle pour s'y rendre était la mer. Seuls trois ambassadeurs prirent la voie de terre. Si Pierre des Alleurs la prit seulement depuis la Hongrie, Roland des Alleurs partit de France. D'abord la route d'Allemagne, de Landau le 18 avril 1747, puis Spire, Mannheim, Darmstadt, Francfort, arrivée à Leipzig le 24 avril. Il a une audience du roi de Pologne, à Dresde le 28 avril, arrive à Varsovie le 15 mai (détour non obligatoire), mais il doit reconstituer son équipage. À Zuvariecz, dernière ville de Hongrie où il arrive le 16 juin, il doit attendre un mois à Choczin que le pacha du lieu ait reçu des instructions de la Porte. La dernière partie du trajet, qui le mène à Péra (où il arrive le 5 septembre), n'est pas la plus aisée: trajet pénible, long et dangereux. «Quarante jours de marche pendant la canicule, campant tous les soirs dans des déserts qui durent près de cent lieues, le passage du Danube et des montagnes du Balkan où jamais voitures n'ont passé.» (Des Alleurs, dans F. Nouzille.)

Un autre ambassadeur, Saint-Priest, alla plus vite: par Strasbourg et Vienne, il mit un mois et dix jours de Paris à Andrinople. De cette ville à la capitale, il fallait compter quatre ou cinq jours. De Paris à Constantinople, par terre, un mois et demi était donc nécessaire. Voyage instructif sinon agréable, sans compter les difficultés de cérémonial ou de préséances, les guerres et l'insécurité. Les autres diplomates préférèrent la voie de mer, hôtes distingués de La Royale ou de bateaux de guerre, dans la dépendance du vent et des escales, deux mois de trajet en moyenne. Le courrier qui, chiffré, passe par Vienne, semble plus rapide: trois semaines environ sont nécessaires entre Paris et le Bosphore. L'hôtel de l'ambassade, propriété de la couronne, y «jouissait de la plus belle vue du monde». En 1767, Charles Gravier, comte de Vergennes, futur ministre des Affaires étrangères, épousait à Constantinople une jeune veuve, Anne de Viviers, née à Péra, avant de revenir à Versailles d'où il repartait pour Stockholm. Auguste de Choiseul-Gouffier, son successeur en 1784, surnommé «le Grec» par Mme du Deffand, a rapporté en 1776 d'une expédition de trois années en Orient les éléments d'un *Voyage pittoresque de la Grèce illustré*. Il devient membre de l'Académie des inscriptions et belles-lettres et, en 1784, succède à d'Alembert à l'Académie française. Avec lui, la route devient prospective et chercheuse, redonnant vie aux antiquités, créatrice d'un nouveau et mouvant paysage où les ruines parlent à ceux qui savent les entendre (L. Pingaud, *La France en Orient...*, s.l., 1887).

Pas toujours bien entretenue, ni sûre, ni commode dans les remontées danubiennes ou karstiques vers Vienne, Venise, l'arc alpin et l'Europe centrale, la route ottomane peut être aussi ouverture et félicité culturelle. Entre Split, les Bogomiles et la Grèce, l'Europe y retrouve ses racines et l'art des images autres que virtuelles (A. Boppe, *Les Peintres du Bosphore au XVIIIe siècle*, Paris, 1904). La route est découverte pour celui qui sait voir.

Conclusion

Volonté d'innovation et immobilisme traditionnel se partagent les réalisations européennes des XVIIe et XVIIIe siècles (première moitié). Après les révolutions de type mondial qu'ont été les grandes découvertes au siècle précédent, s'opère une prise de conscience de ce que l'on pourrait appeler «la révolution spatiale européenne» avec l'ouverture vers l'Est – «les Nouvelles Europes» – et la prise de commandement des États. Si le cadre s'agrandit, le contenu demeure le même: le règne du cheval et de la voiture, le maintien des corporations, l'accueil des hôtelleries. Ce qui change? L'intérêt pour la vie quotidienne, la fréquentation diversifiée, la volonté de développement du commerce et des voies de communication, routes et fleuves, le passage du «figé» au mouvement.

Première face du triptyque lié à la route: la guerre ou les guerres, civiles ou étrangères. Temps des ruptures et de la déchirure, déchirure religieuse comme en témoignent les tractations qui précèdent l'ouverture du concile de Trente (en 1552, les Treize de Strasbourg demandent que les divers théologiens protestants fassent ensemble et en commun le voyage à Trente (AMS II, 91, 21); refus! En 1561, le pape Pie IV invite le magistrat de la République à participer au concile; réponse négative, mais d'aucuns proposent d'y envoyer Calvin ou Pierre Martyr (*idem*, II, 92, 10-11); déchirure également du côté politique avec les tractations de la guerre de Trente Ans et des guerres successives qui créent, en fonction des besoins, à coloration religieuse et politique, leurs propres réseaux de communications. Leurs propres techniques également: la guerre pour Gustave Adolphe? La chevauchée à travers l'empire (de Stockholm à Genève) et l'alliance du feu et du mouvement. La mort est au bout du chemin. La prière, sur le champ de bataille, reste à l'origine.

Seconde face du triptyque: la paix. Elle seule permet la prise en charge par l'État des routes «centralisatrices», par la mise en valeur des ressources fluviales et la construction de canaux, l'apparition des «marchands entrepreneurs» et l'extension des relations commerciales, la croissance des villes en fonction de leur situation maritime et de leur activité économique. Si l'Occident «en mouvement» conserve sa prééminence, manifestée en Angleterre par la prise de conscience des espaces maritimes, en France par la volonté organisatrice de la royauté, en Allemagne par les aspects divers d'une reconstruction territoriale et urbaine, il n'en demeure pas moins que commencent à apparaître, sur le théâtre des communications internes, les pays longtemps extérieurs. Il s'agit des pays danubiens regroupés sous l'égide de la monarchie des Habsbourg, des pays sous le joug ottoman aspirant à la liberté, de l'immensité de la plaine russe où l'Oural, lieu de servitude, se révèle pour les masses paysannes, comme un point d'attraction incontestable. Face aux descriptions de l'abbé Chappe d'Hauteroche (1761), l'impératrice Catherine lance un «antidote» (1770): «La Russie est moins despotique que la France [...] notre pays est moins rempli d'ours que le vôtre d'animaux bâtés...» Sous l'Empire napoléonien, le symbole de continuité reprendra toute sa force. En assumant le titre impérial, en se référant sans cesse à Charlemagne et à l'Empire romain, en choisissant Rome comme seconde capitale, en refusant à Alexandre de Russie, avec Constantinople, l'Empire du monde, Napoléon dévoile sa volonté profonde d'unité du monde occidental. La politique routière en était une expression tangible et immédiate. Fruit de l'imaginaire, le mythe a sombré face aux réalités.

Troisième élément du triptyque: la naissance et la croissance des États-nations, nés ou en voie de naître dans un cadre rénové. Profitant de la paix, les villes poursuivent leur montée économique et culturelle dans le cadre des «reconstructions» successives d'abord, de leurs relations ensuite. Fernand Braudel y a vu «les accélérateurs de l'histoire». Elles donnent asile aux universités et aux sociétés savantes dont, au début du siècle, rend compte une carte de *La France littéraire ou carte des XXIV universités du Royaume*, par Rizzi-Zannoni, à Paris. Du fait de leurs soucis d'information, de leurs facultés d'adaptation, de leurs rapports avec les industries de la culture (*Industrien der Kultur*): la route et la cité sont les instruments essentiels des transformations futures, telles que l'a vu le colloque de Spa (1996)[64]. L'Égée, la route par excellence du monde hellénique à la reconquête de l'administration turque, la voie Morava-Vardar et plus tard la Save dans les futurs pays yougoslaves, la vallée bulgare de la Maritsa, les plaines roumaines du Danube, forment les axes des États modernes. À la seule Albanie, il manque une route: elle y supplée par la cristallisation des cellules en une nation, groupée sur un petit territoire, mais ouvert sur la mer et avide d'expansion en terre ferme. L'Italie reste une source de beauté et l'Angleterre surprend par son caractère «moderne». Le voyage va devenir véritablement, selon l'heureuse expression de Paul Hazard, «l'école des Européens» dans une Europe en proie à de profondes transformations.

«De l'Atlantique à l'Oural» ou de «l'Atlantique au Bosphore»: la formule peut sembler justifiée en ce qui concerne les communications Est-Ouest, que franchissent en 1685 les huguenots, puis les artistes, architectes et «philosophes», tel un Diderot et, en 1790, les émigrés, route de la résistance en même temps que des armées, routes des voyages, de la préindustrialisation, du commerce, des migrations de populations et des rêves impériaux, des parfums et de la mer, «du retour» pour les Ottomans. Routes du cheval et du carrosse, routes du baroque et du classicisme, de la religion et des Lumières, du coton, des bœufs et des grains, éléments d'une civilisation européenne rurale sur le déclin, cherchant sa voie, face à des mondes nouveaux.

NOTES

1. CHAUNU (P.), *La Civilisation de l'Europe classique*, Paris, Arthaud, 1966. *Histoire générale de l'Europe*, éd. cit., Paris, PUF, 1980, t. II («L'Europe du début du XIVe siècle à la fin du XVIIIe siècle»). BRAUDEL (F.), *Civilisation matérielle, économie et capitalisme. XV-XVIIIe siècle*, Paris, Colin, 3 vol. MORINEAU (M.), «Notes critiques sur l'Europe du Nord-Ouest de 1553 à 1662» dans *BSHM*, 1987, 1, («Ouvertures générales», J.-M. Constant, H. Neveux...). BLUCHE (F.), *Le Despotisme éclairé*, Paris, Fayard, 1968.

2. Position des problèmes dans GOGER (J.-M.), *La Politique routière en France de 1716 à 1815*, thèse, EHESS, 1988, qui renouvelle le point de vue méthodologique; *Le Temps de la route exclusive en France, histoire, économie, société*, s.l., 1992. LIVET (G.), «La route royale et la civilisation française, *Les Routes de France...*, *op. cit*, 1959, p. 56-100 et «Les routes françaises», *L'Homme et la route, op. cit.*, 1980, p. 107-149. Les travaux de LECATONNOUX (J.) et de ARBELLOT (G.), *op. cit.* PICON (A.), *L'Invention de l'ingénieur moderne, l'École des ponts et chaussées, 1747-1841*, s.l., 1992. COUËDELE (R.-A.), «Les archives de l'administration des Ponts et chaussées, source de l'histoire des

moyens de communication, du XVIIIᵉ siècle à nos jours», *Actes du colloque de Bordeaux*, 1979. Paris, 1980, p. 7-16. Y joindre deux classiques, VIGNON (E.), *Études historiques sur l'administration des voies publiques*, Paris, 1863-1880 (nombreux documents), 4 vol. PETOT (J.), *Histoire de l'administration des postes et chaussées. 1599-1815*, thèse de droit, Paris, 1956.

3. Sur les récits de voyages, de valeur inégale, voir *infra*, appendice. De même la publication du congrès des Historiens modernistes, Paris, 2001. Sur les guides et les itinéraires, *L'Ulysse français*, 1644. BROC (N.), *La Géographie des philosophes, géographes et voyageurs français au XVIIIᵉ siècle*, *op. cit.*, Paris, 1975. Sur les nations qui participent à ces voyages, DIBBON (P.), *Le Voyage en France des étudiants néerlandais au XVIIᵉ siècle*, La Haye, 1963. BOTS (H.), «Deux voyages-types: Gysbert de With et Nicolas Heinsius», *La Découverte de la France, op. cit.*, p. 469-480. Sur les Anglais, qui traversent la France pour se rendre en Italie, WOODHOUSE (A.-F.), *English Travelers in Paris. 1660-1789. A study of their Diaries*, Th. Standford Univ. Ph. D., 1976. LOUGH (J.), *France observed...*, *op. cit.*, Oriel Press, 1985; *Locke's Travel in France (éd.)*, Appendice, p. 343-345 (CR. LIVET (G.), *Revue belge de philologie et d'histoire*, LXV, 1987, 4). STOYE (J.-W.), *Répertoire*, Londres, 1952.

4. Sur la corvée, LIVET (G.), *La Route royale..., op. cit.*, p. 86, note 56. LESORT (M.), «La question de la corvée après la chute de Turgot», *Notices du Comité des travaux historiques*, 7, 1922 BABEAU (A), *Le Village sous l'Ancien Régime*, Paris, 1870, p. 251 et différentes monographies.

5. BOUTIER (J.), DEWERPE (A.), NORDMANN (D.), *Un tour de France royal, le voyage de Charles IX (1564-1566), op. cit.*, Paris, 1984. VAILLÉ (E.), *Histoire générale des postes françaises...*, *op. cit.*, t. IV, «Louvois surintendant général des postes, (1668-1691)» et t. V, «La Ferme générale des postes». Monographies locales dans NOGARET (P.), *Bibliographie cit.*, et *Diligence d'Alsace* (les relais de la poste aux chevaux: d'Issenheim, n° 22; Sélestat, n° 2; Marckolsheim, n° 17 et 60; Sainte-Marie, n° 62; de Barr, n° 23; d'Ittenheim, n° 34; de Kaysersberg, n° 35; de Willgottheim, n° 26; de Kembs, n° 32). CORVISIER (A.), *Louvois*, Paris, 1983, p. 222-240.

6. BERCÉ (Y.), *Croquants et Nu-Pieds*, coll. «Archives», s.l., 1974: p. 84-85, «les révoltes de l'insécurité»; p. 87-88, «la chaîne des forçats...». Témoignages dans GOUBERT (P.), *Beauvais et le Beauvaisis de 1600 à 1730*, s.l.n.d., p. 68-92. DEYON (P.), *Amiens capitale provinciale*, p. 87 («Les routes de terre, itinéraires et voyageurs»). LE ROY LADURIE (E.), *Les Paysans du Languedoc*, p. 97-131 («Migrations et tentations du Nord»).

7. Problème de «rentabilité» renouvelé par les travaux de A. RÉMOND («Études sur la circulation marchande en France aux XVIIIᵉ-XIXᵉ siècles», *RHES*, Paris, 1956 et «Économie dirigée et travaux publics sous Colbert», *RHES*, Paris, 1959, t. XXXVII, p. 295-327), de B. LEPETIT (*op. cit.*), de J.-C. PERROT et J.-M. GOGER. Les réformes de Colbert avaient été revues dans un sens critique et statistique dès 1939 par COLE (C.-W.), *Colbert and a Century of French Mercantilism*, New York, 1939, 2 vol. Mise au point dans MEYER (J.), «Le grand dessein: le Colbertisme», *Colbert*, 1981, p. 217-259. CAHEN (L.), «Ce qu'enseigne un péage du XVIIIᵉ siècle: la Seine entre Rouen et Paris», *AHSS*, t. III, 1931, p. 486-518. MEUVRET (J.), «Monnaies et circulation monétaire en France au XVIIᵉ siècle», *BSHM*, 1961, I. BARBICHE (B.), «Une tentative de réforme monétaire à la fin du règne de Henri IV: l'édit d'août 1609» (rappelle ceux de 1577 et de 1602). TABATONI (P.), *Mémoires des monnaies européennes. Du denier à l'euro*, Paris, PUF, 1999.

8. BRUNOT (F.), *Histoire de la langue française*, s.l.n.d., t. V, VI et VII (communications...). COLLINET (J.-P.), «La Fontaine en Occitanie», dans «Le Limousin au XVIIᵉ siècle», *Actes du colloque de Limoges*, octobre 1976. *Trames*, s.l., 1979, p. 53-62.

9. Sur les routes du pourtour, LIVET (G.), «Louis XIV et les provinces conquises», *XVIIe siècle*, 1953, p. 500. LE MOIGNE (Y.), «Le commerce des provinces étrangères (Alsace, Évêchés, Lorraine)», *Revue du centre de la région lyonnaise*, 1975, 5. NORDMANN (D.), «L'idée de frontière fluviale en France au XVIIIe siècle: discours géographique et souveraineté de l'État», *Frontières et contacts de civilisation*, p. 75-93; «Des limites d'État aux frontières nationales», *Les Lieux de mémoire*, sous la direction de P. Nora, Paris, 1986, t. II («La Nation»). Sur les routes du Refuge, YARDENY (M.) (coll. «L'Historien»), MAGDELEINE (M.) et THADDEN (R. von), *Le Refuge huguenot*, Paris, Colin, 1985. MAGDELEINE (M.), «Le voyage contraint: l'exode des protestants après la Révocation», *Actes du colloque de l'AHM*, novembre-décembre 2001. JOUTARD (P.), *Les Camisards*, Paris, 1974; «Politique et religion. L'émergence de la notion de résistance religieuse au XVIIe siècle», *350e anniversaire des Traités de Westphalie...*, p. 129-140. FUHRICH-GRUBER (U.), *Die französische Kirche in Berlin. Ihre Einrichtungen (1672-1945)*, 1992. DESEL (J.), *Huguenottenkirchen in Hessen-Cassel*, s.l., 1992. KADELL (F.-A.), *Die Huguenotten in Hessen-Kassel*, thèse, s.l., 1980. DAVID (F.), *Les Colonies françaises en Brandenburg-Preussen (1685-1809): étude statistique de leur population*, Tours, université Rabelais, 1992, 2 vol., 182 et 462 p. Sur le passage du sédentaire au nomade, DINET (D.), «Quelle place pour les missions en Bourgogne et en Champagne aux XVIIe et XVIIIe siècles?», dans «Les Missions intérieures en France et en Italie du XVIe au XXe siècle», *Actes du colloque de Chambéry*, 18-20 mars 1999, Bibliothèque des études savoyennes, t. VII, 2001. LEMAÎTRE (N.), «Sociétés et vie religieuses du début du XVIe au milieu du XVIIe siècle. Les formes élémentaires de la pratique religieuse», *BSHMC*, 1995, 1-2, p. 50-50. DANNHAUSER (M.), *De l'Allemagne à la France. Les huguenots français et l'un de leurs descendants, Jacques Egide Duhan de Jandun, précepteur du roi de Prusse Frédéric II*, préface de R. von Thadden, Francfort-sur-Main, 1999. CR LIVET (G.), *Bulletin de la Société des amis des universités de Strasbourg*, n° 55, 2001.

10. Sur les techniques et les migrations, GILLE (B.), «L'évolution des techniques au XVIe siècle», *Techniques et civilisation*, s.l.n.d., II, 5-6, p. 119-132; en collaboration avec DELVILLE (L.), «Techniques et civilisation», *idem*, II, 7, 1951. BRUNET (P.), *Les Physiciens hollandais et la méthode expérimentale en France au XVIIIe siècle*, Paris, 1926. MANDROU (R.), *Introduction à la France moderne*, Paris, 1961. LIS (C.)et SOLY (H.), *Poverty and capitalism*, Harvester éd., p. 171-194. GUTTON (J.-P.), *La Société et les pauvres en Europe (XVIe-XVIIIe siècles)*, Paris, 1974, p. 21-40, (voir également le dernier chapitre de l'ouvrage).

11. CHÂTELET (A.)et RECHT (R.), *Le Monde gothique. Automne et renouveau. 1380-1500*, Paris, 1988. RAPP (F.), *Les Origines médiévales de l'Allemagne moderne. De Charles IV à Charles Quint (1346-1519)*, Paris, Aubier, 1989: «Les villes, camps retranchés de la civilisation», p. 181. La formule est belle, mais peut-être un peu forcée par rapport au monde des campagnes et aux phénomènes de circulation.

12. CHAUNU (P.), *La Civilisation de l'Europe classique, op. cit.*, p. 408. L'Académie des sciences a été fondée en 1666, le *Journal des savants* en 1665. Sur Vauban réformateur, colloque de Paris de l'association Vauban, 1993 (École militaire). BLANCHARD (A.), *Vauban*, Paris, Fayard, 1993, p. 239 («à la tête des colz et des passages»). CHASTEL (A.), *L'Art français*, Paris, 1992, 336 p., t. II, («Temps modernes 1430-1620»). DESGUINE (A.), *L'Aqueduc Médicis à Arcueil-Cachan*, Bibliothèque de l'École des travaux publics, Cachan, 1971.

13. *Germany. A New Social and Economic History*, sous la direction de S. Ogilvie, Arnold, 1996, vol. 2 (1630-1800). SCHINDLING (A.), «Constitution juridique et réalités sociales dans le Saint Empire», *350e anniversaire des Traités de Westphalie, op. cit.*, (1999), p. 43-55.

14. BÉLY (L.), *Les Relations internationales en Europe, XVIIᵉ-XVIIIᵉ siècles,*Paris, PUF, 1992. LIVET (G.), *La Guerre de Trente Ans, op. cit.,* 6ᵉ éd., s.l., 1994, p. 55 («Les destructions»). PARKER (G.), *La Guerre de Trente Ans, passim,* Paris, 1987. MALETTKE (K.), «Les routes et les modes de circulation dans le Saint-Empire romain germanique», *Mozart. Les chemins de l'Europe, op. cit.,* 1997, p. 31-42. HARTMANN (P.-C.), «La vie diplomatique en Europe centrale et en France dans la seconde moitié du XVIIIᵉ siècle», *idem,* p. 211-216.

15. FRANZ (G.), *Der dreissigjährige Krieg und das deutsche Volk,* s.l.n.d., p. 85. L'inventaire est fait par régions. WINKLER (K.), *Landwirtschaft und Agrarverfassung im Fürstentum Osnabrück nach dem Dreissigjährigen Krieg,* s.l.n.d., p. 56 («Strassen-Brucken, Fluss-und Deichbauten»). BAUMEISTER (L.), *Zur Geschichte und Problematik des deutschen Strassen- und Wegerechts,* Bielefeld, 1957. LANDAU (G.), «Beiträge zur Geschichte der alten Heer- und Handelstrassen in Deutschland», *Hessische Forschungen,* Kassel, 1958, p. 18-19. THEIBAULT (J.-C.), *German Villages in Crisis. Rural Life in Hesse-Kassel and the Thirty Years'War, 1580-1720,* Humanities Press, Atlantik Highlands N.J., 1995 (2 cartes, 7 graphiques, 37 p.). DREYFUS (F.-G.), «Économie et conjoncture en Rhénanie, de la guerre de Trente Ans à la Révolution française», *BSHM,* 1965, 4. BERCÉ (Y.-M.), «Rohan et la Valteline», *L'Europe des traités de Westphalie, op. cit.,* p. 321-335. DEYON (P. et S.), *Henri de Rohan. Huguenot de plume et d'épée,* Paris, 2000, p. 156 («Au service du roi en Valteline»). PILLORGET (R.), «La Suisse en 1626, d'après une relation de Louis Deshayes), *L'Europe, l'Alsace et la France, op. cit.,* p. 210-219.

16. DOLLINGER (P.), *La Hanse, op. cit.,* p. 444-452 («La guerre de Trente Ans et la fin»). KAPLAN (M.-L.), «Le contrôle de la Baltique et les enjeux économiques», *L'Europe des traités de Westphalie, op. cit.,* p. 304-311; «Du souverain et des sujets dans l'Allemagne moderne; débats et lectures politiques à Lubeck, ville libre du Saint Empire et ville hanséatique, aux XVIᵉ et XVIIᵉ siècles (vers 1550-vers 1680)», *Sociétés et idéologies des Temps modernes. Hommage à Arlette Jouanna,* Montpellier 1996, p. 777-790. JEANNIN (P.), «Le commerce de Lubeck aux environs de 1580», *AESC,* 1961. BRANDT (A. von), «Das Ende der Hanseatischen Gemeinschaft», *Hansische Geschichtsblätter 74,* s.l., 1956, p. 65-96; «Hamburg und Lubeck. Beiträge zu einer vergleichen-den Geschichtsbetrachtung», *Zeitschrift des Vereins für Hamburgische Geschichte,* 1951, 41, Festschrift fur Heinrich Reincke, p. 20-47. MOST (O.), «Land- und Wasserstrassen in der deut-schen Staatengeschichte», *Zeitschrift für Verkehrswissenschaft 21,* (1950-1951), p. 1-33. BRUNS (F.) et WECZERKA (H.), *Hansische Handelstrassen,* Cologne/Graz, 1967.

17. A.M. Strasbourg VI, 315,5: «Contestations et plaintes au sujet des droits de péage sur le Rhin supérieur à l'occasion de la diète des Villes. État des bureaux de péage sur le Rhin entre Cologne et Mayence; état détaillé des frais extraordinaires payés pour le chargement d'un bateau entre Mayence et Coblence», 1647. BRAUBACH (M.), «Eine Wirtschaftsenquête am Rhein im 17. Jhrt», *Rheinische Vierteljahrsblätter 13,* s.l., 1948, p. 51-86. LIVET (G.), *L'Intendance d'Alsace sous Louis XIV,* Strasbourg, 1956, 1991 (2ᵉ éd.), p. 507-508. LOEPER (C.), *Die Rheinschiffahrt Strassburgs* et *Zur Geschichte des Verkehrs in Elsass-Loth.,* s.l.n.d., p. 40. UNGERER (J.), *Le Pont du Rhin,* Strasbourg, s.d., p. 37. AUBIN (H.) et *alii,* G*eschichte der Rheinländer…,* Essen, 1922, 2 vol. *Stadt und frühmoderner Staat. Beiträge zur Städtischen Finanzgeschichte von Luxemburg, Lunéville, Mainz, Saarbrücken und Trier im 17. und 18. Jahrhundert,* sous la direction de K. Gertein, Trier Historische Forschungen, Trèves, 1994. CR THOMES (P.), *VSWG,* 85/2, 1998, p. 243-244.

18. A.M. Strasbourg VI 580,4: «Lettres reversales du prince palatin relatives à la construc-tion d'une grande route entre Mannheim et Coblence» (sur la liberté de commerce des bateliers et marchands strasbourgeois), 1737. RANKE (E.), «Die wirtschaftlichen Beziehungen Kölns zu

Frankfurt a. M., Süddeutschland und Italien in 16. und 17. Jahrhundert (1500-1650)», *VSWG*, 1924, t. XVII, p. 54-94. NEUHAUS (K.), «Die Bergstrasse. Ein Beitrag zur Verkehrs- und Siedlunggeographie», *Frankfurter Geographische Hefte*, 1930, cahier 1. FELDENKIRCHEN (W.-P.), *Der Handel der Stadt Köln im 18. Jhrt (1700-1814)*, Université de Bonn, 1975.

19 DIETZ (A.), *Frankfurter Handelsgeschichte*, Francfort, 1910-1925. LYMAN SOLIDAY (G.), *A Community in Conflict. Francfurt Society in the seventeenth and earlyeighteenth Centuries*, s.l., 1974, p. 175. DIEHL (R.), *Frankfurt am Main im Spiegel alter Reisebeschreibungen vom 15. bis 19. Jhrt*, Frankfurt, 1939. BOTHE (F.), *Geschichte der Stadt Frankfurt am Main*, 3ᵉ éd., Frankfurt, 1929. Sur les foires, AMS IV/I, 39, 11: «Rapport de Johannes Knatz, Wassergüterbestatter de la ville de Francfort, sur la navigation entre Strasbourg, Mayence et Francfort (question des lettres de fret (Frachtbriefe). 1777.» BRÜBACH (N.), *Die Reichsmessen von Frankfurt am Main, Leipzig und Braunschweig (14.-18. Jahrhundert)*, Stuttgart, 1994, 628 p.

20. LIVET (G.), «Espace rhénan et Espace rhodanien. Les marchands français à la foire de Francfort-sur-le-Main. Une enquête de l'abbé de Gravel en 1670», *Mélanges R. Gascon. Histoire Économie Société*, op. cit., p. 6. *Instructions aux ambassadeurs. Mayence, Cologne, Trèves...*, CNRS, 1980-1983.

21. KROKER (L.), *Handelsgeschichte der Stadt Leipzig*, 1929. BEYER (P.), «Leipzig und Frankfurt-am-Main. Leipzigs Aufstieg zur ersten deutsche Messestadt», *Jahrbuch für Regionalgeschichte*, 2, 1967, p. 62-86. HASSE (H.), *Geschichte der Leipziger Messen*, Leipzig 1885, p. 66-72. ESPAGNE (M.), *Le Creuset allemand. Histoire interculturelle de la Saxe aux XVIIIᵉ et XIXᵉ siècles*, Paris, 2000 («Leipzig, lieu privilégié de rencontres: relations avec la Pologne, la France ou l'Italie»). *Während der Welt, X. Geld und Wechselkurse der deutschen Messeplätze Leipzig und Braunschweig (18. Jahrhundert bis 1823)*, sous la direction de M.-A. Denzel, 1994, 136 p.

22. STRAMPF (I. von), *Die Entstehung und mittelalterliche Entwicklung der Stadt Nürnberg in geographischer Betrachtung*, Erlangen, 1929. WIEST (E.), *Die Entwicklung des Nürnberger Gewerben zwischen 1648 und 1806*, Stuttgart, 1968. FUCHS (F.-J.), «Les relations commerciales entre Nuremberg et Strasbourg aux XVᵉ et XVIᵉ siècles», *Actes du colloque de Strasbourg*, 1971. *Hommage à Dürer*, Société savante d'Alsace, 1972, p. 77-90.

23. GASSER (E.), *Zum deutschen Strassenwesen von der alten Zeit bis zur Mitte des XVII. Jhdts*, Leipzig, 1889, p. 12. Sur les voyages de Goethe, catalogue de l'exposition: «Goethe et l'Europe», Saverne, 1999.

24. BEHRINGER (W.), *Thurn und Taxis. Die Geschichte ihrer Post und ihrer Unternehmen*, Munich, 1990. OHMANN (F.), *Die Anfänge des Postwesens und die Taxis*, 1909. Crole (B.-E. Konig), *Geschichte der deutschen Poste von ihren Anfängen bis zur Gegenwart*, Berlin, 1889. STEPHAN (H.), *Geschichte der preussischen Post*, Berlin 1859. GEFFRAY (G.), «Correspondance des Mozart», *Mozart: les chemins de l'Europe*, op. cit.

25. SCHULTZ (H.), *Berlin 1650-1800. Sozialgeschichte einer Residenz*, Berlin, 1987. CR FRANÇOIS (C.), *AESC*, 1991 (3), p. 689-691. FRANÇOIS (E.), «Berlin. Capitale, mythe, enjeu», *Actes du colloque du Goethe-Institut de Nancy*, sous la direction de E. Graf Westerholt, octobre 1987, PU Nancy, 1988. SCHILLING (H.), *Höfe und Allianzen. Deutschland 1648-1763*, Berlin, 1989, p. 386-403 («Ein Licht für die Welt. Berlin und Halle als Zentrum geistiger Erneuerung»). BOISSONNADE (P.), *Histoire des premiers essais de relations économiques directes entre la France et l'État prussien pendant le règne de Louis XIV (1643-1715)*, s.l.n.d. DREYFUS (F.-G.),

«Les huguenots et la naissance de l'esprit prussien», *L'Europe, l'Alsace et la France, op. cit.*, p. 277-281. Sur le rôle de l'académie des Sciences de Berlin, WUNDER (H.), «Agriculture and Agrarian Society», *Germany II, op. cit.*, p. 90.

26. STELLING MICHAUD (S.) et BUENZOD (J.), «Pourquoi Voltaire a-t-il écrit les *Annales de l'Empire?*», dans «Voltaire und Deutschland», *Actes du colloque de Mannheim*, 1978, Mannheim, 1979, p. 201-222. KNOPPER (F.) «Schoepflin voyageur», dans «Strasbourg, Schoepflin et l'Europe au XVIII⁰ siècle», Actes du colloque de Strasbourg, 1994, Bonn 1996, p. 269-283 («S. est un voyageur polyvalent, comblé et complet...»). MASSIN (J. et B.), *Wolfgang Amadeus Mozart*, Fayard, 2⁰ éd., 1990. HONEGGER (G.), «Un itinéraire spirituel», *SA*, automne 1991, n° 113. LIVET (G.), «Strasbourg à l'époque de Mozart» (avec listes de membres de la franc-maçonnerie et des états de population), *idem*, p. 33-94. CHARBON (P.), «Sur les routes d'Europe. Comment voyageait la famille Mozart», *idem*, p. 97-111. Expositions au musée postal de Riquewihr et à Strasbourg (*idem*, p. 163-184). Traits de mœurs dans les *Mémoires de Jacques Casanova de Seingalt* (né à Venise en 1725), parus après sa mort en Bohême en 1798.

27. COTTRET (B.), CRUICKSHANKS (E.) et GIRY-DELOISON (C.), *Histoire des Îles britanniques, XVIⁱ-XVIIIⁱ siècles*, Paris, Nathan, 1994. COTTRET (B.), *Histoire d'Angleterre XVIⁱ-XVIIIⁱ siècle*, Paris, PUF, Nouvelle Clio, 1996. CLARKSON (L.-A.), «The Pre-Industrial Economy in England 1500-1750», *Studies in Economic and Social History*, 1971, p. 117-158. CULLEN (L.-M.), *An economic History of Ireland since 1650*, Londres, 1972; ANTOINE, BŒHLER (J.-M.), BRUMONT (F.), *L'Agriculture en Europe occidentale..., op. cit.*, 2000, «La diversité agricole de l'Angleterre», p. 107-157. POUSSOU (J.-P.), *Les Îles britanniques, les Provinces-Unies; la guerre et la paix au XVIIⁱ siècle*, Paris, Economica, 1991; «Les villes anglaises du milieu du XVIIⁱ siècle à la fin du XVIIIⁱ siècle», *Études sur les villes d'Europe, op. cit.*, p. 7-212. RUGGIU (F.-J.), «Renaissance urbaine et vie provinciale dans les villes anglaises de la fin du XVIIⁱ siècle au milieu du XVIIIⁱ siècle», *BSHMC*, 1990, n° 3, p. 29: met en évidence «l'urbanisation de la noblesse» et les transformations de type édilitaire. Note le rôle de «la promenade qui devient un des éléments du statut social», élément d'une culture du groupe dominant anglais. Remarquer, carrosses mis à part, le «rôle niveleur de la route».

28. Pour la mise en œuvre, CHARTRES (J.-A.), «Les hôtelleries en Angleterre à la fin du Moyen Âge et aux Temps modernes», *Actes du colloque de Flaran*, 1980, p 207-228, avec bibliographie p. 208, notes 1 à 3. BOURCIER (E.), «Pouvoir, religion et société à Coventry. 1655-1656. Témoignage inédit d'un maire puritain», dans «Pouvoir, ville et société en Europe. 1650-1750», *Actes du colloque de Strasbourg*, 1981, p. 471 *sqq.* («sur la fréquentation des estaminets, des bouloirs et des salles de jeux...»). MARX (R.), «La loi et l'ordre dans les villes anglaises dans la deuxième moitié du XVIIⁱ siècle. Problèmes et état des connaissances», *idem*, p. 447-459. DECHESNE (L.), *L'Évolution de l'industrie de la laine en Angleterre*, Paris, 1900, cité par DEMANGEON (A.), *Les Îles britanniques*, Paris, Colin, 1927, p. 275 (qui a fourni également les indications concernant les rivières).

29. CROFTS (J.), *Packhorse, Waggon and Post, land Carriage and communications under the Tudors and Stuarts*, Routledge and Kegan, 1967.

30. WHYTE (I.-D.), *Scotland before the Industrial Revolution. An Economic and Social History, c. 1050-c. 1750*, Londres-New-York, 1995, XIII, 368 p. (9 cartes). CR DURHAM BRITNELL (R.-H.), *VSWG*, 85/2, 1998.

31. ALBERT (W.), *The Turnpike Road System in England. 1663-1840*, Cambridge University Press, 1972. PAWSON (E.), *Transport and Economy: The Turnpike Roads of Eighteenth Century Britain*, Londres, 1977 (rôle des «routes à péage»). Un exemple concret, COSSON (A.), *The turnpike roads of Nottinghamshire*, Londres, Bell, 1934.

32. Témoignages de divers voyageurs sur les routes anglaises réunis par BURKE (T.), *Travel in England*, Batsford, 1942. Textes dans DEFOE (D.), «A Tour through England and Wales», *A Tour through the Whole Island of the Great Britain*, Oxford University Press, 1925. YOUNG (A.), *A Six Weeks Tour through the Southern Countries of England and Wales*, Londres, 1768 (*cf.* GAY (E.), «Arthur Young on the English Roads», *Quar. Journ. of Econ.*, vol. XLI, 1927).

33. CHARTRES (J.A.), «Road Carrying in England in the Seventeenth Century: Myth and Reality», *Economic History Review*, 2ᵉ série, XXX, 1977. HOSKINS (W.-G.), *Industry, Trade and People in Exeter, 1688-1800*, Manchester, 1935. WILSON (C.-H.), «Land Carriage in the Seventeenth Century» et CHARTRES (J.A.), «On the Road with Professor Wilson», *Econ. Hist. Rev.*, 2ᵉ série, XXXIII, 1980 (note 5). Du même auteur, HEY (D.G.), *An English Rural Community: Myddle under the Tudors and Stuarts*, Leicester, 1974.

34. CLARKSON (L.-A.), *op. cit.*, p. 13, 152-154. BARKER (T.-C.), *The Beginning of the Canal Âge*, Pressnell, s.d. DAVIS (R.), *The Rise of the English Shipping Industry in the Seventeenth and Eighteenth Centuries*, 1962. STEPHENS (W.-B.), «The Exeter Lighter Canal 1566-1698», *Journal of Transport History*, vol. III, 1957. WILLAN (T.-S.), *River Navigation in England. 1600-1750*, s.l., 1936. Le progrès des routes avait détourné d'Exeter les courants commerciaux.

35. EDWARDS (P.), *The Horse Trade of Tudor and Stuart England*, Cambridge, 1988. CR ROCHE (D.), *AESC*, 1990 (6), p. 1468-1470. TARR (L.), *Chars, charrettes et charrois...*, p. 251 (cite PHILIPS, *The progress of Carriages*, s.l.n.d.). PATERSON (J.), *The History and Development of Road Transport*, Londres, 1927. BOYER (M.-M.), «Medieval suspensed Carriages», *Specula*, s.l., 1959, *34*.

36. VRIES (J. de), *Barges and Capitalism Passenger transportation in the Dutch economy. 1652-1839*, s.l.n.d. (CR PELUS (M.-L.), *AESC*, mars-avril 1981, p. 310-31). «Une perle en voie de devenir un classique» (A. van der Woude). Bibliothèque de l'Institut, coll. «Godefroy», Catalogue F. Gébelin, Paris 1914. *A Miracle Mirrored. The Dutch Republic in European Pespective*, sous la direction de K. Davids et J. Lucassen, Cambridge University Press 1995, XX-539 p. CR JANSEN (M.), *VSWG*, 1998, 85/2, p. 253-254.

37. *Le Guide ou nouvelle description d'Amsterdam*, Amsterdam, Covens et Mortier, 1753, XIV-367 p. et *Tableau statistique historique d'Amsterdam ou guide du voyageur en cette ville*, Nouvelle édition d'Amsterdam, 1827 (avec un plan et une vue). MORINEAU (M.), «Entité urbaine, gouvernement municipal et dynamisme bourgeois en Hollande. L'Amsterdam de la République», *Actes du colloque de Strasbourg*, 1981. *Pouvoir, ville et société en Europe 1650-1750*, sous la direction de G. Livet et B. Vogler, PU Strasbourg, 1982, p. 439-444. «L'arrêt du Conseil d'état du 30 août 1678» et la fin du «Petit âge Colbert» (rappelle les conséquences de la guerre de Hollande), *L'Europe, l'Alsace et la France* (1986) et les *Actes du colloque de l'université de Nimègue* (1978), consacré à «La paix de Nimègue», Amsterdam, 1980. WOUDE (A. van der), «La ville néerlandaise», *Études sur les villes en Europe occidentale...*, *op. cit.*, p. 307-385. DURAND (Y.), *Les Républiques au temps des monarchies*, Paris, PUF, 1973, p. 162-178 («L'Économie des P.U. bénéficie d'un système de communications que peu de pays peuvent offrir à l'époque.»).

38. LOTTIN (A.) et SOLY (H.), «Aspects de l'histoire des villes des Pays-Bas méridionaux et de la principauté de Liège», *Études sur les villes en Europe occidentale...*, *op. cit.*, p. 213. GÉNICOT (L.), *Histoire des routes belges depuis 1704*, Bruxelles, 1948. URBAIN (Y.), «La formation du réseau des voies navigables en Belgique», *Bulletin... Louvain*, X, 1938/39, p. 271-314. SUTTOR (M.), «L'intérêt des recherches en "géographie historique appliquée", une étude d'hydrographie fluviale: la Meuse», *Fleuves, rivières et canaux...*, *op. cit.*, p. 147.

39. La liste des mémoires, voyages, et ouvrages contemporains est donnée par NORDMANN (C.), *Grandeur et liberté de la Suède (1660-1792)*, PU Sorbonne, s.d., t. LXIII, p. 468-474. Rappel de Blomberg, Description de la Livonie. trad. de l'anglais, Utrecht, 1705; Claude Jordan, Voyages historiques de l'Europe (Pologne, Suède, île d'Aland). Paris, 1693-1700. Pour le public français, REGNARD (J.-F.), «Voyage en Laponie», *Voyages de Suède*, 1ʳᵉ éd., 1731 (effectué en 1681). SCHEFFER (J.), *Histoire de la Laponie*, traduction du latin par le P. A. Lubin, géographe du Roy, Paris, 1678, in 4 (voir à ce sujet, STRÖMHOLM (S.), «Johannes Schefferus, un Strasbourgeois en Suède», *L'Europe, l'Alsace et la France*, op cit, p. 302-306. EAST (G.), *Géographie historique...*, *op. cit.*, p. 347-348. Pour la fin du siècle, COXE (W.), *Voyages en Pologne, Russie, Suède, Danemark*, traduction et notes par Mallet, Genève, 1786, t. II, in-4° (cartes et plans). *Nouveau voyage*, Paris, 1791, 2 t. en 1 vol. Pour l'iconographie, voir l'*Album de Trollhata*, avec des vues de Stockholm et de Göteborg, 1847 (10 planches dessinées par L. Björkfeldt, représentant des canaux, des écluses, PS, 1986, p. 100-111).

40. UPTON (A.-F.), *Charles XI and Swedisch Absolutism.*, Cambridge University Press, 1998. HATTON (R.), *Charles XII of Sweden*, Londres, 1968. Sur l'évolution politique générale, KANTORSKA (K.-M.), «Les médiations françaises auprès des Couronnes du nord au XVIIᵉ siècle...», *L'Invention de la diplomatie*, *op. cit.*, p. 225-234. *Christina. Queen of Sweden – a personality of European civilisation*, catalogue de l'exposition du Conseil de l'Europe, Stockholm, 1966. JEANNIN (P.), *Histoire des peuples scandinaves*, coll. «Que sais-je», Paris, PUF, 2ᵉ éd. 1965 et plusieurs rééditions; *L'Europe du Nord-Ouest et du Nord aux XVIIᵉ et XVIIIᵉ siècles*, Nouvelle Clio, 1969, p. 53, 89 et 165. GEOFFROY (A.), «Nos diplomates sous Louis XIV: Suède et France», *RDM*, 1ᵉʳ avril 1885, p. 578-579 (sur la lenteur des communications). MANNERFELT (H.), «Comment étaient préparés les transports militaires à l'intérieur de l'Empire suédois à la fin du XVIIᵉ siècle», *Revue int. d'hist. militaire*, 1955, p. 250-257. BJÖRKMAN (S.), «Diplomates suédois au XVIIᵉ siècle», *L'Europe des traités de Westphalie*, *op. cit.*, p. 503-506 (avec bibliographie).

41. En 1648, «la Suède [...] est la maîtresse des rivages et des routes maritimes de la Baltique» (PELUZ-KAPLAN (M.-L.) et SCHNAKENBOURG (E.), «Le contrôle de la Baltique et les enjeux économiques», *L'Europe des traités de Westphalie*, *op. cit.*, p. 297-311). GORDON (A.), *Géopolitique de l'Europe...*, *op. cit.*, p. 347-348. TROEBST (S.), «Die Kaspi-Volga-Ostsee-Route in der Handelskontrollpolitik Karls XI. Die schwedischen Persien-Missionen von Ludwig Fabritius 1679-1700», *Forschungen zur osteuropäischen Geschichte*, 1998, 54, p. 132-134. ENGLUND (P.), *Poltava. La fin d'une armée*, traduit du suédois par E. Harder, Lausanne, Esprit ouvert, 1999 (avec cartes). Travaux dirigés par R. Hatton: *Louis XIV et l'Europe et Charles XII de Suède*, s.l.n.d.

42. BIZIÈRE (J.-M.), *Croissance et protectionnisme. L'exemple du Danemark au XVIIIᵉ siècle*, s.l., 1994 (sur les différentes entreprises: p. 27, les draps; p. 57, la métallurgie; p. 108, les villes; p. 104, Copenhague; p. 307, le protectionnisme; p. 399, le mercantilisme); «Au Danemark et en Norvège. Villes de la mer et ports des champs à l'épreuve du «tragique XVIIᵉ siècle», *Pouvoir, Ville et Société 1650-1750*, *op. cit.*, avec une carte des «Distances et divisions territoriales du

Grand royaume du Danemark, 1697», p. 489-499. Voir également le Traité perpétuel d'amitié et de commerce conclu en 1756 «entre S.M. le roi de Dannemarc et de Norvège et la Sér. république de Gênes, confirmé et rectifié en 1789…», Copenhague, 1791, 37 articles en trois langues (français, allemand et danois).

43. TAPIÉ (V.-L.), *L'Europe de Marie-Thérèse. Du baroque aux Lumières*, Paris, Fayard, 1973, p. 43-80. BÉRENGER (J.), *Histoire de l'empire des Habsbourg 1273-1918*, Paris, Fayard, 1990, p. 435-535. BLED (J.-P.), *Marie-Thérèse*, Paris, Fayard, 2001. BRAUBACH (M.), *Prinz Eugen von Savoyen*, Munich-Vienne, 1963-1965, 5 vol. BLUCHE (F.), *Le Despotisme éclairé, op. cit.*, p. 101-160 («Lumières viennoises»). *Les Relations franco-autrichiennes sous Louis XIV. Siège de Vienne (1683)*, sous la direction de BÉRENGER (J.), ESM Saint-Cyr-Coetquidan.

44. WALTER (F.), *Wien. Die Geschichte einer deutschen Grossstadt an der Grenze*, Vienne, 1941, t. II («Les Temps modernes (1522-1790)»). WICKENBURG (E.-G.), *Kleine Geschichte Wiens*, Francfort, 1963. WANDRUZKA (A.), *Das Haus Habsburg. Die Geschichte einer europäischen Dynastie*, Vienne, 1956. BRION (M.), *La Vie quotidienne à Vienne à l'époque de Mozart et de Schubert*, Paris, 1959. CASTELLAN (G.), *Histoire des peuples de l'Europe centrale*. Paris, Fayard, 1994.

45. *Le Voyage de Montesquieu*, préface par M. Arland, Paris, 1945. GUYON (E.-F.), «Le tour d'Europe de Montesquieu. 1728-1729», *RHD*, 1978, p. 241-261. SHACKELTON (R.), *Montesquieu, bibliographie critique*, Grenoble, 1977. WALSH (C.-T.), *Voyage en Suisse, en Lombardie et Piémont…*, Paris, 1834, 8 planches, avec un itinéraire. BÉRENGER (J.), *Finances et absolutisme autrichien dans la seconde moitié du XVIIe siècle*, PU Strasbourg, 1975, p. 157-205. LINDGREN (U.), «Voyager entre Salzburg et l'Italie à la fin du XVIIIe siècle», *Mozart. Les chemins de l'Europe, op. cit.*, p. 43-50 (pour les cartes, voir l'*Atlas Tyrolensis* de P. ANICH et B. HUEBER, 1774). Par les traités d'Utrecht, la Lombardie passa des mains de l'Espagne à celles de l'Autriche. Ce n'était plus le Milanais des Visconti; elle était moins étendue surtout après les cessions faites au roi de Sardaigne au milieu du XVIIIe siècle. Elle n'avait pas d'accès à la mer, ni aux passages alpins. Forte d'un million d'habitants, sa situation économique n'était pas bonne (CAIZZI (B.), *Industria, Commercia e Banca in Lombardia nel XVIII seculo*, Milan, 1968. CR BOYER (F.), *BSHM*, 1968, 4).

46. BEER (A.), «Die österreichische Handelspolitik unter Maria-Theresia und Josef II», *Arch. f. österr. Gesch.*, Vienne, 1898, LXXXVI, p. 1-204. OTRUBA (G.), *Die Wirtschaftspolitik Maria-Theresias*, Vienne, 1963, p. 123-158; *Joseph II*, Vienne, 1988, 2 vol. BENEDICK (E.), *Kaiser Joseph II. und die Wirtschaft* et FEJTÖ (F.), *Joseph II. Un Habsbourg révolutionnaire*, Paris, 1949. Les travaux de J. BÉRENGER (*op. cit.*), de J.-P. BLED, E. FAUCHER, R. TAVENEAUX («Les Habsbourg et la Lorraine», *Actes du colloque de Nancy*, 1987).

47. Sur la voie danubienne, BÉLY (L.), *Histoire des relations internationales, op. cit.* NOUZILLE (J.), *Le Prince Eugène de Savoie et les problèmes des confins militaires autrichiens 1699-1739*, Strasbourg, 1979, p. 148. NEWEKLOWSKY (E.), *Die Schifffahrt und Flösserei im Raume der oberen Donau*, Linz, 1952-1954. HERZFELD (M.), «Zur Orienthandelspolitik Österreichs unter Maria-Theresia», *Arch. f. Österr. Gesch.*, Innsbruck, 1919, t. CVIII, p. 215-343. WYSOCKI (J.), «L'État et les États dans l'empire des Habsbourg», *L'Europe, l'Alsace et la France, op. cit.*, p. 169-176. Pour la Hongrie, témoignage de Townson, *Voyage en Hongrie précédé d'une description de la ville de Vienne*, traduit de l'anglais, Paris, 1800, 3 vol. avec cartes et vues. Travaux de F. ECKHART (1923), E. WERTHEIMER (1888), I.-J. KISS (1924) et J. BÉRENGER (*Les Gravamina, 1655-1681*, Paris, 1974). Sur les liaisons avec Trieste, GASSER (P.), *Die*

Entwicklung des Seehandels in Triest in der Zeit M.-Th. und Josephs II, Vienne, 1940. Pour les passes alpines, *Instructions aux ambassadeurs. Les Cantons Suisses. Les Grisons, op. cit.*, p. 675-779. Sur les mesures envisagées par Montecuccoli (trois axes de progression vers Constantinople), VELTZÉ (A.), *Ausgewählte Schriften des Raimund Fürsten Montecuccoli, Generalleutnant und Feldmarschall*, Vienne, 1899-1900, t. II, p. 528-529.

48. Sur l'histoire de la poste, EFFENBERGER (E.), *Die österreichische Post und ihre Reformen*, Vienne, 1916. LEXA (Z.), *Vom Botenwesen zur Post*, Vienne, 1939.

49. TAPIÉ (V.-L.), *Le Baroque*, Paris, 1961, p. 109. ANGOULVENT (A.-L.), *Le Baroque*, coll. «Que sais-je», Paris, PUF, 1994.

50. GILLIARD (C.), *Histoire de la Suisse*, 1944 et rééd. p. 65-88. PILLORGET (R.), «La Suisse en 1626 d'après une relation inédite», *L'Europe, l'Alsace et la France, op. cit.*, p. 210-219). CROUZET (F.), *op. cit.*; «La riposte de Londres au décret de Berlin», *Mélanges Paul Butel, op. cit.*, p. 423-436 (distinction entre le blocus offensif et le blocus mercantile). BLANCHARD (M.), *Les Routes des Alpes occidentales à l'époque napoléonienne (1796-1815)*, Grenoble, 1920. *Histoire de Lausanne*, sous la direction de J.-C. Biaudet, Toulouse, Privat, 1982, p. 275-281 (NICOD (F.), «Lausanne capitale, 1803-1845»). WALTER (F.), «Perception des paysages, action sur l'espace», *AESC*, 1984.

51. BRUNET (R.), «La Russie et les pays proches», *Géographie universelle*, Belin, 1996, t. X. SAVARY (J.) (Jacques, dit «Savary des Bruslons», inspecteur général des manufactures et de la douane): *Le Parfait négociant*, s.l., 1675; *Dictionnaire universel du commerce, d'histoire naturelle, d'art et de métiers*, s.l., 1723; *Encyclopédie Méthodique. Commerce*, Paris, Panckoucke, 1784, t. III, art. «Moscovie». Suivent les *Instructions aux ambassadeurs*, publiées par A. Rambaud, t. II, p. 312. La *Correspondance politique du ministère des Affaires étrangères de France* (s.l.n.d.); les *Calendars State papers Foreign* (s.l.n.d.), pour l'Angleterre utilisés par Inna Lubimenko (cité plus bas); les *Mémoires de l'Académie des sciences de Saint-Pétersbourg* (s.l.n.d., en français, à la BNUS). Ajouter la *Correspondance secrète du comte de Broglie avec Louis XV (1756-1774)* (s.l.n.d., p.p. D. Ozanam et M. Antoine – 2 t.); les récits des ambassadeurs, tels C. Howard Carlisle (Amsterdam, 1672) ou Galitzine, *La Russie au XVIIe siècle. Récit du voyage de Pierre Potemkine (1668)*, Paris, 1855. MIECK (I.), «La diplomatie classique à l'épreuve: les rencontres princières avec Pierre Ier de Russie», *L'Invention de la diplomatie…, op. cit.*, p. 319-332 (sur Pierre Ier grand voyageur, p. 320: sa connaissance des villes d'Europe). TOOKE (M.), *Histoire de l'empire de Russie sous le règne de Catherine II…*, trad. de l'anglais, Paris, an X (1801): Tooke, chapelain à Pétersbourg, fut membre de l'Académie russe des sciences. Voir FORSTETTER (M.), *Voyageurs étrangers en Russie du Xe au XXe siècle*, Paris, 1947. Une place à part est faite à Diderot et à l'époque des Lumières (F. von ADELUNG, dans «Étude critique et littéraire des voyageurs», s'arrête en 1700). Bibliographie «utile» dans CROWTHER (P.-A.), *Œuvres en anglais jusqu'en 1800*, Oxford, 1969. WELKE (M.), «Russland in der deutschen Publizistik des 17. Jahrhunderts (1613-1689)», *Forschungen zur osteuropäischen Geschichte*, Berlin, s.d., t. XXIII, p. 105-176.

52. CUSTINE (Marquis de), *La Russie en 1839*, Paris, Solin, 1990, 525 p. GRÈVE (C. de), *Le Voyage en Russie (anthologie des voyageurs français aux XVIIIe et XIXe siècles)*, Paris, Laffont, coll. «Bouquin», 1990, 1294 p. STRÉMOOUKHOFF (D.), «Une éducation à la Rousseau (G. Romme et P. Stroganoff)», *Mélanges 1945*, PU Strasbourg, 1947, t. III («Études historiques»), p. 219-257; «Les Russes à Strasbourg au XVIIIe siècle», *RA*, 1934, p. 4 et 13. ADELUNG (F.), *Kritisch-literarische Übersicht der Reisenden in Russland bis 1700*, S.-P., 1846. GALITZINE (N. von),

«Relations scientifiques et civilisatrices de la Russie avec l'Occident au commencement du XVIIe siècle», *Lect. Soc. d'Hist.*, s.l., 1898. En dehors de l'*Histoire de Russie* de G. KOCH (Strasbourg, 1784, dédié au prince Galitzine, BNUS), de D. de RAYMOND (*Tableau historique, géographique, militaire et moral de l'empire de Russie*, Paris, 1812), les connaissances se font plus précises, avec le prince A. de DEMIDOFF, *Voyage dans la Russie méridionale et la Crimée, par la Hongrie, la Valachie et la Moldavie, exécuté en 1837*, Paris, s.d. (1838-1848). Texte et 100 planches numérotées, lithographiées par Raffet (existe en 2 tomes en allemand – Breslau, 1854 – avec un portrait de Nicolas Ier). JAQUEL (R.), «Le savant alsacien Jean-Henri Lambert (1728-1777) et l'historiographie russe», *Bulletin du musée historique de Mulhouse*, t. XC, 1983 (avec un portrait de Struve, «figure de proue de l'astronomie russe», p. 81).

53. La personnalité de Pierre le Grand a focalisé les études: SUMNER (B.H.), *Peter the Great and the Emergence of Russia*, New York, 1974. WITTRAM (R.), *Peter Ier: Czar und Kaiser*, Göttingen, 1964, 2 vol. BÉLY (L.), *La Société des princes. XVIe-XVIIIe siècle*, Paris, Fayard, 1999 («après Pierre le Grand», p. 363-368); *Les Relations internationales, op. cit.*, p. 431. LIECHTENHAN (F.-D.), *La Russie entre en Europe. Elisabeth Ire et la succession d'Autriche (1740-1750)*, préface d'E. Le Roy Ladurie, CNRS éd., 1997. Catherine II et l'Europe des Lumières, sous la direction d'A. Davidenkoff, coll. «Institut d'études slaves», Paris, 1997. MÜNNICH (Comte E. de), *Mémoires sur la Russie de Pierre le Grand et Elisabeth Ire*, Paris, L'Harmattan, 1997. CR ENDERLEIN (E.), *Revue Russe*, 13, 1998. WAQUET (J.-C.), «Diriger la politique, subir l'histoire. Les diplomates français et les révolutions de la cour de Russie (1740-1741)», dans «Complots et conjurations dans l'Europe moderne», *Actes du colloque international de Rome, septembre-octobre 1993*, Rome, 1996, p. 203-204, note 1. DUPONT (P.), *Catherine, Anna, Elisabeth: pouvoir, influence de trois impératrices de la Russie du XVIIIe siècle (1725-1762)*, Gutenberg, XXIe siècle, 2000, 1 116 p. Pour son séjour en France, Pierre refusa les lourdes berlines et préféra «de simples cabriolets à deux roues et à deux places» (MIECK (I.), *op. cit.*, p. 325).

54. CHEW (A.-F.), *An Atlas of Russian History*, Yale University Press, 1967. GILBERT (M.), *Russian History Atlas*, Londres, 1972. PARKER (W.-H.), *An Historical Geography of Russia*, Chicago, 1968. ZAKOSKINE (N.-P.), *Les Voies d'eau et les constructions de bateaux en Russie*, Kazan, 1909 (en russe, avec atlas). KERNER (R.-J.), *The urge to the sea. The curse of Russian history. The role of rivers, portages, ostrogs, monasteries and furs*, s.l., 1946. MICHOV, *Das erste Jahrhundert russischer Kartographie*, s.l., 1906. *Voyage sur le fleuve Amour en Sibérie* entrepris par la Société géographique impériale de Russie (Pétersbourg) en 1855: 37 cartes, plans et planches (dont 10 planches de botanique).

55. READING (D.), *The Anglo-Russian Commercial Treaty of 1734*, New Haven, 1938. LUBIMENKO (I.), «Les étrangers en Russie avant Pierre le Grand», RÉS IV, 1924. «Les marchands anglais en Russie au XVIe et au XVIIe siècles», *RH*, 1912 et 1922. MEEHAN WATERS (B.), «Elite Politics and Autocratic Power», *Great Britain and Russia in the Eighteenth Century: contacts and comparisons*, sous la direction de A.-G. Cross, Newtonville (Mass.), 1979, p. 229-246 (cit. par J.-C. WAQUET, *op. cit.*, p. 204). BLACK (J.), «Évolution de la diplomatie anglaise de 1603 à 1793», *L'Invention de la diplomatie, op. cit.*, p. 139-150.

56. DILLEN (V.), «Amsterdam, marché mondial des métaux précieux aux XVIIe et XVIIIe siècles», *RH*, 1926. VOSS (P.), «Le commerce bordelais et la route d'Arkhangelsk à la fin du XVIIe siècle», *Négoces, ports et océans, Mélanges Paul Butel*, PU Bordeaux, 2000, p. 135-147.

57. PORTAL (R.), *L'Oural au XVIII siècle. Étude d'histoire économique et sociale*, Paris, 1950 (CR C. FOHLEN, *AESC*, octobre-décembre 1951, p. 510-512). Témoignages dans GMELIN (G.-G.), *Voyages en Sibérie*, traduction libre de l'original allemand par M. de KERALIO, Paris, 1767. HENNIN (V. de), *Description des usines de l'Oural et de Sibérie en 1735 (en russe)*, Moscou, 1937. PAVLOV (M.-A.), *Préface à la description des usines de l'Oural en 1735 par Hennin*, s.l.n.d. PALLAS (P.-S.), *Voyages de M.P.S. Pallas en différentes provinces de l'empire de Russie et de l'Asie septentrionale*, traduction de l'allemand par M. Gauthier de la Peyronnie, Paris, 1788-1793, s.l.n.d. Enfin les «Notes de voyage de l'académicien I.-I. Lépekhine», *Recueil complet des voyages scientifiques en Russie*, Académie impériale des sciences, S.-P., 1821-1822. t. III et IV. MULLER (G.-P.), *Voyages et découvertes faites par les Russes et histoire du fleuve Amour*, traduction française par F. Dumas, Amsterdam, t. II 1766. FORSTER, *Histoire des découvertes et des voyages faits dans le Nord*, traduction de Boissonnet, Paris, 1788, 2 vol.

58. «Les Slaves et le Caucase», *Slovo*, 18/19, s.l., 1998. LEBEDYNSKY (I.), *Histoire des Cosaques*, coll. «Terre Noire», 1995; «Les Cosaques et le Caucase» Slovo, 18/19, s.l., 1998, p. 219-234. MOURADIAN (C.), «Éléments de bibliographie et de chronologie sur le Caucase entre les empires. XVIe-XXe siècle», *idem*, 18/19, s.l., 1998, p. 235-304. URJEWICZ (C.), «Géorgie: de l'annexion à l'intégration», *idem*, 18/19, s.l., 1998, p. 363-385).

59. CAHEN (G.), *Histoire des relations de la Russie avec la Chine sous Pierre le Grand (1685-1730)*, Paris, 1912; *Le Livre de comptes de la caravane russe à Pékin en 1727-1728*, Paris, 1911. Voir également LE COMTE (L.), *Nouveaux mémoires sur l'état présent de la Chine (1697-1698)*, Londres, 1699. Ces voyages vont servir de point de départ aux récits imaginaires. Les routes de l'utopie sont ouvertes. DOTTIN (P.), *Daniel Defoe et ses romans*, Paris, 1924. RICHARD (J.), «Robinson Crusoë, voyageur imaginaire, témoin de la pénétration du christianisme en Chine et en Haute-Asie au début du XVIIIe siècle», *Revue d'histoire des religions*, t. LXXXII, 1975.

60. Le père Avril décrit le voyage en traîneau, dans *Voyages en divers États d'Europe et d'Asie entrepris pour découvrir un nouveau chemin à la Chine...*, Paris, 1692, p. 150-151. Il serait possible d'esquisser dans l'Europe du Nord une histoire de la «civilisation du traîneau». Les bourses Galitzine ouvrent l'Université luthérienne aux étudiants russes. Sur les pérégrinations des étudiants et de leurs précepteurs, (témoignage de J.-B. Schoepflin), A. Stremooukoff, J. Voss et G. Livet, «L'université de Strasbourg et son rayonnement européen au Siècle des lumières...», *RSS*, 1989-1990, p. 50-66.

61. RADITCHTCHEV (A.), *Le Voyage de Pétersbourg à Moscou*, traduction du russe par M. Wladimir Berelowitch, préface de F. Venturi, Paris, Labovici, 1988. BAUDIN (R.), «L'eau des rêves dans le "Voyage de Saint-Pétersbourg à Moscou" d'A.R.», *Revue R 16*, 1999, p. 19-33. Romanova Dachkova (Princesse Ekaterina, née Vorontsova), *Mon histoire. Mémoires d'une femme de lettres russe à l'époque des Lumières*, suivis de *Lettres de l'impératrice Catherine II à la princesse Dachkova*, sous la direction d'A. Woronzoff-Dashkoff et *alii*, préface de F. Ley, Paris-Montréal, L'Harmattan, 1999, 333 p. (Chemins de la mémoire).

62. TENDE (G. de), *Relation historique de la Pologne contenant le pouvoir de ses rois, leur élection... les privilèges de la Noblesse... les mœurs et les inclinations des Polonais...*, Paris, 1686 (l'auteur a été intendant de Casimir V et de Louise-Marie de Gonzague). *La Pologne du XVIIe siècle vue par un précepteur français Hubert Vautrin*, présentation de M. Cholewo-Flandrin, Paris, 1966, p. 96-105. POZESDZECKI (Comte R.), «Les ambassades moscovites en Pologne», *RHD*, 45e année, n° 1, 1929. FABRE (J.), *Stanislas-Auguste Poniatowski et l'Europe des Lumières. Étude de cosmopolitisme,*

PU Strasbourg, 1952 (2ᵉ éd. 1980), fasc. 116, p. 463. CR LIVET (G.), *BFLS*, 1954. BOBINSKA (C.), MADUROWICZ (H.) et PODRAZA (A.), «L'économie régionale polonaise…», *Annales*, s.l., 1963. RUTKOWSKI (J.), *Histoire économique de la Pologne avant les partages*, Paris, 1927, p. 197 (sur les privilèges de Gdansk menacés par la Prusse). SERWANSKI (M.), «La diplomatie polonaise au XVIIᵉ siècle», *L'Invention de la diplomatie, op. cit.*, p. 167-176 («Il s'agissait de l'immense État de Pologne et Lituanie, liés par une union depuis 1569»).

63. MANTRAN (R.), *Istanbul dans la seconde moitié du XVIIᵉ siècle*, Paris, 1962. TINGUELY (F.), *L'Écriture du Levant à la Renaissance. L'enquête sur les voyageurs français dans l'empire de Soliman le Magnifique*, Genève, Droz, 2000. ATKINSON (G.), *Les Relations de voyage au XVIIᵉ siècle et l'évolution des idées*, Paris, 1924. EBERSOLT (J.), *Constantinople et les voyageurs du Levant*, Paris, 1919. Octobre 2000, Min. AE. JORGA (N.), *Les Voyageurs français dans l'Orient européen*, Paris, 1928. SAINT-GENOIS (J. de), *Les Voyageurs belges*, Bruxelles, s.d. EL ANNABI (H.), «La Méditerranée des voyageurs au XIXᵉ siècle», *Recherches régionales (Alpes Maritimes)*, 2000, n° 155, p. 33. *L'Europe des traités de Westphalie…, op. cit.*, p. 363-390 (G. POUMARÈDE, *La Question d'Orient…*). Relations des ambassadeurs français, venant par la voie terrestre (*Cf.* BLONDEL (F.), *Relations d'un voyage de Berlin à Constantinople*, s.l.n.d. CR GRISELLE (E.), «Relations du voyage…», *Questions historiques*, 1916, t. LXXXVII. SPON (J.), *Voyages d'Italie, de Dalmatie, de Grèce, et du Levant faits aux années 1675 et 1676 par J. Spon et G. Wheler*, Lyon, 1678, 3 vol. LIVET (G.), «La société féminine turque au XVIIIᵉ siècle, vue par Lady Worthley Montaigue, épouse de l'ambassadeur d'Angleterre (1716-1718)», *TURCICA*, 1991, p. 565-581. PANZAC (D.), *Les Villes dans l'Empire ottoman: activités et évolution*, Paris, CNRS, 1994. Pour les différentes «provinces», PORTAL (R.), *Les Slaves. Peuples et Nations*, 1965, p. 148. ANGELESCU (I.-N.), *Histoire économique des Roumains*, Paris, 1919. CR BLOCH (M.), *Annales d'histoire éconnomique et sociale*, 1931, p. 297. Et «Économies et sociétés dans l'Empire ottoman (fin XVIIIᵉ-début XXᵉ siècle)», *Actes du colloque de Strasbourg de 1980*, sous la direction de J.-L. Bacqué-Gramont et P. Dumont, CNRS, Paris, 1983. CR GROC (G.), *TURCICA*, 1986, t. XVIII.

64. «La ville et la transmission des valeurs au bas Moyen Âge et aux temps modernes», *Actes du XVIIᵉ colloque international Spa*, 16-19, V. 1994. *Actes de colloque*, Bruxelles, 1996, 365 p. CR SAMSONOWICZ (H.), *VSWG*, 85/2, 1998, p. 239-240.

LIVRE V

L'âge du roulage, de la poste et de la diligence
La perfection d'un système
XVIIIe-début XIXe siècle

Dans la seconde moitié du XVIIIe siècle et le début du XIXe siècle, on assiste au plein développement du système routier traditionnel, combinant routes de terre et routes fluviales, utilisant la force du cheval et l'endurance des hommes, multipliant relais, correspondances, destinations, maîtrisant, autant que faire se peut et sans révolution notable, la distance par l'accélération limitée de la vitesse, la réduction des temps et l'utilisation des jours et des nuits, la diversité des véhicules, l'abaissement des prix de revient et la route «construite».

Dans l'Europe des Lumières, ces éléments se combinent à divers phénomènes:

– un fort accroissement de la population, de cent millions en 1650, celle-ci passe à cent quatre-vingt-sept millions en 1800, accroissement plus marqué en Grande-Bretagne, en France, en Prusse et en Russie;

– une augmentation du nombre et de l'importance des agglomérations urbaines. «La ville creuset du changement» dira Daniel Roche qui note trois critères: l'architecture – et la limite de séparation –, le droit, le nombre des hommes. «L'accessibilité des villes» reprendra Bernard Lepetit, en rappelant la multiplication des voies d'accès. L'essor des villes capitales frappe l'opinion. Londres, au rayonnement déjà international, atteint presque le million, Paris et Constantinople atteignent le demi-million d'habitants, Moscou, Saint-Pétersbourg, Vienne, Amsterdam, Naples, un peu plus de deux cent mille; l'Espagne et l'Italie possèdent plusieurs villes ayant rang de capitales. S'y ajouterait la montée des systèmes urbains dont rend compte, l'*Atlas historique de l'urbanisation* (G. Dupeux, CNRS, 1981). Utilisant les enquêtes administratives de 1809-1812 et de 1821, les recensements et les dénombrements successifs, cet atlas réalise en coupes décennales l'étude de la croissance urbaine;

– une meilleure connaissance des espaces, que ce soit l'Angleterre ou le royaume de France, stabilisé – en comptant la Lorraine (1766) et la Corse (1768) – dans son extension territoriale, ou, malgré les guerres, le Saint Empire. L'atlas est en vogue en somptueux volumes dédiés aux puissants, rois d'Angleterre ou de Prusse, préludes en France à la carte d'état-major et aux cartes du Dépôt de la guerre: la *Carte de la Russie européenne* au 1/500000, en soixante-dix-sept feuilles, publiée en 1812-1814; la *Carte du Tyrol*, au 1/150000, dite «carte des Paysans». Système routier à double détente, terrestre et fluviale, nourri par les canaux d'éléments de raccordements. Conception liée en France et en Espagne à un système politique, celui de la monarchie centralisée. La mobilité royale est limitée mais les agents du roi sont partout. Le despotisme éclairé étend cette expérience à toute l'Europe où les canaux se multiplient. S'y ajoutent les progrès du caméralisme liés à ceux de la bureaucratie. L'enquête administrative, «miroir du royaume», sert de cadre à la statistique, partout en progrès. La connaissance générale se diffuse. Se précise, dans la construction de l'État moderne, une nouvelle conception du rôle des élites dans leur volonté de pouvoir et de reproduction (W. Reinhard, Paris, 1996). L'imprimerie, l'édition et une plus large diffusion de l'information participent, par le rapprochement des esprits, à la lutte contre la distance;

– les progrès de la géométrie et de la «construction routière», du pavé et du revêtement macadamisé. Pour les voyages des hommes et le trafic des marchandises, routes et rivières bénéficient des progrès des sciences appliquées. L'ingénieur prépare le tracé, étudie la nature du sol et envisage la résistance des matériaux. D'autres lieux, même éloignés, s'occupent de ces problèmes avec d'autres techniques de travail (R. Sauterey, *Quelques aspects de la technique routière chinoise* et l'article de Cheng Ping Lin, sur le traitement des sols à la chaux, «technique très utilisée depuis très longtemps en Chine», *Revue des routes et des aérodromes*, n° 565, juin 1980) mais la préoccupation est la même. Incorporer la durée au *continuum* routier: Bernard Lepetit s'en est préoccupé. Se dessinent en Angleterre et en France les premiers éléments de la révolution industrielle;

– le problème de l'utilisation de la route, unie à la rivière, est celui des transports dans leur nature et leur masse. Le *Grand Dictionnaire* de Savary (1723) suivi du *Dictionnaire* de Savary des Bruslons, initie à l'étude de l'économie européenne. Du fait de la pénurie des sources, il est difficile de passer d'une histoire «qualitative» à une histoire «chiffrée». Il existe peu de tableaux généraux ou même locaux des volumes et des prix du roulage, peu de séries chronologiques homogènes, résultant d'enquêtes. J. Letaconnoux a donné quelques éléments (*RHM*, XI). Dans le tome I de «la circulation marchande en France aux XVIIIe et XIXe siècles», André Rémond a tenté une analyse des *Prix des transports marchands de la Révolution au Premier Empire*» (Paris, 1956). Elsass a donné les prix pour l'Empire. Étudiant «les transporteurs de marchandises en relation avec le commerce lyonnais (*Sociétés Savantes*, Strasbourg, 1967), Jacqueline Roubert a précisé les conditions difficiles des enquêtes dans ce domaine et rappelé le mot d'A. Rémond sur le prix du transport, «il est le symbole toujours mouvant d'une mouvante conjoncture»

(1956). La remarque est valable pour l'Europe. Rien de plus insaisissable que «ces prix soumis à la loi de l'offre et de la demande, au marché de gré à gré passé entre expéditeur et transporteur». Bien des aspects laissent à désirer dans l'étude de la «quotidienneté circulatoire provinciale et européenne»;

– le fait économique s'accompagne d'un essor culturel qui donne aux villes capitales une véritable prééminence. Le plat pays constitue l'aire de diffusion de l'information et le bassin de ressources, au même titre que les pays étrangers. «Système politique» et «système culturel» se complètent. S'est opérée alors, dans l'ensemble de l'aristocratie et du public cultivé, une révolution psychologique où l'amour du «nouveau» et des voyages, combinant libertés et contraintes, lance sur les routes d'Europe maints «découvreurs». Naît une littérature de vulgarisation des voyages et des guides qui trouve ses origines au siècle précédent (N. Hepp, *Actes du colloque de Strasbourg*, s.l.,1981).

Joint à la volonté d'aventure et aux améliorations techniques, l'esprit de curiosité des élites «rénovées» entraîne la diffusion du «modèle» du Grand tour des jeunes nobles britanniques, voyage initiatique de six à dix-huit mois, censé façonner le vrai gentleman, entraînant dans les grandes villes d'Europe, l'apparition des hôtels, restaurants et cafés – avec fumoirs – où l'on offre le confort «à l'anglaise». «Le voyageur anglais est aussi une nouveauté qui date du XVIIIe siècle» a écrit René Pomeau. Des modèles de socialisation s'imposent à l'imaginaire des peuples. Des facilités nouvelles sont nées au sein des frontières, zones d'attraction autant que barrières de séparation. L'enrichissement spirituel par le voyage est une des premières justifications de ces pérégrinations (L. Bély).

Politique, technique et culturel s'unissent ainsi pour franchir l'ère des révolutions qui s'ouvrent en Europe dès 1770, sans que soit modifié en rien, au sein des nations, malgré la tentative révolutionnaire, le facteur essentiel, le temps, qui aspire à maîtriser l'Espace.

Chapitre I
La politique et ses impératifs

Les événements commandent, imprévus, solidaires, dans un rythme soutenu.

1. La France, d'une révolution à l'autre

«Entre 1740 et 1840, la France se dote, dans une première tentative d'aménagement du territoire menée à cette échelle, d'une infrastructure routière. Grande mutation ou progrès limité? Les données quantitatives manquent pour en décider. L'absence de demande du corps politique et l'outillage mental des ingénieurs des

Ponts et chaussées rendent compte de l'incapacité à fournir une vision d'ensemble des routes françaises: rôle privilégié de la cartographie d'un côté, construction de routes dans un cadre administratif éclaté de l'autre. La complexité naturelle des réseaux routiers expliquerait les réponses hésitantes de l'histoire.» (B. Lepetit). Face à ces difficultés, l'auteur préconise un nouveau mode de présentation des réseaux, basé sur le recours, non plus au trait, mais au chiffre. Grâce à l'analyse factorielle des caractéristiques de la surface de roulement des routes, la production d'un indice composite d'équipement et l'analyse topologique des réseaux devraient permettre d'établir les dénivellations de la surface de transport, prélude à la connaissance des trafics et du degré d'accessibilité des villes. Peut-être conviendrait-il d'étendre cette méthode d'analyse à d'autres États européens[1].

Le grand siècle des routes: le XVIIIe siècle[2]

La route est affaire d'État. La politique élaborée à l'époque de Colbert prend son développement, sans continuité réelle, mais avec une efficacité fragmentaire et «régionale», d'abord avec la généralité, «départementale» ensuite, où s'inscrivent, outre l'œuvre de l'Académie des sciences, les initiatives de l'École des ponts et chaussées et les développements cartographiques. Le voyage devient facteur d'unité. Depuis 1626 (la première carte connue des routes de poste de Nicolas Berey), paraissent les Sanson (*Galliae antiquae*, 1658), puis Nicolas de Fer édité à plusieurs reprises entre 1700 et 1730, Jaillot aux armes du comte d'Argenson, Grand maître et surintendant général des postes (1746-1757), en 1785, l'*Indicateur fidèle qui donne l'abrégé de toutes les routes*, par le sieur Michel ou *Guide du voyageur français* (AE). Le XVIIIe siècle nous a légué l'armature du réseau routier. Géographe averti, Louis XV soutient Cassini III dans la réalisation de la carte de France, œuvre scientifique marquant un double progrès, première carte de base du royaume par la multitude des points relevés, premier recensement toponymique. Monique Pelletier a mis en évidence les différentes phases des réalisations: mise au point du canevas géométrique (1683-1744) que Cassini aurait voulu étendre à toute l'Europe (les méthodes géométriques ont gagné du terrain); établissement du «plan détaillé de la France» (1747-1756), carte de France «privatisée» (1756-1793) – Napoléon, cartographe et routier, donnera l'impulsion décisive avec la «nationalisation» (1793-1818) –, la parution du détail de la France et la cartographie des provinces. La logique d'ensemble s'impose avec l'idée de réseaux nationaux et provinciaux. Les routes royales absorbent les problèmes de relief presque de la même manière que les voies romaines, esclavage en moins. Certaines reprennent quasiment le même tracé, comme la route de Langres à Dijon (Denis Lamarre, Reims, 1985). Une distinction d'origine s'impose quant aux «responsabilités» assumées. La France des «élections» (circonscriptions administratives) est différente de celle des États. Dans la première, l'entretien des grands chemins est considéré comme un service public. La Régence du duc d'Orléans structure le corps des Ponts et chaussées. Le budget s'améliore. Il en est autrement dans certains pays d'États. Par contre, en Bretagne, en Bourgogne ou en Provence, les États veillent au bon entretien et au financement du système routier.

L'instruction du 14 juin 1738 a défini le plan d'ensemble: préparation de la réunion, à la capitale, des métropoles régionales (ce qui n'est pas nouveau) et généralisation de la corvée. Mise en œuvre par les intendants des provinces et par ces «ouvriers de la route» que furent Daniel Charles Trudaine (1703-1769), son fils Jean-Claude (1733-1777) et Jean-Rodolphe Perronet (1708-1794), cette politique est coordonnée par les services du contrôleur général. Soutenue par une activité réglementaire de discipline et de régularité, l'œuvre d'ensemble connaît des succès certains et Arthur Young de s'exclamer à la fin du siècle: «Si la France n'a pas de bonne agriculture à nous montrer, elle a des routes [...] Tout cela est admirablement construit [...] Tout cela me remplirait d'admiration si je ne connaissais pas les abominables corvées, qui me font prendre en pitié les malheureux cultivateurs, dont on a extorqué le travail, pour produire de force toute cette magnificence.» (*Voyages en France*, traduction de H. Sée, Paris, Colin, 1976.)

Le contraste est grand entre quelques réalisations spectaculaires, les routes de grande circulation, qui relèvent de l'État, et l'ensemble de la voirie qui dessert campagnes et villes moyennes, livrées aux contraintes du sol, aux incertitudes des saisons, à la misère des campagnes dont rendent compte les *Mémoires* du Lorrain Jamerey-Duval. Il a mené la vie errante des vagabonds, avant de devenir conservateur à Vienne du cabinet des médailles de la cour habsbourgeoise (*Histoire*, 22, 1982). L'action des personnalités est à relever. En Limousin, Trésaguet, collaborateur de Turgot, publie en 1775 le *Mémoire sur la construction et l'entretien des chemins*. Luttant contre les ornières, il prône la mise en place de routes empierrées. Un «réseau de prestige» s'étend en étoile autour de Paris, atteignant Péronne, Reims ou Orléans. Ailleurs on vole pendant la nuit les «rues dépavées». Encore en culture en 1670, les Champs-Élysées sont pavés en 1775. Routes d'empierrement ou cailloutis partout ailleurs, routes en pierraille de la Champagne et du Soissonnais, flanquées de berges, fossés et lignes d'arbres, terminées en 1789. Tout le reste du réseau, chemins anciens en terre battue, s'étend au hasard des administrations et des conditions locales. Œuvre négociée avec les autorités, à une époque où les révoltes se sont tues, la construction d'une route signifie l'expression d'un pouvoir, voire d'une autonomie et, parfois, rêve d'une indépendance (F.-X. Emmanuelli).

Pays d'élections ou pays d'États bénéficient de l'activité du service des Ponts et chaussées, unique en Europe. La France entière est concernée. Maurice Bordes a étudié les routes de la généralité d'Auch à la fin de l'Ancien Régime, A. Meynier les routes entre Aurillac et Mauriac, Imberdis celles d'Auvergne, Léon Blin, les voies de

Paris à Lyon (par la vallée de la Loire), G. Verynaud, celles du Limousin, province test. Malgré la situation de carrefour de Limoges et l'essor de la région industrielle de la Vienne moyenne, il faudra attendre 1760 pour que s'organise autour de la ville un réseau cohérent, à la mise en place accéléré après 1775. En Franche-Comté, quelle que soit l'activité des intendants de Vanolles, de Sérilly, de Beaumont, de Boynes, de Lacoré, le mérite en revient au Breton Quéret, directeur et inspecteur des Ponts et chaussées à partir de 1735. Avec ses collaborateurs, quatre sous-ingénieurs, seize à dix-neuf subdélégués, dix-huit à trente-neuf commis, il accomplit une œuvre d'une portée considérable. En 1751, il écrit un mémoire pour la plantation des arbres le long des routes, veille à l'entretien des pépinières de Besançon, de Lons, de Vesoul. Il propose l'édification de douze collines toscanes aux grands carrefours et de douze pyramides aux confins des provinces voisines. Il se préoccupe du rendement de la corvée royale: elle doit permettre d'entretenir trois cent quatre-vingt-une lieues sur les cinq cents lieues des routes de la Franche-Comté. F.-X. Emmanuelli a évoqué avec précision l'époque «quand on construisait la section comtadine du Grand Chemin de Lyon en Provence» (*Études Vauclusiennes*, janvier-juin 1979): le pouvoir royal arrive dans la province. Est à considérer l'hostilité des féodaux, qui refusent de payer, et des communautés qui ne voient que le profit immédiat. R. Werner a étudié l'œuvre des Ponts et chaussées en Alsace: se pose le problème des relations, à travers les Vosges («le collier de la Reine» au col de Saverne), de Paris avec la province frontière et de celle-ci avec l'outre-Rhin. Chemins de contrebande du sel, des monnaies et du tabac, s'y retrouvent plus intensément qu'à l'intérieur du royaume.

Dès la fin du XVIIe siècle on avait assisté à l'essor des transports en commun. Les messageries assuraient le service sur les routes équipées des relais de la poste aux chevaux. Par l'arrêt du 7 août 1775 qui implique la fusion des deux services, les messageries sont rattachées au domaine royal et organisées en régie. Turgot devient surintendant des postes. Le 12 mai 1776, le roi demande sa démission au ministre dont l'œuvre est mise en péril. Le 28, les corporations sont rétablies mais l'organisation des nouvelles messageries n'est pas remise en question: la régie est transformée en ferme et rattachée à celle des postes. En 1788, le surintendant a disparu: paraît l'*État général des postes de France*, Rigoley d'Ogny étant intendant général des postes.

Une politique de l'élevage: cheval-travail et cheval-passion[3]

Dans l'ensemble, le cheval reste la pierre angulaire de l'édifice social, psychologique et routier de la société française. L'utilisation des chevaux est l'illustration imagée de l'«anthropologie d'une passion» (J.-P. Digard), d'une généalogie également qui illustrent le problème des rapports de l'homme et de l'animal. Les courses à l'anglaise donnent le ton, la royauté s'y intéresse, l'aristocratie, forte de ses équipages élégants et racés. De même, est soulignée la place de l'importation du genêt d'Espagne, coursier convoité de la noblesse française et européenne.

Plus encore compte, pour la société, l'effort de travail consenti et fourni. En 1789, le *Conducteur français* de Louis Denis, voyageur impénitent, indique directions et prix pratiqués vers 1770. Prix des chevaux de louage en France: «Chaque cheval de chaise ou de selle est payé vingt-cinq sols. L'on trouve, au début du Livre des postes, tous les règlements relatifs au nombre de chevaux que l'on est obligé de mettre à sa voiture. Les maîtres de postes et postillons trouvent les chaises de poste angloises si bien roulantes qu'ils aiment mieux les mener avec trois chevaux de front, que d'en mettre quatre à une chaise à quatre roues françaises, ou autre, comme je l'ai éprouvé avec ma chaise de poste angloise. On donne quinze ou vingt sols par poste à chaque postillon.»

La production des animaux doit résoudre le double problème de la force et de la vitesse. Dans l'ensemble, les circuits sont bien organisés et donnent satisfaction, ce qui suppose «une politique de naissance et d'éducation du cheval», par la création et l'entretien des haras, à la hauteur des besoins. La carte européenne des routes doit être doublée d'une carte de l'élevage du cheval et du mulet. En dehors de la chasse, domaine favori, l'élevage relève de l'activité agricole par un échange permanent de services, à un moment où la circulation ne cesse de s'accroître. Une nécessité s'est imposée: augmenter le nombre total de chevaux dans les relais (onze à douze dans les plus petits, cent, cent cinquante, deux cents dans les relais des grandes villes). De 1800 à 1843, le nombre total des chevaux de poste passe de seize mille à vingt-cinq mille, sans compter les relais particuliers. C'est aussi la fin des règlements limitant le nombre de chevaux nécessaires à la traction d'un véhicule donné. L'introduction en France des jantes larges empruntées à l'Angleterre a permis aux voituriers d'atteler à leurs véhicules un nombre illimité de chevaux. Peuvent varier les conditions locales. Autour du cheval et autour du relais, vit un peuple hétérogène de conducteurs, postillons, cochers, valets et de métiers où se transmet l'âme villageoise: maréchaux-ferrants et forgerons. Le feu incandescent brille dans les masures. Contraintes et traditions, légendes diverses illuminent la vie quotidienne de «l'espace équestre» à la ville, au château, comme à la campagne.

Les éleveurs ont recours moins à des croisements avec les reproducteurs barbes, arabes, ou andalous des haras de l'État créés par Colbert, supprimés par la Révolution, rétablis par Napoléon Ier le 4 juillet 1806, qu'à la méthode de sélection, à l'alimentation, aux travaux des champs. Au sein de la population chevaline, deux types sont apparus: les animaux de gros trait d'abord qui transportent, au pas, les marchandises lourdes et peu pressées, chevaux du roulage tels le Boulonnais trapu, joint aux juments «marayeuses» et le Flamand, le plus grand et le plus lourd de tous; les animaux de trait léger ensuite, qui conduisent au trot voyageurs et marchandises: le Percheron de 1835, plus grand que l'ancien, à la forte encolure, le breton, fort d'un air de famille, qui se divise en trait breton (le plus lourd) et trait postier, énergique, endurant et rustique, les Ardennais, les Poitevins et les Lorrains. En Nivernais, on trouve deux populations chevalines distinctes; dans le Morvan, des chevaux de petite taille, nerveux, résistants, capables de trotter; et, dans la dépression périphérique, les Bazois, des chevaux plus épais et plus lourds. Des croisements ont lieu avec les étalons du Perche. Les «importations» ne sont pas impossibles. La «royauté du cheval» est à traiter à l'échelon européen, Franche-Comté, plaine hongroise et Jura suisse compris, autant pour les races que pour les utilisations possibles, l'armée étant prioritaire.

L'esprit révolutionnaire et l'œuvre des assemblées provinciales

B. Lepetit et ses élèves ont posé le problème de la construction – permanence ou rupture – de la fin de l'Ancien Régime à la Restauration? Les années 1789-1820 semblent marquées d'un double mouvement en sens contraire: dans un premier temps, la construction du réseau est bloquée, dans un second temps, on assiste à un rattrapage et à une reprise. Comme la Réforme, la Révolution est le fruit de la route (et de la tribune). Georges Lefebvre en a tenté une explication en ce qui concerne la Grande Peur. L'œuvre pourrait être reprise pour l'ensemble du développement révolutionnaire. Malgré de bonnes intentions, – l'intensification de la circulation et l'affirmation de l'égalité pour tous – mais, du fait de la carence financière et des périls multiples, la Révolution laisse à l'abandon la plupart des voies de communication dont l'entretien est confié aux pouvoirs locaux, eux-mêmes inopérants et sans argent. De l'œuvre importante des assemblées provinciales de 1787 – inventaire, surveillance des adjudications, prix et fournitures –, peu de choses subsistent dans la réalité. La suppression des droits féodaux a entraîné la suppression des taxes de péage, en tant qu'héritage désuet. Le décret du 15 mars 1790 rappelle cependant qu'étaient maintenus en vigueur «les droits concédés pour dédommagement et conditions de constructions de canaux, ponts et autres ouvrages d'art». Qui va assurer l'entretien? Les schémas s'opposent, notamment en ce qui concerne l'entretien des grands chemins. D'aucuns souhaitent confier les travaux routiers à des manœuvres salariés, à l'aide d'un impôt physiocratique ou d'une taxe péagère. D'autres préconisent le maintien d'une corvée salariée. Les fournitures en nature pour les chemins vicinaux et les voiturages rappellent les responsabilités locales. Apparaissent des projets de fusion entre le Génie et les Ponts et chaussées (J.-M. Goger).

Les grandes écoles et un programme unificateur

La guerre enlève, avec les volontaires, la main-d'œuvre nécessaire et bloque pour une génération, à l'intérieur, toute politique de grands travaux. Seuls, les principes «formateurs» sont posés et commandent l'avenir. On assiste à la reprise du plan d'ensemble de la monarchie: rechercher avec l'aide des ingénieurs les solutions qui permettraient l'établissement de jonction entre les principaux fleuves (instructions du 23 frimaire de l'an VII – 13-12-1798). Un programme: multiplier les communications de voie d'eau en France, pour que «l'agriculture, le commerce et les arts prennent un accroissement rapide et prodigieux et que la République s'élève au plus haut degré de prospérité et de puissance». Vues de l'esprit et belles paroles que sous-tendent le 7 vendémiaire an III (28 septembre 1794), la création de l'École centrale des travaux publics, et, en 1795, celle de l'École polytechnique. La décentralisation accentue le caractère national du recrutement confié pour l'avenir à l'élite française. L'École des ponts et chaussées est dirigée par un Lyonnais, Prony, inspecteur général, qui se préoccupe, dans le cadre des départements, des améliorations du réseau routier[4].

La loi du 30 floréal an X (29 mai 1802) apporte les premiers remèdes, par le biais financier, en établissant le principe des taxes destinées à pourvoir à l'entretien de la voie fluviale. De son côté, bénéficiant de l'essor des sciences, fondamentales ou appliquées, le décret du 16 frimaire an II ordonne la réparation des routes et des ponts: un *Mémoire sur les remblais et les déblais* ouvre les œuvres de Monge. L'*Atlas de la Révolution française* (EHESS, 1989) rappelle que les routes françaises sont faites de trois types de matériaux: le pavé, la pierraille et le «terrain naturel». Réparties en trois classes: de Paris aux frontières, vingt-huit routes; d'une frontière à l'autre, quatre-vingt-dix-sept; d'une ville à l'autre, le reste consiste en chemins. Les routes ne sont plus classées d'après leur largeur mais leur direction (C. Florange).

Le décret du 16 décembre 1811 classe les routes en routes impériales et routes départementales. Les premières, routes impériales, au nombre de deux cent vingt-neuf (vingt-sept partant de Paris allant aux frontières, deux cent deux entre les villes) ont leurs dépenses incombées au Trésor; les secondes – routes départementales – à l'assemblée locale. Ces dépenses constituent un élément essentiel de l'activité du conseil général (ABR, section M) en liaison avec les préfets. Certains, tels Jean-Bon Saint-André, préfet du Mont-Tonnerre, qui ouvre, à travers les rochers, la route suivant le Rhin, de Bingen à Coblence, ou Lezay-Marnésia à Strasbourg, font preuve d'une intelligente activité. «Préfet des paysans» mais également «préfet des routes».

Aux frontières, se pose, pour les routes, le problème des transformations du système douanier. La loi du 5 novembre 1790 créant un service d'État chargé de la police du commerce extérieur, avait substitue le système de la régie à celui de la Ferme. Sont supprimées les barrières douanières à l'intérieur du pays, simplification désirée: une marchandise expédiée par voie de terre, de la Provence pour la Bretagne, était soumise à huit déclarations, autant de visites et devait acquitter six droits différents. La nouvelle loi a entraîné la disparition des «cinq grosses fermes», des provinces réputées étrangères, des provinces «à l'instar de l'étranger effectif». Était mis fin à trente-cinq droits existants, ayant chacun leur tarif et leur mode de perception propre. De même à l'extérieur. Le tarif nouveau du 15 mars 1791 établit sur les frontières quatre taxes d'entrée, de sortie, de transit et de balance. Libéralisation interne de la route, homogénéisation des conditions de trafic mais protectionnisme à la sortie vers l'étranger: le Consulat conserve ces données et crée en septembre 1801 la Direction générale des douanes, qui donne à l'administration son visage moderne et à la route son estampille fiscale (R. Dufraisse)[5].

L'Empire vaincu par la distance

L'Empire qui couvre une bonne partie de l'Europe a maintenu, en principe, officiellement, la même politique d'entretien à l'égard du réseau routier. S'y retrouve la double vocation assignée par Rome: la route, moyen de domination politique, moyen de communication pour les denrées, les armées, les idées (celles de la Révolution française et le culte de l'empereur). Les réalisations sont en étoile, autour de Paris, vers les frontières. Les montagnes sont franchies. La Belgique et l'axe rhénan sont ouverts. Le préfet Joseph Fourier trace les itinéraires de Grenoble à Turin par le Lautaret et le Genèvre. Cette activité intense, favorisée par l'absence de toute activité maritime d'importance, ne peut dissimuler, malgré les progrès du télégraphe optique, la carence officielle dans le domaine de l'invention proprement dite. Des modifications sont apportées – en vain –, pour la première fois, au système de traction et de propulsion, maritime ou terrestre. Le 17 août 1807, Robert Fulton lance son vapeur, Clermont, sur l'Hudson, de New-York à Albany (K. Radunz). Napoléon n'en tire aucun parti. Il demande beaucoup à l'homme et à l'animal, moins au génie inventif qu'à la suite de l'Angleterre le continent va exploiter – mais ce n'est qu'en 1821 que le premier vapeur y fut construit. «On a pu dire que Napoléon a été vaincu par la distance et l'insuffisance des techniques routières, même dans le domaine économique» (L. Trénard), par l'incapacité des exécutants également, rivés dans l'obéissance, et par l'hiver russe. Encore faut-il examiner le problème à l'échelon européen. La campagne de France de 1813 affirme sa maîtrise dans l'utilisation stratégique de la route.

L'espace national ou départemental et l'œuvre des notables

Deux nouveautés ont été léguées par le régime impérial à la Restauration: la création d'un espace national affirmé, d'une part, par l'unité fiscale et l'apport consenti aux ressources routières, de l'autre, par l'effort de prise en main et la hiérarchisation des itinéraires. Un mot clé, économie; un outil indispensable, le franc germinal (J. Tulard, Bercy, 2001). Dès 1807, chaque échelon administratif recevait la responsabilité matérielle et financière d'une étape du réseau, au moins sur le papier, car souvent les moyens n'ont pas suivi, mais sont posés les principes de répartition entre pouvoir central et autorités locales. La nature de la route se transforme: «De tracé régalien sans spécificité, la route se mue progressivement en axe chargé de diverses fonctions, dont, par le biais du calcul économique, le XIXᵉ siècle va s'efforcer de tirer le maximum de profit.» (J.-M. Goger.)

L'administration née de la Révolution et de l'Empire est maintenue; elle pense à consolider quelques axes principaux, notamment sur la façade maritime mais vise surtout l'amélioration de la politique de couverture du territoire, compte tenu de ce que d'aucuns ont appelé «la citoyenneté bourgeoise communautaire» qui tend à donner à la ville moyenne une certaine importance (G. Saupin, *BSHMC*, 2000, 3/4). Le *Dictionnaire de toutes les communes de France*, de Girault de Saint-Fargeau, combiné dans le Sud-Ouest avec la carte dite «de Capitaine», ouvre la voie à la connaissance, sinon à la réflexion administrative.

De 1815 à 1826, le service des Ponts et chaussées aurait construit mille huit cents kilomètres de routes et rétablit vingt-huit grands ponts (Florange). Vingt autres auraient été construits avec concession de péages. Le gouvernement des notables de Louis-Philippe étudie et codifie la police du roulage de grande voirie, réglemente le service des futurs cantonniers, ouvre les campagnes. La route Mademoiselle ourle la Bretagne; les routes stratégiques visent à briser dans l'Ouest les velléités d'insurrection des partisans de la duchesse de Berry: «cils des bocages» et «cils des plans», la route est légitimiste ou gouvernementale après avoir été révolutionnaire ou royaliste. Route de l'exil enfin pour Charles X qui s'embarque à Cherbourg pour l'Angleterre; de même. pour Louis-Philippe qui abandonne la route de Paris-Cherbourg pour prendre le chemin qui longe la vallée de la Risle et gagner la côte de Grâce. Route du dernier adieu.

Au 1ᵉʳ janvier 1836, note B. Lepetit, la France compte trente quatre mille cinq cents kilomètres routes royales, dont 11,4 % sont considérés comme lacunaires. La politique vise alors à améliorer les parties existantes par la multiplication des routes pavées et des routes empierrées. Chiffres nationaux qui dissimulent mal des contrastes régionaux, accusés par l'existence de voies navigables et de canaux. Est visible sur la carte la concentration géographique de dix départements rassemblés en écharpe englobant tout le Nord-Est du Massif central, où nombreuses sont les rivières, et multiples les canaux (de Berry, de Bourgogne, de Briare, du Centre, du Loing, latéral à la Loire, du Nivernais, d'Orléans). L'importance des cours d'eau reste considérable. La route reste unie au fleuve. Deux réseaux coexistent: l'un, isolé, rapide et cher, l'autre lié au fleuve ou à une desserte rentable, plus long et moins coûteux.

En 1836, la loi Thiers-Montalivet établit une distinction entre les chemins vicinaux – ceux de la campagne – et les voies de grande circulation. Les premiers sont entretenus par les communes (par des prestations en argent ou en nature), les seconds peuvent recevoir des subventions de l'État. Loi importante: pour la première fois, la voirie locale obtient son statut, ses ressources, son personnel. Jouent la situation des «pays», telle que la définissent la nature du sol, le régime de la propriété, les nécessités de l'exploitation, et les ressources des communes. La loi du 14 mai 1837 débloque quelques crédits, mais n'apporte aucune amélioration dans le tracé général, ignore les liaisons transversales mais tente de débloquer les campagnes. Le tandem de choc? Préfet-conseil général. Leur histoire est celle de la route. La route, où triomphent le roulage, les messageries, la poste aux lettres, a traversé les incertitudes politiques. Sans grande modification de temps et de matériel, elle contribue au phénomène de diffusion des idées, par le jeu des gazettes et l'attraction des villes[6]. En 1835 son identité est reconnue: par un règlement et, en 1852, par arrêté ministériel, est organisé le corps des cantonniers. La nomination est confiée au préfet, les groupes sont organisés en brigades de six hommes, placés sous les ordres d'un cantonnier-chef.

2. En Grande-Bretagne

La supériorité anglaise dans le domaine de la circulation routière est bien connue en Europe. Elle est due autant au système d'administration générale qu'aux initiatives techniques, en ce qui concerne le véhicule (la chaise anglaise est plus «roulante» que la française) et le revêtement des routes. Se pose le problème de l'extension territoriale à l'Écosse et à l'Irlande, fréquentées par les voyageurs des XVIIIe et XIXe siècles.

Le gouvernement local et sa politique

La centralisation est moindre qu'en France, mais le résultat est tout aussi probant. Sous la pression du gouvernement local, l'initiative privée, invitée à résoudre le problème financier des communications, suggère la formule des *turnpike roads* (routes à péages) qui deviennent la base du système. Chaque véhicule doit acquitter une taxe qui varie selon sa taille et son poids. Les diligences versent par passager une taxe répercutable sur le prix du billet. Les malles rapides sont exemptes, de même que d'autres véhicules «utilitaires». Des protestations s'élèvent: pourquoi les cultivateurs transportant du fumier ne payent-ils rien, même s'ils sont très chargés et endommagent la route entretenue par corvée? De 1751 à 1770, nombre de projets de loi sont soumis au Parlement et cela jusqu'en 1830. La politique des péages triomphe sur les voies, nouvelles et anciennes[7]. Dutens donne les prix et rappelle taxes et pourboires. Prix des chevaux de poste (vers 1770): pour deux chevaux de chaise, neuf pence, ou neuf sols sterling par mille; pour quatre chevaux de chaise, quinze pence par mille; pour un cheval de selle, trois pence par mille, excepté sur la route de Douvres à Londres, et celle de Londres à Bath, où l'on paie un shilling par mille, pour deux chevaux de chaise, et dix-huit pence pour quatre; on donne dix-huit pence, ou deux

9. *L'Europe, par le sieur Robert de Vaugondy* (1778)

ITINÉRAIRE
DES ROUTES
LES PLUS FRÉQUENTÉES,
ou
JOURNAL
DE PLUSIEURS VOYAGES
AUX VILLES PRINCIPALES DE L'EUROPE,

Depuis 1768 jusqu'en 1791 ;

Où l'on a marqué en heures & minutes le temps employé à aller d'une poste à l'autre ; les distances en milles anglois, mesurées par un *Odomètre* appliqué à la voiture ; les productions des différentes contrées ; les choses remarquables à voir dans les villes & sur les routes ; les auberges, &c.

On y a joint le rapport des monnoies & celui des mesures itinéraires, ainsi que le prix des chevaux de poste des différens pays.

SEPTIÈME ÉDITION, revue, corrigée & augmentée :

Avec une Carte géographique.

PAR M. L. DUTENS,

De l'Académie royale des Inscriptions & Belles-Lettres de Paris, & de la Société royale de Londres.

A PARIS,

Chez THÉOPHILE BARROIS le jeune, Libraire, Quai des Augustins, près du Pont Saint-Michel, N°. 18.

M. DCC. XCI.

10. Itinéraire des routes les plus fréquentées..., par L. Dutens (1791)

11. a. Table des rapports de la dépense en voyage en Angleterre, en France et en Italie.

TABLES DES RAPPORTS
DE LA DÉPENSE EN VOYAGE
EN ANGLETERRE, EN FRANCE ET EN ITALIE.

Explication du Tableau ci-contre.

ON suppose ici que chaque poste est d'environ 14 milles en Angleterre ; 5 milles, ou deux lieues, en France ; & 9 milles en Italie : que l'on fait 60 milles par jour en Angleterre, dix postes en France, cinq postes en Italie. Le rapport des monnoies est ici de 10 sols & demi sterling par livre de France, de 6 sols sterl. par paolo, de 20 paoli par sequin. On passe dans cette Table un demi-écu par jour, d'argent à dépenser, aux officiers ou domestiques sans livrée, en Angleterre ; 2 liv. en France ; 3 paoli en Italie : aux domestiques de livrée, 1 shelling 6 sols en Angleterre ; 35 sols en France ; 3 paoli en Italie. = Pour la dépense dans les auberges, on compte 2 liv. 10 liv. 10 shellings sterling en Angleterre, 2 louis d'or en France, 4 fequins en Italie. Le tout est réduit à un compte certain, par mille, par poste, & par jour.

Les chiffres ordinaires sont en monnoie d'Angleterre, les chiffres plus gros sont en monnoie de France ou d'Italie, sous leurs colonnes respectives. = Livres sterling, shellings, sous & décimales. = Louis d'or, livres, sols. = Sequins, paoli, soldi.

11. b. Explication de la table des rapports ci-dessus

VALEUR DES MONNOIES

De Bavière, d'Autriche, de Saxe, de Prusse et de Russie, comparée à celle des Monnoies de France.

On donne le titre (énoncé en millièmes) de la pièce et sa valeur dans les Monnoies de France.

	TITRE.	VALEUR.
BAVIÈRE.		
Carolin (or).	0, 771. .	25 fr. 74 c.
Maximilien d'or.	0, 768. .	16 95
AUTRICHE.		
Double souverain d'or.	0, 915. .	34 89
Species reichsthaler.	0, 830. .	5 10
Florin (gulden) à 60 kreutzers.	0, 833. .	2 56
10 kreutzers.	0, 486. .	0 41
Ducat de François II (or).	0, 986. .	11 69
Florin d'or de Hanovre.	0, 781. .	8 69
SAXE.		
Species reichsthaler à 32 groschen.	0, 833. .	5 11
Gulden (florin).	0, 830. .	2 55
Auguste d'or.	0, 898. .	20 48
PRUSSE.		
Reichsthaler à 24 groschen.	0, 740. .	3 59
Frédéric d'or.	0, 901. .	20 54
RUSSIE.		
Rouble à 100 kopecks, depuis 1762. . . .	0, 875. .	4 01
Impérial à dix roubles (papier-monnoie). .	0, 969. .	28 64

12. Valeur des monnaies…, par l'abbé Georgel

13. a. La diligence, par C.-C. Henderson

13. b. Postillon ramenant haut le pied un attelage à son relais (1820)

14. *Diligence française au relais*

15. *Vue du port et de la ville de Strasbourg, par L. Bleuler (1826)*

16. Chemin de fer de Bâle à Strasbourg

shillings, à chaque postillon, et six pence au palefrenier. En dehors de ces prix nécessités par l'utilisation du véhicule, «une taxe supplémentaire de trois pence par mille a été imposée pour chaque cheval, payée par les voyageurs». Somme destinée aux autorités locales qui assurent l'entretien de la chaussée.

Villes-marchés et main-d'œuvre routière

Le développement urbain a pris des proportions considérables. Les villes-marchés se multiplient (J.-P. Poussou). Les centres industriels et commerciaux sont reliés entre eux. Les mentalités se modifient du fait de la politique extérieure et des transformations industrielles (I.-R. Christie, *War and Revolutions (Britain 1760-1815)*, Londres, 1982). Les mœurs évoluent. En témoignent les caricatures de William Hogart (1697-1764) dont est resté célèbre *Le Mariage à la mode*, alors que les élites nobiliaires ou bourgeoises se retrouvent dans Thomas Gainsborough (1727-1788), auteur de portraits d'une grâce incomparable. Formation également des élites commerciales (J. Hoock, *L'Enseignement commercial anglais au XVIIIe siècle*, sous la direction de F. Angiolini et D. Roche, EHESS, 1995), à la fois théorique et pratique, grâce à la correspondance avec l'étranger et les colonies. Le «déplacement expérimental» est la loi de cette nouvelle classe sociale.

Comme en France se pose la question du personnel chargé de la construction et de l'entretien des routes. Pas d'écoles mais des ingénieurs formés sur le tas. Des travailleurs, assujettis à la corvée: les pauvres gens n'ont aucun moyen d'y échapper. Les paroisses les embauchent à des prix dérisoires, de même que leurs familles. Sur les routes, femmes et enfants de neuf à dix ans, garçons et filles, brisent les pierres, les hommes font les charrois. Après l'instauration des routes à péage qui fournissent l'argent, les ouvriers rétribués sont retenus. En témoigne l'ingénieur Navier, voyageur «objectif», qui met en valeur «l'exemple anglais». Sous le rapport de la fermeté et de l'égalité de la surface, les routes anglaises ne laisseraient rien à désirer: «Après avoir voyagé sur près de quatre cents lieues de routes en Angleterre et en Écosse à la fin du mois d'octobre, je puis dire n'avoir pas vu ce qu'on appelle en France une ornière», et d'expliquer que l'excellence des routes anglaises tient, non à une différence dans l'activité de la circulation, non à la qualité des matériaux employés, mais à leur préparation et aux soins donnés à leur emploi: «Les ouvriers sont tellement multipliés en Angleterre, qu'ils peuvent facilement parcourir le canton qui leur est confié…»

Une capitale: Londres, «la Babylone noire» (Victor Hugo)

Marqué par une énorme progression de la population, Londres, aux multiples contrastes, exerce une incontestable prééminence et une non moins notable attraction. Dans une vision métaphorique de Dekker, Londres, où s'est déroulée la fête de l'entrée de Jacques Ier «en son honorable cité», était appelée par le *Genius Loci*: «Ce petit univers d'hommes, cette pierre qui rehausse l'Europe, joyau du pays […] sphère de majesté, à la taille virginale, telle une ceinture de cristal précieuse…» (M.-T. Jones-Davies, *L'Europe pour les Anglais de la Renaissance, op. cit.*, p. 185).

Londres est centre et foyer de communication. En 1840, Théodore Aymard se rend en Angleterre. Il a pris la diligence jusqu'à Boulogne, puis un paquebot l'a amené dans la Tamise. «Dans Londres, la circulation à vapeur pouvait se comparer à celle des omnibus sur le boulevard des Italiens.» Ce qui frappe le voyageur qui débarque? «C'est le mouvement qu'on y trouve, celui de Paris est peu de choses en comparaison.» Même différence entre Londres et Paris qu'entre Paris et Lyon. Au pont de Londres (*London Bridge*) s'arrêtent les grands bateaux à vapeur. On a fait un tunnel sous la Tamise, il porterait le nom d'un ingénieur français: Brunel. Des indications sont données «sur la forme du pavé, différente du nôtre». La théorie du pavé d'échantillon est appliquée par les Anglais: «Dans le sens de la marche, la longueur du pavé doit être assez petite pour que le pied du cheval, en se posant, puisse toujours tomber sur un joint.» La ségrégation sociale se renforce: l'Ouest et le Nord-Ouest, quartiers résidentiels et plus riches, l'Est, districts portuaires et industriels. La *City* demeure le centre des affaires.

L'aménagement interne de la cité n'est pas indifférent à l'historien de la circulation. Plus étendu que Paris, Londres n'a ni enceinte, ni octroi. À l'intérieur s'étendent plusieurs parcs considérables. Le plus grand est *Hyde Park*, où se rend régulièrement pendant l'été la société aristocratique, pour se promener en voiture ou à cheval, les voitures de place ne peuvent y pénétrer. En hiver, l'aristocratie reste dans ses châteaux, elle arrive à Londres au mois de mai. L'allée dite «des Cavaliers», interdite à la circulation des voitures et des piétons, est fréquentée par des cavaliers, hommes et femmes, par groupes de cinq ou six, les amazones étant les plus nombreuses. Londres a de nombreux squares, «chose presque inconnue dans nos grandes villes» (cité par C. Chaline, *Londres*, Paris, Colin U2).

De Londres partent vers l'intérieur les grands itinéraires qui ont tendance à se multiplier, causant l'irritation des propriétaires terriens. Certains refusent de donner leur accord pour la construction d'une route qui passe sur leur propriété; d'autres trouvent l'initiative excellente pour le développement économique.

3. *Dans les Pays-Bas du Nord et en Belgique. L'ouverture sur le monde*

Dans ces régions, proches de la France et un temps annexées au Grand Empire, demeurent vivants les éléments du système mis en place sous l'Ancien Régime, modifiés par la Révolution. Cette participation d'une génération à l'espace français et napoléonien a des conséquences pour l'avenir, administratif et politique, du pays. Les conditions physiques entraînent des aménagements, mais l'appartenance politique a modifié la mentalité des habitants, sans compter les diverses réformes introduites dans le domaine religieux et social. L'ouverture de l'Escaut est un fait fondamental en attendant la création en 1815 du royaume uni de Hollande et, en 1830, la scission en deux États. La route de Paris à Bruxelles est mise en exergue et fait partie de la carte des *Grandes routes des provinces de Picardie, de Thiérarche, d'Artois, de Hainaut, de la Flandre et des Pays-Bas*, simple «coup d'œil» sur la France par M. Brion, ingénieur géographe du roi, «pour servir d'introduction au tableau analytique et géographique de ce royaume». (AE, s.d.). En 1855, Ernest Granger donne un *Précis historique et statistique des voies navigables de la France et d'une partie de la Belgique*. Ce précis contient les renseignements sur les droits de navigation et de péage. Y est joint une carte commerciale de la navigation et des chemins de fer de la France, de la Belgique et des États riverains du Rhin. L'unité est cartographique mais non politique.

Une tradition d'échanges, la modicité des distances, l'intensité de la vie culturelle donnent leur prix aux conditions de la circulation. Wilhelm Frijhoff a étudié la formation des négociants de Hollande (sous la direction de F. Angiolini et D. Roche, 1995). À Bruxelles, le Théâtre de la monnaie brille de tous ses feux. Le 2 janvier 1804, la Société des amateurs de musique donne le finale de *La Flûte enchantée*, chanté par Mᵉˡˡᵉ Roelens et ses partenaires au Conservatoire royal de Bruxelles. Mozart et sa famille ont emprunté ces voies: «Reconnaître "les routes Marie-Thérèse" qui reliaient Vienne à Bruxelles et aux ports de la mer du Nord, la rapidité du voyage devenait réalité; échanges et circulation des idées et des arts allaient croissant. Des routes à l'opéra, le point de fixation s'imposa…» (B. Massin, 1997.)

En général bien entretenues, les routes ne sont ni construites, ni pavées. Dans les Provinces-Unies, la multiplicité des voies d'eau rend nécessaire de fréquents changements de voitures, de chevaux et d'embarcations. Voies d'eau qui, pratiquement, supposent des parcours obligés et permettent l'utilisation des méthodes d'analyse factorielle et l'utilisation des systèmes que constituent les réseaux de relation (J. De Vries, *Barges and capitalism. Passenger transportation in the Dutch economy, 1632-1839*, Wageningen, 1978). Sur les longues distances au bord de la mer, le char à voile rend des services.

Avec le bateau à vapeur sur lequel va prendre place la voiture, la continuité est assurée. La législation a pris en Belgique, comme base, le système du relais. Ces derniers sont bien organisés mais, contrairement à ce qui se passe au XVIIIᵉ siècle de l'autre côté de la frontière, les charges n'y sont pas une propriété. Le roi nomme aux diverses fonctions. Seuls les maîtres de poste ont un contrat avec l'État pour assurer cette portion du service public. À partir de 1760, la Belgique se dote d'un réseau axé sur Bruxelles et sur Liège.

4. En Allemagne[8]

Le réseau routier en Allemagne, reste dans la dépendance du système politique. «L'ancien Reich garde toujours le même caractère d'association multiterritoriale composée d'un millier d'unités politiques plus ou moins autonomes» (K. Malettke), posant un problème de communication qui suppose, pour le pouvoir municipal ou princier, un échange d'informations allant au-delà de la sphère de l'imprimé. Le rôle de la diète est lié à l'idée impériale (A. Schindling). S'y développe au sein des États, un réseau où «l'absolutisme», notion discutée, fait difficilement sa part à l'opinion publique (A. Gestrich, 1994). Se multiplient les voyageurs: les itinéraires sont étudiés par Anne Radeff (2001).

Système politique, système économique et système routier

La création des voies publiques, et leur entretien, dépendent des États territoriaux. Au XVIII⁰ siècle, on enregistre une augmentation des services routiers dans le secteur de la poste avec des chiffres jamais atteints jusque-là, l'essentiel se situant au sud-ouest et à l'ouest de l'empire. Se sont étoffées les lignes de force distinguées aux chapitres précédents autour de trois pôles essentiels, Hambourg, Francfort et Leipzig auxquels s'ajoute Nuremberg. S'y rencontrent les voies venant de Venise et traversant les Alpes, venant de l'est avec Leipzig, Vienne et Ratisbonne, de l'ouest avec Strasbourg, Francfort et la région rhénane. Par-delà, Lyon, Paris, et Londres. Des services réguliers unissent Berlin à Postdam et à toutes les villes importantes des États grands et petits, les uns et les autres pénétrés des doctrines mercantilistes ou, comme à Weimar, des aspirations de «correspondance» de l'esprit des Lumières. À la base de la reconstruction restent la politique territoriale et l'essor économique bien étudié, dans ses fondements et ses assises sociales, par Étienne François, dans *Négoce et culture dans l'Allemagne du XVIII⁰ siècle* (F. Angiolini et D. Roche, *op. cit.*, 1995). La conquête de la Silésie (1741-1742) a été considérée par Frédéric II comme la principale réussite du règne. Les foires de Breslau attirent un grand courant de négoce. Pour se libérer de Hambourg, le roi détourne une partie du trafic de l'Elbe vers l'Oder, approfondi et aux péages supprimés. Le port de Stettin, conquête du roi-sergent, est aménagé. Un réseau de canaux relie l'Elbe à la Vistule par l'intermédiaire du bassin de l'Oder. Un droit d'étape est créé à Magdebourg. La Prusse possède sa première chaussée véritable en 1775.

À l'est de Berlin, se retrouve, dès le Moyen Âge et réactivé par Frédéric I⁰ʳ de Prusse, le problème de la colonisation, jusqu'à la frontière lithuanienne, de vastes régions dépeuplées depuis la peste du début du XVIII⁰ siècle. En 1724, Frédéric-Guillaume I⁰ʳ a fondé la ville de Gumbinnen, ville bilingue qui, grâce à l'influence de Humboldt, obtient un lycée en 1813. Colonisation mise en valeur par la ville de Königsberg, type de ville frontalière entre l'Ouest et l'Est, enrichie par le commerce de la Baltique et l'essor d'une population internationale.

Une guerre des libraires s'y est installée en vue de la diffusion des œuvres imprimées occidentales dans les villes baltes-allemandes de Riga et Reval (Tallin) et l'université allemande de Dorpat (Tartu). Dès 1686, venus de Bordeaux, de Normandie et de Picardie, artisans-fabricants de perruques, de galons, de bas, horlogers, chirurgiens, quelques avocats et officiers nobles, les huguenots français avaient fondé la ville française sous les remparts du château. Un fait décisif se produisit avec l'occupation russe pendant la guerre de Sept Ans (1758-1762). La politique des deux tsarines Elisabeth et Catherine vise à ouvrir la vaste région balte-allemande de la Prusse orientale jusqu'à l'Esthonie aux influences russes, elles-mêmes pénétrées des influences occidentales. Une nouvelle société tend à naître, combinant l'esprit des huguenots et une renaissance russo-allemande, croisement des routes de «colonisation éclairée» venues de l'Est et de l'Ouest, doublées sous la Révolution et l'Empire par la venue des émigrés français.

Postes aux chevaux et messageries

Si elle a pu modifier le statut territorial de l'empire, réformer le statut des personnes et des biens, développer chez certains un nouvel esprit national, la période révolutionnaire et napoléonienne change peu de choses au système des communications. Le service est toujours assuré par des voitures publiques, ressortissant à deux formes bien connues, les postes et les messageries, utilisant le système des relais. «La poste aux chevaux occupe une place prépondérante en Allemagne» déclare Hans Ottokar Reichart dans son *Guide de l'Allemagne* de 1793 (cité par P. Charbon). Les prix sont fixés à l'avance pour le mille allemand; s'y ajoutent la location du cheval, la rémunération du postillon à raison de trente *kreutzers* par poste, unité de mesure évaluée à deux milles (un mille allemand mesure en général sept kilomètres cinq cents). D'après Meiners, le public serait satisfait de la qualité du service des Tour et Taxis qui, assoupis un moment, reprennent vie après 1815. De relais en relais, le voyage pour qautre personnes s'effectue en *Wienerwagen*, voitures légères, attelées de deux chevaux, trois en Saxe.

Le transport public dépend d'entrepreneurs qui emploient des cochers de louage, les uns assurant le transport complet, d'autres relevant de services réguliers. Des coches sont établis entre les villes d'Allemagne, note Reichart, tels le chariot de Nuremberg, celui de Darmstadt ou de Hambourg. Conduits par le Schaffner, ils circulent de jour et de nuit, relayant quand il le faut, d'une vitesse moyenne de dix kilomètres par heure soit cent vingt ou cent trente kilomètres par jour.

Vers l'unification: l'influence du Zollverein

La poste aux chevaux dépendait, soit du souverain du pays, soit de la famille des Thurn et Taxis. Après 1815, malgré quelques États particuliers qui avaient conservé leur autonomie, la famille a retrouvé sa mission d'organisation dans l'ensemble de l'Empire.

En France s'était imposée l'autorité de l'administration centrale; en Allemagne, les difficultés sont considérables. Les prodromes apparaissent dans le développement d'un corps de fonctionnaires et le maintien de l'esprit national, issu de la résistance aux campagnes napoléoniennes. Est maintenu le droit français dans les pays incorporés un moment à l'Empire (M. Thomann). Le plus grand État allemand, la Prusse, et le plus écartelé, entreprend, dès la paix revenue, la réfection et l'extension de son réseau routier. Il supprime ses douanes intérieures et participe de près à la mise sur pied de l'union douanière, le *Zollverein*, formé en 1834. La première exposition industrielle commune fut un événement pour l'Allemagne. Le triple effort, d'organisation des postes avec Tour et Taxis, de création du droit impérial avec Napoléon, d'union douanière prélude à l'unification, sont les fondements solides de la réalisation d'un système de communications internes.

Chapitre II
Les problèmes techniques: profils, ponts, barrages, écluses et tunnels

L'accroissement constant du trafic – à une époque où sont publiées les premières statistiques vérifiables – pose des problèmes aux ingénieurs. La route est-elle capable de supporter une pareille extension en masse et en volume? Partant des données statistiques, B. Lepetit a tenté de cerner les éléments de connaissance du réseau par les calculs de densité de desserte, l'analyse factorielle des caractéristiques de la surface de roulement des routes, l'analyse topologique des réseaux, tous éléments, mis à part les écarts des saisons, qui permettent aux spécialistes «de prendre la mesure des dénivellations de la surface de transport», proches des travaux contemporains sur la stabilisation des sols et couches de formes, notamment en ce qui concerne les matériaux retenus (*Revue des routes et des aérodromes*, suppl. au n° 565, juin 1980).

1. Profils, construction et entretien

En France, l'École des ponts et chaussées (fondée en 1747), celle de Mézières (fondée en 1749) forment le personnel technique. Le travail est considérable et les résultats bénéfiques. Les progrès sont lents car dépendant des finances, mais certains. L'amélioration profonde du réseau routier français avait suscité à la fin de l'Ancien Régime l'admiration des étrangers, Franklin, Storch, Karamzine, Rigby et, bien entendu, Arthur Young.

Premières expériences: le pavé commande

Les indications ne manquent pas sur l'état des routes, variable selon les pays et les lieux. On utilise les matériaux du cru. En 1797, R. Towson, qui se rend de Vienne en Hongrie, précise que «dans quelques endroits, la route est réparée avec le *gneiss* et des pierres à chaux mais les matériaux les plus communs sont une sorte de *breccia* composée de fragments de quartz gras et de quelques coquilles cimentées avec le *tophus communis*». Les carrières du lac Neusidle sont proches. En Limousin, où les collaborateurs de Turgot avaient créé cent soixante lieues de chemins, l'ingénieur en chef P. Trésaguet avait donné une meilleure fondation à la route construite, en plaçant à la base des moellons surmontés d'une couche de pierraille. Dans la région parisienne, Dutens note que «la route de Clermont à Paris est bonne et bien pavée». Ces expériences restent limitées. Sous la Révolution et l'Empire, les principales routes d'Europe, qui relèvent de la pierraille ou du «terrain naturel», défoncées par l'artillerie, sont dans un état lamentable. En Prusse ou en Pologne, poussière en été, fondrières en hiver accompagnent le voyageur.

Deux Écossais rénovateurs: Mac Adam et Telford

En Angleterre, le système de construction des routes a fait des progrès. Après 1830, ces derniers passent en Belgique, puis en France[9]. À l'empirisme du début, – le général Wade en 1715, dans les Highlands, John Metcalf (1717-1810) surnommé Jack l'Aveugle, de Knaresborough dans le Nord du pays –, succède, dans la seconde moitié du siècle, l'œuvre des ingénieurs. Deux sont à retenir: John Loudon Mac Adam (1756-1836) qui expose ses idées dans son ouvrage *The present system of road making* et préconise l'emploi de pierres, liées entre elles par pression, que les roues des voitures fixent solidement; Thomas Telford (1757-1834), fils d'un berger, apprenti d'abord chez un maître maçon et carrier à qui il doit sa formation, en Écosse avant 1812, puis en Angleterre et dans le pays de Galles[10].

L'essentiel, pour ces novateurs, est la fondation solide de la route sur un terrain ferme et bien drainé. Seul, il permet d'obtenir la sûreté du revêtement empierré. Sont établis les principes pour la construction de routes nouvelles et la définition du tracé. On conseille l'utilisation de cartes et d'instruments de mesures; on détermine l'inclinaison des pentes; on surélève la route au-dessus des marécages, on évite la traversée des villes grâce aux déviations; on impose la traversée des propriétés après indemnités; on paye les travailleurs de la route. Les Anglais établissent ainsi des routes solides; leur exemple se répand en Europe. Encore faut-il que les conditions naturelles s'y prêtent. En Russie, le sol parfois marécageux, coupé de nombreux *rios*, ne facilite pas l'établissement de routes carrossables. Des troncs d'arbres juxtaposés, rondins à peine équarris, donnent quelque solidité à ces fondrières. Les chevaux s'ébrouent et se jettent de côté. Un remède, les tenir par la bride et marcher au pas.

La question du «tirage des voitures» est examinée en fonction du travail fourni par le cheval, de même pour le rayon et la largeur des roues. En Angleterre, Richard Lowell Edgeworth, dès 1857, Rumford en 1811, Gerstner en 1813, en France Schwilgué en 1832 et, la même année, Coriolis, puis Morin et Dupuis, étudient mathématiquement le problème des rapports entre diamètre des roues et effort de tirage, tout en s'efforçant de réduire la charge des voitures, rejoignant en cela les efforts des administrations locales. Facilitée par le développement des mathématiques appliquées, l'ère scientifique est ouverte mais l'accident de voiture est, parfois, inévitable: le charron reste indispensable. Le tracé des routes combine rationalisme et pragmatisme. La méthode de Favier, découverte en 1841, généralise l'utilisation des relevés topographiques. Le planimètre perfectionné devient un instrument de travail. En 1840-1850 apparaît, pour l'établissement des chaussées, le rouleau compresseur (de douze mille livres) tiré par les chevaux, puis, après 1860, par une locomobile. Une succession de progrès techniques d'envergure diverse, et de raisonnements mathématiques, qui comprennent l'analyse appliquée à la géométrie, à la mécanique et la géométrie descriptive, recoupe, en 1791-1799, la création du système métrique.

Tracés de montagne, érosion des sols et routes forestières

Les travaux de construction ont pris une ampleur considérable, notamment dans les Alpes, au Simplon, entre 1801 et 1806, avec la construction «de la plus belle route d'Europe, tant à cause de sa solidité qu'à cause des innombrables ouvrages d'art hardis, les galeries creusées dans les blocs de granit et de rochers, des ponts remarquables au-dessus de très nombreux torrents de montagne» déclare le rapport de von Neumann (*Oberstleutnant von Spleny Infanterie*, 8 octobre 1814, cité par J. Suratteau), rapport à rapprocher des documents de la bibliothèque des Ponts et chaussées, tels les *Mémoires sur la grande route de France en Italie. Précis du mode de construction suivi par les ingénieurs piémontais* (n° 1377), sans négliger de Prony et Sgansin, les *Rapports sur la route du Simplon* (n° 1380).

À ces travaux ont participé, en tout temps – et par tous les temps – deux à trois milles ouvriers, parfois jusqu'à cinq mille. Plus de cinquante galeries et tranchées, trois cent deux canaux d'irrigation, dix-sept mille cinq cents tonnes de poudre, deux galeries de soixante-dix à quatre-vingt pieds de long, une troisième de cent trente pieds de long,une quatrième de deux cents pieds de long. Au nord-ouest de Milan, vers Domodossola, la route se termine par une forteresse, le Fort-Napoléon. Un arc de triomphe célèbre la bataille d'Iéna. Plus d'un million de livres ont été dépensées. Triomphe de la technique routière, la route porte le nom de «route Napoléon», au même titre que celle du retour par Grenoble qui, des champs de lavande de Provence aux gentianes du Dauphiné, sur plus de trois cents kilomètres, par Grasse, Digne et Gap, unit deux régions, voire deux univers. En octobre 1816, l'Empire tombé, de Genève, le jeune Byron décidait de gagner Milan: «Six chevaux attelés à sa voiture le hissèrent avec son compagnon jusqu'au col du Simplon. Ils traversèrent la zone des sapins, celle des déserts pierreux, celle des neiges éternelles avant de redescendre dans la vallée lumineuse de Domodosolla.» (A. Maurois, *La Vie de Byron*, s.l.n.d., p. 357).

Fondation et tracé dépendent, outre du relief, de la nature des sols, du régime des eaux, y compris l'assèchement des marais. Le tracé doit être rectiligne mais la pente est l'ennemie; elle nécessite un effort supplémentaire dans le domaine de la traction. Les littérateurs s'en sont fait l'écho. Plus subtile mais efficace apparaît l'érosion des sols, issue parfois de catastrophes naturelles entraînant la destruction des terres végétales, encore peu étudiée (Jean Vogt, 1989, 1990). L'enquête devrait être étendue à toute l'Europe car l'érosion est «l'ennemie n° 1» de la pérennité routière.

S'y ajoutent les difficultés de la traversée et de l'exploitation des forêts, fonction du rôle considérable que jouent ces dernières dans l'Ancien Régime économique. Jusqu'à la guerre de Trente Ans, on avait noté une crise du bois, commune à la France et à l'Allemagne, coïncidant avec le développement d'une législation forestière. La consommation du bois par les industries florissantes en Allemagne supposait un approvisionnement considérable: les salines de l'Inn faisaient venir le bois par flottage sur l'Inn, celles de Lunebourg étaient alimentées par canaux venus du Mecklembourg. Les deux pays avaient vu la naissance d'une science nouvelle, la sylviculture. Les ordonnances forestières se multipliaient, le repeuplement était à l'ordre du jour, l'Allemagne tournée vers les conifères, la France vers les forêts feuillues de chênes et de hêtres. Avec les besoins augmentés de l'industrialisation et malgré les débuts de la fonte au coke, compte tenu de l'essor de la population et de l'extension des défrichements, se déclenche, avant la Révolution, une nouvelle crise du bois (M. Thomann) que, seuls, résoudront la montée du laminoir et l'essor du coke, créateurs de nouvelles voies. Dans la forêt, une réorganisation cadastrale a lieu sous l'Empire en Allemagne occupée. Le 1ᵉʳ décembre 1824, est créée l'école des eaux et forêts de Nancy destinée à un brillant avenir. La route forestière, avec son complément le flottage ou la *schlitte*, qu'elle soit terrestre, à créer et à entretenir, ou fluviale, aux ports multiples, est à la base de l'exploitation raisonnée des forêts et de l'économie domestique (M. Devèze).

Fondation et entretien sans doute mais aussi études préalables. Certaines sont faites à l'école, les autres «sur le tas» ou, dans la seconde moitié du XVIIIᵉ siècle dans les académies et les sociétés savantes qui se penchent sur ces problèmes, les prenant, tels à Metz ou à Dijon, comme sujets de leurs concours annuels (D. Roche).

2. *Les ponts: de bois, de pierre et de fer, mobiles ou suspendus*[11]

Les ponts, ou plutôt le franchissement des rivières, ont leur histoire. Les gués, à fond de sable ou de pavés, ont été les premiers moyens de passage pour les voitures, ou des passerelles de bois pour les piétons. Les Romains, inventeurs de la voûte en arc, ont été les premiers à construire des ponts de pierre. Très tôt furent perçus des droits pour subvenir à la restauration et à la construction des ponts, droits de travers concernant les personnes passant sur les ponts, droit de gouvernail pour les bateliers, droits de grand acquit pour les bagages et marchandises transportées par voiliers et bateaux. Nombreux sont les travaux commencés puis abandonnés aux différentes époques; parfois, on en revient au bois ou au pont de bateaux, souple et mobile. Le pont? Reflet des deux grandes civilisations, celle du bois et celle de la pierre. Les ponts de pierre sont un luxe que peu de grandes villes peuvent s'offrir. À Paris au XVIᵉ siècle, seul le pont Notre-Dame est en place. Les ponts au Change et du Meunier sont en bois, de même à Nantes ou à Saumur. L'ambassadeur vénitien a donné du second, en 1577, la description suivante: «Le pont est couvert de maisons et de boutiques mais elles sont presque toutes en mortier et en bois. Le pont lui-même pose sur des pieux. Aussi n'y laisse-t-on passer ni charretiers ni cochers. On l'appelle le pont au Change: c'est là ou aux environs que se trouvent autant, je crois, de boutiques d'orfèvres et de joailliers que peuvent en compter trois ou quatre des premières villes d'Italie, sans en excepter Rome et Naples.»

À Rouen l'adjudication est faite en 1612; un pont en bois est réalisé qui cède la place à un pont de bateaux. L'élément religieux n'est pas absent, comme en Angleterre au Moyen Âge, à Notre-Dame à Paris, à Notre-Dame-des-Ponts à Amboise. À Paris, le Pont-Neuf est en pierre. Sous Louis XIV, en 1685, le Pont-Royal remplace le Pont-Barbier, en bois, enlevé par une crue (H.-L. Dubly, *Ponts de Paris à travers les siècles*, s.l., 1957). Une statue de la Vierge surmonte la pile centrale du pont de Seyssel sur le Rhône. La technique d'édification a fait des progrès. De tout temps le bois a été employé pour la construction des ponts, soit en partie, soit en totalité, souvent pour des raisons d'économie et d'entretien. Au cours du XVIIIᵉ siècle, le bois – de plus en plus rare et cher – cesse d'être l'élément fondamental des grands ouvrages permanents. Un des derniers construits en bois est, en 1775, le pont Morand, sur le Rhône, à Lyon. Les ingénieurs britanniques sont les pionniers des ponts métalliques, les ingénieurs français développent les techniques de construction des ponts de pierre. Les deux nations sont en flèche dans ce domaine.

Au XVIIᵉ siècle, les ponts ont retenu l'attention des intendants dont les mémoires (ceux de 1697) reflètent cette préoccupation (D. Ligou). Au siècle suivant, l'œuvre est double, d'une part on remplace les anciens ponts du Moyen Âge ou de la Renaissance souvent établis sur des fondations peu stables, de l'autre on édifie de nouvelles constructions. Citons à Paris le pont des Tuileries ou Pont-Royal en 1716, le pont de Blois en 1751, celui d'Orléans en 1761, celui de Tours, tous trois sur la Loire affouillant les sables et déplaçant son lit. D'où les problèmes de fondation, d'épaisseur des piles qui doit être égale au un cinquième de l'ouverture des voûtes. Après 1750, la technique se perfectionne grâce à l'action de J.-R. Perronet (1708-1794) et du corps des Ponts et chaussées où s'illustrent de Cessart, Gauthey, de Prony, Lecreulx. De nouvelles conceptions, quant aux arcs et aux poussées, se font jour au pont de Neuilly (1766 à 1774), puis au pont de la Concorde, solide et soigné, construit en 1786-1791, par Peyronnet et Demoustier. Gauthier se préoccupe de la résistance des matériaux et devient ingénieur en chef de la province de Bourgogne.

À Strasbourg, l'édification du nouveau pont sur le Rhin fut le grand œuvre de l'administration impériale. Réclamée par la municipalité et la bourgeoisie d'affaires, décidée en 1803, sa construction fut achevée en 1808. Majestueux ouvrage de quatre cents mètres de long sur douze de large, il permettait à deux voitures de se croiser. Pont du passage des armées et des échanges au temps du blocus, pont de la contrebande sous l'Empire, des réfugiés polonais et autres, dans l'Europe de la Sainte-Alliance. Les étudiants attendent, à l'entrée du pont, les généraux polonais en 1831. Grâce aux travaux de régularisation du Rhin par Tulla, la longueur de l'ouvrage fut progressivement ramenée à deux cent trente-cinq mètres (1850). Pendant toute la période, les passages du Rhin sont fréquents, aussi bien civils que militaires, entre l'Alsace, la confédération germanique et les États danubiens.

Les armées ont maintes fois franchi le Danube et ses affluents. Le pont de bateaux est utilisé. Est terminée par les Turcs, le 14 juillet 1716, la construction d'un pont sur la Save à Semin (Zemun): y ont participé trois mille travailleurs et soixante-dix caïques sous la protection de mille janissaires. Le franchissement de ce pont par l'armée ottomane dure trois jours (J. Nouzille). En 1797, au cours d'un voyage en Hongrie, R. Townson passe le Danube à Tomaron, sur un pont flottant, bac perfectionné. «C'est un plancher environné d'une balustrade et construit sur deux bateaux longs et étroits dotés d'un câble qui les empêche de dériver avec le courant. Ces ponts sont vastes [...] Ils peuvent contenir et porter à la fois une quinzaine de voitures et une centaine de piétons.»

Des œuvres d'art

En Angleterre, les ponts se multiplient, œuvre de grands constructeurs, John Rennie et ses fils, et Thomas Telford. Le passage de la Tamise d'abord, assuré jusqu'en 1750 par le *London Bridge*, installé à la place d'un ancien pont romain, sans doute en bois. Pont médiéval, le seul dans Londres jusqu'en 1738-1750, maintes fois représenté par les peintres, tels Claude de Jongh et Hollar au XVIIᵉ siècle. D'une longueur de près de trois cents mètres, il comportait vingt arches en plein cintre – celle du milieu de vingt et un mètres, avec huit mètres de largeur, il était couvert jusqu'en 1770 de maisons, de boutiques et d'une chapelle. Pont fortifié, au-dessus de la porte Sud, apparaissaient les têtes des condamnés à mort, plantés sur une pique, au même titre que celle de Cromwell, exposée de 1658 à 1684 au faîte du mur-pignon de *Westminster Hall*. Ce pont fut rebâti en granit avec cinq arches, entre 1824 et 1831, à cinquante mètres en amont de son emplacement, par John Rennie. Il sera démonté en 1969 à cause de son étroitesse. Dès le XVIIIᵉ siècle, il répondait mal à l'accroissement de la circulation mais il constituait un haut lieu – mythique – de la vie, diurne et nocturne, de la capitale.

En 1738-1850, est construit par le Suisse Charles Labelye, le pont de Westminster, représenté par Canaletto dans une toile célèbre. D'une longueur de trois cent soixante-quinze mètres, d'une largeur de treize mètres quarante et un, doté de quinze arches principales de portée décroissante; il comportait des guérites pour abriter les pélerins, et, innovation du XVIIIᵉ siècle, des lanternes. Il a été refait en fer entre 1854 et 1862 avec sept arches seulement et une largeur de trente mètres. Entre 1811 et 1817, est lancé par John Rennie le pont de Waterloo, inauguré en 1817 par le prince régent, bientôt roi sous le nom de Georges IV, «le plus noble pont du monde» d'après Canova! Autre mythe, le pont de Trafalgar, comportant neuf arches séparées par des piliers doriques, au tablier orné de balustres, souvenir de la bataille navale du 20 octobre 1805, au même titre que *Trafalgar Square*, où évoluaient les destriers des Écuries du roi. Ces noms comme celui de «route Napoléon» ne sont pas innocents: la route maintient et diffuse le stéréotype, même si elle ne l'a pas créé et donne la main à l'histoire dans la réalité quotidienne du souvenir historique.

Suivent bientôt les ponts métalliques, en fonte ou en fer où s'affirment la hardiesse des ingénieurs britanniques et français. Le premier à Londres, d'une seule arche de cents pieds, date de 1779-1781 pour remplacer le bac qui traversait la Sévern, opération publicitaire menée par Abraham III Darby à Ironbruck, puis en 1796, près de Sunderland, au-dessus de Wear, dans le Nord-Est. Thomas Telford emploie la fonte pour ses ponts comme pour ses aqueducs. À Paris, la Passerelle-des-Arts, construite en 1801, œuvre de Deglane, Louvet et Thomas, ouvre l'ère des innovations. Le pont d'Austerlitz, construit en fonte en 1804, précède le pont du Carrousel édifié par Polonceau de 1831 à 1834 avec une rare élégance, le pont de Solférino (1858) et le pont Saint-Louis (1877). Pour les ponts en fer, le prototype fut celui, en tunnel, établi par Robert Stephenson au nord-ouest de Galles: trois tubes métalliques parallèles comprenant quatre travées dont deux reposent sur l'îlot Britannia qui a donné son nom à l'ensemble. À Paris, en 1803, le pont des Arts est construit, non en fonte mais en fer forgé.

Viennent enfin les ponts suspendus dont le principe était connu depuis longtemps mais dont la multiplication – grâce à leur faible prix de revient – est liée au développement de l'industrie métallurgique, notamment à la fabrication de chaînes de fer. Thomas Telford établit un pont suspendu par chaînes métalliques d'une portée de cent soixante-seize mètres pour faire franchir à la route de Londres le détroit de Menai entre l'île Anglesey et le pays de Galles. Il est ouvert à la circulation en 1826. Autre réalisation: après l'échec, sur la Seine, de Navier revenu d'Angleterre en 1824, le pont suspendu construit par Marc et Camille Seguin sur le Rhône, entre Tain et Tournon, donne lieu à un système léger, simple et peu coûteux, mais d'une sécurité pas toujours parfaite en cas de vibrations amplifiées. S'élève en Suisse le pont métallique de Fribourg (1837). Stephenson, secondé par un exécutant remarquable, Fairbairn, jette de 1846 à 1850, le pont Britannia sur la ligne de Chester à Hohyhead, travail qui fait connaître, avec les avantages du fer laminé, la puissance des poutres en caisson.

3. Barrages, écluses et tunnels[12]

Aux difficultés d'ordre politique nées de l'existence des bateliers constitués en corps et réclamant des privilèges de navigation, s'est ajoutée une difficulté d'ordre technique: l'installation de multiples moulins qui, sur le cours des rivières, rend dangereuse la navigation. Lyon en comptait vingt-deux sur le Rhône. Chacun de ces moulins a son histoire – les monographies locales se sont multipliées –, le meunier joue son rôle dans l'approvisionnement des campagnes, la vie publique et participe à la mémoire collective. Le moulin comportait un barrage où s'ouvrait un pertuis, d'où des conflits fréquents entre meuniers et bateliers. Sur l'Yonne et ses affluents supérieurs était employé un système de crues artificielles, consistant en retenues d'eau effectuées par différents barrages. Cette technique dite «de navigation par éclusées» fournissait à la fois la profondeur d'eau nécessaire que l'on lâchait pour faire flotter les radeaux de bois et le courant qui permettait de les acheminer rapidement (F. Beaudoin, *Paris et la batellerie, op. cit.*, p. 11).

Jusqu'au début du XVIᵉ siècle, les bateaux n'utilisaient guère que les fleuves et les rivières, soit avec leurs profondeurs naturelles, soit avec des profondeurs accrues par le système des éclusées. Deux inventions vont voir le jour qui vont révolutionner la technique des transports des voies navigables: les écluses à sas et les canaux à bief de partage. Bassins à deux portes munies de vannes, construites aux endroits où le cours d'eau change de niveau, la construction des écluses a toujours été un problème qu'ont eu à résoudre les ingénieurs, soit pour améliorer le profil du cours d'eau à rendre navigable, soit pour maîtriser l'allure du canal dans sa triple mission, jonction, latéral, dérivation.

Dans son article, «Les écluses avant le XVIIᵉ siècle. Recherches sur les origines des écluses à sas (ou à double portes qui permettent aux bateaux de franchir sans difficulté une différence de niveau à la montée comme à la descente)» (*NR*, 1979), R. Thelu a brossé une rapide histoire des écluses: le canal Méditerranéemer Rouge (IIe siècle avant J.-C.), les canaux et écluses dans l'Empire romain – comprenant le projet de la réunion de la Saône et de la Moselle, «mettant en communication les rivages de l'Occident avec ceux du Nord», inscrit dans Strabon et analysant les tracés possibles –, les écluses en Hollande, première en ce domaine (écluses de Gouda et d'Amsterdam, avant 1435), les premières écluses en Italie, celle de Stra, près de Padoue, après 1485, de Viarenna près de Milan (vers 1443), dont L.-B. Alberti dans son *Traité d'architecture* (1450-1452) donne une description, de même que Francesco di Giogio Martini. Suivent les écluses en Allemagne (le canal de la Stecknitz ou canal de l'Elbe à la Trave (1398) et enfin en France, du Gourt à Vierzon (reconstruite en 1510), de la Roussille sur la Sèvre Niortaise (avant 1494) et la canalisation de la Mayenne d'abord, de la Vilaine ensuite, achevée avec dix écluses à sas (1539-1585), sur privilège de François Ier. Ayant réalisé en Italie en 1497 ce type d'ouvrage en vue de la jonction du Tessin et du canal de l'Adda et venu en France en 1516, Léonard de Vinci y aurait introduit cette invention, réalisant, à la demande de François Ier, des travaux de canalisation sur l'Ourcq avec des écluses à sas. Il étudie le projet d'un canal d'irrigation de la Sologne et meurt à Amboise, au château de Cloux (Clos-Lucé) le 2 mai 1519, laissant quantité de dessins (dont celui de l'écluse à sas, uniquement en maçonnerie), dispersés dans le *Codex Atlanticus*, projets de barrages, d'écluses, de ponts et de canaux, «en y apportant la vision d'un artiste».

La perfection «classique» dans ce genre a été réalisé par le canal du Midi ou canal des Deux-Mers, réunion de la Méditerranée et de l'Océan. Adam de Craponne avait fourni à Henri II un plan du canal du Languedoc qu'Henri IV reprit dans un programme de travaux publics.

Seul fut réalisé le premier canal à bief de partage, le canal de Briare destiné à relier la Seine à la Loire et que Sully fit commencer en 1604. En 1662, Riquet, directeur des Gabelles, soumettait à Colbert un projet maîtrisant dans la Montagne Noire les obstacles de la différence de niveau et de l'alimentation en eau à fournir. Par le moyen d'une rigole courant à flanc de montage, de «dix-neuf magasins d'eau» et d'un barrage à Saint-Ferréol, il arrivait à Naurouze, point de partage des eaux entre la Méditerranée et l'Océan.

La pose de la première pierre de l'écluse sur la Garonne eut lieu le 17 novembre 1667, la réception des travaux par d'Aguesseau, intendant de la province, en juillet 1684. Il fallut soixantes quinze heures pour aller de Sète à la Garonne, les barques montaient de deux cents mètres de la mer à Naurouze par soixante-quinze écluses en cinquante-deux minutes et quarante et une secondes (rapport de P. Mourgues, expert). Les portes d'écluses en bois étaient manœuvrées par un grand timon. Les bateaux qui fréquentaient le canal n'étaient pas des galères royales – elles mesuraient quarante mètres de long sur huit de large –, la longueur des écluses avait été réduites à trente mètres. Sur le canal de Bourgogne, cent quatre-vingt-neuf écluses sur deux cent quarante-deux kilomètres permettent aux péniches de grimper, mètre après mètre, vers le sommet du canal à Pouilly-en-Auxois. Saint-Jean-de-Losne, à l'articulation de la Saône et du canal, est alors un port de commerce, peuplé de mariniers.

L'Angleterre n'est pas en retard en ce qui concerne les innovations techniques. Sur le canal construit par John Trew de 1564 à 1566 pour relier le port d'Exeter à la mer, on trouve, outre une simple écluse de marée, six portes disposées par paires, mais qui ne sont pas des écluses à sas. C'est seulement vers 1620 que les premières furent construites sur la rivière Great Ouse, puis vers 1630-1635, sur la Tamise. En 1788 a été achevée sur le canal de Ketley la construction d'un plan incliné qui transportait à sec des bateaux dont le poids total ne dépassait pas huit tonnes (R. Thélu). La même année, en Saxe, a été inventé un ascenseur qui, à la manière d'un chariot de pont-roulant, levait et déplaçait horizontalement des bateaux chargés de trois tonnes de minerai pour les faire passer d'un canal à la Mulde, affluent de l'Elbe, et inversement (G. Arnold et E. Schnickel). Les «rampes» ou plans inclinés sont parfois employés, tels en Pologne, sur le canal Ostroda-Elbing. Une vingtaine avaient été construits en Grande-Bretagne entre 1777 et 1838 (J.-C. Bellanger).

Conditionné par l'utilisation de la poudre, l'ouverture des tunnels n'a pas tardé. Elle trouve son développement, moins dans les canaux à tracer, que dans les passages à travers les Alpes. Travaux considérables et fort coûteux, effectués suivant la méthode belge (descendante), allemande (montante) ou mixte, ils ne seront entrepris qu'à la fin du siècle et nous échappent en partie. Citons cependant à titre de comparaison quelques tunnels en Europe (*Larousse du XXe siècle*, p. 841):

Tunnels	Pays	Liaison	Longueur (m)	Construction
Simplon	Suisse-Italie	Brigue-Milan	19731	1898-1905
Saint-Gothard	Suisse	Fluelen-Airolo	14944/16 9	1872-1878
Mont-Cenis	Italie-France	Turin-Lyon	12233	1857-1871
Arlberg	Autriche	Innsbruck-Feldkirch	10248/14	1880-1884

La route du col de l'Arlberg a été rendue carrossable en 1825. L'opinion publique des lieux visés n'était pas favorable à ces entreprises, qui semblaient hors des normes humaines. Au moment de l'ouverture du tunnel qui réunissait le Tyrol et le Vorarlberg, certains habitants protestaient: «L'homme ne doit pas réunir ce que Dieu a séparé.»

Les problèmes techniques liés au progrès scientifique et à la connaissance statistique prennent toute leur valeur. La pensée n'est pas seulement liée au temps et à l'époque mais également à l'espace: elle repose sur le passé et sur une base matérielle et technique. En France, les mesures de réseau des transports, avant l'ère des chemins de fer, mis au point par B. Lepetit, ont permis l'évaluation des degrés variables d'accessibilité des villes et des comparaisons utiles. Consignés en tableaux récapitulatifs, les résultats sont probants. Les écarts décelés sont si importants qu'ils constituent, compte tenu des indices d'équipement, «de véritables faits de structure». Ainsi élaborées, ces données résistent aux aléas de la conjoncture politique et aux incertitudes nées de la condition et de la conduite humaine, comme aux variations courtes, nées du sol et du climat, de l'état des chemins et des rivières. Dans certains cas, cependant peut être dissocié l'aspect urbain et la circulation. Le seuil de Langres présente l'exemple d'une région carrefour, dotée d'un équipement très complet en voies de communication, et demeurée très largement rurale (D. Lamarre, Reims).

4. Différents types de bateaux

Différentes de celles qui affrontent la mer et ses dangers, les embarcations sur les fleuves et les canaux, utilisant la voile et la rame, sont de types divers et traditionnels. Sur le Rhône et la Saône, circulent barques, barquettes, sapines, savoyardeaux, gabeurres, galiottes, plus légers et plus rapides… descendant le courant ou le remontant, tirés par les chevaux des équipes de halage; quatre chevaux pour les petits bateaux de la Saône, sur le Rhône entre quatre et dix au moins et jusqu'à quarante pour les convois. La plupart des marchandises arrivant à Lyon, ou en partant par le fleuve, étaient transportées par les coches et diligences du Rhône (85 % des envois à Beaucaire, 15 % des envois à Marseille). Les bateaux remontaient jusqu'à Chalon-sur-Saône. Le trafic sur la Loire se faisait entre Roanne et Orléans, par les voituriers ou bouviers qui avaient transporté vins et marchandises de Lyon. à Roanne, appoint pour les paysans dépourvus de ressources. Sur le canal du Midi, se retrouvaient les barques de la Garonne et celles du Rhône, les barques génoises et catalanes: la barque du canal du Languedoc n'était pas utilisable sur la Garonne. Deux facteurs entraient en lice pour les barques marchandes comme pour celles de poste: l'utilisation totale du tirant d'eau autorisé par la profondeur du canal, et l'adaptation des dimensions à la capacité du sas de l'écluse, dans le dessein d'économiser l'eau. Deux barques ou même trois passaient ensemble. Clerville note que la navigation ordinaire se faisait «par des chevaux, tant en allant d'un côté que de l'autre», les bateaux étant munis d'une sorte de mât à abaisser pour passer les ponts. La «galiote» de l'inauguration, en juin 1670, mesurait dix-huit mètres cinquante et un sur trois mètres quatre-vingt-dix; munie de mâts, vergues, cordages et avirons; pontée, elle disposait de trois chambres. Elle coûta dix mille trois cent sept livres dix-huit sols. Décorée aux armes royales, œuvre d'art, elle était suivie de deux autres pour les domestiques et pour les services.

Sur le Rhin, où les transports de marchandises étaient soumis aux exigences des corporations de bateliers (droit d'étape), les coches (*Postschiffe*), les diligences d'eau (*Wasserdiligencen*), les yachts (*Jachten*), les nacelles (*Nachen*), frêles et à voiles, transportaient les voyageurs et leurs effets. Une police de la navigation a été instituée au sein même des corporations de bateliers. En 1802, ceux de Strasbourg demandaient que fût établie une hiérarchie parmi les bateliers, que soient distingués maîtres et pilotes, que soit fixé un temps d'apprentissage et de compagnonnage pour l'accès à la maîtrise ou au métier de pilote. Sur le Rhin moyen en effet, à la fin du XVIIIe siècle, des paysans, bateliers inexpérimentés, s'adonnaient au transport des marchandises sur de petites barques et cherchaient à faire des économies sur le pilotage. La contrebande, qui sévit à toutes les époques, utilise les moyens ordinaires, barques isolées avec animaux à bord, repérages indirects, nuits sans lune.

De même sur le Danube, où les documents fiscaux ottomans énumèrent les diverses sortes d'embarcations, navires d'une certaine importance, les *doubaz* (du turc *duba*, ponton), qui sont de grandes péniches, nantis de petits canots ou radeaux utilisés pour le transport du vin, du sel, du bois... Lady Montaguë et sa famille descendent le Danube de Ratisbonne à Vienne dans des vaisseaux de bois qui leur semblent très agréables: «On y trouve toutes les commodités d'un palais, des poêles dans les chambres, des cuisines [...] douze hommes rament et la manœuvre se fait avec rapidité...» (*Lettres*, 1743.)

5. Un atout ou un handicap? La vitesse, démiurge en puissance

«Et ne vous piquez pas d'une folle vitesse.» Ce vers de Boileau, spécialiste par ailleurs des *Embarras de Paris*, n'est point en faveur auprès des conducteurs, pas plus à l'époque classique que dans les siècles qui suivent. D'aucuns pourraient voir dans cet amour de la vitesse un élément spécifique à l'Europe, à la lumière des comparaisons avec la conception du temps chez les populations africaines. «Le temps ne compte pas pour eux [...] Ils sont aussi bien dans leur pirogue que dans leur case» écrivait le lieutenant Gouraud, quittant Tombouctou et voyageant sur le Niger. Déplacements illustrés sur terre, d'un côté par le portage, de l'autre par le roulage, mais d'une vitesse variable selon les véhicules.

Les moyens de locomotion et la rapidité différentielle

Ils sont restés tels que par le passé: les jambes humaines ou chevalines et le roulage par la traction animale. Guy Arbellot a étudié «les premiers pas de la "vitesse" dans les transports publics champenois» (Reims, 1985). Jean-Jacques Rousseau a marché de Soleure à Paris en 1732 en quinze jours de temps, soit une moyenne de trente kilomètres par jour, vitesse d'un cheval non relayé ou du facteur qui porte le courrier dans les campagnes à partir du 1er avril 1830. Mme de Sévigné, grande routière, est plus rapide: allant des Rochers à Paris, «nous avons quatre chevaux et cela va comme le vent», ou quand elle est en bateau sur «ce Rhône qui fait peur à tout le monde» et passe sous le pont d'Avignon, «au risque d'être jetée par le vent sur une arche.». Une estimation en Bretagne, cinq jours pour cinquante lieues, «mais nous avons été incommodés par la chaleur», malgré les départs à 4 h du matin. Maintes estimations peuvent ainsi être recueillies, le temps est apprécié, jugé, les risques évalués: «Le plus sûr en hiver, c'est une litière.» Vitesse variable selon la fonction ou le véhicule: les courriers postaux, «rudes cavaliers des campagnes», jouent un rôle pilote, à sept kilomètres à l'heure; les malles-poste, dont la rapidité progresse sous la Restauration, avec quater chevaux transportant quatre voyageurs, à une vitesse de quinze à vingt kilomètres à l'heure, exigent un effort considérable de l'animal et de son maître; les voitures publiques enfin, ne roulant pas la nuit, d'une lenteur extraordinaire. Des services réguliers sont organisés et multipliés après la réforme de Turgot en 1775. Avec la diligence, l'on va un peu plus vite – dix kilomètres à l'heure – et la fréquence est plus grande. La saison et les conditions climatiques jouent un rôle déterminant.

De là l'importance des attentions de Sully, des réformes de Colbert et de Turgot, de tel ou tel administrateur italien, flamand ou de Joseph II, «l'homme pressé». La mobilité passe à l'ordre du jour. On veut se déplacer rapidement, le temps du trajet serait, aux yeux de l'administrateur, du temps perdu. Préoccupation de vitesse partagée par les militaires qui donnent le ton. En 1769, Cugnot construit sa première machine à vapeur destinée à traîner les canons, essai modeste, vitesse réduite de quatre kilomètres à l'heure, mais performance technique. À cette époque, un duel fameux concernant l'artillerie, grosse consommatrice de routes à refaire, a opposé les Bleus (pour la mobilité) et les Rouges (la puissance). En 1774, les Bleus l'emportent avec Gribeauval. L'aboutissement de cet «appétit de vitesse», ce sont en 1775, en France, les turgotines qui voyagent la nuit, ailleurs les carrosses allégés. Quelques exemples de déplacement, qui ne peuvent être qu'indicatifs, sont relevés à la fin du XVIIIᵉ siècle.

TEMPS DE DÉPLACEMENT

	Avant 1775	Après 1775
Londres-Exeter		4 à 6 jours
Londres-York		8 jours
Londres Edimbourg		15 jours
Lyon-Paris	240 h (coche)	120 h (diligence)
Roanne-Nevers (sur la Loire)		1 jour 1/2 (descente)
		3-4 jours (remontée)
Paris-Besançon (carrosse)	8 jours (été)	3 jours
	9 jours (hiver)	
Paris-Amiens		
ou Reims ou Orléans	2 jours	1 jour
Turin-Fontainebleau (Napoléon)		85 h
Saint-Cloud-Boulogne		25 h
Saint Cloud-Strasbourg		61 h

Les progrès, faibles au demeurant, apportés à la construction des routes, permettent des vitesses plus considérables: en 1832, il fallait, pour les sept cent vingt-huit kilomètres de Paris à Toulouse, aux messageries ordinaires cent dix heures, à la malle-poste soixante-dix heures; en 1848, les premières mettent quatre-vingt heures, la seconde cinquante-quatre heures. À la fin du XVIIIᵉ siècle, la diligence peut effectuer quarante à soixante kilomètres par jour, alors que les charrettes des rouliers ne couvrent pas plus de quinze à vingt kilomètres: il faut vingt jours pour que viennent des marchandises de Marseille à Toulouse, trente-quatre jours de Lorient à Grenoble. Est-il possible de parler de décentralisation, commerciale ou administrative? Avec le début du XIXᵉ siècle, la préoccupation de la vitesse s'affirme dans une nouvelle ambiance technique et politique, transformatrice des mentalités. Guibert accusait Turgot de ruiner les auberges de France en multipliant les diligences et en limitant les arrêts. Se dessinent cependant, nourris des révolutions mathématique et technique, de nouveaux systèmes de pensée.

La révolution du système métrique et l'appréciation des distances

Née de la création et de la diffusion, à l'échelle européenne, du système métrique, l'uniformisation des distances a été préparée, au XVIIIᵉ siècle, par l'évolution de la pensée scientifique ordonnée autour de deux thèmes: la pensée analytique dont la langue de l'arithmétique et de l'algèbre fournit le meilleur modèle, l'égalité naturelle des hommes «citoyens du monde». Dix-millionième partie du quart du méridien terrestre, le mètre apparaît comme un symbole de cette «harmonie». En juin 1792, deux membres de l'Académie des sciences entreprennent de mesurer l'arc de méridien entre Dunkerque et Barcelone: sept années pour effectuer quatre-vingt-dix triangulations. Dans son rapport de juillet 1793, le citoyen-mathématicien Arbogast louait cette uniformité des poids et mesures, valable pour la République française et pour toute l'Europe, voire le monde entier. Sont faites également les mesures à l'échelle planétaire. M.-N. Bourguet et C. Licoppe ont étudié dans «Voyages. Mesures et instruments, une nouvelle expérience du monde au Siècle des lumières» (*AHSS*, septembre-octobre 1997, p. 1115-1151). Par la loi du 18 germinal an IV, des cadres nouveaux sont offerts à la pensée, à l'espace et au temps. Peu à peu, le continent se ralliera à la pratique décimale, l'Angleterre restant à part et dominant la monnaie.

Le cadastre et la prise de possession du territoire

Est prise également une meilleure connaissance des espaces par l'établissement, après 1760, des premiers plans des espaces ruraux, substitué aux plans terriers, créant l'environnement administratif moderne de la région. En Alsace, l'intendant de Lucé, qui a soutenu l'ouvrage de Schoepflin sur l'*Alsatia illustrata*, fait dresser en

1760 les plans de répartition des cultures (ABR). Justice et efficacité fiscale sans doute à la base, mais aussi meilleure connaissance des ressources naturelles, prélude à un aménagement du territoire qui examine les routes à établir, les obstacles rencontrés, en vue de l'établissement du cadastre scientifique ordonnée par la loi des 13 et 23 septembre 1791, modifiée le 29 vendémiaire an XII et le 31 juillet 1831. Loi importante tant du point de vue de la propriété que décisive pour les implantations routières, grande circulation et chemins vicinaux. Place aux géomètres!

Le temps retrouvé: l'horloge, le chronomètre et la montre

Les moyens de mesure se sont perfectionnés. Jusque vers 1625, le grand centre de production était l'Allemagne du Sud (Nuremberg et Augsbourg), fournisseur des milieux aristocratiques. Au XVIIᵉ siècle, la France a supplanté l'Allemagne, à Paris et à Blois, montres encore peu précises, dotées d'une seule aiguille. Vers 1675 l'invention du spiral, due à Hooke et Huygens, ramenant les écarts journaliers à 5 minutes seulement, opère une révolution analogue à celle de l'introduction du pendule (Huygens, vers 1660) dans le fonctionnement des horloges et facilite l'avance britannique. L'émigré suisse Fatio introduit la technique de montage sur rubis qui réduit l'usure due au frottement. La supériorité de l'horlogerie anglaise est confirmée à la fin du XVIIIᵉ siècle par l'invention du chronomètre par John Harrisson (1764), qui va permettre le calcul simple de la longitude, élément clef de la puissance navale.

L'horloge et la montre, instruments théologico-pratiques, qui mesurent le temps et le fabriquent, ont pris le pouvoir. Leur développement augmente avec l'urbanisation et la commercialisation de la vie anglaise. Le mode joue son rôle. L'arrivée d'horlogers protestants fuyant la persécution; à la fin du XVIIᵉ siècle, contribua à la naissance d'un noyau d'artisans suisses qui, depuis Genève, irriguant la montagne, forment des spécialistes (F. Osterwald, *Description des montagnes et des vallées qui font partie de la principauté de Neuchâtel et Valangin*, Neuchâtel, 1766). La montre traditionnelle, épaisse et lourde, devenue encombrante, se fit plus mince. Naît, avec Lépine (vers 1770) et Bréguet (à partir de 1780), la montre plate, objet d'art, illustrée par J.-B. Greuze, élément de luxe vestimentaire (F. Jéquier, 1972 et D.-S. Landes, *L'Europe technicienne*, Paris, 1975).

La gazette rythme la journée, l'almanach ouvre l'année. Combinant temps et saisons, la montre apporte précision et élégance et donne au temps une nouvelle réalité. Des problèmes se posent. *Le Temps au XVIIᵉ siècle* (sous la direction de P. Pasquier, Champion, 2001), est-il identique pour les puissants et les misérables? Peut-être pourrait-on prévoir, aux siècles suivants, une diversification possible, les «temps», aux colorations variées, des militaires, des administrateurs, des ecclésiastiques. Une notion nouvelle intervient, aux prolongements européens, l'attente et son corollaire, l'exactitude, variables selon les nations, les corps constitués, les personnes royales, les hommes et les femmes, fonction des horaires et de l'existence des tables de départ et d'arrivée. Une harmonisation s'établit entre les peuples et les organismes de louage ou de voyage. La frontière sépare des «temps» au même titre que des comportements et des états civils, registres paroissiaux ou autres. *La Jeune Europe* de Mazzini s'en soucie peu. Les points de repère sont fixés à l'avance. L'heure à laquelle passe la diligence devient la pièce essentielle de la réalité villageoise ou administrative et F.-X. Cuche d'écrire, *À la fin du règne de Louis XIV: le temps introuvable* (Champion, *op. cit.*). Au XIXᵉ siècle, en durée et en masse, broyant le temps, l'épopée du rail va changer les données du problème.

Chapitre III
Le réseau routier européen et ses potentialités

En dehors d'une vision des «imaginatifs» et de quelques Saint-Simoniens, de quelques nostalgiques du Grand Empire, il est difficile, au début du XIXᵉ siècle, et malgré des ouvrages tels ceux de Dutens ou de Reichard, de parler d'un «réseau européen» qui faciliterait les déplacements des hommes et les transports de marchandises. Sauf pour la période 1789-1815 qui, pour des raisons particulières, a cultivé d'autres possibilités, le nationalisme hérité de la Révolution et l'absence de coordination caractérisent une œuvre hétérogène. Les gouvernements ont tous cette «préoccupation routière» mais, s'ils profitent des expériences techniques des voisins, ils se préoccupent peu de l'harmonisation des tracés, qui demeurent marqués par le caractère national et douanier, d'inspiration fiscale. Unicité des motivations? Distinction des pratiques?

1. L'ensemble européen et ses caractères

Dans l'Europe en voie de reconstruction après les guerres napoléoniennes, compte tenu de la reprise démographique et «du mouvement perpétuel des forces civiles et militaires», s'affirme, de plus en plus le *hiatus* qui existe entre routes de grande circulation et chemins vicinaux. Les premières sont constituées de «tronçons nationaux» aux législations variées, les secondes, comme le dit le conseil général du Bas-Rhin, «sont dans un état déplorable», avec toutes les conséquences dans le domaine économique ou politique et le maintien des mentalités médiévales. La plus grande partie des campagnes européennes est encore, malgré quelques notables exceptions, à l'heure de la «mission» ou des inspections redoutées, telle en Russie, celle de l'envoyé du tsar, qu'a narrée Gogol (1809-1852), dans le *Revisor*. Mais les *Âmes mortes* ne sont pas le privilège de la seule Russie. Un peu partout, à l'indifférence à l'égard du monde campagnard, pour ne pas dire plus, s'ajoutent les conflits entre pouvoir central et autorités locales, les phénomènes de corruption au moment des adjudications et le souci d'économie du «gouvernement des notables» ou, en Europe centrale, de l'aristocratie foncière. Un certain nombre de caractères peuvent cependant être dégagés.

Premier trait constant de cet ensemble, de caractère pragmatique, la mise en œuvre des innovations techniques. Peu à peu, brisant les contraintes financières, s'introduisent «les techniques du pavé et du macadam», parisiennes pour la première, venues d'Angleterre pour la seconde. De même apparaît, à l'égard des entrepreneurs de transport, du fait des exigences des voyageurs qui se multiplient, un certain souci des «correspondances», perceptibles dans les guides et les traités, les arts de voyager, ou les descriptions, telles celles de Piganiol de La Force et de Dutens en France, de Reinhardt pour l'Allemagne ou de Hennin pour l'Oural. Dans ces textes utiles, bien renseignés, se rencontrent, outre les cartes, les équivalences hétérogènes de mesures, de distance, de temps et de monnaie, qui illustrent encore à ce moment la diversité, loi des déplacements un peu lointains[13].

Le second trait s'inscrit sous le signe du travail humain ou animal dans la construction comme dans la mise en œuvre. Le rôle de l'État apparaît essentiel dans la décision comme dans la continuité de l'exécution. La peine des hommes reste à la base de l'édifice. Le nombre ne compte pas. Pour la construction du canal du Midi, Riquet avait réuni une armée de huit mille à douze mille travailleurs à la fois, groupés en «brigades» de cinquante hommes. Cinq brigades formaient un atelier. En 1670 il modifia cette répartition, un atelier ne comprenait plus que deux brigades de quarante têtes, un homme était compté pour une tête et trois femmes pour deux têtes. Dix têtes assuraient le piochage des terres, dix têtes assuraient le chargement à la pelle, vingt têtes étaient occupées au transport à l'aide de civières ou de hottes. Les ouvriers étaient payés au mois, sans déduction des journées perdues pour intempéries ou pour maladie! En Allemagne, Napoléon emploiera les prisonniers de guerre ou des condamnés de droit commun plus ou moins volontaires. Les incidents – ou accidents – sont multiples. La route de Paris à Lyon n'en est pas exempte. Impraticable pendant l'hiver de Fontainebleau à Chalon-sur-Saône et à Lyon: des réparations sont faites en septembre 1781, au bas de la côte de Tarare, «où le chemin n'est ni pavé, ni encaissé». En janvier suivant, la diligence, chargée seulement de quatre voyageurs et de mille sept cents livres de marchandises, s'embourbe si bien que «dix-sept chevaux et trois paires de bœufs suffirent à peine à la tirer de l'ornière» (J. Roubert). La mise en œuvre exigeait un effectif humain, spécialisé ou non, de bouviers, muletiers, rouliers, d'éclusiers, de bateliers, de manœuvres... personnel mi-stable, mi-en mouvement, plus ou moins complémentaire. L'ensemble constitue un trait permanent de cette «civilisation du silence» qui caractérise le monde des fleuves et des canaux.

Le troisième trait concerne la permanence sociologique. Le tracé recherche la ligne droite et s'oppose, quand il le peut, à la discontinuité des administrations, des mesures, des langages, des taxes et des services. Le système d'exploitation, dans son ensemble, est basé sur l'existence des relais, relais de voyageurs ou relais postaux. Si elle présente des variétés plus ou moins agréables ou inattendues, l'auberge affirme en Europe une présence permanente. Voyageant en Russie, Pouchkine se met en quête du maître de poste: «Je le trouvai qui ronflait à l'ombre de l'isba.» Et l'auteur de l'article qui étudie «le sommeil dans l'œuvre de Raditchtchev», ajoute: «Considérez le Russe, vous le trouverez enclin à la Rêverie», à ceci près que rêverie et sommeil sont deux choses différentes (*Revue Russe*, 16, 1999). Pour les voyageurs pressés, un postillon précède la voiture. L'état des chambres varie selon les lieux. Johanna Schopenhauer a décrit les auberges de Westphalie «où les souris, la nuit, dansaient la sarabande autour des lits. Des guirlandes de jambon et des côtes de lard pendaient aux poutres noircies» (G. Bianquis). Les détails pittoresques ne manquent pas mais fait défaut une étude systématique du phénomène de «l'hospitalité» dans ses motivations, ses aspects, ses refus, ses défis, ses limites, si bien rendu dans ce magnifique cantique qu'est la tragédie d'Eschyle, *Les Suppliantes*. Montandon a posé le problème au colloque de Clermont-Ferrand. Daniel Roche en a rappelé la nécessité dans le cadre d'une sociabilité active. Les passeports sont exigés, en Allemagne ou en Italie, entre les divers États. Pour traverser la Manche, sont en principe nécessaires un passeport délivré au prix de deux livres trois shillings et six pence, par le Foreign Office, déjà logé à Downing Street, et un visa – gratuit – de la légation de France (*Guide de l'étranger*, 1814).

Dans ces découvertes successives, les traits de mœurs et les problèmes de langue ont leur importance. Le français, universel au XVIIIᵉ siècle, est encore très prisé mais l'italien persiste, l'anglais fait son apparition, surtout dans le Sud.

2. La vision européenne et les grandes directions

La seconde moitié du XVIIIᵉ siècle avait vu une accélération des contacts, prolongés sous le Directoire, – telle l'œuvre de François de Neufchâteau – entre pays et villes de l'Europe des Lumières. L'histoire des grands itinéraires, vus par Georges Reverdy (2 t., 1981), est celle de l'unité française, et, débordant les frontières, prélude à l'unité européenne.

Grands itinéraires et voies nord-sud

Les voies «simples» des directions longitudinales se déroulent au sein des plaines du Nord de la France, de l'Allemagne du Nord, polonaises et russes, dans la dépendance des reliefs et de la nature du sol. Sous l'Empire, jouent les directions de

Paris vers les frontières, et au-delà de celles-ci, des créations, comme en Hanovre, où existent de fort belles routes stratégiques, mais qui ne sont plus entretenues après 1814. Les routes – entre Darmstadt et Heidelberg, ou entre Stuttgart et Munich –, admirées en été, sont coupées de fondrières en hiver. En 1817 on ne signale aucune chaussée entre Berlin et Breslau. Avec les routes vers l'est, joue l'attraction vers Saint-Pétersbourg. En passant par Vienne, venant de Fribourg-en-Brisgau, on fait un détour de cinquante lieues. Deux autres routes sont plus courtes, l'une par Ratisbonne ou par Nuremberg, Prague, Breslau, Warsovie et Grodno, l'autre par Dresde, Berlin, Dantzig et Königsberg (abbé Georgel). Arrivées en Russie, siège du grand domaine, elles retrouvent le sens de la piste et de l'immensité de la plaine russe. Plus au sud joue le circuit danubien: le système autrichien est au point. Camille Callier a étudie «le courrier de Turquie et la caravane de Bagdad» (*Bulletin de sociologie et de géographie*, 2ᵉ série, t. VIII). Au moment de l'expédition d'Égypte, la volonté affichée du retour de Bonaparte gagnant l'Occident, par Constantinople, le Danube, Vienne et le Rhin, a frappé les esprits.

Des voies plus «ardues» coupent l'Europe du nord au sud. Aux chemins muletiers se sont parfois substituées des routes audacieuses et des voies carrossables, comme nous le verrons dans l'étude du roulage. Vers le sud, trois voies, par les cols alpins, pouvaient relier Paris aux principautés italiennes, à Rome et à Naples, Milan et Turin: le Simplon, d'abord prioritaire, dans un premier temps profite, pour le coton d'Orient, à Strasbourg, ville de transit; le Mont-Cenis, «la merveilleuse route du Cenis», dans un deuxième temps, va avantager Lyon au moment du second Blocus continental; le col de Tende, enfin, à l'écart, doté d'un tunnel routier débloquant le Piémont, fournissait les sels et les grains. En 1806, dans ses *Souvenirs d'un voyage en Livonie, Rome et Naples*, Kotzebue donne, dans le chapitre IX, l'état des postes depuis Pétersbourg jusqu'à Naples. Routes qui se prolongent dans les provinces illyriennes, retrouvant l'ancien réseau romain, frôlant les traces des Bogomiles le long de l'Adriatique et celle des *tercios* à travers les Alpes. Des liaisons sont tentées avec les réseaux satellites ou concurrents: le réseau sarde avec l'aménagement du col de Tende, organisé autour de l'axe port de Villefranche-col de Tende. Le droit de 2 % de Villefranche, droit péager perçu tant par terre que par mer dans le pays niçois, correspond dans le système général des douanes des États de Savoie à ce qu'étaient, pour les Alpes savoyardes, le Dace de Suse perçu au passage des cols du Mont-Cenis et du Montgenèvre, pour la France, le péage de Jougne dans le Jura, ou la Douane de Valence dans la vallée du Rhône (M. Bottin, *Cahiers de la Méditerranée*, juin 1979, n° 19). Se développe le réseau autrichien, œuvre de Marie-Thérèse et de Joseph II avec la route carrossable du Brenner (ouverte en 1772), ou le réseau français avec la prise en considération du Montgenèvre, «le col transalpin le plus commode» (A. Allix), et du Lautaret, pour la mise en valeur du Briançonnais auquel s'intéresse le général Vallier de Lapeyrousse. Autres routes fréquentées, celles d'Italie vers Rome et le Vésuve, celles d'Espagne, les unes recoupant celle de Saint-Jacques, venant de Roncevaux, les autres de la Catalogne et du Roussillon, voies des estafettes, des contingents multiples, de la cavalerie sans cesse à remonter, en attendant qu'elles deviennent, à rebours, avec Wellesley, duc de Wellington, poursuivant Soult, en 1813, les voies de l'invasion.

Cette vision romantique d'un espace à conquérir témoigne d'un «climat», d'un tempérament et d'un imaginaire auquel se prêtent, à l'aube du romantisme, les grandes artères fluviales et terrestres. Plus concrètes sont les chevauchées stratégiques et les trajets militaires qui mériteraient d'être étudiés en tant que tels. Au moment de la campagne de Russie (1812), les masses à déplacer sont énormes. Ségur en témoigne: «Tout était prêt. Des bords du Guadalquivir et de la mer des Calabres jusqu'à ceux de la Vistule, six cent dix-sept mille hommes, dont quatre cent quatre-vingt mille déjà présents; six équipages de ponts, un de siège; plusieurs milliers de voitures de vivres; d'innombrables troupeaux de bœufs; mille trois cent soixante-douze pièces de canon, et des milliers de caissons d'artillerie et d'ambulances, avaient été appelés, réunis et placés à quelques pas du fleuve des Russes […] Ainsi la Grande Armée marchait au Niémen en trois masses séparées…»[13]

Un point crucial frappe l'esprit: la construction et le passage des ponts sur le Danube. Suivi de l'entrée dans les villes. Avec un maître nourri d'Alexandre et d'histoire ancienne, on rappelle le passage du Tigre par Trajan, en face des Parthes. Le 24e bulletin de la Grande Armée note «qu'il n'existe plus de Danube pour l'armée française […] sur une largeur de quatre cents toises sur le fleuve le plus rapide du monde, il [le général Berthier] a, en quinze jours, construit un pont formé de soixante arches…»

Par la rapidité des déplacements et la surprise des mouvements, la route devient élément du combat. En juin 1809, afin d'assurer le passage de l'armée sur la rive gauche du fleuve, l'Empereur conserve l'île Lobau comme tête de pont en avant du grand bras du fleuve. Partie intégrante de la bataille à mener, élément d'information voire de propagande, la route suppose l'esprit d'initiative et une solidarité effective de la part des chefs. Dans les deux éléments à la base de l'action militaire, le feu et la manœuvre, compte tenu des éléments climatiques, de relief et de sol, la route joue un rôle essentiel.

Aux yeux de Metternich, sillonnée par les voyageurs, la route de Paris à Vienne va être celle des idées libérales et des révolutions. Plus encore peut-être, elle est celle des exploitations économiques d'envergure et de la main-mise du capitalisme européen, grâce aux ports atlantiques et baltiques, sur les circuits allemands et européens.

L'appel des façades maritimes: les ports

La montée des façades maritimes a entraîné, dès le XVIIIᵉ siècle, l'essor des ports atlantiques. Ils apparaissent comme les terminus des voies, redistribuant les richesses, coloniales et autres, à travers le continent. «Le port fluvial et le port maritime symbolisent l'esprit d'expansion et la maîtrise des eaux [...] ils deviennent les pôles d'un développement privilégié.» (D. Roche.) Favorisée par ses dessins côtiers qui, partout, ouvrent à la mer les vallées industrielles et les sites urbains, l'Angleterre donne l'exemple. Le cabotage joue un rôle essentiel. Les voies navigables (mille six cents kilomètres en 1750) transportent les produits lourds à moindre coût. Issus de l'intérêt privé et des spéculations foncières, les canaux, en attendant le rail, font l'objet d'investissements. L'«appel routier» joue également pour les ports d'Amsterdam, d'Anvers libéré par la Révolution «du blocus» politique, du Havre, de la Rochelle et de Bordeaux, à la croissance accélérée, bien étudiée par Paul Butel, de Hambourg et de Brême, témoins réceptifs des voies internes qui montent vers le nord et l'ouest, de Göteborg, à l'embouchure du Göta elf, le fleuve le plus important de la Suède, donnant accès aux plaines lacustres centrales. Large ouverture de la Suède sur la «mer libre», le port ne put s'établir définitivement qu'en 1618, lorsque l'apogée de la puissance militaire suédoise coïncida avec un affaiblissement croissant du Danemark. Au XVIIIᵉ siècle, Salonique devient un entrepôt de style européen: les commerçants germaniques y apportent les produits de leurs manufactures, draps, indiennes et mousselines et surtout les verreries de Bohême, du fer, de la quincaillerie. Le coton de Macédoine est exporté par la voie de terre vers l'Autriche et le Saint Empire. L'élément juif, d'origine espagnole, est prépondérant (N. Svoronos).

Un port n'est pas seulement un regard sur l'Océan, mais l'aboutissement d'une ou plusieurs routes terrestres, dont il suit les diverses fluctuations, ce que Jean Meyer a montré dans son *Colbert* (1981), unissant «l'homme des routes» et «l'homme de la mer». De même Paul Butel, retraçant «la route des vins», dans ses multiples ramifications, et Peter Voss qui étudie *Le Commerce bordelais et la route d'Arkangelsk à la fin du XVIIᵉ siècle*, en liaison avec la route de Saint-Pétersbourg. Protégé par les franchises de Colbert, l'essor de Marseille participe à une double expansion celle du transit méditerranéen et celle du commerce de l'Atlantique, expansion qui a entraîné le renouvellement de sa population de type cosmopolite, aux arrivées fréquentes et au brassage réel. Face à Aix, la ville parlementaire, des programmes d'urbanisme concrétisent l'idéal d'aménagement du port et le désir d'une nouvelle sociabilité. De ce large esprit d'ouverture, témoignent les suggestifs *Ports de France* de Claude-Joseph Vernet (1714-1489), né en Avignon. «Tout est vrai, on le sent, écrit Diderot en 1767. La mer commande la terre: le port attire et retient la route.»

L'expansion des centres industriels

Enregistrés dans une partie de l'Europe, les débuts de la révolution industrielle nourrissent «les routes d'exportation» qui arrivent de l'intérieur de la France et de l'Allemagne, dans un dyptique classique: fourniture des matières premières et exportation des produits fabriqués. De nouveaux centres de production, servis par les sources d'énergie, s'installent en Europe, livrée jusque-là à l'artisanat. Jouent l'accroissement des manufactures, la multiplication des forges essaimées sur l'ensemble du territoire, face à une démographie en mouvement et aux efforts d'un siècle qui voue à la manufacture vagabonds et enfants trouvés. L'industrie textile, industrie à domicile, repose sur l'exploitation du tisserand et de sa famille. Les transformations techniques, éléments de rassemblement, jouent sur le problème du nombre et de la distance entre la fabrique et le monde ouvrier. Les besoins alimentaires croissent. Combinée à la voie terrestre, la voie d'eau est utilisée pour l'approvisionnement; c'est le cas des fleuves allemands, du Rhin, de la Basse Seine, de l'Elbe pour Hambourg, de la Saxe ou de la Vistule. Dans le cas de Mulhouse, il s'agit de choisir entre la route (protectionniste) du Havre ou celle du Rhin. Le canal de la Marne au Rhin répondra, en partie, à ce problème.

Le rayonnement des villes capitales

Le XVIIIe siècle a été le temps des Lumières mais aussi celui des villes. Comment se conçoit la relation organique qui unit la ville capitale, résidence du prince, aux différentes parties de l'État? Dans la *Métropolitisée*, Alexandre le Maître a fixé les critères qui définissent une capitale par rapport aux autres cités. La route occupe une place de choix dans les éléments d'explication, mettant en jeu un double phénomène de dissociation et de rassemblement. Jouent d'une part, à l'issue des troubles révolutionnaires, l'installation en province des nouvelles administrations; d'autre part, dès le retour de l'ordre, la réunion des élites foncières, l'exercice d'un pouvoir, l'interraction sociale, essence de la tradition et du devenir urbain. La politique joue son rôle. De la ville-résidence à la ville capitale, telle se présente l'évolution à Londres et à Berlin, telles les voies de Dantzig à Berlin et de Berlin à Dresde, puis de Dresde à Augsbourg, «ville libre et impériale», au magnifique hôtel de ville, et d'Augsbourg à Fribourg-en-Brisgau, ville de huit mille à neuf mille âmes, dont l'université compte vingt-quatre professeurs (abbé Georgel). Joue à Paris l'emprise centralisatrice. S'y regroupent les représentations des nouvelles fonctions de l'État et s'y précise la nature des équipements collectifs, traducteurs d'activités. Surgissent également des cités, issues des «chemins de colonisation» telle Odessa, ou en Allemagne, des cités médiévales, fruit d'une entité ethnique territoriale, province ou *Land*, quels que soient le régime politique et les empreintes étrangères.

Autour, et dans la ville, s'améliore le système relationnel. Une notion essentielle, la facilité d'accès. De là l'importance de la situation sur un fleuve, telle Vienne desservie par le trajet issu de Fribourg-en-Brisgau par Ulm, Augsbourg, Munich, Linz: on peut s'embarquer à Ulm sur le Danube pour Ingolstadt, Ratisbonne, Passau et Linz. Telle Moscou et d'ancienneté, Berlin nouveau venu. Sur un fleuve, ses méandres, et ses affluents: Paris. De l'autre côté du *Channel*, Londres poursuit, de façon tentaculaire, son propre développement, de même que Saint-Pétersbourg, Lisbonne et Copenhague, essor commandé par la montée démographique et les nécessités d'approvisionnement. En Hongrie, Buda ne possède ni fortifications, ni portes: «On entre dans la capitale de la Hongrie comme dans un village» (R. Townson); la ville est séparée de Pest par le Danube, un pont de bateaux sert de communication. Pest a seize mille habitants et Buda vingt-deux mille. Sollicitée, la rivière est créatrice d'emplois. Jusqu'au XVIIIᵉ siècle, le halage a été effectué par des hommes. L'élargissement et l'empierrement des chemins de halage a permis l'utilisation systématique des chevaux et l'agrandissement de la taille des bateaux. On améliore le système des bacs, tel sur la Seine: le chenal passant sans arrêt d'une rive à l'autre, du fait des méandres et des îles, les chevaux devaient franchir la rivière jusqu'à quarante fois entre Rouen et Paris. Des progrès techniques concernent l'entreprise hydraulique, touchant les volumes d'eau et les forces à répartir.

Chez ces «villes du mouvement» aux hiérarchies sociales composites, la volonté d'unité rejoint en étoile les villes moyennes dans une subtile hiérarchie. En partent diagonales et transversales, apportant le ravitaillement, évacuant les déchets en vastes zones d'épandage, affirmant les liens de dépendance, telles les routes de Vienne à Cracovie par l'Autriche, la Moravie, la Haute-Silésie, la Galicie ou Pologne autrichienne (abbé Georgel). L'ensemble est caractéristique de la volonté d'implantation des souverains, touchant l'administration territoriale (points d'octroi, limites de districts, de préfectures…). Bureaucratie et caméralisme ont porté leurs fruits bien avant la fin du XVIIIᵉ siècle.

Les systèmes régionaux

On note au sein des systèmes nationaux, le maintien ou le renouveau des traditions régionales. Reprise de mythes anciens, mais pas totalement, ces différents systèmes d'un «nouveau style» illustrent, moins l'histoire «féodale» de la Province, que les conditions nouvelles de son développement «économique». S'y ajoute l'emprise de telle ou telle ville de nouvelle importance, où le marché rural et artisanal rencontre, avec la foire spécialisée dans tel ou tel commerce, le royaume de l'échange. Siècle de la route autant que de la ville, le XVIIIᵉ siècle offre ainsi la synthèse ou juxtaposition des vieilles représentations de la réalité urbaine et du développement – parfois «industriel» – des nouveaux réseaux. Les villes importantes d'Allemagne, villes de foires ou de cour, telles Hanovre ou Weimar, revendiquent la route pour s'ouvrir au monde. Goethe, le poète faustien de retour de France et d'Italie, et Wieland, s'y emploient (Gonthier Fink). La parole est aux architectes et maîtres d'œuvre. Le nombre fait la loi. Aux yeux des nouveaux démographes, se dessinent des «seuils», quand se précise le poids de l'urbain. Systèmes régionaux qui, parfois, débordent l'univers continental et trouvent leurs correspondants au-delà des mers, ce qui est vrai pour l'Angleterre et, plus encore, pour la France atlantique, trouvant sa source de richesse dans les Amériques (P. Butel, *Histoire des Antilles françaises. XVIIe-XVIIIe siècle*, Paris, Perrin, 2002). S'esquisse ainsi, dotée des «inventions culturelles», liées à la présence d'un tribunal – Parlement ou Conseil souverain –, d'une autorité – de prestige ou de responsabilité –, d'une société savante, d'une université ou des «casernes ouvrières» industrielles ou artisanales, une nouvelle géographie régionale, dépassant le style historico-provincial. Harmoniser l'ancien style et le nouveau, tel est le problème. Les routes en constituent les outils essentiels et les migrants, de toute origine, les facteurs de renouvellement.

Urbanisme, environnement et paysage

Routes ou rues pour la traversée des agglomérations se rencontrent à Paris, où les trois canaux de l'Ourcq, Saint-Martin, Saint-Denis, forment un seul et même système, un dispositif unique ayant la forme d'un *Y*, dont le confluent est formé par le bassin de la Villette. Est ainsi franchi «le verrou parisien» (*Paris et la batellerie. 1979*). Liée à l'apport démographique, au problème des banlieues, au maintien des vieux quartiers, parfois adossés au système, plus ou moins désuet, des fortifications, tel dans l'Est de la France ou les confins danubiens, l'ouverture des villes, du fait de la croissance de l'activité économique, entraîne le déplacement des centres et l'entrée de la route qui se retrouve «rue», aux contraintes multiples. «Entre les deux pôles de la circulation des images et de l'organisation des réalités urbaines, c'est un double changement.» (D. Roche.) L'exemple de Caen, où s'inscrit le problème de la ville moderne, est probant dans ce domaine (J.-C. Perrot).

Dans son tracé, la route rencontre les problèmes de l'urbanisme, science nouvelle héritée de la Renaissance italienne (L.-B. Alberti et son *De re aedificatoria. 1483*, posthume). En France où la sécurité semble assurée, la fortification est désuète. La question des portes d'entrée monumentales, chères à Vauban, apparaît dépassée; demeurent les problèmes des casernes, des écuries, de la circulation et du stationnement. Urbanisme (la chose existe avant le mot) et environnement s'ouvrent au goût nouveau de l'esthétique et de la nature qui se développe, avec le romantisme, chez les disciples des *Rêveries du promeneur solitaire* et les lecteurs de *René*. Philippe Blanchemanche a évoqué le rôle des *Bâtisseurs de paysages. Terrassement, épierrement et petite hydraulique en Europe aux XVIIe et XVIIIe siècles*

(1990), travaux d'accompagnement ou de fondations, d'une importance considérable, aussi bien en Aveyron qu'au Portugal, en Angleterre ou en Flandres. Utiliser les anciens tracés, souvent plus sensibles aux éléments naturels que les créations du XVIIIᵉ siècle, éviter la monotonie dont se plaignent certains voyageurs tel le docteur Edward Rigby, multiplier «les cartes des postes» des pays d'Europe, assurer la liaison avec les voies navigables, lorsque le relief et la saison le permettent, rénover la vie rurale tel que le propose Duhamel du Montceau dans ses *Éléments d'agriculture* (1762), développer l'hôtellerie, ouvrir les esprits aux problèmes de l'environnement – et aux «petits travaux» –, telles sont les orientations possibles d'une «pratique» plus que d'une science en voie de développement.

L'attraction méditerranéenne

C'est à Goethe partant vers le Midi qu'il faut revenir pour comprendre cette attraction méditerranéenne, qui défie l'histoire, les invasions et les changements politique ou sociaux. Se présente d'abord l'entrée par le vestibule helvétique. Ses *Lettres de Suisse* (1779) et son *Voyage en Suisse* (1797), s'accompagnent chez Goethe de quelques réflexions hétérodoxes: «Les Suisses seraient libres? Libres ces bourgeois fortunés vivant dans des villes fermées? Libres ces pauvres diables au bord de leurs falaises et de leurs rochers?» (Exposition «Goethe et l'Europe», 1999.) Le contraste des paysages de chaque côté du Brenner est saisissant. Plus au sud, sont notées, moins les particularités des États que la présence des villes, la beauté des paysages et la douceur des climats, relevés par les mémorialistes, que ce soit la Sicile, la Calabre ou la Grèce, sans oublier l'entretien précaire des routes et l'érosion des sols. Face aux sections longitudinales des plaines du Nord de l'Europe, s'inscrivent les directions nord-Méditerranée. Cette attraction individuelle joue sur des routes non fréquentées, sinon par quelques artistes et amateurs d'antiquités. Fortes des charmes des campagnes jardinées, les régions méditerranéennes ont échappé à l'industrialisation du Nord.

À un XVIIIᵉ siècle cosmopolite qui avait vécu de la grandeur de Marseille, de Barcelone, de Gênes et du prestige nostalgique de Venise, avait succédé l'impérialisme révolutionnaire: la propagande avait suivi la route, «guerre aux despotes, paix aux chaumières». Grâce aux cols alpins, structurant l'Europe, Napoléon avait, par ailleurs, tenté de relever le défi de l'Angleterre, maîtresse des mers. Tout s'est effondré. Demeurent cependant des réalisations durables. Est né le «citoyen», usager de la route: même silhouette mais un esprit différent. L'exemple «révolutionnaire» change de signe: du politique, l'on passe au culturel. Avec la paix, est modifié le rôle des étrangers, Anglais et Russes, tel à Cannes ou à Nice, dans la seconde moitié du XIXᵉ siècle. Diversité apparente et unité réelle.

3. *L'exemple espagnol et le développement du système routier*[14]

Demeuré pratiquement le même depuis les rois catholiques et Charles Quint, le réseau routier espagnol avait reçu une impulsion décisive du fait de l'introduction en Espagne de la monarchie des Bourbons. Dès juin 1707, alors que le pays est enjeu et champ de bataille, pénétré du désir «de réduire tous les royaumes d'Espagne à la même uniformité de lois, usages, coutumes», Philippe V avait aboli les *fueros* d'Aragon et de Valence. Dès la paix, il édictait une ordonnance qui prônait la conception radiale de la route espagnole avec comme centre la capitale, Madrid. C'est le début d'une féconde époque.

Malgré les difficultés de tous ordres – relief, danger d'inondations brutales, répartition démographique, problèmes de main d'œuvre, résistances locales –, mais inspiré par les «sociétés des amis du pays», intéressées à la physiocratie, le rythme des constructions s'accélère à partir de 1749. Sont publiées les ordonnances aux *corregidores* sur les routes et les ponts et, surtout, la fameuse ordonnance caroline du 10 juin 1767, œuvre de Charles III. Elle prescrit la remise en état des routes de Madrid à la Catalogne, à Valence, à l'Andalousie et à la Galice, avec l'apparition des «chemins royaux» (*caminos reales*), premiers chemins pavés depuis les Romains. L'ordonnance prévoyait un budget de deux cent cinquante mille *réales*. Entre 1777 et 1788, une œuvre importante est réalisée par Florida-Blanca, superintendant des chemins. Malgré les obstacles, furent réparées deux cents lieues de routes, construites cent quatre-vingt-quinze et établis trois cent vingt-deux ponts. Étaient alors creusés les canaux de Castille (1752) et d'Aragon (1778).

Le renouveau de la route a entraîné la naissance de manufactures et le renouveau du commerce régional. Ce dernier est paralysé en partie, du fait du climat, par l'absence de voies fluviales, complètement et pérennement utilisables. De toutes variétés sont les coches qui fréquentent ces chemins. En premier lieu, la diligence menée par le *mayoral*, dirigée par le *zagal*, accompagné du *delentero*, «le condamné à mort», juché sur la mule de tête. Plus rapides qu'elle, existent le coche de *colleras*, tirés par six mules et la *calesa* individuelle, cabriolet à deux roues que traîne une seule mule, au trot allongé. Elle croise de temps en temps les *galeras*, longues charrettes chargées de marchandises et de voyageurs, attelées de robustes mules. Partout les muletiers forment une corporation respectée qui hantent les chemins. En février 1763, a été établi un service de passagers entre Madrid et les provinces, connu sous le nom de la *Diligencia general de coches*, bi-hebdomadaires entre Madrid et Barcelone par le relais de Santa-Maria. La durée du voyage est de cinq jours, au rythme de six heures par jour. À la fin du XVIIIe siècle, le réseau routier comptait onze mille kilomètres, plus qu'à l'époque romaine. Encore insuffisant pour faire face aux nécessités croissantes de l'économie régionale, il représente un sensible progrès. Le relais (*puerto*) de Guadarama, union entre les deux Castilles, a été inauguré en 1749. Depuis cinq siècles, le transit avait lieu par le *puerto* de Aguardenterias, devenue pratiquement impossible à emprunter pour les véhicules. L'ouverture du *puerto del Escudo* (1753) a des conséquences très favorables pour l'économie de Santander. Au début du XIXᵉ siècle, on assistera à «l'agonie des forges traditionnelles» (*Actes du colloque de Flaran*, 1997).

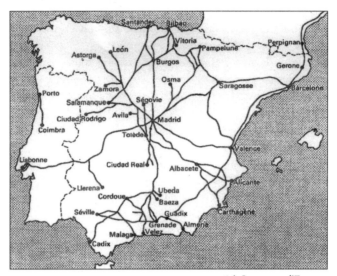

14. Les routes d'Espagne

La période sanglante des guerres napoléoniennes a interrompu cette progression. Les routes deviennent celles de l'invasion; L.-F. de Morantin donne son *Diario 1790-1808* (repris à Madrid en 1968). Francisco de Goya (1746-1828) illumine la désespérance. Pendant l'invasion napoléonienne, les armées utilisent le réseau routier de la frontière à Madrid. Le Portugal suit. La réplique populaire ne tarde pas: la «résistance» met en valeur les chemins de montagne et confirme «la royauté du mulet». Face à celui «qui se traînait sanglant sur le bord de la route», la «voie de la générosité» rappelle le tragique des situations individuelles ou collectives de l'Espagne envahie. Tragique qui se retrouve chez Byron. Après le départ des Français, il traverse le Sud de la péninsule de Lisbonne à Séville et goûte le contraste «entre la misère des hommes et la beauté des paysages portugais». Il a traversé le Tage à la nage, monté à âne ou à mulet, juré en portugais. «Qu'importe? Les gens qui vont en voyage d'agrément ne doivent pas chercher le confort.» De Lisbonne à Séville, lui et son compagnon voyagent à cheval. «La route était bordée de croix; chacune rappelait un meurtre.» Ils rencontrent un prisonnier et des espions qu'on emmenait à Séville pour y être pendus. «Il y avait dans ce spectacle du monde où la mort et l'amour étaient à chaque pas quelque chose d'animal et de franc qui allait au cœur de Byron.» (A. Maurois.)

17. *Pays-Bas et Provinces Unies*

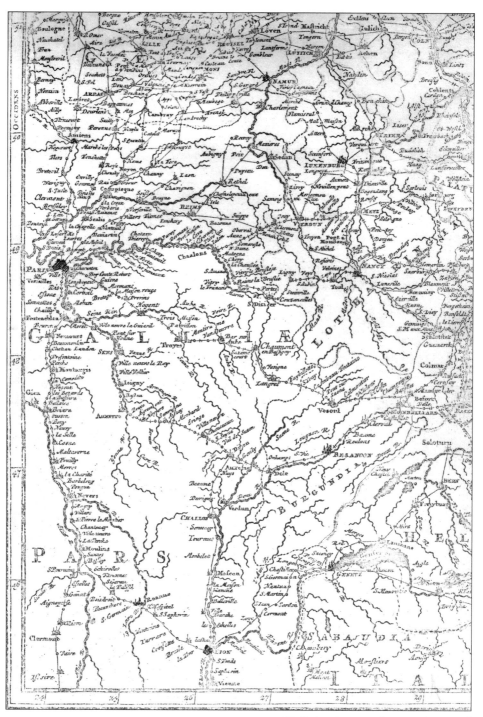

18. *Paris et les routes de poste sud, est, nord*

19. Allemagne du Nord. Hambourg, Brême, Lubeck

Cum Privilegio Sacræ Cæsareæ ut & Reg.
Maj. Polon.

BALTHICUM

I. RUGIA

KÖNIGSBERG
Fischhausen

PRUSSIA

DANTZIG

POLONIA

POLO-

POSEN

GNESNA

BRESLAW

LIGNITZ

SILESIA

OLMÜTZ

PARS

20. Pologne et Prusse

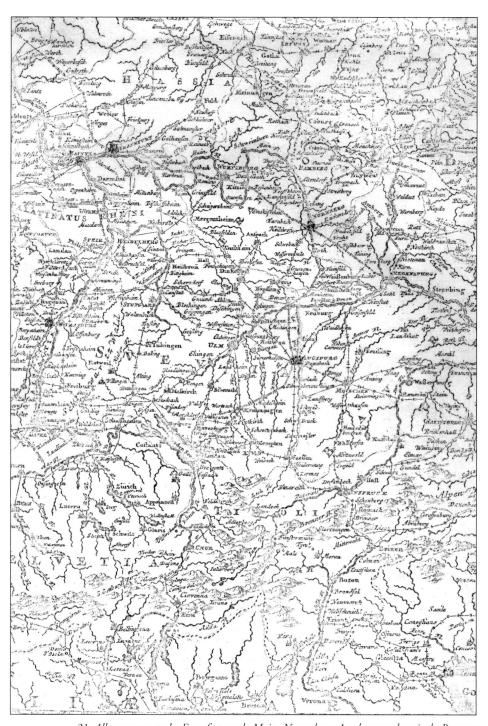

21. Allemagne centrale. Francfort-sur-le-Main, Nuremberg, Augsbourg et la voie du Brenner

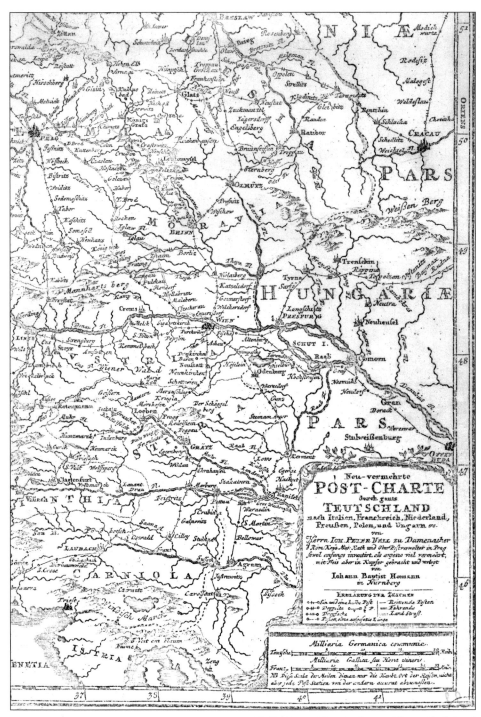

22. Bohême et Hongrie. Prague, Vienne, Buda[pest]

23. a. Les îles britanniques aux XVᵉ et XVIᵉ siècles

23. b. L'Espagne

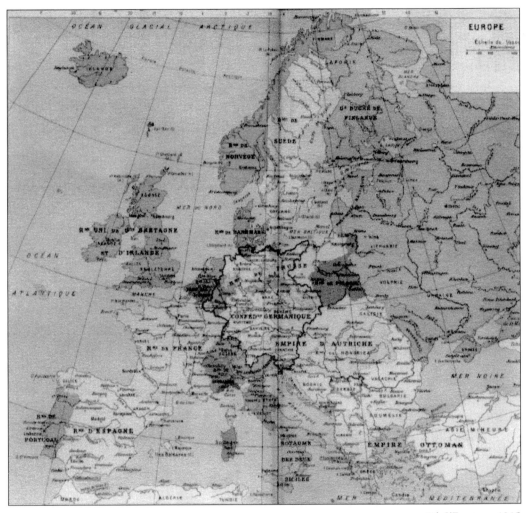

24. L'Europe en 1815

Au début du XIXᵉ siècle, sous la direction d'Augustin de Bethancourt, inspecteur général des routes, le gouvernement de Carlos IX s'est engagé dans la voie du développement routier. En 1799 a été créé le corps des Ingénieurs des routes et canaux. Profitant de la trêve internationale qui a suivi la paix d'Amiens (1801), Bethancourt obtient l'approbation d'un plan pratique de construction et d'entretien des chemins. Se construisent alors près de deux mille kilomètres. Que ce soient Cadix, brûlée par les Anglais en 1596, refuge de la flotte française après Trafalgar (1805), ou Barcelone, suivies par Valence, Bilbao, et Gijon où se maintient l'activité commerciale et qui s'opposent à la léthargie de l'intérieur, les villes périphériques réclament une amélioration des circuits routiers. En Catalogne notamment, province bien cultivée, couverte de manufactures, à l'activité décuplée au XVIIIᵉ siècle. R.-F. Diaz et C.-M. Shaw ont étudié les conditions économiques et l'apprentissage chez les commerçants de la capitale. Malheureusement, «les chemins, ce grand véhicule du commerce, sont en général fort négligés». Reste le port: «Le port de Barcelone exporte des soieries, des draps moyens, des cotonnades, des indiennes, des vins et des eaux-de-vie, toutes productions du pays», en retour, «les soieries de Lyon, les bas de Nîmes, des étoffes de coton et surtout de la morue, pour laquelle l'Espagne est tributaire de l'Angleterre, singularité remarquable...» (J.-F. Bourgoing, *Bennassar, op. cit.*, p. 558.)

En 1815, est fondée en Catalogne la Compagnie des diligences royales qui étend ses activités régulières à Valence, puis à Madrid, et plus tard, au reste de l'Espagne avec des services hebdomadaires de Madrid à Cadix, Bayonne, Saragosse et Burgos. En 1823, se constituent d'autres sociétés de diligences, reliant Barcelone avec Madrid et Perpignan. Au moment où se manifestent les prodromes de la révolution ferroviaire, des privilèges sont concédés, pour dix ans, à la Société des diligences et messageries de Catalogne (1840) qui monopolise le service Barcelone-Madrid, et à la Société des diligences de la Coronilla de Aragon (1843). Se renforcent les relations avec Saragosse et Valence.

D'autres services sillonnent l'Espagne, entre la frontière d'Irun et Madrid et entre Madrid, Cadix et Séville. Pendant la «Décade modérée» (1843-1853), conscient des nécessités du moment, le gouvernement espagnol inaugure une réorganisation générale. Après 1840, sont construits près de cents kilomètres annuels de routes (*carretas*). À partir de 1856, *unos seiscientos*. En 1868, quand fut détrônée la reine Isabelle II, la route espagnole comptait dix-huit mille kilomètres dont neuf mille cinq cents avaient été construits sous son règne, symbole d'une politique éclairée, forte de l'édification de *puentes de piedra* dans tout le pays.

4. Un cas: Lisbonne et le Portugal[15]

Situé au confluent des apports méditerranéens et des influences océaniques qui s'inscrivent dans la vie de cette portion de la péninsule ibérique, où l'influence de la mer atténue les contrastes entre le Nord et le Midi, dans une mosaïque où se croisent vieilles directions de la fin du Primaire et ondulations de la Meseta, le Portugal (ancienne *Lusitania*) est né à l'indépendance, avec l'appui de la monarchie française, en 1640. Synthèse des cultures anciennes et des influences nordiques et européennes, son histoire est celle d'un long conflit entre les peuples de la mer séduits par ses richesses et les montagnards de ses hautes terres jaloux de leur indépendance (*Archéologie*, n° 4). Il offre deux centres importants, mais qui s'ignorent, Porto et Lisbonne, réunis à Alcobaça, Batalha, Leiria, Coïmbre et Ovar, par une vieille route historique mal entretenue, courant d'abord au pied de la chaîne calcaire, puis à la limite du massif ancien, parcourue par les paysans et paysannes aux pieds nus, charges sur la tête. Un site important fut la romaine *Aeminium* qui a recueilli au IXe siècle le nom et la fonction d'une métropole plus enfoncée dans la montagne, *Conimbriga*, devenue Coïmbre, centre intellectuel auréolé du prestige de l'université. Réformée en 1772, on y a introduit l'enseignement des sciences exactes. Vers 1790, Lisbonne est reliée à Coïmbre par une voie hantée par les diligences rapides à quatre places. Elles mettent deux jours pour arriver à destination à travers les lauriers-roses, les eucalyptus, les aloès et les oliviers noueux.

Le XVIIIe siècle a été marqué, sous le règne de José Ier (1750-1777), par l'effort du marquis de Pombal (1699-1782) pour moderniser le pays, véritable colonie anglaise depuis le traité de Méthuen (1704). Dans son *Calculo sobre a perda do dinheiro do Reino* (Calcul de la perte d'argent du royaume) en 1748, Alexandre de Guzmâo souligne le dommage causé à l'économie du pays par l'absence de moyens de communication. Pombal ne s'est pas attaqué au problème; ce sera un des principaux griefs de ses détracteurs. Il a obligé les gros propriétaires à exploiter leurs domaines mais les grains produits coûtent 30 % plus cher que ceux qui viennent de l'étranger (S. Chantal). Est cependant considérable l'effort de réorganisation entrepris par le pouvoir royal pour ouvrir le pays aux Lumières et créer les ressources indispensables (1761), lutter contre la contrebande, encourager la production et l'exportation de soie, de coton, de verre, de porto. Les juifs portugais essaiment sur l'ensemble de l'Europe.

Après le tremblement de terre du 1er novembre 1755 et les six jours d'incendie qui suivirent, aux bâtiments anciens souvent noyés dans une masse de demeures sans caractères, aux rues tortueuses et confuses aboutissant aux parcs et jardins de banlieue, a été substituée une ville ordonnée avec ses rues et ses places, ville neuve autour du palais royal. Située chronologiquement entre la reconstruction de Londres et les réalisations de Marie-Thérèse et de Catherine II, l'œuvre de Pombal présente un témoignage d'ouverture sur la ville et l'architecture des Lumières. Circulent dans la ville d'énormes carrosses, les *estufas* (on y suffoque de chaleur), et les chaises à une ou deux places, tirés par deux chevaux ou deux mules, le postillon monté sur l'une des bêtes. Pour les déplacements à l'extérieur, ceux de Kingsley ou de Beckford, règne le muletier à la chemise de chanvre et aux guêtres de drap, doté d'un large feutre noir. Le luxe est réservé pour la monture, aux harnais de couleur carillonnant de clochettes. Pour les longues routes, les voyageurs préfèrent la chaise ou la litière ou, dans la mesure du possible, le coche d'eau venant d'Andalousie.

Routes mises à l'épreuve, par les errants qui refusent le tirage au sort pour la milice (A. Silbert) et, quelques décennies plus tard, – en octobre 1807, Junot entre à Lisbonne –, par la résistance jointe à celle de l'Espagne. «Armez-vous… Marchez au nom de Dieu, de sa mère immaculée et du seigneur saint Joseph, son digne époux, et soyez certains de la victoire.» (Cité par G. Lefebvre.) L'offensive de Wellesley, futur duc de Wellington, entraîne la convention de Cintra qui livre Lisbonne sans combat. Junot rentre en France avec ses hommes. Par la convention de Baylen (22-07-1808), les soldats du général Dupont furent internés dans l'îlot de Cabrera (1808).

Au XVIIIe siècle, de même que celles d'Espagne, les routes du Portugal ont été les routes de l'or et de l'argent. Les excédents commerciaux français à l'égard des puissances ibériques étaient soldés par de l'or en provenance du Brésil ou de Colombie. Grâce aux traces de palladium dans l'or brésilien et de platine dans l'or colombien, C. et C. Morrisson ainsi que J.-N. Barrandon ont pu reconstituer le parcours de ces métaux dans les monnaies frappées en France (*Le Monde*, 10-09-1999; *Économie* par P. Simonnot). Les auteurs demandent la révision de la thèse selon laquelle l'Angleterre aurait dominé le commerce mondial dès le XVIIIe siècle. Ils précisent que les indéniables performances françaises seraient en grande partie réalisées au Portugal, pourtant largement dominé par l'Angleterre (laine contre porto), et en Espagne, alors l'un des plus importants marchés du monde, depuis la «clairvoyante stratégie» de Louis XIV (E. Leroy Ladurie). Resteraient à retracer les «secrets cheminements» qui président aux transports des espèces: voie de mer ou de mer.

5. L'Italie, une mosaïque politique, des expériences, des résultats variés[16]

En Italie, après l'éviction espagnole, l'organisation routière est le reflet de la situation politique, scindée en divers États. Entre 1796 et 1810, la France révolutionnaire et impériale a réduit progressivement la marqueterie italienne à quatre entités:

– l'annexion et la départementalisation, avec leurs conséquences dans le système des communications et des poids et mesures, ont été étendues à la Savoie, au Piémont, à Gênes, à Parme et au Latium romain;

– Le Nord-Est du pays a formé la République, puis le royaume d'Italie, avec agrandissement sur le Trentin en 1810;

– au sud, le royaume de Naples est passé, en 1810, des mains de Joseph Bonaparte à celles de Joachim Murat, époux de Caroline Bonaparte;

– en 1805, Lucques a été érigé en Grand duché indépendant pour Élis Bonaparte. De 1798 à 1814, la flotte britannique a surveillé les côtes et maintenu en fonction les monarques légitimes et conservateurs de Naples ou de Savoie, en Sicile ou en Sardaigne (J.-M. Goger).

Un État d'avenir, le royaume de Piémont-Sardaigne

L'État piémontais, qui occupe le devant de la scène et a participé de près à la politique extérieure de Louis XIV, est d'une nature particulière (P. Guichonnet). Avec Victor-Amédée II (1675-1730), fondateur d'une système politique et administratif moderne, par la création des intendants et par l'adaptation des ordonnances colbertiennes, y compris celles qui visent les travaux publics, il a imité la France. Avec Charles-Emmanuel III, (roi de Sardaigne de 1730 à 1773), et son fils Victor-Amédée III (février 1773-octobre 1796), la monarchie s'inspire des despotes éclairés de l'Europe centrale et de la législation léopoldine de la Toscane. Absolutisme qui s'adapte à l'idéal de gouvernement exercé en bon père de famille (H. Costamagna, 1979). Deux aspects sont à relever: d'abord le rôle dans la politique des travaux publics, puis l'importance conférée au système routier pour maintenir, entre des parcelles variées, un semblant d'unité.

15. *L'Italie en 1748*

Cet «État tiré au cordeau», ainsi que le définit le comte d'Argenson, est marqué par la création et le rôle d'une administration, celle des intendants, cheville ouvrière de l'action du jeune royaume (depuis 1713). Ce rôle s'inscrit dans les travaux publics en fonction des impératifs financiers inscrits au budget. Il concerne les routes, les bois, les édifices publics. En raison du caractère montagneux de la région, l'entretien des voies de communication dans le comté de Nice est source de difficultés. L'intendant rappelle aux communautés leurs obligations et fait dresser les digues contre les inondations du Var et «l'impétuosité du fleuve». Le Var emporte la terre. Érosion des sols? Qu'on laisse croître les bois sur les bords et dans la plaine! La question des «Isles» divise la France et le Piémont: la communauté de Saint-Laurent a toujours entretenu «la barque servant de passage», les îles devraient appartenir au plus puissant: «Tout le gravier relève du plus grand prince.» Le traité de Turin, le 24 mars 1760, précise au sujet du Var que «le gros bras du fleuve servira désormais de frontière» (P.-L. Malaussena, 1979).

Second aspect lié au premier mais où se mêlent, avec des considération de prestige, les impératifs de liaisons entre les différentes parties du royaume de Piémont-Sardaigne. Liaison avec la Savoie à laquelle il reste attaché jusqu'en 1860, liaison avec le comté de Nice rattaché en 1579. La politique de maîtrise des cols est essentielle, de même qu'elle le fût pour la France au moment de ses ambitions italiennes. D'abord le col de Tende. En 1536, alors que François Ier l'attendait à Larche, l'empereur passe le col de Tende, franchit le Var à Saint-Laurent et se jette sur la Provence que seule sauve, en la ruinant, la politique de la terre brûlée. En 1579, devenus au prix de cinquante mille écus d'or maîtres du comté de Nice, les ducs de Savoie réparent la route muletière de Nice à Coni, prennent accès à la mer et développent les relations commerciales – la voie du sel – avec le Piémont. Vers 1750 Nice est «une jolie ville. Le roi de Sardaigne a commencé à y former un port franc qui rend la ville de jour en jour plus florissante» (Dutens). Pendant longtemps, «le passage du col de Tende a été plus incommode que celui du Mont-Cenis. On n'y pouvait pas faire passer de voiture qu'il fallait envoyer de Nice à Gênes par mer». Ce temps est terminé. L'été, le voyage est devenu agréable entre Nice à Turin, le Paillon trace la route de la montagne, achevée en 1780, empruntée par les voitures attelées et les chaises à porteurs (Roland de la Platière). En 1794 la route devenait route d'invasion. Comme le comté de Nice, la Savoie restait française jusqu'en 1815.

Autre voie entre la France et l'Italie, largement utilisée par les papes d'Avignon, le col de Large facilite les relations entre la Savoie et les terres du Sud. La lutte contre les congères est permanente pendant l'hiver. Les souvenirs sont présents. Désireux de faire valoir ses droits sur Naples et Milan, François Ier a franchi Larche en août 1515, alors qu'il était attendu par les ennemis au Montgenèvre. Pour le connétable de Bourbon, l'essentiel était de faire passer le col à soixante-douze canons de bronze, attelés parfois d'un attelage de vingt-trois chevaux. Bayard entrait à Villafranca et faisait prisonnier Colonna. Telles furent les prémisses de la bataille de Marignan où, face aux piques des Suisses, l'artillerie joua un rôle considérable. Sous Louis XIV, Vauban fortifiait l'ensemble que commande Barcelonnette et permettait à Catinat et à ses successeurs de résister à l'invasion ennemie.

Fréquenté dès l'origine fut le col du Montgenèvre qui commande Briançon et les vallées des affluents du Pô et de la Durance. Descendant en Italie, à la conquête du royaume de Naples, Charles VIII y passa en 1494, l'artillerie avait gagné par mer La Spezzia. En 1629, Louis XIII à cheval et Richelieu, en litière, reprenaient la route vers le Pas-de-Suze et faisaient de la forteresse de Pignerol, dans la vallée du Chisone, la sentinelle française avancée dans les Alpes. Considérée comme la clef du Piémont, prise en 1536, rendue à la Savoie par Henri III en 1574, reprise par Richelieu en 1630, Pignerol demeure française jusqu'en 1696. Le château servit de prison d'état; Fouquet, Lauzun, le Masque de fer ont emprunté la voie qui y mène. La ville redevient française de 1801 à 1814, comme le reste de la Savoie. Au Montgenèvre, la route est impraticable aux voitures qu'il faut démonter. En 1801 le préfet Ladoucette ouvre la voie qui favorise le Dauphiné et Grenoble. S'élève alors, porteur d'une inscription laudative, un obélisque de vingt mètres de hauteur.

Modifiant le système politique et la carte territoriale, Napoléon a modifié «la hiérarchie des cols». Prenant appui sur le royaume de Piémont, né des passages, le mouvement du *Risorgimento*, phénomène d'intense communication, allait bientôt modifier les données de la vie politique italienne.

Dans le Nord: les Habsbourg

Italie du Nord et Italie du Sud, Italie des Habsbourg et Italie des Bourbons, telle est la situation au XVIIIe siècle. La politique routière – car désormais on peut parler d'une **politique** – sont dans la dépendance des gouvernements. Dans le Nord, deux États sont en pointe, la Toscane et la Lombardie.

L'exemple de la Toscane – en 1555, Pie V a érigé le duché de Florence en Grand duché de Toscane sous l'autorité héréditaire des Médicis –, est significatif. En 1735, le Grand duché est échu à François de Lorraine, époux de l'impératrice Marie-Thérèse, en échange de la Lorraine, cédée à Stanislas Leczinski. Les qualités du fils et successeur, Pierre-Léopold Ier (1765-1790), placent la Toscane, au premier rang des réalisations, routières entre autres, de l'Europe des Lumières. En 1784, il crée à Florence la fameuse *Presidenza del buon governo*, bureau général de police qui ne dépend que de lui, prônant réformes fiscales et municipales, brisant les corporations, autorisant en 1767 la libre circulation des grains dans le duché et leur libre exportation à l'extérieur, ce qui développe considérablement le trafic.

En Lombardie – qui sera réunie à la Vénétie entre 1815 et 1866 –, les Habsbourg ont développé une politique spécifique. Avec Marie-Thérèse et Joseph II, revenu de son voyage en Italie en 1769, ils développent un nouveau plan d'action dont fait partie le plan des routes de 1777: établissement du cadastre des propriétés, réorganisation de l'administration provinciale, abolition des privilèges des corps, des villes et des États. Milan perd sa suprématie dans l'État. Les passages des autorités, archiducs ou autres, restent toujours prétexte à travaux d'entretien et à levée de taxes.

Dans le Sud: les Bourbons

Face aux Habsbourg, et après les Espagnols (A. Musi, *Marchands et culture à Naples à l'époque espagnole*, sous la direction de F. Angiolini et D. Roche, *op. cit.*), se développe la politique concurrente et «réformiste» des Bourbons. Parme, Naples et la Sicile en relèvent. À Parme, État miniature, où règne depuis le traité d'Aix-la-Chapelle (1748) don Philippe qui a épousé une fille de Louis XV, le principal ministre Dutillot, disciple de Colbert, développe une politique «à la française». L'amélioration des routes et canaux rentre dans une action générale de mise en valeur économique, réorganisation des eaux et forêts, essor de l'agriculture par l'acclimatation de la pomme de terre et des prairies artificielles, développement de la richesse publique, donc des trafics internes.

À Naples, le despotisme éclairé des deux rois successifs, Charles VII (de 1735 à 1759), fils de Philippe V d'Espagne et d'Elisabeth Farnèse, époux de Marie-Amélie de Saxe, puis son fils Ferdinand Ier (1751-1825), roi des Deux-Siciles, époux de Marie-Caroline, une fille de Marie-Thérèse, est l'œuvre de velléitaires, sacrifiant à la mode. Pendant la minorité de Ferdinand IV, l'éminent jurisconsulte Tanucci, président du conseil de régence, a exercé le pouvoir et développé l'économie, routes comprises. Un test: la santé. Yves-Marie Bercé a étudié la politique des Bourbons de Naples dans ce domaine à la table ronde consacrée à la présence des Bourbons en Europe du XVIe au XXe siècle (Paris IV, décembre 2000). En 1776, Marie-Caroline fit renvoyer le tout-puissant ministre dont l'œuvre fut compromise.

En Sicile, avec plus ou moins de bonheur, le ministre Caracciolo, qui veut briser «les chaînes de la population sicilienne», mène une politique active de libération, de l'individu (en 1782, abolition de l'Inquisition), du trafic (tentative pour instaurer la liberté du commerce des grains) et de la route, débarrassée des entraves des barons locaux. Peut-être est-il un peu exagéré de dire que «la seule bonne route de l'île était celle de Palerme à Messine». L'étude de la carte, *L'Isole di Sicilia, divisa nelle sue valli* (Roma, 1790) montre une distribution des voies assez régulières; nombreuses sont celles rassemblées à Palerme, centre administratif et politique; nombre d'entre elles traversent l'intérieur de l'île. La *Mar Tirreno* et la *Mar Africano* sont bordées de chemins côtiers. H. Swinburn a livré les impressions de ses *Voyages dans les Deux-Siciles* en 1777, 1778, 1779 (traduits par J.-R. Forster, 1785), accompagné d'une carte (*Das Königreich beider Sicilien*). Retrouvant l'exemple de son père en 1740, passant le Brenner, Goethe entreprend le voyage en Italie. Il emporte avec lui «sur son cœur, comme un bréviaire ou un talisman» le livre du voyage en Sicile et en Grèce de Jean Hermann, chevalier de Riedesel zu Eisenbach (Zürich, 1771). Parlant de cette «reine des îles» (*Italienische Reise*, Palermo, le 3 avril 1787), il déclare: «J'entreprends ce voyage à travers le pays pour me rendre compte comment sont les montagnes.» Et confesse: «Ce n'est qu'ici que l'on apprend à connaître l'Italie [...] ce me sera un trésor infrangible pour toute la vie. En particulier, on ne peut, sans l'avoir vu, imaginer la fertilité de l'intérieur du pays. De Palerme à Agrigente et de là à Messine, j'ai fait le voyage à cheval et je suis arrivé ici sur un bateau français après quatre jours et demi de traversée.» (De Naples, le 15 mai 1787.)

Une vision d'ensemble: villes et routes

La tentation est grande d'étudier les cas individuels mais, comme le rappelle Franco Venturi (*Les Traditions de la culture italienne et les Lumières*, s.l., 1963), «malgré les différences parfois sensibles, entre les nombreux États de la péninsule, il existe un rythme commun à tout mouvement des Lumières en Italie», mouvement qui s'exprime dans la circulation des idées et les réalisations sociales: la politique routière rentre dans *Le Pragmatisme des Lumières* de Pierre Francastel.

En dehors des ruines qu'a vivifiées l'*Histoire de l'art antique* de Winckelmann (1717-1768) «bible de Goethe tout le long du chemin», la ville médiévale, tassée derrière son enceinte, est bien vivante au XVIIIᵉ siècle. Villes qui ont encore des dimensions modestes. En 1770, Naples compte 351698 habitants, Rome 158106, Palerme et Venise dépassent à peine cent quarante mille habitants et Milan ne compte que cent vingt-huit mille quatre cent soixante-treize habitants (E. Dalmasso). Le développement viendra avec l'unité italienne – la route a joué son rôle, du sud vers le nord, avec «les Mille» – et l'industrialisation de la fin du siècle, qui jettera sur les routes et dans la ville des milliers de paysans réduits à l'état de salariés agricoles ou de métayers. L'entretien routier régulier est assuré par le système officiel des adjudications, mais, sauf en Piémont, à cheval sur les Alpes, entre Turin et Chambéry, où Victor-Amédée III (1773-1796) voudrait jouer les Frédéric II, une certaine indolence semble l'emporter, même si, à Rome, Pie VI a fait assainir les marais Pontins. Les contrats sont exécutés avec peu de régularité, une administration tatillonne et omnipotente sévit dans les relais. L'Église prétend tout régenter, les entreprises des particuliers sont vouées à l'échec. L'incertitude des départs, la longueur des trajets, l'incommodité des étapes, l'insécurité des relais, la multiplicité des douanes font du voyage une aventure que nuancent la beauté des paysages, la familiarité de bon aloi des habitants et l'appel des sites où demeurent tant de pages d'histoire. Le climat est rude: la neige sera un des ennemis des chemins de fer italiens au XIXᵉ siècle (M. Merger). Face à la politique douanière, le recours à la contrebande est fréquent. Au moment du blocus continental, Livourne devient l'entrepôt britannique en Méditerranée. À Naples règne, sous Marie-Caroline, Lady Hamilton qu'aima Nelson. Dépouillé de son royaume en 1806, Ferdinand Iᵉʳ est rétabli en 1815.

Plus encore cependant, en dehors de la clarté du ciel et de la douceur du climat, ce qui demeure, ce sont les voies de l'art qui participent à cette «théâtralisation» désirée par l'Église tridentine, que l'on retrouve dans l'architecture et la sculpture.

Le Sud de la Sicile ou la région de Naples sont situés à l'écart des grands axes de passage. S'y inscrit, dans de charmantes cités, le renouveau baroque qui suivit le premier tremblement de terre (1693). On reconstruisit tel à Noto, bourgade aristocrate, palais et églises. Ragusa, Scicli, Ispica, Modica, forment un chapelet de cités le long de la route baroque. S'y ajoute la joie de vivre du peuple de Naples qu'a notée Goethe: «Ils ne travaillent pas seulement pour "vivre" mais pour "jouir" et que, même au travail, ils veulent profiter de la vie.»

Notons en contre-point et dans l'alliance des contraires, le progrès décisif des sciences dû à l'Italie du XVIIIe siècle, notamment dans le domaine en l'électricité. En 1791, L. Galvani (1737-1798) publie le *De viribus electricitatis in motu musculari*; le physicien Volta (1745-1827), professeur à Pavie, invente en 1800 la pile. Philippe-Frédéric de Dietrich communique ces résultats à l'Institut de France (H. Georger-Vogt). Point de départ de l'électricité dynamique qui allait révolutionner la conception de l'univers et le monde des transports (Jean Delumeau).

Chapitre IV
Les entreprises, le trafic et le transport des marchandises. Le roulage

Avec l'essor des transports en commun apparaît, dès la fin du XVIIe siècle, une notion nouvelle, celle d'investissement, de rentabilité, de concurrence, voire de groupe de pression. Le conflit des intérêts prend le pas sur l'intérêt public, sur l'évolution des techniques, en profitant, parfois, de la conjoncture politique et des initiatives individuelles. Deux éléments essentiels se retrouvent un peu partout dans l'organisation des transports: les messageries et la poste aux chevaux pour les personnes, le roulage lent ou accéléré pour les marchandises. Un troisième qui complète les deux premiers est constitué par «l'exploitation des fleuves, rivières et canaux», et tout d'abord, en dehors des voyages, par la «vie silencieuse» de tous ceux qui hantent le long des rives, et qui en vivent, pêche ou transport, bacs, barques ou embarcations de moyenne importance. Le chemin de halage est source de profit et, parfois, de poésie.

1. Messageries et relais de poste¹⁷

Très tôt, en France, en dehors même de la poste sur laquelle nous reviendrons, l'État s'est intéressé au fait du transport, que ce soit celui des paquets, de l'argent, des sacs de procès, ou des voyageurs. On a vu qu'il s'était heurté à un monopole de fait, celui des messageries organisées depuis le Moyen Âge par les universités, celle de Paris notamment, et celui des villes, ce dernier tombé en désuétude. En 1719, le Régent rachète les privilèges des universités; la monarchie possède alors le monopole des transports publics. Suivant l'usage, elle l'a concédé, d'après le système de la Ferme, à des compagnies privées. Chacune pratique des tarifs et des horaires distincts, ce qui entraîne l'absence de coordination sur l'ensemble du réseau et l'exploitation du client tout le long de la route. Le nombre de chevaux est déterminé par l'ordonnance de 1756: poids de la voiture, nombre de roues et largeur. Deux voies sont à peu près desservies, celles de Paris à Lyon et de Paris à Lille par des véhicules appelés «diligences», à cause de leur relative célérité, voitures fermées contenant une dizaine de personnes. Trois jours pour aller à Lille, six pour aller à Lyon. Sur les autres routes, passent les berlines ou carrosses: huit jours pour Rennes, quatre pour Arras, dix pour Strasbourg, quatorze pour Bordeaux. La fréquence des départs est faible. Une fois par semaine pour Bordeaux, Rennes ou Strasbourg, deux pour Lyon, tous les deux jours pour Lille. Ces voitures ne marchent qu'à «journées réglées», ne se relaient pas, ne peuvent couvrir que huit à dix lieues (trente à quarante kilomètres) par jour. Tout voyage de nuit est interdit.

La poste aux chevaux

Autre service officiel, la poste aux chevaux assure la poste aux lettres. Les convoyeurs de malles changent de chevaux à tous les relais (soit tous les quinze à vingt kilomètres), près de mille quatre cent quarante, et peuvent rouler de jour et de nuit. Peu à peu, après Louis XI, les postes étaient devenues fixes et les chevaucheurs, «tenant la poste pour le roi», ont pris le nom de «maîtres de poste». À Paris la poste aux chevaux était située près d'une des portes de la ville, au faubourg Saint-Germain. Dans l'histoire de *La Poste aux chevaux de Paris et ses maîtres de poste à travers les siècles* (1975), Madeleine Fouché a présenté le vaste bâtiment qui comprenait «une large cour entourée de bâtiments et corps de logis sur ses quatre côtés avec la traditionnelle galerie en encorbellement formant balcon sur l'un des côtés». Tout autour de la cour, les écuries, quarante stalles d'un côté, vingt-six de l'autre. Place en tout pour cent vingt-six chevaux, sans compter les hangars, les remises et la forge.

En dehors des procès multiples, la compétition est ouverte entre les deux organismes: les postes ont des chevaux et pas de voitures, les messageries ont des voitures et peu ou point de relais. Connaissant l'importance des systèmes de transport pour la rénovation de l'économie, le ministre Turgot, partisan du libéralisme économique, ancien intendant de Limoges, contrôleur général des finances (nommé le 24 août 1774), a décidé de combiner les deux organismes et d'atteler aux diligences les chevaux de poste dont l'emploi était jusqu'alors restreint aux courriers, porteurs des correspondances, et aux chaises de luxe. Le but? Rendre les messageries aussi rapides que la poste aux chevaux. Cette fusion va entraîner une révolution dans les fonctions des maîtres de poste, moins dans leur nature que dans l'ampleur de leurs attributions. Jusque-là leurs bénéfices étaient peu élevés mais les privilèges étaient solides: exemption totale d'impôt, limitée d'abord à cinquante hectares de terres, puis à cents livres. Souvent les chevaucheurs «tenant la poste de S.M. n'étaient que des prête-noms de propriétaires locaux», désireux de profiter de l'exemption. Grosses berlines de voyage, les turgotines vont profiter des avantages de la poste aux lettres: les convoyeurs de malles changent de chevaux à chaque relais (tous les quinze ou vingt kilomètres et roulent de jour et de nuit. Un arrêt du 7 août 1775 maintient le système nouvellement établi mais supprime, moyennant indemnité, les privilèges concédés aux messageries et à la Ferme de la poste aux lettres. Est instituée la Régie des messageries royales. Une nouvelle tarification est prévue, les douanes intérieures sont supprimées.

Confort accru, vitesse augmentée, service de nuit, durée des trajets réduits de moitié, coordination assurée, les messageries royales se confondent avec le service des postes, tel en Limousin, où le service de la poste aux lettres et aux chevaux est parfaitement fonctionnel. Des bureaux de poste, répartis sur l'ensemble de la province, recueillent et distribuent les correspondances. Celles-ci sont acheminées par des courriers ou messagers qui parcourent différentes routes de poste, pourvus de relais aux chevaux régulièrement espacés. (J.-F. Delhoume, 104ᵉ CNSS Bordeaux, 1979). La Révolution maintient ce système jusqu'à l'abolition, le 16 octobre 1794, du monopole d'État des transports publics. Les turgotines ont la vie plus longue. Connaissant la qualité des véhicules qu'il a connus en Angleterre, Louis XVIII fait remplacer les turgotines par de modestes diligences, plus légères, à trois compartiments. Au point d'arrivée, d'après la statistique de 1839, on comptait mille huit cents relais, vingt mille chevaux et cinq mille postillons dispersés dans toute la France.

Sociétés et commissionnaires

À Paris, profitant de la liberté accordée à l'organisation des transports, deux entreprises détiennent un monopole de fait: l'une, la Société des messageries royales puis impériales (suivant les régimes), a été créée en 1799 par des fermiers de l'Ancien Régime sous la direction des frères Nanteuil; l'autre, créée en 1826, provient du regroupement, sous le titre de Messageries générales de France, de diverses sociétés, sous l'égide de Jean-Baptiste Lafitte, agent de change, et de Caillard, entrepreneur de diligences.

Partie intégrante du capitalisme commercial qui sous-tend le gouvernement des notables, chargée des objets de transport du pouvoir et des administrations publiques, la première société prend soin des paquets et des colis des particuliers. Son avantage réside dans la centralisation du service et la distribution pour tous les points du territoire, avec possibilité de correspondance de type européen, pour le Piémont (qui comprend Nice), l'Italie, la Suisse, l'Espagne, le Portugal, la Belgique, l'Angleterre, la Hollande, l'Allemagne. Suivant l'évolution des techniques financières, la société offre un bureau pour le recouvrement des effets de commerce de Paris sur les départements et vice-versa. Un autre bureau est chargé de centraliser les remboursements des envois faits en France. Rapide et précis, il offre un service bien organisé des envois contre remboursement et des valeurs déclarées. Pendant près d'un siècle, ainsi que son associée, elle est au service de la banque et de l'essor du capitalisme, à l'échelle française et européenne. Son siège social et quatre bureaux pour recevoir les paquets ou envois, sont à Paris, rue de Boulainvilliers; les écuries et diligences sont concentrées dans un immeuble, rue Saint-Denis.

Dans l'ensemble, le capitalisme pénètre peu ce domaine des transports dont les moyens – charrettes, diligences ou coches d'eau – restent longtemps peu perfectionnés. Existent en province, des entreprises d'envergure moyenne, tout en étant actives. Dans le Nord, les Jumelles sur la route Paris-Valenciennes-Bruxelles-Sedan. À Bordeaux, dix neuf entreprises dont celle de la famille Dotezac. À Lyon, vingt et un assurent en 1812 les liaisons européennes de la cité, trente-deux en 1843; vers le sud, Galline et Bonafous joignent, outre les itinéraires vers Paris, les cols alpins et l'Italie. S'y retrouvent celles du Plat d'étain, les Colombes, les Bourbonnaises, les Gondoles parisiennes… Les entreprises constituent un élément important de la vie régionale, voire locale. Dans *Un début dans la vie*, Balzac a décrit l'activité de l'affaire Pierrotin sur le trajet de Paris à l'Isle-Adam. Dans *Madame Bovary* (1857), G. Flaubert a évoqué la diligence de Normandie qui contribue à faire de Rouen une capitale provinciale.

Les transports en commun: des carrosses à cinq sols de Pascal aux omnibus[18]

Dès l'origine, la nécessité s'est fait sentir de grouper voyageurs et marchandises pour diminuer les coûts. Du fait de la concentration urbaine et de l'extension de leur superficie, les villes posent des problèmes spécifiques que notre époque n'a pas encore réussi à résoudre complètement. Une solution apparaît, contemporaine de la prise de pouvoir personnel du jeune roi Louis XIV: les transports en commun. Boileau n'est pas le seul à se plaindre des «embarras de Paris»!

Le 16 janvier 1662 avaient été créés les services des omnibus que commente le gazetier Loret. Blaise Pascal est le père des transports urbains en commun. Un principe: aller d'un endroit à un autre, tous deux expressément désignés, et par des chemins déterminés, prenant et déposant en route les voyageurs. Le coût du voyage est de cinq sous. Le 13 mars, sept carrosses partent de la rue Montmartre à 7 h du matin, trois vont jusqu'à la porte Saint-Antoine, quatre au Luxembourg. Les cochers ont des casaques bleues et les armes brodées sur le devant; un archer accompagne les premières voitures. Les bourgeois ont seuls le droit d'y monter. Soldats, laquais, ouvriers, manœuvres, domestiques en sont exclus. L'attente est longue, les rues sont encombrées, la progression difficile, le principe est sauf. Peu à peu, l'affaire périclite. Le service avait duré dix-huit ans et rapportait à l'entreprise une moyenne de quarante mille livres par an.

L'affaire n'est reprise qu'au XIXe siècle. En 1828, après un essai à Nantes, Baudry obtient l'autorisation de faire circuler cent voitures à Paris au prix de trente centimes la place. Il s'agit de lourdes voitures à quatorze places tirées par trois chevaux. Madeleine-Bastille est le premier itinéraire. Le succès est considérable; dès l'année suivante, les itinéraires sont multipliés et les compagnies de même. En 1836, dix compagnies particulières exploitent cinquante-trois lignes à itinéraire fixe; trois cent quatre-vingt voitures publiques circulent de 8 h du matin à minuit, transportant plus de dix mille voyageurs par jour et faisant trente mille francs de recettes.

Les noms sont alléchants et se retrouvent dans l'histoire littéraire et politique: les Dames blanches, les pionnières et les plus confortables, très élégantes; les Favorites, qui tracent quatre itinéraires, les Citadines, qui exploitent quatre lignes. Suivent les Carolines, les Écossaises, les Béarnaises, les Hirondelles, les Joséphines, les Constantines, les Gazelles..., chacune d'entre elles ayant ses formes et ses couleurs. En 1855, la plupart de ces lignes fusionnent en une Compagnie générale des omnibus, comprenant vingt-cinq lignes et enregistrant un développement de cent cinquante kilomètres. En même temps se crée la Compagnie impériale des voitures à Paris (fiacres) qui met en circulation mille voitures. En 1861, au moment où sont incorporées dans l'enceinte de Paris les communes suburbaines, les trajets des omnibus sont remaniés. En 1875 seront mis en circulation les premiers tramways.

2. L'ordre économique et la croissance du commerce

Lyon, «Amsterdam de la France»[19] (d'après la chambre de commerce)

Lyon illustre l'évolution économique de l'Europe. La ville, qui ne possède ni Parlement ni Université, avait connu, de par sa situation, au XVIe siècle, un éclat tout particulier, lié aux orientations commerciales du Moyen Âge et des Temps modernes. Des Pays-Bas à l'Italie, le trafic par les cols alpins était plus important que par la mer. La situation a évolué après les découvertes et la prédominance de la voie maritime atlantique: le commerce des épices passa de Venise à Lisbonne et à Anvers mais l'amplitude du trafic se maintint.

Au XVIIe siècle, après la fin des troubles, d'autres modifications ont été enregistrées. «Des foires comme celles de Genève n'existent plus, victimes d'une conjoncture particulière (concurrence de Lyon) et de la conjoncture générale qui affecte l'économie occidentale.» (A.-M. Piuz, p. 323.) Le commerce s'est à la fois sédentarisé, éparpillé dans l'espace et étalé dans le temps. S'y ajoute le poids des guerres. Lyon a décliné en même temps qu'Anvers et les Hollandais ont favorisé Amsterdam. C'est à Leipzig, que se décident les cours de la soie, à Francfort ceux des livres. Au XVIIIᵉ siècle, Londres a succédé à Amsterdam comme premier centre financier du monde. Lyon reste une ville de transit en même temps qu'une ville manufacturière, au rôle régional et européen. Les voituriers provençaux y apportent les denrées alimentaires, sauf le sucre qui vient de Nantes ou de Bordeaux. De Lyon, ville de la soie, repartent vers le nord les marchandises, surtout le sel et les textiles. Dès la paix revenue, la direction rhénane se renouvelle, et tente de retrouver l'essor du XVIᵉ siècle. Les chargeurs Carmagnac et Perrin sont intéressés dès 1750 pour un quart «dans les coches et diligences de Franche-Comté et route de Strasbourg» et, pour Strasbourg, les frères Franck et la firme Miville et Braun. Les frères Franck qui réexpédient les marchandises vers Francfort sont en outre de gros banquiers qui jouent un rôle dans le trafic des piastres vers l'Allemagne.

La ville rentre dans le schéma des grands itinéraires. Une route, de Paris en Provence par la Bourgogne, l'autre par le Bourbonnais et Tarare à travers la montagne, traversent la ville par un pont célèbre, celui de la Guillottière, qui a son histoire. En décembre 1700, d'Herbigny, intendant de Lyon, proposait au contrôleur général, après l'incendie du pont de bois de Bellecour «de rétablir seulement l'arche détruite, au frais de la ville de Lyon, ou de la reconstruire en pierre, avec le concours des provinces, dont le commerce pratique ce passage». En 1771 fut entreprise la construction d'un deuxième pont sur le Rhône: il soulage le pont de la Guillotière et permet le développement de Lyon sur la rive gauche.

Se greffent sur le nœud routier les routes adjacentes, celle de Grenoble vers les cols alpins et l'Italie, la route du Languedoc par Rive-de-Gier, Saint-Chamont, Saint-Etienne en plein essor, le Puy aux antiques pèlerinages, sans compter les routes qui filent vers le nord et l'Europe centrale, l'Italie ou l'Espagne. S'y ajoutent les voies d'eau, la Saône et son affluent le Doubs, entre la Bourgogne et la ville, le Rhône jusqu'à Seyssel en amont, jusqu'à Avignon et même Beaucaire aux foires célèbres, Tarascon et Arles; en aval, Roanne est le port de chargement des marchandises destinées à Orléans et au-delà. Des travaux sont nécessaires pour améliorer le cours et la navigation, rendue difficile par nombre de moulins.

Mouvement des prix et augmentation de la capacité de transport

Les transporteurs sont de deux catégories: publics et privés. Publics, ce sont les agents des messageries royales qui transportent par eau et par terre voyageurs et marchandises. Elles ont le monopole des colis d'un poids inférieur à cinquante livres. Elles partent à jours fixes, pour des endroits déterminés, selon un tarif fort élevé. Elles combinent voies fluviales et terrestres. La lettre de voiture est essentielle.

Subsiste l'activité des transporteurs privés, le monde des voituriers, rouliers, mariniers, instable et mouvant. Le métier est libre; chacun peut exercer «le roulage» sans permission. On distingue (et le fait est quasi général en Europe):

– les voituriers par eau, avec leurs bateaux aux noms divers, barques, sapines, gabarres, flettes… descendant le courant et le remontant, tirés par les chevaux des équipes de halage;

– les transporteurs par terre, bouviers, rouliers à la recherche d'un chargement, formant de véritables convois, liés aux commissionnaires-chargeurs, qui répartissent les frets de retour.

Dans l'ensemble de l'Europe, une fois la paix revenue, domine l'esprit d'entreprise. La liberté des transports, la concurrence des prix, la lenteur relative des déplacements restent la loi. Les chemins ne sont pas excellents, mais reste fondamentale l'alliance avec les rivières. À la veille de la révolution industrielle, la France est loin d'être comparable à l'Angleterre pour l'intensité de la circulation comme pour la densité de l'urbanisation, de même pour ce qui concerne l'Europe centrale et la Russie où le flottage triomphe. Mais le mouvement est lancé. En France, l'époque de la Restauration – celle de la reconstruction –, dominée par les passions politiques, devrait être revue sous cet angle. Dans ce domaine, malgré la forte concurrence des chemins d'eau, l'absence de voies transversales et la difficulté des villes à se dégager du carcan rural, la route s'affirme autant révélateur que catalyseur, image autant qu'action. Pénétrant le domaine de la circulation, l'esprit d'entreprise, laisse, loin derrière lui, les joutes politiques ou pamphlétaires et prépare l'avènement d'une autre société.

La question des prix entraîne des réponses d'une infinie variété, due à la multitude des conditions locales et à la difficulté des comparaisons, du fait des différences de mesures, et de monnaies. En Allemagne, les chevaux de poste se payent par poste ou par *meile*; une poste est de quatre lieues, le *meile* est de deux lieues et demi de France. En Pologne, on paye par *meile*, dès qu'on entre en Courlande, et dans toute la Russie, on paye par *werste*: sept *werste* font un *meile*. En Empire on paye, par poste, un florin par cheval; trente *kreutzers* de *Trinkgeld* (pourboire), à chaque postillon; douze *kreutzers* pour le *Schmiergeld*; on paye à proportion quand c'est par *meile* (tableaux de l'abbé Georgel, 1799).

Les prix de la voiture de roulage sont soumis à la loi de l'offre et de la demande, au marché de gré à gré passé entre expéditeur et transporteur, voire du commissionnaire qui, comme à Strasbourg, sert d'intermédiaire. En Rhénanie, le taux du fret était fixé par les électeurs de Mayence et de Cologne, emprise exercée par les autorités riveraines sur la navigation (R. Dufraisse); de même en Prusse, où les prix sont fixés par le gouvernement, suivant le nombre de chevaux de poste et le contenu. Les guerres ou les troubles civils, la mauvaise saison, ou les récoltes déficientes peuvent perturber le trafic. On note également:

– l'abaissement possible du coût des transports, véritable révolution sociale. La suppression du monopole en 1817 et les efforts pour enrayer la montée du rail ont entraîné, par le jeu de la concurrence, une baisse des prix difficile à calculer, mais évaluée à environ 50 % entre 1789 et 1840. Des facteurs locaux peuvent entrer en lice. Des produits rares comme le café paient des droits supérieurs aux frais de voiturage. Le voiturier qui apportait de Marseille à Lyon en novembre 1786, une balle de deux cent soixante-quinze livres de café du Levant, ne demandait que vingt livres, cinq sols, six deniers, mais avait déboursé cent six livres, quatre sols, trois deniers de droits (relevés dans J. Roubert);

– l'augmentation de la capacité des moyens de transport. La diligence, «ce monstre ventru», s'étoffe et peut transporter dix-huit passagers. Zone d'occupation, elle comprend différents étages. Le coupé ou cabriolet, doté d'un compartiment situé à l'avant, au-dessous du conducteur, assez haut pour ménager une bonne vue par-dessus la croupe des chevaux; en arrière du coupé, l'intérieur avec huit personnes; en haut, le panier du conducteur, autrefois en osier, devenu banquette de cuir, abrité par une capote avec un ou deux passagers à ses côtés ou derrière lui, dans la rotonde. Enfin l'impériale: on y accède par une échelle fixe, encombrée de malles, de sacs, de colis où se faufile le voyageur;

– l'augmentation de la vitesse, relative mais réelle. En 1810, il faut compter en moyenne quarante-cinq minutes par lieue soit environ cinq kilomètres à l'heure; en 1832, une lieue en vingt-six minutes soit dix kilomètres à l'heure avec des pointes à quinze. D'après l'État général des postes, on compte en général, en 1811, huit jours pour Paris-Toulouse, quatre pour Paris-Nantes, deux pour Paris-Tours, soit une centaine de kilomètres par jour. Avec les voitures les moins rapides, Lyon est à quarante-neuf heures de Paris, Bordeaux à soixante-douze;

– l'accroissement de l'amplitude du mouvement. En 1824, l'on constate qu'en 1776, il existait vingt-sept coches offrant deux cent soixante-dix places; en 1824, on enregistre trois cents voitures contenant trois mille places. Joue également la multiplication des voyages d'agrément ou de curiosité: la «marée anglaise» se répand sur le continent. Le réseau routier se double d'un réseau de lettres de changes, de places financières et de banquiers;

– l'industrie du véhicule est en plein essor, partie intégrante de la civilisation du baroque. À Strasbourg, en 1807 on trouve plus de vingt ateliers de selliers-carrossiers, comptant neuf cents ouvriers, confectionnant plus de mille deux cents carrosses, dont le débit se faisait en Allemagne, en Russie, en Suisse. L'atelier de Güntzrott père et fils entretient vingt selliers, vingt bourreliers, quinze peintres vernisseurs et doreurs, quatorze ouvriers serruriers et faiseurs de ressorts, plus de cinquante cordiers et sculpteurs, nombre de passementiers, fondeurs, ciseleurs. Paris, Bruxelles, Strasbourg sont les plus renommées pour ce travail. Le charronnage de Strasbourg est supérieur à celui de Paris, mais inférieur à celui de Bruxelles. Vienne est également un centre important, au débit soigné et élégant;

– l'alliance des deux systèmes, «roulage» et «commission». Elle apparaît sur le plan européen par l'écoulement vers l'extérieur des produits du pays, introduits dans la circulation interrégionale. Apparaît alors la liaison entre maisons de roulage et maisons de commission. Ces dernières ne possèdent pas une organisation de transport qui leur soit propre mais, rassemblant dans leurs entrepôts les produits à exporter, se préoccupent d'en assurer la vente, produits agricoles comme les noix de Savoie et du Dauphiné, amandes des Basses-Alpes, huiles de Provence, ou des produits des industries semi-rurales, draps des Préalpes à moutons du Royonnais et du Diois, toiles du Grésivaudan et du Voironnais. Ces maisons s'adressent pour leurs envois à des paysans qui, leurs travaux terminés, emploient leurs bêtes aux transports sur des circuits déterminés, système de «type préalpin», que l'on trouve tout autour de l'arc montagneux. L'alliance des deux systèmes «roulage» et «commission» s'affirme au sein des maisons spécialisées situées dans les cités-entrepôts. Leur rôle est important dans la géographie commerciale et routière de l'Europe occidentale. L'origine de ces cités est diverse mais toutes sont nées de la route: convergence de routes de terre – comme Aix-en-Provence, ou cités allemandes –, rencontre de voies fluviales et d'artères routières (Strasbourg, Francfort et Châlon-sur-Saône), contact entre régions diverses (Nice entre la France du Sud et le Piémont), contact entre zones maritimes et continentales (Hambourg). Jouent également, dans les régions industrielles, importations de matières premières et exportations de produits fabriqués, matières pondéreuses ou produits alimentaires lourds et volumineux. La route comble le besoin et ouvre la richesse. Les villes britanniques, à la croissance fulgurante, sont des exemples typiques en la matière. En France, plus modestement, Chalon-sur-Saône pour les farines circulation et les grains des terres à blé du Bassin parisien, les villes du Languedoc et les ports du Rhône pour les vins du Midi, Turin et Vercelli pour les riz du Piémont et de Lombardie. L'idée de distance disparaît au profit de celle de rentabilité et d'exclusivité spécialisée. Lille est en rapport avec les maisons de commission de presque toute la France, Lyon pour la partie méridionale de l'Empire, Paris et Orléans sont les relais vers Bordeaux, en rapport avec Hambourg, les villes de la Baltique, et Toulouse, Amiens et Rouen pour l'ouest, Reims relais vers l'est, Gand pour les départements de la Hollande et du Nord, Francfort pour la vallée rhénane, Mayence et Cologne dotés de privilèges pour la navigation.

3. Les véhicules et leur diversité

Aucune révolution spectaculaire n'intervient dans le domaine du véhicule routier. Les améliorations qui lui sont apportées sont fonction des matériaux offerts par la sidérurgie en progrès et la meilleure résistance du revêtement des chaussées.

Les améliorations techniques[20]

Une double recherche d'ordre technique a été entreprise: d'une part, une plus grande légèreté – donc plus grande vitesse – pour les voitures particulières, d'autre part, des dimensions augmentées – donc plus grande capacité d'absorption, et de rentabilité – pour les transports publics, en attendant les modifications dues à la vapeur que nous traiterons dans le chapitre suivant.

Avec le XIXe siècle, le style pompeux disparaît au profit de la commodité et de l'efficacité. Certaines modifications techniques sont mises au point. Dans la chaise, la berline, la calèche, les changements les plus notables portent sur les essieux, la suspension et les bandages des roues: les premiers sont constitués d'une seule pièce de fer forgé, la suspension bénéficie de ressorts constitués en bandes de fer laminés, et les bandages comprennent une bande continue en fer laminé. L'invention du ressort, par Obadiah Elliot, en 1804, «révolutionne littéralement la fabrication des carrosses. Disposé directement entre le fond de la caisse et les essieux, il rend inutiles les courroies et la suspension» (Laszlo Tarr). Vers 1820, Hobson diminue la hauteur des voitures. Est supprimée la flèche qui reliait les essieux postérieurs et antérieurs de la caisse, ou plutôt son camouflage: elle est remplacée par des barres d'acier disposées de chaque côté de la caisse et dissimulées derrière la construction.

Différents modèles surgissent: 1796, voiture à l'usage des maîtres de poste pour le service des voyageurs; en 1841, coupé de moyenne grandeur avec cabriolet devant; 1843 «Oriska»; 1844, coupé à deux places et cabriolet, doté d'un écusson. Les dénominations trahissent les échanges linguistiques européens: le mot «calèche» viendrait du serbe *kolica* (*kola*, voiture); il donne en allemand *Kalesche* (voiture découverte ou voiture légère à deux roues). La berline est d'origine allemande, la barouche, utilisée pour la promenade, d'origine française, de même que «la désobligeante» en Allemagne; le landau, élégant, bien suspendu, issu d'Allemagne et le *tilbury* à deux roues qui viendrait d'Angleterre où il a fait fortune au sein de l'aristocratie. À Paris circulent les premiers fiacres, du nom du saint dont l'image est exposée près de la boutique d'un loueur de voiture. Tournefort, le botaniste, mourut sous les roues d'un fiacre parisien (1708). En 1870, l'impératrice Eugénie lutta jusqu'au bout pour éviter de prendre le fiacre qu'avait emprunté Louis-Philippe et sa famille.

En Angleterre, outre le carrosse qui s'allège et se modifie dans ses roues et sa construction, – tel le coupé représenté dans l'*Oxania illustrata* du Dr Loggan (1675) –, l'évolution a touché, au XVIIe siècle les voitures consacrées aux transports en groupe des personnes. À l'origine sont utilisés des *stage-waggons*, à l'allure lente. En 1605, des *long-waggons* sont utilisés entre Londres et Canterbury et d'autres grandes villes. Vers 1640 les horaires sont fixés. Il faut deux jours de voiture pour le trajet Londres-Oxford. Un record de vitesse est accompli, sous Cromwell, par «la voiture volante» – *the flying coach* – qui ne met que treize heures. Au début du siècle, apparaissent les voitures nommées *hackney coach* (d'où le nom français «haquenée», petit cheval, monture de dame), voitures de louage qui sévissent dans les rues de Londres avant d'être réglementées par Charles Ier.

La *troïka*, à l'attelage à trois, encadrant le cheval du milieu, rappelle la steppe russe. Circule également la télègue, un chariot bas sans clous, sans ferrures dont les différentes pièces sont jointes par des cordes; pour banquette, un sac d'écorce ou tout simplement les bagages. S'y ajoute la malle poste, attelée de trois chevaux, moins rudimentaire, où l'on est à l'abri du vent et de la pluie, dotée de deux lanternes trouant la nuit. Quatre places, telle celle qui fait le service des Transports entre Rigal et Revel, deux fois par semaine. En hiver, aucun véhicule à roues ne peut circuler sur les chemins glacés. On les remplace par le *perklwsnoio*, sorte de lourd traîneau à patins, que son attelage entraîne rapidement dans les steppes blanches des provinces baltiques. En ville, les aristocrates russes utilisent les mêmes carrosses luxueux que leurs frères d'Occident, de fabrication viennoise, strasbourgeoise ou parisienne. En Hongrie, pays du cheval et de propriétaires terriens, est utilisée la voiture à cinq chevaux; le paysan les attelle parfois, empanachés, à son chariot. Dans la *bryczka*, utilisée par les Polonais, à quatre personnes, il est possible de dormir pendant les longs trajets.

Coachs, coches d'eau, malles-postes et diligences

Outre le *coach* britannique, maintiennent leur activité les coches d'eau pour Paris et la Bourgogne: ils gagnent Châlon-sur-Saône en deux jours; de là les marchandises sont acheminées par des guimbardes en dix-huit jours à Paris. Des carrosses assurent la correspondance pour les villes de Bourgogne, Franche-Comté, Bourbonnais et Strasbourg depuis 1756. Dans l'Est, «les coches, carrosses et messageries de Lyon à Genève et retour» fonctionnent une fois par semaine. Les coches d'eau remontent jusqu'à Seyssel. Les coches et diligences du Bas-Rhône descendent jusqu'à Avignon; des charrettes prennent le relais jusqu'à Beaucaire et au-delà. De même à la remontée, huit jours en été, dix à douze en hiver de Lyon à Marseille ou Montpellier. En 1761, des barques plus légères, les galiotes, sont mises en service «pour les marchandises de montée».

Restent en activité, la gondole relevée de l'avant et de l'arrière, utilisée pour les courts trajets des liaisons avec les grands axes; la patache, voiture libre, indépendante, sans règle ni loi, toutes deux propriétés de leurs conducteurs, aux dépens desquels s'est faite l'évolution; les coches, qui, en Angleterre (*coach*), ont profité de l'amélioration et du développement du réseau routier, concurremment au réseau des coches d'eau.

Au début du XIX° siècle, dans l'ensemble de l'Europe, le choix est offert sur terre entre trois modes de transport:

– les voitures particulières, si le propriétaire dispose de ressources suffisantes. la variété est grande, depuis la chaise – voiture fermée à deux places, conduite par deux chevaux et un postillon –, à la berline – fermée ou non, avec deux fonds inégaux, recevant quatre à cinq personnes, dotée de quatre chevaux –, la calèche – variété de berline pourvue d'un timon –, le *coach*, «voiture par excellence» (duc de Beaufort) en Angleterre, ou comme en Espagne, les litières qu'utilisait Mme d'Aulnoy, en Espagne, en 1679: «Chacune des litières a son maître qui l'accompagne; il garde la gravité d'un sénateur romain, monté sur un mulet et son valet sur un autre [...], j'avais pris deux litières, la plus grande pour moi et mon enfant; j'avais outre cela quatre mules pour mes gens et deux autres pour mes bagages. pour les conduire, il y avait encore deux maîtres et deux valets.» (B. et L. Bennassar, 1998, p. 699.);

– la malle-poste, en propriété ou louée, traînée par des chevaux de relais. Elles sont chargées du transport des lettres, de l'argent, et peuvent emmener un petit nombre de voyageurs (quatre ou cinq) pressés. Assez peu confortables, elles se déplacent rapidement; elles ont le droit de priorité dans les relais de poste, marchent de nuit comme de jour. En malle-poste, on met de Paris à Bordeaux trente-six heures; en diligence: quarante-huit heures. Lors de son voyage à Strasbourg et le long du Rhin en 1839, Victor Hugo a évoqué ces déplacements: «C'est une horrible chose qu'une nuit en malle poste. Au moment du départ, tout va bien. Le postillon fait claquer son fouet [...] [le long du chemin] la malle se met à danser, combinant le tangage et le roulis. Il semble que la malle soit entrée en fureur [...] La confortable malle inventée par M. Conte se métamorphose en une abominable patache [...] Le fauteuil Voltaire n'est plus qu'un infâme tape-cul.» (*Le Rhin*, t. III, lettre XXIX, 1839.) Sans oublier les berlines de voyage, celles que Louis Philippe et la reine comptaient prendre à la porte des Tuileries, le 24 février 1848 et qui ont été brûlées par les émeutiers sur la place du Carrousel, le phaéton de la reine Victoria de 1842, type utilisé au moment de la célébration de l'anniversaire de la reine d'Angleterre (16 juin). Voiture légère à quatre roues, sa caisse suspendue très haut, à la flèche droite ou recourbée, dotée de deux sièges, elle ne rappelle que de loin le char du soleil que conduisait le fils d'Hélios et de Clymène, foudroyé par Zeus quand il eut embrasé et le ciel et la terre.

Les voitures des messageries. Turgotines et diligences

Elles vont régner sur les routes d'Europe pendant la première moitié du siècle. Il s'agit d'une voiture de 2° classe, seize voyageurs, trois dans le coupé, six à l'intérieur, quatre dans la rotonde, trois sur la banquette (en 1re classe: dix-huit à vingt personnes), adaptée sur les grandes lignes, les voitures plus petites circulant sur les embranchements. L'attelage est pris dans les relais, surtout ceux de la poste officielle, ou les relayeurs libres. Messagiste et relayeur sont liés par un traité. Deux sortes de traités existent: l'un, le traité «à prix ferme» (le relayeur s'engage, moyennant une somme fixe et invariable, à conduire les chevaux et la voiture à tel endroit); l'autre, le traité «en participation» (le relayeur s'associe aux risques de l'entrepreneur; le trajet est payé proportionnellement à la recette opérée sur la ligne).

Le service des messageries résulte d'une collaboration: le messagiste fournit le véhicule, le relayeur fournit l'attelage, le postillon et le conducteur. De tous côtés, l'on se plaint de la fatigue. Dans son *Voyage de Moscou à Saint-Pétersbourg,* Pouchkine en témoigne: «J'étais hors d'état de poursuivre mon voyage, secoué sur des longerons de bois (car ma voiture n'avait pas de ressorts) [...] les charrons me persécutèrent, les fondrières et par endroits, la chaussée de rondins, me harassèrent totalement...» (coll. La Pléiade, Paris, Gallimard, 1973.) En Allemagne, existaient entre Leipzig et Dresde, deux services de diligences, les vertes et les jaunes. Les premières, si dangereuses qu'on y risquait sa vie! Les jaunes étaient un peu plus stables mais leurs cahots arrachaient des cris de douleur. Les haltes – de toutes sortes – étaient les bienvenues. Qu'importe d'ailleurs! Aux yeux émerveillés d'Eichendorff, le poète silésien (1788-1857), et des gamins du village, elles participent à la poésie du voyage. Étudiants, colporteurs, compagnons, musiciens, beaucoup vont à pied ou en «diligence stop» (G. Bianquis).

En Angleterre, des accidents sont dus à l'imprudence des cochers qui transforment la route en un champ de courses! Les meilleures diligences, emportant quinze passagers chacune, ont une vitesse de dix milles à l'heure (treize kilomètres cinq cents). La plus connue est peut-être le *Shrewsbury Wonder,* mais certaines autres (le *Nottingham Comercial,* le *Manchester Beehive,* le *Birmingham Tally-Ho),* décorées de panneaux indiquant leur destination et de couleurs vives (jaune et vert, rouge et blanc), sont également populaires. S'y ajoute, à titre de curiosité, la draisienne, héritière en 1818, du vélocifère, né en 1791. Si elle fait fureur parmi les élégants, aux Tuileries comme en Angleterre (elle est baptisée *hoby horse*), elle n'a pas encore trouvé le mode de propulsion qui fera de la bicyclette, à la suite d'améliorations diverses, l'instrument économique de déplacement individuel

4. *Le roulage ordinaire ou accéléré. Une conjoncture royale et «impériale»*

Les transports ordinaires se font par voitures de la poste pour les lettres, argent et objets précieux considérés comme colis postaux, par les messageries pour les colis au poids plus considérable, or, argent et fonds publics. Le reste, consistant en marchandises lourdes, bénéficie du roulage qui, sous l'Empire, prend une envergure européenne[21].

Roulage ordinaire et roulage accéléré

Véritable industrie rurale, le roulage ordinaire s'adonne au transport des marchandises lourdes. À l'origine on trouve les journaliers, convoyeurs des animaux à bât, mulets garnis de paniers d'osier. Avec la construction des routes, on assiste à la substitution, aux animaux de bât, des charrettes du roulier, attelée de chevaux ou de bœufs. Le transfert à dos d'animal est refoulé dans la montagne. Dès que cela devient possible, il est remplacé par le transport sur roues. Le compte rendu de Fourcroy sur l'état des routes (mission de nivôse an IX en Vendée, Charente, Loire-Inférieure) déclare: «On se plaint généralement des routes en France. Partout elles sont dégradées [...] De là une des causes de la stagnation du commerce, de l'augmentation du prix des marchandises, de l'impossibilité des approvisionnements de plusieurs lieux. C'est ainsi qu'une quantité de blé valant dix-huit francs à Nantes, coûte une égale somme pour être transportée par terre à Brest. J'ai vu les rouliers, ne pouvant marcher que par caravanes de sept à huit, ayant chacun de sept à huit forts chevaux à leur voiture, aller les uns après les autres, se prêtant alternativement leurs chevaux pour sortir des ornières où leurs roues sont engagées.»

D'après l'enquête ouverte, en 1811 et 1812 sur l'ordre de Napoléon, par le ministre de l'Intérieur, la situation semble rétablie, au moins en partie. Le redressement financier, condition de base, a été opéré. En mars 1803, le pays a été doté d'une nouvelle monnaie, le franc germinal, franc or, de rayonnement européen, dont le taux restera stable jusqu'en 1928. Le roulage revêt alors les caractères d'une «spécialité paysanne» sous trois formes: roulage à faible rayon d'abord, répandu dans les campagnes, celui du paysan qui va du marché à la ferme, travail permanent, localisé, régulier dans le temps et dans l'espace, familial et rituel dans ses manifestations; roulage au cours de la morte saison ensuite, auquel s'adonnent les bouviers landais et quelques agriculteurs qui n'en font pas un état mais une occupation d'appoint, répandu un peu partout; grand roulage enfin qui a déjà un caractère à moitié professionnel, réservé à quelques provinciaux, Picards, Normands, Bretons, Provençaux dans le Midi, Savoyards et Piémontais répandus en Europe. Dans le Jura, les rouliers de Grandvaux vont très loin, jusqu'à Gand, Berlin, Vienne, Moscou, les muletiers et rouliers pyrénéens dont le centre est Ossun, grosse bourgade du Bigorre, sous-tendent l'expédition d'Espagne.

Dans les villes d'étape, le roulage a ses centres d'action, ses représentants, ses arrêts attitrés. Partout se représente une grande diversité avec des modes intermédiaires et des variétés régionales. Propriétaire non seulement de la voiture mais de son attelage, le voiturier ne marche que de jour, laissant reposer les bêtes, chevaux ou bœufs. L'allure est le pas, le départ a lieu quand le chargement est complet, l'arrivée non prévue à l'avance.

Le roulage accéléré, né entre 1800-1840, affiche des distances de quatre-vingt kilomètres par jour, va de nuit comme de jour, comporte l'obligation de relayer pour les transports «à grande journée». À l'origine, les messageries transportent les colis légers d'un poids inférieur à cinquante livres, privilège accordé en compensation de l'obligation d'avoir des voitures partant à jours et heures réglées, pleines ou non, pratiquant des prix modérés et invariables. La naissance des transports accélérés provoque, sous la monarchie de Juillet, la spécialisation des messageries, développement facilité par l'activité des agents de roulage, intermédiaires entre l'expéditeur et le voiturier. Ce rôle de commissionnaire est souvent rempli par les aubergistes, «commissionnaires de roulage», agents du transport des marchandises, créateurs d'un mouvement important et parfois d'un abaissement des prix.

À l'échelle européenne, les entreprises utilisent la voie d'eau, fleuve ou canal, combinée avec la voie de terre et plus tard le rail. Ce sont moins des transporteurs particuliers que des entrepreneurs ou des commissionnaires en marchandises qui organisent ce travail. Ils donnent au capitalisme commercial européen un nouvel essor et modifient la géographie de l'Europe. Le Premier Empire et le système danubien méritent une analyse particulière.

L'impulsion napoléonienne et l'essor du roulage européen

Paradoxalement c'est moins par le fait militaire que par le fait économique que Napoléon a marqué de son empreinte le réseau des routes européennes. Non sans doute que les trajectoires militaires, du camp de Boulogne à la capitale de l'Autriche, les passages du Danube, le raid sur Berlin, l'aventure moscovite soient restés sans influence sur les trajets traditionnels: il s'agissait d'opérations d'envergure, mais non répétitives dans l'immédiat.

L'ouverture des cols alpins et la liaison entre elles des trois Europes – orientale, méditerranéenne et façade atlantique – est une dérivée du système politique et économique continental, mis en place par le Premier consul et par l'Empereur.

«Pour la première fois depuis l'Empire romain, la région des Alpes occidentales allait se trouver absorbée dans un grand système politique unitaire, en mesure de mettre au service de telle entreprise les ressources financières nécessaires, non moins que les indispensables moyens techniques [...] L'édification des routes à travers les Alpes occidentales peut apparaître comme le couronnement suprême de cet admirable effort qui, au XVIIIᵉ siècle, a doté notre pays et l'Europe d'un réseau routier de premier ordre...» (M. Blanchard, *op. cit.*)

Les cols des Alpes ouverts au trafic. L'enquête de 1811[22]

À l'arrivée de l'Empereur, mis à part le col de Tende et la route de la Corniche, qu'avait empruntée Arthur Young, les routes alpines étaient pratiquement inaccessibles aux voitures. À son départ, la chaîne est franchissable aux plus forts véhicules

– convois militaires dotés d'une artillerie de campagne ou charrettes du roulage commercial – en différents endroits: au Petit et au Grand-Saint-Bernard, au Montgenèvre, au Mont-Cenis et au Simplon, dans une situation d'accès inégalé.

Le passage en 1800 de Bonaparte au Grand-Saint-Bernard, route bien connue des armées françaises qui l'avaient utilisée en 1798 et 1799, a fait l'objet d'une intense campagne de propagande. La grande affaire était de faire passer, outre les quarante-cinq mille hommes, le canon, le caisson pesant mille sept cents kilogrammes. Marmont, maître de l'artillerie, fait évider les troncs d'arbre pour les tubes et les obusiers, le reste étant fixé sur des «traîneaux à roulettes», le tout tiré à bras par les paysans réquisitionnés (capitaine Coignet). Le passage commença dans la nuit du 14 au 15 mai et s'acheva le 23. Bonaparte fonça sur Milan et déboucha dans la plaine de Marengo (18 juin). Les autres cols, le Gothard, le Splugen, les passages des Grisons jouaient un rôle essentiel dans la marche sur Vienne. La paix fut signée à Lunéville le 9 février 1801.

Pour le Montgenèvre, la route d'accès du côté de l'Italie, voulue par l'Empereur, est à peu près achevée de la plaine piémontaise jusqu'à Fenestrelle et au col de Sestrières. Communication d'intérêt surtout militaire, elle est également la voie du commerce marseillais vers le Piémont, voie du baron de Ladoucette, (1772-1848) nommé préfet des Hautes-Alpes en 1802, qui y demeura jusqu'en 1809, débloquant le pays, tout en multipliant les institutions de prévoyance et de charité.

Le Simplon, objet des soins de l'Empereur et de l'activité créatrice de la troupe, a ses avenues bien aménagées. Morcelée par le retour du Valais à la Suisse, du Novarrais et de l'Ossola au Piémont, la route trouve dans les chemins vaudois ses véritables voies d'accès: elle a connu une prospérité sans précédent dès 1811-1812, par l'essor du roulage levantin et le transit des cotons. Y demeure l'aigle impérial, témoin de ses travaux.

Accessible en toutes saisons, doté de chapelles et de croix «utilitaires» (elles servent au repérage par temps de neige), dégagé par les «marrons» qui mènent ou portent les voyageurs, le Cenis a de bonnes voies d'accès. Les personnages illustres n'ont pas manqué, depuis Charlemagne allant ceindre en 773 la couronne de fer du roi des Lombards, Henri IV, empereur d'Allemagne, allant à Canossa (1077), aux allées et venues des armées espagnoles et françaises à l'époque de la guerre de Trente Ans, où la possession de la Valteline alluma le conflit. Suivirent les princes de la Maison de Savoie, gardiens des Alpes. Trafic incessant de voyageurs comme de marchandises. Au XVIIIᵉ siècle, les prix ont augmenté. Dutens donne des chiffres concernant le passage du Mont-Cenis: «De Turin à Gênes, j'ai donné en 1770, vingt-huit louis pour une chaise à l'angloise à quatre chevaux, une chaise à deux roues à deux chevaux, un cheval de selle, porteur de chaise pour la montagne, et jusqu'à Modane; nourriture pour deux maîtres sur la route, et le transport de la chaise et du bagage de l'autre côté du Mont-Cenis, sur des mulets. En 1761, je n'avais donné que vingt louis pour le même voyage, aux mêmes conditions. En 1777, un carrosse à six chevaux, une chaise à trois chevaux, quatre chevaux de selle, nourriture de trois maîtres; passage de l'équipage au Mont-Cenis [...] a coûté soixante-dix louis. En 1779, cent cinquante louis pour vingt-huit chevaux, dont quatorze de trait, quatre de selle; passage du Mont-Cenis pour quatre carrosses, douze chaises à porteurs.»

Les travaux ont continué dans la Maurienne qu'admira l'Empereur, grâce à une forte chaussée, équipée de nombreux refuges, de Lanslebourg à Suze, terminée en 1813 par les ingénieurs impériaux, et du côté italien, allongé en plaine, de Suze à Turin. Après 1805, au fur et à mesure que la domination française prenait de l'extension dans la péninsule, le centre de gravité des intérêts français se déplaçant vers le sud, la pensée impériale favorisait le Cenis, voie exclusivement française, ouverte sur Lyon. Le Cenis devenait la grande voie de passage Paris-Turin-Gênes. Au moment du blocus continental, doté d'une série d'annexes destinées à compléter, faciliter et protéger son accès, il devient l'artère essentielle entre la France, l'Italie et bientôt l'Orient[23].

Ces réalisations expliquent la légitime fierté avec laquelle Napoléon a revendiqué à Sainte-Hélène le mérite «d'avoir ouvert les Alpes». En fait il a surtout travaillé pour l'avenir: pour le Cenis, préparant la vocation politique du Piémont à l'époque du *Risorgimento*; pour le Simplon, autant pour les voyageurs attirés par la politique autrichienne en Lombardie que pour les marchandises. Avec l'ouverture des routes des Alpes occidentales, aménagées en vue du gros roulage, conjuguée avec un aménagement analogue de l'Apennin, pouvait s'étendre vers l'intérieur l'influence des ports méditerranéens, dans une conquête progressive des marchés de l'Europe continentale. Influence décuplée plus tard par la voie ferrée et l'ouverture du canal de Suez et dont la création napoléonienne marque les prémisses.

L'enquête de 1811 sur le roulage dans l'ensemble de l'Empire (cent trente départements) révèle l'extrême dispersion du roulage élémentaire: chaque ville ou bourgade possède un ou deux voituriers ou, dans les régions montagneuses, sept ou huit muletiers qui mettent en relation la ville et son environnement immédiat. L'ouverture de nouvelles routes modifie l'évolution urbaine, telle la route créée en direction de la Bretagne qui modifie la physionomie d'Alençon et suscite la création d'hôtels, points de fixation et de rassemblement, sur la nouvelle artère. Mazier, lui-même entrepreneur de roulage, bâtit l'Hôtel de Bretagne et Leconte ouvre l'Hôtel du Bon laboureur, titre significatif de l'emprise rurale maintenue. Après la loi du 9 vendémiaire an VI qui supprime la Régie des messageries nationales, naissent les entreprises privées de voitures publiques. Deux entreprises alençonnaises vont exercer une sorte de monopole accéléré en direction de Paris (M. Dargaud, 104e CNSS Bordeaux, 1979).

Le coton, les nouveaux circuits et les chemins de la contrebande[24]

Autre acteur important, qui rappelle les nécessités économiques, le coton est victime sur mer du blocus continental qui valorise les chemins balkaniques, rhénans et alpins. Le coton est présent sur le Rhin. Sévit alors une activité de contrebande de différents rayons qui crée des fortunes diverses, ensemble composite, sans organisation systématique. En liaison avec aubergistes et paysans à la ferme, gros bourgeois à la ville, amateurs de tabac et d'épices, fournisseurs de coton et de tissus, elle donne vie, dans ses aspects contrastés, à l'économie de l'Europe napoléonienne. Dès l'installation des douanes françaises (1798), une partie du trafic, jusqu'alors assurée par le Rhin, se fit au moyen du roulage sur la rive droite. Le transit et la contrebande empruntèrent la route Amsterdam-Rotterdam-Düsseldorf-Francfort. Quand les Anglais bloquèrent les ports belges et hollandais, Hambourg, Emden, Brême devinrent tête de ligne du trafic qui gagna Francfort ou Leipzig, et au-delà la Pologne, la Russie, voire la Turquie. Déplacements qui se multiplièrent les années suivantes. En 1812 la guerre avec la Russie entraîna une reprise du trafic par les villes hanséatiques. Entre temps, la Bavière était devenue pays de transit, pour les cotons d'Orient (Macédoine, Turquie, Géorgie), entre Trieste, l'Allemagne, la France et la Suisse. Vienne devint une des capitales du trafic. La vallée du Danube fut «le canal par lequel les États de la Confédération germanique s'approvisionnaient en marchandises anglaises». Des fortunes s'édifièrent et subsistèrent après l'effondrement du régime et la reprise du trafic maritime: l'expérience du «transfert routier» était concluante (R. Dufraisse, p. 282). Avec le retour de la paix se retrouvent, revigorées, les anciennes directions. Autant économique que militaire, Waterloo menace par la marée britannique, de ruiner l'industrie française. Le continent est ouvert aux produits insulaires, le sucre de canne et les draps fins. La route leur appartient, droits réunis compris.

5. Le roulage et les Habsbourg. Un système d'unité impériale

Depuis 1770, la monarchie autrichienne, qui a récupéré la Lombardie au traité d'Utrecht (1713), ouvre «une politique en étoile» qui se développe sous l'impulsion d'une classe bourgeoise éclairée. Dans *Corporation et expérience «sur le tas»*, Andrea Leonardi a étudié «la formation d'un marchand entrepreneur dans l'Autriche de Marie-Thérèse» (F. Angiolini et D. Roche, EHESS, 1995). Ouverte avec Joseph II aux problèmes économiques, et à une certaine tolérance religieuse (les juifs et les protestants), la monarchie porte un intérêt croissant au problème du roulage et aux communications avec ses possessions extérieures, les Pays-Bas et l'Italie, mais également vers le Danube et vers la mer.

Dans les Pays-Bas méridionaux (Belgique actuelle), «une des régions les plus peuplées de l'Europe et du monde» (Lottin et Soly), véritable ruche humaine, bourrée de villes importantes avec Anvers, Bruxelles, Liège et Gand, ouverte à la «proto-industrialisation» dès le milieu du XVIIIᵉ siècle, les magistrats se préoccupent d'améliorer l'accès aux villes: le canal de Gand à Bruges est doté de coupures dans chacune de ces villes, Louvain fait creuser un canal vers le Rupel, le port d'Ostende est doté de nouvelles installations et voies d'accès. Un peu partout on remplace les vieux ponts par des constructions en pierre. Est construite la chaussée reliant Liège à Spa, plus que jamais «le rendez-vous général des nations de l'Europe que la belle saison y rassemble». La croissance du commerce de transit favorise les relations Gand, Bruxelles et surtout «Louvain qui devient, après 1756, le pivot du réseau de communication». Pour sa part, le 11 février 1786, Joseph II fixe au même jour dans toutes les paroisses du pays les populaires kermesses, «pour éviter les frais et les distractions inutiles». Le 10 mai, il interdit «les pèlerinages en troupe». Une ère nouvelle s'annonce qui se terminera, après une occupation française prolongée et un intermède hollandais, par l'indépendance de la Belgique (L. Génicot, *Histoire des routes belges depuis 1704*, Bruxelles, 1948).

Dans les pays alpins, au traité de Worms (1743), Marie-Thérèse a dû céder le pays de Bobbio, le Vigévanasque et l'Outrepol, l'Ossola. Grâce à l'ouverture en 1772 de la route carrossable du Brenner, les Habsbourg disposent par le Tyrol d'excellentes voies militaires qui permettent aux généraux autrichiens d'acheminer rapidement les renforts en Lombardie. Voie militaire, voie économique. La monarchie a fait de Trieste la place d'entrepôt pour les produits du Levant qui affluent dans le port autrichien d'où ils sont redistribués, non seulement vers le centre du continent, mais vers l'Europe occidentale. S'inscrit ainsi, de la part des Autrichiens, une volonté d'entraver le commerce de Venise vers les passages lombards et tyroliens et de reporter, vers Trieste, le bénéfice exclusif du commerce entre l'Orient et l'Europe[25]. L'ouverture vaut également pour la Hongrie, bien cartographiée par le sieur Janvier (1759) et répartie en Haute et Basse-Hongrie, Transilvanie et Croatie. À noter l'importance prise par la petite République de Raguse sous la Révolution et l'Empire: les voies maritimes étant fermées, Raguse devient un point de passage obligé sur la route de Constantinople (Degros).

Dès 1793, l'Autriche a équipé des passages montagneux pour l'usage du «grand roulage», routes qui se prolongent en Suisse orientale et septentrionale. À Strasbourg, les commissaires français se font adresser tout ce qu'ils tirent, par le Simplon, de Turquie et d'Asie mineure. Le développement du port de Trieste conditionne la fortune de Bâle, de Strasbourg et de l'axe rhénan. En 1815, l'entrée de Venise dans la monarchie autrichienne – réalisée une première fois dès 1797 au traité de Campo-Formio qui donnait à la France la Belgique et les îles Ioniennes –, fait du port de l'Adriatique et jusqu'en 1860, un débouché naturel de l'Empire. Du fait de la tolérance religieuse nouvelle venue, le système impérial organisé, par les Habsbourg, autour des routes, des axes et des ports est, au premier chef, un système de roulage européen qui rejoint, par maints côtés, le système qu'avait mis en place Napoléon.

Chapitre V
La poste et son empire

Le développement du réseau postal, par l'invention et la mise en service de nouvelles techniques, est une révolution importante pour les pays européens, notamment pour les circuits commerciaux et le mouvement de l'argent. Au premier rang, la Grande-Bretagne.

1. La Grande-Bretagne et son exemple

Le pays connaît un développement considérable dans tous les domaines. La croissance urbaine est remarquable. La population urbaine passe de 13 % du total en 1701 à 15 % en 1750, à 25 % en 1801, à 40 % en 1840. La progression la plus spectaculaire est celle des villes industrielles, Manchester qui n'a que deux mille cinq cents habitants en 1701, en compte quatre-vingt-quinze mille en 1801, deux cent vingt-huit mille en 1831, de même Glasgow, Birmingham, Sheffield, Liverpool. La démographie donne le ton et n'est pas la seule. La vérité philosophique et scientifique, combinée à l'esprit pragmatique, semble venir d'Angleterre, où la Royal Society a été fondée en 1662, tout comme le «modèle parlementaire» mis au point par le *Bill* des droits (1689).

Sur le plan économique, des innovations majeures donnent un élan aux entreprises anglaises et ouvrent aux banquiers, aux commerçants, aux ingénieurs, des perspectives nouvelles. Également en politique internationale au-delà des mers: liberté et puissance vont de pair. Face aux hardiesses dans le domaine économique, à l'ambition coloniale et européenne, s'inscrit la nécessité de renseigner une opinion publique, favorisée par les lois électorales, aidée par le rôle de la presse plus que de l'église, et par l'activité d'une classe d'entrepreneurs capitalistes qui vont trouver dans l'investissement routier, fluvial («la fièvre des canaux») et bientôt ferroviaire, des éléments efficaces de rentabilité.

L'organisation du post office[26]

Le pays a mis sur pied très tôt un service postal. En 1710 les actes relatifs au *post office* sont remaniés; le département est reconstitué sur de nouvelles bases. Les statuts des règnes précédents sont abolis. Le statut de la reine Anne (1710) leur est substitué. Il restera en vigueur jusqu'en 1832. Les stipulations sont les suivantes:

– un *post office* général est établi dans la cité de Londres d'où seront expédiés «toutes les lettres et paquets dans le royaume de Grande-Bretagne, en Irlande et en Amérique du Nord, aux Indes occidentales ou toutes autres possessions de S.M.». Pour percevoir les taxes, les bureaux sont établis à Edimbourg, à Dublin;

– les bureaux principaux sont placés sous le contrôle d'un fonctionnaire nommé, par lettres patentes, par S.M. Ils portent le titre de *General postmaster* de S.M. Lui revient la nomination des titulaires aux emplois;

– sera opérée une révision des routes afin d'établir les distances du bureau central aux autres localités; les distances sont consignées sur un registre;

– le *General postmaster* et les *postmasters* de province doivent prêter serment selon les rites de l'Église anglicane; ils ne doivent pas s'immiscer dans les élections des membres du Parlement, mais se tenir prêts à fournir les chevaux indispensables au service de l'État;

– les privilèges des deux universités sont garantis;

– les bases financières sont fixées par l'établissement d'un fonds sûr et durable. Un secours en argent, pendant trente-deux ans, de sept cents livres (dix-sept mille cinq cents francs), pris sur la caisse du *post office*, sera payé par le *General postmaster* à la caisse de l'Échiquier, le mardi de chaque semaine. Après 1710, on enregistre chaque année une augmentation sensible du revenu.

Suit une amélioration du système des lignes secondaires En 1720, Ralph Allen, *postmaster* à Bath, établit de nouveaux embranchements entre Exeter et Chester, passant par Bristol, Gloucester et Worcester. L'Ouest de l'Angleterre est mis en relations avec les districts du Lancashire et la route de l'Irlande, grâce à des communications indépendantes. Est mise en chantier une réforme des lignes secondaires sous l'impulsion de Allen qui possédait l'amitié et la confiance des ministres, de Pitt notamment. En 1761, le dédoublement des postes permet d'assurer une expédition prompte et sûre du courrier à raison de cinq milles à l'heure. En est un exemple le tableau suivant:

«À TOUS LES POSTMASTERS ENTRE LONDRES ET EAST GRINSTEAD»
HASTE, HAST, POST HASTE!

Milles	Du *post office* à 2 h 30 au matin le 17 juillet 1719
15	Reçu à Epsom à 6 h 30 et réexpédié à 6 h 30
	Alexander Findlater
8	Reçu à Dorking à 8 h 30 et réexpédié à 9 h
	Chas Castelman
6	Reçu à Rygate à 10 h 30 et réexpédié à 11 h
	John Bulock
16	Reçu à East Grinstead à 3 h 30 du matin

Tous les services ne sont pas assurés de cette régularité. On demande aux postillons une vitesse de trois à quatre milles à l'heure. Ils ne sont soumis à aucune discipline, s'attardent souvent le long des routes, dans des estaminets où des voleurs les repèrent et les attendent un plus loin, loin des regards indiscrets.

En Écosse, la vitesse est plus faible. Le postillon marche souvent à côté des chevaux; les relais ne sont pas prévus, quelle que soit la longueur des voyages. Après 1750 les relais sont institués comme en Angleterre. Le système des franchises ajoute au désordre. Certains membres du Parlement signent à l'avance des paquets d'enveloppes et les distribuent à leurs amis et à leurs domestiques. En 1779, le principe de la liberté l'emporte: sont abolis les actes donnant un privilège exclusif au *General postmaster* et à ses agents pour la location des chevaux de poste. En Irlande, aux XVIIᵉ et XVIIIᵉ siècles, n'existe pour ces déplacements aucune convention ni règle fixe; la vitesse de trois milles cinq cents à l'heure est considérée comme la vitesse normale.

Les réformes de Lord Palmer et l'ère des malles-postes

Le XVIIIᵉ siècle a vu se réaliser la jonction des différents lieux importants d'Angleterre; les routes ont été améliorées; des ponts construits. En 1754, un nouveau véhicule, la «voiture volante», couvre la distance de Londres à Manchester en quatre jours et demi. Elle est déjà plus confortable. Trois ans plus tard, un autre véhicule, la malle-poste, la remplace, monté sur ressorts en acier plus solides et plus souples. La distance de Londres à Liverpool est couverte en trois jours à huit milles à l'heure. Il appartient à Palmer, d'abord brasseur puis, après 1784, directeur de Bath et de Liverpool, de dresser un plan de réorganisation du système, plan conciliant vitesse et sécurité. Dans le rapport qu'il envoie à Pitt, il propose de faire accompagner les véhicules par des gardes armés, tout en accélérant la vitesse du déplacement. Dans chaque ville où devait s'arrêter la voiture, l'arrêt serait limité à quinze minutes pour opérer le classement des lettres; les gardes armés seraient choisis parmi les personnes dignes de confiance; les heures de départ et des arrivées seraient fixées et arrêtées à l'avance; toutes les voitures partiraient en même temps, par les différentes routes du *General post office*: telle est l'origine du service des malles-postes.

Ce plan est appliqué sur ordre du roi, le 24 juin 1754, entre Londres et Boston. Une malle-poste part de Londres à 8 h du matin et arrive à Bristol vers 11 h du soir (soit quinze heures après). C'est le succès. Palmer reçoit le grade de contrôleur général. Le service est amélioré: les nouvelles taxes touchant la sécurité et de la vitesse sont bien supportées par le public. L'accélération est constante: de six à huit, puis de neuf à dix milles à l'heure. Les ennemis de Palmer n'ont pas désarmé: après huit années de luttes, on réclame sa démission. Le système demeure. En 1797, les courriers mettent la moitié moins de temps que précédemment. Le nombre et la sécurité en étaient augmentés. En 1790, la première malle-poste fait le service en Irlande, de Cork à Belfast. Quatre gardes armés accompagnent la voiture. En 1773, est affirmée la responsabilité des paroisses: les routes sont contrôlées par des surveillants désignés par les juges de paix. Un acte du Parlement exempte les courriers du droit de péage. À la fin du siècle, la malle-poste est devenue une institution nationale.

La période de 1785 à 1835 est une période faste. L'Irlande, l'Écosse, l'Angleterre et le pays de Galles ont leurs propres malles. Le centre reste Londres où se trouvent les auberges, celle d'Edmund Sherman, propriétaire du *Bull and Mouth*, de William Chaplin du *Swan with two Necks*. En 1835, vingt-huit malles-postes quittent Londres chaque nuit pour transporter du courrier. Chaplin emploie plus de soixante-dix malles et mille huit cents chevaux. Tous deux, ne se contentant pas des malles-postes, exploitent également des diligences. Les malles-postes ajoutent aux plaisirs et aux charmes de l'époque. Un des buts favoris de promenade pour les Londoniens est le bureau de poste central (*General post office*), où ils admirent le spectacle des malles aux peintures vives et des chevaux fraîchement brossés. Chacune est tirée par quatre chevaux. Sagement rangées, elles attendent qu'on leur remette le courrier. Le jour de l'anniversaire du roi, une procession de toutes les malles se rend de Millbank au GPO en passant par le palais. L'honneur de mener la procession revient au *Bristol Coach* qui représente le plus ancien service établi. Les cochers, vêtus de rouge, les chevaux de Sherman de noir, le spectacle annuel débute en 1791 et a lieu pour la dernière fois, en 1838. Affaire commerciale au premier chef, née de l'initiative privée, elle demande peu de choses à l'État, multiplie le nombre des voyageurs et des colis. Une seule ombre: une rapidité moins grande qu'en France. Question de tempérament et d'habitude sans doute?

Sir Rowland Hill et le Penny Postage (1840)

Les exigences croissent avec les progrès de l'esprit public, le désir de savoir, d'entrer en contact, de recueillir les nouvelles, de commercer. Sir Hill pense que les taxes financières entravent la circulation des lettres. Basé sur les poids des plis et la distance à parcourir, ce système, devenu trop contraignant, ne répond plus aux besoins des utilisateurs. Quitte à transformer profondément le *post office*, «affaibli et insuffisant du fait de sa mauvaise organisation», il soumet «les propositions suivantes au jugement de la nation»:

– la diminution des taxes postales: elles peuvent descendre jusqu'à un penny pour les lettres d'un poids inférieur à une once;

– l'augmentation de la rapidité pour les distributions des lettres;

– les départs plus fréquents et la simplification des opérations du *post office*.

Pour payer ce service, l'affranchissement devait se faire avec le timbre-poste collé sur le recto du pli, dans le coin au-dessus de l'adresse du destinataire. Lors de la remise du pli aux services postaux pour l'acheminement, ceux-ci annulaient le timbre avec un cachet en forme de croix de Malte, cachet qui existait en nombreuses variétés. Le timbre était noir, l'annulation rouge. Les adversaires sont nombreux et acharnés; les uns rappellent l'existence de la contrebande, d'autres affirment que le public n'acceptera jamais de payer d'avance la taxe, quelle que soit celle-ci. Hill rappelle l'expérience irlandaise de 1827: les taxes postales ont été diminuées et le résultat a été une augmentation du revenu global!

Ayant fait adopter un tarif uniforme valable pour tous les territoires, Rowland Hill le fixe à dix centimes (un penny) par lettre simple, taxe minime par rapport aux taxes multiples en usage. Suivant la distance et avant la réforme, elles allaient de quatre à douze pence en Grande-Bretagne et de deux pence à plus d'un shelling en Irlande. Sans doute au départ, un déficit est enregistré. Pendant près de quatorze ans, la poste aux lettres enregistra des pertes considérables. Malgré l'augmentation révolutionnaire du nombre des plis qui passa de quatre-vingt-deux millions en 1839 à cent soixante-neuf millions en 1840 pour atteindre quatre cent onze millions en 1843, le chancelier de l'Échiquier ne put équilibrer ses recettes. Ce n'est qu'en 1852 que celles-ci vont atteindre le produit antérieur, mais le profit avait été immense pour le développement des échanges commerciaux et la prospérité du pays.

Précédé de deux mesures préliminaires, l'une le pesage ou rapport entre le poids et la taxe, l'autre l'affranchissement par le payement anticipé de la taxe, l'adoption du timbre-poste apparaît comme le seul moyen de porter remède au désordre postal. En 1841, la deuxième émission voit le jour avec le un penny rouge et le deux pence bleu. Malgré les difficultés d'adoption et le combat entre conservateurs et progressistes, le timbre va devenir un élément de culture. Peu rapide, l'adoption par d'autres pays, fut par contre générale. Entre 1847 et 1900, plus de deux cents pays suivent la Grande-Bretagne dans cette voie du modernisme. La Suisse donna le branle, le Brésil suivit.

2. En France, essor de la poste rurale et naissance du timbre-poste[27]

En France, la poste est partie intégrante du système de la monarchie absolue. Celle-ci en a bâti les fondations et s'est assuré le monopole du transport de la correspondance. Relais et bureaux sont définis, de même que les routes des courriers (BNF mémoire de 1737; ms. f. fr.18589 et 25696). La poste a participé aux vicissitudes politiques et financières: chaque époque a apporté sa contribution. À la période révolutionnaire, après une tentative de suppression du monopole, est dû le principe de l'exploitation directe de l'entreprise par l'État, système qui, après un bref intermède de vide au moment du Directoire, va s'installer définitivement sous le Consulat. Il sacrifie moins à l'intérêt fiscal et tient compte davantage de l'intérêt général de la nation et des nécessités économiques.

Du côté des messageries, le Directoire en abandonne l'exploitation directe par l'État et en ordonne la liquidation, au profit de l'industrie privée contre paiement au Trésor, par les entrepreneurs, d'une redevance proportionnelle au prix des places.

La poste aux chevaux est maintenue en service d'État. Le maître de poste conserve son droit de relais et le privilège de transport d'un relais à un autre. Pour compenser l'abandon du trafic messageries, le Consulat prévoit des indemnités à payer par ceux qui n'utilisent pas les chevaux de poste. Il établit une liste de routes sur lesquelles les maîtres de poste exécuteront le transport des malles tant à l'aller qu'au retour, transport quotidien pour dix d'entre elles et semi-quotidien pour dix autres. Ces prescriptions concernent l'empire tout entier, de même que l'organisation du service des estafettes de la poste aux armées. Le renseignement est à la base des victoires de l'Empereur. L'épisode de La Valette, directeur général des postes pendant les Cent-Jours, condamné à mort, sauvé par le dévouement de sa femme, Émilie de Beauharnais, nièce de l'impératrice Joséphine, donne à l'histoire des postes le caractère attachant qui colore ce service, à la fois réalité et espérance. Cette organisation qui quadrille «l'Europe de la distance», au nom de la vitesse et de l'efficacité, met en place des structures, des modes de pensée et des comportements qui vont subsister au XIXᵉ siècle. Elle fixe des principes par rapport à l'État et à la liberté, dont il sera difficile, même en les contestant, de s'écarter.

Aussi importantes pour la vie quotidienne des Français, apparaissent les réalisations de la Restauration: en 1825, l'institution d'un service quotidien de poste comprenant tous les bureaux de poste du territoire et, en 1829, la distribution à domicile, dans les communes, des correspondances administratives et particulières, ainsi que des journaux. Était prévue la création d'un service de cinq mille facteurs parcourant en moyenne cinq lieues par jour. En 1832, ce service devient quotidien; la lettre recommandée est mise en utilisation. C'est la fin programmée de l'isolement rural. Reste à maintenir les chemins ouverts et en bon état.

Une série d'accords sont passés avec les Tour et Taxis qui, après 1815, ont retrouvé leurs droits, et avec l'Angleterre, lieu d'actives relations. Sont également réceptifs le Grand duché de Bade où demeure l'influence de Stéphanie de Beauharnais, l'Autriche où règne Metternich qui tient dans sa main la correspondance avec le Milanais, la Belgique et les Pays-Bas, la Prusse vigilante, le royaume de Piémont-Sardaigne restauré et la Suède de Bernadotte. L'échange des correspondances est devenu quotidien; celui des malles s'effectue dans les bureaux-frontières désignés à cet effet.

Sous la monarchie de Juillet, la redistribution du courrier dans Paris est modifiée en tenant compte du système anglais, étudié sur place. Si elle donne lieu à des discussions parlementaires entre 1839 et 1847, la réforme de sir Rowland Hill (la taxe uniforme) doit attendre la Révolution de 1848 pour voir le jour. Le 24 février, la Révolution met en lumière le rôle primordial de la route et de la poste qu'elle sous-tend. Étienne Arago, devenu directeur de l'administration des postes, installé à l'Hôtel des postes, donne des instructions pour que le 24 février 1848, partent, pour la province, les courriers ordinaires: «À 7 h du soir, toutes les malles-postes brûlèrent le pavé des routes emportant avec elles les dépêches qui allaient annoncer à la France entière la glorieuse victoire du peuple et la constitution du Gouvernement républicain.»

Le 24 août 1848, signé Arago, promulgué le 30, un décret, valable pour le territoire métropolitain et l'Algérie, décide que la taxe des lettres serait fixée uniformément à vingt centimes et suivant le poids, le prix du port étant à la charge du destinataire. Suit le 13 décembre un arrêté ministériel créant le timbre-poste – déjà imaginé avec le «billet de port payé», en 1653, par Renouard de Villayer –, aux trois valeurs nécessaires à l'affranchissement, vingt centimes, quarante centimes et un franc. Est constaté un accroissement du nombre des lettres, «révolution du cœur et de la pensée»: 1821, quarante-quatre millions neuf cent quatre-vingt-treize mille; 1850, cent cinquante-huit millions deux cent soixante-huit mille. Une ère nouvelle s'ouvre dans l'évolution sociale et dans l'appréhension de «l'Europe du mouvement». La distance semble abolie, moyennant une légère redevance. L'introduction de la vapeur dans les transports – et surtout «le tri ambulant» dès 1844 – accélèrent le processus et entraînent la disparition des maîtres de poste. Va s'ensuivre un aménagement du territoire, en France comme en Europe, et une révolution des mentalités.

3. Le développement de la poste en Allemagne[28]. Le docteur Stephan

On retrouve dans l'Empire le même système qu'en France, de messageries et de postes aux chevaux, en général, entre les mains de la famille des Tour et Taxis. Ce n'est pas que manquent les projets pour rendre au Saint Empire ce qui lui revient. En vue d'améliorer les finances, dès 1666, le professeur médecin Becher demandait que l'administration des postes, «qui est un fief de l'Empire», soit tenu de payer une contribution, qu'elle soit placée dans les attributions du trésor de l'Empire, «ce qui permettrait de faire faire le service par des gens de nationalité allemande, aussi bien ou même mieux qu'il n'est fait actuellement». Il note que si les sommes que reçoivent Thurn et Taxis rentraient dans le trésor de l'Empire, «la nation allemande en serait plus reconnaissante que le comte de Taxis, car on sait bien ce qu'il pense et ce qu'il dit des Allemands». On a également prêté à Leibnitz l'idée d'une ligne directe Hanovre-Amsterdam; les projets ne manquent dans le domaine de l'acoustique, de l'optique comme dans celui de l'aérostation. Un Italien du nom de Barottini aurait construit «un navire de paille s'élevant en l'air». L'on parle d'un voyage Varsovie-Constantinople en douze heures. L'utopie fait partie de l'histoire, qu'elle soit terrestre ou aérienne.

Plus redoutables que les utopies, les réformes révolutionnaires ou les institutions napoléoniennes vont apparaître, pour le monopole familial et princier, les prodromes de l'unité allemande, sous l'égide de la Prusse. Pour des raisons diverses, celle-ci s'était toujours refusée à participer à ce monopole: elle avait créé sa propre institution postale, augmentée au fur et à mesure du développement territorial de l'État. Un conseiller technique de Turgot, Jacques-Marie Bernard avait été appelé en 1766 par Frédéric II pour organiser en Prusse une entreprise d'État gérant à la fois la poste aux lettres et les messageries. Bernard crée une régie royale dont il devient intendant général. Est mise sur pied une poste aux chevaux avec des relais efficaces, recrutement de maîtres de postes bien rémunèrés, amélioration des véhicules. «Régie française» d'ailleurs fort impopulaire, car bouleversant les habitudes du pays et pratiquant des tarifs trop élevés.

Après 1815, plus de trente administrations postales indépendantes coexistent en Allemagne, selon des modalités et des principes autonomes. Le désarroi règne dans la direction des envois postaux, par suite des entraves mises à l'harmonisation des différentes lignes, face aux modalités diverses des monnaies et du calcul des taxes. Du fait du morcellement des lignes postales de transit en une infinité de tronçons, elle devenait un problème d'arithmétique géographique à peu près insoluble. La perception des taxes pour les colis et les envois d'espèces, suivant les distances, était encore plus compliquée, sans compter les suppléments nocturnes. Un *hiatus* se fait jour entre le perfectionnement des moyens de communication, accru bientôt par l'établissement du chemin de fer, et la situation postale. Cependant les progrès du *Zollverein* sont constants. Le dilemme se pose: face à l'organisation postale en voie d'unification, le développement de la poste va-t-il se faire autour de la famille princière, de type féodal, liée à l'Ancien Empire, ou autour de la Prusse, installée sur le Rhin, de son organisation et de ses ambitions?

En 1848, une conférence est convoquée sans résultat à Dresde. Entre 1849-1850, placé à la tête de l'administration des postes prussiennes, le ministre d'État von der Heydt conclut avec l'Autriche, le 6 avril 1850, le traité postal austro-allemand. Y accèdent la Bavière puis les autres États, et, enfin, l'administration des Tour et Taxis. L'Union postale allemande, créée, prend comme unité de distance, le mille allemand et, comme unité de poids la livre du Zollverein. Pour le calcul des taxes postales, on ne maintient que les trois principaux étalons monétaires existant en Allemagne: quatorze *thalers* = vingt florins d'Autriche = vingt-quatre florins d'Allemagne du Sud. Les pays ayant d'autres monnaies sont assimilés à ceux qui possèdent la monnaie *thaler*. Ainsi se forme un territoire unique en ce qui concerne l'échange des lettres et des objets de messageries. Le port est calculé d'après la distance en ligne droite depuis le lieu d'expédition jusqu'à celui de destination, sans tenir compte des limites des anciens États.

Suit bientôt, pour l'affranchissement, la conquête récente que constitue le timbre-poste, adopté en 1849 par la Bavière, en 1850 par la Prusse, l'Autriche, le Hanovre, la Saxe, le Wurtemberg. En 1852, par l'administration postale des Tour et Taxis. En 1855, par le Mecklembourg et les autres États. En découlent l'augmentation du nombre des bureaux et l'extension des services de transport, y compris le chemin de fer et les communications postales. Au moment de la création de la confédération de 1866, devient brûlant le problème de la diversité des administrations, notamment Tour et Taxis et les trois villes hanséatiques où se tiennent des bureaux spéciaux particuliers. Le 1ᵉʳ juillet 1867, le prince de Tour et Taxis cède à la couronne de Prusse, en son nom et au nom de ses descendants, toute son administration, y compris les bâtiments, moyennant une indemnité de trois millions de *thalers* (onze millions de francs-or). Le 26 juin 1867, la présidence de la confédération de l'Allemagne du Nord prend en main la direction supérieure et l'administration des postes. La loi sur les postes du 2 novembre établit un tarif unique, fixé à un *silbergros* ou trois *kreutzers* dans toute l'Allemagne du Nord. Elle supprime les taxes accessoires et abolit les franchises.

En 1871, après l'établissement de l'Empire allemand, est instituée, sauf pour la Bavière et le Wurtemberg, une seule administration sous les ordres du Grand maître des postes de l'Empire. Célèbre par ses travaux, le Dʳ Stephan est le premier titulaire, dirigeant deux bureaux, l'un des postes, l'autre du télégraphe. Quarante directions se partagent les Länder. L'Allemagne participe à la fondation de l'Union générale des postes devenue l'Union postale universelle (1873). Dans le domaine de la transmission de la pensée, pointe l'unité européenne.

4. En Suisse, la poste des Fischer[29]

Pendant tout le Moyen Âge, le système des messagers a été utilisé en Suisse par les treize cantons. Les commerçants de Saint-Gall, Zurich et Schaffhouse détenaient une ligne prolongée en 1566 jusqu'à Lyon, d'autres villes créèrent des liaisons directes vers l'Italie, la France et l'Allemagne. Berne ne possédait rien de semblable jusqu'en 1575, date à laquelle Béat de Fischer, secrétaire du trésorier bernois, suggéra au conseil des Deux-Cents de la République la création d'un service postal, à l'instar de celui de Tour et Taxis dans l'Empire. Signé le 21 juillet 1675, un contrat entre le magistrat et Fischer fixait les grandes lignes de «l'affermage, pour une période de cent cinq années, à Béart de Fischer, de la régale et des services de messagers». L'horaire fixé prévoyait:

– deux courses de poste et de messageries hebdomadaires en partant de Berne pour Schaffhouse et Zurich *via* Soleure, Aarau, Lenzbourg, avec correspondance pour Saint-Gall et l'Allemagne;

– Genève *via* Fribourg, Payerne, Moudon, Lausanne, Morge avec correspondance pour Lyon;

– une course hebdomadaire pour Neuchâtel et une pour Lucerne.

Furent améliorées, par les grands cols – le Saint-Gothard, le Grand-Saint-Bernard, le Splügen –, les relations postales entre les cantons suisses et les pays séparés par la barrière des Alpes. Le système prospéra, et se maintint sous la direction de la famille Fischer jusqu'en 1832. À ce moment, le magistrat mit sur pied un système postal en régie directe. En 1843, les cantons de Zurich et de Genève adoptèrent le système britannique.

5. En Russie et dans les pays de l'Est européen[30]

Favorisée par son relief et les nouvelles conditions politiques, la Russie est rentrée assez tôt dans le circuit européen des routes postales – vieille tradition mongole et moscovite – du moins pour les grandes directions. Routes de la connaissance pour les philosophes comme Diderot ou les poètes comme Nicolay, devenu président de l'Académie impériale des sciences. Routes de l'exil, celles des émigrés qui s'installent à Saint-Pétersbourg, route de la Grande Armée qui occupe Moscou (1812). Le grand incendie provoque la fuite hors de la ville, malgré les proclamations du comte Rostoptchine: «Les départs s'accélèrent. Calèches de Vienne et de Paris, télègues de paysans, lourds fourgons aux roues grinçantes, dormeuses aux rideaux tirés, cabriolets, *carricks*, *drojkis* […] alors que les premiers convois de blessés entrent par la barrière Dorogomilovskaïa, située à l'ouest de la ville.» (H. Troyat, *Le Moscovite…*, s.l.n.d., p. 68.)

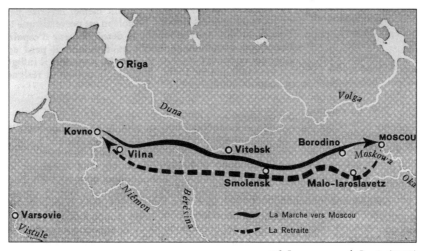

16. La campagne de Russie (1812)

La Mort est là, si la route est la même. Elle a changé de sens, et le chemin où l'on marche, et le pont sur le fleuve, sous la neige et la glace, deviennent des linceuls.

Au commencement du XIXᵉ siècle, sur les routes de l'Empire russe, s'élèvent des maisons de poste, tout à la fois relais et auberges. Les malles-postes convoient le courrier, les paquets et transportent les voyageurs, service relativement rapide et confortable, emprunté même par les *boyards* qui, en général, ont leur propre service. Un Anglais William Coxe, actif et érudit, a narré ses voyages, *Travels into Poland, Russia, Sweden and Denmark. Interspersed with historical relations and political inquiries* (Londres, 1784). Il combine des informations sur la situation politique – notamment sur les «événements de Pologne» – avec les notations sur les mœurs, recoupé par Friedrich Schulz pour une période postérieure où le dramatique l'emporte, en 1791 et 1793. Casanova a, lui aussi, passé en Pologne, il parle peu de la fermentation politique du pays, mais relève mœurs et coutumes. Suzanne Borcz a étudié les relais de poste en Pologne au temps de Napoléon (*Diligence*, n° 25) et H. Chmielewski dans le Grand duché de Varsovie, 1807-1815 (*idem*, n° 29).

À une échelle moindre, cette installation se retrouve dans les grands centres de l'Empire. Pénétrées des influences de l'Est et de l'Ouest, soumises au contrôle gouvernemental, les villes sont liées à l'État. Ce dernier a pour interlocuteurs la communauté bourgeoise, la corporation, la guilde (Boris Mironov). La poste est assurée par l'État, les messageries par des entreprises particulières. Dans les cités moins importantes, les directeurs des postes créent des vignettes spéciales pour assurer la distribution des lettres. Le nombre augmentant, se créent des entreprises qui assurent le transport à domicile. En ville, casque sur la tête et sabre au côté, règne le facteur[31].

Dans l'ensemble, vers le milieu du XIXᵉ siècle, compte tenu de l'industrialisation de l'Oural et de l'appel de l'est, on a affaire à un service ample et régulier, sollicitant un grand concours de peuple, courriers, malles, employés, conducteurs, bureaucrates, éléments d'une civilisation adaptée au climat et à la mentalité populaire, tournant autour du cheval et du traîneau, apte, dans une certaine mesure, compte tenu de l'alphabétisation, à résoudre, dans la Russie en voie de transformations internes, le problème des distances, combiné avec celui d'une semi-modernisation. La littérature en utilisera largement les données.

Chapitre VI
La navigation fluviale: fleuves, canaux et rivières

Les transports de voyageurs et de marchandises restent basés sur la route et la voie d'eau, dans la dépendance de l'énergie musculaire de l'homme et des animaux, de la voile et de la rame. L'essentiel des transports de marchandises se fait par eau, petits caboteurs qui longent les côtes de l'Europe occidentale, bateaux à fonds plat qui suivent rivières et canaux, modes de transport lents, sujets à interruptions aux époques de gel, de crue et d'étiage. Scandée par les crues et les maigres, comprimée par les travaux d'endiguement, la voie d'eau s'améliore, se régularise et se multiplie. Au début du siècle, tous les États sont, plus ou moins, gagnés par la fièvre des canaux. Une entreprise internationale spécialisée: le flottage donne une animation particulière aux fleuves européens.

Une entreprise internationale spécialisée: le flottage

Au 88ᵉ Congrès des sociétés savantes (Clermont-Ferrand, 1963), Roger Dufraisse a étudié les «Flottes et flotteurs de bois du Rhin à l'époque napoléonienne», activité qui se rencontre également sur les fleuves allemands ou polonais mais qui, sur le Rhin, est particulièrement vivace: le bassin du fleuve comprend d'une part, des pays riches en forêts, Forêt-Noire, pays de Nassau, vallées de la Moselle et de la Sarre, Vosges, de l'autre des pays pauvres ou moins bien pourvus, ceux de la basse-plaine rhénane et les actuels Pays-Bas. C'est là que se trouveraient les «magasins des Hollandais», gros importateurs de bois de chauffage, et plus encore, de bois de construction, soit pour les pilotis des villes, soit pour les navires. Au XVIIᵉ et au début du XVIIIᵉ siècle, la majeure partie de ces bois dits «bois de Riga», notamment des pins pour la mâture, venaient des pays de la Baltique, de la Norvège et de Russie. Mais les bûches de chêne de quatorze pieds d'Allemagne et de quatorze pouces de haut, indispensables à la construction des carènes, arrivaient des forêts du bassin rhénan. Ainsi s'explique l'importance, à la descente du Rhin, accrue encore par la fermeture des mers, du flottage, apprécié alors comme le triomphe de la navigation fluviale, tant était grande l'habileté technique: d'une part elle commandait à la construction d'énormes masses flottantes mesurant deux cent cinquante mètres sur quarante, et portant de quinze à vingt cabanes, abritant cinq cents personnes, d'autre part, elle se déployait dans la manœuvre à travers les méandres du cours, non encore régularisé.

Un esprit d'entreprise présidait au transport sur le fleuve, esprit d'inspiration collective à triple participation: propriété des forêts à exploiter, embauche des flotteurs en forêts et des «ouvriers du Rhin», possession d'une ou plusieurs scieries. À l'arrivée aux lieux de destination, Amsterdam, Arnheim, Deventer, Nimègue, Rotterdam, et surtout Dordrecht, l'équipage était congédié, les baraques de bois détruites, les bois mis en couple était flotté jusqu'au Biesbos, golfe marécageux, marché des bois pour la Hollande. De là, livrés au commerce et à l'industrie. Issu du Main et du Neckar, le flottage du Rhin subsiste jusqu'à la fin du XIXᵉ siècle. Le bois de mine remplaça le bois de construction sans que disparaisse l'esprit de ces entreprises mi-terrestres, mi fluviales, adaptées à d'anciennes civilisations.

1. La Hollande, un pays privilégié

Les villes ont occupé, dès la fin du Moyen Âge, une place centrale dans l'administration, la politique, l'économie et la culture. Position devenue dominante, en politique intérieure comme en droit international, depuis l'insurrection contre l'Espagne et la reconnaissance de la souveraineté des Provinces-Unies (1648). Lutte contre la mer et lutte avec la mer. Fleuves et rivières au réseau serré participent à une «fièvre des canaux», on l'a vu, bien antérieure au XVIIᵉ siècle. Un bon réseau de communication a existé de tous temps entre villes et campagnes (A. Van der Woude). Jusqu'au XIXᵉ siècle, une route pavée reste une rareté dans la République, qui accusait un retard à cet égard sur les Pays-Bas du Sud, l'Angleterre et la France. En 1800, la longueur des routes pavées n'était que de cent quarante kilomètres et, encore, de construction récente. Le système des postes est restreint. Dutens note: «On va en poste jusqu'à Bréda; là, il ne se trouve plus de chevaux de poste, vous y prenez des chevaux de voiturier. J'ai donné trente-six florins de Bréda à Gorcum, pour sept chevaux et trois florins cinquante par cheval depuis Gorcum jusqu'à Utrecht; le reste à proportion.» Et d'ajouter: «En Hollande, on voyage beaucoup par eau [...] dans les États de la Flandre, la poste est réglée comme en France.»

Les Pays-Bas du Nord ne sont pas un pays de carrosses qui, cependant pénètrent, taxés, dans Amsterdam et à Dordrecht. La raison en est dans l'excellent système de communication que constituaient les canaux, facteur d'unité, système dont nous avons noté l'interdépendance au sein d'un réseau urbain doté une culture urbaine commune (cartes dans A. Van der Woude, SEDES, 1983, p. 347-348). L'auteur note «que la ville a pris possession du paysage, par la construction d'un réseau de canaux de plusieurs centaines de kilomètres de long, qui reliait les villes de Hollande, d'Utrecht, de Frise et de Groningue dans un système unique de transport de passagers», entraînant souvent une réorganisation parcellaire. Système de canaux qui n'est pas, à proprement parler, une invention hollandaise. En Italie du Nord, le Naviglio entre Milan et Pavie l'a précédé. Dès 1618, un système régulier de transport existait sur le canal de Willebroeck, dans les Pays-Bas méridionaux. Entre Gand, Bruges et Ostende, des canaux sont créés, principalement pour les marchandises. La construction progresse par *booms* successifs: en 1648; quinze villes avaient procédé aux investissements nécessaires; entre 1656 et 1665, un deuxième élan complétait le réseau. Outre l'interdépendance, le réseau se caractérisait par une dépendance, celle des conditions démographiques – essor des villes, alors villes-refuges pour une partie de l'Europe cultivée du XVIIᵉ siècle –, et celle de l'évolution économique – période d'expansion ou de retrait, compte tenu des guerres et des progrès technologiques. Après une période d'euphorie, la régression se fit sentir surtout dans la première moitié du XVIIIᵉ siècle. Fort de sa puissance financière, Amsterdam tente de maintenir sa prééminence.

Le coche d'eau, instrument du transport des voyageurs, et le plus usité, réussissait à créer un stéréotype diffusé à l'échelle européenne. Tiré par des chevaux à travers la campagne parsemée de moulins blancs, piqués de villages coquets, aux fleurs rouges et aux vaches paisibles, aux fromages opulents, images et caricatures naissent avec les récits des voyageurs. Le coche et le canal s'incorporent dans le paysage et participent à cette civilisation de l'eau dont l'on retrouve les éléments dans la jonction, au sein d'une ville comme Amsterdam, «à mi-chemin entre Venise et la cité de Londres», de l'économique, du social et du politique (M. Morineau, «L'Amsterdam de la République», *Actes du colloque de Strasbourg, 1981*, PU Strasbourg, 1983), équilibre qui sera menacé d'abord par la montée de Rotterdam, puis par le rail. En 1836, Van Baarsel donnait une *Nouvelle carte des Pays-Bas et du Grand duché du Luxembourg.*

2. En France, une longue tradition[32]

Précieux est le *Rapport au roi sur la navigation intérieure de la France* (1820), complété par un rapport du même auteur, Becquey, directeur général des Ponts et chaussées, sur la situation des canaux au 31 mars 1823. Étoffé de nombreux tableaux statistiques dans le texte, le rapport est orné d'une grande carte coloriée. Se dessine à la fin du siècle un grand plan national de canalisation, unissant le Nord et Paris à la Loire et au sillon Saône-Rhône.

En 1571, Henri III avait accordé un privilège pour les transports par eau: les coches d'eau ont été mis en service régulier, entre Auxerre et Orléans, Lyon et Paris, Paris et Rouen. Louis XIII a créé le premier service officiel du coche d'eau de Paris à Tours (1625) et de la Haute-Seine, de Nogent à Troyes (1654), puis d'Auxerre à Paris. Sully et Colbert fortifient le système, indispensable à leurs yeux au développement de la richesse publique. En 1710, on crée des offices spéciaux pour ces transports; une corporation des «bachoteurs» va de Paris à la mer, puis sur d'autres points reculés, de la Garonne au Rhône, de l'Yonne à l'Oise, de la Vienne à la Seine, de la Marne et des canaux de Saint-Omer à Dunkerque. Grâce au canal Crozat, entre l'Oise et la Somme (1738), au canal de Neufossé (1753-1786), entre l'AA et la Lys, au canal Escaut-Scarpe, que complétaient le canal de la Haute-Deule (1693) et le canal de la Bassée, s'est formé un réseau cohérent, uni à la capitale. La jonction avec la Loire est assurée par le canal de Briare (achevé en 1692) et par le canal latéral du Loing, construit entre 1719 et 1723, avec l'aide de l'armée.

Dans *La Trace du fleuve. La Seine et Paris 1750-1850* (EHESS, 2001), Isabelle Backouche a mis en lumière la diversité des rôles du fleuve dans la ville, rôle stratégique pour les hommes comme pour les pouvoirs. «Espace partagé, espace contesté, espace remodelé», la Seine a été et reste toujours la compagne des pierres, des hommes et des rêves, rassemblés sur ses rives, où se succèdent berges et quais, nourris de marchés, légumes et volailles. Le port Saint-Paul était le plus connu des provinciaux, les coches d'eau y ayant leur terminus. De la Haute-Seine, les bateaux faisaient le trafic du sel et des poissons fumés. Au port de Grève où arrivaient les bateaux de vin d'Auxerre, de foin, de sel, de grains et de fruits, à l'emplacement des Merrains, taverniers et bourgeois venaient s'approvisionner. En 1760 sur la Seine, un service permanent de galiotes dessert Saint-Cloud et Pont-Royal. La Seine était la «clef des vivres de Paris» et, peut-être aussi, de l'osmose sociale. Fleuve religieux également – si l'on peut dire. Les Réformés de Paris avaient leur temple à

Charenton, à huit kilomètres de la capitale: ils s'y rendaient le plus souvent en bateau, moyen de transport collectif, le plus sûr et le moins coûteux. Pour assumer le transport prévu par contrat, un entrepreneur mettait à la disposition des voyageurs, «une flette façon de Marne», bateau plat pointu à l'avant, carré à l'arrière et peu profond, qui accompagne en général les chalands pour les guider dans leurs manœuvres, construite en chêne, de dix-huit mètres sur trois environ, hauteur de bord d'un mètre deux cents. Pour revenir de Charenton le courant aidait les rameurs; pour y aller, les bateaux étaient tirés par les chevaux, deux par barque. Le départ de Paris a lieu à 7 h du matin. Le coût? Deux cent dix livres par voyage aller et retour (I. Ardouin-Weiss, *BSHPF*, t. CXLII, 1996).

Sur la Loire, l'entretien des turcies (R. Dion), permanent pour un fleuve largement ouvert à la navigation (F. Billacois), avait donné lieu à des études scientifiques, telle celle de Garnier sur le régime des eaux ou rivières navigables, flottables ou non, et de tous les autres cours d'eau (Paris, 1822). Après maintes recherches, le problème a été repris récemment à Orléans (juin 2001), en vue de la création d'un dispositif unique pour la protection contre les inondations, réseau de stations de mesure qui fournit des informations en temps réel sur les précipitations, sur le débit de la Loire, de ses affluents et des barrages. Orléans est devenue alors la «grande ville française du sucre». Introduite au milieu du XVIIe siècle par un Anversois Georges van der Berghe, l'industrie du raffinage a pris un essor considérable par la liaison avec Saint-Domingue. En 1789 la ville possédait vingt-quatre raffineries et deux cent cinquante chaudières qui transformaient le sucre brut débarqué à Nantes en un sucre blanc de qualité supérieure (C. Michaud). A suivi le commerce de redistribution de la quincaillerie, cuivre œuvré d'Aix-la-Chapelle, produits du pays de Liège, cuivre de Hambourg, couvrant le bassin de la Loire, de la source du fleuve jusqu'à Nantes, avec une extension vers le Poitou et la Rochelle (*BSHMC*, 1995, 1-2).

Sur le Rhône, la diligence d'eau, sans grand attrait; accueille des barques de vingt mètres, parfois des chaises de poste. Le régime des eaux est variable; en cas de basses eaux, c'est l'échouage pour la nuit. Le lendemain, trente à trente-cinq chevaux dégagent le bateau. Les stations sont Vienne, Valence, Pont Saint-Esprit avant d'arriver en quatre jours en Avignon. Pour franchir les défilés, l'on descend, l'on contourne à pied et l'on remonte. À la remontée, les bateaux sont tirés par des bœufs en puissants attelages. En dehors des ponts célèbres d'Avignon et de Lyon, le pont de Seyssel fait communiquer la France avec la Savoie. Depuis le traité de Turin du 24 mars 1760, le milieu du cours du Rhône est la limite naturelle des deux États: la ville de Seyssel est divisée en deux parties, l'une française, l'autre savoyarde. Sur le canal royal du Languedoc, le bateau-poste met quatre jours de Béziers à Toulouse. Chacun apporte son vin et ses provisions de bouche, l'on débarque pour passer la nuit.

Dans le nord, en liaison avec les provinces belges, le réseau lillois de communications par eau, étudié par Louis Trénard, est fonction des deux systèmes fluviaux, celui de la Lys et celui de l'Escaut, de direction méridienne. Avant la conquête française, le commerce étant orienté vers Anvers. Le problème? Créer des communications transversales entre Valenciennes et Dunkerque, par l'établissement de canaux de jonction. Répondant aux besoins en charbon et en céréales, le système garde une fonction militaire et permet l'établissement de services de coches pour les voyageurs (101ᵉ CNSS Bordeaux, 1979).

Peu de ponts en pierre sur l'ensemble du royaume: un recensement serait des plus utiles. Paris, au XVIᵉ siècle, n'avait que le pont Notre-Dame. Les ponts aux Changes et des Meuniers sont en bois, de même ceux de Nantes et de Saumur. Rouen, qui, en 1612, a mis en adjudication un pont de pierres, veut édifier un pont de bois en 1627 et se contente d'un pont de bateaux. Construit en bois, le pont de Seyssel s'appuyait, au milieu du Rhône, sur une pile en maçonnerie, surmontée d'une chapelle dédiée à la Vierge, pile mal bâtie, souvent endommagée par les crues du fleuve qui, parfois, emportaient le pont (J. Chetail, 101ᵉ CNSS Bordeaux, 1979). Le pont de pierres n'est pas une assurance de solidité, tels ceux que Mansart a construit à Moulins et à Blois, insuffisamment fondés. Arthur Young décrit le pont d'Orléans: «Belle construction de pierres, la première expérience que l'on a faite en France des arches plates, où maintenant elles sont si en honneur. Il en contient neuf et il a quatre cent dix jars [le jar a une longueur de neuf cent quatorze millimètres] sur quarante-cinq pieds de large. Il y a sur le quai beaucoup de chalands construits sur le fleuve dans le Bourbonnais, chargés de bois, d'eaux de vie, de vins et autres marchandises; à l'arrivée à Nantes, ils sont démolis et vendus avec la cargaison. Un grand nombre de ces bateaux est en sapin. Un bateau va d'ici à Nantes, quand six personnes demandent le passage; chacune doit payer un louis d'or; on fait escale la nuit et il faut quatre jours pour atteindre Nantes.»

Le système des canaux tend à remédier aux déficiences routières. Il ne s'installe que difficilement. Les idées ne manquent pas; on l'a vu depuis l'Antiquité, tel entre le Rhône et le Rhin d'abord (projet de 1776-1784; AMS AA 2463), entre le Rhône et la Loire ensuite depuis Sully (1606) désireux de faire communiquer le bassin de la Méditerranée avec l'Atlantique. S'élèvent des hostilités diverses, celles des propriétaires de terrain, des riverains, des bouviers et des voituriers. Dans les cahiers de doléances du Beaujolais, la commune de Poule proteste contre le canal du Centre, commencé en 1785, par concession royale aux états de Bourgogne, de la Saône à la Loire, de Lyon à Roanne: les voitures des bouviers, seule industrie de la paroisse, deviendront inutiles (J. Roubert). Le canal fut achevé et mis en service en 1794. Les études destinées au canal de Bourgogne pour relier la Saône à l'Yonne et à la Seine, durèrent près de cent cinquante ans. Le projet, qui a fait l'objet d'une mise au point de Perronnet et de Prony en 1764, fut approuvé par deux édits, l'un donné par Louis XV en 1773, l'autre par Louis XVI en 1774. Les travaux, commencés du côté Bourgogne, furent suspendus en 1793. Le canal de Franche-Comté devait relier le cours de la Saône à celui du Doubs, joignant Saint-Symphorien sur la Saône à Dole sur le Doubs. Différents projets sont mis au point, les travaux adjugés en 1784 furent arrêtés en 1802. Certains travaux locaux sont entrepris par les États provinciaux ou les collectivités locales. Les états du Languedoc ont engagé la construction du canal des Étangs, qui prolonge le canal du Midi de Sète à Aigues-Mortes, ainsi que l'embranchement de Narbonne. En Alsace, en vue de s'assurer le ravitaillement, en pierres des fortifications, et en grains de la population de Strasbourg, Vauban a construit le canal de la Bruche; dans les Flandres, la ville de Lille réalise le canal de la Moyenne Deule, le canal de Bourbourg est construit aux frais des habitants de Bourbourg et de Dunkerque.

L'Empereur s'en préoccupe: «J'ai beaucoup de canaux à faire: celui de Dijon à Paris, celui du Rhin à la Saône, et celui du Rhin à l'Escaut […] Voilà six ans que le canal de Saint-Quentin est commencé, et il n'est pas encore fini. Or ces canaux-là sont d'une bien autre importance. On évalue la dépense de celui du Bourgogne à trente millions […] Ce qu'on peut dépenser par an sur les fonds généraux de l'État ne va pas à plus d'un million, les départements ne rendant pas plus de trois cent mille francs, il faudra donc vingt ans pour finir ce canal.» (A. Crétet, de Fontainebleau, 14 novembre 1807.)

En 1820, la longueur du réseau des canaux n'excède pas sept cent trente kilomètres. D'aucuns disent mille sept cent soixante-dix kilomètres, en y comprenant les rivières canalisées. Le programme de deux mille cinq cents kilomètres, lancé en 1821, est achevé en 1845. Il comporte des réalisations importantes, tel le canal du Rhône au Rhin ou «canal Monsieur». Le projet – essentiel pour l'histoire européenne – de relier le Rhône et le Rhin fut mis au point dès 1744 quand La Chiche, jeune officier du génie, reconnut le passage du point de partage des eaux et détermina le tracé possible entre l'Ill et le Doubs. Son projet présenté en 1753 ne fut pas adopté. En 1791, l'Assemblée constituante adopta les plans de Philippe Bertrand, ingénieur en chef des Ponts et chaussées de Franche-Comté, conservant les usines-barrages et rachetant les dénivellations par des dérivations et des écluses permettant le passage des bateaux. Le décret du Premier consul du 15 Floréal an XII (5 mai 1804) approuva le projet du canal Napoléon qui devint, après 1815, le «canal Monsieur». Réalisé en 1829, le canal sera poussé jusqu'à Strasbourg. Le 3 décembre 1832 le batelier Deleschamps de Saint-Jean-de-Losne réalisa la liaison entre la Saône et Strasbourg avec le Foudroyant. Les conditions de navigation étaient encore précaires: écluses de trente mètres cinquante de longueur avec un mouillage d'un mètre trente environ. Ce n'est qu'en 1879 que le plan Freycinet déterminera la structure actuelle. Les mêmes projets de liaison existèrent entre le Rhône et la Loire.

Suivirent le canal de la Marne au Rhin, très discuté, et le canal de Bourgogne qui, long de deux cent quarante kilomètres, relie la Saône et la Seine, par l'Yonne, de Saint-Jean-de-Losne à Laroche-Migennes. Longtemps il fut le plus haut d'Europe, le Rhin-Main-Danube ne l'ayant détrôné qu'au début des années 1990. Creusé dans le roc et au pic, de 1825 à 1832, par des mineurs de métier, des condamnés de droit commun et des déserteurs, un tunnel long de trois mille trois cent trente-trois mètres permet de franchir le seuil de Pouilly-en-Auxois. Près de deux cents morts à la tâche! Préconisé dès le XVIIIᵉ siècle pour relier la région tourangelle à l'est du Berry et au Cher, le canal du Berry est destiné à amener le charbon de Commentry aux fers de la région: trente mille tonnes en 1840 qui nécessitent six cent vingt-quatre mille stères de bois. L'ouverture en 1841-1842 est ambiguë, même si le canal profite un temps aux usines de Fourchambault. Comme l'ensemble du système français, d'un gabarit trop étroit, il nécessite des transbordements et de multiples écluses (plus de cent). La navigation y reste artisanale et les échanges interrégionaux fort limités.

Très rapidement, le chemin de fer préludait au déclin des canaux. Le combat était engagé alors entre partisans et détracteurs du canal et de la voie ferrée. Le canal semblait condamné, malgré la formule de l'ingénieur en chef, Collignon, au moment où se posait la question de l'achèvement du canal de la Marne au Rhin: «Le chemin de fer vit de la fortune publique ou l'augmente et la multiplie, mais c'est d'abord le canal qui la crée.»

La vapeur va, dans certains cas, remplacer la traction animale. En 1837, on prend le bateau à vapeur qui remonte la Garonne jusqu'à Agen. De là les diligences conduisent les voyageurs dans le Bas-Quercy. Des services réguliers fonctionnent sur la Saône, puis sur la Seine, la Loire, le Rhône. Cette navigation fluviale à vapeur prospère, mais pour peu de temps. Les facilités offertes par les chemins de fer se traduisent par des reclassements d'activités. Souvent, comme au Berry, des «étrangers» prennent en main l'économie du pays.

3. En Grande-Bretagne, «la fièvre des canaux»

À partir de 1760, dans l'Angleterre où croissent les villes et que saisit la révolution industrielle, la grande industrie multiplie le transport de matières pondéreuses, de la houille en particulier. Le rail entre en service dans les mines de charbon, mais uniquement pour l'exploitation sur place. Pour l'approvisionnement des villes et des districts industriels, se fait sentir le besoin de voies d'eau, seul moyen «utile» d'acheminement de produits lourds à bas prix.

Avant 1815, la Grande-Bretagne a déjà uni, par de nombreux canaux, des fleuves courts mais précieux: le flot de la marée remonte fort loin à l'intérieur. Après 1761, le canal de Worsley à Manchester, construit à l'initiative du duc de Bridgwater, traversant des collines par des galeries souterraines, franchissant la rivière Irwell sur un pont-aqueduc, diminue de moitié le prix du charbon livré à Manchester. Suit la construction des canaux du Lancashire, de Rochdale, à Manchester et Liverpool. Une véritable «fièvre des canaux» s'empare du pays. Un réseau cohérent relie les principales voies d'eau anglaises, formant deux systèmes, celui des Midlands et celui du Nord. Les quatre estuaires – Mersey, Humber, Severn, Tamise – sont reliés entre eux et au Pays Noir. Le *Great Trunk*, achevé en 1777, relie Manchester à Liverpool, à Bristol et à Hull, en traversant la chaîne Pennine; il assure une liaison continue entre les réseaux du Trent et de la Mersey, les mers de l'est et de l'ouest. Il apporte de grands bénéfices aux districts par lesquels il passe: des maisons, des villages, des villes sortent de terre, le charbon est abordable pour tous. En résultent quelques améliorations sociales et une efficacité industrielle accrue. Les comtés du Lancashire, du Staffordshire, du Warwickshire sont équipés. De 1758 à 1807, 165 demandes d'autorisation ont été déposées. Des canaux partent dans différentes directions à partir de Birmingham. En 1805, le *Great Junction Canal*, entre Braunston et Brentford, est achevé, l'un des plus importants d'Angleterre, un de ceux qui résistera le mieux à l'influence «paralysante» du chemin de fer.

La navigation fluviale est améliorée. Des plaintes s'élèvent concernant la Tamise, peu navigable; des améliorations partielles sont apportées. Robert Fulton pense que le pays entier pourrait être mieux servi par de petits canaux que par des grands: les marchandises pourraient être envoyées dans les endroits les plus reculés du pays. Vers 1830, l'essentiel des canaux contemporains est achevé. Les agriculteurs trouvent pour leurs récoltes des prix uniformes, les péages disparaissent, la valeur foncière augmente, les consommateurs y voient la fin des disettes (*bread road*). Les industriels et les financiers à la Bourse de Londres ou *Stock Exchange*, ouverte en 1801, sont les premiers servis.

Cependant les difficultés ne manquent pas. Techniques d'abord. Les rivières sont nombreuses mais l'alimentation en eau n'est pas toujours satisfaisante. Le relief est ardu. Transport puissant mais lent, la voie d'eau est un domaine collectif. Pour obtenir un canal utilisable sans écluse, James Brindley remplit les vallées, efface les collines, draine le fond du canal et corroie l'argile. Est à résoudre le problème de la déclivité: les écluses sont utilisées mais leur largeur est limitée au passage d'une péniche. Chaque péniche est différente, aucune norme de construction n'existe; là où les collines et les montagnes se suivent, se dressent de véritables «escaliers d'écluses» dans la chaîne pennine: le canal de Rochdale a quatre-vingt-douze écluses sur une distance de trente-trois milles. Ailleurs sont nécessaires des tunnels, tel celui de *Sapperton Tunnel*, dans le Gloucestershire, touchant le canal qui relie la Tamise à la Sévern, construit en 1799 au prix de deux cent quarante-cinq mille livres. Parfois un plan incliné soulève ou descend des péniches, en les posant sur des wagons qui roulent sur les rails. Sur le *Great Trunk*, la galerie de Huriscastle n'a que deux mètres de large et trois mètres soixante de haut depuis le fond du canal: couchés sur le dos, les conducteurs de bateaux poussent l'embarcation avec leurs pieds sur les parois du tunnel.

Difficultés de financement? Se forment alors des compagnies d'exploitation qui possèdent des parts dans la construction. Le duc de Bridgewater a financé ses deux canaux. En spéculant sur les profits possibles, les marchands de Liverpool et les propriétaires des mines de sel du Cheshire ont fourni l'argent nécessaire. Josiah Wedgwood et d'autres notables du Staffordshire ont investi dès les premières années. Ils ont touché des dividendes – les canaux étant très utilisés – avant que ne se dresse la concurrence du rail. Les coûts des transports, généralement élevés, sont bien inférieurs par eau, joignant à l'avantage du bon marché, celui d'une capacité très supérieure à celle de la charrette, pouvant atteindre cent cinquante tonnes et plus, contre trois ou quatre. Le trajet Liverpool-Manchester revient, par la route, à quarante shillings par tonne; par eau, à six shillings. Dès 1850, un tiers des canaux est passé sous le contrôle de compagnies ferroviaires. En 1894, on achèvera le *Ship Canal* qui fait de Manchester un port de mer.

Difficultés sociales enfin. Ce sont celles-là même de la révolution industrielle. Elle fait de l'Angleterre un foyer des innovations, doté d'un poids effectif dans les relations internationales, mais marque également la fin d'un système social, celui de la prédominance des transporteurs routiers et l'existence adaptée de propriétaires terriens, de meuniers, d'administrateurs de péages. Sur le marché du travail, dans la ville-refuge, grossit une marée de manœuvres et grandit, en dehors de la *gentry* traditionnelle, la classe des ingénieurs que le rail va fortifier. Brisant les anciens équilibres campagne-ville, rejetant sur les routes sans-abris et vagabonds, quand la notion de «ville close» reste bien souvent une réalité, avec une mention particulière pour l'errance des femmes et des enfants, «le capitalisme industriel a semblé, dans l'immédiat, engendrer une nouvelle barbarie» (R. Marx).

4. En Allemagne, des données juridiques de tradition, des données économiques en voie d'évolution, des données physiques favorables[34]

L'Allemagne ne reste pas insensible à cette fièvre des canaux qui saisit les pays d'Occident. Un triple aspect est à rappeler en ce qui concerne la navigation intérieure, d'une part des données juridiques, voire diplomatiques, qui vont évoluer sous la Révolution française, d'autre part des données économiques liées au problème des transports, enfin des données physiques favorables, l'ensemble étant apte à profiter des forces nouvelles, nées d'une prérévolution industrielle et d'une volonté politique d'unité.

Données juridiques: elles concernent la législation et la coutume. Sur l'Elbe, des règlements compliqués datant du Moyen Âge sont modifiés par la loi prussienne de 1818. Les riverains signent l'acte de 1832 qui établit en principe la liberté du transit. À la veille de la Révolution, les métiers concernant la navigation des fleuves, et notamment le Rhin, sont organisés en tribus (*Zünfte*); bateliers, haleurs, hommes ou propriétaires de chevaux, pêcheurs qui, parfois, transportent hommes et marchandises. Chaque ville a la sienne, souvent fort ancienne, Mayence depuis 1332, Mannheim vers 1650. À la base, la notion de privilège: pour l'individu, le droit exclusif de charger des marchandises en gros et en détail; pour la corporation, le droit d'étape. Malgré le principe de liberté de navigation reconnu par les traités et sans parler des péages, est exercé, par les villes de Mayence et de Cologne, le *Stappelrecht*, une obligation de changer de navire, *Umschlagsrecht*. Une distinction s'opère entre grande et petite navigation, la première concernait l'un des trois secteurs du Rhin, Strasbourg-Mayence, Mayence-Cologne, Cologne-Hollande; la seconde concernait les relations entre les localités riveraines. (R. Dufraisse, *De la tribu d'Ancien Régime à la guilde napoléonienne*, Strasbourg/Colmar, 1967; Paris, 1970). La guilde, créée en 1804 par la convention de l'Octroi de la navigation du Rhin, témoin de l'ancien système corporatif, restera en vigueur jusqu'à la convention de Mayence du 31 mars 1831. Les guildes disparaissent: apparaissent les premières compagnies à vapeur.

Données économiques: trois événements ont modifié les conditions de la navigation fluviale: la liberté de navigation, les traités douaniers, l'ouverture du chemin de fer vers l'ouest (P. Ayçoberry). Dans un premier temps, le règlement du 30 mars 1831 applique les principes de 1815. C'est la fin des privilèges de la corporation des bateliers, pour Cologne et les cités rhénanes, fin de l'«étape», fin d'une époque, celle du transbordement obligatoire et, en principe, de l'entente sur les frets. Dans un second temps, avec l'entrée en action de l'entente douanière allemande le 1er janvier 1834, une nouvelle géographie industrielle se dessine, de nouvelles voies d'accès se précisent au sein d'un espace économique qui se structure peu à peu entre les places de Cologne, Stettin, Berlin et Magdebourg. Dans un troisième temps enfin, joue la redéfinition des rapports avec la Hollande et la Belgique. Un démiurge? La ligne de chemin de fer Cologne-Anvers. La ligne Cologne-Minden complète le dispositif. Par ce transfert de routes et l'accès direct à la mer, va être modifié le rôle de Cologne, soucieuse de reconquérir la place qu'elle occupait jadis sous la Hanse. «La place commence à commander réellement aux réseaux de circulation qui convergent vers elle...» Enserré dans ses trois symboles, fleuve, cathédrale achevée et carnaval déchaîné, Cologne évolue en fonction des conditions de circulation: «Le Rhin est perçu tour à tour comme frontière, comme décor, et comme trésor patriotique.» (P. A.)

Données physiques: favorisé par les conditions naturelles, le dispositif allemand est bien doté en fleuves et en rivières aux directions parallèles. L'écoulement nord-sud des fleuves de la plaine du Nord, la Weser, l'Elbe, l'Oder sollicite l'établissement de communications d'un bassin à l'autre et avec les fleuves «extérieurs»: dès le XVIe siècle, le port de Lubeck a été relié à l'Elbe. En 1745, le *Plauen Canal* réunit l'Elbe à Magdebourg avec la Havel, continue depuis Berlin par le canal de *Finow*, qui conduit de l'Oder à la Havel par la vallée glaciaire d'Eberswald, et joint l'Oder et le port de Stettin. En 1774, le *Bydgaszcz Canal* joint Bromberg sur le Notec à l'Oder, dans la région de Francfort. Suivent au XIXe siècle des projets pour la jonction du Neckar et du Main avec le Danube et une réalisation de la jonction de l'Elbe et de l'Oder avec la Vistule, grâce «aux seuils marécageux séparant leurs affluents qui drainent de larges vallées, anciens chenaux d'écoulement de la période glaciaire.» (E. de Martonne.)

Utilisant les dépressions anciennes, le réseau des canaux de Brandebourg naît dans le premier tiers du XIXe siècle. En Prusse orientale, les canaux, qui relient les lacs des forêts marécageuses de la Masurie, continuent la voie d'eau de la Pregel aménagée. Est renforcée la situation de Berlin: nœud de voies d'eau, relié à Stettin et à Francfort sur l'Oder, à Magdebourg et Hambourg par des canaux atteignant l'Oder et l'Elbe. La grande pensée demeure la jonction du réseau de l'Elbe avec celui du Rhin: ce sera le *Mittellandkanal*; et la jonction du réseau du Rhin, par le Main, avec celui du Danube.

5. Systèmes danubien, polonais et russe. Fleuves et canaux[35]

Sur le Danube devenu fleuve turc au XVIe siècle, les galères ottomanes remontent le fleuve de son embouchure jusqu'à Buda, franchissant les Portes de fer pendant les hautes eaux. Plus tard, après la paix de Karlowitz (1699), le cours passe sous le contrôle des Habsbourg, en amont de Belgrade. Deux types de bateaux sont alors utilisés: les militaires, à rame ou à voile dotés d'un armement pouvant aller jusqu'à soixante canons, les civils, navires marchands à fonds plat, évitant écueils et bancs de sable, ou coches d'eau tirés par des chevaux quand on remonte le fleuve. Le «roi des fleuves» est au service de la politique: le sens du courant est favorable au ravitaillement en vivres, en munitions, au transport des hommes et des chevaux; au cours des campagnes qui aboutisse-nt à la prise de Belgrade en 1688, le fleuve est l'allié des troupes impériales. Il reste handicapé, par les hauts fonds et les régimes hydrauliques différents. Des travaux sont entrepris par la Hongrie et l'Autriche, au même titre que la Russie, après 1829, pour les principautés de Moldavie et de Valachie.

Plus à l'est, les fleuves russes drainent la plaine: le glacier scandinave, couvrant une énorme surface du pays, a souvent barré la route à des rivières antérieures à sa venue. De là, dans le Centre et l'Ouest de la Russie, de larges vallées encombrées de sables et de marais, longeant ce qui fut le front infranchissable du glacier. Cet ancien réseau fluvial est un excellent antécédent de ce qui va être, au XVIIIe et au XIXe siècle, l'ère des canaux. Stanislas Poniatowski s'y est employé avec plus ou moins de bonheur dans les plaines polonaises. Ses successeurs ont fait de même en 1848, assurant la liaison, par le système des «rampes» ou plans inclinés entre la région d'Ostroda et des lacs avec Elblag et la Baltique (J.-C. Bellanger).

Originaire du duché d'Oldembourg, dans l'Allemagne du Nord, le maréchal de Münnich (1683-1767), d'abord ingénieur au service de la France, puis ingénieur des canaux du Landgraviat de Hesse-Cassel (1714-1716), passé au service de Pierre le Grand, a dirigé la construction du canal du Ladoga à partir de 1723; il entre en conflit avec le prince Menchikoff qui lui refuse la main d'œuvre nécessaire. En 1730, est achevé le creusement du canal de la Volga à la capitale. L'impératrice Anna navigue sur le canal Ladoga (F. Ley, *Le Maréchal de Münnich*, Paris, 1959). De 1762 à 1767, Münnich poursuit l'œuvre de Pierre le Grand avec Catherine II qui lui confie la direction des ports russes sur la Baltique. Catherine II n'arrivera pas, cependant, à réaliser le projet né sous Pierre le Grand, l'union entre la Neva et la Volga, entre la Baltique et la mer Noire.

6. En Italie, une vision et un projet ancien: l'aménagement du Pô[36]

Dès avant la Révolution, les problèmes de circulation ont été posés. Cesare Mozzarelli les a étudiés en Lombardie, qui relève de l'Autriche (*Quaderni storici*, n° 61, avril 1986). Au cours de son voyage du printemps 1805 en Italie, en même temps qu'il constituait le Cenis comme la voie française vers la péninsule, Napoléon, roi d'Italie, avait lancé le mot d'ordre: «Gênes, Alexandrie, Venise peuvent communiquer par eau, hormis trois jours de portage.»

Conception qui pose le problème de l'utilisation du Pô qui, depuis l'Antiquité, ne cesse de contribuer à la prospérité économique des communes italiennes: elles trouvent dans le fleuve un axe de communication de premier choix pour leurs liaisons avec Venise (P. Racine) et le débouché sur l'Adriatique. Sa mise en valeur, selon les suggestions de l'empereur, entraînerait la suppression des douanes et péages, la constitution d'entrepôts et ports francs à Gênes, Novi, Alexandrie, et Venise! Devraient suivre des mesures d'ordre technique pour l'aménagement de la voie d'eau:

– au nord, où l'on peut disposer des eaux abondantes descendues des Alpes, la complète systématisation des *navigli*, constitués depuis le début des temps modernes, la création de nouvelles voies d'eau, en particulier un canal de Milan à Plaisance;

– au sud, la construction de réservoirs, régularisant les affluents «fantasques» descendant des Apennins, le Tanaro et les Bormida.

Les principes sont posés mais l'exécution tarde. Milan proteste, affirmant que les eaux retirées du Tessin et de l'Adda sont à peine suffisantes pour maintenir la navigation dans les trois canaux, le Grand Naviglio, la Martesana, le canal de Pavie. Les ingénieurs des Ponts et chaussées donnent la préférence aux routes terrestres et, bientôt, au trafic de la voie ferrée. «On ne peut faire au Pô que des travaux de balisage, quand les eaux sont basses. Tous les travaux de l'univers n'y mettraient pas une goutte de pluie.» S'y ajoute l'insécurité des flots en temps de crue qui empêche le roulage assuré le long du fleuve. Le vrai trafic du Pô a toujours été un trafic de remontée, alimenté par les navires venant rompre charge, les plus forts à Goro, ceux d'un moindre tirage à Ponte di Lago Scuro, déversant leurs cargaisons sur des chalands et des barques partant vers Plaisance et Pavie. Les travaux furent minces, le trafic du fleuve demeura d'intérêt local. Conjuguée avec la voie de mer et l'ouverture vers l'Orient, la vision impériale avait besoin de la paix pour se réaliser.

7. Les projets de liaison et l'imaginaire européen

L'étude des réalisations dans les divers États ne doit pas faire oublier l'action fondamentale, en vue de l'unité européenne, de «l'alliance» des grandes voies navigables, qui, à diverses reprises, ont hanté l'imaginaire européen.

– en premier lieu les liaisons réalisées dans le Nord de la France, en Hollande et en Belgique, entre le Rhin, l'Escaut, la Seine et ses affluents. Le tissu est serré, la densité considérable;

– en second lieu, la liaison qui prend comme axe l'Elbe et ses affluents, réunissant Prague et Hambourg, communiquant avec Bremeraven et le Rhin, débloquant Berlin et ses satellites;

– en troisième lieu, la grande liaison Rhin-Main-Danube, élaborée dès Charlemagne, réalisée de nos jours, entre Regensburg (Ratisbonne) et Nurmberg (Nüremberg);

– en quatrième lieu, la grande liaison mer du Nord-Méditerranée. Rêvée aux origines, mise en train au XVIIIᵉ siècle (1753), elle entraîna la réalisation du canal du Rhône au Rhin qui débuta en 1791 pour s'achever en 1830. De nos jours le projet a été repris puis abandonné. Le tracé était celui de l'actuel canal Rhône-Rhin, la voie projetée passant comme largeur de dix mètres cinquante à cinquante-cinq mètres, la profondeur portée de deux mètres soixante à quatre mètres cinquante. Le projet s'étirait sur deux cent vingt-neuf kilomètres et deux cent soixante-quatre mètres de dénivellation totale; vingt-quatre écluses étant prévues pour franchir notamment le seuil de Bourgogne à hauteur de Valdieu, à la limite du Haut-Rhin et du Territoire de Belfort. L'exécution était confiée à la Compagnie nationale du Rhône, la Déclaration d'utilité publique étant prise le 29 juin 1979. Après l'abandon du grand projet dit «pharaonique», subsiste une volonté d'aboutir avec une liaison dite «Saône-Doubs-Rhin»; une autre voie étant d'ailleurs à l'étude pour relier le Nord et le Sud, *via* la Moselle (2002). Ces projets, ces chiffres et ces documents marquent la limite entre le rêve et la réalité.

Dernière grande liaison enfin à l'échelle européenne, les liaisons du Danube et des voies navigables russes dans les raccordements entre bassins fluviaux et débouchés maritimes, entre la Baltique et la mer Noire.

Il serait intéressant d'étudier les divers éléments constitutifs de cet imaginaire européen, dans le domaine des courants de circulation. On y retrouverait des formations diverses où les Saint-Simoniens, trop décriés pour quelques idées subversives fruit de leur imagination, occuperaient une place de choix. S'y joindraient quelques politiques et polytechniciens, et peut-être aussi, pourquoi pas? quelques poètes.

Chapitre VII
Un continent révélé: voyages et voyageurs

Dans notre rapport de 1956 sur les routes de France au colloque de Sarrebruck, nous lancions une rubrique: «Une enquête à ouvrir: les sources de l'histoire des routes françaises…» dont nous relevions les premiers éléments. Les récits de voyage y tenaient une place importante. L'invitation, reproduite en annexe, vaut aujourd'hui pour l'Europe. Nous donnons quelques indications sur une recherche possible.

1. Le récit de voyage: un genre littéraire et des motivations[37]

Un certain nombre de caractères sont à retenir:

– l'invitation au voyage n'est pas un fait nouveau mais une caractéristique de la civilisation occidentale depuis les origines. Elle a passé par des pointes, telle, au XVIe siècle, la *Sommaire description de la France, Allemagne, Italie, Espagne, avec la Guide des chemins pour y aller* (13 éditions de 1591 à 1653) et a connu des ruptures, assuré des continuités;

– on constate, pour des raisons diverses, une augmentation du nombre des déplacements, à travers l'Europe, au XVIIIe siècle et la première moitié du XIXe siècle. Une «révolution» apparaît, avec les formes modernes et la notion de «fin en soi», et l'évolution sociale, épisode de l'épopée du «bourgeois conquérant»;

– le genre de «récits de voyage» n'est pas parfaitement défini. Les textes ne sont pas rédigés de façon satisfaisante. Ils subsistent sous forme de mémoire, de journal, de notes éparses, revus quelques années plus tard. Une étude critique s'impose avant toute utilisation;

– en dehors du «subjectivisme» déjà signalé (la hantise des ornières et l'accueil dans les auberges), s'impose en général une synthèse de sciences diverses: histoire, cartographie, archéologie, géographie, ethnologie… les uns s'intéressant aux monuments, les autres à l'entrée des villes, les derniers aux hôtelleries accueillantes ou non;

– dans ces témoignages, la route n'est pas un élément accessoire mais fondamental avec ses «habitants», son personnel, ses véhicules, ses participants. Les compagnons de voyage ne sont pas indifférents, pas plus que les prix – souvent à discuter –, les incidents du relief, les aléas du temps, pluie, gel ou soleil, les rencontres fortuites;

– l'influence des événements peut être considérable: il en est ainsi au moment de la Révolution où l'événement prend à la gorge et conduit la plume; le jugement vient de lui-même. Jean Vidalenc a suivi les routes des émigrés (1963). Une distinction d'origine est à faire quant à la classe sociale ou l'origine. Le noble est partout chez lui, comme l'Anglais; le provincial est étranger dès qu'il sort de son canton;

– les motivations ne changent pas à travers les siècles, pas plus que les catégories de voyageurs, pèlerins, marchands, diplomates, soldats, exilés, condamnés, déportés. Au XVIIIe siècle, ce qui change, c'est la pondération. L'enrichissement spirituel est considérable du fait de l'aspect touristique (le Grand Tour, *Kavaliertour*), archéologique (sur les pas d'Homère), scientifique, tel Philippe de Dietrich explorant les volcans d'Italie et de la Forêt-Noire, artistique où demeurent vivantes les *Lettres sur l'Italie* et la mémoire bourguignonne du président de Brosses (1709-1777). Le voyage d'Italie garde son attrait, sorte de propédeutique mondaine. Ainsi sont nés différentes «types de voyages», que le but soit les Alpes suisses et leur pouvoir vivifiant aux XVIIIe et XIXe siècles, ou la Côte d'Azur pour les aristocrates nostalgiques russes, le Paris révolutionnaire au fort pouvoir d'attraction auprès des Allemands (F. Lebrun, Aix, 1979), les réalités provinciales (H. Bots, *Les Jeunes Hollandais*, Aix, 1979), l'Angleterre, son ciel, son développement technique, ou les réactions écossaises (C. Gossip, *idem*), en attendant les expositions universelles qu'inaugurera, en France, le Second Empire;

– le côté «pédagogique» n'est pas absent, un tantinet moralisateur. Dès 1672, Alcide de Saint-Maurice publiait le *Guide fidèlle des estrangers dans le voyage de France*. L'auteur, professeur de langues, décrit pour ses élèves allemands, anglais et hollandais, les routes vers Paris et quelques circuits autour des grandes cités. En 1788, l'académie de Lyon lance une question clef: «Les voyages peuvent-ils être considérés comme un moyen de perfectionner l'éducation?» Le vainqueur est un M. Turlin. (L. Trénard, p. 127, note 25);

– enrichissement spirituel qui croît avec l'étude préalable des cartes et livres de postes qui se multiplient sur le plan européen. Les invitations aux voyages dépassent le cadre national, tel en 1827, l'offre de C. Olivieri, «Tableau général de toutes les routes de postes en Europe», en attendant la carte de Franz Raffelsperger (1834);

– mutation psychologique qui, retraçant l'histoire du voyage dans la longue durée, ses acteurs, ses moyens et ses circonstances, interroge sur l'auteur lui-même et sur les transformations culturelles et sociales que ces différentes formes révèlent ou permettent d'éclairer. La notion d'hospitalité se retrouve aux diverses époques (D. Roche);

– reste enfin la distinction entre ce qui a été rêvé et la réalité qui s'offre: voir ou regretter et maudire, l'oscillation est perpétuelle, le sentiment l'emporte, sans compter parfois la recherche de l'effet littéraire à l'égard de ceux auxquels on écrit. L'homme a toujours préféré croire avant de savoir. Le voyage est rêvé avant d'être accompli, en parodiant la formule de Bachelard, et en y retrouvant l'eau et le feu. Il ne s'agit plus des pays «vécus» mais de «l'image» de ces pays (avant ou après le déplacement). Est à relever, du XVIIᵉ siècle, cet énoncé incitatif de François Savinien d'Alquié, *Les Délices de la France avec une description des Provinces (1670-1728)*, deux volumes en 1699, trois en 1728.

2. En Allemagne³⁸ : des mythes et des légendes

Avec son *Voyage en Allemagne dans une suite de lettres traduites de l'Anglois*, le baron de Risbeck a donné en 1788 les données essentielles, aussi bien sur l'Empire que sur le royaume de Prusse, avec les plans de deux capitales, Vienne et Berlin. Après un voyage «chaotique», Voltaire avait lancé en 1754, avec l'aide des érudits alsaciens, les *Annales de l'Empire* et son secrétaire Colini avait publié en 1761 un *Discours sur l'Histoire d'Allemagne* (Francfort-sur-le-Main). La Révolution et l'Empire ont ouvert le pays aux étrangers, la première, après les huguenots, aux émigrés français, la seconde, aux armées de Napoléon. Au début du XIXᵉ siècle, au moment où explose avec le romantisme, l'amour des voyages, les conditions générales de transport sont encore, pour certains chroniqueurs, l'occasion de commentaires moqueurs, de remarques ironiques. L. Börne nous transmet une *Monographie de l'escargot postal allemand*. Aux efforts de régularisation des horaires, en vue de départs fixes, correspondent des heures d'arrivée plus que vagues, de l'ordre «dans la soirée, l'après-midi». Sans doute, des efforts ont été faits en vue d'une meilleure exactitude. John Strang donne dans *Germany in 1831* (Londres, 1836), des vues de Prague et de Dresde. Avec Victor Hugo, le Rhin prend ses lettres de noblesse.

La vitesse s'accélère. La distance Francfort-Stuttgart est parcourue en quarante heures, et comprend quatorze stations, dont un temps d'arrêt de quatorze heures et quarante-quatre minutes. Le voyage en voiture postale comprend ses imprévus, pris en compte comme partie intégrante, inévitable, des longs trajets. Différents facteurs contribuent à réduire de moitié la durée moyenne des trajets. À partir de 1820, la Prusse prend la tête du mouvement. Par rapport au mode traditionnel de transport, les «voitures rapides» s'imposent comme les plus performantes, quant à la distance parcourue en un temps donné, à la fréquence et à la régularité de leur circulation. «Les postes sont très bien réglées pour le prix en Allemagne: on paie un florin par poste pour chaque cheval, excepté dans les États de l'Empereur, où l'on ne paie que 3/4 de florins.» (Dutens, *op. cit.*)

Ces progrès appréciables ont des limites. Le transport des voyageurs reste soumis à des facteurs aléatoires (comme la traction animale, les conditions météorologiques). La nouvelle technique de construction des voitures, une meilleure formation du postillon, des chevaux plus puissants ne sont encore que des palliatifs, appréciés des usagers et des touristes anonymes, que ce soit ceux qui prennent, sur la rive gauche, le long des coteaux qui bordent le Rhin inférieur, la *Weinstrasse* (route du vin) qui s'accroche à la Haardt, ou ceux qui empruntent la *Bergstrasse* (route des côtes) sur la rive droite. Les souvenirs ne manquent pas, des *Niebelungen* dont Worms fut la capitale au Vᵉ siècle, à Lorsch où subsistent les restes de l'abbaye fondée par Charlemagne. Routes lourdes d'histoire et de légendes qui aboutissent à Mayence, au confluent du Main et du Rhin. En septembre 1763, accompagné de sa famille, pour son déplacement de Mayence à Coblence, Léopold Mozart préfère un agréable bateau individuel – un *jacht* de trois pièces – au coche d'eau plus populaire. En 1763, par souci d'économie, il emprunte sur le Danube, à partir de Ratisbonne, le coche d'eau ordinaire pour se rendre à Vienne. Le reste du temps, quand la famille fait un crochet par Presbourg, la route de terre est utilisée; «les chemins hongrois terriblement raboteux, sont pleins de trous profonds et de nids-de-poule»: Léopold achète une voiture «fort bien suspendue».

Le voyage reste, avant la vapeur, non seulement long et inconfortable, mais cher. Pour l'ensemble des transports en diligence, il n'existe pas de tarif de base. La baisse de 18 à 20 % observée entre 1801 et 1843 est rattrapée par une hausse du même ordre des tarifs des modes de transports les plus rapides. Au départ, les entrepreneurs de chemins de fer ajustèrent leurs tarifs d'après les critères et les bases utilisées par les postiers, eux-mêmes tenus par les frais d'entretien des chevaux et voitures. Jusqu'au milieu du XIXᵉ siècle, le prix du billet de chemin de fer en première classe a été fixé d'après les tarifs en cours dans les voitures postales. Dans le domaine des prix, les deux modes de transport sont en concurrence. Pourtant c'est par le chemin de fer qu'un voyage était meilleur marché, mais seulement à partir des seconde, troisième et quatrième classes.

Non seulement la rapidité et la relative modicité des prix, mais aussi la plus grande capacité de prise en charge vont permettre au chemin de fer de se démarquer, mais pas immédiatement. S'ajoutent aux questions culturelles – langue commune ou patois régionaux, thèmes du *Volksgeist* médiéval de Novalis ou des frères Schlegel –, les incidences politiques qui rendent souhaitable une entente entre les différents États composant l'Empire. Jouent des centres d'attraction, pour les uns Berlin, pour d'autres Vienne ou Munich. La construction est celle des tronçons proches des utilisateurs, tel celui en 1835 de Nuremberg à Fürth. Puissant niveleur, le chemin de fer brasse les classes sociales mais il n'a pas, au départ, la souplesse d'action, ni le romantisme fringant de la diligence et de ses suppôts qui pénètrent dans le moindre village. Intrus, tel il apparaît. Quelques témoignages en rendent compte. Cependant l'unité allemande – et «les unités fragmentaires» – sont en marche. L'appui technique – et des techniques – pas plus que celui de l'unité gastronomique ne leur manqueront pas.

3. En Italie[39]: de l'antique au moderne

Gilles Bertrand a défini dans «Le voyage au XVIIIᵉ siècle en Italie» les éléments de la problématique et les perspectives (*Actes du colloque des historiens modernistes*, Paris, novembre-décembre 2001). Dans ses *Lettres familières de 1739 et 1740*, sensible au comportement des habitants, le président de Brosses a donné l'exemple du «voyage psychologique». Il a mis en évidence, à propos de Naples, le dualisme apparent entre l'esprit du bas-peuple, «la plus abominable canaille, la plus dégoûtante vermine qui ait jamais rampé à la surface de la terre […] tous les bandits et les fainéants des provinces se sont écoulés dans la capitale. On les appelle *lazarielli*», et la grandeur de la cité, «la seule ville d'Italie qui sente véritablement sa capitale par le mouvement, l'affluence du peuple, l'abondance et le fracas perpétuel des équipages». Dans cette Italie des «dynasties nomades» (A. Sorel), si une vue d'ensemble est essentielle, chaque État a son style, qui se traduit dans les modalités «d'embarquement», le prix des chevaux de poste, le trajet, l'accueil, la vie quotidienne. L'«esprit» change plus selon les classes sociales que selon les régimes politiques. La diversité est de rigueur. N'est pas à négliger non plus «le voyage scientifique», ouvert, avec Ferber, de Born et de Dietrich, à la connaissance de la géologie et de l'histoire naturelle (1776). Le Vésuve est le point d'attraction inévitable. Sir Hamilton, ambassadeur d'Angleterre à Naples, est un témoin précieux et averti. Est importante la question du budget: Dutens donne quelques indications sur le système de la *cambiatura*, prise des chevaux de poste à un moindre prix qu'il n'est fixé pour la poste ordinaire, mais avec quelques restrictions: on ne peut obliger le postillon à (faire) galoper son cheval, on ne peut voyager après le soleil couché, ce qui allonge considérablement la durée du voyage.

«Prix des chevaux de poste en Piémont: la *cambiatura* a été abolie. Pour une chaise à quatre roues attelée de trois chevaux, six livres; pour une chaise à quatre roues, attelée de quatre chevaux, huit livres; pour deux chevaux de chaise, quatre livres dix sols; pour un cheval de selle, deux livres; un carrosse à quatre places doit être attelé de quatre chevaux et paiera neuf livres et ainsi du reste à proportion pour six chevaux ou plus. On donne au postillon trente sols par postillon.

«Prix des chevaux de poste à Gênes: pour deux chevaux de chaise, neuf livres de Gênes par poste; pour un cheval de selle, trois livres de Gênes.

«Prix des chevaux de poste en Savoie: il y a poste en Savoie; mais il est rare qu'on s'en serve, la nature des chemins ne permettant pas qu'on aille plus vite en poste qu'avec des chevaux de voiturier, excepté pour les chaises à deux roues et légères. On s'accorde avec des voituriers, ce qui est plus commode.»

Sont ainsi examinés, avec de légères différences, les prix dans les divers États: la Toscane, les États ecclésiastiques, les États de Naples, de Venise, le Milanais, Parme et Plaisance, Modène…

Trois voyageurs et trois «modèles»… Les vetturini

Arthur Young, Stendhal, Bautain, trois noms à relever parmi la masse des voyageurs qui, après le président de Brosses, longeant la côte ou passant les cols, arrivent en Italie.

Arthur Young note les précautions qu'il a prises: pas de cabriolet car l'on y déroberait le foin et l'avoine du cheval, les voleurs infestent les grandes routes, il doit voyager par les *vetturini* que l'on trouve partout et à bon marché. Il vend vingt-cinq louis son attelage, qui lui en avait coûté trente-deux à Paris. Mais, «entre Nice avec cent mille habitants, et Toulon, avec trente mille, toutes deux situées sur la grande route d'Antibes, de Nice et d'Italie, il n'y a aucune voiture régulière, ni aucune diligence qui passe à jours fixes». Cela paraîtra «incroyable à un homme qui a vu l'Angleterre où une multitude infinie de diligences et de messageries voyagent dans toutes les directions! Les grandes villes de France n'ont pas le centième des communications qu'ont les villes médiocres d'Angleterre, preuve certaine d'un manque de communication, d'activité et de commerce».

A. Young prend la barque ordinaire afin de passer les îles d'Hyères, puis un mulet le conduit à Fréjus. À Cannes, il n'a pas le choix, il n'y a ni poste, ni voiture, ni mule. Un âne le sauve pour Antibes, la ville frontière. Il y prend une chaise de poste pour Nice, passe le Var et dit adieu à la France. Il arrive à temps à l'hôtel des Quatre Nations pour dîner à la table d'hôte, et fait marché avec l'aubergiste pour cinq livres piémontaises, soit six livres de France, pour un appartement assez bon, dîner et souper. Un passeport est nécessaire pour voyager en Italie; il s'adresse au sieur Green, consul, qui l'invite à partager un bon rôti, du *plum-pudding* et du *porter*: il oublie la distance qui le sépare de l'Angleterre… Il prend le *vetturino* pour Turin, passe le col de Tende par le Chemin Neuf, «entreprise digne d'un prince et vraiment utile». À Turin, il se promène sur la *Strada di Pô* droite, large et régulière, se rend à Milan, État de l'empereur, après avoir passé le Tessin, profond, clair et rapide.

Milan est alors jugé par ceux qui y séjournent comme un des plus importants centres du point de vue économique et un exemple de bien-être social. Le flegmatique Thomas Coryate condense ses impressions par ces mots: «Ici, à Milan, en Lombardie, on est dans le Paradis de la Chrétienté» (A. de Maddalena, *Milan sous les Habsbourg*, s.l.n.d., p. 517). À Buffalara, Arthur Young passe le *Naviglio Grande*, «le plus grand canal qui ait jamais été fait pour servir aux arrosements». À Vaprio, après Lodi, «il se fourre dans un nid à puces et à punaises qu'il appelle lit». Il fait une grande partie du chemin à pied le long du Pô sur les rives dotées de digues de plusieurs pieds, que surveillent les *Guardia di Pô*.

Pour passer l'Adda trop enflée, il faut attendre quatre heures pour laisser baisser le niveau de l'eau et aller jusqu'au bac. A. Young parle avec indignation des *vetturini*, «ces sortes de voitures seraient de misérables chariots à fumier, durs, ouverts et mal-propres». Il compare les chevaux – *cavalli di vetturini* – aux bidets irlandais. Du côté de Venise, les routes sont mauvaises: partout de grosses pierres, des pavés cassés ou de la boue. Pour quitter Venise, il emprunte le *corriere di Bologna*, seule voiture du pays, pour vingt francs et nourri, mais le voyage est détestable, dix à douze personnes «sont entassées comme des harengs»; c'est la seule voiture publique qui aille de Venise à Bologne, à Florence, à Rome et à Naples, toujours pleine! D'un autre côté, ayant bénéficié d'une *sedia*, voiture à demi-couverte où deux personnes peuvent prendre place, attelée en poste, Mozart et son père ne mettent que vingt-sept heures pour gagner Rome depuis Naples en 1770, «n'ayant dormi que deux heures et consommé que quatre poulets rôtis froids avec un morceau de pain». «Tu peux facilement imaginer notre faim, notre soif et notre sommeil» écrit Mozart père à sa femme demeurée à Salzbourg (P. Charbon). Rançon des voyages et créance de la route?

L'âme du pays? Stendhal, familier de l'Italie, l'a retrouvée dans *La Chartreuse de Parme* comme dans ses autres œuvres, et notamment *L'Histoire de la peinture en Italie* et *Rome, Naples et Florence*, parus l'un et l'autre en 1817. Les données routières des voyages du consul ont peu de place par rapport aux données politiques. «Qui ne se convaincra en le lisant que Stendhal fut vraiment envers les révolutions italiennes du premier *Risorgimento*, non seulement un témoin de valeur, mais un adepte passionné, un propagandiste efficace.» (G. Dethan, «Stendhal et le *Risorgimento*», *Stendhal Club*, 1962.) Cavour reprend en mains le système de communication, convaincu qu'il est de l'efficacité politique de ce dernier.

Le Journal romain de l'abbé Louis Bautain (1838) (sous la direction de P. Poupard, Rome, 1964) permet de suivre le chemin de Civita Veccia où débarque le philosophe venant de Marseille, jusqu'à la Ville éternelle, où il vient chercher l'absolution papale. Le voyage par mer avait été très fatigant. Il part dans une voiture de louage, conduit par le *vetturino*, qui, suivant l'usage «nous a écorchés le plus qu'il a pu […] mais au moins, était honnête et complaisant». Les deux villes sont distantes de seize heures l'une de l'autre «mais dans tout ce chemin, pas un seul village qui mérite ce nom». Suit la description classique de l'auberge. Une formule: «Quels lits! Et quelles chambres! C'est tout ce que la civilisation peut donner de plus naturel après la pure nature.» D'immenses pâturages précèdent la ville de Rome avant que n'apparaisse, aux yeux éblouis, la coupole de Saint-Pierre et que se présente, monumentale, la porte d'entrée. «Rome tout entière, ancienne et moderne, la Rome maîtresse du monde, soit par la force, soit par l'esprit.» S'agit-il déjà de ce que d'aucuns appellent «l'accessibilité des grandes villes européennes»? Rome! Un réseau à elle toute seule? Un appel, un accueil, un refus?

Au loin, repris à l'exposition de Prato (1989), retentit le son du cor. Il évoque un moment de la vie de la poste: les postillons annonçaient le passage de la diligence. De moyen utilitaire de signalisation, révélant la fonction, poste ordinaire, poste rapide, courrier postal à cheval, nombre de voitures, signal de l'arrivée, de départ… le cor est devenu un instrument de musique, univers accompagnant et meublant la route. Les archives des Thurn et Taxis sont riches dans ce domaine, accompagnées de l'héraldique, des enseignes des auberges de poste, tableaux, estampes ou dessins (R. Becheri, *Il corno di posta*, s.l., 1989).

4. En Espagne[40] : tradition et «superbe»

L'histoire n'est pas négligée. En 1725 a paru de Jean de Mariana, l'*Histoire générale d'Espagne*, en traduction française (avec notes et cartes, 5 tomes en 6 volumes). Les récits de voyage ont été recueillis par Bartolomé et Lucile Bennassar et fourmillent de témoignages sur les routes dans la péninsule. En cartes et en annexes, sont donnés deux voyages du XVIIᵉ siècle, «Barthélemy Joly» (1604) et «François Bertaut» (1659), puis deux itinéraires atypiques, «François de Tours» (1699-1700) et «Guillaume Manier» (1726) , un voyage en Espagne au Siècle des lumières, «Jean-François Perron» (1777-1778) et deux voyageurs de l'époque romantique, «Théophile Gautier» (1840) et «Adolphe Desbarrolles» (vers 1850).

Il est ainsi possible, compte tenu des améliorations apportées au système routier et aux humeurs de chacun, de connaître l'évolution générale des conditions matérielles. Est relevé le contraste avec la France, contraste marqué entre baroque espagnol et classicisme français (A. Cioranescu, 1983). Quand on traverse la mer de Douvres à Calais, le voyage sur mer prépare l'esprit par une gradation insensible au changement. Mais ici, sans traverser un village, une barrière, un mur, «vous entrez dans un nouveau monde», illustrant la différence entre le masque et le visage. À la campagne comme à la ville, les traditions sont maintenues. C. Desplat a étudié «les foires et marchés ruraux dans les Pyrénées occidentales au XVIIIᵉ siècle» (*Actes du colloque de Flaran*, 1992). Les souvenirs napoléoniens sont encore vivants, de même que ceux de l'expédition de 1823, celle des «Cent mille fils de Saint-Louis».

Les rapports internes des deux côtés des Pyrénées n'excluent pas une circulation de type international, type Saint-Jacques-de-Compostelle. Pour le commun du peuple, les sentiers ont longtemps suffi, y compris pour la contrebande. Pendant longtemps, on ne vit de véritables routes qu'aux deux extrémités de la chaîne des Pyrénées, au Perthus surtout et, grâce à la monarchie éclairée des Bourbons, la belle route de Madrid à Irun par Burgos, mais sans prolongement en territoire français (J. Sermet, *BSHM*, 1966, 3). Napoléon Iᵉʳ avait en 1803 fait étudier le tracé de routes transpyrénéennes véritables et, par décret, en 1811, il avait prescrit l'ouverture de dix routes intéressant la région, dont six franchissaient la montagne. Les ingénieurs préparent les itinéraires (qui seront repris de nos jours) ; en 1808, l'ouverture de la route du Somport est décidée mais l'Empire tomba trop tôt. L'avenir restait ouvert !

Les guides pour l'Espagne ne manquent pas, compte tenu des vastes étendues parcourues par la *Mesta* dont le pouvoir s'effrite. À la fin du XVIIIe siècle, Dutens donne les itinéraires et les indications essentielles d'après «les observations de M. de Voguë, remplies de justesse et de sagacité». Quelles sont les caractéristiques? D'abord le fait qu'il n'y a de postes établies en Espagne que pour les courriers à cheval et nullement pour les voitures. Pour les uns et pour les autres, les routes sont quelquefois différentes: «Si l'on veut aller plus vite que le pas ordinaire des mules, il faut faire son marché avant de quitter Perpignan et Bayonne, pour avoir des relais entre ces villes et Madrid.» Le prix moyen des mules est d'environ quinze livres de France par jour, comprenant, pour deux mules, une chaise et un muletier, sans les nourrir, à charge de dix lieues par jour. Une précaution indispensable à prendre au départ: engager un domestique qui sache parler le français et l'espagnol, qui puisse servir d'interprète et en quelque sorte, de maître d'hôtel.

Une remarque essentielle concerne la nourriture. Le dicton semble vérifié. On ne trouverait rien à manger dans les auberges d'Espagne que ce qu'on apporte. Il est nécessaire d'envoyer, en vue des arrêts, une personne en avant-coureur. Le coucher est délicat. On trouve à Bayonne et à Perpignan, des lits de voyage qu'on peut mettre sur le dos d'une mule. Si l'on a plusieurs mules et qu'on les nourrisse, il faut compter vingt-cinq à trente sols de France par jour. L'on voyage sans relais, ce qui diminue l'allure: on va au pas ou au petit trot des mules, que l'un des muletiers accompagne toujours en courant tour à tour, ce qui augmente la durée: on fait sur ces routes trois mille toises ou un peu moins de quatre milles d'Angleterre par heure, en général. Ce pas est très réglé, comme l'est celui des voituriers en Italie ou dans les Alpes. Dans ces paysages sévères, le guide donne des indications sur les trajets à prévoir et les localités traversées. Madrid («belle et grande ville avec cent soixante-cinq mille âmes») est située dans une plaine sablonneuse, aride et mal cultivée. Les mœurs sont notées, telles dans la province d'Aragon: «Hommes et femmes se rassemblent de tous côtés pour chanter et danser avec une ardeur qui les ferait prendre pour autant de fous par un étranger». Cette coutume est générale en Espagne! À Saragosse, on trouve à louer des calèches à deux mules pour Valence, à raison de vingt piastres et de répéter: «Il faut faire ses provisions dans les grandes villes; on ne trouve rien dans les villages; on ne connaît point, sur les routes d'Espagne l'usage du beurre et du lait; tout se fait à l'huile et au lard, point de légumes, excepté dans les grandes villes. En arrivant, on envoie un domestique au marché, chez le boulanger […] faire ses provisions, on ne fournit rien dans les auberges. Pour les lits que l'on y trouve, il n'y a que les muletiers qui puissent y coucher! Les prix varient selon les villes: ainsi il fait cher vivre à Valence. Les denrées y sont à un prix fort haut pour une ville de province.»

Au milieu du XIXe siècle, si le modernisme s'est introduit, la tradition est respectée. Se promenant sur les remparts de Pampelune, en 1843, Victor Hugo «entend le grincement des chaînes du pont-levis et l'ébranlement lourd de la herse qui tombait. On venait de fermer la porte». Il note que dans les villes d'Espagne, «il y a beaucoup de *ventas*, c'est-à-dire beaucoup de cabarets, quelques *posadas*, c'est-à-dire quelques auberges et fort peu de *fondas*, c'est-à-dire fort peu d'hôtels». Sur la place attendent quelques diligences dételées. Il est sensible au bruit de la «vieille charrette à bœufs espagnole […] la petite charrette de Biscaye, à deux bœufs et deux roues pleines qui tournent avec un bruit effroyable», bruit qui lui rappelle ses années d'enfance: en 1811, il traversait le pays basque, par Ernani (Hernani) et Tolosa, avec sa mère et ses frères, pour rejoindre, à Madrid, le général Hugo. Ernani lui semble plus plus «stricte» que Tolosa, «les quatorze diligences qui partent tous les jours de Tolosa emportent chaque matin quelque chose des vieilles mœurs, des vieilles idées, des vieilles coutumes, de ce qui fait la vieille Espagne».

Dans la montagne, les chemins sont restés difficiles, tel celui de Roncevaux à Bayonne: dangereux pour les équipages! «On met jusqu'à douze bœufs à une berline et l'on court de grands risques: il vaut mieux y aller à cheval et, encore mieux, sur des mulets.» Le Portugal donne, de Richard Twiss, le *Voyage en Espagne et Portugal fait en 1772 et 1773*, traduit de l'anglais (Berne 1776), doté d'une carte des deux royaumes.

5. Tourisme «industriel» en Angleterre[41]

Dès la fin des hostilités, reprennent les contacts interrompus entre la France et l'Angleterre. Le machinisme attire, sans compter la technique. Nombreux sont les voyageurs dans les deux sens (E. Jones, *Les Voyageurs français en Angleterre de 1815 à 1830*, Paris, 1930). Il est utile de revenir en arrière. Dans un itinéraire de 1781, «Les routes les plus fréquentées», Dutens donnait des renseignements. Ainsi d'Edimbourg à Londres, il notait qu'à Edimbourg, «on compte environ cinquante-cinq mille âmes. La situation en est très avantageuse et très riante quand le temps ne s'y oppose pas». Il suit le parcours: Newcastle est «une ville très commerçante d'environ quarante mille âmes; il n'y a point de ports en Angleterre qui fournisse un plus grand nombre de matelots». Sont à visiter les châteaux de la famille des Percys que le duc de Northumberland a rebâtis presqu'entièrement sur l'ancien plan… et de commenter: «Je n'ai rien vu d'aussi magnifique (en Europe) et d'aussi complet qu'à Almwock.»

Les auberges sont mentionnées. «Tuxford est une meilleure auberge que Scarthen Moor.» Mais il sait demeurer concis! «Ce n'est pas ici que l'on doit s'attendre à trouver une description d'une aussi grande ville que Londres. Il y a des volumes entiers que l'on se procure aisément et qu'il faut consulter.»

Les renseignements quantitatifs demeurent essentiels. D'abord la localisation des postes: sur le trajet cité, on en trouve à Morpeth, à Newcastle, à Durham (au Red Lion), à Darlington (Talbot). Puis sont données les distances en milles anglais et le temps passé en route, en heures et en minutes. Une remarque a son importance: on n'a pas tenu compte, dans toutes les routes, du temps nécessaire pour changer les chevaux aux postes, car il dépend de la quantité des chevaux dont le voyageur a besoin. Une notation terminale: on trouve d'excellentes auberges partout depuis Morpeth à Londres et de Morpeth à Edimbourg. Il n'y a d'ailleurs pas «partie mieux cultivée et plus riante que cette partie de l'Angleterre […] entre Stamford et la capitale qui compte alors huit cent mille à neuf cent mille âmes, environ cent cinquante mille de plus qu'à Paris. En étendue, Londres est à Paris comme trente-neuf à vingt-neuf ou quarante à trente.»

Une annexe spéciale, la lettre de M. de L.B. à un de ses amis à Londres «pour servir de guide aux étrangers dans leur tournée d'Angleterre», complète ces indications: «Vous partirez de Londres pour les provinces méridionales de Portsmouth: le livre de poste de Daniel Patterson est le meilleur guide pour les distances des relais.» Et d'ajouter: «Si vous voyagez en chaise-publique (*Hackney-Chaise*), il faudra faire porter vos effets par un canot à Gosport où vous trouverez des chevaux. Vous épargnerez par là dix milles de chemin (le tour du port de Portsmouth). La meilleure auberge de Southampton est le Star, celle de Salisbury est l'Anteloppe.» Un témoignage sur l'activité industrielle près de Newcastle: «On peut s'écarter de la route, pour voir le principal établissement des manufactures de MM. Weggewood, d'ouvrages en terre cuite, espèces de porcelaine appelée "Queens' Ware".» Arrivé vers Liverpool, l'attention doit croître: «Nulle part il n'y a autant d'industries, d'activité et de génie dans le commerce.» Une aisance et une prospérité générale en seraient la suite naturelle.

Dans ces débuts de l'industrialisation, les paysages de l'Europe plaisent au voyageur mais dans ce domaine également, peut-on parler, avec la création des banlieues ouvrières, de «l'accessibilité des villes»?

Les auberges françaises et anglaises vues par Arthur Young[42]

Grand est l'intérêt porté par les historiens aux auberges, lieux de convivialité, foyers techniques culinaires et de réception depuis le XVIᵉ siècle, élément essentiel de la recherche historique. En transit ou en tourisme, nombreux sont les voyageurs qui, avec plus ou moins de bonheur, traversent la France, résidence ou transit. Les Anglais sont les plus nombreux, une mention spéciale est accordée au *Nouveau tableau de Paris ou guide de l'étranger dans la métropole française*, publié chez Samuel Leight, à Londres, le 8 octobre 1814, par Edward Planta. S'y retrouvent, outre maints détails pittoresques, cette profonde nostalgie qu'éprouvent les Anglais quand ils sont longtemps séparés de la France. Donnant dans son guide la table des mesures et des monnaies «ramenées à celles d'Angleterre», Dutens expliquait cette référence par le fait «que les Anglais seuls voyagent plus que toutes les nations assemblées; les autres voyageurs n'en trouveront pas moins dans ces tables les rapports qui leur conviendront». L'unité est en marche. Au bénéfice de l'Angleterre?

Une histoire monétaire européenne soutient cette «frénésie de voyages». La Restauration ne fait que remplir un désir inassouvi. Il est inutile d'emporter de l'or ou de l'argent mais il faut se munir d'une lettre de crédit auprès d'un banquier de bon renom à Paris (A. Plessis, *Bercy*, 2002*)*. Traversant en France des campagnes livrées à la mendicité et au dépeuplement (la conscription?), la diligence est conseillée, «ce mode de transport est sans conteste amusant autant qu'instructif», à commencer par la comparaison entre le postillon anglais et le postillon français! Les auberges «où les prix ne sont pas exorbitants», retiennent l'attention et A. Young témoigne d'une enquête à ouvrir.

«J'observerai en général qu'elles sont en moyenne meilleures sous deux rapports, et plus mauvaises, pour le reste, que les auberges anglaises. En ce qui concerne la nourriture et la boisson, nous avons été bien mieux traités que nous l'aurions été en allant de Londres dans les Hautes Terres (*Highlands*) d'Écosse, pour un prix deux fois plus élevé […] la cuisine ordinaire des Français a une grande supériorité; les lits sont meilleurs en France, hormis ces deux points, tout laisse à désirer. Vous n'avez pas de salle à manger mais seulement une chambre où il y deux, trois ou quatre lits. Les chambres sont mal disposées, des murs blanchis à la chaux. Un ameublement tel qu'un aubergiste anglais le jetterait au feu […] les fenêtres s'ouvrent à la pluie autant qu'à la lumière. Pas de torchons, ni balais ni brosses. Il n'y a pas de sonnette. La fille n'est jamais, ni bien habillée, ni agréable. La cuisine est noire de fumée […] les maîtresses de l'hôtel, rarement, comptent parmi les devoirs de leur métier, la civilité ou les égards vis-à-vis de leurs hôtes.»

Le Parisien ne déserte pas sa famille pour le café ou le club; il l'emmène dans ses sorties et promenades sur les boulevards et dans les jardins publics. Le sens de la famille?

6. Les compagnons: tour de France ou tour d'Europe?[43]

Au XIXᵉ siècle, les adhérents du tour de France constituent un élément permanent et significatif de la route, créatrice de valeurs, liés qu'ils sont à une forme d'organisation corporative, héritée de l'Ancien Régime. Survivance de formes anciennes, ils le sont autant par l'esprit qui les anime que par les valeurs qu'ils représentent. Elles différencient le compagnon, membre des anciennes corporations, de l'ouvrier des industries qui se développent. Le voyage est la raison même de l'existence du compagnon, qui partage, tout le long de la route, une sorte de fraternité dans le travail. Que va devenir le compagnon nomade, face à l'ouvrier sédentaire? Il retrouve le voyageur isolé qui cherche dans le tour d'Europe le complément de formation intellectuelle ou morale qui doit permettre le passage de l'adolescence à l'âge mûr.

Outre découverte, le voyage est en effet formation, libération, voire communion. Quelques documents subsistent de ces pérégrinations, malgré les rigueurs policières, et, quelquefois à cause d'elles, tels les *Mémoires du menuisier Agricol*

Perdiguier (qui «tourna» de 1824 à 1828), ou les textes du boulanger Étienne Arnaud (1836-1844), du serrurier Pierre Moreau (1833-1837), du vitrier Ménétra, de l'étaminier Simon, amis de Daniel Roche qui a publié leurs mémoires. Tous se mêlent, au gré des saisons, des foires et des embauches, au monde des travailleurs, aux migrations des vendangeurs, betteraviers, ramasseurs de châtaignes, et des déplacements, des maçons piémontais ou de la Creuse, des ramoneurs de la Savoie, des chaudronniers d'Auvergne, des tisserands d'Angleterre ou des forgerons saxons, des bûcherons qui s'ajoutent au monde qui vit ordinairement de la route, réta-meurs, rempailleurs, colporteurs avec leur boutique sur le dos, marchands d'es-tampes, de caricatures, de dévotions, d'images pieuses et d'almanachs.

Combien sont-ils alors sur la route? Perdiguier compte deux cent mille com-pagnons, relevant d'une trentaine de corps d'état, ce qui paraît beaucoup. En bandes joyeuses, le baluchon sur le dos, ils cheminent. La marche reste le moyen de déplacement le plus naturel et le plus économique sinon le plus rapide. L'essentiel reste l'état des pieds et des chaussures et, à la ville, l'accueil de la «mère hôtesse». Une étude à faire, celle de la fatigue. La cadence est bonne, vingt-deux lieues, soit près de quatre-vingt-dix kilomètres en deux jours. Quelquefois on va pieds nus pour économiser les souliers qui, usés, résistent mal aux intempéries. Sont utilisés égale-ment bateaux et voitures à chevaux. Perdiguier prend son premier bateau à Montpellier pour traverser l'étang de Thau. À Castelnaudary, il embarque pour Toulouse sur le canal du Midi que parcourent les bateaux de poste tirés par des che-vaux. Le coche, bourré de marchandises et d'une cinquantaine de passagers, est attelé de quatre chevaux de poste, montés de postillons, toujours au grand trot. Le bâtiment semble glisser sur les eaux. N'était-ce pas La Fontaine, qui, à Orléans en 1663, notait que, «du côté du pont, on voit continuellement des barques qui vont à voile, les unes montent, les autres descendent [...] cela leur donne une majesté de navires et je m'imaginais voir le port de Constantinople en petit»?

Jusqu'au chemin de fer, voyages et transports par eau demeurent importants. «J'ai vu, dit Perdiguier, sur le Rhône, étant à Avignon, des trains de dix à douze barques attachées les unes aux autres, chargées de marchandises, marchant contre le flot et traînées par quarante, soixante, quatre-vingt magnifiques chevaux.»

Y a-t-il meilleure image de l'Europe préindustrielle et de la pérennité des flots qui alors, coulent, portent et supportent les destinées des transports et des hommes?

Conclusion

La période 1740-1840 apparaît dans l'histoire routière de l'Europe d'une particulière importance. Dépassant le stade purement descriptif, quatre caractères ont été mis en évidence:

– l'amplitude des besoins dans une Europe en pleine croissance, croissance issue en grande partie de l'amélioration du réseau routier qui permet une meilleure répartition de la production et de la circulation des hommes, des richesses et de l'information. La réponse à ces besoins est apportée, suivant les régions et les États, par les divers organismes techniques, que ce soit par terre ou par eau, plus complémentaires que concurrentiels, utilisant tous les modes de traction, y compris le vent. Réponses également apportées par les régimes politiques. Le despotisme éclairé et la politique dynastique ont fait beaucoup pour le développement du réseau routier. De même en Europe danubienne et en Pologne avant les partages. Deux systèmes européens, qui modifient les courants de trafic, s'affrontent dans le Sud, les Bourbons et les Habsbourg, entre lesquels se placent la maison de Savoie, gardienne des Alpes entre Chambéry et Nice, et l'Angleterre qui ouvre et ferme les portes. De même pour les provinces alpines. La Révolution française et l'Empire ont modifié la carte routière. Restait à «débloquer» les campagnes européennes. Une unité fondamentale dans une enquête comparative, celle d'hospitalité;

– la régularité des services où l'administration a son mot à dire et où se combinent techniques et écritures, exercices physiques et définition des itinéraires, utilisation des véhicules et contrats particuliers avec divers «utilisateurs» et fournisseurs. Mouvements courts que note la méthode régressive, ceux du paysan qui va au marché ou se rend à la foire, et mobilité longue quand le voyage reste une expédition, sinon une aventure. Dans son *Voyage en Italie*, en 1787-1788, Antoine-Henri Jordan part de Lyon pour Turin dans la chaise de son père. Parti de Lyon à 6 h du soir, il arrive à Pont Bauvoisin à 6 h du matin, il n'est pas «visité» par la douane sarde, part pour Chambéry, emprunte le Mont-Cenis, que l'on franchit à pied ou en voiture. Sa voiture est démontée, on transporte à dos d'hommes séparément la caisse, les roues et les brancards. Des marchés sont conclus avec les muletiers pour le transport des bagages, avec les porteurs de chaise, avec le maître de poste pour les chevaux de selle, avec l'aubergiste. Arrivé à Turin, Jordan loge à l'Hôtel d'Angleterre. La route? Une série de pactes, de conventions, d'incidents et d'attentes, de trouvailles, gastronomiques et autres;

– la précarité ou mieux la «fragilité» de la route et du matériel routier dans son ensemble. Des efforts ont été faits pour renforcer les matériaux et par endroits, pour aboutir à une véritable construction. Il est ainsi possible de saisir les différenciations sur les conditions naturelles et les milieux géographiques, à des échelles plus fines que celle des grands ensemble européens. Les conditions physiques restent fonction du sol, du relief et du climat. L'eau reste une maîtresse dangereuse; à la suite des pluies continuelles, les inondations emportent les ponts et causent des ravages. En 1701, l'intendant de Montauban rend compte du voyage des princes se rendant en Espagne: «Les pluies continuelles ont entièrement détruit les réparations que j'avois fait faire des chemins, rompu les ponts, enlevé les chaussées. Un travail de plus de trente ans est détruit.» Enfin Mac Adam vint… mais ne règne que peu à peu, par régions. Les problèmes de mentalité subsistent. Développant des technologies diverses – de l'esprit, du corps, de la nature, de la société –, l'académisme règne en maître, mis au service de l'utilitarisme d'État et de l'asservissement urbain. Aymard a noté qu'en Suisse, Allemagne, Italie, pays autrichiens, partout prédomine l'influence française. Partout la tendance est de «faire à l'instar de Paris»: «En Angleterre, c'était autrement. On sent que les Anglais sont tout à fait chez eux et qu'ils ne veulent prendre modèle de personne […] Les Anglais sont des gens excessivement pratiques. Leurs maisons, en général simples à l'extérieur, sont très bien distribuées à l'intérieur pour les usages ordinaires de la vie de famille, leur *sitting room*, l'endroit où ils reçoivent»;

– l'importance des voies de communications, des jeux et des enjeux de la route (densité, état d'entretien, articulation ou non sur de grands itinéraires…), non seulement pour les échanges, mais pour l'édification des fonctions «industrielles» dans la structuration locale ou régionale et sa dépendance du fait national ou européen, ouverte sur trois impératifs, subsistance, luxe, ostentation, voire sur ce dieu exigeant, la Renommée. On a pu parler de la «révolution des apparences», jointe à celle du costume. Un destin nouveau se dessine dès l'ouverture vers l'extérieur. Saint-Pétersbourg dompte la Neva et vit sur la Baltique. Le duc de Richelieu crée Odessa et atteint la mer Noire, et plus loin, les détroits;

– l'essentiel reste cependant la révolution postale, fonction de l'école et des retraits de l'illettrisme. La route transporte des idées, celles de la Révolution française, de la Contre-Révolution, ou des nouvelles idéologies de vie ouvrière. Les forces de résistance, religieuses et conservatrices, rurales et artisanales, existent face à la monarchie absolue, – notion aujourd'hui mise en question –, à la République ou aux notables, commerçants ou industriels. La route, servante ou maîtresse, n'est pas neutre. Va bientôt naître, fonction de la vapeur et de la vitesse, une autre conception de la distance, jusque là «distillée» peu à peu et qui a peu bougé. Apparaîtront alors des problèmes de masse, de «proximité» et de civilisation.

NOTES

1. CHAUNU (P.) et GASCON (R.), *Histoire économique et sociale de la France*, s.l.n.d., t. I, vol. I («Les grands chemins»). LEPETIT (B.), *op. cit.*, p. 44-86. TRÉNARD (L.), article dans *Les Routes de France*, *op. cit.*, p. 101-132. CAVAILLÈS (H.), *op. cit.*, p. 154-211. ARBELOT (G.), «La grande mutation des routes de France au milieu du XVIIIᵉ siècle», *AESC*, 1973, t. XXVIII, p. 775-791. Mise au point régionale dans BORDES (M.), «Les routes des intendants…», *Actes du colloque de Flaran 2*, *op. cit.*, p. 151-179. Position des problèmes dans POUSSOU (J.-P.), «Sur le rôle des transports terrestres dans l'économie du Sud-Ouest au XVIIIᵉ siècle», *Annales du Midi*, 1978, t. XC, , p. 389-412. PELLETIER (M.), *La Carte de Cassini*, *op. cit.*, 1990, p. 198-200.

2. La corvée reste un point contesté et mal connu. Témoignage de l'époque dans PINOT DUCLOS (C.), *Essais sur les ponts et chaussées, la voirie et les corvées*, Amsterdam, 1759, in-12, 404 p. Position du problème dans LESORT (A.), «La question de la corvée sous Louis XVI après la chute de Turgot», CTHS section d'histoire moderne et contemporaine, fascicule VII, s.l.n.d., p. 52-95. Études régionales dans LECATONNOUX (J.), «Les voies de communication en France au XVIIIe siècle», *VJSW*, 1909; *Le Régime de la corvée en Bretagne*, Rennes, 1905 (voir les travaux de J. Meyer sur la noblesse bretonne et de J. Labatut sur la noblesse européenne). «Les transports en France au XVIIIe siècle», *RHMC*, 1908-1909: pour le Poitou, F.-P. Clément (1899); pour le Lyonnais, L. Chatelard (1908); pour l'Alsace, R. Werner (1929), G. Livet (1959 et 1984), J. Braun (1982 et 1984) et B. Vogler (1986); pour la Franche-Comté, E. Hyenne (1862); pour la Provence, F.-X. Emmanuelli; pour la Bourgogne, D. Ligou, (1985). Bilan rapide dans SAINT-JACOB (P. de), «La corvée royale en France à la fin de l'Ancien Régime», *Information historique*, s.l., 1953, t. XV, p. 43-46). SCHELLE (G.), *Œuvres de Turgot et documents le concernant*, Paris, 1913-1923, 5 t. GIGNOUX (C.-J.), *Turgot*, Paris, 1945. FAURE (E.), *La Disgrâce de Turgot*, Paris, 1961.

3. LIVET (G.), «Le cheval dans la ville», *Mélanges A-M. Piuz, op. cit.*, p. 171-189; *Le Cheval et les jeux équestres en Alsace à l'époque moderne*, Metz, 1986, p. 43-55. ROBERT (J.), «Note sur l'élevage du cheval en Bigorre à l'époque moderne», *Le Cheval dans les Pyrénées de la Préhistoire à nos jours*, Pau, 1985. ROCHE (D.), «Sciences de l'homme et culture équestre», *Association pour l'académie d'Art équestre de Versailles*, juin 1993. «L'élevage…», *Actes du 92e CNSS Strasbourg, Colmar, 1967*, Paris, 1970.

4. DARTEIN (E. de), «Notice sur le régime de l'ancienne École des ponts et chaussées et sur la transformation à partir de la Révolution», *Annales des Ponts et chaussées*, s.l., 1904, p. 130. Y joindre la fondation de l'école de Mézières (BLANCHARD (A.), *op. cit.*). LORION (A.), «L'École des ponts et chaussées sous le Premier Empire», *Rev. Inst. Napoléon*, s.l., 1958, p. 81-86.

5. «Enquête sur l'état des routes et des canaux en l'an II», *Bulletin historique et économique de la Révolution*, p. p. P. Caron, s.l., 1917-1919. ARBELLOT (G.) et LEPETIT (B.), «Routes et communications», *Atlas de la Révolution française*, Paris, EHESS, 1989 (fasc. 1); «L'enseignement: l'École polytechnique», *idem* (fasc. 2). DUFRAISSE (R.), *Napoléon*, Paris, 1987. MEYER (J.) et POUSSOU (J.-P.), *La Révolution française*, s.l.n.d., t. II, p. 1161 (le bilan).

6. TRÉNARD (L.), *op. cit.*, p. 117 («Les routes de la monarchie censitaire») qui note: «Cette politique routière, avec ses mobiles, ses artisans, appelle son historien.» RÉMOND (A.), «Les chemins vicinaux en France à la veille de la Révolution», *Information historique*, 1947, s.l., p. 185-186. MONTALIVET (J.), *Exposé sur la situation de l'Empire*, Paris, 1813, 2 vol., in-4°. Et les travaux et références chiffrées de Bernard Lepetit. Pour l'étude méthodologique (surfaces de roulement, résistance des matériaux, «répartition des contraintes», voir DUTERTRE (J.), «Dimensionnement des sols industriels semi-rigides», *Revue des routes et des aérodromes*, s.l., novembre 1980, n° 569, p. 22-32 et *Guide pratique de construction routière* (11 fasc.).

7. GURY (J.), *Le Voyage outre-Manche. Anthologie des voyageurs français…*, *op. cit.* (sur la Tamise, p. 127-160, «À la découverte de Londres», p. 161). MARX (R.), *La Révolution industrielle en Grande Bretagne*, Paris, U2, 1970. MEYER (J.) et POUSSOU (J.-P.), *op. cit.*, p. 1279. PAWSON (E.), *Early Industrial Revolution; Britain in the Eighteenth Century*, Batsford, 1979. HILTON (B.), *Corn, Cash and Commerce. The Economic Policies of the Tory Governments. 1815-1830*, Oxford University Press, 1980. ALBERT (W.), *The Turnpike Road System in England 1663-1840*, Cambridge, 1972.

8. GESTRICH (A.), *Absolutismus und Öffentlichkeit. Politische Kommunikation in Deutschland zu Beginn des 18. Jahrhunderts*, Göttingen, 1994. OGILVIE (S.), «The beginnings of Industrialization: Germany and Industrialization», *Germany II*, s.l., 1996, p. 263-276. THIMME (P.), «Strassenbau und Strassenpolitik in Deutschland zur Zeit der Gründung des Zollvereins, 1825-1835», *VSWG*, 1931, cah. 21, p. I-X, 1-94 (avec cartes par régions et villes). BRUNEL (G.), *Les Transports à travers les âges*, Paris, 1935, p. 109-113.

9. DAUMAS (M.) et GILLES (B.), «Les routes, les ponts et les véhicules routiers…», *Histoire générale des techniques*, s.l.n.d., t. III, p. 1255-1296. *Ponts de France*, sous la direction de G. Gratessat, s. d., Paris, 296 p. VACANT (C.), *Routes et ponts en Yvelines…*, Paris, s.d., 264 p.

10. READER (W.), *Macadam: The Mac-Adam Family and Turnpike Roads. 1798-1861*, Heinemann, 1860.

11. DAUMAS (M.) et GILLES (B.), *op. cit.*, t. III, p. 263 («Des ponts de pierre aux ponts de fer»). ARAGON (E.), *Ponts en bois et en métal*, Paris, 1911. BOUCHER (C.-T.-G.), *John Rennie, 1761-1821. The Life and Work of a Great Engineer*, Manchester, 1963. *Construire des ponts au XVIIIᵉ siècle*, rééd. des œuvres de J.-R. PERRONET, Paris, Presses de l'ENPC, s.d., 344 p. (1ʳᵉ parution, 1782, l'auteur? «Un grand ingénieur, témoin des transformations du XVIIIᵉ siècle, formateur visionnaire et déjà européen, philosophe de la technique et profond humaniste.» Le contenu? Pont de Neuilly, de Mantes, pont projeté sur la Neva, pont d'Orléans, de la Salpêtrière, canal de Bourgogne… Mémoire sur le cintrement et le décintrement des ponts). GUINEAU (B.), «Fourchambault et le début de l'emploi du fer et de la fonte dans l'architecture», *Les Annales des pays nivernais*, s.l., 1979, n° 24, p. 21-32. UNGERER, *Le Pont de Strasbourg*, PU Strasbourg, s.d.: construction du premier pont de chemin de fer inauguré en 1861, détruit en 1870, reconstitué puis reconstruit en 1897, dynamité en 1940, remplacé à titre provisoire par un pont flottant sur péniches en 1945, puis de 1946 à 1951 par un pont de bois sur pilotis. Mise en service le 12-07-1951 d'un nouveau pont routier métallique et en 2002, d'un second pont, coulé d'un seul tenant entre les deux viaducs adossés aux rives, sans compter une passerelle reliant le jardin des Deux Rives. Culminant à 380 m au-dessus du Tarn, le viaduc autoroutier de Millau, doté de 7 pylônes (2002), a été conçu par la société Eiffel, créée en 1866, à Lauterbourg.

12. MAISTRE (A.), *op. cit.*, Privat, 2000. Sur les innovations techniques, THÉLU (R.), «Un siècle d'études sur les moyens de relier Paris à la mer (1740-1845)», *AMURE*, s.l., 2000-12, p. 70-92 (cite J. DUTENS, *Histoire de la navigation intérieure de la France avec une exposition des canaux à entreprendre pour en compléter le système*, s.l., 1829, 2 vol.); BELLANGER (J.-C.), «Ostroda-Elblag. Un canal original en Pologne», *idem*, 2001-13, p. 94-96 (avec cartes). DELVIT (P.), *Le Temps des bateliers. Gens et métiers de la rivière*, Privat, 2000.

13. ELLIS (G.), *Napoleon's Continental Blockade: the Case of Alsace*, s.l.n.d., p. 7 ss. CROUZET (F.), «La riposte de Londres au décret de Berlin», dans l'ouvrage de MARZAGALLI (S.) et BONIN (H.), s.l.n.d. «Négoce, ports et océans. XVIᵉ-XXᵉ siècles», *Mélanges Paul Butel*, *op. cit.*, PU Bordeaux, 2000.

14. VIVÈS (V.), *Manual de Historia economica de España*, s.l.n.d., p. 510. CALLAHAN (W.-J.), *Honor, Commerce and Industry in Eigteenth Century Spain*, Boston/Mass., 1972. CHASTENET (J.), *La Vie quotidienne en Espagne au temps de Goya*, s.l.n.d., p. 158. L'«indépendance» du système fluvial a été mis en question aux temps contemporains, avec le plan hydrologique adopté en 2001, qui prévoit le transfert d'eau de Catalogne vers l'Est et le Sud-Est de l'Espagne (Conseil européen de Barcelone, mars 2002).

15. LABOURDETTE (J.-F.), *Histoire du Portugal*, Paris, PUF, 1995; «La diplomatie portugaise au temps de Westphalie», *L'Europe des traités de Westphalie...*, *op. cit.*, p. 567-578. FRANCA (J.-A.), *Une ville des Lumières: la Lisbonne de Pombal*, Paris, EHESS, 1965. DEJANIRAH (C.), *Histoire de Lisbonne*, Paris, Fayard, 2000. CHANTAL (S.), *La Vie quotidienne au Portugal après le tremblement de terre de Lisbonne de 1755*, Paris, Hachette, 1962, p. 208-218. *Instructions aux ambassadeurs*, Paris, 1886 (t. III. «Portugal», par Caix de Saint-Amour). MORRISSON (C. et C.) et BARRANDON (J.-N.), «Or du Brésil, monnaie et croissance en France au XVIIIᵉ siècle», *Cahiers Ernest Babelon*, préface d'E. Le Roy Ladurie, CNRS, 1999, n° 7. SILBERT (A.), *Le Portugal méditerranéen à la fin de l'Ancien Régime. XVIIIᵉ-début du XIXᵉ siècle*, EHESS, 1996.

16. DELUMEAU (J.), *L'Italie de Botticelli à Bonaparte*, *op. cit.*, p. 339-352. COSTAMAGNA (H.), «Les intendants du comté de Nice au XVIIIᵉ siècle», *CM*, n° 18, juin 1979, p. 13-23. MALAUSSENA (P.-L.), «L'intendance de Pierre Mallarède. Dans le comté de Nice (1699-1702)», *idem*, p. 29-36. BORDES (M.), *Histoire de Nice et du pays niçois*, Toulouse, Privat, 1976, p. 209-211. BEDARIDA (P.), *Parme et la France (1748-1789)*, Paris, 1927. VENTURI (F.), «Les traditions de la culture italienne et les Lumières», *Utopie et institutions au XVIIIᵉ siècle. Le pragmatisme des Lumières*, textes recueillis par Pierre Francastel, Paris, Mouton et Cⁱᵉ, 1963, p. 43-48. PANSINI (G.), «Les réformes de François-Etienne de Lorraine en Toscane (1737-1765)», *La Lorraine dans l'Europe des Lumières*, s.l.n.d., p. 359-366. MOZZARELLI (C.), «Strade e riforme nella Lombardia del Settecento», dans «Vie di communicazione e potera», *Quaderni storici*, avril 1986, n° 61, p. 117-145 (avec notes et bibliographie). DALMASSO (E.), «Le développement des grandes villes italiennes», dans «Décor urbain et cadre de vie en Italie de l'Antiquité à nos jours», *Actes du colloque de Strasbourg*, novembre 1974. *CIRI*, février 1976, n° 2.

17. *Arrêt du Conseil d'État concernant l'établissement et le règlement des diligences, carrosses et messageries royales dans toute l'étendue du royaume*, Paris, I.R., 1775 (MP, Paris, n° 1885). *Livre de poste ou État général des postes du royaume de France (1825-1837)*, Paris, Imprimerie royale, 31 vol. in-18 indiquant: 1) les postes aux chevaux; 2) les relais des routes; 3) l'organisation du service des paquebots 1838-1854, 1859. FLORANGE (C.), *Études sur les Messageries et la poste*, Paris, 1925. DAVENAS (P.), *Les Messageries royales*, thèse de droit, Paris, 1937. VERYNAUD (G.), «Messageries et diligences en Limousin sous l'Ancien Régime», *Actes du CNSS Bordeaux, 1979*, Paris, 1980, t. I, p. 127-140. BOYÉ (P.), «Les postes, messageries, et voitures publiques en Lorraine au XVIIIᵉ siècle», *Bulletin du comité des travaux historiques et des sciences économiques et sociales*, s.l., 1906. MUSNIER (R.), *Les Messageries nationales. 1798-1948. Histoire d'une Société de transport...*, Paris, 1948.

18. PASCAL (B.), «Lettre à Arnaud de Pomponne, de Paris, ce 21 mars 1662: les carrosses à cinq sols», dans LANSON (G.), *Choix de Lettres*, Paris, 1901. DAY (G.), *Les Transports dans l'histoire de Paris*, Paris, 1947. TARR (L.), *op. cit.*, p. 273.

19. TRÉNARD (L.), *Lyon, de l'Encyclopédie au Préromantisme*, s.l.n.d., t. I, p. 8 («La vitalité lyonnaise repose en définitive sur un réseau serré de communications.»). ROUBERT (J.), «Essai sur les transporteurs de marchandises en relation avec le commerce lyonnais au XVIIIᵉ siècle», *Actes du CNSS de Strasbourg, 1967*, Paris, 1970, p. 99-177. DEYON (P.), *Le Mercantilisme*, s.l., 1953, p. 52. GARDEN (M.), «Aires du commerce lyonnais au XVIIIᵉ siècle», *Aires et structures du commerce français au XVIIIᵉ siècle*, sous la direction de P. Léon, Lyon, 1975, p. 265-300; *Lyon et les Lyonnais au XVIIIᵉ siècle*, Paris, 1970, p. 593 («conclusion: Lyon unique et exemplaire?»). RIVET (F.), «Problèmes de transit rhodanien», *Cahiers d'histoire*, 1956, p. 365-392. LIVET (G.), «Espace rhénan et espace

rhodanien. Les marchands français à la foire de Francfort», *Mélanges P. Léon*, Lyon, 1978, p. 1-16. PIUZ (A.-M.), «Genève et le privilège du transit du Rhône» et «Le commerce de Genève avec la Suisse, l'Allemagne et les pays du Nord», *Affaire et politique. Recherches sur le commerce de Genève au XVIᵉ siècle*, Genève, 1964, p. 284-321 et p. 322-352.

20. TARR (L.), *op. cit.*, p. 283 («le lourd carrosse […] le grand carrosse, véhicule surchargé d'ornements, disparut presque définitivement…»). *Au temps des turgotines*, Riquewihr, 1975, catalogue de l'exposition organisée au musée d'histoire des PTT d'Alsace (introduction). HEY (D.), *Packmen, Carriers and Packhorse Roads*, PU Leicester, 1980 (utilise les exemples régionaux du Sud-Yorkshire et du Nord-Derbyshire). JOBÉ (J.), *Au temps des cochers. Histoire illustrée du voyage en voiture attelée*, Paris, 1976, p. 130. Témoignages du russe Karamsine sur le voyage en diligence: «Le rythme est soutenu, le changement de chevaux se fait rapidement; ils attendent tout harnachés devant la porte; en 50 heures, nous avons fait 65 lieues [260 km].» L'allemand Heinrich Storch note l'allure, «souvent au galop, pour rattraper le temps perdu dans les chemins difficiles […] bonne route, bons chevaux, voiture commode». La diligence tient le milieu de la route, là où elle est pavée «de pierres taillées en cube qui forment le passage le plus uni et le plus résistant».

21. FOVILLE (A. de), *La Transformation des moyens de transport et ses conséquences économiques et sociales*, Paris, 1880; RÉMOND (A.), *Étude sur la circulation marchande en France*, Paris, 1956, t. I. («Le prix des transports marchands de la Révolution et de l'Empire»). TREBILCOCK (C.), *The Industrialisation of the Continental Powers 1780-1914*, Londres, 1981. BRAUDEL (F.), *Civilisation matérielle, économie et capitalisme*, Paris, 1979, t. III («Le temps du monde»). LEPETIT (B.), «Le réseau routier au tournant du siècle», *Chemins de terre et voies d'eau, op. cit.*, p. 45-90 (d'après les différentes enquêtes).

22. BLANCHARD (M.), *Les Routes des Alpes occidentales à l'époque napoléonienne (1796-1815). Essai d'études historiques sur un groupe de voies de communication*, Thèse de doctorat, Paris, 1920-1922. Une thèse complémentaire: *La Bibliographe critique de l'histoire des routes des Alpes occidentales sous l'État Piémont-Sardaigne, (XVIIᵉ-XVIIIᵉ siècles)* s.l.n.d. CROUZET (F.), «Wars, Blockade, ans Economic Change in Europe, 1792-1815», *Journal of Economic History*, s.l., 1964, XXIC, p. 567-568. ELLIS (G.), *Napoleon's Continental Blockade…, op. cit.*

23. SCHMIDT (C.), «Napoléon et les routes balkaniques», *Revue de Paris*, s.l., 1912, t. VI. Sur les routes alpines, SURATTEAU (J.), «Les cols des Alpes: rôle et importance pendant la Révolution française (1797-1802). La question du Simplon», *Transports et voies de communication…, op. cit.*, p. 149-181 (avec cartes); «La question de la Valteline et la possession des cols des Grisons», *Bolletino della Società Storica Valtellinese*, Sondrio, 1975, p. 14-21. DARMSTAEDTER (P.), «Über die auswärtige Handelspolitik Napoléons I», *VSWG*, 1905, p. 112-141 (relative à l'Italie). LOVIS (J.), «La traversée de la Savoie du Pont-de-Bonvoisin au Mont-Cenis (1815-1856)», *Actes du 101ᵉ CNSS Bordeaux, 1979*: la route reste le principal chemin de Lyon à Turin, Gênes et Rome et l'exutoire des marchandises de Suisse Occidentale, courant représenté par des diligences du service de Bonafous frères, de Turin, nantie d'un privilège d'exclusivité avec horaires et tarifs précis, des voitures de location pour voyageurs pressés et des multitudes de charretiers et de chariots à deux roues et un cheval, conduits par des hommes du pays, route jalonnée d'auberges, parcourue par les courriers postaux, «véritable ruban de vie à travers les Alpes». Évocation dans SAMIVEL et NORANDE (S.), *Les Grands Passages des Alpes*, Paris, Glénat, 1983 (avec bibliographie).

24. ROUBERT (J.), *op. cit.* TRÉNARD (L.), «La circulation marchande: le roulage», *op. cit.*, p. 119-120 et note 36 (AN, F 14 1269 et 1270, enquête sur le roulage, 1811-1812; F14 1963 à 1970, entreprises de transport): à voir pour l'ensemble des 130 départements français. Sur

l'activité de contrebande, DUFRAISSE (R.), «La contrebande dans les départements de la rive gauche du Rhin sous le Consulat et l'Empire», *Positions des thèses de la IVᵉ section de l'École pratique des hautes études*, Paris, 1976, p. 1041-1050. *L'Allemagne à l'époque napoléonienne, op. cit.*, Bouvier 1992, p. 280-282. Et F. Crouzet.

25. BÉLY (L.), *Les Relations internationales en Europe XVIIᵉ-XVIIIᵉ siècle*, Paris, PUF, p. 503 (au traité de Worms, Marie-Thérèse abandonnait à Charles-Emmanuel de Savoie une partie du Milanais et Plaisance). Le traité postal de Gênes (1769) établit la liaison entre les administrations postales de France et du Milanais par l'intermédiaire des Fischer. Deux fois par semaine, aller et retour, un sac postal circulait entre Versoix (près de Genève) et Milan. (HENRIOUD (M.), «Les anciennes postes valaisannes et les communications internationales par le Simplon et le Grand-Saint-Bernard», *Revue historique vaudoise*, s.l., 1905, n° 7.) Sur l'action de Paradès dans le Valais en 1780, AE, Corr. polit. Valais t. II, fol. 19. BLANCHARD (M.), *op. cit.*, p. 19. *Instructions aux Ambassadeurs. Suisse*, édition dirigée par G. Livet, CNRS, 1982, 1930, t. II («Le Valais et les Grisons»).

26. Des ouvrages anciens, valables et bien informés: LEWINS (W.), *Le post office anglais. Son histoire, son organisation*, Paris, 1881, 2 vol. (trad. fr. – que nous avons utilisée – au ministère français des PTT, P.A. 309). BERNHARDT, (F. de) «L'administration des postes en Angleterre»; *Le Mois litt. et pitt.*, décembre 1900, t. IV. JOYCE (H.), *The History of the Post Office from its establishment down to 1836*, Londres, 1895. HEMMEON (J.-C.), *The History of the British Post Office*, Cambridge, 1912. ROBERTSON (A.-W.), *Great Britain Post road. Post towns and Postal rates 1635-1839*, s.l.n.d. GURY (J.), *op. cit.*, p. 689-756 («L'Irlande, le vert et le Noir»; p. 585-688, «Romantique Écosse»; p. 565-688, «Le pays de Galles oublié»). WHYTE (I.-D.), *Scotland before the Industrial Revolution…, op. cit.*, 1996. CR BRITNELL (R.-H.), *VSWG*, 85, 4998, p. 254. Chez l'auteur, 196I. ROTHSCHILD (A.), *Notices sur l'origine du prix uniforme de la taxe aux lettres et sur la création des timbres-poste en Angleterre*, Paris, 1872. La philatélie naissait par la même occasion. À Strasbourg, la première association de collectionneurs fut créée en 1877 sous la dénomination «Strassburger Briefmarkensammlerverein Union» qui devint la Société philatélique union 1877, n° 2 de la Fédération des sociétés philatéliques de France.

27. VAILLÉ (E.), *Histoire des postes jusqu'à la Révolution*, t. VI et VII, 1953-55; *Histoire des postes depuis la Révolution*, Paris, PUF, nombreuses réédition, p. 7-78. En 1834, on trouve en France 1548 relais de poste, 19850 chevaux soit 13 chevaux en moyenne par relais, à Paris, 240; entre Paris et Orléans, 60 à 80. Textes qui les régissent: *Code des maîtres de poste, des entrepreneurs des diligences et de roulage, et des voitures en général par terre et par eau,* suivi d'un *Traité de la responsabilité des voituriers*, par A. Lanoe, Paris, 1827, 753 p. (MP, Paris, 8°, 1260); LAFARGUE (P.-C.), *Nouveau code voiturier*, Paris, 1827; LANOÉ (A.), *Nouveau code des maîtres de poste, des entrepreneurs de diligences et de roulage et des voituriers en général, par terre et par eau*, Paris, 1838, 2 vol., in-8°; BOLE (M.), *Le Code des postes et relais de France depuis 1789*, Paris, 1839; HILPERT (J.), *Le Messagiste ou traité théorique, pratique et législatif de la messagerie*, Paris, 1840; ANXIONNAT, *Historique de l'organisation de l'ancienne poste aux chevaux*, Paris, 1909; JOUHAUD, *De l'institution comparée des postes en France et à l'étranger*, Paris, 1838 (Jouhaud a été un partisan acharné du système des maîtres de poste, face aux menaces issues de la voie ferrée). Quelques monographies: FOUCHÉ (M.), *La Poste aux chevaux de Paris et ses maîtres de poste…, op. cit.*, Paris, 1975 (sur le rôle particulier des Dailly, p. 32); MASSON (A.), «Les Aubry-Masson, directeurs des postes à la Ferté-Milon de 1742 à 1829», *Actes du CNSS, Bordeaux, 1979*, Paris, 1980, t. I, p. 143-153. Et en Alsace (*Diligence*).

28. «Carte de l'empire d'Allemagne où sont marquées exactement les routes des postes, par le sieur Robert, géographe ordinaire du roi, avec privilège, 1757», *L'Europe, l'Alsace et la France...*, *op. cit.*, p. 175-176. VAILLÉ (E.), «La politique napoléonienne et les postes des pays allemands», *Une poste européenne...*, *op. cit.*, p. 173-251. STEPHAN (H.), *Geschichte der Preussischen Post von ihrem Ursprung bis auf die Gegenwart*, Berlin, 1859 (Neubearbeitet und fortgeführt bis 1868 von K. Sautter), Berlin, 1928. HERRMANN (K.), «Die Personenbeförderung bei Post und Eisenbahn in der ersten Hälfte des 19. Jahrhundert», *SM*, 2/3977, p. 3-23. Études régionales: WEBER (F.) (*Königreich Württemberg*, 1901), LÖFFLER (K.) (*Baden; von der Römerzeit bis 1872*, 1911), SCHAEFER (G.) (*Saxe*, 1879). Vue générale dans HAAS (F.), *Die Geschichte des Postwesens vom Altertum bis in die Neuzeit*, Berlin, 1906. HELMECKE (R.), *Die Personenbeförderung durch die deutschen Posten*, Ph. Diss. Halle, 1913. *Germany II*, *op. cit.*, p. 103, 105, 216, 353.

29. HAUSER (H.), «La position géographique de la Suisse; étude de géographie politique», *Annales de géographie*, 1916. DUNAN (M.), «Napoléon et les cantons suisses», *Revue des études napoléoniennes*, 1912, t. II. HALDI (J.-P.), «La poste des Fischer», *Diligence d'Alsace*, 1975, 14, p. 29-44 (à noter en 1975 l'exposition du musée des PTT de Berne. En reproduction: le règlement et tarif des postes de la ville et république de Berne, 1778. VAILLÉ (E.), «Relations et traités postaux franco-suisses sous l'Ancien Régime», *Bulletin d'information*, s.l., mars 1938. HENRIOUD (M.), *Le Service des postes dans l'évêché de Bâle de 1636 à 1848*, Lausanne, 1919; *Les Anciennes Postes fribourgeoises 1587-1848*, Lausanne, 1806. WINCKLER (J.), *Das Zürcher Postwesen von den Anfängen bis 1803*, Berne, 1958. VUILLE (L.), *Les Postes du Valais. Recueil de documents postaux*, Lausanne, 1978; «Le canton de Vaud et la poste rurale», *Société internationale d'histoire postale*, 1973. NAGEL (J.-L.), «Les diligences neuchâteloises il y a 140 ans», *Archives internationales d'histoire postale*, Grenoble, 1972. NODÉ-LANGLOIS (C.), *La Poste internationale de 1669 à 1815*, thèse de droit, Paris, 1960, 367 p. (avec bibliographie). GERN (P.), *Aspects des relations franco-suisses au temps de Louis XVI*, s.l.n.d., p. 42. WALTER (F.), *La Suisse urbaine. 1750-1950*, Genève, 1995.

30. Informations dans COXE (W.), *Travels into Poland, Russia, Sweden and Danemark*, *op. cit.*, Londres, 1784. ALPATOV (M.), «La culture russe et les Lumières», *Utopies et institutions au XVIIIᵉ siècle. Le pragmatisme des Lumières*, édition dirigée par P. Francastel, Paris-La Haye, 1963 p. 97-106. LIVET (G.), «L'éclatant destin d'un étudiant de l'université de Strasbourg, Louis-Henry de Nicolay (1737-1820), auteur d'une thèse de doctorat sur la "Navigation du Rhin" (1760), conseiller d'État, président de l'académie des Sciences de Saint-Pétersbourg (1798-1803)», *Bulletin des Amis du musée régional du Rhin et de la navigation*, s.l., 1995. PROUST (J.), *Diderot et l'Encyclopédie*, Paris, 1962. LOUGH (J.), *Essays on the Encyclopedie of Diderot et d'Alembert*, Londres, 1968 (sur le vocabulaire et les métiers liés à la route). Témoignage de Balzac (voyage avec Mᵐᵉ Hanska) et après l'insurrection de Varsovie de 1794, celui des Polonais (NIEMCEWICZ, *Notes sur la captivité à Saint-Pétersbourg en 1794, 1795 et 1796 et en 1830* – rédigés en français).

31. MIRONOV (B.), «Les villes de Russie entre l'Occident et l'Orient (1750-1850)», *AESC*, s.l., mai-juin 1991, p. 705-733. PORTAL, *op. cit.*, p. 355 et 378. ASHFORD (P.), *La Poste russe au XVIIIᵉ siècle*, trad. G. Rumeau, Paris, Cercle philatélique France-URSS, 1973. Sur le Sud-Est européen, avant le développement des foyers nationaux, PENELEA (G.), *Les Foires de la Valachie pendant la période 1774-1848*, Bucarest, 1973. PIVEC-STELE (M.), *La Vie économique des provinces illyriennes (1809-1813)*, Paris, s.d.

32. MIQUEL (P.), *Histoire des canaux, fleuves et rivières de France*, Paris, Fayard, 1994. *La France au fil de l'eau*, Guide Gallimard, Paris, Gallimard, s.d. Détail dans G. Livet au colloque de Flaran (1980). À signaler TRÉNARD (L.), «Les voies navigables dans la région lilloise au XVIIIᵉ siècle», *Actes*

du CNSS Bordeaux, 1979, Paris, 1980, t. I, p. 149-163. THIBAUT (L.), «Les voies navigables et l'industrialisation du Nord de la France», *Revue du Nord*, janvier-mars 1979, n° 240, p. 149-163. DESCOMBES (R.), «Le canal du Rhône au Rhin», *Bulletin de la Société industrielle de Mulhouse*, 1959. Pour la Loire et le monde de la batellerie, outre Dion, BILLACOIS (F.), «La batellerie de la Loire au XVIIᵉ siècle», *RHMC*, 1964, t. XI, p. 161-170). COCULA-VAILLIÈRES (A.M.), *Les Gens de la rivière de Dordogne 1750-1850*, Lille, 1979, 2 vol., 740 p., 99 fig et cartes (étudie dans ce monde fait «de tensions et de conflits» les rapports entre le comportement des gens et les traits originaux du milieu qu'ils habitent, le couple «homme-bateau»). DELVIT (P.), GÉRARD (P.) et MERGOIL (G.), *Garonne. De la rivière à l'homme*, Toulouse, Privat, 2000. Après des décennies de déclin, la relance de la voie fluviale, initiée en 1991, par la création de VNF (Voies navigables de France) est effective (conférence de Strasbourg, septembre 2001).

33. FARNIE (D.-A.), *The Manchester Ship Canal and the Rise of the Port of Manchester*, Manchester University Press, 1980 (pour la période contemporaine). GRANT (R.), *The Great Canal*, Gordon and Cremonesi, 1978. WARD (J.-R.), *The Finance of Canal Building in Eighteenth-Century England*, Oxford Hist. Monogr., s.d. MARX (R.), *Lexique historique de la Grande Bretagne*, U, 1976 (canaux).

34. REITEL (F.), *Fleuves et rivières de l'Allemagne* et *Mers et fleuves. Variations sur le thème de l'eau*, Paris, Didier, 1973. MAGOCSI (P.-R.), *Historical Atlas of East Central Europe*, université de Washington, 1984, vol. 1, n° 28, p. 90 (canaux et chemins de fer avant 1914, avec dates de création).

35. CAMENA D'ALMEIDA (P.), *États de la Baltique, Russie, op. cit.*, p. 65-74. En 1636, Olearius, envoyé en Perse du duc de Holstein, s'échouait 8 fois dans la Volga entre les confluents de l'Oka et de la Kama. NEVEUX (J.-B.), «Le talweg: la géopolitique des fleuves dans l'isthme balto-pontique...», *Fleuves, rivières et canaux..., op. cit. Actes du colloque AIE*, Strasbourg 1995, *Actes du colloque de Nancy*, 1997, p. 182-202. «Pendant longtemps, Cracovie est tout aussi peu une ville de la Vistule que Strasbourg est une ville du Rhin» (sur les variations du cours des fleuves): «Conflits de pouvoirs dans une ville en décadence. Cracovie au XVIIᵉ siècle», *Pouvoir, ville et société en Europe, op. cit.*, p. 418-435. BELLANGER (J.-C.), *op. cit.*, p. 95 (dès la Hanse et les Chevaliers teutoniques, la demande en bois était considérable).

36. Archives de Parme, collection de Mappe del Po des XVIᵉ et XVIIᵉ siècles, cité par Pierre Racine, «Aperçu sur les transports fluviaux sur le Pô au bas Moyen Âge», *op. cit.*, p. 261-274. Retenir HOCQUET (J.-C.), «Le transport du sel en Vénétie», *Le Sel et son histoire, op. cit.*, p. 136, note 23, sur les différents types de bateaux. BLANCHARD (M.), *op. cit.*, p. 94. DEMARIA (G.) et CANTARELLI (D.), AGNATI (A.) et MONTESANO (A.), *L'economia italiana nell'eta napoleinica*, Padoue, 1973. *Contributi dell'Instituto di storia economica e sociale. L'economia italiana preunitaria lombarda (1700-1859)*, sous la direction de M. Romani, Milan, 1974, 2 vol. AYMARD (M.), GEORGELIN (J.), GUICHONNET (P.), RACINE (P.), THIRIET (F.), *Lexique historique de l'Italie, XVᵉ-XXᵉ siècle*, Paris, Colin U2, 1977 (poids et mesures dans les États, p. 158-159). DELUMEAU (J.), *L'Italie de Botticelli à Bonaparte, op. cit.*, p. 199-212 («Microcentralisation»), p. 299 («Conjoncture et industrie») et p. 339-351 («Les Réformes»).

37. *Infra*, annexe (voyages). JECHOVA (H.) et VOISINE (J.), «Les voyageurs devant l'événement révolutionnaire», et «Des Lumières au Romantisme. La Prose dans l'ère des Révolutions et des Guerres», *Cahiers d'histoire littéraire comparée*, n° 5-6, 1980-81, p. 111-152. *Reisekultur. Von der Pilgerfahrt zum modernen Tourismus*, édition dirigée par H. Bausinger, K. Beyrer et G. Korff, Munich, 1991, 413 p. RAUCH (A.), *Vacances en France de 1830 à nos jours*, Paris, Hachette, 1996.

38. STAËL (Mme de), *Dix années d'exil*, s.l., 1821. PANGE (Comtesse Jean de), «Le grand voyage de Mme de Staël, d'après un carnet inédit», *Mélanges Jean-Marie Carré*, Paris, 1964. Jean-Philippe Graffenauer, médecin de la Grande armée, donne une relation de ses voyages en 1805-1806 en Allemagne, en Prusse et en Pologne (informations sur les villes et les services de santé). HOLCROFT (T.), *Journey from Hambourg to Paris*, Londres, 1804. HOLZHAUSEN (P.), *Les Allemands à Paris sous le Consulat*, trad. fr. de Minart, Paris, 1914. VORVINCKEL (R.), «Ursachen der Auswanderung gezeigt an badischen Beispielen aus dem 18. und 19. Jhrt.», *VSWG*, cah. 37, 1939, p. 13 («Lebensnot und Auswanderung»).

39. YOUNG (A.), *Voyages durant les années 1787, 1788, 1789*, trad. fr., s.l.n.d. Goethe publie son *Voyage en Italie* dix années (s.l.n.d.) après son retour et, en 1821, *Campagne in France* (s.l.n.d.). NOACK (F.), «Deutsche Gaststätten in Rom», *VSWG*, 1928, t. XXI, p. 114-137. MADDALENA (A. de), «Milan sous les Habsbourg 1650-1752. Une pseudo-capitale pauvre en capitaux», *Pouvoir, ville et société en Europe 1650-1750, op. cit.*, p. 515-522. GEORGELIN (J.), *Venise au Siècle des lumières. 1669-1797*, Paris, 1978, 1226 p. L'Italie et la Grèce (témoignages de Byron) sont alors la porte de l'Orient. DELEDALLE-RHODES (J.), *L'Orient représenté. Charles Montagu Doughty et les voyageurs anglais du XIXᵉ siècle*, coll. «Europe plurielle», Peter Lang, 2000, t. XV. Le point de référence, l'*Arabia Desera* de C.-M. DOUGHTY (s.l.n.d.). EL ANNABI (H.), «La Méditerranée des voyageurs au XIXᵉ siècle», *Recherches régionales. Alpes-maritimes*, Conseil général, 2000, n° 155, p. 34-47. MOUSSA (S.), *La Relation orientale. Enquête sur la communication dans les récits de voyage en Orient (1811-1861)*, Paris, 1995 (CR B. LEPETIT, *AHSS*, septembre-octobre 1997, p. 1238-1239, «Sur la littérature de voyage...»). BECHERI (R.), «Il corno di posta. Da mezzo di signamazione a strumento sinfonico», *Quaderni di Storia Postale*, mars 1989, n° 12.

40. DUTENS, *op. cit.* BENNASSAR (B.), *Valladolid au siècle d'or..., op. cit*; *Le Voyage en Espagne..., op. cit.* (1ʳᵉ partie, «Humeurs et regards...; marginaux: esclaves, gitans, prostituées», p. 966-970). TRÉNARD (L.), «La résistance espagnole à l'invasion napoléonienne (1808-1814)», *Cercle archéologique et historique de Valenciennes*, 1971, t. VII, p. 143-166. CIORANESCU (A.), *Le Masque et le visage. Du baroque espagnol au classicisme français*, Droz, Genève, 1983. *Historiens et géographes*, bibliogr. de B. Bennassar et A. Jouanna, n° 370 («France-Espagne du XVIᵉ siècle à 1714»).

41. DUTENS, *op. cit.* Sur les auberges anglaises, outre les travaux de J.-A. Chartres et de son école, ouvrages anciens de G. HARPER, *The old Inn of England*, Londres, 1909. HACKWOOD (F.-W.), *Inns, ales tavernes of old England*, Londres, 1909. BABEAU (A.), *Les Anglais en France après la paix d'Amiens*, Paris, 1898.

42. Peu de données précises dans MICHEL (F.) et FOURNIER (É.), *Histoire des hôtelleries, hôtels garnis, restaurants et cafés*, Paris, 1851. Le colloque de Lille III a étudié en 1996 «L'image de l'autre dans l'Europe du Nord-Ouest à travers l'histoire» (sous la direction de J.-P. Jessenne, s.l.n.d. J.-F. DUBOST a tenté de préciser la place de l'étranger dans la France moderne (*idem*, 1996). EMMANUELLI (F.-X.), *Actes du colloque de Strasbourg, 1998*, s.l.n.d.

43. PERDIGUIER (A.), *Le Livre du compagnonnage...*, s.l., 1841 (rééd. Marseille, 1978). SAINT-LÉON (M.), *Le Compagnonnage, son histoire, ses coutumes, ses règlements, ses rites*, Paris, 1901. COORNAERT (E.), *Le Compagnonnage en France du Moyen Âge à nos jours*, Paris, 1966. Bibliographie dans BARRET et GURGAND, *Ils voyageaient la France. Vie et traditions des compagnons du tour de France au XIXᵉ siècle*, préf. de R. Lecotté, Paris, Hachette, 1980. ROCHE (D.), «Récits autobiographiques et lecture politique de la Révolution. Ménétra et Simon», *L'Europe, l'Alsace et la France..., op. cit.*, p. 359-370.

LIVRE VI

Vers l'Europe nouvelle
La vapeur et la révolution des techniques de transport
Ruptures et continuités

La première moitié du XIXᵉ siècle voit s'opérer la révolution des techniques qui, à la suite de l'Angleterre, entraîne une modification considérable dans la nature comme dans les formes du transport. La voie ferrée concurrence ou remplace la route. Le 15 septembre 1830 est inaugurée la première ligne ferroviaire moderne, la ligne Liverpool-Manchester, en une cérémonie magnifique et imposante. La face de l'Europe va changer. La propulsion à la vapeur remplace le halage ou la force de l'homme et du cheval. La capacité des voitures s'amplifie, la locomotive tire plusieurs wagons. Un nouveau vocabulaire se fait jour. Le capitalisme, individuel ou d'État, ses crises et ses réussites, multiplie les projets. S'ensuivent une pénétration plus aisée dans certaines contrées, des réductions de temps, de prix, de fatigue pour les usagers et des conceptions originales du nombre et de l'espace. La réalisation varie durant des décennies, suivant les pays, leur réceptivité et leur état d'avancement industriel.

Rupture donc, éclatante du point de vue technique mais continuité dans le domaine social, au sein d'une société dont capitalisme et socialisme constitueraient les infrastructures apparentes, tant dans l'ordre de la théorie que de la pratique. Subsistent, dans la première moitié du XIXᵉ siècle, trois systèmes économiques secondaires qui concernent la majorité – alors rurale – de la population: l'économie domestique, où le chef de famille a gardé prestige et autorité; l'économie domaniale dont le grand domaine rural apparaît comme la cellule de base, les fermiers subsistant dans sa dépendance; l'économie artisanale enfin de type urbain et rural, chaque artisan travaillant une seule matière, le fer, le bois, le cuir ou la pierre. Hors et au sein de ces circuits, stoppés et immobiles malgré les signes annonciateurs des nouveaux régimes de production, la route s'affirme comme un milieu social à part, ayant ses lois, ses disciples, son climat, voire son vocabulaire et sa littérature. Nous avons consacré au problème social dans sa continuité, son unité profonde et la diversité de ses aspects, notre dernier chapitre. La route, lieu de forces contrastées, de tradition et de renouvellement?

Concurrence ou complémentarité des modes de transport, ruptures ou continuité des valeurs de civilisation, tels sont les dilemmes qui, avant 1860, notre date terminale, se pose à l'Europe nouvelle, éprise de mouvement, mettant en question les problèmes de la distance et de l'efficacité technologique, permettant au vieux continent, ne fût-ce que de façon éphémère, d'entreprendre, et de réaliser, en partie, la conquête du reste du monde.

Chapitre I
Les innovations techniques,
l'avance anglaise et les implantations successives

L'ère du chemin de fer, qui devait, de façon brutale, transformer le visage de l'humanité, a trouvé son origine dans un certain nombre d'inventions et de transformations techniques et mécaniques, avant d'être prise en main par les groupes capitalistes, les peuples et les États. Ces transformations portent sur les deux éléments qui conditionnent tout moyen de transport: d'une part, un élément fixe, la voie et le rail; d'autre part un élément mobile, le matériel roulant, y compris les engins de traction. Suivent les premières implantations à l'échelle européenne.

1. La voie ferrée. La traction. Le financement. Le personnel[1]

Le rail n'est pas une nouveauté: on le retrouve chez les Grecs comme chez les Romains où existaient les «chemins à ornières», et, pour transporter le matériel militaire, les voies constituées de madriers de bois. Au XVIe siècle, au fond des houillères allemandes, apparaissaient les chariots munis de quatre roues, appelés «wagons». Une gravure sur bois, extraite de la *Cosmographie universelle* de Sébastien Munster, parue en 1550, montre, dans une galerie, un mineur poussant un chariot – «un tombereau sur quatre roues de fer» – sur une longrine de bois. Au début du XVIIIe siècle, on les retrouve en surface dans les charbonnages britanniques pour transporter la houille du carreau des mines vers les bateaux amarrés aux rives des canaux voisins. Suit l'invention des rails en fonte fixés sur des traverses de bois. En 1789, K. Jessep, ingénieur aux mines de Longborough, réduit le chemin de roulement à une étroite bande métallique en saillie, en fonte, fabriquée en 1816, «en ventre de poissons», avec un bourrelet à la partie supérieure. Neveu des frères Montgolfier, ingénieur, ouvert à ces problèmes, Marc Seguin a été chargé en 1826 des travaux pour transporter le minerai de Saint-Étienne à Lyon. Il choisit les rails en fer au lieu des rails anglais en fonte. La longueur passe à quatre mètres cinquante. Il les fixe, non sur des dés de pierres, mais sur des traverses de bois. Le rail moderne était né!

La traction

Seconde transformation: celle de la traction. La machine à vapeur existe mais elle est fixe au début du XIXe siècle. Les wagons sont traînés sur rails par des chevaux employés déjà sur la ligne de vingt et un kilomètres deux cent quatre-vingt-six reliant Saint-Étienne à Andrézieux et transportant, depuis la fin de 1826, de la houille ou *coak* et des marchandises. Ont eu lieu quelques tentatives pour utiliser l'énergie de la vapeur à la création d'un véhicule automoteur capable de se mouvoir sur rails. Dès 1771, le français Cugnot construisait son célèbre fardier à vapeur destiné aux transports sur les canaux. En 1800, à Philadelphie, un Américain, Olivier Evans, reprend le projet. Les Anglais se tournent d'abord vers les véhicules routiers: la première locomotive qui circule sur route en Angleterre est l'œuvre de Murdoch, élève de Watt. Elle lance des flammes dans la nuit et effraye les populations. En 1804, l'ingénieur Trevithick place sur rail la *Catchme who can*, suivi en 1812 par Blenkinsop – le *Prince régent* –, par Brenton – la *Mechanical Travellor* –, et en 1814 par Hedley – la *Puffing Billy* –, autant d'engins utilisés dans les mines. Cependant, le rendement est incertain. L'échauffement de la vapeur est trop long et trop restreint. Le cheval semble rester le seul moyen, adéquat, souple et économique, pour exploiter les chemins de fer industriels. Marc Seguin ne renonce pas. Pour augmenter le tirage, il décide de placer un ventilateur qui augmente la production de vapeur et invente la chaudière tubulaire (brevet demandé le 12 décembre 1827, délivré le 22 février 1828). Seguin fait traverser la chaudière par une quarantaine de tubes. La ligne est exploitée mi traction vapeur, mi traction hippique.

L'apport de George Stephenson[2]

Illettré jusqu'à dix-huit ans, doué pour la mécanique et les affaires, s'inspirant à la fois de Blenkinsop et de Hedley, George Stephenson lance sur la voie ferrée des mines de Killingsworth, la *Blücher*, qui remonte un train de douze wagons de charbon, représentant une charge de trente-six tonnes. L'année suivante, surgit une seconde locomotive. Avec son fils Robert – qui «a fait des études» – George Stephenson lance la ligne Stockton-Darlington. En 1825, la ligne est achevée. En septembre la *Locomotion* est construite: l'inauguration a lieu le 25 septembre. Un convoi composé de voitures à voyageurs et de trente-sept wagons de charbon est acclamé par quarante mille personnes.

Au concours de Rainhill (6 octobre 1829) – qui doit décider de la traction à adopter sur la ligne à construire Manchester-Liverpool –, sont en présence les machines de Stephenson et de Seguin: la locomotive de Seguin et ses quarante tubes longitudinaux, sont battus par les cent douze tubes de la *Rocket* de Stephenson père et fils. Remorquant treize tonnes, pesant quatre cent trente kilogrammes et portée par deux essieux, la *Fusée* réalisa la moyenne de vingt-deux kilomètres par heure avec des pointes de quarante-neuf kilomètres cinquante par heure. La chaudière produisait six kilogrammes de vapeur par kilogramme de combustible. Le 15 septembre 1830, en présence du Premier ministre, le duc de Wellington, la ligne Liverpool-Manchester (trois cent vingt kilomètres), véritable tour de force, est inaugurée. Elle comporte un long tunnel sous la ville, un beau viaduc et une traversée de terrains marécageux. La ligne Londres-Birmingham, d'une longueur de cent quatre-vingt kilomètres six cents, construite par Robert Stephenson entre 1834 et 1838, est une des plus belles réalisations de l'époque. À la fin de l'année, Stephenson livre la fameuse *Planet* à deux essieux, dont les deux grandes roues arrières motrices atteignent un mètre cinquante-cinq de diamètre, puis, en 1833, la *Patentee* qui sera la machine type des premiers chemins de fer du continent européen, l'écartement des voies, conforme aux mesures arrêtées par Stephenson, étant d'un mètre quarante-quatre (jusqu'en 1836), l'Irlande adoptant un écartement de cinq pieds trois pouces (un mètre soixante).

Le succès de la ligne Liverpool-Manchester, réalisée à double voie, suscite, en Angleterre, un grand intérêt pour ce mode de locomotion, et des soucis à Stephenson qui s'est résolu à poser les rails de fer sur des traverses de bois. Les difficultés de relief n'arrêtent pas les promoteurs; deux lignes sont construites les années suivantes: celle de Londres à Birmingham, et celle du *Great Western Railway*. Elles donnent lieu à d'imposants travaux:

– pour la première, une tranchée dans les collines calcaires du Nord-Ouest de Londres, *Tring Outting*, de quatre kilomètres de long, de douze à quinze mètres de profondeur. Les tunnels éveillent la méfiance du public, mais n'ébranlent pas la foi des actionnaires;

– la seconde (la grande ligne de l'Ouest, Londres-Bristol, comportant deux longues pentes de dix pour mille), œuvre de l'audacieux constructeur Isambard Kingdom Brunel, favorable à la voie large (écartement de sept pieds, soit deux mètres treize), revient à un prix très élevé au kilomètre. Mais la rentabilité est assurée: la vitesse moyenne atteint en 1848 près de quatre-vingt-douze kilomètres à l'heure, alors que sur voie normale, elle ne dépasse pas soixante-quatre kilomètres à l'heure.

Réalisée par le jeu des compagnies privées, l'extension du réseau est rapide. Dès 1845, le Parlement autorise la construction de trois mille kilomètres de voies et, en 1846, de sept mille sept cents kilomètres. En 1850, la longueur des lignes d'exploitation est de dix mille six cent cinquante-six kilomètres, dépassant la longueur des voies ferrées réalisées sur le continent, développement et héritage qui n'ira pas sans poser des problèmes aux temps contemporains. Dans l'ensemble, tamponnements, ruptures d'essieux et de roues, déraillements et incendies ne sont pas inconnus, de même que le manque de confort dans les trois classes des wagons où, au début sont enfermés les voyageurs.

Sur le continent: Mulhouse, Saint-Étienne et les chemins de fer industriels

Dans les années 1830, le transport minier retient l'attention des industriels. Mulhouse est au premier rang avec les réalisations de la Société industrielle: en 1837 est inaugurée la voie Mulhouse-Thann. Dans le centre, on assiste à la naissance de lignes courtes et spécialisées, à traction animale, de Saint-Étienne à Andrézieux (1828). En 1826, la Société des houillères de Saint-Étienne crée une voie ferrée vers Lyon et le Rhône, dont l'exécution a été confiée aux frères Seghin, dont l'aîné, Marc, a lancé au-dessus du Rhône, en 1820, le premier pont suspendu en fil de fer de France. Au cours d'un voyage en Angleterre, Marc a acheté à Stephenson deux locomotives d'occasion. Il les dote en 1828 de sa fameuse chaudière tubulaire dont il équipe la locomotive qui fait le trajet Saint-Etienne – Lyon, première ligne ouverte en 1833, réalisée, malgré les difficultés de terrain, sur le continent européen. Une autre ligne complète le réseau des houillères et relie Andrézieux à Roanne; destinée d'abord à la traction chevaline, elle est équipée de locomotives anglaises et s'ouvre aux voyageurs[3].

Le financement

Qui a aidé à ce développement? Les sociétés privées se sont multipliées sous l'impulsion des industries et des banques. Ces compagnies n'hésitent pas à construire des lignes faisant double emploi: quelquefois les villes ont autant de gares que de compagnies assurant la desserte. Servie par la médiocrité des distances et les faibles dimensions de l'espace britannique, la dispersion de l'entreprise ferroviaire favorise l'intensité du trafic. L'ère du rail coïncide avec des demandes extérieures accrues, le taux de croissance des exportations est beaucoup plus élevé entre 1840 et 1860 qu'il ne le fût à l'âge d'or du coton (1780-1800) (É.-J. Hobsbawm, Le Seuil, 1977). Avec la révolution des transports, s'ouvrent de nouveaux marchés et se développent les anciens. Pour le financement, le public, sollicité, apporte les capitaux. On l'allèche par les dividendes, de 10 à 14 %. Le marché financier fournit trois cent millions de livres. Face à une très forte compétition entre canaux et chemins de fer, une lutte sans merci s'est engagée. Les compagnies de chemin de fer rachètent les parts des canaux et augmentent les tarifs de transport. En 1845-1846, au moment où sévit «la folie du chemin de fer», survient la crise de confiance et l'abus des investissements inconsidérés qui entraîne faillites et déshonneurs.

Route et voie ferrée: le nouveau système apparaît d'abord complémentaire de l'ancien. Quand T. Aymard va en Écosse, il prend le chemin de fer de Londres à York, puis une voiture publique jusqu'à Edimbourg. Une grande berline dont quatre places réservées aux étrangers. Les autres voyageurs, au nombre de huit ou dix, s'installent sur des banquettes à découvert, où se retrouvent les gens du pays.

Quatre chevaux, fonçant au galop, remplacés aux différents relais, entraînent le véhicule. Aymard retrouve le chemin de fer d'Edimbourg à Glasgow (trois cent cinquante mille habitants), ligne parallèle au canal de jonction du Forth à la Clyde. Il prend le paquebot pour Liverpool, puis le chemin de fer jusqu'à Londres[4].

Le personnel

Un problème de reconversion se pose. La locomotive «pilote» est l'objet de tous les soins[5]. Nécessitée par l'élaboration et la mise en place des sources de production, une hiérarchie interne s'installe, du manœuvre à l'ouvrier qualifié et à l'ingénieur. Pour la ligne Londres-Birmingham sont nécessaires des travaux, colossaux pour l'époque, telle la tranchée de Tring. Beaucoup d'ouvriers sont des Irlandais chassés de leur pays par la famine. S'élaborent une géographie et des formes de capitalisme – la demande est considérable – dans un monde nouveau où vont jouer les problèmes de masse et de nombre. L'ancienne République de Mulhouse, incorporée à la France en 1798, en pleine mutation technologique, donne l'exemple de cette nouvelle hiérarchie sociale. Ses industriels, parmi lesquels Koechlin et Dollfus, d'inspiration maçonnique, ont créé en 1826 la Société industrielle. Ils prônent le développement de la voie ferrée qui prend place dans un complexe industriel moderne: création d'une industrie textile, doublée d'une industrie métallurgique, apte à résoudre les besoins de la «révolution des transports». Ils développent une politique sociale à double détente: d'une part d'immigration intensive venu des campagnes avoisinantes, d'autre part de «pratique ouvrière, de logement et d'assistance» (Stéphane Jonas)[6].

2. Les réseaux nationaux

L'empirisme et l'expérimentation, la curiosité, le désir de rentabilité immédiate ont présidé aux premières créations. Viendront ensuite les problèmes de raccordement et de liaison à l'échelle nationale, puis du continent. Plus ou moins vite, les gouvernements comprennent l'importance du nouveau système de communication. Intérêt stratégique pour certains, économique pour d'autres, politique enfin, ces motivations font, de la construction et de l'exploitation, une affaire d'État. Un problème se fait jour: la détermination de la part respective de l'État et du capitalisme privé. Entre les deux solutions extrêmes, – le dirigisme absolu en Belgique, le laisser-faire des Britanniques – chaque gouvernement fixe ses principes en fonction de la conjoncture politique et de ses traditions. Ce fut, dit J. Pécheux, «l'ère des inaugurations et de l'établissement» des premiers linéaments d'un réseau européen.

L'exemple belge

Au cours de cette période préindustrielle, fort des réalisations mécaniques et sidérurgiques du sillon Sambre et Meuse, le gouvernement belge voit dans le chemin de fer un moyen d'affirmer son unité politique, depuis sa séparation avec la Hollande (1830). Contrastant avec les hésitations du ministère français, la Belgique va de l'avant. La transversale Ostende-Malines-Liège, puis la descente de la voie d'eau de la Meuse, structurent l'ensemble. Une loi du 1ᵉʳ mai 1834 crée un réseau ferroviaire d'État, ayant son centre à Malines, les rayons se dirigeant vers Anvers, Liège et l'Allemagne, Bruxelles et la France, Ostende, porte de l'Angleterre. L'*Éléphant*, la *Flèche* et la *Stephenson*, la *Vitesse* et l'*Aigle*, sortis des ateliers de Newcastle, roulent sur des rails anglais. Le 6 mai 1835 est inaugurée la ligne Bruxelles-Malines. Victor Hugo, qui a fait le voyage, s'en fait le chantre: «C'est un mouvement magnifique et qu'il faut avoir senti pour s'en rendre compte. La rapidité est inouïe…» (en moyenne la vitesse est de quarante-sept kilomètres à l'heure)[7]. Commencé en 1836 le réseau est achevé en 1844. L'État se charge de l'exploitation. Les lignes secondaires sont laissées à l'initiative privée.

En Hollande, qui avait été, sous l'Empire et le blocus, avec le port de Rotterdam, un des points d'appui de la contrebande britannique, le 20 septembre 1839, est inaugurée, la ligne Amsterdam-Haarlem, deux villes déjà bien reliées par un service de coches d'eau[8]: il faut devancer la ligne Cologne-Anvers, qui détournerait vers le port belge une partie du trafic allemand, orienté jusque là vers Rotterdam.

En Italie, on ne note aucune émulation au départ, parmi les différents États. Dans le royaume de Naples, rendu aux Bourbons, est créée, touristique, la ligne Portici, au pied du Vésuve. La *Bayard* et la *Vesuvio* déclenchent l'enthousiasme populaire[9].

En Autriche, pour faciliter le transport du sel en provenance des mines de Salzkammergut vers la Bohême, s'étaient ouvertes les «routes du sel» entre les vallées du Danube et de la Moldau. Sur plus de cent vingt kilomètres, œuvre de von Gestner, professeur à l'université de Prague, de son fils Franz Anton et de Martin von Schonerer, est réalisée la liaison à traction hippomobile entre Budweiss et Linz (1832), dotée d'un service quotidien de voyageurs alternant, pendant la belle saison, avec le sel exporté. On assiste ainsi à un début du tourisme ferroviaire, organisé en «trains de plaisir» entre Linz et Sankt Magdalena! Le 6 janvier est inaugurée la ligne Vienne-Florisdorf-Wagram qui obtient un succès populaire.

La «fièvre française», bourgeoise, spasmodique, ferroviaire. L'élan saint-simonien et la loi du 11 juin 1842

L'ardeur pionnière des saints-simoniens – les frères Pereire – s'efforce d'émouvoir l'opinion publique. Les projets de communications nouvelles rentrent dans un vaste plan qui vise à transformer la physionomie du monde. Des villes qui communiquent avec rapidité et efficacité, tel est le dessein qui aboutira à la loi de 1842: loi précédée de l'élaboration en 1838 d'un projet d'aménagement du territoire, leçon de saint-simonisme. Révolution économique mais en même temps, révolution sociale. Ce qu'est un chantier?

«Les escadres de travailleurs seraient commandés par les ingénieurs des Ponts et chaussées et des Mines, par les élèves de Polytechnique, tous en uniforme. Le canon marquerait le commencement et la fin de la journée [...] les femmes les plus brillantes se mêleraient aux travailleurs pour les encourager.»

De retour de ses missions en Angleterre et aux États-Unis, Michel Chevalier avait conçu le plan de circulation comme un «système». Dans *Les Intérêts matériels de la France* (1808), il notait que la part de l'Est, ouvert sur l'Europe centrale, était «magnifique»; il évoquait «la centralité et le rayonnement de la capitale»: «Paris est à la fois le foyer de la pensée française et celui de nos intérêts matériels.»

Les résistances parlementaires et rurales

L'ampleur de ces vues va échapper, «d'une part aux réalisateurs des chemins de fer enfermés dans la logique d'un moyen de transport, d'autre part aux hommes d'affaires et banquiers de l'Empire, trop attachés à des opérations fractionnellement ponctuelles» (A. Burguière et J. Revel, *L'Espace français*, 1989) et immédiatement rentables. Aux ruraux enfin, jaloux de leurs terres. Aidés par deux autres saint-simoniens, Eichtal et Thurneyssen, les frères Pereire réussissent à convaincre James de Rothschild d'imiter les Anglais ou les Belges et de créer une société au capital de cinq millions.

À la fin du mois d'août 1837, la ligne Paris – Saint-Germain est prête à être ouverte au public. La reine Marie-Amélie et ses filles sont du voyage. Est alors décidée la construction de la ligne Paris-Versailles. La polémique ouverte à ce propos donne lieu à des torrents d'éloquence: Thiers, ministre de Louis-Philippe, est hostile, Arago est favorable aux compagnies privées, pour éviter de donner trop de puissance à l'État. Malgré les résistances académiques, parlementaires et rurales, la fièvre ferroviaire va s'emparer de la bourgeoisie française[10].

Les premières implantations

La loi de 1842 prescrit l'établissement d'un réseau national et la mise en chantier d'une série de lignes calquées sur le réseau des routes royales partant toutes de Paris et se dirigeant vers les frontières: vers l'Angleterre par Amiens et Dunkerque, vers la Belgique par Lille et Valenciennes, vers l'Allemagne par Nancy et Strasbourg, vers l'Italie et la Méditerranée par Lyon et Marseille, vers le Centre par Bourges, et vers l'Espagne par Tours et Bordeaux. Elle adopte un système de construction et d'exploitation associant l'État et les entreprises libres; elle concède à l'État le soin d'acquérir les terrains, d'exécuter les terrassements et les ouvrages d'art; aux compagnies fermières, celui d'établir les superstructures, de poser les rails, de fournir le matériel roulant et d'assurer l'exploitation.

TABLEAU DES LIGNES FERROVIAIRES FRANÇAISES ENTRE 1835 ET 1845*

1. Ligne Paris-Saint-Germain
Promoteurs: les banquiers É. et I. Pereire. Autorisation du 9 juillet 1935
Inauguration le 24 août 1837 par la reine Marie-Amélie et le duc d'Orléans
Mise en service de la locomotive *L'Alsace* à 6 roues, dérivant du type *Patentee* de R. Stephenson, montée par les ingénieurs des chemins de fer et par C. Stehelin (essai d'octobre 1838)

2. Ligne Paris-Versailles (rive droite)
Promoteurs: MM. de Rothschild, exploitée également par Pereire
Concession du 24 mai 1837, ouverte le 2 août 1839
Commande de 4 locomotives à Stehelin et Huber, à 6 roues, dont 2 motrices, type en usage en France et en Angleterre, avec perfectionnement de D. Llyod
Exposition de l'industrie française le 1er mai 1839. Médaille d'or à Stehelin et Huber

3. Ligne Mulhouse-Thann
Promoteur: N. Koechlin et frères
Autorisation du 17 juillet 1837; inauguration le 1er septembre 1837
Locomotive «Thann» de Stehelin et Huber. Vitesse, 70 km le 14 août
Absorption des Chemins de fer d'Alsace par les Chemins de fer de l'Est

4. Ligne Bâle-Strasbourg
Promoteur: N. Koechlin et frères; ingénieurs: Chaperon et Bazaine; 140 km
Autorisation du 6 mars 1838, ouverte par tronçons successifs
Inaugurée le 19 et 20 septembre 1841. Matériel fourni par les ateliers de Bitschwiller
Ouverture de la ligne Saint-Louis – Bâle (inaugurée en décembre 1845)

5. Ligne Paris-Versailles (rive gauche)
Concession à A. Fould du 24 mai 1837
Ouverte le 10 septembre 1840 au départ de la gare Montparnasse sur 17 km
À noter: le nombre des locomotives en service en France: 21 en 1838, 74 en 1840, 102 en 1842 et 129 en 1843
Une crise financière s'ouvre de 1839 à 1842

6. Ligne Paris-Orléans
Concession obtenue le 7 juillet 1838
Premier tronçon de Paris à Corbeil achevé le 20 septembre 1840
La Compagnie d'Orléans a résisté à la crise financière de 1839
Équipée de 16 machines anglaises et de 6 machines de Stehelin et Huber

(d'après I. et A. Kammerlen, SIM, 3, 1989 et F. Ponteil, op. cit., p. 769-773)

Sont ainsi, successivement, réalisées les lignes suivantes: Paris-Orléans (1840-1843), Paris-Rouen (1843), avec prolongement sur le Havre (1847), Paris-Lille et la jonction avec les voies belges (1846-1850), Paris-Châlon-sur-Saône (1848-1851) prolongée jusqu'à Lyon (1851-1854). La voie Strasbourg-Bâle, tronçon de Marseille-Strasbourg, présentée comme une voie d'intérêt national... «la voie la plus directe, la plus sûre, la plus rapide du commerce du Levant vers la mer du Nord», a posé la question, compte tenu des réticences du génie militaire, de l'entrée du chemin de fer dans Strasbourg. Le projet de Kehl à Bâle, prôné par la *Gazette d'Augsbourg*, par la rive droite du Rhin, a été abandonné. En 1850, en partie du fait des hésitations des origines, des incertitudes politiques, des réticences rurales, à peine trois mille kilomètres de voies ferrées sont en service. Seuls le Nord du pays et la direction de la Belgique sont bien desservis ainsi que les ports de la Manche. Les nouveaux réseaux, alsaciens, stéphanois, parisiens, fruits de l'empirisme et de l'initiative de promoteurs éclairés, sont encore séparés par de grands vides.

Le Second Empire rentre dans la période des réalisations dont F. Caron a étudié les étapes. En 1855, la France compte quatre mille kilomètres de voies ferrées, ce qui la place au 4ᵉ rang des pays européens, elle est dotée depuis 1842 de cent quarante-six locomotives dont quatre-vingt-huit de construction anglaise. Croît l'activité des ateliers français: Saint-Étienne, le Creusot, Koechlin à Mulhouse, Halette à Arras, Rouen à Sotteville, ce dernier atelier dirigé par un ingénieur anglais William Buddicom qui crée un modèle de locomotive particulièrement robuste. Les éléments juridiques suivent. Sont consentis aux compagnies des baux de quatre-vingt-dix-neuf ans; la fusion des entreprises est réalisée. L'élan est donné: 1851, trois mille cinq cent cinquante-quatre kilomètres; 1858, huit mille six cent quatre-vingt-un kilomètres; 1870, dix-sept mille quatre cent quarante kilomètres. Le retard est rattrapé. Les réseaux régionaux se mettent en place[11].

La ligne de Paris à Strasbourg vers l'Europe centrale[12] ligne d'intérêt européen, offre un exemple accompli de ce que furent les débuts de l'aventure ferroviaire, y compris les considérations militaires, tel dans le cas des lignes russo-polonaises ou prusso-rhénanes, dirigées vers la frontière. Comprise dans le programme d'ensemble publié au *Moniteur universel* en 1832, retenue sous la monarchie de Juillet par la loi du 11 juin 1842, la ligne, achevée sous la Seconde République, est inaugurée par le prince-président. Il s'agit, non de la plus ancienne ou de la plus populaire de ces voies, mais d'une des plus importantes, tant par les relations commerciales qu'elle permet vers l'est que par la valeur qu'on lui attache dans l'ordre national et par la longueur de voie ferrée dont elle exige, d'un seul tenant, la concession. Elle s'affirme comme une des voies structurales de la France et demande une continuation vers l'Europe centrale et vers l'Orient. Sur les cartes d'état-major, la grande route porte le nom de «route de Paris à Vienne».

Vingt années ont séparé les premiers «discours» de l'achèvement de la ligne. La construction et l'exploitation ont été précédées de maintes enquêtes, études, présentations de projets. Le temps passait. Atmosphère de lutte, d'espérance, de jalousies locales, de désillusion parfois. Le 25 février 1842, le maire de Strasbourg demandait à son conseil de voter un concours de deux millions, avance remboursable dans les cinq années suivantes: «Que le gouvernement fasse savoir aux habitants de l'Est s'il veut les traiter comme les enfants de la France ou comme des étrangers dont il n'aurait nul souci.» Le préfet du Bas-Rhin Sers établit un constat de carence, stigmatisant l'attitude du gouvernement qui «s'est tu devant vos réclamations, entraîné qu'il était dans la voie des discussions théoriques qui se reproduisent d'une manière si pénible et qui se résument dans les changements de personnes funestes à la marche des affaires du pays». Entre 1832 et 1844 se multiplient les batailles entre le ministère des Travaux publics, les localités, les assemblées départementales, les chambres de commerce, pour ou contre les trois tracés généraux envisagés «pour la ligne de l'Est, à poursuivre avec la ligne de Vienne et d'Istanbul»:

    – l'un de Paris à Nancy par la vallée de la Marne ou le plateau de la Brie;

    – le second, empruntant le chemin de fer de Paris à la Belgique jusqu'à Creil et, par les vallées de l'Oise et de la Vesle, atteignant la vallée de la Moselle à Arneville près de Metz;

    – le troisième qui rend le chemin de fer de Paris à Nancy commun jusqu'à Troyes, avec celui de Paris à Lyon.

Dans les villes en question, l'agitation a été grande: la géographie des voies ferrées est l'expression même de la géographie sociale de la France. Le trajet par la vallée de la Marne a été finalement adopté (03-07-1844). Aigu, s'est posé le problème de l'entrée dans Strasbourg, forteresse incluse dans le système défensif de la France de l'Est. Par ailleurs d'autres voies étaient demandées, Strasbourg-Mannheim concurrencée par un projet bavarois et badois de Bâle à Mayence, sur la rive droite du Rhin, puis par Sarreguemines, Strasbourg-Sarrebrück où la voie aurait embarqué le charbon prussien. Outre les problèmes défensifs, il fallait tenir compte des intérêts des États allemands en voie de *Zollverein*, concilier la rivalité rail-canal au moment où s'ouvrait le canal de la Marne au Rhin, «retenir les demandes des industriels Mulhousiens désireux d'obtenir la houille à bon marché» (F. Ponteil). Établie par tronçons entre 1849 et 1852, inaugurée le 18 juillet 1852 dans une cérémonie mi-politique mi-religieuse – l'évêque bénit la locomotive –, malgré les atermoiements, Paris-Strasbourg semble ouvrir la voie vers l'Europe danubienne et préparer une ère de fraternité européenne.

Les hésitations des pays allemands. Un système de relais parfaitement au point

En Allemagne, et surtout en Prusse, le chemin de fer ne s'impose pas immédiatement: l'on n'en voit pas la nécessité! Les services des postes et voyageurs fonctionnent parfaitement: des routes bien entretenues, un service rapide et régulier de courriers, la liaison serrée des principaux centres du commerce et de l'industrie, autant d'éléments qui apparaissent décisifs par rapport aux frais énormes de création et d'exploitation des chemins de fer, sans parler des menaces de chômage et des dangers prétendus pour la vie et la santé des voyageurs! Qu'en sera-t-il de la poste qui fonctionne à la satisfaction générale?

En été 1833, l'économiste Frédéric List, de Souabe, de retour d'Amérique, renverse la vapeur en lançant une brochure sur «un système de chemins de fer en Saxe», devant servir de base à l'installation d'un système général des chemins de fer allemands, particulièrement par l'établissement d'une voie ferrée Leipzig-Dresde (qui sera inaugurée en 1838). La Prusse hésite. *Le rapport sur les grandes routes*, présenté le 16 août 1835 au roi Frédéric Guillaume III, par le conseiller intime Tother, fait le point de la situation en Europe et en Amérique, montre l'importance de la traction à vapeur pour les marchandises pondéreuses, examine les avantages de la rapidité et analyse les éléments du prix de revient[13].

En Amérique, faut-il le rappeler, la voie ferrée s'est établie quasi sans concurrence; en Angleterre, les chemins de fer sont des entreprises par actions qui, en grande partie, donnent lieu à des spéculations de bourse. Sur le continent, les voies sont encore rares; en Autriche, la voie de Buweis à Linz est exploitée au moyen de chevaux, de même en France, de Lyon à Saint-Étienne, et, de là, à la Loire. Toutes rencontrent des difficultés, du fait de la concurrence par eau et par terre; ce qui pose la question de la rentabilité des capitaux engagés. Le problème est semblable en Belgique qui a relié entre elles, au moyen de voies ferrées, les villes les plus importantes, Bruxelles et Malines en premier lieu. Mais cet exemple ne saurait suffire: on manque encore de l'expérience financière et de l'habileté nécessaire relativement à la partie technique!

Face à ces incertitudes s'affirmerait en Allemagne l'excellent et relatif bon marché des voies de communications routières: les frais et les douanes sont réduits à tel point que les transports terrestres supportent la concurrence des transports par eau! Ils sont en moyenne de huit *pfennigs* par quintal et par mille dans la partie orientale de la monarchie, et d'un *silbergros* dans la partie occidentale. Par tous les moyens, on a tenté d'accélérer les transports en diminuant les prix: six *pfennigs* par quintal et par mille prussien, treize à quatorze *pfennigs* pour le roulage accéléré! Un grand nombre de travailleurs vit «par» et «pour» la route, la traction sur voie ferrée n'entraînerait pas la suppression de l'entretien du système routier, de là une nouvelle dépense pour l'État! Ce dernier ne peut favoriser une partie de la population au détriment de l'autre! Est nécessaire une codification très précise des conditions qui doivent servir de base aux entreprises envisageant de construire des chemins de fer.

Le rôle de la Prusse et le développement ferroviaire

La décision est prise par le roi. Les conditions sont fixées:

– formation d'un comité qui, dans un délai de six mois, constitue une société par actions, aux statuts approuvés par le gouvernement, les droits des corporations étant maintenus;

– la concession de la ligne et le droit de construire sont du domaine de l'État;

– l'acquisition des terrains nécessaires est faite par la société, le droit général allemand s'applique en cas de litige sur les expropriations;

– le temps et le délai d'exécution sont fixés d'un commun accord;

– la société a le droit de prélever un «argent de route» *Bahngeld*, d'après un tarif déterminé;

– l'État garde le droit de surveillance sur les chemins de fer[14].

Les bases de la conciliation sont fixées comme suit:

– sur les routes pourvues d'un service de poste ordinaire ou accéléré, aucune entreprise privée ne peut s'établir ni transporter aux jours et aux heures indiquées, dans les localités spécifiées, des voyageurs ou des objets postés, conformément à «l'ordre sur la poste de 1712» (*Mylius*, IVe partie), au droit général allemand, à l'ordre sur la poste de 1782. De même, dans les provinces rhénanes où le droit français est en vigueur, il est interdit à toute personne privée d'établir un transport de voyageurs avec places payantes;

– le droit de transporter les voyageurs en faisant payer a été accordé aux conducteurs contre un impôt d'un *silbergros* par cheval et par mille (loi du 10 janvier 1824), de même pour le transport des objets. En pratique, la poste cède ses privilèges aux entreprises de chemins de fer en échange d'un dédommagement proportionnel et a le droit d'user du chemin de fer pour l'exécution de son service moyennant le paiement d'une indemnité en rapport avec le service rendu.

L'ordre de cabinet de février 1836 est à la base de la législation postale des chemins de fer en Prusse. Des accords particuliers sont passés par la poste lors du traité avec le chemin de fer de Berlin à Postdam; le calcul de l'indemnité à prévoir est opéré très exactement, en fonction des économies réalisées par les deux parties. On a pu se passer à la station de Berlin de quatre-vingt-deux chevaux, à celle de Postdam de quarante-sept, à celle de Zellendorf de dix-sept: chaque cheval occasionnait à Berlin et à Postdam une dépense de neuf cent soixante-cinq francs. Un calcul du même type est effectué par la poste avec la Compagnie du chemin de fer Magdebourg-Leipzig, circuit ouvert le 18 août 1840. Chargées, les voitures de poste sont conduites par des chevaux de l'Hôtel des postes à la gare et prennent place sur les «trucs» fournis par la Compagnie. En 1849 sont créés des bureaux ambulants, où le tri se fait pendant le voyage. L'avantage est énorme pour la poste; les compagnies sont affranchies de «tout impôt d'industrie»[15]. Les lignes se multiplient. Le 2 octobre 1838, la ligne de Berlin à

Potsdam est inaugurée; la seconde ligne joint Nuremberg et Furth, voies construites par von Denis, ancien élève de l'École polytechnique. En 1840, un Alsacien Nicolas Riggenbach, recruté comme monteur par l'usine Kessler de Karlsruhe, participe à la fabrication des premières locomotives allemandes sous la direction d'un ingénieur anglais. Jusqu'en 1853, devenu chef d'atelier, il assure la construction de près de deux cent cinquante locomotives, destinée à la Suisse et essayées sur la ligne Zurich-Baden. Suivent rapidement en Allemagne les tronçons suivants: Munich-Augsbourg (1839), Ludwigshafen-frontière de Prusse, près de Sarrebruck, et à Mayence (1844), Neustadt-Wissembourg, Munich-Ratisbonne, Nuremberg-frontière de Bohême, Ratisbonne-Passau. En 1853, l'Allemagne possède six cents kilomètres de voies ferrées; le Wurtemberg ayant été le dernier à adopter le nouveau système de transport[16].

Quelles peuvent être les conséquences de cette «révolution» qui recoupe les anciens cadres politiques? L'étude de Klaus Herrmann, *Die Personenbeförderung bei Post und Eisenbahn in der ersten Hälfte des 19. Jahrhunderts* (s.d.), montre les changements occasionnés dans les transports de masse. On ne voyage pas seulement plus vite mais aussi moins cher. La fréquence des déplacements augmente. En 1850, on ne met plus qu'un neuvième du temps nécessaire, cinquante ans auparavant, pour la même distance[17]. Quant aux transports de masse, l'intérêt est indéniable. Enfin reconnu, il va entraîner en Rhénanie, en Saxe et en Silésie, la création de régions industrielles.

3. Vers la constitution d'un réseau ferré européen

De l'empirisme expérimental du début, on est passé un peu partout dans les États, après 1840, à une politique de création, de stratégie territoriale, de vision parfois aventureuse, pour réaliser ce qui tendait à exister dans le domaine de la poste aux chevaux, un véritable réseau européen, aux éléments encore non coordonnés. L'exemple est donné. Le processus d'inauguration va continuer dans l'ensemble de l'Europe.

NOMBRE DE KILOMÈTRES DE VOIES FERRÉES EN EXPLOITATION

	France	Angleterre	Autriche	Allemagne
31-12-1841*	573 km	3800 km		
01-01-1848	1860 km**	5000 km	1300 km	6000 km
1850		10656 km		
1870	17440 km	6380 km		

États-Unis: 5000 km
**Exploitation confiée à 28 compagnies*

Tableau des principales inaugurations en Europe
(G. Brunel)

Angleterre	Stockton-Darlington	05-09-1825	28 km
Belgique	Malines-Bruxelles	05-1835	20 km
Bavière	Nuremberg-Furth	09-1835	7 km
France	Paris – Saint-Germain	25-08-1837	19 km
Russie	Saint-Pétersbourg – Tsarkoïéselo	04-1838	27 km
Prusse	Berlin-Dresde	08-1838	27 km
Saxe	Leipzig-Dresde	08-1839	117 km
Hollande	Amsterdam-Harlem	09-1839	17 km
Autriche	Vienne-Brünn	05-1840	133 km
Lombardie	Milan-Monza	09-1840	14 km
Bade	Mannheim-Heidelberg	09-1840	16 km

L'Europe centrale au cœur du système

Les voies essentielles utilisent les facilités du relief. En Europe centrale, Varsovie est reliée, d'une part, à Vienne, avec un embranchement vers Cracovie, d'autre part à Berlin et rejoindra l'ancienne frontière russe. Grâce à l'intervention personnelle du tsar, la voie est à écartement normal, à la différence de celle de Saint-Pétersbourg à Tavlosk. Y circulent les premières locomotives de type américain fabriquées en Russie par la firme Alexandrovsk. S'installe ainsi une transversale est-ouest qui, de Berlin aboutit à la frontière belge et à Aix-la-Chapelle, reliée à Cologne aux réseaux du Palatinat et au pays de Bade, comprenant en 1850 plus de six mille kilomètres de voies. Des accords ont été passés, conciliant l'intérêt des États et ceux des compagnies. Après 1871, en Allemagne, l'État possède la presque totalité des chemins de fer; la loi de 1871, que suit la fondation de l'Union postale universelle, règle le service des postes (1873).

En Autriche, le chemin de fer est au service de l'unité impériale et favorise le progrès économique. La jonction avec l'Allemagne a été opérée en 1848 à Oderberg en Silésie. Vienne affirme sa prépondérance grâce aux liaisons avec les capitales de l'Empire, Prague, Budapest et la Pologne annexée. En 1841, un décret impérial a autorisé la construction de quatre axes ferroviaires, Vienne-Graz, Vienne-Brno-Prague, Vienne-Salzbourg et Milan-Venise. Le réseau comptait mille trois cents kilomètres de voies ferrées en 1849, (mille six cent vingt-deux kilomètres en 1848, *dixit* J. Bérenger), plus de quatre mille kilomètres en 1859, six mille trois cent quatre-vingt kilomètres en 1867, reliant Vienne à la Suisse, à la Bavière, à la Saxe, à la Galicie. Pays traditionnel, fidèle à la royauté du cheval, la Hongrie profite cependant de la signature du compromis dualiste de 1867 pour renforcer les relations de Budapest avec Vienne et la province. De même importance, comme au XVIe siècle, mais avec des moyens accrus, par une série de viaducs et de tunnels, se présente le franchissement de l'arc alpin. En 1829, François-Xavier von Riepl présente à l'empereur le projet d'une ligne dorsale de mille cinq cents kilomètres de Krakow (Cracovie), sur la Vistule, à Trieste: elle franchirait les Alpes au sud de Vienne et aboutirait sur l'Adriatique. En 1835, l'empereur autorise la construction d'une partie du tronçon nord, de Vienne à Bochnia, près de Krakow, avec des embranchements vers Brunn (Brno) et Olmutz. La dorsale nord-sud (*Sudbahn*) franchit dès 1853 les Alpes au col de Semmering, liaison conçue par l'ingénieur autrichien von Cheigha, première des prouesses techniques du franchissement des Alpes, reliant par Graz, Vienne à l'Adriatique. De nombreux ouvrages d'art ont été nécessaires. À travers les Alpes juliennes, Laipach est réuni à Trieste. L'inauguration a lieu sous la neige en 1854, le convoi étant remorqué par deux locomotives à trois essieux, type Stephenson, la *Moravia* et l'*Hercule*. La ligne, qui reçoit le nom de *Kaiser-Ferdinand Nord-Bahn*, apparaît comme le symbole des temps nouveaux par le raccordement des relations danubiennes au réseau européen, à travers l'isthme allemand.

La place des cantons helvétiques[18] dont la neutralité a été ratifiée, en droit international, en 1815, est définie, outre par l'âpreté du relief tourmenté, par d'autres difficultés, dites «intercantonales». D'aucuns ne voient absolument pas l'intérêt des nouvelles installations, onéreuses, et difficiles à mettre en place. L'impulsion vient de la périphérie, avec l'ouverture de la ligne Strasbourg-Bâle qui provoque un sursaut d'orgueil. Ligne s'arrêtant d'abord à Saint-Louis en 1840, concédée aux Stehelin entre Saint-Louis et Bâle, puis retirée par le canton pour non-exécution, attribuée enfin aux chemins de fer d'Alsace en 1844 et inaugurée en 1845. La Compagnie des chemins de fer du Nord est fondée en 1846; la ligne Zurich-Baden est inaugurée le 7 août de l'année suivante. Nicolas Riggenbach, déjà cité, est nommé en février 1853 chef des ateliers mécaniques de la Société du chemin de fer central de la Suisse créée à Bâle. En février 1855, il prend la direction des ateliers centraux à Olten. Il a fait breveter par la France son système de roue à crémaillère permettant de vaincre des pentes allant jusqu'à 25 %. Il entreprend en 1870 la construction du premier chemin de fer de montagne en Europe, partant de Vitznau et escaladant l'emblématique Rigi dominant le lac des Quatre-Cantons. La ligne arriva au sommet en 1873 (F. Gueth). Sont réalisés, par la génération suivante, suisses ou non, les grands tunnels transalpins: du Cenis (extérieur) en 1870 au Brenner (mille trois cent soixante mètres), où la voie ferrée passe sans tunnel, en 1882, au Gothard, où malgré de grandes difficultés, est percé un tunnel de quinze kilomètres à mille cent quarante mètres d'altitude, en attendant en 1908 le Simplon (vingt kilomètres), à sept cents mètres d'altitude. En 1860 était mise en service la ligne Vienne-Linz-Salzbourg, prolongée en 1882 vers Zurich par la ligne de l'Arlberg. En 1912 le tunnel Loetschberg ouvrait la voie vers Berne et Bâle. Les ateliers d'Olten, où travaillait Riggenbach «le vieux mécanicien» (qui a publié ses souvenirs), essaiment sur toute l'Europe centrale.

Réalisation qui est en même temps le symbole d'une naissance, bien étudiée par Laurent Tissot (*Naissance d'une industrie touristique: les Anglais en Suisse au XIXe siècle*, Lausanne, 2000). Naissance d'une activité liée à la circulation mais naissance également d'un pays, «le paradis des espaces naturels», les sites, la découverte des montagnes et des villages, la reconnaissance des sommets. Multiplication des guides de voyage illustrés par les Voyages Cook: la route révélatrice du pays en attendant l'exploitation mercantile. Frustrés de voyage pendant vingt ans, les Anglais, jeunes ou plus âgés, se précipitent en Suisse, lord Byron en tête, et tentent de retrouver dans les hôtels nouvellement construits, cette atmosphère *so cosy, so typically british* qui fait le charme des vieux manoirs anglais. Ils participent aux promenades et au déchiffrement de la montagne. Le Mont-Blanc a été vaincu en 1786 par Horace de Saussure et un guide de Chamonix. Le Cervin résiste: le dessinateur anglais Edouard Whymper a tenté l'ascension par trois fois, sans succès, avec le guide Jean-Antoine Carrel. Il constitue une équipe de sept personnes – dont un débutant –, la réunit à celle du révérend Charles Hudson qui a engagé Michel Croz, seul guide capable de réussir l'exploit. Le 14 juillet 1865, ils atteignent le sommet par l'arête du Hörnli. Whimper se réjouit: «Nous restâmes une heure entière sur le sommet, une heure bien remplie de vie glorieuse.» Malheureusement, dans la descente, le jeune débutant entraîne dans sa chute trois hommes, dont Hudson et Croz. Les survivants atteignent le lendemain Zermatt. La route de la montagne a été à la fois attractive, glorieuse et meurtrière.

Au cœur de l'Europe sont ainsi réalisées les liaisons internationales que favorise, comme au XVIe siècle, l'existence des isthmes européens. En dix ans (1840-1850), la physionomie du continent a été transformée. Sur le modèle Riggenbach, sont réalisés nombre de chemins de fer de montagne dans l'ensemble de l'Europe, Autriche-Hongrie, Allemagne, Portugal, France, et par-delà les mers, Inde et Brésil. Dès 1852, de son côté, l'ingénieur Engerth a mis au point une locomotive à quatre essieux couplés, capable de franchir les rampes des lignes alpines. Après la seconde guerre mondiale, en Autriche, sera ouvert le tunnel de l'Arlberg. Commencé en juillet 1974, par le percement du tunnel proprement dit, avec ses quatorze kilomètres, il est le plus grand du monde (le tunnel du Mont-Blanc a une longueur de onze mille six cents kilomètres). Jusque-là le passage de Suisse en Autriche devait se faire par le col de l'Arlberg à mille sept cent quatre-vingt-treize mètres d'altitude, par une route que la neige, le gel et les risques d'avalanches rendaient souvent impraticable. Les relations entre Langen (Vorarlberg) et Saint-Anton (Tyrol) sont aisées, liaison la plus rapide entre Paris et Vienne, entre l'Est et l'Ouest de l'Europe. Pour l'ensemble des populations, s'inscrit la révolution du temps et de l'espace, avec l'accélération de la vitesse, la réduction des distances, l'abrogation d'obstacles réputés invincibles et une nouvelle conception de l'homme, dans ses contacts avec la nature.

Dans les pays scandinaves

Ensemble dominé par la mer, le climat et le relief, la communauté scandinave a développé des manières originales de vivre et de communiquer, liées par les contraintes physiques variables selon les pays, marquées par les circonstances historiques et une participation étroite à l'histoire européenne, entraînant une vie de relation originale, en fonction des capitales, des systèmes d'ouverture et de liaisons internes et externes.

Après les désastres des guerres napoléoniennes et l'abandon de la Norvège à la Suède de Bernadotte (1814), le Danemark est le premier à suivre le mouvement ferroviaire par la liaison des deux capitales, Roskilde, siège royal, et Copenhague, brisée par le bombardement de 1807. La liaison est inaugurée par le roi Christian VIII, le 26 juin 1847. La première locomotive de type Stephenson à trois essieux reçoit le nom d'*Odin*. Diversifiées, les ressources naturelles ont été mises en valeur. Les routes forestières sont à l'honneur. Du fait de sa situation et de son relief, au cours de son histoire, le Danemark a souffert d'une intense déforestation, la superficie forestière – hêtres et chênes – a été réduite à 4 % de l'étendue du pays. Depuis 1807, un service forestier, par une exploitation raisonnée combinant voies d'accès et surfaces exploitées, travaille à conserver ce qui restait des anciennes forêts. Les premières cartes modernes, depuis 1780, confrontées au cadastre de Christian IV de 1684, affirment à cette date la pérennité, en habitat dispersé, du peuplement des campagnes.

À partir de 1781 s'étaient succédées les lois pour l'affranchissement des fermes et le remembrement du sol, modifiant le tableau de l'habitat et, comme tel, des communications en un réseau vicinal très ramifié. Avait suivi une réforme très libérale de la douane en 1797. Les chemins de fer ont eu leur influence, amplifiant certains villages, en créant d'autres; le cabotage facilite les déplacements, tels aux îles Féroé et au Groenland.

Copenhague («Port des marchands», *Koepmanna Havn*) a participé à l'ère de prospérité des pêcheries de harengs, attirant marchands hollandais et allemands. Résidence des rois en 1445, d'une université en 1478, par son rôle militaire et naval, elle a souvent été rapprochée de Constantinople: «En ce point du Sund, comme pour la ville du Bosphore, on a affaire à une voie de circulation internationale maritime des plus fréquentées, que croise une route de terre unissant deux portions considérables du continent.» (M. Zimmermann.) Tout le long du Jutland, de Viborg au Dannevirke, se déroule encore la Voie des armées, l'une des routes de l'Antiquité, que les trains de chevaux attachés ensemble ou les troupeaux de bœufs ont tracé en profondeur et en largeur. Ces ornières, qui ont guidé des générations de peuples aux mœurs patriarcales, coexistent de nos jours avec les voies nouvelles. Voies de terre et voies ferrées s'ordonnent en fonction des géographies urbaines et administratives.

La croissance d'Oslo, choisie en 1815 comme capitale de la Norvège, à la vocation maritime, restée unie à la Suède de 1814 à 1905 sous un souverain commun, est alors très lente. Son rôle commercial est des plus modestes de même que sa population: cinq mille habitants vers 1700, treize mille six cents en 1815. La Norvège va connaître l'influence des technologies nouvelles avec la diffusion des machines venues d'Angleterre qui permet la mécanisation du textile opérée entre 1840 et 1870 (K. Bruland). Les chemins de fer permettent la convergence et la liaison des différentes régions. En 1854, la ville est reliée à Eidsvold, en 1865, à Kongsvinger-Charlottenberg-Stockholm; chacune de ces liaisons assure un élan de la croissance urbaine. Trois vecteurs complémentaires assurent le transfert technologique: les constructeurs de machines britanniques, les agents des entreprises norvégiennes, les travailleurs anglais au service de ces entreprises. Entre ces divers éléments se multiplient contacts et voyages. Une triple histoire sous-tend l'ensemble, celle des migrations régulières de la morue, du hareng, du maquereau. Elles alimentent les saisons de pêche et l'activité de l'habitant du littoral, paysan autant que pêcheur.

Il en est de même de Stockholm, «au site prédestiné», dont la fortune date de Gustave-Adolphe et dont la croissance a été modérée. Depuis le XVIᵉ siècle, marqué par la «prérévolution industrielle» et l'apogée européenne du «fer suédois», la ville a été le lieu d'embarquement des fers du Bergslag et du bois du Norrland, en dépit de l'inconvénient que représentait le gel hivernal du Maelar, et de sa situation, en retrait des rivages de la Baltique. De soixante-treize mille en 1763, la population de la ville s'est élevée à quatre-vingt-treize mille habitants en 1850. Les rois l'ont dotée de puissants privilèges. Fort de son rôle de capitale, sans la Finlande cédée à la Russie en 1809, elle développe ses réalisations ferroviaires et routières avec le reste du pays. Le port sera accessible aux grands vapeurs.

L'effort de remembrement de la propriété s'est poursuivi depuis 1749: remembrement de 1780, puis de 1827, provoquant dissociation des villages et dispersion des fermes au centre de domaines bien groupés, entraînant une modification du système vicinal. Ces transformations de «proto-industrialisation», reprises au moment des inventions techniques du milieu de XIXᵉ siècle, bien étudiées par Lars Magnusson (1990), modifient la géographie de la circulation, en fonction des centres de production et des facilités d'exportation[19].

17. Un des premiers trains à vapeur autrichien

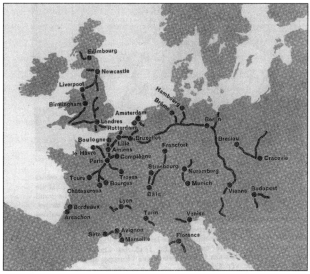

18. Chemins de fer en Europe (1848)

Dans les pays méditerranéens et atlantiques

Italie et Espagne suivent sans hâte excessive. Une date essentielle qui termine la période: 1869, le percement de l'isthme de Suez. L'effet n'est pas immédiat: comptent davantage, pour le développement ou le retard ferroviaire du Sud européen, la situation politique et l'éveil des nationalismes.

En Italie: les voies de l'unité[20]

Le morcellement en divers États gêne la «mise en rail» d'un plan d'ensemble. S'y ajoutent la disposition du relief autour de l'axe central de l'Apennin et le déséquilibre régional entre le Nord industrialisé, et le Sud encore rural et peu peuplé. Capitale du monde chrétien, Rome est en dehors des grands circuits industriels européens.

Dans le Nord, ministre dirigeant du royaume de Piémont-Sardaigne, ardent partisan de l'unité, Cavour lance son prophétique opuscule de 1846, *Des chemins de fer en Italie*, programme de développement économique. Le rail est le levier du *Risorgimento*. Après avoir équipé la Savoie (chemin de fer Victor Emmanuel), le Piémont cherche à relier Turin à Gênes par le tunnel du Giovi (1853). Est commencée en 1857 la percée du col de Fréjus. Les États conservateurs sont réticents devant un tel programme. La papauté est résolument hostile, avec Grégoire XVI, à toute jonction du Nord au Sud de l'Italie. Cependant, Pie IX, son successeur, n'hésite pas à prendre le train et ouvre la voie Rome-Frascati. Entre 1839 et 1859, en l'absence d'un progrès cohérent, sont construits de courts tronçons d'intérêt local.

CONSTRUCTIONS EN ITALIE ENTRE 1839 ET 1859*

Naples-Portici, 1839, 8 km	Milan-Monza, 1840, 13 km	Padoue-Mestre, 1842
Livourne-Pise, 1844	Livourne-Pise, 1844	Pise-Pontedera, 1845
Milan-Trévise, 1846	Florence-Pontedera, 1848	Turin-Moncalieri, 1848
Rome-Frascati, 1854	Rome-Civitta-Vecchia, 1859	

* Lexique historique, p. 47-48

La liaison Nord-Sud, devenue possible, ne sera réalisée qu'après 1860. En attendant, un effort disparate a pris corps. Dans le royaume de Naples, outre Naples et Portici, on dispose depuis 1844 d'une liaison Naples-Capoue. Au Centre, Livourne-Pise a été prolongée jusqu'à Florence en 1848. Jusqu'en 1860, la Lombardie, et jusqu'en 1870, la Vénétie sont sous la souveraineté de l'Autriche: a été établie une ligne qui joint Brescia à Venise *via* Vérone, Vicence et Padoue. Elle franchit la lagune vénitienne par un magnifique ouvrage d'art. Elle est séparée, par les Apennins, de celle de la Toscane.

Pour ces constructions, les Italiens sont tributaires de l'étranger, capitaux et matériel, l'Angleterre et la France sont fournisseurs de rails, de matériels roulants, de combustible. Le 7 septembre 1843, un contrat est confié à Charles et Edouard Stehelin, de Bitschwiller, près de Mulhouse, par la Compagnie du chemin de fer de Milan à Venise, au moment de la création de cette ligne longue de cent trente kilomètres, que devrait desservir quarante locomotives. (SIM, 3/1989). Est prévue la fourniture de dix locomotives à six roues avec des cylindres de trente-huit centimètres de diamètre, locomotives destinées à la partie lombarde; la partie vénitienne sera desservie par des machines de construction anglaise et autrichienne.

En 1865 une loi réorganise la construction et l'exploitation des chemins de fer, regroupés en compagnies concessionnaires. À la même date, la ligne Suse, Turin, Bologne, Brindisi (mille cent cinquante kilomètres) est la première artère longitudinale desservant toute la péninsule. En 1871, l'ouverture du Fréjus (douze kilomètres), emprunté par la malle des Indes, relie l'Italie au réseau international. L'unité politique réalisée, Rome devient capitale du nouvel État qui, après la Lombardie (1866) a récupéré la Vénétie (1870). Une nouvelle période s'ouvre. Impératives deviennent les liaisons ferroviaires au sein de la jeune nation et à l'extérieur de celle-ci.

En Espagne: les voies du renouveau[21]

Plus important encore que le développement du réseau routier a été, en Espagne, dans le second quart du XIXe siècle, l'apparition de la voie ferrée. Dès qu'en 1825 celle-ci commence à fonctionner en Angleterre, de Stockton à Darlington, quelques Espagnols, dont des négociants, se montrent intéressés. Le 23 septembre 1829, José Diaz Embretchts obtient du gouvernement de Ferdinand VII la concession pour installer *un carril de hierroa de Jerez a la muelle del Portal, en Guadalete*; le 28 mars 1830, Manuel Cabero obtient le privilège royal pour la ligne de Jérez à Puerto de Santa-Maria y Sanlucar: en 1833, François Fassio projette la ligne Reus-Tarragone. Concessions prématurées d'envergure réduite et spécialisée, que paralyse la guerre civile.

Après 1835, les réalisations plus sérieuses se font jour, grâce à l'action d'industriels et de négociants qui prônent la construction d'un chemin de fer de Barcelone à Mataro, et de Madrid à Aranguez. D'autres concessions attendent la fin de la guerre civile; la première à J. Roca y Roca le 23 août 1843 et la seconde à Pedro de Lara en avril 1844, une troisième en 1845. Projets viables, la ligne Barcelone-Mataro est inaugurée le 28 octobre 1848, celle de Aranjuez en 1851 et celle de Langreo en 1855. En même temps, le gouvernement prend les mesures législatives adéquates. Inspirée par les ingénieurs Subercase et Santé Cruz, était publiée l'Ordonnance royale de décembre 1844, qui établit trois principes fondamentaux:

– le retrait anticipé des concessions;

– la révision périodique des tarifs pour éviter les bénéfices extraordinaires;

– la fixation de la largeur de la voie à six pieds castillans (un mètre soixante-sept).

Le but étant de procurer à l'usager commodité et sécurité, mais le raccordement ultérieur avec le réseau français sera difficile. La ligne de Montaro à Barcelone est inaugurée en octobre 1847, vingt-huit kilomètres le long de la Costa-Brava; la firme anglaise Jones et Potts a fourni les locomotives à trois essieux et à cylindres extérieurs qui tirent le convoi. C'est le début de la politique ferroviaire espagnole qui, plus encore que le développement routier, et avant l'essor de l'automobile, va transformer le visage de l'Espagne, demeurée médiévale par de nombreux aspects, surtout dans les terres intérieures, où l'emprise des conditions physiques joue un rôle essentiel.

L'Europe est à la découverte de l'Espagne. En 1866, Eugène Poitou qui compte utiliser toutes les ressources des premiers chemins de fer, traverse la Bidassoa, s'arrête à Irun: «L'on quitte les wagons français pour les wagons espagnols.» Si les passeports sont supprimés, la douane ne l'est pas. La voie ferrée s'enfonce dans le massif montagneux: «Le centre de l'Espagne est un immense plateau qui s'élève à six ou sept cents mètres au-dessus du niveau de la mer [...] il faut escalader ce prodigieux escarpement.» À Madrid, des bruits inquiétants surviennent, le chemin de fer pour Cordoue serait, sur plusieurs points, coupé par les débordements du Guadalquivir. Ce qui va se révéler exact et obliger les voyageurs à prendre la route terrestre, à l'entrée des gorges de la Sierra. La diligence est dotée d'un attelage de dix mules, attelées deux à deux, la tête ornée de pompons rouges, jaunes et bleues, portant des colliers à grelots. La voiture est entraînée «dans un tourbillon de bruit et de poussière». C'est enfin l'arrivée à Cordoue, retrouvant le rail. De son côté, Charles Davillier a exploré la Catalogne (1862-1873) «le chemin de fer de Barcelone suit presque constamment le bord de mer, peu de parcours sont aussi agréables»[22].

Au Portugal: Lisbonne, Porto et les liaisons externes[23]

Reliée à Porto et à Madrid, marquée par les terribles secousses telluriques de 1531, 1575, et surtout 1755, reconstruite selon le plan français, Lisbonne déploie un front de mer monumental à l'extrémité du goulet du Tage, porte d'entrée de l'Europe. Le problème est double. Les communications internes d'abord, liaison Porto-Lisbonne dont la voie ferrée constitue l'artère principale; les communications avec l'extérieur ensuite, en l'occurrence, le réseau ferré espagnol. Si l'Angleterre domine les communications maritimes, l'axe ferré s'évade vers le nord, parti de Lisbonne et de Porto, réunissant avant Salamanque, le Tage et le Douro, filant par Valladolid, Burgos, Victoria, Tolosa et Bayonne, vers Bordeaux et Paris. Autres voies sans vitesse excessive, celle qui, de Porto par Salamanque et Avila, conduit à Madrid, ou celle qui, de Lisbonne, par Santarem, Talavera et Tolède, y arrive également. Pour le déblocage du pays, sont utiles l'ouverture sur l'Océan (et les colonies) et la liaison avec le réseau espagnol, dont la littérature de voyage a relevé les invitations et les aléas.

En Grèce: sur les pas d'Homère[24]

Jusqu'en 1830, la Grèce fait partie de l'Empire ottoman dont elle épouse les vicissitudes. Longtemps l'Hellade des rives asiatiques, de Constantinople, de Smyrne, d'Alexandrie, l'a emporté en population et en richesse sur le petit royaume de Grèce, résurrection des temps anciens et créé par les puissances à la suite de huit années de guerres.

Interpénétration de la terre et de la mer, d'une côte très articulée, mélange des montagnes et de cavités, de reliefs assez élevés et de plaines exiguës, communiquant entre eux par des défilés, autrefois lieux de passage entre Delphes, Athènes et Sparte, existence d'une foule de petits pays voués à la vie agricole, de type archaïque: c'est l'époque où Chateaubriand voyait les troupeaux des bergers albanais sur les vestiges d'Athènes et de Corinthe. Face aux montagnes refuges, à des plaines où les paysans étaient les métayers des *beys* musulmans, avant de l'être des notables d'Athènes, les routes, celles des Balkans, chemins des pâtres et parfois des brigands, étaient rares et les communications précaires.

Au XVIIIᵉ siècle, est né un nouvel esprit. Sous le sultan Sélim III (1789-1808), favorable à ses sujets chrétiens, exploitant le domaine maritime et le système ottoman, les Grecs avaient gagné en nombre, en richesse, en civilisation, devenant navigateurs, commerçants, administrateurs, fondant des écoles grecques à Bucarest, à Corfou, à Constantinople, mettant en valeur la situation et les possibilités du pays et en contact des peuples divers. Toutes les villes importantes dans les Balkans ont leur groupe de négociants grecs, ferments de l'activité économique: il se manifeste, malgré les troubles politiques, après la proclamation de l'indépendance (1829). Le nouveau gouvernement, celui d'Otton, fils du roi de Bavière, Louis, établit quelques-unes des institutions de l'État moderne, une capitale Athènes en plein essor (au lieu de Nauplie marché rural, avec ses tabacs, ses légumes, ses olives et ses huiles, 1834), une gendarmerie (1833), une administration sur le modèle français, préfets et sous-préfets, un conseil d'État et une université (1837), une banque nationale (1837), tous éléments de base d'un système routier devenu indispensable.

D'après la *Carte de Grèce*, dite «de l'Expédition de Morée» (Paris, 1852), apparaissent alors en Morée (Péloponnèse) les carrefours de routes, marchés ruraux, dotés d'un bazar. La circulation est gênée par ces montagnes «fauves comme des lionnes» dont parle d'Annunzio, mais les vallées pénètrent au loin et terminent sur la côte en plaines alluviales, telle celle du lac de Jannina (cinq cents vingt mètres d'altitude) qui occupait le centre d'un *poljé*, bassin riche et peuplé qui communique avec la Thessalie, l'Albanie, le golfe d'Arta. Au croisement de deux grandes routes, Jannina a été construite par Jean Comnène en 1118. Célèbre dans l'histoire et la littérature, Ali de Tebélen en fut le pacha de 1788 à 1822. On distingue encore les ornières des antiques chemins carrossables. La vie pastorale s'est développée dans les chaînes illyriennes. Des troupeaux de chèvres et de moutons descendent l'hiver, soit dans les vallées, soit vers la côte. Grâce à ces pistes de transhumance qui suivent les faîtes, nombreux sont ceux qui étendaient, sous les Turcs, leurs razzias de la Macédoine à la Béotie. En haut, les habitations d'été des pâtres, valaques ou grecs, en bas, les bourgs, fichés sur des pistes qui traversent les rivières par des ponts vertigineux. La mer est toute proche, les cantons de l'intérieur communiquent avec elle à dos de mulet.

Outre les voies rayonnant de la nouvelle capitale, – dont celle de Patras qui ouvre la voie maritime vers Brindisi et Marseille –, un axe essentiel, Athènes-Salonique (qui devient grecque politiquement après la «réception» de la Macédoine, 1913) soustend l'ensemble. Au débouché du Vardar qui ouvre les plaines danubiennes, Salonique est un carrefour de routes, du fait du morcellement des massifs anciens. Outre celle qui longe l'Olympe, c'est ici au contact de la mer que se croisent la voie Morava-Vardar qui remonte vers le Danube et la *Via Egnatia*, qui vient d'Albanie par Monastir. Au XVIe siècle, y ont afflué les juifs chassés d'Espagne et accueillis par le régime turc. Athènes a été retenue pour sa position au centre du monde égéen, position qui a fait la grandeur de la thalassocratie du Ve siècle avant J.-C. «Quand elle fut choisie en 1833, comme capitale de la Grèce libérée, c'était une bourgade, quasi toute en ruines. on reste étonné devant cette force créatrice d'un nom.» (J. Sion.) Nom qui, relié à celui d'une autre cité, Salonique, deviendra symbolique de création routière, voire ferroviaire. La route ou le rail? Souvenirs ou réalité? Éléments de la grandeur d'un pays.

Faire un voyage dans le temps mais également plonger dans une aventure intellectuelle passionnante, tel apparaît le voyage en Grèce au XIXe siècle, siècle du romantisme, des voyages vers l'Orient et du retour à l'Antiquité classique, en découvertes successives. Le voyage exprime une étape dans une recherche, un appel à l'imaginaire, l'Orient hellénique est la promesse d'un «ailleurs absolu». Au départ, un mirage, un passé qui appelle au souvenir, un paysage d'une grande beauté, aux parfums profonds, un exotisme amplifié par la présence ottomane. Byron s'en émeut, Victor Hugo s'en inspire: *Les Orientales*, 1826; Delacroix s'en indigne. Remuent l'opinion *Les Massacres de Chio*, 1824 ou *La Grèce sur les ruines de Missolonghi*, 1826. En même temps se dessine un retour à la Grèce classique. Homère est un poète au même titre que Virgile ou Goethe. Sa précision dans les descriptions des paysages frappe les voyageurs. «Tous ont l'illusion de le suivre à la trace.» (O. Polychronopoulou, *Archéologues sur les pas d'Homère*, Paris, Noêsis, 1999.)

Le long réveil russe et ses conséquences[25]

L'«automatisme des transports» a préoccupé très tôt les inventeurs russes. En 1760, L.-L. Chamchourenkov avait construit une voiture à quatre roues actionnée mécaniquement par la force musculaire de l'homme et pouvant transporter deux passagers. Vers la fin du XVIIIe siècle, Koulibin présentait un véhicule semblable, muni d'un changement de vitesse et de freins à friction. Faut-il rappeler l'exploit célèbre, dans le domaine des fardeaux, réalisé en 1782, du transport du bloc de granit digne du géant, destiné à constituer le piédestal de la statue de Pierre le Grand, d'un poids énorme? Si les promoteurs – et le tsar Nicolas Ier (1825-1855) lui-même – ne sont pas en retard pour l'édification des premières voies ferrées en Russie, il n'en est pas de même par la suite: la fièvre ferroviaire ne saisira la Russie, dans ses applications, que vers 1866. Le problème de la distance? Clef de l'évolution de l'Empire.

Sur des étendues aussi considérables et aux conditions hivernales très dures, les routes «solides» apparaissaient indispensables. En 1825, Gouriev suggère de les revêtir en partie d'un pavement en bois, procédé retenu pour les rues de Saint-Pétersbourg. Pour les chemins de fer, l'équipement minier a été pionnier. À partir de 1820, Frolov construit la première de ces voies munies de rails en fonte sur dix kilomètres, reliant la mine de Zmeïno à l'usine de traitement, avec la traction à cheval. En 1835, Franz von Gerstner, professeur à l'Institut polytechnique de Vienne et d'origine tchèque, entrevoit des projets de lignes entre Saint-Pétersbourg et Moscou, entre Nijni-Novgorod et Kazan. Dès 1835, une société, constituée par Gerstner, appuyée par le tsar, construit à titre d'essai une ligne, d'une longueur de vingt-six kilomètres, entre Saint-Pétersbourg, Garskoe-Sélo et Pavlovsk, lieu de villégiature à la mode, animée par des locomotives importées de l'étranger, du type Stephenson, ligne inaugurée en septembre 1837, d'un écartement des voies d'un mètre quatre-vingt-trois alors que l'Europe a adopté un mètre quarante-quatre.

La réunion des capitales

Restait à poursuivre le programme. Une opposition assez opiniâtre – pour ou contre l'industrialisation – surgit sur la ligne politique à suivre. On décide, non de réunir les zones économiquement différentes, mais de relier les capitales et les villes des régions frontières. Les capitaux privés faisant défaut, c'est sur des fonds d'État et par ordre du tsar – sensible aux arguments militaires – qu'est construite la ligne de Saint-Pétersbourg à Moscou entre 1843 et 1851, d'une longueur de six cent quatre verstes (la verste est égale à un kilomètre soixante-sept). Ligne qui revient cher: cent sept mille roubles par verste. À double voie, traversant le territoire des anciennes Russies de Novgorod et de Tver, elle constitue la dorsale russe, celle qui unit les deux capitales historiques. Suit, pour des motifs politiques, voire stratégiques, la construction de la ligne de Saint-Pétersbourg à Varsovie. Dès 1839, une société privée relayée par l'État avait entrepris la construction d'une voie, achevée en 1848, entre Varsovie et la frontière autrichienne, avec un embranchement de Skiernewice à Lowicz. En 1853, est ouvert le premier secteur entre Saint-Pétersbourg et Gacina. Le Nord-Est du bassin houiller de Silésie forme en Russie le bassin de Dombrowa que traverse la voie ferrée. L'essor de l'industrie charbonnière en Pologne est considérable; le bassin de Dombrowa surpasse, jusque dans les années 1870, en tant que production, le bassin du Donetz. La ligne Varsovie-Vienne, voie charbonnière, amène le charbon de Dombrowa dans les centres industriels de la Pologne russe; la largeur de la voie est européenne et non russe, ce qui facilite les rapports avec l'Autriche et la Prusse.

Pendant huit ans, entre 1857 et 1864, on construit en Russie, essentiellement dans la zone forestière, une douzaine de voies ferrées. Les projets sont vastes, tels ceux de la Société centrale des chemins de fer russes, créée en 1857, avec des capitaux français et dont le siège est à Paris: elle a obtenu, avec garantie de l'État, la concession des voies Moscou-Feolosie (Crimée) et Kursk (ou Orelà)-Libau, c'est-à-dire des voies qui, de la zone du *tchernoziom* («terre noire»), gagnent les capitales et les ports russes. Faute de capitaux, elle doit renoncer en 1861 à ces deux concessions et se contente de la ligne Moscou-Nijni-Novgorod. Autre voie, celle entreprise par la Société de la ligne de Saratov, constituée en 1859, qui commence les travaux par Moscou, mais doit s'arrêter à la ligne du *tchernoziom* (Rjazan). La Société de la ligne Volga-Don, créée en 1858, manque des capitaux nécessaires.

La première voie qui traverse le *tchernoziom*, de 61 verstes de longueur et unit les mines de charbon de Grusevska (partie est du bassin du Donets) aux rives du Don, un peu en amont de Rostov, est l'œuvre de l'*ethmann* par intérim des cosaques du Don et aux frais de ces derniers, pour l'exportation des blés et du charbon. Prolongée jusqu'au Caucase par Kozlov et Voronej, elle traverse les plus fertiles régions des terres noires.

La seconde utilise le rapprochement à soixante-quinze kilomètres des deux fleuves, le Don et la Volga. Pierre le Grand avait déjà conçu le projet d'un canal entre les deux fleuves dont l'un se jette dans le mer Noire et l'autre dans la Caspienne. Les difficultés étaient considérables: l'altitude du Don est supérieure de quarante-cinq mètres à celle de la Volga à Tsaritsyn (Stalingrad), et entre les deux fleuves existe un seuil de séparation dont le point le plus bas est à cent quarante-deux mètres. La jonction a été faite tardivement et par voie ferrée; en 1845 a été achevé un chemin de fer à chevaux qui ne sera pourvu d'une traction mécanique qu'en 1861. Entre temps la société avait déposé son bilan. C'est la ligne qui unit Tsaritsyn à Kalatch sur le Don, point initial de la navigation à vapeur sur le fleuve (P. Camena d'Almeida, p. 117 (carte) et 157), rejoignant Astrakhan, au débouché de la Volga et Rostov, à celui du Don, dans la mer d'Azov.

Les autres lignes construites par des sociétés privées sont d'envergure réduite: la ligne de Peterhof, celle de Moscou à Sergevskij, première ligne de la banlieue de Moscou; de Varsovie-Bromberg et la frontière prussienne qui rencontrait à Bielostok la magistrale de Saint-Pétersbourg à Varsovie; la ligne Riga-Dunabourg, puis Dunabourg-Vitebsk aux capitaux anglais, qui n'atteint pas la limite extrême de la zone des terres noires; la ligne Varsovie-Terespol, sur la rive gauche du Bug occidental.

La mise en valeur économique

En 1866 se produit une double conversion d'avenir qui permet d'arrêter à cette date «l'archéologie» du nouveau moyen de transport. Va commencer «la fièvre ferroviaire». Un premier principe: la collaboration entre zones économiques différentes, telles la zone des steppes et la zone des forêts: d'un côté, les blés et le bétail; de l'autre, les produits industriels et les bois de construction.

Un second principe apparaît: faciliter l'entrée des capitaux privés, grâce à des obligations garanties par le gouvernement, émises avant les actions, et placées surtout en Europe occidentale.

Le troisième principe est la mise en valeur des zones industrielles, le prototype étant l'ouverture du chemin de fer Koursk-Kharkov-Azov et Kozlov-Voronej-Rostov, entre 1870 et 1876, qui donne une impulsion décisive au bassin du Donetz. En 1870, l'Anglais John Youth a fondé une usine où la houille extraite sur place traite les minerais de fer locaux. Ce fut le noyau de la cité ouvrière de Iouzovo, nourrie d'un réseau ferré d'une densité exceptionnelle, largement aidé par l'action des Français, Belges et Anglais, et nantie, sur la mer Noire, de ports de sortie accessibles et bien équipés.

1866 est la première année de la «fièvre ferroviaire» mais, ajoute P. Vostokov, ce qui est tragique pour l'histoire économique moderne de la Russie, c'est que cette fièvre n'ait saisi le pays que dans la seconde moitié des années 1860 et non trente ou vingt années plus tôt. Deux cent mille kilomètres en Occident, trois cent mille kilomètres en Russie. Retard difficile à rattraper! Dû à l'application, néfaste selon lui, du principe exclusivement occidental, l'ouverture de la fameuse «fenêtre» sur l'Europe, avec des lignes partant des ports et allant vers la frontière occidentale. Il aurait fallu, auparavant, «équiper la maison», réunir par des voies ferrées les deux zones principales du territoire économique russe: celle des forêts, des steppes, et des terres noires. Leçon lourde d'enseignements! S'y ajoute le fait que l'écartement retenu pour la ligne Saint-Pétersbourg-Moscou était d'un mètre cinquante-deux, plus étroit que celui adopté pour le Saint-Pétersbourg-Pavlosk, mais un peu plus large que l'écartement normal Varsovie-Vienne. L'écartement d'un mètre cinquante-deux restera, dans l'avenir, la norme standard, non européenne, des chemins de fer russes. À Paris, en 1854, dans ses *Études sur les forces productives et économiques de la Russie*, M.-L. de Tegoborski dresse un panorama de la Russie, contenant des tableaux chiffrés sur la population, l'agriculture (prix des céréales, productions), l'industrie (consommation et production), le commerce, en y comprenant l'Asie et l'Europe. C'est la consécration de l'ère statistique et de l'ouverture vers l'Occident.

Chapitre II
Le rail, le fleuve ou la route: complémentarité ou concurrence?

L'invention de la voie ferrée, suivie très rapidement de son extension, pose, au système de transports alors en usage en Europe, un problème à double aspect: concurrence ou complémentarité, d'une part avec la voie d'eau qui ne va pas tarder à utiliser, elle aussi, la vapeur comme mode de propulsion, d'autre part avec la voie de terre, coche ou diligence qui, dans sa perfection, s'efforce de se maintenir dans ses implantations et ses services. Dans les deux cas, outre différents problèmes techniques, c'est un problème social qui se pose: ancienne ou nouvelle société, ancienne ou nouvelle Europe, du fait de la «révolution des communications», avec toutes les conséquences que comporte cette expression dans l'ordre de l'économie, de la vie quotidienne, des mentalités et des options politiques.

1. Les rapports avec la voie d'eau

On a vu combien le réseau issu du Moyen Âge, modifié dans le sens de l'État aux Temps modernes, était arrivé au début du XIXᵉ siècle à un point de perfection qui en marquait en même temps la limite: toujours dépendant de l'énergie musculaire des hommes et des animaux, il combinait les ressources de la voie d'eau et de la route.

Des améliorations avaient été apportées aux tracés et aux incertitudes du régime fluvial. En France, c'est la Loire et ses «turcies», en Allemagne l'Elbe et ses canaux, en Pologne la Vistule et ses liaisons. En Russie, les roches dures du massif ancien étaient péniblement traversées par le Dniestr, le Boug et le Dniepr. Des rapides y sont nés, entravant la navigation, séparant des populations longtemps rivales. Sur le Dniepr, se succèdent, sur soixante-quinze kilomètres, neuf rapides qui interrompent la navigation. Le gouvernement impérial a accordé des exemptions d'impôt et de service militaire aux bateliers de profession qui pratiquent la descente des rapides (le plus redouté, l'«Insatiable»), séparant les Polonais, de l'amont, des cosaques zaporogues. Nicolas Gogol (1809-1852), décrivant par ailleurs le marché de bétail de Sorotchintsy en Ukraine, a retracé, dans *Tarass Boulba*, l'existence aventureuse de ces peuples cavaliers.

En France, le spectacle familier était offert par le départ et l'arrivée des coches. Le coche d'Auxerre était un de ceux qui avaient le plus de succès; les nourrices du Morvan en débarquaient pour la plus grande joie de Béranger, vers 1840:

«Six francs et sa layette en poche
«Belle nourrice de vingt ans,
«D'Auxerre, avec moi, prit le coche.»

Le confort était modéré. Un espace était réservé sur le pont aux voyageurs, une cage en bois recouverte d'une bâche étalée pendant les intempéries. La rapidité du transport était moindre que celle des diligences, mais peut y être comparée: de Lyon à Avignon (à la descente), quarante-trois heures par le coche et trente cinq heures par la diligence. Les conditions étaient favorables. Le réseau secondaire partait des villes situées sur les fleuves et rayonnait sur les rivières. Les «bateaux de poste» étaient utilisés une fois par semaine par les consuls et notables de Bergerac pour descendre à Libourne et en remonter. Sur la Loire, le trajet de Roanne à Orléans était libre; les petits ports accueillaient les maisons flottantes qu'étaient les «cabanes» dans un climat où le désordre le disputait au pittoresque et au bruit.

L'introduction de la navigation fluviale à vapeur[26]

Assurée par des roues à aubes, placées de part et d'autre de la coque, l'introduction de la vapeur apporta une véritable révolution. D'abord un premier perfectionnement touchant le système de propulsion. Le système n'était pas nouveau. Le projet primitif de bateaux à roues avait été réalisé par Jonathan Hulls (patente de 1736), disposant, en guise de moteur, de la machine atmosphérique basée sur le principe de Papin, mise au point par Newcomen et utilisée pour pomper l'eau dans les mines. Le premier bateau à vapeur fut l'œuvre de William Henry, industriel américain qui, en 1763, avait monté une machine à vapeur sur un petit bateau à roues sur la rivière Conestoga, près de Lancaster en Pennsylvanie. Le bateau coula. John Fitch et Robert Fulton étaient présents.

D'autres essais suivirent. En 1775, ce furent J.-C. Périer, Jouffroy d'Abbans, sur la Seine et la Saône, et, en Écosse, Patrick Miller, dont le bateau, muni par William Symington d'une machine à vapeur – «la pompe à feu» –, atteignit en 1789 la vitesse de sept nœuds sur le canal du Forth à la Clyde. Lord Dundas reprit les essais avec la *Charlotte Dundas*, de cinquante-six pieds (dix-neuf mètres six) remorquant, sur le canal, deux bateaux chargés de dix tonnes chacun. Aux États-Unis, après de Valmont et James Mac Keaver sur le Mississipi, trois pionniers John Fitch, Robert Fulton et Edward Church vinrent en France, le premier, rapatrié, mourut de chagrin en 1798; le second, Fulton, obtint du Premier consul des subventions pour ses recherches sur les engins sous-marins, et pour la construction du *Nautilus* qui fit des essais réussis à Brest en 1801, mais sans suite. À Paris, il reprit les projets de Jouffroy d'Abbans, installa les roues à aubes, construisit un bateau qui évolua en remorquant deux péniches, sur la Seine, entre les Invalides et l'île des Cygnes.

Comme pour les chemins de fer, le problème était de passer à l'état industriel. Napoléon voyait en Fulton un aventurier et un homme à projets! Fulton pensait que l'avenir de sa découverte était plus en Amérique qu'en France «où il existe partout des chemins de halage et des compagnies établies qui se chargent des transports à des taux très modérés». En 1804, il passe en Angleterre et, de là, aux États-Unis, où le *Clermont-Fulton'Folly* triomphe sur les eaux de l'État de New-York. Dès 1812, sur la Clyde, Henry Bell fait évoluer le *Comet* propulsé par une machine de trois chevaux, construite par John Robertson; dès 1815, la Clyde compte dix propulsions à la vapeur. Sur le continent, l'Anglais Charles Baird construit pour la Russie un petit bateau l'*Elisabeth* et inaugure en 1817 un service régulier entre Saint-Pétersbourg et Cronstadt. En 1816, les Hollandais installent des vapeurs anglais pour les services de Rotterdam à Cologne et à Anvers. En 1816, l'Allemagne entre en lice; sur le Rhin. Venu d'Angleterre, *The Defiance* passe à Cologne, remonte le Main jusqu'à Francfort; le 17 juin, le *Lady of the Lake* accoste à Hambourg, navigue sur l'Elbe. Le 21 juin, John Rubie lance à Spandau le *Prinzessin Charlotte*, premier bateau construit en Allemagne; le *Caledonia* remonte le Rhin jusqu'à Coblence; en 1817, un service régulier est inauguré sur la Weser et, en 1818, sur le Rhin. En Italie, la région de Venise, Padoue et Mantoue est pourvue de bateaux à roues.

Isolée pendant le Premier Empire, la France retrouve Jouffroy d'Abbans, mais surtout le troisième Américain, Edouard Church, nommé en 1817 consul des États-Unis à Lorient. Avec ses amis anglais Evans et Barnes, ils fondent un chantier naval à La Seyne, lancent le premier *steamer* sur la Garonne. En 1822, Strobel fonde une entreprise de navigation sur la Loire. Church s'établit en Suisse où il lance la navigation sur le Léman en 1823, puis sur le lac de Constance et les lacs italiens. En Russie, la construction du premier bateau à vapeur se situe vers 1815, quand le bateau *Elizabeth* effectue le trajet entre Saint-Pétersbourg et Cronstadt. D'autres bateaux naviguent sur la Kama qui déroule son cours sur mille huit cent quatre-vingt-deux kilomètres et apporte à la Volga, un peu en aval de Kazan, le renfort du réseau des rivières ouraliennes. Le *Vsevold* est construit pour la navigation sur la Volga jusqu'à Ribinsk.

Avec le bateau à vapeur inventé, expérimenté, perfectionné, la circulation fluviale – et plus encore la circulation maritime qui souvent en est l'aboutissement – s'insère dans l'aventure industrielle du XIXᵉ siècle. De la construction en bois, seule admise au départ, on passe en 1822 à la construction en fer; le mécanisme de propulsion est la roue à aubes mais la propulsion à hélice a été expérimentée. Une nouvelle technologie, celle de la machine-outil, est à inventer, au même titre que pour le chemin de fer. Elle a nécessité l'alliance des ingénieurs et des capitalistes. Elle imprime un nouvel essor au transport des voyageurs et du fret, développant des réseaux nationaux et les liaisons intereuropéennes.

Le Danube, «fleuve libéré» en voie d'aménagement

Sur le Danube, partait chaque dimanche, de Ratisbonne, une péniche plate, appelée *Zille*, affectée au transport des passagers. Longue de 128 pieds, les clients disposaient sur le pont d'une sorte de cabine. Par prudence on ne naviguait pas la nuit. Les passagers descendaient à terre où se faisait le passage des frontières. Les voitures embarquées, les roues étaient démontées. La péniche arrivait le vendredi à Vienne. Les rameurs étaient souvent de jeunes garçons allant se placer en Autriche et payant ainsi leur transport. En dehors du service régulier circulaient des radeaux. Démolis à l'arrivée, les plus rustiques étaient vendus comme bois de chauffage ou de construction. Ceux qui remontaient étaient tirés par des chevaux ou par les bateliers eux-mêmes.

La vapeur intervient. Le fleuve a pris un peu de retard, vite rattrapé: bateau expérimental en 1818, services réguliers en 1831 avec le *Franz I* et la création en 1830 de la Compagnie autrichienne de navigation à vapeur sur le Danube. Jusque là non utilisé sur de longues distances, le fleuve va-t-il justifier le titre de «roi des fleuves» que lui a décerné Napoléon? Les difficultés physiques existent toujours. Du fait des hauts fonds et des régimes différents, de nombreux transbordements sont nécessaires. Le transport demeure réduit jusqu'aux travaux entrepris par l'Autriche et la Hongrie, au même titre que la Russie, après 1829, pour les principautés de Moldavie et de Valachie, qui deviendront autonomes en 1856. Dès 1834, on pouvait aller de Vienne à la mer Noire (avec transbordement aux Portes de fer). Vers 1850, la compagnie exploite une cinquantaine de vapeurs. Entre 1840 et 1843, la Compagnie autrichienne de navigation crée un service, par voie de terre, de Cernavoda sur le Danube, au-dessus de Braïla, à Constantsa, sur la mer Noire.

En 1856, le congrès de Paris, affirmant l'intégrité de l'Empire ottoman, proclame la liberté de navigation sur le Danube qui devient un «fleuve libre». Une commission des sept puissances intéressées doit prendre des mesures pour rendre le fleuve navigable et créer une taxe pour couvrir les frais; puis la surveillance passerait à une commission formée des représentants des États riverains. À l'occasion du compromis austro-hongrois, est fondée une compagnie hongroise de navigation (1866). La compagnie autrichienne maintient sa prépondérance: en 1874, elle possédait deux cents vapeurs, plus de sept cents chalands, et deux cents unités de petite dimension. Si la compétition politique est proche, l'ère industrielle n'est pas encore ouverte pour les pays danubiens, sans qu'ait cessé d'agir, à travers diverses créations artistiques (1798, la Sirène du Danube de Ferdinand Kauer; 1807, Rusalka («Ondine») de Davidov…), le mythe du fleuve.

Sur le Rhin, les réalisations de l'ingénieur badois Tulla

Les nouvelles conditions de navigation nécessitaient, sur le Rhin comme sur le Danube, l'Elbe ou le Pô, des travaux d'aménagement du lit, des quais et des lieux d'accostage. La concurrence va être rude pour le bateau à vapeur face au «quadrillage ferré» qui joue sur la vitesse et la masse. Du fait des travaux d'endiguement et de la forte concurrence des chemins de fer, malgré l'ouverture des canaux vers l'intérieur de la France, l'activité du port de Strasbourg a diminué. S'ouvrent à ce moment les travaux sur la régularisation du Rhin. Les caprices du fleuve, les variations du *thalweg*, la dispersion des eaux, sur une largeur illimitée, rendaient la navigation à peine praticable aux eaux moyennes. Une politique rhénane, telle que Jean Bon Saint-André l'avait comprise sous le Consulat, eût été nécessaire. Des pourparlers sont engagés avec les Badois qui se livrent à une «guerre de fascines»; des projets sont émis par les ingénieurs Couturat du côté français et Tulla du côté allemand. L'idée progresse du remorquage à vapeur entre la Suisse et la Hollande. Les bateliers à voile protestent. En 1848, le préfet constate: «À la remonte du Rhin, entre Leopolshafen et Strasbourg, les bateaux sont traînés par des hommes, parce que les chemins sont encore en trop mauvais état pour qu'on puisse y employer des chevaux de halage.»

Le projet du colonel Tulla (1770-1828), qui avait présenté dès 1812 un premier mémoire sur la correction du Rhin, est adopté par la convention du 5 avril 1840, entre Louis-Philippe et le Grand duc de Bade. Il enserrait les eaux du Rhin dans un lit mineur unique entre des rives fixes, court-circuitant les méandres, reliant les îles suivant un tracé régulier. Il augmentait la pente du fleuve et la vitesse d'écoulement des eaux. Mannheim devient le terminus de la navigation rhénane. Seule l'utilisation de la vapeur pouvait remédier au déclin du port de Strasbourg et redonner à ce dernier, sans industrie, enserré dans la vieille ville, une certaine activité.

Humann, ministre des Finances, s'y emploie. Des lignes régulières de bateaux à vapeur sont créées en 1832, reliant Strasbourg à Rotterdam et Londres. Deux petits vapeurs de trente chevaux et soixante tonnes de capacité assurent le trafic avec Bâle pour le compte de la compagnie Renouard de Bussierre. En 1840, les vapeurs de la société de l'Aigle du Rhin supérieur naviguent vers l'aval et l'amont de Strasbourg. La jonction par canal de l'Ill au Rhin permet aux bateaux rhénans d'accéder à la ville (A. Traband). À Cologne, les liaisons du rail avec Anvers, la Ruhr, Brême, Hambourg, et Berlin s'attaquent au courant rhénan lui-même. En un quart de siècle, la Basse-Rhénanie est couverte par un réseau ferré dont Cologne figure le centre, surtout pour les voyageurs. Évolution qui se traduit dans un quadruple domaine, le port, le pont, la gare, les tarifs. En deux tiers de siècle, la ville-musée, capitale catholique, devient ville industrielle. (P. Ayçoberry). Avec la vapeur, une nouvelle ère s'ouvre pour les villes rhénanes – dont Mannheim, exportatrice de la houille de la Ruhr –, comme pour l'Europe occidentale.

La concurrence rail/voie fluviale

Au sein de cet univers familier cousu de traditions joue la concurrence du rail et de la voie fluviale. D'aucuns ne veulent pas voir que le chemin de fer ne peut se substituer complètement aux voies navigables. Dans l'Est de la France, l'achève-ment des canaux a failli être remis en question. Le canal du Rhône au Rhin n'avait été poursuivi avec vigueur que depuis 1821 et poussé jusqu'à Strasbourg en 1834: les résultats étaient inférieurs aux espoirs. Le canal de la Marne au Rhin en voie d'exécution (loi du 03-07-1838) a vu ses travaux suspendus jusqu'en 1844; l'ingé-nieur Collignon avait dû prendre la défense du canal. Outre la voie ouverte vers Le Havre, il s'agit d'établir «une longue communication de l'Océan à la mer Noire, dont le canal du Rhin au Danube devrait être le grand tronçon», vision prophétique qui rejoint celle du préfet Chopin d'Arnouville à propos de Strasbourg. Mais les temps sont révolus. D'autres pôles européens sont à naître.

2. Complémentarité et concurrence diligence/voie ferrée

Les progrès réalisés sur terre par les transformations techniques l'ont été en tenant compte du temps, des prix, de l'entretien et de la prise en charge. Le temps. L'effet produit par la mise en service des diligences rapides (à partir de 1821) égale presque celui de la mise en service des premiers trains. Ainsi justifié par les chiffres, on retrouve ce sentiment de perfection d'un service, au moment même où il signe sa disparition. La diligence reste un spectacle familier pour les Français comme pour les étrangers. Anglais, John Carr et sa femme traversent la Normandie sous le Consulat, dans la diligence, «produit de la première enfance de l'art des carrossiers».

Sept petits chevaux la traînent, ils font six à sept milles à l'heure. Sur le «porteur» de gauche, un long fouet flexible à la main, le postillon qui a, à sa droite, le limonier et un cheval «en galère», guide les six autres attelés par paire; sur l'impériale, le conducteur responsable de la sécurité des bagages. Aux portes galopent quelques chasseurs. Le temps n'est pas encore l'élément primordial. La mode joue son rôle. La pièce de Carlo Goldoni *La Villégiature* décrit en 1755 la rage qui prend les petits-bourgeois de Livourne de partir, au moment venu, comme des «Grands» à la campagne: «Que dirait-on de moi à Livourne?»[27]. Le mouvement était lancé dès le premier quart du siècle, du fait de la «familiarité» du véhicule.

Les prix. La médiocrité relative des prix et l'évolution des tarifs voyageurs multiplient les déplacements. Le nombre des voyages augmente dans une mesure qui, en comparaison avec celui des voyages vers 1800, signifie une augmentation de plusieurs milliers pour cent. Le rail joue son rôle. Jusqu'au milieu du XIXe siècle, le prix du billet de chemin de fer de première classe est plus ou moins fixé d'après les tarifs traditionnels des diligences. Si le voyageur veut profiter d'une réduction des prix (parfois jusqu'à 80 %), qu'il voyage moins confortablement en seconde, troisième ou quatrième classe![28]

La technique d'entretien. Des progrès ont été faits dont rend compte l'étude de G. Reverdy (*Actes du colloque de Flaran 2*). Est reine la route pavée mais la grande nouveauté a été la mise au point du traitement préventif d'entretien et l'introduction des théories de Mac Adam, rapportées d'Angleterre en 1822 par Navier, utilisant la pierre cassée, peu différente de celle de Trésaguet. En France, l'instruction du 25 avril 1839 du Directoire général des ponts et chaussées a défini les méthodes à suivre pour l'entretien des routes en empierrement. En matière de pavés en pierre, le progrès vient d'Angleterre, aussi bien avec de gros pavés de granit que de petits pavés Taylor, posés sur un mélange de gravier et de chaux. En 1850 on commence à utiliser des pavés de porphyre belges. Les pays européens ont suivi de près ces expériences.

La prise en charge. Entre 1800 et 1850, l'augmentation de quelques milliers pour cent de voyageurs pose au transport par diligence des problèmes quasi insolubles, la capacité de prise en charge étant très limitée. Problème de masse auquel le chemin de fer est en mesure de faire face. S'amplifie avec le rail une révolution, déjà préparée, dans le transport des voyageurs qui, par le nombre et sans égard aux professions ou aux vocations, s'impose en Europe, avec toutes ses conséquences économiques, psychologiques et, dans certains cas, comme en Allemagne ou en Italie, politiques. Cette primauté s'affirme sur toutes les lignes. On assiste à une extension massive des voyages. En Prusse, en 1831, cinq cent mille personnes voyageaient par la route; en 1844, trois millions neuf cent quarante mille neuf cent quatre voyageurs, sont pris en charge par le chemin de fer; en 1850, neuf millions deux cent quarante et un mille sept cent quatre-vingt personnes.

Dans les années 1830, le continent est sillonné par les services de messageries qui mettent en route les diligences – avec leurs trois compartiments séparés – et, en Angleterre, les malles-postes (*mail-coach*) plus rapides. Malgré les progrès réalisés par la voie ferrée dans le domaine de la vitesse, les unes et les autres ne disparaissent pas immédiatement D'une part, elles conservent d'ardents défenseurs, de l'autre, elles assurent des services, non pas concurrents mais complémentaires, grâce à la souplesse de la route qui pénètre partout, dans les villages, à l'intérieur des villes et peut desservir à égalité les deux mondes, rural et urbain. De là, la création de services composés de wagons plats sur lesquels on place, à des endroits fixes et sur des itinéraires de correspondance, les diligences débarrassées de leurs roues mobiles. À l'arrivée, est instauré un système inverse: on replace sur le coffrage à roues le véhicule qui, retrouvant postillon et attelage, assure la correspondance vers les lieux que ne dessert pas la voie ferrée. Le système est le même pour les marchandises: elles sont chargées sur des chariots de toutes dimensions, y compris ces *malbrucks* allemands remorqués par huit chevaux et d'une charge utile de huit tonnes.

La fin des diligences et des maîtres de poste

Des adaptations locales sont ainsi réalisées. Il n'empêche que la diligence était frappée à mort dans son développement et, avec elle, tout un monde qui vivait de la route et par la route, à commencer par le cheval, le paysan transporteur, et cet acteur du «remuement» de la campagne française: le maître de poste. Personnages centraux d'une littérature, voire d'une civilisation de type européen, les maîtres de poste ont connu une évolution comparable à celle des moyens de transport dans leur réalité comme dans leur imaginaire. À l'émiettement, l'empirisme, la faiblesse des moyens, la polyvalence, avaient succédé, après la Révolution et l'Empire, et notamment dans l'Europe romantique, l'ampleur de l'entreprise, la rapidité et la sécurité des déplacements, la spécialisation des promoteurs, gardant par devers eux le souci de l'alliance féconde et active de l'homme et de l'animal.

Au départ, il s'agissait d'un épisode de «l'histoire du cheval» dans ses «adaptations» plus que dans sa nature. Outre l'agriculture et le commerce, sous l'Ancien Régime économique, quelques grands itinéraires étaient bien pourvus. La vitesse avait augmenté en principe depuis Louis XIII, la règle était alors de faire deux lieues (huit kilomètres) l'hiver en une heure trente, l'été en une heure. Sur les routes transversales, le relais était tenu par un aubergiste cultivateur qui travaillait aux champs et n'était pas toujours disponible. Après l'hécatombe impériale, la difficulté permanente demeurait la pénurie des chevaux. L'armée était toujours bien dotée. C'est à une histoire de la monture – y compris celles de l'âne et du mulet – que nous sommes conviés à l'est comme à l'ouest de l'Europe. «La qualité des chevaux, des bœufs et de tous les êtres vivants, écrivait Strabon, ne résulte pas seulement du lieu où ils vivent, mais aussi de l'entraînement.» (Cité par J. Céard, *La Conscience européenne*, s.l.n.d., p. 55.) Nous dirions aujourd'hui, de l'éducation et de l'apprentissage.

En cas de déplacements officiels, la règle était la mobilisation des chevaux, suivant des dispositions et des espaces variables d'après les personnalités en déplacement, les pays traversés et les gratifications espérées: en France, jusqu'à vingt lieues à la ronde, règle peu souvent appliquée. Le rapport de 1702 adressé à Torcy, ministre des Affaires étrangères, témoigne, dans les relais, de la pénurie des «fournitures» possibles.

Équipement des relais de poste: le Bourget avec vingt-sept chevaux est le mieux monté de tout le pays; Soissons et Metz suivent avec vingt têtes (quatorze bidets et six «malliers»); Lyon et Limoges avec dix-sept; Reims, Nevers, Essonne et Verdun, avec quinze; Orléans avec onze; La Ferté-Saint-Aubin avec treize; Moulins, Fontainebleau avec dix; Mézières avec sept; Clermont-Ferrand avec six. Nombreux sont les «invalides» de tout poil.

Dans l'Ouest du royaume, la moyenne est de neuf chevaux, mais en Normandie, bien souvent réduit à deux (Bernay, Laigle, Mortain), elle peut être modifiée, dès passée la visite de l'inspecteur, dès qu'ont été justifiés les privilèges dont jouit l'établissement. Le voyage de la dauphine Marie-Antoinette en 1774, de Vienne à Paris, mobilise les relais multiples sur cette route et prévoit la construction, sur une île du Rhin, d'une «maison de la remise» à double entrée. Les prévôts des maréchaux veillent au bon marché des grains et, par des arrestations préventives, assurent la sécurité du trajet.

La popularité des relais de postes dépendait de la personnalité des titulaires. La population se déplaçant peu, les postes apparaissaient destinées aux passagers, non aux résidents, ce qui explique parfois, avec les exemptions dont jouissaient les titulaires, le «mésintérêt» dont ils souffraient au sein des populations. Ces dernières voyaient dans les maîtres de poste des privilégiés, dans les voyageurs des destructeurs de chemins et des dévastateurs de récoltes, quand les voitures passaient dans les champs. Le relais était à la fois un spectacle et un service. Spectacle que celui de la duchesse de Berry allant de son château de Rosny, le samedi, à Paris, où elle assiste à la messe du roi. Elle voyageait en poste à quatre chevaux, accompagnée d'une ou plusieurs dames et escortée d'un escadron de cavalerie. L'attelage était relayé à la poste de Triel-sur-Seine. Autre priorité: le service «de bouche» avec le «train de marée», ce dernier véhicule tiré par quatre chevaux conduits à vive allure par deux postillons qui font claquer leur fouet pour obtenir le passage, relayant depuis Rouen à Triel, avant Saint-Germain, Versailles ou Paris. Relais qui participent derechef au service gastronomique enfin, aux noms évocateurs, et comme tels, véritables entreprises et centres d'artisanat et de convivialité de la vie des campagnes. En France, comme à l'extérieur, le voyageur pressé envoyait un postillon à cheval pour préparer le relais, réveiller l'aubergiste et hâter le départ. Pierre Nougaret a étudié *L'Histoire de la poste en Bourgogne des origines à 1793*, en partant des messageries des ducs de Bourgogne et de Charollais et des routes postales qui unissaient alors les Flandres et la vallée de la Saône. Treize trajets sont retenus; sont fichés plus de cent soixante-cinq bourgs et villages, bel exemple d'histoire sociale qui trouve son point de départ dans la vie de relations. Histoire sociale et histoire des relations internationales: celle-ci a entrepris l'analyse des communications dans cette bande longitudinale, qualifiée de «lotharingienne», allant de l'Italie aux Flandres, domaine du catholicisme tridentin qui inclut les rives du Rhin, la Lorraine et le Luxembourg (René Taveneaux). Sur le livre de poste, sont notées les routes de France et de l'étranger avec indication des horaires et des prix. «Brûler la poste», tel était le lot des envoyés en Russie ou des émissaires du «Cabinet noir», à l'époque de la diplomatie secrète de Louis XV.

L'usage de la route suppose la maîtrise du change des espèces et la solution des problèmes financiers, importants en dehors même des frais de conduite, de subsistance et de logement. En Italie l'entrée dans les villes est retardée par la fermeture des portes. Seules pénètrent au petit matin les voitures des maraîchers. Pour entrer à Lucques, on paye six sous par voiture et deux sous par personne pour se faire ouvrir. À Livourne, «port franc où tout peut entrer ou sortir par mer, du côté terre, les douanes du Grand duc sont très rigides», il faut faire visiter et plomber ses malles. Ancône est une ville très commerçante; le trésor de Notre-Dame de Lorette attire les pèlerins. Jordan doit loger chez le maître de poste. La neige couvre les Apennins (19 novembre) ce qui entraîne un prix exorbitant pour les chevaux. Le voyageur part à 8 h avec quatre chevaux et deux hommes «pour soutenir la chaise dans les mauvais pas» et de commenter: «Les maîtres de poste de la Romagne sont les plus grandes canailles qu'il y ait au monde. Ils font aux voyageurs toutes les insolences dont ils peuvent s'aviser et cherchent toujours à les duper s'ils n'ont aucun moyen de se faire rendre justice.»[29] La perte la plus considérable porte sur les monnaies. Jordan donne «un avis aux voyageurs, d'avoir toujours dans leur escarcelle de l'argent du pays». Hachée de douanes et de péages, la route est multiple dans ses exigences. Les monnaies sont diverses dans leur nom, leur frappe, leur valeur; le pluralisme territorial est la règle.

TABLEAU DE LA VALEUR COMPARÉE DES ESPÈCES DANS LES VILLES ITALIENNES ET ALLEMANDES

Milan

Il y a deux manières de compter à Milan; l'une que l'on appelle «argent de banque» (*moneta di banco*) dont on fait usage pour les billets et lettres de change; l'autre, que l'on nomme «cours abusif», ce qui se dit de l'argent que l'on emploie à faire des emplettes quelconques.

Toutes ces espèces qui ont cours à Milan valent plus ou moins relativement à ces deux manières de compter. Ex. 6 *carlini* de Naples valent 5 *paoli* romains; 41 *carlini* font 1 *shilling* 8 *pence*; 5 *onze* valent 6 sequins.

1 ducat d'argent est 10 *carlini*, *3 shillings* 9 sols ou *pence* anglois.

1 écu romain a cours pour 12 *carlini 1/2*. Un sequin vaut 25 *carlini*.

Le change avec Londres, le 14 février 1769, étoit de 1 ducat ou 10 *carlini* pour 45 *pence* anglais.

Cologne

1 ducat cordonné de Hollande vaut 5 florins 1/4, ou 3 *rixdallers*.

Le ducat d'Empire vaut 3 *rixdallers*.

L'écu de France vaut 1 *rixdaller*.

Le carolin, ou louis d'or de France, vaut 7 *rixdallers*.

Le souverain d'Autriche vaut 10 *rixdallers*.

Le 26 avril 1771, pour 100 livres *sterling*, j'ai eu 201 ducats de Hollande, commission payée.

Suivent Brunswick et Hanovre, Brabant, Liège et Spa, Madrid… et autres destinations.

Extrait de Dutens, op. cit.

Pendant une génération au moins (entre 1830 et 1850), les comparaisons sont incessantes entre route et chemin de fer. On évoque le trajet, entre Paris et Lyon, des deux diligences qui partent tous les jours et mettent trois jours et trois nuits dans la belle saison. L'invention du bateau à vapeur apporte une amélioration dans le trajet Lyon-Châlon et dans celui Lyon-Avignon, mais à la descente seulement. En 1852, l'ouverture complète du chemin de fer Paris-Lyon transforme radicalement les moyens de communication entre les deux villes. Pour Marseille ce sera en 1857, pour Genève en 1858. Un intermédiaire longtemps apprécié en dehors de la diligence ou du train, est constitué par la malle-poste qui abrège le voyage de moitié. Quant à la chaise de poste ou «plutôt la grande berline ou la grande calèche conduite à quatre chevaux avec deux postillons et avant-coureur (qui précède au relais)», elle apparaît comme un système largement supérieur au chemin de fer, mais les prix sont en conséquence.

Ce tableau classique se retrouve dans l'ensemble de l'Europe, aussi bien dans les plaines de l'Allemagne du Nord, dans les cols alpins (où l'on démonte le véhicule) que dans les plaines polonaises et russes (où l'on s'entasse et où l'on couche). Tous les modes de locomotion luttent contre le temps et la distance. Chacun d'eux a sa spécificité «combative»: l'eau le long des routes d'Ukraine et des Balkans menacées par les inondations; la poussière et la chaleur dans les traversées de l'Italie, avant Rome; la neige, le gel et le froid dans la steppe russe où le relais, quasi fortifié, offre un toit, une enceinte, la sécurité et le thé brûlant dans le samovar traditionnel. En 1834, Franz Raffelsperger publie *ein Hülfsbuch für jeden Reisenden, Postbeamten, Postmeister, Kauf- und Geschäftsmann* dans les États autrichiens.

Destins croisés du maître de poste et du cheval

Il s'agit d'une mort programmée et de la fin d'une civilisation rurale. Souvent, cette disparition des éléments de propriété et de circulation n'est pas mentionnée dans les histoires de l'agriculture. «La plupart des maîtres de postes sont proprié-taires, écrit Jouhaud en 1841, et presque tous joignent à leurs domaines d'autres terres qu'ils ont prises à bail [...] cent cinquante-huit occupés en vertu de mille six cent vingt-deux baux, tous de longue durée.» Il en est ainsi de Claude-Gaspart Dailly, maître de la poste aux chevaux de Paris. Ses affaires ne cessent de se dévelop-per. Il développe la ferme familiale dont la superficie atteint trois cents hectares, l'une soutenant l'autre, les chevaux alternant entre la ville et la campagne, travail et repos. «Le titulaire du relais de Paris est grand propriétaire et grand agriculteur.» (Jean Midoux). Joue un élément non négligeable, l'approvisionnement des champignon-nières de Paris et l'enrichissement des terres d'alentour. Le problème du fumier, rare et cher, est brûlant. Le cheval retrouvait à la campagne sa force déployée et son apti-tude au trot et à la course. Sur le plan national, une alliance antique, celle de l'homme et de l'animal, risque d'être brisée au sein d'une entreprise forte de ses mille huit cents relais, vingt mille chevaux, cinq mille postillons dispersés dans toute la France et reliés à l'ensemble de l'Europe[30]. Ni commerçants, ni fonctionnaires mais agents commissionnés d'un service public, les maîtres de poste constituaient une «aristocratie du relais», comme en témoigne Balzac dans *Ursule Mirouet*. Leur défense contre les chemins de fer? Ils alléguaient le service des citoyens, la rapidité et la ponctualité de leurs horaires et leur droit de propriété sur la conduite des voitures publiques (lettres patentes de 1719, 14 avril). En vain!

La «destitution» s'est faite en deux temps. Révolution politique d'abord, qui a porté un coup fatal aux maîtres de relais français: les dispositions individualistes prises par les assemblées françaises étant, par la force des conquêtes, étendues à une bonne partie de l'Europe. Révolution technologique ensuite, sous l'influence du rail et du chemin de fer. Dans un cas comme dans l'autre, les conséquences sociales étaient importantes.

A été terminée, dès la fin de l'Empire, l'expérience des estafettes mise en place par Lavalette, directeur général des postes. L'Europe entière était concernée: «L'estafette partait et arrivait tous les jours de Paris aux points les plus éloignés, Naples, Milan, les bouches du Cattaro, Madrid, Lisbonne et, par la suite, Tilsitt, Vienne, Presbourg et Amsterdam.» Le public était admis à utiliser cet «ordinaire» depuis Paris, Lyon, Parme et Naples, moyennant une triple taxe. Le territoire de l'Empire était divisé en onze zones, prévoyant des distances dépassant mille deux cents kilomètres avec une échelle de prix qui allait d'un décime à douze décimes par lettre. Parallèlement, la poste aux armées assurait l'administration des territoires annexés avant de la passer à l'administration civile ordinaire et départementale.

Avec les progrès de la vapeur, les relais se ferment en France et en Europe. Le dernier coup leur est porté le 4 août 1870, date officielle de la fermeture et de la fin des relais de la poste aux chevaux. Les bâtiments sont abandonnés, écuries et cours sont désertées. Leur départ ajoute et prépare la désertion des campagnes, accélérée par la spécialisation de masse du travail industriel, les migrations urbaines que vont accentuer les guerres européennes, les conflits locaux, les «privilèges» contestés[31]. C'est la fin d'un échange de services, d'hommes et de denrées: le transport des voyageurs et des marchandises était régénéré par l'agriculture qui fournissait du matériel, du personnel, des chemins et en retirait mille profits en argent et en nature. Se pose un double problème, celui de l'homme qui part à la ville, celui du cheval qui galope vers son destin. Une esquisse de solution? Les courses, où l'on retrouve le «cheval-passion». À Paris ou à Londres mais également à Vienne. Construit sur une centaine d'hectares, l'hippodrome de Vienne, ouvert en 1839, d'un tracé de deux mille huit cents mètres, est situé dans le Prater, au cœur de la capitale autrichienne. Une ligne de chemin de fer le relie à Bratislava, en Slovaquie, pour acheminer spectateurs et chevaux. Référence technique et esthétique par ses présentations publiques, l'académie est également centre de formation, de discipline, de respect de la règle, de formation du goût et de l'élégance. Les académies de Vienne, de Lisbonne et de Jerez, à Versailles la Grande Écurie rejoignent les écoles d'équitation créées par Choiseul en 1764 à Metz, à Douai, à Besançon et Angers, et une École centrale à Paris.

En 1793 est établie à Versailles une école d'instruction des troupes à cheval, remplacée en 1809 par l'école de cavalerie de Saint-Germain-en-Laye, où n'étaient admis que des élèves sortant de Saint-Cyr. La Restauration la transféra à Saumur où elle est restée, cultivant les traditions de l'art équestre. Le classicisme rituel fait la loi. En Hongrie, délaissant les routes tracées, sanglés dans un épais gilet noir, une plume d'outarde piquée dans le chapeau, les *Csikos* traversent au galop l'immense plaine du centre, la *puszta*. Ils ont mis au point une figure emblématique, «la conduite hongroise». Debout sur le dos du cheval, rappelant le tableau du peintre autrichien Ludwig Koch, *Dans le manège*, un seul cavalier mène cinq bêtes à la fois. En Pologne, la fidélité au cheval va se retrouver, aussi bien dans les courses que dans les régiments de cavalerie et, là où le rail est rare, dans le maintien, à la campagne, de l'emploi des chevaux, jusqu'aux temps contemporains. En Autriche, le système des «postes» est au point, il a été défini par Franz Raffelsperger au même titre que le système européen, dans l'ouvrage nourri de faits et d'explications, paru avec une carte en seconde édition en 1834, *Poststrassenbuch oder Wegweiser durch Europa, mit besonderer Berücksichtigung auf den österreichischen Kaiserstaat.*

À Londres, malgré l'essor de l'industrialisation et le maintien de formes spécifiques de véhicules on retrouve, courses mises à part, les mêmes problèmes nés de la destruction d'un univers ancien. Création d'une atmosphère, au départ, pendant le trajet, à l'arrivée! Dans les auberges aux noms évocateurs, (The White Horse, the Bull and the Mouth…), on apprenait à se connaître, on se réchauffait lors du temps glacial. Taïaut, la première diligence rapide reliant Londres à Birmingham, fut lancée en 1823 par Mme Mountain, du relais «la tête de Sarrazin». Son succès avait été foudroyant. Bientôt Taïaut fut concurrencé par Taïaut indépendant, appartenant à William Horne de la Croix d'Or. Une compétition s'ensuivit. James Pollard a fixé, dans la gravure, diligences, relais, drags et chaises de poste, à chaque saison, telle celle où The Cambridge Telegraph, nommé ainsi du fait de sa rapidité, quitte le Cheval Blanc, auberge renommée où le régent descendait régulièrement. Le conducteur? Dick Vaughan, star de l'époque, un cocher de l'époque surnommé «Dick Feu d'Enfer».

Entre 1800 et 1840, c'est l'âge d'or du *coach*: les routes d'Angleterre sont parcourues par sept cents *mails* pour la poste et trois mille trois cents *road-coaches* pour le transport des voyageurs, menés par des cochers professionnels avec une telle régularité et une telle ponctualité que les villageois réglaient leurs montres sur leur passage! Outre Pollard, des peintres Henri Alken, Charles Cooper Henderson consacraient leur œuvre au *coaching*. Le *coach*, disparu devant le rail, retrouvera les faveurs de la mode après 1870. Dans son ouvrage *Driving* publié à Londres en 1887, le duc de Beaufort désignera le *coach*, la voiture d'attelage forte de quatre à six chevaux, comme «la voiture par excellence». Fleuriront alors maints *road-coach*, reproduisant les véhicules d'antan, par nostalgie ou par défi sportif.

Telle était la réalité quotidienne. Lorsque la dernière de ces voitures fut ramenée à Londres, sur un train en 1847, on sonna le glas, les drapeaux furent mis en berne. Les habitants firent sa toilette, les larmes aux yeux. Cette nostalgie ne s'adressait pas au seul véhicule mais avait un rapport étroit avec le paysage, l'environnement, les représentations offertes par la mémoire. Vision bucolique qui plaît à l'esprit! Pour les Anglais, le souvenir n'a pas disparu de l'époque où l'attelage était roi, où les carrossiers rivalisaient de perfection et d'élégance pour satisfaire les goûts d'une clientèle exigeante et avertie. Les collectionneurs se disputent les modèles de l'époque – break-mail, mail-phaéton, break de chasse, dog-car – répondant aux exigences d'une société cramponnée à son comportement traditionnel. La route et ses voitures? Plus qu'un souvenir, un style de vie, correspondant également au pouvoir d'une certaine classe sociale, où le rituel des habitudes et des formes est au service d'une forme de domination sociale, sinon politique. L'ensemble forme un bloc. Le rite est au service du mythe et doit être considéré comme tel: incorporer dans cet ensemble hérité des siècles les nouvelles formes d'énergie et faire croître à son profit, les données nouvelles du temps et de la distance, telle fut la vocation des générations victoriennes qui se succédèrent en Angleterre au XIXe siècle.

TABLEAU RÉSUMÉ COMPARATIF
DES TEMPS DE TRANSPORT À DIVERSES ÉPOQUES

Lyon-Paris (route et train)

	1790	1810	1850	1888
Départs et arrivées	6 jours par semaine 1 départ	tous les jours 1 départ	tous les jours 2 départs	12 trains par jour deux sens
Nombre moyen de places	7 places	16 places	44 places	plus de 4000
Durée du voyage	7 jours ou 175 h	4 jours ou 100 h	3 jours ou 75 h	8 à 16 h

Lyon-Marseille (route et train)

	1790	1810	1850	1888
Départs et arrivées	2 jours par semaine	2 jours par semaine	tous les jours 1 départ	10 trains par jour deux sens
Nombre moyen de places	2 places	8 places	22 places	plus de 3000
Durée du voyage	7 jours ou 175 h	4 jours ou 100 h	3 jours ou 75 h	6 à 11 h

Lyon-Genève (route et train)

	1790	1810	1850	1888
Départs et arrivées	2 fois par semaine	tous les 2 jours	1 départ	7 trains par jour deux sens
Nombre moyen de places	2 places	4 places	16 places	plus de 2000
Durée du voyage	3 jours ou 75 h	26 h	8 h	4 à 5 h

(Service des postes et diligences en 1790, 1810 et 1850)

«En 1790, on ne voyageait pas la nuit, on couchait dans les auberges, l'on partait de très grand matin. On n'a pas tenu compte des voyageurs par les coches du Rhône et de la Saône avant les bateaux à vapeur, non plus que des voyageurs par bateaux à vapeur entre Lyon, Avignon et Châlon (entre 1830 et 1850).» (T. Aymard, *Voyages au temps jadis*, s.l.n.d., p. 205. La date de 1888 a été ajoutée au tableau)

Passé le temps de complémentarité entre les modes de locomotion qui termine notre époque, la concurrence triomphe. Tout autant que la révolution industrielle, celle des transports a contribué à transformer les conditions de la vie rurale et les rapports de la campagne et de la ville (qui possède la gare, les fontaines, les auberges, les bâtiments publics et l'énergie anonyme des masses populaires). La route pénètre la ville, crée la banlieue, devient «la rue» sous ses multiples aspects. Les écuries disparaissent. De même les hôtels, fastueuses demeures nobiliaires aux amples cours où pouvaient tourner les attelages. Dans le processus de transformation au moment de rentrer dans la cité, refuge, creuset, symbole, est mise en évidence l'interaction entre espace physique – et bâti – et espace culturel et économique. La ville retrouve une force d'attraction. Des rapports nouveaux s'inscrivent entre les formes corporelles ou urbanistiques et les relations sociales issues des voies de communication. Rivalisant avec la station-service installée sur l'autoroute, la gare, lieu sociologique par excellence, s'installe dans la cité, en attendant, extérieur, l'aéroport.

La Révolution est été porteuse d'avenir: la science devient une affaire d'État, science pure quand Laplace rédige son *Exposition du système du monde* et son *Traité de mécanique céleste*. Science appliquée avec la création du système métrique, destiné à concile nature et raison dans une perspective universelle. L'Espace devient objet de science, d'application juridique et militaire, au moment où s'ouvrent les voies de l'électricité.

3. Vers la conquête de l'espace: le télégraphe aérien et le télégraphe électrique

La communication par signaux est aussi vieille que l'homme. Sans se référer aux feux que nos ancêtres allumaient de montagne en montagne, rappelons les pigeons voyageurs envoyés par les capitaines de vaisseaux, arrivant à Alexandrie, aux négociants d'Alep, de même que ceux de Bassorah à la ville de Bagdad. Les communications ne peuvent que profiter des découvertes réalisées par la science au XVIIIe siècle et mises en forme sous la Révolution.

Le télégraphe aérien[32]

Le 1er avril 1793, le montagnard Gilbert Romme proposa le projet du citoyen Chappe, «qui offre le moyen ingénieux d'écrire en l'air en y déployant des caractères très peu nombreux [...] d'une exécution rapide, et sensible à de grandes distances».

Avec les progrès de l'électricité, la communication prend des formes nouvelles. D'abord sous une forme expérimentale. En 1690, une petite ligne télégraphique avait été établie au Luxembourg, sous le patronage du Dauphin et de sa maîtresse, Melle Choin, l'invention était due à Amontons, de l'Académie des sciences, qui trouva, dit Fontenelle, «le moyen de faire parvenir une nouvelle en trois ou quatre heures, aussi loin que de Paris à Rome, sans qu'elle fût sue dans tout l'espace compris entre les deux villes!»

1789 voit un retour aux formes mécaniques simples, de type aérien. En 1791, Claude Chappe établit à la barrière de l'Étoile son premier tachygraphe – qui écrit vite – et fut baptisé par Miot, chef de la division à la Guerre, «télégraphe». Les incidents ne manquent pas: incendie nocturne, bris par des hommes masqués, qui y voient une œuvre contre-révolutionnaire. Reconstruit sous la protection de l'armée, l'appareil procède à un envoi de dépêches avec Saint-Martin du Tertre, éloignée de trene-cinq kilomètres. En 1793, à la demande de la Convention, appointé à cinq livres dix sols par jour, l'ingénieur télégraphe doit mettre sur pied la première ligne de Paris à Lille. L'appareil se composait de deux éléments, l'un supérieur, comprenant un châssis mobile, d'un mètre soixante cinq de long, sur un mètre trente-cinq de large, garni de lames de persiennes à deux faces, blanches et noires, et flanqué de deux autres châssis plus petits, se profilant sur l'horizon; l'autre, inférieur, constitué par l'opérateur, placé dans une chambre basse qui donne l'impulsion avec un système de cordes et de poulies, actionnant un appareil de contrôle, le répétiteur placé à côté de lui. L'appareil peut prendre quatre-vingt-seize positions, chaque mot exigeant au moins six signaux, réduits à deux par les vocabulaires de 1795.

La confection des codes est un aspect essentiel: sont mis en service trois répertoires distincts de quatre-vingt-douze pages chacun, à quatre-vingt-douze mots par page, correspondant aux quatre-vingt-douze signaux ou développements du télégraphe. Le premier code renferme huit mille quatre cent soixante-quatre mots usuels, le second de même, affecté à la guerre et à la marine. Le troisième est géographique. Le 5 fructidor an II (1er septembre 1794), du Dôme du Louvre à la tour Sainte-Catherine à Lille, au dernier poste de la butte Montmartre, est transmise la nouvelle que Carnot annonce à la tribune de la Convention: «La ville de Condé est restituée à la République.» Le 12 vendémiaire an III (3 octobre 1794) le Comité de salut public publie un arrêté décidant la création d'une ligne entre Paris et Landau: elle doit passer par Metz et Strasbourg. Suivent un rapport de la Commission des travaux publics et une instruction de Claude Chappe (*Diligence*, 1/1969). Le 26 janvier 1798, la mise en place de la station de la Cathédrale – temple de la Raison – sur la croisée du chœur est achevée et mise en service le 31 mai.

Sous l'Empire, le télégraphe aérien connaît une expansion considérable. Napoléon fait construire un réseau international pour communiquer rapidement avec son état-major et les ambassades, dans les territoires étrangers occupés par les armées françaises: Lille-Bruxelles (1803), Bruxelles-Anvers-Flessingue (1809), Lyon-Milan (1805-1809), Milan-Venise-Mantoue (1810), Bruxelles-Amsterdam (1810). Associé au projet de descente en Angleterre le 30 août 1805, Chappe est nommé directeur des Télégraphes auprès de la Grande Armée. Il inspecte la ligne Paris-

Strasbourg, colonne vertébrale du système, poursuivie par fanions jusqu'à Vienne. En 1813, une ligne de deux cent vingt-cinq kilomètres entre Metz et Mayence est construite en deux mois et demi, installations défendues et détruites au moment du repli. Au milieu du XIXᵉ siècle, on comptait en France cinq mille kilomètres de lignes desservies par plus de cinq cent cinquante stations. Ferrier en 1832 le propose de jour et de nuit. En octobre 1836 fonctionne une ligne Bruxelles-Paris par Cambrai. Un de ses employés, P.-J. Chatau, construit une ligne de huit postes entre Saint-Pétersbourg et Cronstadt et une ligne Saint-Pétersbourg-Varsovie comportant cent quarante-huit postes, de mille deux cent trente-cinq kilomètres, la plus longue d'Europe. L'histoire du télégraphe s'achève comme elle a commencé: une dépêche émise en 1855 annonce la prise de Malakoff qui met fin à la guerre de Crimée. Télégraphe d'État, à la disposition du pouvoir politique et militaire, il convenait à un pouvoir centralisé. Dès juillet 1839 une liaison de télégraphes électriques était expérimentée avec des appareils à cinq aiguilles de Cooke et Wheastone, entre la gare de Paddington à Londres et West Drayton (vingt kilomètres). En 1853, la télégraphie électrique avec l'appareil Morse s'ouvrait en France au service public. Les réseaux partant de Paris sont démolis à partir de 1856.

Les débuts et le développement du télégraphe électrique[33]

La conception et l'invention du télégraphe aérien sont dûs à Samuel Morse, ni un savant ni un grand technicien, mais un artiste peintre qui conçut un système d'une étonnante simplicité, utilisant un code à deux éléments: les traits et les points. L'idée était dans l'air. En 1819, Ampère établissait la théorie de l'électromagnétisme. Dès 1837, un chercheur C.-A. Steinheil, né à Ribeauvillé et mort à Munich, appliquait les découvertes de Galvani et de Volta sur le fluide électrique pour améliorer le télégraphe proposé par les frères Chappe (*Diligence*, 6, 1971). À la même époque, en Grande-Bretagne, Cooke et Wheatstone faisaient leurs démonstration du télégraphe à aiguille. Le pays les mettra en usage dès 1843. La priorité appartient cependant à Morse, dont le cadre s'adaptera à tous les moyens de communication futurs, notamment à la radio. En France, grâce à Arago, le télégraphe électrique l'emporte. Une ligne télégraphique est mise en service en mai 1845 sur le trajet Paris-Rouen, appareil imaginé et mis au point par un mécanicien, horloger, Louis Bréguet. D'abord «à cadran et à aiguilles», il est doté ensuite d'une «roue des types» et peut être considéré comme l'ancêtre des téléscripteurs (L.-J. Libois).

À partir de 1845, la France s'engage dans la voie du télégraphe électrique. Au début les lignes suivent les voies de chemins de fer qui utilisent ses services. Grâce son emploi, l'on put s'assurer qu'un train avait atteint la gare suivante et, par conséquent, que la voie était libre. Emploi conjugué avec celui de différents signaux: sémaphores, drapeaux hissés au haut de mâts, disques tournants. Signaux fixes, qui, dans les années cinquante, étaient parfois enclenchés avec des aiguillages, signaux conçus pour des voies doubles: dès le début, toutes les voies importantes étaient doubles en Europe. Le télégraphe électrique permit d'organiser et de réglementer la circulation, permettant aux chefs de gare de prendre des dispositions pour modifier la durée des arrêts, minimiser les retards, éviter les collisions… Par le jeu des nouveaux systèmes d'information, l'accident de chemin de fer participe d'un connaissance nationale voire européenne. Par son côté spectaculaire, il émeut et bouleverse l'opinion publique qui s'interroge sur la sécurité, problème clef des communications du monde moderne.

La loi fondamentale du développement en France, celle de Louis Napoléon Bonaparte du 1er mars 1851 «sur la correspondance télégraphique privée», provoque une croissance rapide: en 1852, quarante mille télégrammes sont transmis par le réseau; en 1862, le trafic dépasse un million cinq cent mille télégrammes dont 15 % représentent un trafic international. Paris-Berlin a été installé en 1850, France-Angleterre par câbles sous-marins en 1851. Le 1er mars 1865 a lieu à Paris la réunion de la première conférence télégraphique internationale. Une convention est signée le 17 mai.

En 1861, un Allemand, J.-P. Reiss, réussit à transmettre le son d'un diapason sur une distance de cent mètres, à l'aide d'un dispositif qu'il appelle téléphone. Quinze ans plus tard, Alexander Graham Bell met au point le système qui autorise la première vraie conversation téléphonique. Une ère nouvelle commence dans l'histoire des télécommunications.

De l'aérostation à la propulsion par réaction[34]

En 1492, Léonard de Vinci avait été le premier à décrire et à établir des croquis des machines volantes basées sur des analyses du vol des oiseaux. En 1783, les frères Montgolfier parviennent à quitter la surface de la terre et à franchir les espaces aériens. Les expériences, d'abord faites à Annonay (5 juin 1783), sont répétées à Paris. Le 17 août, le physicien Charles effectue le premier lancement d'un ballon gonflé à l'hydrogène. Les montgolfières deviennent à la mode. Pilâtre de Rozier et le marquis d'Arlande survolent Paris. Charles effectue une ascension avec un ballon d'hydrogène muni d'une soupape. En 1784, Adorne le suit au départ de la citadelle de Strasbourg. Le 7 janvier 1785, Blanchard traverse la Manche, de Douvres à Calais, en compagnie d'un Anglais, le Dr Jefferies. Il faut attendre la seconde moitié du XIXe siècle pour que les ballons soient rendus aptes à être dirigés. L'aérostation reste un objet de curiosité et un prétexte à observations scientifiques à haute altitude: en 1804, Gay-Lussac parvient à sept mille mètres, expérience reprise seulement en 1850.

D'autres principes voient le jour. En 1903 les Américains Orville et Wilbur Whright font voler un appareil plus lourd que l'air, propulsé par un moteur de seize chevaux et deux hélices. La première guerre mondiale montre l'importance stratégique de l'aviation. Le 26 août 1939 a lieu le premier vol d'un avion à réaction allemand, le Heinkel He-178. La propulsion à réaction apparaît comme la technique d'avenir pour résoudre le problème de l'espace: le 20 juillet 1969 est lancée la navette spatiale américaine.

Chapitre III
Permanences et créations: la route, un milieu social

La route conserve longtemps ses aspects spécifiques forgés au cours des siècles. Au moment où va disparaître une certaine forme d'activité, il n'est pas indifférent de revenir en arrière et d'évoquer certains aspects de la route créatrice dans les différentes «Europe» qui se sont succédées: les questions de sécurité d'abord, de littérature, de science et de spectacle ensuite, de fréquentation également avec la misère et ses corollaires, le nomadisme et la mendicité, l'assistance sous ses multiples formes, la médecine et enfin le tourisme, autant d'éléments qui donnent à la route son unité, sa fragilité, sa légitimité, par rapport, aussi bien aux puissants du jour, qu'aux vagabonds, misérables et sans-abri, qui assurent, le long du chemin, la continuité des temps et la bonne conscience des régimes politiques. Difficile est de faire une distinction autre que sociologique, entre les hommes, les femmes et souvent, les enfants, tous éléments, projetés de l'ancien régime économique européen au romantisme et à la politique des notables, en attendant qu'aspirées par l'industrie, défilent les foules ouvrières et que se transforme, avec de nouveaux modes de locomotion, le problème de la distance.

1. La route et l'information

La route est, au premier chef, la voie favorite de l'information: domaine de l'oralité comme de l'écrit. Information qui va concerner différents éléments de vie ou – de survie – qui se mêlent, se heurtent et se combattent tout le long des chemins, conservatisme et besoin de progrès, ordre et révolution, esprit de système et liberté non contrôlée, dépassant le stade de la propagande et révélateur de ce qu'on pourrait appeler un «esprit public».

Les gazettes françaises et étrangères

Au premier rang, les publications, qui posent moins le problème de la production que celui de la diffusion (Bourdieu). La route en est l'auxiliaire. Son allié pour ce qui demeure et se transmet, en dehors de l'imprimerie et du café? Le colporteur.

Il assure la diffusion du livre (F. Barbier, 2000) et des gazettes françaises et étrangères, étudiées par Pierre Rétat. («L'information à l'époque moderne», *Actes du colloque de l'Association des historiens modernistes, 1909*, PS, 2001). La *Gazette*, fondée par Renaudot, est devenue *Gazette de France* en 1762. E. Hatin a reconnu dès 1865 l'intérêt des gazettes de Hollande et de la presse clandestine aux XVIIᵉ et XVIIIᵉ siècles. La diffusion s'inscrit dans les postes et les apports des courriers. La nouvelle des massacres de la Saint-Barthélemy parvient à Madrid en quinze jours, celle de l'assassinat d'Henri IV en quatorze jours: «Aux XVIᵉ et XVIIᵉ siècles, l'espace demeure une frontière épaisse, longue à traverser, dont la maîtrise est bien aléatoire alors que la diffusion de l'information reste généralement bien lente.» (Alain Hugon.) Au XIXᵉ siècle, fourrier de la révolution, la diligence fait la loi: expression de l'oralité, elle rapporte le cri, l'exclamation, le juron, le serment, voire, comme à Varennes, la «reconnaissance» de l'image.

Les almanachs et annuaires

Ils sont qualifiés d'innombrables par la nomenclature officielle. Dans *Les almanachs français 1600-1895* (1896, rééd. 1968), John Grand-Carteret en a cité et décrit plus de 3600, édités à Paris du XVIIᵉ au XIXᵉ siècle. Ils concernent l'administration postale qui tient des index et des tables complètes. Dans René Billoux, *Encyclopédie chronologique des arts graphiques* (1943), les fascicules sont classés par provinces; Saffroy a étudié les *Almanachs et annuaires administratifs, ecclésiastiques et militaires français de l'Ancien Régime* (1959), y compris l'*Almanach royal (1700-1792)*. Ces éléments utilisent à fond la poste aux chevaux, les relais, les messageries, les petites postes urbaines. Ils sont indispensables à l'alimentation quotidienne du peuple et à la formation de l'esprit public. Sans oublier d'y joindre l'*Almanach des postes, chemins de fer, bateaux à vapeur, messageries et roulages. Guide général des voyageurs et des commerçants*, par Pierre Clément (1845). La caricature a sa place. Dans le domaine de l'art populaire, la recherche a fait de nos jours d'incontestables progrès (Jean Adhémar). Dans *Imagerie et société. L'imagerie Wentzel de Wissembourg au XIXᵉ siècle* (1982), Dominique Lerch a ouvert toutes grandes les portes du recensement des images, de leur interprétation et de leur diffusion à l'échelle européenne (carte p. 180). Le *Hinkende Bote* («messager boiteux») est le type de ces publications à large diffusion et à «incidence routière» (D. Lerch, *Le Vieux Papier*, octobre 2000).

2. Route et sécurité[35]

Le problème est de tous les temps. Il comporte une affirmation théorique, le respect des principes, de la personne et des biens, des indications pratiques – prévention signalisation, surveillance, répression –, ou idéologiques – route, refuge, univers clos ou zone de criminalité.

La signalisation

La recherche de la signalisation présentée *par* et *sur* la route constitue l'enquête préalable. Dans l'Empire romain, les bornes, milliaires ou non, utilisées à cet effet, servaient également à délimiter les terroirs. Certaines sont restées en place, recueillies de nos jours. Peu de renseignements demeurent sur les indications placées au Moyen Âge le long des routes et aux carrefours. En 1699, le grand voyer d'Alsace se préoccupait de l'entretien des chemins et de la fixation de poteaux indicateurs. Sur la route que prend le roi pour se rendre à Molsheim, ces poteaux doivent être bilingues (AMS VI 140, 2; 141, 4). À la campagne, le pâtre qui garde son troupeau au bord de la route parle le dialecte. L'écrit est inopérant. Le chemin rural participe au grand silence de la campagne française. Heureux, au début du XIXᵉ siècle quand, dans sa voiture capotée à deux roues, passe le médecin cantonal. Restent, sur les principaux itinéraires, les mouvements des armées. L'espion de l'Empereur, Schulmeister, est célèbre par la campagne de 1805, en Allemagne, et le siège d'Ulm.

Une pédagogie de l'obéissance. La maréchaussée

Dans quelle mesure la route participe-t-elle à cette «pédagogie de l'obéissance appuyée par une église de combat» en France comme en Espagne, évoquée par Françoise Hildesheimer (*op. cit.*, p. 181). Le point de départ reste le *Traité de la police*, par N. Delamare, ancien commissaire au Châtelet et collaborateur direct de La Reynie, nommé le 29 mars 1667 lieutenant général de police, séparant les notions de justice et de police, qui doit connaître la sûreté de la ville. Qu'en est-il dans les campagnes? Depuis deux décennies, l'histoire des institutions policières et celle des migrations ont été renouvelées. Deux histoires qui se croisent et se complètent dans le paysage comme dans l'institution et la sociologie. Pendant longtemps, le gardien de la sécurité a été le bailli ou *Schultheiss*, exerçant ses fonctions au moment de ses déplacements ou de ceux de ses agents pour l'exécution des ordonnances seigneuriales de police, de justice ou de finances. S'y ajoutait le maintien de l'ordre public relevant de la maréchaussée, corps de police autrefois subordonné directement aux maréchaux de France, dont relevaient les prévôts et grands prévôts des provinces. Peu nombreux, souvent en tournée, ils sont en résidence au chef-lieu de l'intendance ou au siège des États. Leur activité dans les provinces frontières est considérable. Prévention et répression au premier chef sont en place et vont de pair, même de façon limitée. En Alsace à l'unité récente, la Prévôté générale de la maréchaussée, créée en 1661, comprenait un conseiller (du tribunal d'Ensisheim, puis de la cour de Colmar) prévôt général, un lieutenant, un assesseur, un exempt, un procureur du roi, deux greffiers, un trompette et vingt archers, tous emplois érigés en titre d'offices. Ces officiers avaient prêté serment au siège de la Connétablie et maréchaussée de France, au sein du parlement de Metz. L'activité du corps a été considérable «dans la répression à conduire contre les déserteurs et chenapans qui désolent les arrières et, sur les routes, pillent les convois mal gardés». Le prévôt d'Alsace, déclare l'intendant La Grange, «est en effet fort nécessaire pour être envoyé d'un côté et d'autre, d'où viennent les plaintes», mais le nombre des archers est réduit, leurs appointements sont mal payés; La Grange propose de leur adjoindre «une ration de fourrage et une paye de chevau-légers». En 1682, l'intendant a obtenu l'établissement supplémentaire d'un lieutenant et de quinze archers «pour en demeurer une partie à Strasbourg, l'autre devant agir dans le reste du pays». L'organisation est mise au point en 1697, en fonction de l'étendue du pays à couvrir. Les archers surveillent les passages des religionnaires fugitifs, les pamphlétaires allemands au temps de Louis XIV (J. Schillinger, sur les *Flugschriften* du XVIIᵉ siècle, PU Nancy, 2001). Ils appréhendent les faux monnayeurs, et les exportateurs d'espèces d'or et d'argent. La route est évasion en même temps que refuge. Est-elle le domaine de l'«étranger»? (Blois, n° 10, mai 2002). Une division dans le monde des errants tend à s'introduire, aux yeux de l'administration, entre vagabonds fictifs, «passeurs» déguisés et vagabonds réels. Histoire neuve, lourde de problématiques, lieu de rencontres de diverses disciplines[36].

Le système se maintient avec des aléas divers pendant l'Ancien régime. L'Assemblée constituante crée le 22 décembre 1790 la Gendarmerie nationale, organisée par les lois du 28 germinal an VI et du 31 juillet 1801. La gendarmerie, qui fait partie de l'armée, relève de différents ministères. Le principe de base, appliqué dans d'autres pays d'Europe, est la répartition en brigades, à cheval ou à pied, de cinq à sept hommes, commandées par un brigadier ou un maréchal des logis. Le point d'application est «la tournée», le jour ou la nuit, sur la route et à travers les villages pour affirmer une présence. Le but? Assurer la sécurité des campagnes et des voies de communication, et, par l'uniforme, imposer le respect, en liaison avec les autorités locales du début du XIXᵉ siècle, le maire, le notable et le curé. Élément préparatoire, au sein de la «mutation culturelle de l'Europe au XVIIᵉ siècle», à ce que Robert Muchembled a nommé «Justice et invention de l'homme moderne»: «Évolution de la justice, propulsée au cœur de la société pour tenter d'appliquer concrètement les rythmes obsessionnels nouveaux des élites sociales, définis dans le cadre du renfermement analysé par M. Foucault.» La route est l'autorité. Par elle, viennent, d'ailleurs, le juge et la loi.

Dans les différents pays d'Europe, on retrouve les mêmes principes entraînant des modalités variées d'exercice; en Allemagne, le gendarme, souvent seul, son uniforme et sa plaque apparente, est maître du village, sinon de la route. «Au niveau local, sans tambour ni trompette, le Royaume anglais s'est doté, avec les *justices of peace* et les *constables* (récemment réhabilités), d'une administration judiciaire et de police qui, pour être plus souple et moins voyante que les Présidiaux français, n'en a pas moins été bénéfique.» (M. Morineau, *op. cit.*) En Russie, les représentants de l'autorité régissent les moujiks, tels que les ont vus les romans de Dostoïevsky ou de

Gogol; en Italie surgissent les carabiniers au hasard des routes et des princes qui gouvernent (C. Mozarelli, «Strade e Riforme nella Lombardia del Settecento» *Quaderni Storici*, 1986, 61). En Espagne interviennent la fonctionnarisation du *corregidore* et celle de l'*alguazil* (de l'arabe *al wazir*): comme en France, ils apparaissent en tant que représentants de la loi et de la force publique (J.-P. Dedieu, «Les agents du roi en Espagne», *Les Monarchies française et espagnole, op. cit.*, p. 50-91) «qui interfèrent fréquemment avec les matières d'État, pour reprendre la formule espagnole d'usage» (Alain Hugon).

La lutte contre la violence: ordre et rébellion

La lutte contre la violence offre deux aspects complémentaires, la prévention d'abord – montrer l'autorité (d'aucuns parlent de «violence instituée») –, la répression ensuite par le procès-verbal, le conduit, le procès et la punition, immédiate ou différée. À l'échelle de l'Europe, pourrait s'étendre l'enquête mise en chantier par Dominique Lerch pour l'Alsace, région frontière, au XIXᵉ siècle: «Entre l'habitude, le fait divers, le trait de mentalité, la régulation et le délit. Le constat de gendarmerie ou de police» (*RA*, 122), source présente dans les archives locales et régionales, voire aux archives de Monaco pour l'Alsace d'Ancien Régime. Rapidement, sur la route comme au village, se pose la question des motivations, bien vues par B. Garnot (*RH*, 1996) et que Jean-Michel Boehler a élucidées, en milieu rural, aux XVIIᵉ et XVIIIᵉ siècles, en tant que contribution à l'histoire des mentalités: *Loups ou renards? Les paysans de la plaine d'Alsace entre violence et ruse.* Relevons son titre premier *Homo Homini Lupus: violence individuelle ou collective* (RA, 124). Dans la publication des *Grands jours d'Auvergne, désordres et répressions au XVIIᵉ siècle* (1976), Arlette Lebigre a suivi l'action funeste des féodaux, maîtres des routes de montagne. L'acte vindicatif se mûrit et se distille tout le long de la route, à la source des épisodes du grand banditisme, de Cartouche (1693-1721), roué vif place de Grève, de Mandrin, roué vif à Valence en 1755, ou d'autres, qui ont pris possession du plat pays par les routes et grands chemins et fait frémir les autorités royales. Dans *La Rébellion française* (Le Seuil, 2001), Jean Nicolas étudie les fauteurs de troubles (fraudeurs, contrebandiers, déserteurs…) comme ceux qui les rejoignent, complices ou relais (forestiers, forgerons, bouchers, cabaretiers…) dont les cibles sont la Ferme générale, l'affameur, le seigneur… En 1975, a paru *Surveiller et punir* de Michel Foucault où sont analysés, par un philosophe, les fondements de l'ordre carcéral. La route, antithèse de la prison? La route des galériens se nourrit à chaque arrêt (J.-G. Petit). Michelle Perrot étudie quant à elle *Les Ombres de l'histoire. Crimes et châtiments au XIXᵉ siècle* (Paris, Flammarion, 2001). Plus prosaïquement, le chemin rural, souvent enjeu et objet de compétition, ouvre la dispute entre deux volontés – ou deux jalousies –, depuis la loi Montalivet et les opérations de cadastre, entamées dès la seconde moitié du XVIIIᵉ siècle (l'intendant de Lucé en Alsace, L. Tschaen, *RA*, 2001). Les aménagements du territoire entraînent spoliations et réquisitions, éléments moteurs des révoltes rurales qu'a connues l'Europe des XVIIIᵉ et XIXᵉ siècles.

Les accidents de la route

Une place spéciale doit être accordée aux accidents de la route, communs autrefois comme aujourd'hui. Dans les constats de police, ou les actes notariés, les renseignements à leur sujet sont rares, d'autant que leurs effets sont variables, sur les passagers et conducteurs, ou sur les passants. Pour les premiers, un responsable se présente: la vitesse excessive, comme en témoignent les témoignages sur l'allure des diligences, surtout en France et en Russie par rapport aux autres pays, notamment l'Angleterre, et même l'Italie. Les deux postillons qui entraînent la voiture du père de Mozart depuis Valenciennes «mènent leur attelage à un train d'enfer [...] Ce sont des gens grands et forts qui ne voyagent pas autrement que si nous étions l'armée impériale poursuivie par un corps de l'armée prussienne». Et un plus loin: «Deux chevaux et un postillon font trois bêtes sauvages.» La vitesse n'est pas prescrite mais est indiquée la durée de tel ou tel trajet. Turgot a autorisé en France le service de nuit.

Des accidents sont restés dans l'histoire. La route n'est pas sûre. Dans les *Rêveries du promeneur solitaire*, J.-J. Rousseau, un des adeptes de la marche à pied, raconte sa rencontre brutale avec un énorme chien danois qui l'envoie à l'hôpital (La Pléiade, p. 1005). En 1814, devançant l'arrivée du duc de Berry, le préfet du Bas-Rhin, Lezay-Marnésia, «le préfet des routes», rentre à Strasbourg, la nuit non encore tombée. Effrayés par la lueur des torches et les pétards qui fusent, les chevaux s'emballent, montent sur un tas de cailloux au bord du chemin. L'épée de Lezay se brise, un tronçon pénètre son abdomen. Il est transporté à Haguenau et meurt trois jours plus tard (9 octobre). Le 4 septembre 1843, Léopoldine, fille de Victor Hugo, et son mari, Charles Vacquerie, étaient partis de Villequier en bateau à voile pour se rendre à Caudebec, sur la Basse-Seine. Le temps était très calme. Au retour, à mille huit cents mètres de Villequier, un coup de vent fait chavirer le bateau, les quatre passagers meurent noyés. À la fin du siècle précédent, se brise une des roues arrière de la voiture dans laquelle ont pris place Mozart et sa famille pour se rendre de Salzbourg à Munich. La réparation est délicate. Le charron conseille au père de Mozart de changer également la seconde roue pour arriver à destination. Le 13 juillet 1842, mort accidentelle, à la porte Maillot à Paris, du duc d'Orléans (1819-1842), époux de la princesse Hélène de Mecklembourg. Dans *La Fille du capitaine* (Pouchkine, 1836), la *kibitka* de voyage (petite voiture couverte) de Pierre Andreïévitch, est contrainte de s'arrêter: «Tout n'était qu'obstacles et tourbillons. Le vent hurlait avec une fureur animale [...] Les chevaux qui allaient au pas s'arrêtèrent bientôt [...] La neige tombait toujours et s'entassait autour de la *kibitka* [...] L'auberge, perdue au milieu de la steppe, loin de tout village, ressemblait à un repaire de bandits [...] Il ne fallait pas songer à reprendre la route.»

Loin du pittoresque, une enquête détaillée permettrait peut-être de dresser un tableau précis des causes apparentes ou réelles (état des routes, vitesse, voitures...), des circonstances (de temps et de lieu), des personnes concernées (rang social et groupe familial), des conséquences (le deuil pour l'individu, l'oubli ou la mémoire pour la collectivité). Ces dangers de la route expliquent des comportements différents mais ne se doublent pas encore d'une «police de la route». Que faire quand le diable lui-même est en route ou «en mission»? B. Deslandres a étudié «le rôle du diable dans les missions en France et Nouvelle-France» (*Colloque de Chambéry*, 1999). S'y ajoute le rôle du jeu que l'on retrouve partout en Europe. En Espagne, cette passion provoque des déplacements à large rayon, tel pour le tirage de la loterie, «et cela sans distinction de sexe ni de rang [...] C'est un délire, une frénésie.» En 1837, Charles Didier rencontre un homme qui a fait «six mortelles lieues [sans compter le retour] de ces lieues plus longues que larges, comme disent les paysans goguenards», pour assister à la loterie d'Uxijar (Sierra Nevada). Il repart les mains vides (B. et L. Bennassar, *op. cit.*, p. 973).

3. La route, les arts, les sciences et les techniques

Qu'il soit roman ou gothique, sacré ou laïque, l'art se nourrit des inspirations et des échanges. Art de la courbe et de la couleur, l'art baroque est aussi passion du mouvement et richesse du décor. La découverte des œuvres, au hasard des chemins, est une passionnante aventure, notamment en Allemagne du Sud: «L'on pourrait être séduit par un itinéraire qui relierait ses plus éclatantes manifestations.» (R. Cheval, *Nous partons pour l'Allemagne*, Paris, PUF, 1972, p. 276-284 («Petit guide pour les amateurs de baroque») avec une carte p. 279. *Jardin des Arts*, n° 175, juin 1969. M.-T. Mourey, 1999). En 1668, La Fontaine prend le carrosse pour se rendre à Poitiers – il y passe tous les dimanches –: «Point de moines, mais trois femmes [...] qualité de bon augure, si la beauté s'y fut rencontrée, mais sans elle rien ne me touche.» Évoquant une *France italienne aux XVI* et *XVII* siècles* (1997), Jean-François Dubost a mis en évidence le double processus d'attraction et de retrait commandant les rapports avec l'étranger. Venu d'Italie, l'art se développe au XVIII° siècle dans toute l'Europe; art de la ville, du palais et de l'Église, art de la fête également, fêtes en plein air auxquelles les fleuves (la Seine, la Tamise, le Danube) servent souvent de support privilégié. Les lieux de séjour et d'influence ont leur importance. Dans son étude sur *Quelques aspects de la production artistique en France aux Pays-Bas et en Angleterre, 1553-1662* (BSHM, 1987, 1), Annie Regond-Bohat relève le rôle du voyage en Italie et hors d'Italie: «C'est à partir du XVI⁰ siècle que le voyage au-delà des monts s'impose comme un complément à la formation des jeunes artistes [...] De plus la présence d'Italiens dans les cours princières et sur les chantiers [...] va se généraliser...»

Il en est de même des sciences et des techniques. Les tracés des itinéraires – celui de la pensée scientifique et celui de la diffusion des techniques – sont plus difficiles à établir, telles les migrations de savants et d'artisans, celles de Descartes ou de Leibnitz, ou des ouvriers anglais et français, des réfugiés et exilés. La route est voie de la connaissance. Botanistes et géologues ont suivi ces suggestions. En 1765, Nicolas Desmarets s'intéresse à la *Géologie de l'Italie* (K.-L. Taylor, University of Oklahoma, 1987-1995); Hacquet, breton, effectue en 1779 et 1781, un voyage minéralogique en Carniole et en Tyrol, avant d'être nommé professeur d'anatomie et de sciences naturelles dans la ville de Laybach, résidence, pendant la Révolution et l'Empire, du gouverneur des provinces illyriennes. Futur maire de Strasbourg, Philippe-Frédéric de Dietrich a analysé, dans ses voyages en Italie, les terrains volcaniques et, de l'autre côté du Rhin, mis en lumière, le *Kaiserstuhl*. En relations avec le duc de La Rochefoucauld, il informe de ses découvertes l'Académie royale des sciences dont il est membre correspondant. Il publie en 1776, la traduction des *Lettres sur la minéralogie et sur divers autres objets de l'histoire naturelle de l'Italie*, écrites par Ferber au chevalier de Born.

Littérature, théâtre, musique et religions

Littérature et route sont liées l'une à l'autre de façon intrinsèque. N'est-ce pas la route qui peut donner l'unité du récit tout en forgeant les caractères? Dans *Gens de Vendée* (coll. «Omnibus», 1996), région sensible par excellence, la route tient une grande place dans les écrits rassemblés d'Alexandre Dumas, Chateaubriand, René Bazin et Michel Ragon, le préfacier note: «Le plus prenant personnage est le bocage lui-même, le paysage des chemins creux et des collines auquel on s'attache avec mélancolie.» (É. Ollivier, «Pour un voyage en Vendée», *Le Figaro littéraire*, 23 mai 1996). Découverte à la fin du XVIII⁰ siècle comme thème littéraire, avec ses routes solitaires et ses refuges, la montagne est acteur et témoin. C.-E. Engel a étudié *La Littérature alpestre en France et en Allemagne aux XVIII⁰ et XIX⁰ siècles.* (Chambéry, 1930). Comparaissent tour à tour des noms familiers, Rousseau, Saussure, Ramond, Byron, Ruskin, Gautier... s'ajoutant à ceux des guides, des lettres et des souvenirs, Adolphe de Custine en Russie (Luppé) et Mᵐᵉ de Sévigné en Bretagne (R. Duchêne).

Le guide de Paradin en latin (1545) indiquait où se trouve l'Angleterre, par où on passe pour y aller, mêlait les recettes de cuisine aux appréciations sur le gouvernement. Le guide de Perlin, en français, (1558) notait que les Anglais ne nous aiment guère (*French dog* est l'insulte classique), les femmes d'Angleterre sont très jolies, les hommes de «grands yvrognes». Leur marine est forte; leurs tavernes, accueillantes sur les chemins, sont remarquables par leur confort. Sur le continent, nombreuses sur la route sont les troupes de tous ordres, théâtre et jeux de cirque, que l'on retrouve dans le *Roman comique* de Paul Scarron (1610-1660), et dans les démêlés, avec les municipalités, de Molière – qui transcende les époques. En novembre 1649 avec *L'Illustre Théâtre*, il sollicitait la permission de venir «avec sa compagnie passer un couple de mois à Poitiers»: le maire et le lieutenant-général s'y opposent «attendu la misère du temps et la cherté des bledz» (délibérations municipales du 8 novembre). On retrouve ces démêlés, ou à peu près les mêmes, dans les différents pays d'Europe, sauf peut-être en Italie, terre de naissance (et de diffusion) du spectacle et de l'imaginaire. Guy Boquet a étudié les différentes formes britanniques et françaises.

19. Lettres sur la minéralogie
et sur divers autres objets de l'histoire naturelle de l'Italie

«En 1572, devant l'augmentation du vagabondage, liée à la croissance démographique, à l'attrait souvent fallacieux de Londres, voire à des *enclosures* ponctuelles dans les *Midlands*, les comédiens durent obligatoirement être au service d'un lord [...] pour ne pas être poursuivis pour vagabondage.» («Théâtre et société d'Elizabeth à Louis XIII», *BSHM*, 1987, I)

Une mention particulière, hors des temps, est apporté par le théâtre ambulant (*Wandertheater*). Au milieu des peurs et des ruines de la guerre, il a trouvé en Allemagne une nourriture âpre et forte qui favorise, du fait même de la route et des contacts qu'elle permet, sa libération et son développement. Ce théâtre «qui voyage» a su profiter au mieux de la liberté née des désordres monétaires – *Kipper und Wipperzeit* –, et de leurs répercussions sociales. «Enfant du siècle», il se présente comme un théâtre neuf et jeune, au sein des sociétés luthériennes et catholiques, bourrées de corporations et d'interdits, dont le conformisme était la loi. Pour lui, la route est «liberté» au moment même où s'épuisaient la vigueur du théâtre des maîtres chanteurs (*Minnensinger*) et l'attrait du théâtre scolaire pétri de classicisme, tournant autour des figures emblématiques de l'Antiquité païenne ou sacrée (Hercule, Charlemagne ou Moïse).

Des influences diverses, nées et transmises par la route, se sont fait sentir: influence anglaise d'abord. Du débarquement des troupes britanniques, naît une direction nouvelle du théâtre allemand, invité à s'émanciper des formes françaises. Dès la fin du XVIe siècle, l'invasion d'Outre-Manche a commencé, dans les cours des princes qui les appellent, aux foires de Francfort ou de Leipzig. Ils jouent à Strasbourg le 11 mai 1605, le 19 juin à Cologne, puis à Graz. Comme le déclare Albert Cohn: «L'Angleterre produit de nombreux et excellents musiciens, comédiens et tragédiens très habiles dans leur art. Certaines de leurs compagnies, quittant leurs résidences pour un temps, ont l'habitude de visiter les pays en certaines saisons, montrant et représentant leur art...» (*Shakespeare in Germany*, Londres, 1865, p. 77)

Se détachant des troupes anglaises, suivent après 1620 les troupes des Pays-Bas, comédiens de grande valeur appelés par les Grands, auxquels elles font connaître les auteurs français de la première moitié du XVIIe siècle. Viennent ensuite les troupes espagnoles dans les régions catholiques, – la religion est la ligne de séparation des publics – théâtre aux armées quelquefois, «bouffons» espagnols à Munich, et «vedettes» italiennes que l'on retrouve dans toute l'Europe. Disciples de la *comedia del arte*, formant de véritables troupes, elles jouissent d'un succès durable à la cour impériale et dans les cours de l'Allemagne du Sud. Venant de Mantoue, de Venise, de Toscane avec les *Comici Gelosi* et les *Comiti Fedeli*, elles n'hésitent pas à employer des femmes comme actrices. Dès 1613, à Francfort, comprenant huit ou dix acteurs masculins, des troupes françaises suivent marchands ou diplomates. Le congrès de Westphalie – et la duchesse de Longueville – en 1648 ont fait le plein dans ce domaine. Nimègue suivra (1679). Par les feux mêlés de l'imaginaire et du réel, ces troupes en déplacements perpétuels, font de l'Allemagne un creuset où se mêlent les influences étrangères et autochtones. Elles donnent naissance, comme l'a montré Jean-Marie Valentin, à un théâtre ambulant allemand, émanation de l'esprit baroque, et de la route, son foyer[37].

Théâtre qui a dans les villes ses lieux de représentation, tel *Hernani* – que voit Théophile Gautier –, à Valladolid en 1840. Le spectacle trouve ses compagnons de route parmi les colporteurs: est multiplié le nombre des Savoyards – enfants en saisons d'hiver sous la conduite d'une maître-ramoneur – ou enfants trouvés destinés à la manufacture (Université de Provence, 2002), les étudiants empressés à la recherche des maîtres aux saines nourritures – l'orthodoxie, qui n'est pas un vain mot, se retrouve dans les examens où règne la théologie –, les artisans qui accomplissent leur compagnonnage, tous assurent un levain dynamique à une certaine unité européenne. Sont transmis musiques diverses et chansons d'amour. Anne Fillon a étudié «L'école chansonnière: la chanson d'amour, facteur d'acculturation à l'époque des Lumières» (*Fruits d'écritoire*, 2000, p. 297): «Le Sud du Haut-Maine reçoit par La Flèche l'angevine les livrets troyens [de la Bibliothèque bleue] qui descendent la Loire jusqu'à Saumur. Puis la construction des routes développe la fourniture par Rouen des régions situées à l'ouest d'une ligne Lille-Saumur, comme l'a montré Jean Quéniart. Elle multiplie le passage des colporteurs et la présence aux marchés et aux foires des vendeurs de chansons.»

Chansons d'amour ou de gloire, souvenirs des années passées sous les drapeaux, mais aussi chants religieux. Les pèlerins sont sans doute moins nombreux qu'autrefois mais certains sanctuaires drainent toujours les foules vers les pèlerinages à l'échelle de l'Europe. Les conditions de transport sont déterminées par les moyens techniques, les facteurs spirituels et les situations financières. Tissé dans sa trame par les manifestations de la religion populaire de l'*Europe des dévots* (L. Châtellier), le temps ne compte pas (38). Dans le Saint Empire, J.-M. Valentin a étudié *Les Jésuites et le théâtre* (rééd. 2001) et *La Confessionnalisation du XVIe au XVIIIe siècle* (Études germaniques, 2002). En Pologne, vers Czenstochowa, sur la Warta, affluent les charrettes où s'entassent hommes, femmes, vieillards et enfants. Les conducteurs spirituels ne sont pas absents, tel en Corse Mgr Casanelli d'Istria, «étonnant génie pastoral» (1833-1869): pour faire cesser la *vendetta* qui sévit dans son diocèse, il «n'hésite pas à rencontrer, en plein maquis, où il arrive à cheval, des hommes armés jusqu'aux dents» (F.-J. Casta, *Le Diocèse d'Ajaccio*, 1974). B. Maës a étudié «les missions et les grands sanctuaires de pèlerinages dans les controverses religieuses des XVIIe et XVIIIe siècles» (*Actes du colloque de Chambéry*, 1999). La route est à la fois intégration et exclusion, depuis «le voyage interdit» des huguenots (M. Magdelaine) jusqu'aux «pèlerinages des temps modernes» (D. Julia, «Religion et exclusion», *Actes du colloque de l'université de Provence*, 2001).

«À la fin du Moyen Âge, qu'elle conduisît les fidèles au bout d'un voyage épuisant jusqu'à la tombe de Saint-Pierre et devant le palais de son successeur, ou qu'elle leur prit tout juste une journée de marche vers un oratoire champêtre dans un paysage familier, la *perigrinatio religiosa*, parmi les expression de la vie chrétienne, était sans doute la plus populaire.» (F. Rapp.)[39] En proportions réduites, elle subsiste aux temps contemporains. Avec Alphonse Dupront, le mythe de la croisade est toujours vivant (1997, 4 t., 2172 p.)

Les migrants: colporteurs et chaudronniers

Leur place est à part car ils ne sont liés à la route que de façon épisodique et possèdent de solides attaches. Estimés des populations, les colporteurs reviennent dans les provinces en un rythme dicté par les saisons. Par leur fréquentation des marchés et malgré les entraves mises à l'exercice de leur profession par les corporations des villes, ils constituent une corporation de type itinérant placés, tels les ménétriers d'Alsace, sous la protection d'un grand seigneur. Tels les chaudronniers d'Auvergne bien étudiés par M. Garden (*Entre faim et loup*, 1978) et A. Poitrineau («Lyon et l'Europe», *Mélanges Gascon*, PUL, 1980). Le métier, composite, implique des interventions sur le fer et sur l'étain comme sur le cuivre et ses alliages. De subtiles hiérarchies opposent «les chaudronniers au sifflet» de Savary des Bruslons aux commerçants qui vendent les instruments neufs et reluisants, sans compter les récupérateurs de métaux ferreux et autres, en concurrence avec les chaudronniers normands. L'aboutissement normal de ces voyages bénéfiques est le retour au pays, ou l'installation, par le mariage, dans une ville de passage Leur domaine gagne peu à peu l'Espagne, vaste marché presque neuf, «ouvert aux convoitises européennes au XVIIe siècle». La réaction ne tarde pas à se faire sentir. Par cédule du 8 mars 1716, Philippe V, issu des Bourbons, bien que né Français, tente d'imposer en bloc aux étrangers venus s'adonner, en Espagne, aux petits métiers itinérants, la nationalité espagnole, initiative juridique intéressante quant à la route!

4. La route, petits métiers, tsiganes et «bohémiens», mendiants et vagabonds

Dans *Le Capitaine Fracasse*, Théophile Gauthier a donné une attachante peinture de ces milieux nomades. Elle se retrouve à des degrés divers sur les autres routes d'Europe, un peu de misère en plus, retrouvant des tsiganes d'appartenances diverses, des vagabonds enfin. La route recèle en elle «une stratification sociale du mouvement». Elle a ses seigneurs et ses déshérités. En 1786 une ordonnance royale en France prescrit que «la poste du roi a droit au haut du pavé». Les rouliers, charretiers et voituriers doivent céder le pas au postillon et se ranger sur le bas-côté de la route à leur approche. De là, combiné à la «la hantise de l'uniforme», le sentiment d'effroi qui s'empare des pauvres quand se précisent «les bruits de la route». Plus nombreux, les moins favorisés constituent la masse de la piétaille. S'est effectuée une sécularisation de la route et peut-être une ample paupérisation. Dans le *Tableau de la population britannique* qu'il rédige en 1688, Grégory King distingue trente mille vagabonds, bohémiens et voleurs, et quatre cent mille familles de *cottagers* et d'indigents. Ne retenons pas le nombre de *cottagers* qui sont de très petits cultivateurs mais qui, sédentaires, s'efforcent de se maintenir dans leurs chaumières. Pauvres certes, mais pas forcément nomades, à moins d'une crise affectant durablement le prix du pain, denrée de référence, indice du seuil de pauvreté.

Demeurent et essaiment les «petits métiers de la route», bateleurs, petits «industriels nomades», qui, moyennant autorisation, s'installent dans les villes, pendant les foires, organisent les loteries, faisant, suivant le terme du temps, «tirer des blanques» et amusant la jeunesse au jeu du tourniquet. Quelques dames les suivent. À Madrid, Antoine de Brunel (1655) a rencontré les *cantoneras*, ou «putains de carrefour», qui reçoivent quelques gages de la ville. Le vendredi de carême, deux *alguazils* les conduisent à l'église de Las Recogidas: le prédicateur «s'efforce de leur toucher le cœur». En vain! Le couvent des filles repenties n'a pour elles aucun attrait. La route a ses surprises. Conseiller au parlement de Paris, devenu précepteur du comte d'Arrau, qu'il accompagne dans ses voyages, F.-M. Misson, qui a publié le *Nouveau voyage d'Italie* (La Haye, 1691-1698, 3 vol.), rencontre en décembre 1687, peu avant Innsbruck, une «assez plaisante troupe de gueux […] un petit diablotin, en figure de crocodile, s'est attaché à un arbre […] un vieillard habillé de noir se tenait un peu plus loin.» Le pauvre misérable a répondu froidement à la question: qui était-il? «Dieu le Père.» Le petit diablotin? «Saint Michel l'Archange.» Misson, protestant convaincu qui va émigrer en Angleterre, de conclure: «Voilà ce que produisent les représentations que l'on fait de la Divinité.»[40]

Une place à part doit être reconnue aux tsiganes. Dans les *Paysans du Languedoc*, Le Roy Ladurie d'écrire: «Tsiganes, Morisques, Marranes: ces groupes sillonnent incessamment la masse rurale, sans s'y fondre ni s'y mêler.» Et de s'interroger: «D'où viennent-ils donc, ces misérables migrants du grand siècle, ces gueux du Languedoc, qui s'en vont par monts et par vaux, en troupes fort nombreuses? Et quelles furent leurs premières patries?» M.-P. Dollé répond en partie à cette interrogation. Il a étudié les Tsiganes Manouches (1980) et Henriette Asseo a suivi «les métamorphoses du "métier de bohémien" en France au XVIIIᵉ siècle» (*Mélanges Pierre Goubert*, 1984). Elle rappelle la Déclaration du roi du 11 juillet 1682 et «les stratégies de survie des groupes tsiganes». En 1682, en Alsace est ordonnée l'arrestation de tous les «bohémiens» et autres personnes «sans aveu» pour être envoyées aux galères (AMS VI 141 4). La chaîne va hanter les chemins jusqu'à Marseille et retrouver les protestants. Suivent les juifs, expulsés en 1670 de Vienne par Léopold Ier, de Prague en 1744 par Marie-Thérèse, mais que les nécessités de la guerre obligent à rappeler (O. William, Mc Cagg Jr, *Les Juifs des Habsbourg, 1670-1918*, Paris, PUF, 1996). Les humbles, parlant le *yiddish*, se regroupent autour de quelques synagogues. Des plaines de l'Est, aux persécutions fréquentes, ils tentent de trouver plus de sécurité au sein des communautés religieuses de l'Europe de l'Ouest.

Dernière distinction à opérer, celle des mendiants et des vagabonds. Elle donne son unité à cette masse qui subsiste et s'amplifie après la révolution politique qui ne leur a rien apporté, sauf des droits, mais pas de pain. Le mendiant type possède, dans nombre de sociétés européennes, un statut défini et reconnu, il appartient à un monde qui possède son organisation, sa hiérarchie, sa langue, son vocabulaire, ses rites, ses traditions. Parfois inscrit dans la ville, il est rattaché à sa sphère d'exercice et à son aire d'approvisionnement. Davantage liée à la route, la définition du vagabond est plus subtile et ne peut être faite de façon négative – l'absence d'attaches sociales, ou juridiques –, par le moyen des actes administratifs répressifs. L'accroissement européen des gens sans aveu du XVIe au XIXe siècle, avec accélération *in fine*, en rapport avec l'augmentation de la population, apparaît comme un trait caractéristique de la prérévolution industrielle, nombre que ne parviennent pas à juguler les guerres napoléoniennes, mais qu'augmentent, en Irlande et ailleurs – routes de l'émigration outre-Atlantique –, les crises de subsistances du début du XIXe siècle.

Les lois sur les pauvres: renfermement et maisons du travail

En même temps se précise le caractère policier de l'assistance, riche d'une évolution de trois siècles. Bien étudiée par J.-P. Gutton[41], elle part de la charité ecclésiastique, s'inscrit avec l'intervention de l'État dans le «Grand rassemblement» et les hôpitaux généraux (1651), se continue par les dépôts de mendicité et les premières manufactures, avant d'aboutir à un double mouvement de l'idéologie: bienfaisance et justice (au moins en principe) à l'époque des Lumières, administratif et religieux dans la première moitié du XIXe siècle. En France le règlement du 30 mars 1635 énumérait, de façon bien abusive, en tant que vagabonds «les ouvriers et garçons barbiers, tailleurs, filles ou femmes de débauche, arracheurs de dents, vendeurs de thériaque, joueurs de tourniquet, montreurs de marionnettes et chanteurs de chansons». Il s'agissait alors «de gens en mouvement». Mais la définition juridique du vagabond a été donnée, d'une part par l'ordre de 1651, de «retirer de la route tous ceux qui ne sont pas nés dans la circonscription» – c'est le «Grand renfermement» –, de l'autre par la Déclaration du 27 août 1701 qui servira de modèle aux lois analogues en France et en Europe: «Déclarons vagabonds et gens sans aveu ceux qui n'ont ni profession, ni métier, ni domicile certain, ni lieu pour subsister, et qui ne peuvent certifier de leur bonne vie et mœurs par personnes dignes de foi.»

Sont englobés deux critères, l'un économique – l'absence de moyens légitimes d'existence –, l'autre de moralité – l'absence de références sociales. Tous deux concernent la route, telle qu'elle existe à l'extérieur de la cité. En 1701, à la différence de 1635, la possession d'un métier libère de la condition infamante; seuls restent, au rang des vagabonds, différents groupes: filles, repenties ou non, gueux, mendiants non organisés, soldats déserteurs ou «boèmes, faillis frappés d'indignité». La loi se préoccupe de leur faire «prendre la route», une dernière fois, pour regagner leur lieu de naissance, les mettre à un travail régulier, les regrouper dans des maisons spéciales: le XVIIIᵉ siècle se prétend «siècle de la bienfaisance», mot équivoque s'il en fût, mais révélateur. Au siècle suivant, par l'intermédiaire des églises et l'intervention de l'administration, le gouvernement des notables tente de supprimer la pauvreté. Les usagers de la route sont difficiles à cerner. Nourri de cornettes blanches, l'hôpital est à ce moment – et le restera longtemps – un «lieu d'édification et de conversion» (M.-C. Dinet-Lecomte, *Actes du colloque de Chambéry*, 1999). Le but? Saisir et fixer le gueux. Comment? Par la rédemption et la mise au travail.

L'originalité de l'Angleterre, dans ce domaine, tient aux lois élisabéthaines, revues fin XVIIIᵉ siècle. Leur application qui vise à la répression du vagabondage dépend du gouvernement local. Le *Workhouse act* de 1722 favorisait l'internement des mendiants, et même, simplement, des pauvres. Des mesures complémentaires ont aggravé les peines, elles vont des châtiments corporels à la déportation aux colonies. Combien de signes indélébiles sur l'épaule ou sur le thorax des fidèles de la route? Le *Wagrant act* de 1744 est particulièrement sévère à cet égard (G. Nicholls et J.-P. Gutton). Le secours à domicile, adopté à la fin du siècle, n'est qu'un palliatif pour les exilés de la route, menacés dans leur existence même. En 1834, le Parlement adopte la nouvelle loi des Pauvres. Elle généralise le recours au *Workhouse* (Roland Marx) qui aliène la liberté, la dignité et l'indépendance de l'individu. Est mise en place la *Poor Law Commission* sous la direction d'Edwin Chadwick. Les mesures d'application sont d'abord prises dans le Sud agricole, géographiquement proche de Somerset House d'où partent les inspecteurs londoniens. Dans les années suivantes, l'Ouest et le Nord sont concernés. Le débat est ouvert entre la route et le renfermement. Les résistances viennent des zones industrielles, du pays de Galles, du Lancashire, du Yorshire. «Les émeutes de Rébecca» dans le pays de Galles, voient des fermiers pauvres et des journaliers s'attaquer aux guichets des péages routiers et dénoncer les causes de la misère paysanne.

La peur, le mépris, l'incompréhension des autres groupes sociaux ouvrent la voie aux représentations collectives: à pied, parfois analphabète et barbu hirsute, l'usager de la route, à la présence inéluctable étant donné la situation économique du pays, apparaît comme un danger pour le sédentaire. D'où vient-il celui-là? Georges Lefebvre a fait une étude méthodique de la Grande Peur dans les campagnes françaises en 1789, mais l'histoire de la Révolution mériterait d'être reprise en fonction du rôle des routes et des communications. La propagation des nouvelles, vraies ou fausses? Et plus tard, dans l'ensemble de l'Europe, des révolutions successives: 1830 à Varsovie, 1848 à Vienne ou à Berlin? Les pays européens suivent les principes de coercition, de près ou de loin. Les Provinces-Unies privilégient les maisons de correction ou d'enfermement. L'on supprime le corps du délit; on «nettoie» la route. Gand a des idées, Joseph II de même, l'une pour l'enfermement, l'autre pour l'intervention de l'État. Tanucci dans le royaume de Naples, Pombal en Portugal, s'inspirent des mêmes principes. Le discours espagnol sur la pauvreté n'est guère original: moralisation par le travail, utilitarisme social, mais les progrès de l'assistance publique à Madrid sont stupéfiants au XVIIIᵉ siècle (J. Soubeyroux, 1978). En Europe centrale, le problème se complique du fait de la réapparition, depuis le XVIᵉ siècle, du servage, alimentant la misère rurale... et des départs collectifs. Seul Joseph II parviendra à vaincre cette situation «de fuite» hors de ses États. Le désir commun? Fixer le vagabond. La route? Voilà l'ennemi!

En dehors de l'hôpital alimenté par les biens des confréries religieuses, l'idée maîtresse est celle de la «Maison du travail». En Pologne est prônée la création d'une industrie de lin et de coton, destinée «aux milliers de sans-travail qui encombrent le pays». Suivrait l'installation des ateliers dans les couvents. La route, pourvoyeuse bénévole du monstre moderne, l'industrie! Affirmant que «le bonheur des sujets doit être le but d'un bon gouvernement», Catherine II trouve dans les serfs fugitifs les ouvriers nécessaires au développement industriel, à la colonisation des terres nouvelles et, avec Potemkine et l'armée, à la création des routes descendant vers le sud[42]. Au siècle suivant, le corps militaire spécial, qui, en vue de l'extension de l'Empire dans le Caucase, reçoit condamnés de droit commun, relégués et suspects, pose le problème des méthodes de *guérilla*, des traditions communautaires locales, des pénétrations, par les routes des vallées profondes, à l'intérieur des massifs (M. Laran) et des exodes de populations.

5. Les routes et la médecine[43]

Peu d'expressions jouent d'une façon plus équivoque au cours des siècles que celle de médecine: de l'empirisme médiéval aux aspects scientifiques du XIXᵉ siècle, il y a peu de choses communes, si ce n'est l'intérêt visible du «médecin» pour le malade... et le serment d'Hippocrate, en pensée, sinon en formule. Permanence des problèmes, variété des «remèdes», anarchie des comportements, telle est la loi de l'évolution où se retrouvent, pêle-mêle, l'ordre social, l'affirmation de l'autorité (par le costume, la lancette et la parole), la croyance et le mythe, où la mort et la vie coexistent de façon quotidienne.

Épidémies, pollutions et environnement

Au premier rang, apparaissent les courants épidémiques dont il faudrait étudier l'origine et l'orientation – le plus souvent d'est en ouest –: la peste en 1666-1667 à Londres (J.-P. Poussou); en 1720 à Marseille («Quand on ferma Marseille, il était trop tard» (C. Carrière et *alii*); le choléra dans la première moitié du XVIIᵉ siècle en Russie (1823-1832) (R.-E. Mc Grew), en France (1834 et 1850), en Italie (1835-1837), en Espagne (1834 et 1859). Remontant les vallées, franchissant les seuils, apparaissant en vagues successives, prenant au dépourvu les autorités oscillant dans la politique à suivre (exode, renfermement, quarantaine), propice aux fureurs populaires (contre les moines à Madrid en 1834), l'épidémie pose un problème de confrontation entre le développement du système de communication et une crise intérieure majeure (R.-E. Mc Grew, *Russia and the Cholera, 1823-1832*, 1965). L'espace est pollué. Dans quelle mesure la route constitue-t-elle un milieu ambiant favorable à l'éclosion, à la manifestation, à la propagation de certaines maladies? La route coupée ou «condamnée», première décision à prendre?

Hommes et animaux. Contagion et remèdes

Le problème est double, l'un concerne l'animal: la santé des animaux pose la question de l'élevage, partie essentielle de la vie agricole aussi bien en Occident que dans l'Europe centrale et orientale. Nous avons déjà évoqué les chemins de la transhumance dans les pays de montagnes (P. Arbos, l'Auvergne et J.-J. Cazaurang, le Béarn), de même que les longs convois circulant de l'est vers l'ouest, le long du Danube (J. Vogt et M. Morineau) et alimentant en viande fraîche la démographie galopante des pays d'Occident (*Internationaler Ochsenhandel (1350-1750)*, sous la direction de E. Westermann, Stuttgart, 1979). L'inverse est vrai, et nombre de «routes à bestiaux» (notamment les moutons) convergent vers Constantinople (Bistra A. Cvetkova). La route est leur domaine et la pollution ne date pas de hier. Déjà, au XVIIᵉ siècle, l'administration s'en préoccupait. La mortalité des bestiaux de 1714 permet au procureur du roi au présidial d'Autun de définir «le circuit de la pollution des routes et grands chemins», en temps d'épidémie. Comment empêcher la pollution de l'air des chemins où circulaient les bêtes? Ces dernières y broutaient l'herbe, sensibles à la contagion. Quand elles mouraient, les paysans laissaient les cadavres sur le terrain ou les jetaient dans les rivières. Par l'eau infectée, la contagion passait aux poissons, puis aux hommes.

«Dans les paroisses du Morvan dont le commerce consiste en bestiaux, il en est mort une si grande quantité, que les villages des environs, à mesure que le vent change et leur porte l'odeur, en sont tellement infectés qu'ils sont réduits à changer de demeure, jusqu'à ce que l'infection cesse.» (Boislisle, 3, 547.)

Le contrôleur général prescrivit l'envoi, dans les départements, du remède composé par les apothicaires du roi qu'on appelait le «remède des pauvres». Robert Delort note que «les massacres de troupeaux étaient rares dans le passé. Autrefois, on évitait le plus souvent d'abattre les bêtes, à l'exception des chiens ou des chevaux enragés» (*Le Monde*, 27-03-2001).

L'autre aspect du problème concerne l'homme et s'avère délicat à traiter. Au XIXᵉ siècle, les chemins ruraux sont parcourus par les nouveaux fonctionnaires, cantonniers, facteurs, percepteurs, voire l'instituteur et le curé. Ils voient passer, dans sa carriole à deux roues et capote de cuir, le médecin de campagne, dont Jacques Léonard a retracé la vie quotidienne (Paris, 1977) et Eugène Le Roy, dans *Jacquou le Croquant*, la lutte tragique contre les fièvres, nées des étangs. Il est difficile d'isoler les conditions spécifiques qui régissent la santé du vagabond, du mendiant, du clochard, du pèlerin, du colporteur, de l'ancien soldat, du compagnon, de tous ceux qui vivent «sur» et «par» la route. Françoise Hildesheimer a tracé une fresque suggestive, *Fléaux et société: de la grande peste au choléra, XIVᵉ-XIXᵉ siècle* (1993). Notons dans ce domaine, une lettre du contrôleur général à l'intendant d'Auvergne, au moment de la crise de 1709, et de l'afflux vers la ville des pauvres de la campagne «comme il est ordinaire dans les années de disette»: «Qu'on les oblige de retourner dans les lieux de leur résidence, sinon il arriveroit que les aumônes qu'on feroit à Clermont y attireroient un si grand nombre de mendiants, que la ville, se trouvant hors d'état de les assister suffisamment, cette foule de gens mal nourris ne manqueroit pas d'infecter l'air et de causer quelque maladie populaire.» (Boislisle, t. III, p. 108.)

En dehors des effets nés de la fatigue, de l'alimentation déficiente, des jeûnes obligés, sont déterminants le long des routes, pour l'homme comme pour l'animal, les phénomènes liés aux conditions du sol, du relief et de climat. L'analyse dans ce domaine en est encore au stade de la recherche. Cette science nouvelle – la chronobiologie qui étudie la structure temporelle des organismes –, trouve son point de départ dans l'existence de rythmes biologiques, l'alternance de la veille et du sommeil, les migrations, la floraison, l'hibernation. Les auteurs finlandais ont signalé les rapports entre la lumière et les hormones sexuelles, comme des effets, sur la fécondité, des variations de l'ensoleillement pendant l'année. Ces phénomènes jouent dans ce domaine ouvert que constitue la route. Le rôle des plantes – et de l'environnement – apparaît essentiel. Il conviendrait de reprendre, en fonction des phénomènes de circulation et des climats qui règnent en Europe – celle des brouillards ou des soleils éclatants… –, les résultats des travaux de géographie médicale de J.-P. Goubert, d'étudier «l'eau et la route» et de suivre, dès leur origine, la marche des épidémies qui ont affecté l'espace européen, au cours des siècles, et dont l'on trouve des traces dans les mémoires de l'Académie de médecine (E. Sablayrolles).

La lèpre et la peste – celles notées par Platter à Zurich ou à Bâle, celle de Londres en 1666 – ont laissé de tristes souvenirs. En 1682, Montclar, commandant en Alsace, donne l'ordre d'arrêter, pour cause de maladie contagieuse, toutes les personnes étrangères (surtout les familles juives), non munies d'un passeport et d'un bulletin de santé: ne laisser passer personne venant de Saxe où sévit une maladie contagieuse (1683) (AMS, VI 141, 4). Le Siècle des lumières a été marqué par la petite vérole et, au tournant des années 1780, par l'épopée de la vaccine. J.-P. Desaive, J.-P. Goubert, E. Le Roy Ladurie, J. Meyer, O. Muller, J.-P. Peter ont donné, avec tableaux, cartes et planches, dans *Médecins, climats et épidémies à la fin du XVIIIe siècle* (EHESS, 1972), le résultat de leurs expériences. Le XIXe siècle n'est pas exclu de ces ravages, avec le typhus, lors du siège de Strasbourg (1813) et à Mayence, où succombe le préfet rénovateur, Jean-Bon Saint-André. Suit le choléra dont on connaît le cheminement. Restent la typhoïde, en attendant, au début du XXe siècle, la grippe espagnole, sans oublier les fléaux contemporains. D'aucuns ont étudié la purification des lettres aux XVIIIe et XIXe siècles (Carnevale, à Marseille et dans les autres ports de France), de même pour les objets (Mauzan, 1960). La route, lieu de vie, est aussi transport et accueil de mort, livrée qu'elle est aux influences, climatiques et autres, non contrôlées par le génie de l'homme. Face à cette «disponibilité», les mesures coercitives défient les siècles. Fermeture des chemins? Blocus des fermes, des villages et des villes? Diffusion de certains remèdes? Autant de phénomènes «de transmission» que les autorités responsables ne maîtrisent que médiocrement.

En conclusion, une question s'impose: quelle a été l'influence réelle des errants, au sein des sociétés de l'ancien régime économique, notamment au moment des révoltes rurales (guerre des paysans…), et des «grandes peurs», des émeutes politiques et foncières de 1789-1790, des soulèvements en 1848, quant se posent les questions sociales et nationales au sein de l'empire des Habsbourg, ou dans la Russie de «l'après Pierre le Grand» avec Pougatchev qui se veut tsar et, dans son carrosse, se présente comme tel (Pierre Pascal)? Tout dépend de la nature de l'errance. N'est pas réfugié qui veut. Du refus au défi, telle est la loi de ceux qui partent pour leur foi ou leurs traditions. Karine Rance a étudié les «Mémoires des nobles français émigrés en Allemagne pendant la Révolution française» (*RHMC*, 46, 2, avril-juin 1999). Elle a noté cette «vision rétrospective d'une expérience» et l'on pourrait ajouter: «vision prospective d'une espérance», alternant avec l'«école de la désespérance». Vertu de l'imaginaire, telle dans l'Angleterre du XIVe siècle dont J. Jusserand a écrit: «C'est sur la grande route et par l'influence des nomades que doivent marcher à leur solution les grandes questions du siècle, la question sociale et la question religieuse.»[44]

Influence réelle, même si l'absence de domicile et la précarité des moyens d'existence condamnent certains «nomades», hommes et femmes, à ne pas profiter des réformes du droit de suffrage que connaît le XIXe siècle, dans une partie de l'Europe. La route, école du citoyen ou citadelle de l'ignorance? Forts des expériences des «Grandes peurs» qui ont hanté l'imagination, des réalisations théâtrales et autres qu'illumine le problème de la distance, ne pourrions-nous souscrire à l'affirmation sibylline tirée de l'expérience britannique? «Le nomade aura toujours à apprendre à qui voudra l'interroger.» (J. Jusserand.)

6. Le tourisme et ses développements[45]

À la fin du XVIIIᵉ siècle et le début du XIXᵉ siècle, on assiste à la naissance d'une nouvelle forme de sociabilité. Dès la paix revenue, elle prend un nom, le tourisme, et gagne tous les pays et toutes les classes sociales, tous les âges également. La littérature de voyage se développe sous deux aspects: l'un technique, l'autre politique. Le premier bénéficie des avantages, dans le domaine de la vitesse, de l'amplitude, de la durée et de l'étendue qu'apporte l'installation de la voie ferrée, avec les infrastructures qu'elle suppose en matière de réception, d'hôtellerie, de correspondance; le second aspect élève, à l'intérieur des États, le voyage à la hauteur d'une politique, le développement systématique du déplacement ou de la réception.

L'essentiel, psychologique, met en cause l'individu – ou le groupe d'individus. Par leurs évocations allusives, leur recours involontaire au merveilleux, l'emploi d'un nouveau vocabulaire, leur usage parfois emprunté de l'analogie et de la métaphore, le recours fréquent au souvenir construit et habillé, «les voyageurs rendent compte de l'Autre et de l'Ailleurs» (O. Gannier). En même temps se dessine un paysage intérieur. Dans quelle mesure, romantisme mis à part, la création qu'apporte le rail est-elle différente de celle de la route? Description, narration, réflexion se mêlent, inventant une poétique, celle de Bachelard dans la *Poétique de l'espace*, au sein d'un imaginaire qui se joue de l'espace et du temps. «Voyager, c'est être infidèle» a écrit Paul Morand, l'auteur de *Bucarest* (1935), de *Londres* (1933) et du *Nouveau Londres* (1962), écho de la *Babylone noire* de Hugo. Au colloque des historiens modernistes (2002) ont été définis les grands thèmes de la recherche.

Conclusion

Dans la première moitié du XXᵉ siècle, le véritable «combat» des communications est celui des rapports entre routes de terre, routes de fer, routes fluviales et sociétés européennes, en «états d'industrialisation» variés, liées à un phénomène, celui de la centralisation de droit et de la décentralisation de fait. Ont été mis en évidence trois caractères:

– la «révolution ferroviaire» ne s'est pas faite de façon rapide et brusquée. Dans les différents pays, pour de multiples raisons dont les réticences de l'opinion, elle a procédé par avancées progressives, expériences individuelles ou collectives, repentirs et œuvres pionnières. Phénomène de globalisation, elle se présente comme un agent du progrès économique, remarquable par son amplitude, la diversité de ses approches, les formes d'organisation du travail, le passage de l'intervention de l'État à l'initiative privée, les inter-relations changeantes à l'intérieur de configurations créant de nouvelles géographies;

– l'œuvre entreprise a été caractérisée par l'importance des problèmes techniques, techniques de construction, de propulsion, de financement, dans la dépendance du degré d'industrialisation de l'État: apparition de nouveaux procédés et importance des taux d'accroissement de la production qui répond aux besoins de plus en plus nombreux et variés des hommes. Distances physiques et distances temps (de parcours) pour les hommes et les marchandises, sont sans cesse comparées. Le cheval disparaît, la machine triomphe, la locomotive est un symbole. De la voie ferrée individuelle, voire isolée, du maillage provincial, expression d'un «système» social ou politique, l'on arrive à l'idée de «réseau». Du messager pédestre, l'on passe au facteur quotidien, au timbre à date, apposé sur les envois;

– s'est présenté un résultat non prévu: le brassage social, terme préféré à celui de «révolution»: il s'agit d'un bouleversement intéressant la société tout entière, aussi bien le groupe des bourgeoisies capitalistes et le monde des ingénieurs – noblesse du fer par rapport à celle de la naissance ou du sang –, que les foules appelées à profiter des nouveaux moyens de transport. Apparaît une notion nouvelle, celle de masse, se réclamant de l'intérêt général. Servie par la route, l'utopie est à l'ordre du jour, composant une «sociologie du risque», définie par les «système de valeurs» qui s'organisent autour de stéréotypes variables. Comme l'espace insulaire dont Éric Fougère a étudié la représentation symbolique au Siècle des lumières, la route fait partie d'un environnement culturel qui a vu l'affrontement, au cours des siècles, dans un espace qui se transforme, des deux notions de voyage et d'enracinement. Mobilité et stabilité, clefs de la vocation. Désireux d'arriver par l'imaginaire, à une nouvelle représentation de la réalité, d'aucuns ont parlé de «l'appel de la route»[46].

Dans la seconde moitié du XIXᵉ siècle et au XXᵉ siècle, l'homme a acquis, par l'aviation, la maîtrise de l'espace aérien; par la poste, l'appui de la lumière et du choc électrique transmettant la pensée; par l'automobile, une nouvelle jeunesse et la tentation de l'espace terrestre à conquérir. Espace national d'abord, en dehors du phénomène des «capitales», par le décollage des campagnes. Comme le souhaitait Cyrano de Bergerac dans ses *Voyages dans les empires de la lune et du soleil* (1657) s'est affirmée pour certains, la possibilité de résoudre dans le temps, et à travers l'espace, le problème de la distance[47]. Dans ses derniers attendus, sensible à l'unité du continent, le Conseil de l'Europe a mis sur pied les bases d'un réseau ferroviaire unique, éléments fondamentaux d'une Europe de la circulation, de l'égalité des chances et de la liberté des transports[48].

NOTES

1. CARON (F.), «Quels modèles pour une histoire des chemins de fer?», *L'Économie française du XVIIIe au XXe siècle. Perspectives nationales et internationales*, PS, 2000. PÉCHEUX (J.), *La Naissance du rail européen, 1800-1850*, Paris, 1870, p. 9-13, 69, 120. PRIOU (J.-M.), *Les Transports en Europe*, coll. «Que sais-je», Paris, PUF, 1963, p. 17-25. ROBBINS (M.), *The Railway age*, Penguin books, Londres, 1965. BLANCHARD (M.), *Géographie des chemins de fer*, Paris, 1942. WESTWOOD (J.), *Les Trains*, trad. fr. M.-P. Bihet, F. Goul, J. Falaize, Londres, 1978, Paris, 1979.

2. HOLT (G.-O.), *A short History of the Liverpool and Manchester railway*, Caterham 1965. SIMMONS (J.), *The Railways of Britain. An territorial Introduction*, Londres, 1968. HAMILTON ELLIS (C.), *Le Train. L'épopée des chemins de fer*, Planète, Paris, 1972. WESTCOTT (G.-P.), *The British Railway Locomotive 1803-1853*, Science Museum, Londres, 1968.

3. GRAS (L.-J.), *Histoire des premiers chemins de fer français*, Saint-Étienne, 1924. PICARD (A.), *Les Chemins de fer français*, Paris, 1884, t. I. GILLE (B.), *État sommaire des archives d'entreprise conservées aux AN Paris*, 1957, p. 67-68. PERDONNET (A.), *Traité élémentaire des chemins de fer*, Paris, 1856, 2 vol. PAYEN (J.), *La Machine locomotive en France et ses origines au milieu du XIXe siècle*, CNRS., PUL, 1986. CROUZET (F.), «Essor, déclin et renaissance de l'industrie française des locomotives, 1838-1914», *Mélanges F. Crouzet, op. cit.* ESCUDIÉ (B.) et COMBE (J.-M.), *L'Aventure scientifique et technique de la vapeur*, CNRS, PUL, 1986. BERNARD (F.), *L'Alsacienne de constructions mécaniques des origines à 1965*, PU Strasbourg, 2000.

4. OTTLEY (G.-A.), *Bibliography of British Railways History*, Londres. G. Allen. u. Unwin. (s.d.). GAYER (A.-D.), ROSTOW (W.-W.) et SCHWARTZ (A.-J.), *The Growth and Fluctuation of the British Economy 1790-1850. An Historical, Statistical and Theoritical Study of Britain's Economic Development*, Oxford, 1953, 2 vol. REED (M.-C.), *Investment in Railways in Britain 1820-1844*, Oxford, Hist. Monogr. La construction des chemins de fer qui va passer du domaine public au domaine privé fait l'objet d'un rapport de Roderick Smith. Il estime que l'avenir des transports ferroviaires britanniques passe par des investissements massifs dans l'infrastructure, l'abandon des petites lignes locales non-rentables, la construction de nouvelles lignes à grande vitesse entre les principales villes du pays.

5. ENDERSON (W.-O.), *Britain and Industrial Europe 1750-1870. Studies in British influence on the Industrial Revolution in Western Europe*, 2e éd., Londres, 1965.

6. JONAS (S.), «Mulhouse et la conquête du rail, 1831-1848», *Le Mulhouse industriel. Un siècle d'histoire urbaine 1740-1848*, Paris, L'Harmattan, 1994, p. 229-254. LEFEVRE (A.), «La ligne centenaire de Mulhouse à Thann», *L'Alsace française*, juin 1939, p. 141-142. *SIM*, n° 814, 3/1989, n° spécial (150e anniversaire de la ligne Mulhouse-Thann). GROSSETESTE (W.), «Chemin de fer de Mulhouse à Thann. Notes et Documents», *BSIM*, Mulhouse, 1989, n° spécial. COMBE (J.-M.), «L'Alsace et la machine à vapeur (1831-1955)», *BSIM*, n° 814, 3/1989, p. 60. VAUQUESAL-PAPIN, *Un siècle de chemin de fer en Alsace-Lorraine*, Paris, Picador, 1980. L'HUILLIER (F.), «L'usine de Graffenstaden, près Strasbourg, exemple d'une adaptation et d'une expansion au XIXe siècle», «Le fer à travers les âges. Hommes et techniques», *Actes du colloque de Nancy, 1955*, Nancy, 1956, p. 395-410 (la fabrication des locomotives expédiées à l'étranger). CROUZET (F.), «Les débuts de l'industrie des locomotives en France», *Histoire, économies, sociétés*, PU Lyon, 1978, p. 187-197.

7. DESCHAMPS (H.-T.), *La Belgique devant la France de Juillet. L'opinion et l'attitude française de 1839 à 1848*, Bibl. Univ. Liège, Liège, 1956, fasc. CXXXV. DEMOULIN (R.), «La presse belge et la loi des chemins de fer du 11 juin 1842», *Actes du colloque de Bordeaux 1979*, Paris, 1980, 1,

p. 253-269 (sur l'inquiétude belge devant l'indifférence française). LAVELEYE (A. de), *Histoire des vingt-cinq premières années des chemins de fer belges*, Bruxelles, 1862. LAMALLE (U.), *Histoire des chemins de fer belges*, Bruxelles, 1935. PIÉRARD (C.), «Jean-Baptiste Masui, premier directeur général des chemins de fer belges, 1798-1850», *Rail et Traction*, ARBAC, Bruxelles, septembre-octobre 1960, n° 68.

8. JONCKERS NIEBOER (J.-H.), *Geschiedenis der Nederlandsche Spoorwegen. 1832-1938*, Rotterdam, 1938.

9. DAY (J.), «Strade e vie di comicazione», *Storia d'Italia Einaudi*, s.l.n.d., vol. V, t. I. VICHI (P.), «Le strade della Toscana granducale come elemento della organizzazione del territorio (1750-1850)», *Storia Urbana*, s.l., 1984, n° 25 et 26. LIVIO (J.), «Dalla Bayard all ETH 300, sommario storico delle ferrovie italiane», *Quaderni della F.S.*, s.l., 1956. DAVIA (J.-A.), *Merchants, monopoloists and Contractors: a study of economic activity and Society in Bourbon-Naples. 1815-1860*, Oxford, 1975. *Lexique historique de l'Italie*, s.l., 1977, p. 47. Travaux de Michèle Merger sur le XIXᵉ et XXᵉ siècles. Catalogue des publications de l'Institut d'histoire moderne et contemporaine du CNRS, 1996-1999. Pour l'Autriche, *Dreifaches Jubiläum der Österreichischen Eisenbahn: 1962*, Vienne, 1962.

10. Travaux de S. Charléty sur le Saint-Simonisme. Sur les difficultés parlementaires, BAUDOT (M.), «L'obstruction parlementaire à la construction des chemins de fer français (1833-1838)», *Actes de colloque Bordeaux 1979*, Paris, 1980, I, p. 233-252. LEFRANC (G.), «Les chemins de fer devant le Parlement français (1835-1842)», *RHMC*, 1939, p. 3-6. PROUDHON, *Réformes à opérer dans l'exploitation des chemins de fer* et LE SECQ DES TOURNELLES, *Étude historique et économique sur l'établissement des chemins de fer*, Bar-sur-Aube, 1980.

11. Sur les réseaux régionaux, DUBAC (A.), «La Ligne de chemin de fer de Rouen à Amiens», *Actes du colloque de Bordeaux, 1979*, Paris, 1980, p. 285-302). FICQUELMONT (É.-M. de), «La naissance et le développement du chemin de fer en Creuse», *idem*, p. 17 (pose 3 questions en dehors du retard du «réseau creusois»: «Peut-on parler d'une révolution ferroviaire? N'est-ce pas un pétard mouillé? Gouffre de l'isolement et de l'oubli pour la Creuse?»). CARALP, *Les Chemins de fer dans le Massif central, étude des voies ferrées régionales*, Imprimerie nationale, 1980. CROUZET (F.), «Les origines du sous-développement économique du Sud-Ouest», *Mélanges Crouzet, op. cit.* CROZET (R.), «Voie ferrée de Paris à Toulouse et réseau ferré entre Loire, Mayenne et Cher», *RHMC*, 1939, p. 241-260. GUÉNEAU (L.), «Le chemin de fer d'Epinac au canal de Bourgogne», *BSHM*, février 1931. VIDALENC (J.), «Les relations économiques et la circulation en Normandie à la fin du Premier Empire (1810-1814)», *Annales de Normandie*, 1958, VII, p. 441-461. CARON (F.), *Histoire de l'exploitation d'un grand réseau. La Compagnie du chemin de fer du Nord, 1846-1937*, Paris, La Haye, 1973; *An Economic History of Modern France*, Methuen, 1979.

12. JOUFFROY (L.-M.), *Une étape de la construction des grandes lignes de chemin de fer en France. La ligne de Paris à la frontière d'Allemagne (1825-1852)*, Paris, 1932, t. II p. 11-58 (les travaux); *Recherches sur les sources de la création d'une grande ligne de chemin de fer au XIXᵉ siècle*, Paris, 1932 (avec une importante bibliographie générale et spécialisée, p. 59-62). PONTEIL (F.), *L'Opposition politique à Strasbourg sous la monarchie de Juillet (1830-1848)*, s.l.n.d., p. 779-804. Il est intéressant de signaler, un siècle et demi plus tard, le retour des mêmes atermoiements que stigmatise le président du conseil régional, Adrien Zeller – «Les conditions de réalisation du TGV Est sont bien le signe d'une mauvaise gouvernance de notre pays» – qui note l'écart trop

grand entre la Déclaration d'utilité publique (14-05-1996) et le démarrage du chantier (28-01-2002, pose de la première pierre du côté de Baudrecourt, Moselle). A. Zeller réclame, par rapport aux autres TGV, davantage de «justice territoriale». KEIFLIN (C.), «Victoire au prix fort», *DNA*, 25-01-2002). HAU (M.), «L'âge des chemins de fer, 1845-1870», *La Maison de Dietrich de 1684 à nos jours*, Strasbourg, Oberlin, 1998, p. 81-98. Sur l'épopée de l'Orient-Express qui a repris du service après 50 ans d'interruption, et qui relie Paris à Istanbul, soit 3000 km en 67 heures et 46 minutes, voir le documentaire de Tania Rachmanova (Arte, janvier 2002).

13. SCHNURHEIN (H.-F. von), *Friedrich List, Eisenbahnpolitiker*, Erlangen, 1904. Vue générale dans DIEFENDORF (J.-M.), *Businessmen and Politics in the Rhineland 1789-1934*, Princeton University Press, 1980.

14. VOIGT (F.), *Verkehr*, Berlin, 1965, 2 t., t. I («Die Entwicklung des Verkehrssystems»); «Verkehr und Industrialisierung», *Zft. f. d. gesamte Staatswissenschaft*, s.l., 1953, t. CIX. LOTZ (W.), *Verkehrsentwicklung in Deutschland seit 1800*, Leipzig u. Berlin, 1920. KUMPMANN (K.), *Die Entstehung der Rheinischen Eisenbahn-Gesellschaft 1830-1844*, Essen, 1910.

15. STEPHAN (H. von) et SAUTTER (K.), *Geschichte der preussischen Post*, Berlin, 1928. VAILLÉ (E.), *Histoire des postes, op. cit.*, p. 76 (sur les «bureaux volants»). NORTH (G.), «Heinrich von Stephan et la prise de possession du service postal de la Tour et Tassis par la Prusse en 1867», *op. cit.*, p. 119-126.

16. SCHULZ (F.-T.), *Die Ludwigbahn. Die erste deutsche Eisenbahn*, Leipzig, 1935. STUMPF (B.), *Kleine Geschichte der deutschen Eisenbahn*, Mayence, 1955. Études par États ou par régions (la Saxe, G. SCHAEFER; Bade, K. LÖFFLER; Wurtemberg, F. WEBER et SUPPER), ou des villes (Nuremberg, ZITZMANN), à l'occasion de jubilés ou d'anniversaires (pour la *Hochschule f. Verkehrswesen*, etc. Voir *125 Jahre deutsche Eisenbahn*, Francfort, 1950). Sur la locomotive: études de MAEDEL (K.-E.), *Die deutschen Dampflokomotiven gestern und heute*, VEB Verlag Tecknik, Berlin, s.d.; JAHN (J.), *Die Dampflokomotive...*, s.l., 1924 (*reprint* Kassel, 1976); contributions mulhousiennes, *SIM, op. cit.* GUETH (F.), «Riggenbach Antoine Nicolas», *NDBA*, s.l.n.d.n n° 31, 3220.

17. SM 2/1977, p. 3-25 (avec tableaux et graphiques). Pour la Prusse, étude de G. HOHORST (université de Münster, 1977), pour la Bavière, étude de W.-R. LEE (université d'Oxford, 1972). «Von Adler zum Komet», *Bilder zur Geschichte der deutschen Eisenbahnen*, Bonn, 1956. Sur les Habsbourg, HUERTAS (T.-F.), *Economic Growth... 1841-1885*, Université de Chicago, 1977.

18. *Dictionnaire historique et topographique de la Suisse*, V, 491-493. BARBEY (C.), *Le Développement technique actuel des chemins de fer suisses*, s.l.n.d., *passim*. BRANDSTETTER (J.-L.), *100 Jahre Fremdenverkehr der Schweiz*, s.l.n.d. RÜTIMEYER, *der Rigi*, s.l.n.d. *Le Centenaire des chemins de fer suisses*, Lausanne, Payot, 1947. SABURO-MOTOJIMA, *The Railways of Schwitzerland*, s.l.n.d., *passim*. Rappeler la célébration en 1998 du centenaire du train de Zermatt (1604 m) à Gornergrat, (3131 m), chemin de fer électrique à crémaillère (trajet de 93 km, 5 ponts et 5 viaducs). Voir également «Franchir les Alpes», sur Arte le 20 et 21-01-2002.

19. MANUSSON (L.), «Proto-industrialisation, culture et taverne en Suède (1800-1850)», *AESC*, 1990 (1), p. 21-36. VERLEY (P.), *idem*, 1991, (3) p. 609-611. ZIMMERMANN (M.), «États scandinaves», *Géographie universelle*, Paris, Colin, 1933. DERRY (T.-K.), *A History of Scandinavia: Norway, Sweden, Denmark, Finland and Iceland*, Allen u. Unwin, 1979. *Le Danemark*, AE Danemark, Copenhague, 1965. Est rappelée l'existence de la carte de 1427, du cartographe C. Claussen Svart; puis celle du cartographe de Christian IV, J. Mejer (1606-1674). Les premiers

relevés de triangulation furent effectués au cours des années 1757-1842 par l'Académie royale des lettres et des sciences du Danemark. MOE (T.), *Demographic Developments and economic Growth in Norway 1740-1940*, Université de Stanford, 1970. BRULAND (K.), *British Technology and European Industrialization. The Norwegian Textile Industry in the Mind Nineteenth Century*, PU Cambrige, 1989. CR VERLEY (P.), *AESC*, mai-juin 1991, p. 606-609.

20. LUZZATTO (G.), *Storia economica dell'eta moderna et contemporanea*, Padoue, 1958. La liaison ferroviaire Lyon-Turin doit être opérationnelle en 2012.

21. VIVES (V.), *op. cit.*, p. 615 «La revolucion de los sistemas de transporte», *Les Chemins de fer en Espagne, 1848-1958*, Madrid, 1958. REDER (G.), *Los Ferrocarriles de España*, Madrid, s.d. TORTELLA (C.G.), *Banking, Railroads and Industry in Spain, 1829-1874*, Université de Wisconsin, 1972.

22. Textes dans BENNASSAR (B. et L.), *Le Voyage en Espagne, op. cit.* (Eugène Pitou, p. 737-744 et carte p. 1196-1197; C. Davillier, p. 744). Développement du rail qui continue de nos jours, témoins les contrats passés en 2001. Les chemins de fer espagnols (RENFE) ont annoncé avoir attribué au *consortium* franco-espagnol Alsthom-CAF un contrat de 227,78 millions d'euros pour la fabrication de 20 trains circulant entre 200 et 250 km/heures et destinés à des liaisons régionales sur l'axe à grande vitesse Madrid-Barcelone. Alsthom-CAF, qui était en concurrence pour ce nouveau contrat avec l'allemand Siemens, avait été le grand perdant du marché pour les 32 rames TGV de la ligne Barcelone-Madrid, adjugées le 24 mars à Siemens et au *consortium* hispano-allemand Talgo-Adtranz, rames conçues pour une vitesse de 350 km. Contrat qui portait sur 744,15 millions d'euros. Les rames de Siemens et Talgo-Adtranz doivent rentrer en service en 2004 pour couvrir le trajet entre Madrid et Barcelone (600 km) en 2 h 30 (*DNA*, 26-05-2001): contraste saisissant entre les époques.

23. SORRE (M.), «Espagne-Portugal», *op. cit.*, Geogr. Univ., p. 200 (carte) et 215 (plan de Lisbonne). MAGALHÂES-GODINHO (V.), *Prix et monnaies au Portugal*, avant-propos de L. Febvre, EHESS, 1955.

24. *Archeologia*, septembre 1999, n° 359. SINARELLIS (M.), *Routes et ports en Grèce. 1830-1880* (titre en grec), Athènes, 1989. CR AGRIANTONI (C.), *AESC*, 1992 (3), p. 740-742. DERTILIS (G.), «Terre, paysans et pouvoir économique (Grèce, XVIIIᵉ-XXᵉ siècle)», *AESC*, 1992 (2), p. 273-291.

25. VOSTOKOV (P.), «Les chemins de fer russes autrefois et aujourd'hui», *Le Monde slave*, s.l., 1935, p. 105-130 (noter l'intervention personnelle du tsar soulignée, après l'installation du bolchevisme, par un historien des transports russes, K.-A. OPPENHEIM, dans *La Russie et ses transports*. *Moscou*, 1920, éd. du Conseil supérieur de l'économie nationale). METZER (J.), *Some Economic Aspects of Railroad Development in Tsarist Russia*, Université de Chicago, 1972. POUCHKINE, *Le Maître de poste*, Paris, s.d. DOSTOÏEVSKY, *L'Idiot*, Paris, 1947. TRAUTMANN (P.), «La Russie par ses fleuves», *Amure*, s.l., 1997/9). En 1755 était fondée l'université de Moscou, en 1782 la société savante de Saint-Pétersbourg. En 1789, paraissait de RADICHTCHEV, le *Voyage de Saint-Pétersbourg à Moscou* (s.l.). PASCAL (P.), *La Révolution de Pougatchev*, Paris, 1971.

26. JOBÉ (J.), «Les origines des bateaux à vapeur à roues. 1736-1820...», *Bateaux à roues d'Europe et d'Amérique*, Paris-Lausanne, 1976, p. 11-33 et 35-70. PLUMMER (R.), «Sur les lacs et les fleuves d'Europe», *idem*, p. 73-133. *Les Origines de la navigation à vapeur*, travaux présentés par M. Mollat, Paris, PUF 1970 (invention et diffusion de la technique...). Pour le Danube, BÉRENGER (J.), *Lexique historique de l'Europe danubienne*, Paris, Colin, 1976, p. 45-46, 83-84

(avec bibliographie). «La CFNR ira sur le Danube», *DNA*, 21-09-1991 (pour la «Grande Europe» allant de la mer du Nord à la mer Noire). Pour le Rhin, bibliographie dans «Amis du musée régional du Rhin et de la navigation» (*Amure*, 2000-12), travaux de E. GOTHEIN (1903), C. ECKERT (1900), UNGERER (le pont du Rhin), LÖPER (la navigation), F. RITTER (*Amure* 1999/11), G. LIVET (*Amure*, 1994/6), R. DESCOMBES (*Amure*, 2000/12). Le mémoire de Tulla a été donné en traduction française dans le *Journal de la Société d'agriculture du Bas-Rhin*, 1927. DREYFUS (F.-G.), *Sociétés et mentalités à Mayence dans la seconde moitié du XVIII siècle*, Paris, Colin, 1968, p. 83-126. Projets de liaison Danube-Rhin, de Charlemagne à Louis Ier de Bavière: E. Conrad (*Amure*, 1991/3). Transports: produits maraîchers, bétail, garance, pommes de terre, millet, chanvre (registres douaniers), J. VOGT (*Amure*, 1996-1999).

27. GOLDONI (C.), *La Villégiature*, s.l., 1755. BIGET (D.), «Le relais de la poste aux chevaux de Triel-sur-Seine», *Cahiers d'histoire des PTT*, s.l., 1986, n° 1.

28. CARON (F.), «Cent ans d'évolution tarifaire dans les chemins de fer», *Transports et voies de communication, op. cit.*, p. 199-212 (rappelle l'article de J. DUPUIT, «De l'influence des péages sur l'utilité des voies de communication», *Annales des Ponts et chaussées*, 1849 et les discussions engagées à ce sujet).

29. AYMARD (T.), *Voyages au temps jadis, op. cit.* «Journal de Voyage en Italie et en Sicile d'Antoine-Henri Jordan, fils et petit-fils d'échevins en 1787-1788». MOLINIÉ-BERTRAND (A.), «Le nombre des hommes. La saisie de l'espace», *Le Premier Âge de l'État en Espagne (1540-1700)*, sous la direction de C. Hermann, CNRS, 1989, p. 271-300.

30. VAILLÉ (E.), *op. cit.*, p. 57-58. MIDOUX (J.), «Claude-Gaspard Dailly, maître de poste», *Cahiers d'histoire des PTT*, 1986, n° 2, p. 31-33.

31. GAVOILLE (J.), «Problèmes posés par l'analyse des mouvements de population en relation avec la mise en place des chemins de fer», *Transports et voies de communication…, op. cit.*, p. 213-242. CELIK (Z.), FAVRO (D.), INGERSOLL (R.), *Streets, Critical Perspectives on Public Space*, California University Press, 1994. CR KOURNIATI (M.), *AHSS*, septembre-octobre 1997, p. 1222-1224. S'y ajoute la réduction des spéculations locales «qui sortent de l'histoire avec la fin de l'ère des disettes» (R. Laurent, centre P. Léon, 1978).

32. BERTHO (C.), «Les réseaux de télécommunications au XIXe siècle», *La Communication dans l'histoire*, Reims, 1985, p. 155-165. CHAPPE (l'Aîné), *Histoire de la télégraphie*, autoédition, 1824, 2 vol. RICHARD (R.), «Napoléon et le télégraphe», *Diligence d'Alsace*, 1960, p. 6-18. DAUMAS (M.), «Naissance du télégraphe», *Histoire des techniques*, s.l.n.d., t. III, p. 420-435. GALFANO (G.), *Napoléon Ier et le télégraphe Chappe*, Paris, 1986. Miné par un cancer et par une contestation de paternité de l'invention, attribuée par certains à Bréguet (horloger suisse établi en France), Claude Chappe se suicide à 42 ans, le 23 janvier 1805, en se jetant dans un puits situé dans la cour de l'Hôtel des télégraphes, 103 rue de Grenelle à Paris. CHARBON (P.), «La première ligne commerciale française de télégraphe aérien», *Cahiers d'histoire de la poste…*, novembre 1986, vol. 1, p. 13-19. BIANCO (P.), *De la pile Volta à la conquête des télécommunications*, s.l., 1988.

33. «Recherches sur l'histoire des télécommunications», dans «Du télégraphe électrique à la télévision. 1840-1940», *Actes du colloque du 5 décembre 1985 au Collège de France*, s.l.n.d. LIBOIS (L.-J.), «Le premier siècle de l'ère des télécommunications», *Travaux de l'Association pour la recherche historique… Deux siècles d'électrochimie (1799-1999)*, Université de Provence, 1999, 272 p. *T comme Télégraphe*, catalogue Riquewihr, 1982.

34. DAUMAS (M.), «Premières étapes de l'aérostation», *Histoire des techniques*, s.l.n.d., t. III, p. 413-419. Témoignage dans HOLL (P.), «Les débuts de l'aviation à Strasbourg», *La Vie en Alsace*, 1926, n° 7.

35. HAENEL (H.) et PICHON (R.), *La Gendarmerie*, coll. «Que Sais-je», Paris, PUF, 1983. FIJNAUT (C.), «Les origines de l'appareil policier moderne en Europe de l'Ouest continentale», *Déviance et Société*, s.l., 1980. «Police, ordre et sécurité», *Revue française de sociologie*, juillet-septembre 1994. «L'infrajudiciaire de l'Antiquité au XXᵉ siècle», *Actes du colloque de Dijon, 1995*, Dijon, 1996. CORBIN (A.), «Histoire de la violence dans les campagnes françaises au XIXᵉ siècle. Esquisse d'un bilan», *Ethnologie française*, s.l., 1991, p. 224-236. *Polizey in Europa der Frühen Neuzeit*, sous la direction de M. Stolleis, Francfort-sur-le-Main, 1996. CR DIESTELKAMP (B.), *VSWG*, 85/4, 1998, p. 563. Et un répertoire qui suit des ordonnances de police en Silésie. EBEL (E.), *La Police en Alsace de 1800 à 1870*, Strasbourg, 1995, 2 vol. *RA*, 1996, 122, p. 443-452. NIES (F.), «Filles perdues und Femmes publiques. Für eine Sozialgeschichte der Literatur-rezeption», *Cahier d'histoire des littératures romanes*, s.l., 1984, p. 394-502. Sur l'information et la route au service de l'idéologie, SAUGNEUX (J.), «Le temps, l'espace et la presse…», *Cahiers d'Histoire*, 1978, XXIII, p. 313-334.

36. BLANC-CHALÉARD (M.-C.), *Police et migrants. France 1667-1939*, PR, 2001. WAGNIART (J.-F.), *Le Vagabond à la fin du XIXᵉ siècle*, Paris, Belin, 1997. CR LE MAREC (R.-Y.), *RHMC*, 48/1, 2001, sur le décalage entre les représentations et la réalité du vagabondage. GARNOT (B.), «La perception des délinquants en France du XIIIᵉ au XIXᵉ siècle», *RH*, 600, octobre-décembre 1996, p. 349-363, («Les complices et les bandes»). LIVET (G.), *L'Intendance d'Alsace sous Louis XIV*, 2ᵉ éd., Strasbourg, 1991, p. 683-684; «Une enquête à ouvrir: justice, police et délinquance dans les villes d'Alsace sous l'Ancien Régime», *Annales de l'Est*, s.l., 1998/2, p. 361-381. LEMAÎTRE (A.-J.), «L'intendance en Alsace, Franche-Comté et Lorraine aux XVIIᵉ et XVIIIᵉ siècles», *idem*, 2000/2, p. 231. CASTAN (Y.), «Mentalités rurales et urbaines à la fin de l'Ancien Régime dans le ressort du parlement de Toulouse d'après les sacs à procès criminels. 1730-1790», dans «Crimes et criminalité en France sous l'Ancien Régime. XVIIᵉ-XVIIIᵉ siècle», *Cahier des Annales*, n° 33, s.l., 1971. *Histoire des galères, bagnes et prisons XIIIᵉ-XXᵉ siècle*, sous la direction de J.-G. Petit, Toulouse, Privat, 2001. MUCHENBLED (R.), «La civilisation des mœurs: mentalités et cultures (1560-1660)», *BSHM*, 1987/I, 31. FONTAINE (L.), *Histoire du colportage en Europe XVᵉ-XIXᵉ siècle*, Paris, 1993, 34. REIFFSTECK (G.), «Théâtre et société en Allemagne au XVIIᵉ siècle. Recherches sur le théâtre ambulant», DES Strasbourg, 1967. PERROT (M.), «La fin des vagabonds», *Histoire*, s.l., 1978, n° 3. Et les «Rendez-vous de l'Histoire», Blois, 18-20 octobre 2002 («Étranges étrangers…»).

37. VALENTIN (J.-M.), *Le Théâtre des jésuites dans les pays de langue allemande (1554-1680)*, s.l., rééd. 2001, t. III, p. 659 ss: «Le théâtre à l'épreuve de la guerre». Actes des Journées d'études sur «La confessionnalisation dans l'Empire: États, sociétés, cultures et religions du XVIᵉ au XVIIIᵉ siècle», *Études germaniques*, s.l., 2002, s. p. LIVET (G.), *La guerre de Trente Ans*, Paris, PUF, 6ᵉ éd., 1994, p. 110 («L'homme baroque»).

38. CHÂTELIER (L.), *L'Europe des dévots*, Paris, Flammarion, 1987, p. 19 («De Naples à Cologne»); *La Religion des pauvres. Les sources du christianisme moderne*, Paris, Aubier, 1993, p. 17 ss («sur les prédicateurs itinérants et les missions […] une longue marche apostolique à travers l'Europe»). PISTER (D.), «L'image du prêtre dans la littérature classique (XVIIᵉ-XVIIIᵉ siècle)», *Actes de colloque*, organisé par le centre Michel Baude-Littérature et spiritualité de l'université de Metz, novembre 1998, Peter Lang, 2001. BRUNET (S.), *Les Prêtres des montagnes. Val d'Aran et Comminges. XVIIᵉ-XVIIIᵉ siècles*, Cerf, Paris, 2000. Et article sur «Les lies et passeries», dans les Pyrénées centrales.

39. BOUYSSY (M.), «Lecture d'Alphonse Dupront. Le mythe de la Croisade», *RHMC*, 47/3, juillet-septembre 2000, p. 616-620. RAPP (F.), «Les pèlerinages dans la vie religieuse de l'Occident médiéval aux XIVᵉ et XVᵉ siècles», *Les Pèlerinages de l'antiquité biblique et classique à l'Occident médiéval*, USHS, Centre d'histoire des religions, s.l., 1973, I, p. 160. Notations sur le culte des saints (qui comporte des «stations» tout le long de la route) p. 145, notes 99 et 134. PARKS (G.-B.), *The English Traveller to Italy. I: The Middle Ages (to 1525)*, Rome, 1954. ROMANI (M.), *Pellegrini e viaggiatori nell'economia di Roma dal XIV al XVII secolo*, Milan, 1948 (sur le double regard de Dante dans *La Divine Comédie*: le Vatican et la montagne). *Rendre ses vœux. Les identités pèlerines dans l'Europe moderne*, sous la direction de P. Boutry, P.-A. Fabre et D. Julia, Paris, EHESS, 2000, 588 p. («Le pèlerin de l'âge moderne a ainsi accéléré la redéfinition entre espace civil et espace religieux»).

40. BROGLIE (R. de), *Souvenirs français dans le Tyrol*, Innsbruck, 1948, p. 109-110.

41. GUTTON (J.-P.), *La Société et les pauvres en Europe (XVIᵉ-XVIIIᵉ siècles)*, Paris, PUF, 1974, p. 122 ss et 183 («Dans l'aire du despotisme éclairé»). Sur la prostitution à l'échelle européenne, EVANS (R.-E.), «Prostitution, State and Society im Imperial Germany», *Past und Present*, 1976, p. 106-129. MICHAUD (S.), *L'Édification. Morales et cultures au XIXᵉ siècle*, Craphus, 1993, p. 79-89. Pour le pays de Bade, *Annalen der... badische Gerichte-General Register. 1832-1897*, index BNUS, F 111. 75. LERCH (D.), «La prostitution en Alsace au XIXᵉ siècle: premiers éléments», article «Prostitution», *Encyclopédie de l'Alsace*, 1985, coll. 6174-6176 et note 31. Un cas particulier dans une ville frontière, HITTER (J.-M.), *Les Maisons de tolérance à Strasbourg au XIXᵉ et au début du XXᵉ siècle*, mémoire de sciences sociales, Université de Strasbourg II, juin 1985.

42. PORTAL (R.), «Mines et métallurgie dans l'Oural au XVIIIᵉ siècle», dans «Le fer à travers les âges», *op. cit.*, p. 275-284; «Une route du fer au XVIIIᵉ siècle», *RH*, janvier-mars 1954, p. 19-29 (à propos d'une thèse récente). GILLES (B.), *La technique sidérurgique et son évolution: la littérature technique*, catalogue de l'exposition du Musée historique lorrain, s.l.n.d., p. 26-30. CARRÈRE D'ENCAUSSE (H.), *op. cit.*

43. «Die Strasse in der Geschichte der Medizin», *Technikgeschichte*, Heischkel, Berlin, 1934, t. XXIII, p. 36 et 59. HUART (P.), «L'histoire de la médecine. Son intérêt et ses difficultés», *Gazette médicale de France*, t. LXXX, n° 37, 23. XI. 1973. BUELTZINGSLOEWEN (I.), «Pour une histoire sociale de la médecine: bilan et perspectives de la recherche allemande», *BMHFA*, juin 1994, n° 28, p. 76-95 et «Enseignement clinique et médicalisation de la société dans l'Allemagne des XVIIIᵉ et XIXᵉ siècles». HILDESHEIMER (F.), *Fléaux et société*, s.l., 1993. GOUBERT (J.-P.) et *alii*, *Atlas de la Révolution française. 7. Médecine et santé*, s.l., 1993, 88 p. Des travaux régionaux, doyen Mantz et J. Héran (Strasbourg), le choléra, la peste, la vaccine... (LIVET (G.), SCHAFF (G.), *Bibliographie*, Strasbourg, 1976). FRASCANI (P.), «Gli Annali Einaudi sulla Medicina», *Quaderni Storici*, avril 1986, I, p. 251-259 (avec bibliographie). Sur le rôle de l'eau (J.-P. Goubert, O. Kammerer...), sur les études du sol, archives Dietrich (Reichshoffen) et ouvrage de Philippe-Frédéric, *Les Mines et les forges* (nouv. éd., s.l., 1986).

44. JUSSERAND (J.), *op. cit.* DELOYE (Y.), *La Citoyenneté*, Paris, 2000. DECLERCK (P.), *Les Naufragés. Avec les clochards de Paris*, Plon «Terre humaine». CR MAMOU (Y.), «Voyage aux limites de la raison sociale», *Le Monde des Livres*, 26-10-2001).

45. GANNIER (O.), *La Littérature de voyage*, Paris, Ellipses, 2001. PERROT (M.), *Bachelard et la poétique du Temps*, Peter Lang, 2000. JECHOVA (H.) et VOISINE (J.), «Les voyageurs devant l'événement révolutionnaire», *Cahiers d'histoire. Littérature comparée*, *op. cit.*, 1980-1981, n° 5-6;

BLACK (J.), *The British and the Grand Tour* (décrit en 1743 dans l'ouvrage pionnier de Thomas Nugent), Londres, Croom Helm, 1985. BOYER (M.), *L'Invention du tourisme*, coll. «Découverte», Paris, Gallimard, s.d. SIGAUX (G.), *Histoire du tourisme*, éd. Rencontres, s.d.; *Le Tourisme*, Paris, Le Seuil, s.d. CLAUDON (F.), *Le Voyage romantique*, éd. P. Labeaud, s.d. GOUREVITCH (J.-M.), *Le Point*, s.l., 21 juillet 1986, n° 722. LOUGH (J.), *France observed…, op. cit.*, p. 1-31 (*The Travellers and how they Travelled*). GRIEDER (J.), *Anglomania in France 1740-1789. Fact, Fiction, and Political Discourse, op. cit.*, Genève, Droz, 1985. RAUCH (A.), *Vacances en France de 1830 à nos jours*, Pluriel, s.d. Pau est «une ville anglaise» entre 1820 et 1880 (P. Tucco-Chala). En 1834, lord Brougham, ancien chancelier d'Angleterre, est à Cannes et, en 1856, l'impératrice douairière de Russie, Alexandra Feodorovna, est à Nice: la route est aristocratique et parisienne (la création de la ligne de chemin de fer Paris-Lyon-Marseille et son extension jusqu'à Monte-Carlo en 1868 suppriment l'inconvénient majeur du littoral méditerranéen: la difficulté des transports). ANGER (L.), «L'âge d'or de la Côte d'Azur», *Histoire*, n° 19, 1981. MORAND (P.), *Voyages*, B. Raffali, coll. «Bouquins», éd. Laffont, Bouquins, 960 p., 2001. «Ce Protée ne cesse de jouer avec virtuosité de l'espace et du temps» (ROUSSEAU (C.), *Le Monde des Livres*, 9-11-2001).

46. FOUGÈRE (É.), *Les Voyages et l'ancrage. Représentation de l'espace insulaire à l'Âge classique et aux Lumières (1615-1797)*, L'Harmattan, 1995.

47. Pour l'évolution contemporaine, voir REVERDY (G.), *Histoire des grandes liaisons françaises*, s.l.n.d., t. IV. «Les chemins de Paris à Bordeaux et en Espagne» (1. La décadence de la grande route; 2. L'entrée en scène de l'automobile; 3. La route pour l'automobile… L'autoroute continue»). *Revue… des routes et des aérodromes*, novembre 1980, n° 569, p. 68-76: relever la conclusion de l'auteur («Après l'âge de l'automobile, quels chemins construira-t-on demain, et pour quels pèlerins?»). Pour le chemin de fer, LAMMING (C.), *Les «grands trains» de 1830 à nos jours*, Larousse, 2001 et en application TISSERAND (F.) et HERMANN (F.), *De Paris à Pékin par le Transibérien*, Paris, La Renaissance du Livre, 2001. *Chemins vers l'an 2000. Les processus de transformation scientifique et technique en Allemagne et en France au XXe siècle*, sous la direction de M. Hau et H. Kiesewetter, Berne-Vienne, 2000. Pour les forces en présence, DUWIG (D.), *Strasbourg, capitale du transport et de la logistique*, DNA, 2001 (Journées européennes du transport et de la logistique (JETL), novembre 2001).

48. «La vitesse du transport international de marchandises par rail est inférieur à 18 km/h, soit moins qu'un brise-glace ouvrant la voie à la navigation sur la mer Baltique.» (Loyola de Palaccio, commissaire européen en charge des transports, Conseil de l'Europe, janvier 2002.) Le commissaire européen préconise différentes mesures afin d'accéder à l'étape de 2003 (avec 50000 km de voies européennes ouvertes au fret international): création de l'Agence européenne pour la sécurité et l'interopérabilité ferroviaire; adhésion à l'Organisation intergouvernementale pour les transports internationaux ferroviaires, tout en assurant les derniers progrès techniques au réseau européen avec, à la clé, des gains en ponctualité de livraison des marchandises et en coût de production des matériels (CASABIANCA (P. de), DNA, 24-01-2002).

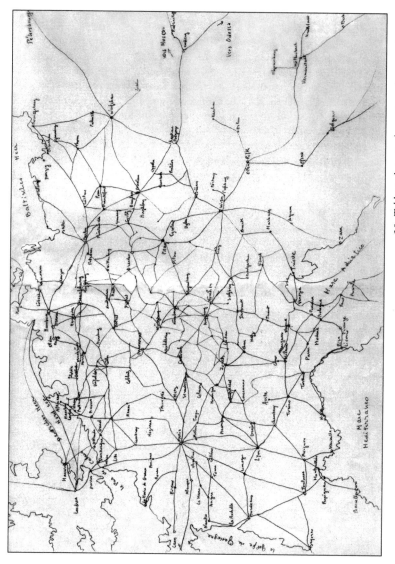

20. Tableau de toutes les routes et bureaux de poste

Conclusion générale

«Surtout ne grossissons pas les événements de l'histoire routière. Ils surgissent, se contredisent,
s'effacent souvent. Si nous les écoutions, ils expliqueraient tout.»
F. BRAUDEL, *Les Structures du quotidien. Le possible et l'impossible*,
Paris, Colin, 1979, p. 368.

«Quel que soit l'intérêt de l'analyse des éléments factoriels, restent primordiales, dans l'histoire
routière européenne, les conditions climatiques, pédologiques et humaines.»

«Adapter à l'univers des villes un réseau routier et fluvial
réalisé pour une Europe des champs et des prairies, tel est le problème.»
L.G., 2002.

L'étude des routes en Europe, c'est-à-dire d'une réalité vivante et contrastée au cours des siècles, dans un cadre géographique qui, en principe, est familier à l'historien, apparaît comme une tentation permanente et reflète dans une large mesure, moins les progrès de la technique que de la science contemporaine. Technique qui peut sembler immuable pendant des siècles – d'aucuns ont parlé d'immobilisme –, et progrès essentiellement des sciences sociales dans leurs démarches critiques et plurielles, à un moment où, dans une confrontation permanente, la géographie, l'histoire, la sociologie, l'anthropologie, la démographie, l'économie, la statistique, font retour sur leur objet, repensent les rapports qui existent entre elles et le réel, ouvrent les voies de l'imaginaire. Se pose ainsi un double problème d'inventaire et de méthode.

Inventaire en constant renouvellement avec l'accroissement du matériel dans les différents domaines: matériel cartographique d'abord, lié à la connaissance des États dans leurs données physiques et humaines, matériel «technique» issu de la géographie, de la démographie, de la climatologie. Naissent des problèmes de recensement et de découverte, de tracés et «de reconnaissance» qui demandent la mise en œuvre d'une science de la reproduction. Suivent les données de l'économie. Outre les comptes financiers des administrations et des registres de péage retrouvés dans les régions hanséatiques et polonaises, a été faite une place en Occident aux minutes notariales et aux lettres de voitures. Le tout au service d'une science du nombre, recensé, relevé, expliqué, confronté, comparé, et d'une technique, la statistique, relevant du relevé, du classement et de la probabilité. Vient enfin la mise en évidence du rôle de l'État législateur et exécutant, qui permet de sonder enjeux et stratégies, liés les uns à la ville, les autres aux campagnes, engendrant une science de la décision au service des progrès d'une technique administrative, le caméralisme. Donnée physique, recueil économique, création politique, la route est une construction où l'homme en mouvement tient sa place, sollicitant un inventaire, toujours renouvelé, et une mise en valeur des sources, des bibliographies, des archives d'état, des histoires de provinces et de villes. En découle la recherche des différents systèmes de relations mis en place au cours des siècles.

Méthode ensuite, à quadruple détente, archéologique, descriptive, prospective et comparative. Archéologique ou régressive: la route témoigne des interventions de la mémoire, recherchant et expliquant en fonction du milieu, dans une recherche scientifique et critique, les traces laissées par d'autres, au cours des temps. Descriptive, en profitant, outre des documents administratifs, cartographiques et relevés de comptes en voie d'exploitation dans les différents pays, des témoignages offerts par les récits de voyage, expression d'un tempérament, où l'hospitalité prend sa place en fonction de l'accueil et du partage substitués au don et à l'offrande. Prospective, où intervient la vision de ce que doit être la route pour l'individu comme pour la collectivité, obéissant à la loi du plus grand nombre, de l'«inexistant» mais qui doit exister. Comparative enfin dans ses buts, ses moyens et ses résultats, où l'espace reprend ses droits dans les pays soumis à une autorité centralisée, aux contraintes de la montagne ou aux apparentes facilités des voies fuyant dans les plaines du Nord. Éléments qui sollicitent la mise en œuvre d'une science du partage et de la durée.

Reproduction, décision, interprétation, système de relations, partage et durée, tels sont quelques-unes des interrogations que posait cet ouvrage dans sa problématique de l'unité. Problématique d'un continent que, tout, apparemment, divise, mais que réunit un facteur essentiel, l'appartenance à une civilisation, celle du cheval et de la voiture. Civilisation qui conditionne aussi bien les modes d'intervention sur l'espace que les mesures du temps; commande les politiques des États comme la réussite de leurs entreprises, les échéances de la vie collective comme les aléas des comportements individuels. Présenté comme un livre d'histoire dont les atlas reproduisent les éléments, le «réseau routier» renseigne sur l'existence et l'évolution d'une certaine structure géographique, du passage de l'Europe rurale à l'Europe industrialisée, de l'Europe impériale à l'Europe des États; de l'Europe diversifiée à l'Europe des cités. Authenticité, spécificité, fragilité, révélatrices des hommes et des pouvoirs, y compris ceux de la souveraineté, du droit et de l'usage, apparaissent comme autant de traits qui suivent les tracés des franges pionnières, stabilisent ou non les organismes urbains, orientent, de nos jours, la recherche.

Outre les contraintes et les possibilités géographiques, tenu par les considérations financières, bouleversé du XVIe au XIXe siècles par les guerres civiles et étrangères, remodelé au Siècle des lumières, a été dégagé un passé socio-historique qui pèse sur le système de communications de l'Europe pré-industrielle. La connaissance de ce passé socio-historique a connu ces dernières années un puissant renouvellement, aussi bien dans le recensement du matériel, dans ce que d'aucuns ont appelé «l'accessibilité des villes» et d'autres le «déblocage des campagnes», dans l'évolution contemporaine de la notion de «pays» et de «régions», que ce soit à l'ouest ou à l'est, dans les notions de destruction et de reconstruction, de progrès ou de ruptures démographiques, de transformations techniques, de modifications des mentalités, du rôle des systèmes de pensée, de mesures et des monnaies.

À l'Europe statique, figée, sans ressorts autres que les théories politiques, les guerres et les impératifs religieux, a été substituée une Europe du mouvement. Dans un pays rural où les villes opèrent une montée décisive, se sont constitués différents terrains d'expérimentation. La constitution des États modernes d'abord, où Réformes, Contre-Réforme et expansion musulmane se lisent en termes de ruptures. Le développement économique et la mobilité sociale ensuite, moins apparents mais réels. Ils suscitent une augmentation de la demande en matière d'échanges, de correspondance et de relations. Maintes transformations sont apportées à l'aménagement de l'espace, sans réussir à façonner de façon différente au cours des siècles, la conception – et la réalité – du problème de la distance, mais autorisant, semble-t-il, à mettre en œuvre un plan chronologique, combiné pour certaines époques, avec la réflexion thématique.

La première période, dite «médiévale», est celle de l'héritage romain, c'est-à-dire de la persistance ou non, au Moyen Âge, des grandes voies précédant les migrations des Ve et VIe siècles. Elle a fait l'objet de discussions passionnées. Deux méthodes de prospection ont été utilisées par les chercheurs: d'une part l'archéologie du sol, de l'autre la consultation des textes et autres documents. Si elle donne des indications plus vagues, notamment dans le cas de la datation, l'archéologie du sol, en Allemagne, en Angleterre, en France, (en y comprenant l'étude par la photographie aérienne), permet souvent de distinguer la voie romaine du chemin médiéval. Précise et «concrète» pour des distances variables, elle repère des tracés et pas seulement des itinéraires jalonnés de quelques points de repère. Ses limites, celles de l'empire de Rome, laissent de côté une bonne partie de l'Europe centrale et orientale. À partir des fonds d'archives, qui mériterait un recensement à l'échelle européenne, de la même façon que nous l'avons tenté pour les guides et les livres de poste relevant de la période moderne, la recherche met rarement en présence de documents attestant la création d'une voie nouvelle ou son amélioration. Les mentions de «voie» sont difficilement utilisables, même avec le secours de la toponymie, des registres de comptes ou de péages, de la numismatique. Leur mode de désignation *Via antiqua, strata publica,* «chemin des Romains», est souvent décevant. Plus utiles sont les «itinéraires» suivis par les grands personnages: nous en avons relevé certains. L'enquête est à étendre aux déplacements à l'intérieur d'une province, trajets de large rayon, périples répétés, dans le cas des pèlerinages, des armées, du commerce, des cures thermales, des voyages individuels et collectifs, aux motivations et aux modalités variées. Outre ce facteur essentiel, le temps, sont mis en jeu la santé, le salut, le profit... et la curiosité, facteur des découvertes.

L'héritage romain assimilé, vérifié, contrôlé, reste à la base la connaissance du milieu géographique dont la connaissance est essentielle. C'est la carte à la main et l'acte notarié dans la tête qu'agit l'historien de l'«Europe médiévale», retrouvant dans la nature les points de passage obligés, cols, cluses, gués, ou les aménagements humains, ponts ou bacs, et les indices de l'emprise monacale ou seigneuriale: péages ou «conduits», hôpitaux quelquefois isolés dans le fond des vallées, châteaux forts qui commandent carrefours et voies d'accès. Dans une histoire qui se fait et se lit, la pierre parle autant que le texte. Deux catégories d'itinéraires ont été atteints par regroupements successifs:

– les liaisons internationales, virtuelles et spectaculaires souvent aléatoires, fruits de l'imaginaire autant que de l'expérience, jalonnés de tronçons «nationaux»;

– «le chevelu régional» qui ne recoupe pas toujours le premier et, quelquefois, s'isole, d'une importance considérable pour le paysan et pour le citadin, pour «l'homme du Moyen Âge». Le problème? Celui de la sécurité et, pour le seigneur péager-entrepreneur, celui de la rentabilité (sel, taxes ou grains). Reste à démêler, dans la mesure du possible, les «appropriations» féodales ou autres.

Utilisant quand il le pouvait ce qui restait de l'ancien réseau romain pour les gros charrois, modifiant ses itinéraires en fonction de nouveaux centres politiques, religieux ou économiques, tels les marchés et les foires, le réseau médiéval – mais peut-on parler de «réseau»? – connaît à travers l'Europe, une mutation à double détente: d'une part, la réunion des espaces Nord-Sud (qui sera effective avec l'ouverture du Saint-Gothard), d'autre part, l'extension territoriale vers le nord et vers l'est, à l'invitation de la longue plaine d'Allemagne du Nord et recoupant les fleuves allemands et polonais. Si, en Occident, la notion de «chemin public» s'est maintenue depuis le VIe siècle jusqu'au XIIIe siècle comme l'attestent de nombreux documents, elle devient en France, à partir de cette date, celle du «chemin royal». Ailleurs elle est prise en main par des féodaux ou des prélats, voire des villes comme en Italie ou en Flandres. Dans le Saint Empire elle fait partie de la «supériorité territoriale» (*Landeshoheit*).

La route médiévale diffère de la route romaine par son allure, son absence d'empierrement le plus souvent, et l'absence de fossés. Elle doit faire l'objet, pendant la paix, d'un entretien constant dans la dépendance du sol et du climat; elle participe à l'animation des rivières et des fleuves, dépendant de la proximité ou non des débouchés maritimes, de la difficulté d'accès des cols alpins. Ouverte aux pèlerins dans des trajets familiers sans leur être particulièrement consacrée, liée aux développements du commerce dans ses adaptations et déplacements successifs, facilitant les rencontres des foires et des marchés et épousant les inventions techniques de l'attelage et du change, la route participe au «progrès» accompli pendant le Moyen Âge. Élément de base de la civilisation du cheval et du mulet, elle a permis la construction des villes, des châteaux forts, des cathédrales. Elle a réalisé, malgré les guerres, les épidémies et les invasions, un élément d'unité de l'Europe, disloquée politiquement. La spécificité de l'époque a été mise en lumière par les travaux récents dont témoigne Alain Derville dans *La Première Révolution des transports continentaux* (c.1000-c.1300), à propos de l'espace flamand: «Une seule chose est sûre, le réseau des routes modernes ne doit rien au réseau antique parce que, ici plus que partout ailleurs, il est né de besoins nouveaux [...] Contrairement à l'opinion reçue, la ville médiévale n'est pas fille de la route, elle est mère des routes.»

Demeure cependant le mythe de la «route romaine» et, parfois, de nos jours, celui de la «route romane». Quelquefois, au cours des temps, la légende, plus forte que l'histoire, inspire la politique.

Le seconde période, dite «moderne», celle de la consolidation, se dessine à partir des XVᵉ-XVIᵉ siècles. On a tenté de ne pas séparer l'histoire de la route de celle du milieu dans lequel elle évolue. Se précisent, avec les progrès de l'État, les rapports entre le milieu physique et la route terrestre, les modifications techniques. Le génie de Léonard de Vinci est tenté par la mécanique et les arts appliqués. Francis Bacon ouvre des voies jusqu'alors inconnues à la pensée scientifique. Dans l'essor de l'économie et la lutte contre les obstacles ont été mis en lumière possibilités et contraintes: «Dire que la circulation est liée au milieu géographique, écrit Capot-Rey, c'est trop peu; elle est, dans son uniformité ou sa variété, liée d'abord à un type de civilisation caractérisée par les besoins plus ou moins complexes qu'y éprouvent les sociétés humaines.» De là l'idée de mener l'étude en fonction des isthmes européens.

Premier volet de ces rapports: les données physiques, les obstacles montagneux, et notamment l'infrastructure alpine, colonne vertébrale de l'Europe dont la connaissance a fait des progrès considérables. Ont été mis en valeur les lieux de pénétration ou de passage. Le mot de Jean-François Bergier – «immense barrière donc, mais pas un obstacle, à peine une frontière» –, s'est vérifié au cours des colloques consacrés à «cette zone de contact et carrefour des économies, des idées et des formes: en un mot, des civilisations».

Du XIIIᵉ au XVIᵉ siècle, après qu'eût été opérée «la révolution du Gothard», et les premières transformations techniques de l'attelage, peu de choses ont été modifiées dans les transports. Bêtes de somme, charrettes et voitures, barques fluviales et lacustres, restent les seuls moyens possibles, sans que les premières cèdent le pas aux secondes, à deux ou quatre roues. Partout s'impose «la royauté du mulet», la bête de somme idéale. Prise en main par l'État des voies européennes, montée en ambition et en puissance de la monarchie absolue et du despotisme éclairé, effort politique et économique de l'épopée impériale, tels sont les éléments de base. Napoléon est l'homme des routes qu'il arpente, des fleuves en particulier, le Rhin et le Danube, qu'il traverse, puis des cols, le Simplon, qu'il construit, le Cenis, qu'il franchit, en attendant l'affrontement russe. L'avenir de l'Europe s'est joué sur un radeau, à Tilsitt. Il s'est effondré lors du passage d'un cours d'eau devenu symbole, la Bérésina. En dehors même du Danube, vers Constantinople et Salonique, s'esquisse la convergence des voies utilisées par les armées, les diplomates, les commerçants de toute nationalité.

Le second volet rappelle, déjà esquissée, l'importance des fleuves. Concurrence ou complémentarité? Au début, comme à la fin de la période, amplifié par la création des canaux, le problème se pose. Peut-on dire avec M.-N. Boyer que la supériorité – longtemps affirmée – des voies navigables sur les routes, était limitée au Moyen Âge, à part quelques grands fleuves ou rivières, comme la Loire et la Saône, et au seul trafic de quelques marchandises pondéreuses? Nous ne le pensons pas. Au contraire,– et les monographies se sont multipliées –, nous croyons à une imbrication profonde, quasi organique, entre les deux modes de transport comme le montre; dans une réalité quotidienne, A.-D. Kapferer pour *La Région du Gris-Nez à la Somme: sur les chemins de terres et d'eau, petits transports et petits usagers* (XIIIe-XVe *siècles),* sans parler des transports sur la Seine, sur la Loire ou sur les fleuves allemands et russes. «Un espace partagé», a écrit Isabelle Backouche, dans *La Trace du fleuve. La Seine et Paris (1750-1850)* (EHESS, 2000). Parfois contesté certes: nous nous sommes éloignés d'un irénisme qui aurait négligé gels, crues et inondations, rompant le temps et la routine, causant en Russie et ailleurs retards et désastres. La complémentarité et le conflit sont évidents entre voie fluviale et voie terrestre. T.-S. Willan l'a souligné dans *River navigation in England 1600-1750* (Londres, 1964); J.-P. Poussou l'a stigmatisé pour le Sud-Ouest en formules saisissantes: «La route relaie le fleuve ou la rivière chaque fois que nécessaire; le fleuve ou la rivière sont sans cesse irrigués par les multiples chemins qui y mènent […] la route ou le fleuve ne sont bien souvent que des affluents de la rivière.» (*Op. cit.,* p. 394-395.)

L'essentiel, toutefois, est la précision nouvelle apportée à la connaissance des conditions physiques de maîtrise du fleuve ou de la rivière, de son lit, de son régime, des phénomènes de remontée et de descente aux diverses époques. La science dans ce domaine a fait des progrès importants. La méthode régressive est utilisée. Moins coûteux certes, mais souvent plus aléatoires, plus sûrs également, les trafics qui engendrent la présence de «ports et de «stations» sont amplifiés par la construction de canaux, d'une réalisation plus ou moins aisée. Il n'en faudrait pas conclure au rôle subordonné des transports terrestres: une partie de la région peut n'être pas desservie par le réseau fluvial comme l'a montré A.-M. Cocula-Vaillières dans *Les Gens de la rivière de Dordogne*. Il existe en Europe, des régions qui «ignorent» les rivières – ou s'en méfient –: régions complémentaires entre montagne et bas pays, débouché des cols alpins, relais de postes et de bétail, gigantesques abreuvoirs, sur les routes de Hongrie vers Paris. Le rôle des voyageurs est souligné en Angleterre par les recherches, pour l'hébergement, de J.-A. Chartres, *Internal trade in England (1500-1700)* (Londres, 1976). Aboutit aux mêmes conclusions, le survol des transports britanniques, du XVIIᵉ au XXᵉ siècle, accompli par H.-J. Dios et D.-H. Aldcroft (Leicester, 1969). Ont été modifiés de façon positive la conception et le jugement portés sur l'appareillage britannique, à l'époque des Tudors et des Stuarts. L'activité de la route s'intègre dans un ensemble de gestes et d'usages. Reprise en main par les grands propriétaires, expression d'un comportement lié au mode rural et artisanal, l'*enclosure* devient la clef de voûte de l'économie préindustrielle. La Grande-Bretagne sacrifie aux *Turnpike* l'homme plus contraignant que la nature. La statistique intervient. En France, au départ de Lyon, Richard Gascon a tenté une quantification. Il juxtapose dans un graphique ce qu'il définit par «lenteur et élasticité des transports par eau, par terre et par mer», et cette catégorie particulière que sont les courriers, voyageurs, lettres de commerce ou de change. Des enquêtes sont à ouvrir dans ce domaine, dans la mesure où les sources existent et où les chiffres sont fiables.

Troisième volet: l'inscription des routes dans l'espace économique qui, peu à peu, se découvre en Europe, non plus en fonction des réalités physiques ou politiques, mais des centres de production, d'échanges et de paiement que sont les capitales provinciales (Bruges, Milan, Lyon, Anvers, Francfort, Leipzig). Le coût du transport par eau serait de 36 à 26 % inférieur au coût de terre, en moyenne au tiers. L'idée de concurrence au cours des temps entre voies maritimes et voies continentales joue dès le XVIᵉ siècle, concurrence également entre voies fluviales et voies terrestres, concurrence enfin entre les routes entre elles. À Francfort, où peuvent s'apprécier, dans une certaine mesure, le mouvement des entrées et des sorties, la hiérarchie des différents secteurs, route du sel, des grains, des livres et des fourrures…, priorité est donnée pour les longues distances aux textiles, même si le bâtiment est le premier secteur d'activité non agricole qui trouve ses matériaux, sinon sa main d'œuvre, dans un rayon relativement restreint. Ont été rappelés les moyens et l'organisation des transports: de l'individuel à l'entreprise, de l'homme à l'animal, du véhicule tracté à la machine autonome. Peu à peu s'est effectué un ensemble de transformations peu apparentes, telle la modification des systèmes de suspension ou de ferrage. Europe muletière au sud, charretière au nord, du traîneau à l'extrême nord, Europe mixte dans certaines régions «privilégiées», le spectacle «du mouvement» de l'animal en plein effort, isolé ou en groupe, ouvre les portes au réseau des grands itinéraires, en fonction des isthmes européens, au carrefour des axes nord-sud ou est-ouest. Un élément important: la durée du voyage qui conditionne le prix. Dutens et Reichard – guides obligés – font la loi au XVIIIᵉ siècle.

Quatrième volet: le rôle de l'État et des collectivités ou l'inscription dans le cadre juridique épousant le système de droit, identifiant le droit à l'État et l'État à ces symboles que sont la territorialité et la souveraineté. La route épouse l'une et l'autre – y a-t-il «un droit de la route»? – dans une volonté d'abolir la distance et de se jouer des frontières. À la fois «dans» l'État et «de» l'État et «hors» de ce dernier, la route a bénéficié de l'intérêt des historiens contemporains pour les problèmes de l'absolutisme – ceux du «roi de guerre» ou de «l'État sacré, État de raison» (Joël Cornette) –, que ce soit à Paris, à Vienne ou à Saint-Pétersbourg. L'apparition d'une politique – celle de l'État – est un facteur d'unité, sinon de continuité, dans l'histoire de la route. La France donne l'exemple. «La route au service de l'État est postale et militaire», a écrit Françoise Hildesheimer. Richelieu l'a voulu, Mazarin l'a exploité dans l'espace européen, Colbert l'a fortifié, le Grand électeur et Joseph II ont fait de même. Une administration est née, dont le rôle a été mis en lumière, celle des Ponts et chaussées. Sully a été grand voyer de France. En 1604, l'aîné des La Varenne, capitaine d'une compagnie d'ordonnance, est contrôleur général des postes et chevaucheur de l'écurie du roi. (J.-M. Constant). Suivent d'autres distinctions, importantes du point de vue financier, entre pays d'États et pays d'élections, entre les différents *Länder* en Allemagne, l'Angleterre traçant sa route, des Tudors aux Stuarts et à la «glorieuse Révolution» (1688).

La route a été porteuse également d'une idée récente de la recherche, celle de «contre-État», relevée en France, en Autriche, en Russie. La notion est vivace. Klaus Malettke l'a évoquée dans *Opposition et conspiration sous Louis XIV* (1976), J. Bérenger en 1986 et R. Muchembled en 1992. Il s'agit autant des «émotions populaires», telles que les a vues J.-Y. Bercé, que d'une organisation véritable à laquelle la route prête vie. À travers les chemins de la montagne semble se constituer l'anti-État qui utilise les méthodes de l'État véritable. En 1704, d'Ormesson, procureur général à la cour des aides de Clermont-Ferrand, annonçait le développement du faulx-saunage et la formation de troupes de deux cents à trois cents hommes armés conduites par des gentilshommes. «Quiconque viendrait s'enrôler dans le régiment des faulx-saulniers recevrait six cents livres et un cheval.» L'enquête est ouverte pour préciser à travers Pougatchev et l'Europe, les éléments de ce pragmatisme, non plus des Lumières (Francastel) mais, par la route et sa maîtrise, de la résistance à l'État.

Cinquième volet destiné à structurer l'ensemble: l'apparition d'une notion nouvelle celle de réseau, que ce soit à Paris, à Moscou, à Madrid, à Rome ou à Berlin. Au XVIIIe siècle, développée sous le despotisme éclairé, se produit en Europe non cette intrusion, mais cette évolution. Le terme a une signification qui déborde le cadre régional et géographique. Il implique un choix, non au hasard des circonstances et des lieux, carrefour, confluent, gués..., mais en fonction d'une volonté politique. Il anticipe les facteurs de la décision et des composantes du pouvoir. L'État monarchique interprète les données territoriales selon sa propre nécessité. Par la notion de réseau hiérarchisé et l'apport d'échelons successifs de commandement et d'exécution, il modifie les rapports de la province et de la capitale. Suivant les degrés d'avancement et de complexité de ces réseaux, peut s'opérer une classification à l'échelle européenne. Trois groupes sont en présence: dans le premier, Angleterre, France, Allemagne, pays baltiques; dans le second, pays russes et danubiens; dans le troisième, régions mixtes, Italie, Espagne, Grèce. Compte tenu des rapports et observations des ingénieurs des Ponts et chaussées, il serait possible, d'après Bernard Lepetit, d'unir dans le premier groupe théorie et pratique. Par des calculs de densité de desserte, par l'analyse factorielle des caractéristiques de la surface de roulement des routes, par l'analyse topologique des réseaux reconnus et mis en observation, il devrait être possible de «prendre la mesure des dénivellations de la surface de transport». Les résultats qui donnent au département toute sa valeur, accusée par les archives, apparaissent probants: «Les écarts décelés sont si importants qu'ils constituent de véritables faits de structure, capables de résister aux chocs de la conjoncture politique comme aux variations courtes de l'état des chemins et des rivières.» (B. L.)

Optimisme qui semble justifié pour certains pays dont la France, où l'on peut dresser des tableaux d'après la nature du revêtement, mais dans quelle mesure, la méthode pourrait-elle s'appliquer à l'ensemble de l'Europe? Les rapports chiffrés et régionaux existent-ils en qualité et nombre suffisants? L'exploitation systématique du matériel cartographique permet-elle l'apparition d'une «morphologie routière» nouvelle, orientée vers la notion de capitale politique, tel le centre d'attraction qui oscille de Saint-Pétersbourg à Moscou, se superposant aux anciennes données physiques ou économiques, ou Vienne pour l'empire des Habsbourg? Dans l'«expression géographique du Pouvoir», qui donne et qui reçoit, dans un va-et-vient incessant, se reconnaissent, d'une part la volonté de centralisation, d'autre part les résistances locales et régionales, dans les États danubiens par exemple, résistances dues aux traditions, langues, religions, comportements. Suivant les cas, la route joue le rôle de refuge des identités, de commun dénominateur ou de réducteur des particularismes, au bénéfice des régions motrices. L'insularité, la montagne ou la forêt reprennent leurs droits. Se dessine ainsi une typologie routière. Aux yeux d'un Joseph II, l'absolutisme suppose l'existence d'un appareil routier dominé et asservi, qui encadre villes et campagnes, quadrille l'espace et fixe les différentes «façons» des chemins et des ponts. Un régime spécial d'emploi de la main d'œuvre, la corvée, s'esquisse alors, sujet à diverses modalités. Au siècle suivant, avec l'appel d'offres et la mise en adjudication, surgissent deux éléments de soumission aux règles juridiques que devront respecter, princes ou assemblées locales – diètes et autres – en Europe centrale, et en Occident le conseil général, le conseil du *Land* ou du comté.

Autre volet qui a bénéficié des travaux récents, celui des théories caméralistes. Sur le plan de la doctrine économique de l'État d'abord: mercantilisme ou libéralisme? Gaston Zeller puis Jean Favier ont posé le problème en ce qui concerne

Louis XI, Jean Bérenger en a étudié les effets dans l'État autrichien et, rejoint par de nombreux économistes contemporains, Pierre Deyon a donné les caractères du mercantilisme. Ce qui suppose des enquêtes préalables à l'échelle européenne, pour quantifier le mouvement des échanges, préciser les vicissitudes de la production agricole et industrielle, telles que s'emploient à les définir les caméralistes issus des écoles de Strasbourg et de Vienne (Marcel Thomann). Apôtre du libéralisme, Adam Smith (1723-1790), dans les *Recherches sur la nature et les causes de la richesse des nations*, demandait que le commerce soit affranchi de toute prohibition. Délestée en principe des péages, la route prenait sa liberté. En liaison avec la voie d'eau, desservant les territoires, les pulsations rythmées du commerce déterminaient la hiérarchie des voies secondaires, en fonction des grandes artères et des liaisons internationales. Pour la connaissance des trafics, la difficulté demeure de dresser des séries continues, indispensables à cette histoire des prix, qui, comme le rappelait Hauser, «n'est pas une fin en soi, mais un moyen de saisir les réalités économiques». Le problème des méthodes mathématiques dans l'évaluation des «pulsations routières» est fondamental, de même qu'une critique sérieuse des données de base. Les enquêtes des congrès d'histoire économique et des congrès de sociétés savantes, malgré le caractère ingrat des recherches, ont apporté beaucoup dans ce domaine. Lire les routes sur le terrain, confronté à la carte, n'est pas une mince affaire.

Réalisée par espaces politico-économiques, la méthode a permis de faire apparaître cette «carte isochronique des communications» que Pierre Chaunu appelait de ses vœux et que Bernard Lepetit s'est efforcé d'affiner. Sans être encore une obsession et conjugué avec différents critères (sécurité, rentabilité, voire commodité, pérennité, résistance des matériaux et effort humain), dotés de leurs coefficients propres, le souci de la vitesse se développe en fonction de la nature des échanges, de la résistance de l'animal et des motivations personnelles, variables avec les périodes et les contrées. Amplitude plus ou moins grande de ces tracés qui traversent des régions où vit la substance du peuple, quand, aux yeux de Pierre Goubert, aller et venir à la ville demeure une aventure. «Le goût de l'indépendance provinciale et la passivité individualiste étaient bien protégés», que ce soit en Beauvaisis ou dans la plaine de l'Allemagne du Nord. La route, étrangère au milieu qu'elle traverse? L'absolutisme monarchique (mis en question par certains)? Un pouvoir absolu tempéré (ou limité) par la distance? Centralisation de droit, décentralisation de fait? Monolithisme de la notion d'espace, pluralisme de la durée, telle serait la règle.

La dernière partie enfin de notre étude met en jeu l'époque contemporaine. Nous n'en avons saisi que les premières esquisses. Face au point de perfection atteint, il ne s'est plus agi de «progrès» dans le domaine technique, mais bien d'une «révolution copernicienne» dans le système de transport. Les «modèles» anciens mis en place, dans leur origine et leur évolution, affirmaient leur unité et leurs caractéristiques français, anglais, germanique, méditerranéen ou russe: dès la première moitié du XIXᵉ siècle, l'essentiel était obtenu dans le domaine administratif, où l'on assistait à une concentration des pouvoirs et au quadrillage du territoire, dans le domaine économique où croissait le rôle des ingénieurs et où la poste précisait ses agents, ses relais, ses horaires, ses correspondants. Cette prise de possession de l'espace s'opérait en fonction d'un système urbain – les progrès de la ville – et en liaison avec les données physiques, fleuves et rivières. Elle se manifestait dans le domaine culturel, où la route précisait son autonomie.

Perfection d'un moment qui marquait la limite supérieure des efforts accomplis et mettait en évidence le paradoxe de l'énergie, dans sa fragilité – celle de l'animal, et du cheval en particulier –, dans son inconstance – celle du vent ou de l'eau dans ses régimes successifs –, dans sa faiblesse de rendement, sinon son impuissance, par rapport aux résultats à obtenir. L'effort de l'homme et de l'animal restait la source principale de l'énergie, et comme tel, limité. On avait doublé le jour par la nuit, multiplié et amélioré les relais, renforcé les voitures, raccourci les distances – l'appétit de la ligne droite –, amélioré les grands chemins, les fleuves et les rivières. Élément parfois d'une ségrégation et moteur d'une civilisation nombreuse, pittoresque, empressée, à travers une Europe qui voyageait, lisait, tempêtait, la route se découvrait elle-même. Après les orages napoléoniens, maîtrisant fleuves et montagnes, faisant feu des quatre fers, elle semblait arrivée à son zénith. La «grande mutation des routes européennes» semblait accomplie. L'était-elle véritablement au moment où allait surgir la véritable «révolution», celle de l'énergie, de la machine-outil, de la vapeur et du rail, dans une Europe non plus du mouvement, comme le disait Goethe, mais du changement?

Certes, rien n'était perdu au départ. Dans son *Histoire de la France rurale* (t. II, p. 404), Emmanuel Le Roy Ladurie rappelait que Faget, dans le livre qui fonda la *New Economy*, a dévalorisé le rôle des chemins de fer. Il soulignait les potentialités de croissance extraordinaire que recélaient, pour le développement de l'agriculture, les moyens de transport traditionnels: routes, ports, canaux... Les péniches, les navires, les bonnes et grosses charrettes avaient fait beaucoup pour désembourber et désenclaver, au XVIIIᵉ siècle, l'économie paysanne et citadine des pays méditerranéens. Le reste de l'Europe avait suivi, dans une moindre mesure, la tradition ayant partout force de loi. Les progrès de l'agriculture en Russie, en Allemagne ou en France, s'expliquaient en grande partie par l'allongement densifié et ramifié du réseau routier, par les processus décisifs qui faisaient tomber le prix des transports et cesser les disettes et les chertés inopinées. La route s'insérait dans un ensemble favorable au «progrès». À la fin du XVIIIᵉ siècle, entre Le Mans et Paris, «le nouveau chemin royal transformait le problème des communications» (Anne Fillon). Le vocabulaire arrivait avec les denrées: le curé Froger, curé des Lumières, énumère «les conquêtes» dont il a été le témoin: la route (en premier lieu), le coton, les vêtements de lainage, la pomme de terre, le maïs, les sapins (les pins), le fromage, les moulins à nettoyer, les grains.

Les dates des transports jumelés à la fin des semaines, restaient les fêtes de la vendange, de la moisson, de la fenaison, fêtes des saints pour les foires, dates lunaires pour les intempéries. La route commandait le calendrier. Phénomène global non isolé, elle participait à la vie de chaque jour. Ces remarques qui font état d'un «modèle français» ou allemand valaient pour l'Europe occidentale. Plus encore qu'un problème de nature, il s'agissait d'une question d'indices et de mesures, de masse et de volume. On s'acheminait vers une extension «nationale» qui tendait moins vers le partage inhérent à une société chrétienne que vers une «société de marché», marquée par un accroissement des inégalités sociales et des égoïsmes politiques. La route en était à la fois l'acteur et le témoin.

Les temps étaient accomplis. En Angleterre, la révolution industrielle, qui a fait ces derniers années l'objet d'un examen critique, lançait ses premiers feux. Du progrès des mines et des minières naissait la nécessité du transport de masses grandissantes: les charrois paysans, voire les canaux, ne pouvaient suffire. Avec le rail, moins imbriqués dans la mémoire collective, d'autres «saints» apparaissent: le fer, la houille, les engins nouveaux. L'Europe prête une oreille attentive aux expériences britanniques, à la locomotive qui entraîne la révolution des transports – la véritable – celle des structures et non plus celle d'une conjoncture politique, aux vicissitudes récupérées par les gens en place. Le notable jette son dévolu sur la révolution pacifique ferroviaire. Les programmes unitaires s'inscrivent au cœur des États, en Belgique pour consolider la nation encore chancelante, en France où le système étoilé doit faire de Paris le centre d'un dispositif où la politique trouve son compte, en Allemagne qui a longtemps hésité, où se fortifie le *Zollverein*, en Russie, où le rôle du tsar a été capital, par la liaison des capitales historiques, la montée de l'Oural industriel, et la descente vers Constantinople; dans le nouvel Empire habsbourgeois enfin, en voie de régénération et de descente, grecque vers Salonique, danubienne vers Istanbul, adriatique vers la Vénétie, polonaise vers Cracovie, illyrique vers Trieste et Fiume. Élément politique d'unité, élément de politique nationale et internationale: le rail est arrivé.

Naissent de nouveaux problèmes: unité, rentabilité, masse, nombre, confort et temps. Dans quelle mesure va pouvoir être réalisée, à l'échelle européenne, la liaison des différents réseaux issus des initiatives individuelles ou nationales? Comment assurer la coordination des voies et des ensembles – la question de l'écartement des rails –, une fois maîtrisés fleuves et cols alpins? Les obstacles de tous genres, humains, financiers et techniques, restent considérables et les frais élevés. Mais partout, triomphent les techniques nouvelles qui laissent derrière elles, quel que soit le pays, bien des sacrifiés, les «vaincus de la route» face aux «vainqueurs du rail». Que pouvaient entreprendre les maîtres de poste dépossédés, face aux ingénieurs, aux groupes financiers, aux hommes politiques pour lesquels la voie ferrée est source de puissance et de profits, face enfin, un peu plus tard, aux masses avides de départ? Avec la mise en place d'un «quadrillage ferroviaire», une nouvelle géographie se dessine. La maîtrise du rail s'accompagne de l'éveil de certaines régions privilégiées, en Russie notamment dans les domaines du *tchernoziom*, avec l'exportation possible des productions du sol pour d'autres régions devenues accessibles. C'est la fin des crises de subsistance par l'apport immédiat, à bon marché et en grande quantités, des denrées de première nécessité, pommes de terre pour les campagnes irlandaises ou grains pour la steppe russe.

Restait, dans le dernier chapitre, à faire œuvre de synthèse. La route est apparue, en Europe avec des degrés divers, comme un milieu social, expression d'éléments variés et, peut-être, d'une civilisation, «au même titre que les rivières» (J.-M. Constant). Suivant les endroits, la route est d'abord spectacle, avant d'être lieu de refuge, d'assistance, de travail ou d'oisiveté, créatrice de métiers et de mentalités, expression, avec la mendicité et le vagabondage, de circuits sociaux, fragiles mais autonomes. Entre l'ancien et le nouveau système, une puissante unité tente de se réaliser par l'histoire des arts et des techniques, par l'urbanisme et par les sciences annexes qui ont participé à ce renouvellement de «l'Europe du mouvement». D'aucuns ont parlé du «déblocage des campagnes» mais le problème est plus général. La route a été détente et espoir. Un élément spirituel est apporté par les progrès de la poste, du journal et de l'école; le rayonnement du cantonnier, du facteur rural et de l'instituteur, trois fruits du XIXe siècle! Ils rejoignent sur l'ensemble de l'Europe, le compagnon, le colporteur et le migrant des campagnes, tous «héritiers» en marche vers la grande ville «où l'on trouve du travail», au rendez-vous des voies de communication.

Ont été ainsi modifiés les rapports de la route avec les éléments physiques, la montagne, le fleuve, le vent, la forêt, rapports également avec les éléments culturels, la limite des plantes, celle du droit écrit, celle des langues. Une nouvelle conception des monographies régionales se dessine. D'abord dans la configuration des cités, forte de la notion «d'accessibilité». Outre les phénomènes de «banlieue» chers à la recherche contemporaine, demeurent, mais s'isolent, les bâtiments anciens. Apparaît la notion de «vieille ville»: la porte – celle de l'enceinte – ne joue plus le rôle qu'exprimait son nom – porte des Bouchers, des Vignerons... –; au centre demeure, le *Kaufhaus*, entrepôt d'arrivée comme à Strasbourg ou à Colmar, ou dans les villes du Danube et de l'Elbe, qui possédaient le *Stappelrecht* ou droit de transbordement, tel que l'a vu Wencel Hollar, au bord de l'eau. La *Mauthalle* (douane), construite à Nuremberg pour l'entrepôt du grain, entre 1498 et 1502, par Hans Beheim l'Ancien, architecte de la ville devient le siège du poids public, et, dès 1572, du bureau de douane. Le *Hauptmarkt,* (grand marché), tracé à la plume dans le livre d'architecture du *Ratsbaumeister* Wolf Jacob Stromer, rejoint les réalisations géographiques et astronomiques du mathématicien et cartographe Jean Schöner (1477-1547). Au dehors, les banlieues, les migrants et l'industrie. Elles canalisent l'essor routier autour de la ville.

Spectacle, on l'a vu, donné par les comédiens qui la hantent et l'intrusion du maître du temps, Shakespeare, dont on a vu la domination en Europe centrale avec le *Wandertheater*. Saltimbanques et comédiens dont René Gandilhon a rendu compte de la venue aux foires de Reims (XVIIᵉ-XVIIIᵉ siècles), dans les théâtres des foires qu'a saisis Eugène d'Auriac «avec un essai historique sur les spectacles forains». Les convois arrivent aux lieux de rassemblement nantis des animaux les plus divers. L'histoire du cirque est liée à celle de la route. Réhabilitées par la recherche historique, univers en soi, les auberges constituent autant de relais face à la lenteur du voyage, aux arrêts plus ou moins fréquents, liés aux difficultés du relief et du sol. Quelquefois, auberges rurales, elles tiennent lieu de relais de poste. Elles fleurissent sur les routes fréquentées, de Paris à Orléans, de Vienne à Budapest ou de Berlin à Postdam. Après les guerres, les hôteliers sont les premiers artisans de la reconstruction du pays. S'esquisse ainsi une carte gastronomique de l'Europe bourrée, à certaines époques, de réfugiés français ou polonais, nantie d'itinéraires officiels ou clandestins, éléments épars et épurés d'une *Physiologie du goût*, œuvre de Brillat-Savarin (1755-1826), né à Belley, protagoniste des relais qui consacrent une renommée. À Paris, ou à Vienne, livrée à l'influence italienne (J.-M. Thiriet), les relais se multiplient. Montaigne hantait les meilleures auberges: celle où il logea à Châlons-sur-Marne avait des lits garnis de soie et de la vaisselle d'argent (*Journal*, p. 173). L'aventure ne fait pas peur, la sécurité semble assurée. Sans cesse en déplacements, Mᵐᵉ de Sévigné parle des petites auberges «où l'on ne trouvait pour tout lit que de la paille fraîche: sur quoy, nous avons couché sans nous déshabiller» (*Actes du colloque de Marseille*, s.l.n.d.).

La route a ses métiers, d'elle-même ou d'importation. Dans la collection *Des métiers et des hommes,* Bernard Henry ouvrait une collection intéressante, au village et dépendant de la route, le maréchal-ferrant, personnage central, roi du feu et du fer, dont Lucien Febvre a narré l'odyssée dans *La Forge au village,* le bourrelier, le tanneur, le cordier; à la lisière des bois, les schlitteurs, le cerclier, le menuisier «réparateur» proche des métiers d'art, le marqueteur, le tailleur de pierres, le meunier au bord de l'eau, sans oublier le cantonnier, qui est chez lui sur la route et le rebouteux, qui ouvre le monde du corps, cet inconnu, concerné au premier chef. Phénomène de longue durée, liée à la peur, au danger, à l'épidémie, la guerre crée sur la route son propre «milieu»: par elle, arrivent les nouvelles, vraies ou fausses, grossies avec les distances, épousant la rumeur, en langue populaire, à une époque où la transmission se fait de bouche à oreille. La guerre finie et les armées passées, restent les «déracinés», avides de regagner leur pays, tel en Allemagne Simplicius Simplicissimus rencontrant Jupiter qui lui expose son projet de paix perpétuelle. Ne sont pas loin les chemins des sorcières qui, dédaignant les voies humaines, enfourchant des balais, conduisaient au sabbat, manifestations en recrudescence, pendant la guerre de Trente Ans, dans la vallée rhénane. Rolf Schulte, dans *Hexenmeister* a replacé ce déchaînement démoniaque et processif dans l'ancien Reich, entre 1530 et 1730, dans son contexte théologique et son profil social (P. Lang éd., 2000).

Il en est ainsi dans une bonne partie de l'Europe livrée aux transferts de population, aux guerres, aux persécutions (religieuses ou politiques), aux révoltes populaires. Les chemins de la résistance protestante ont été évoqués vers l'Allemagne et, en France, à travers les Alpes et le Jura. Les voies des émigrés ont suivi l'avance des troupes à l'intérieur de l'Europe, reconstituant ces unités sans cesse en mouvement que furent l'Europe protestante du refuge ou celle de l'émigration au moment de la Révolution française ou des révoltes autrichiennes. Ces données de base ont été étendues aux zones dites «de colonisation», aux nouvelles routes ainsi créées, celles des Allemands de l'Est et de la Volga, des gens de la Lorraine et de la Rhénanie dans les confins Save-Drave, aux portes de l'Empire ottoman, des peuples des Balkans, Serbes et Monténégrins menacés sur leurs territoires, aux tribus du Caucase.

Routes anciennes, routes nouvelles qui se mêlent et se croisent, en fonction des données politiques, militaires et religieuses quand, au détour de la route, apparaît en Albanie ou en Bosnie le minaret. À routes nouvelles se sont imposés, au cours des siècles, paysages nouveaux. Une réflexion méthodologique a été engagée sur les intermédiaires culturels – dont les intercesseurs – et l'histoire des mentalités, propres au système routier dans son ensemble. Outre le facteur au rôle essentiel, voici le prédicateur «médecin de l'âme», l'accoucheuse rurale, pièce maîtresse, le domestique qui va et vient et la prostituée. Dans ce monde de l'oralité et des conduites corporelles, il est difficile de distinguer culture savante et culture populaire, si tant est que ces expressions aient un sens. Goethe, qui a connu de bonne heure les romans de colportage, les *Volksbücher*, a cueilli, sur les chemins d'Alsace, nombre de ballades populaires (G.-L. Fink).

Rendent compte de ces problèmes, relevés en conclusion, les données de l'histoire de l'art rendues sensibles par l'établissement des itinéraires culturels du Conseil de l'Europe – tel celui du baroque (1989) –, par l'image et l'iconographie étudiées par Philippe Joutard au colloque d'Aix (1976). À quel point le souvenir est-il visuel avant d'être temporel? Il s'accroche à des éléments de paysage, mais lesquels? La documentation était offerte, dans les différents pays, outre les musées, par les témoins architecturaux et les almanachs populaires, *Almanach de Ptolémée* à Dijon, qui paraît de 1684 à 1735, donnant des détails sur les courriers, les carrosses, les messagers, les *Almanachs et calendriers de Troyes de 1497 à 1881*, repris par Robert Mandrou, l'un des meilleurs connaisseurs de l'âme populaire, en France et en Allemagne. Sur le Rhin, paraît le «Grand messager boiteux» (*der Hinkende Bote*). On a noté aux différentes époques les progrès et la multiplication des itinéraires de tous ordres, culturels ou hospitaliers, recensés en annexes, tels ceux de Paul Hentzer ou de Franz Schott. Certains sont rédigés en allemand, tel celui de Martin Zeiler, *Itinerarium Germaniae et vicinorum regnorum,* publié à Strasbourg en 1632. Le goût des voyages fait fureur aux XVIIIe et XIXe siècles, mais il a toujours existé, et va s'amplifier dans le monde du livre et la littérature jusqu'à constituer un trait de civilisation.

Dans l'Europe cloisonnée, la route est apparue comme la liaison des groupes antagonistes, méfiants à l'égard de l'étranger. Au loin, se profilait l'homme de Jacques
Callot, celui qui arrive le soir, avec son chapeau et son baluchon. Élément d'unité, en
Angleterre, en France, comme en Russie ou sur le Danube, partie intégrante de la
route, le vagabond participe à sa vie, à son pittoresque, à son économie, à ses ombres
et à son mystère, face à un double inconnu, l'homme et le milieu. *Sur la grande route*
de Tchekhov, la sombre taverne qui tient de l'hospice et du coupe-gorge réunit les
éléments épars d'un condensé d'humanité, rudimentaire, que tout sépare et qu'une
nuit réunit. Deux mondes, deux univers ou «deux Europes» que la route oppose ou
joint, celui des sédentaires et celui des nomades, dans un continent lourd de
contrastes, à la recherche de différents «modèles» d'exploitation de l'espace, sillonné
de tracés nouveaux.

Certaines œuvres du XVIIᵉ et du XVIIIᵉ siècle évoquent la construction de la
route, et valent pour l'espace étudié, en rappelant la peine des hommes, véritable
unité européenne. La peinture de Joseph Vernet (au Louvre) met en œuvre la corvée
des grands chemins, (vers 1770): par la pelle, la pioche, la brouette et la charrette, se
poursuit la construction d'une route que l'on empierre du «pavé du roi».
Constructions de routes et de véhicules d'une «Europe du privilège», que l'on
retrouve aussi bien au musée postal de Paris qu'à ceux des transports de Lucerne, de
Munich, ou dans les réserves, riches en carrosses, de Vienne (Autriche). Ont suivi
les entrées royales ou impériales, telle celle que Matin de Meylens a peinte, en une
multitude de carrosses surchargés de dorures et d'ornements: à Vienne, à l'occasion
des noces du futur Joseph II, frère de Marie-Antoinette ou à Moscou, lors du couronnement de Catherine II, au prestigieux carrosse. La bibliothèque de Voltaire prenait le chemin de Saint-Pétersbourg. Au XIXᵉ siècle, la diligence triomphait et
emportait en Pologne Balzac et Mᵐᵉ Hanska. Elle a fait, par «sa masse mons-
trueuse», la joie des peintres comme celle des romanciers. C'est «l'espace clos»
– cher à Sartre – en mouvement! Les classes sociales mélangées, pendant un jour ou
une nuit, une attente, un départ, une arrivée! Henry Alken décrit la diligence de
Londres à Douvres, arrivant à l'auberge du Lion d'Or! Et James Pollard (1792-
1867), *The Cambridge Telegraph*. De tous temps, ont été proches l'art de l'ingénieur
et celui de l'architecte. Ajoutons celui du romancier. Dans l'*Ingénieur artiste*,
A. Picon et M. Yvon publient les dessins polychromes, réalisés entre 1750 et 1830,
conservés dans les collections de la bibliothèque de l'École nationale des ponts et
chaussées. J.-J. Leblache a évoqué les chemins de fer et la création artistique au
XIXᵉ siècle, réconciliation de l'art, de la technique et des masses populaires.

En 1835, *Der Adler* (l'aigle), la plus ancienne locomotive allemande, faisait,
dès 1833, la navette entre Nuremberg et Fürth et triomphait dans l'art nouveau de
la lithographie. Inauguré le 21 novembre 1835, le premier chemin de fer allemand,
circulant entre ces deux villes, se retrouvait dans la peinture à l'huile d'Eirch

Schilling et de Bruno Goldschmitt (*Verkehrsmuseum Nürnberg*). Alexandre Marx gravait sur acier, en 1844, «Le port de Nüremberg sur le Ludwig-Donau-Main-Kanal». Le présent nourrit le passé. À Riquewihr se présentent les maquettes des véhicules anciens, à Compiègne, les véhicules eux-mêmes. En 1968, le *Ironbridge Gorge Museum*, destiné à ancrer Coalbrookdale dans son passé, a ouvert ses portes. Depuis octobre 1977, un homme d'affaires J. B. fait partir de la gare Victoria, deux fois par semaine, la rame britannique de Londres-Venise par le Simplon. À Bruxelles ont été affichés en 2001 «cinq cents de poste européenne», où se retrouvent les timbres des Pays-Bas et du Luxembourg, les souvenirs des taxis et de la poste aux armées napoléoniennes.

Telles sont, reprises en conclusion, quelques-unes des données sociales et culturelles liées à la route. Elles sont nées d'une nécessité, la gestion de l'espace, et d'un lien d'unité organique, le développement de la communication entre les êtres et entre les États. Un instrument s'est imposé: la poste, en tant que service central et régional. La route donne à la lettre toute sa valeur. Fonction du recul de l'illettrisme et des progrès des écoles, du goût nouveau de sociabilité, concrétisé pour les ordres royaux par le maître de poste, elle se nourrit de l'apparition de l'auberge, du bureau de poste, du facteur, du timbre poste. Dans ce domaine, lié à un nouveau visage de l'Europe, la recherche contemporaine a abouti à des réalisations significatives célébrant villes, foires et marchés, tous éléments de proximité et d'«accessibilité». Reste à doser ce qui demeure de la tradition quand la modernité triomphe, que s'affirme la maîtrise de l'air et que l'autoroute transforme le problème de la distance. Combinant tradition et modernité, ouverts sur les aspects techniques et culturels, sensibles à l'«invitation au voyage» des peintres et des poètes, les temps nouveaux sont arrivés. Va-t-elle se réaliser la prophétie de l'abbé Souffrant, du Bas-Maine, vers 1817, prévoyant la révolution des transports: «Je ne sais comment cela se fera, mais je vois des chemins partout et les voitures y circulent avec la rapidité de l'oiseau»[1]? À l'échelle européenne, couvrant les siècles et prenant la route, persiste un sentiment diffus et indéterminé: la nostalgie.

---

1. DURAND (Y.), *L'Ordre du monde. Idéal politique et valeurs sociales en France du XVIᵉ au XVIIIᵉ siècle*, Paris, SEDES, 2001, p. 353.

21. «Messager à pied allemand, vers le milieu du XVe siècle»

Sources et orientations bibliographiques

Une vision d'ensemble est indispensable si l'on veut un jour «repenser l'histoire de l'Europe». Une enquête devrait être propulsée à l'échelle européenne pour un inventaire général des sources. En France, nous avons prospecté, outre le musée postal, les dépôts d'archives (AN) et les bibliothèques des différents ministères et administrations (Affaires étrangères, PTT, Travaux publics, Génie…) et relevé l'intérêt européen des archives de l'ancienne République, puis ville libre et royale de Strasbourg. Nous ne donnons ici que les éléments de bibliographie qui nous ont aidé dans notre conception du sujet et dans notre travail, esquisse aux multiples aspects. Les données essentielles sont regroupées en différentes rubriques:

    I. Bibliographie générale (ouvrages, colloques et rencontres…)

    II. Spécialités (thèmes et pays…)

    III. Matériel cartographique (itinéraires, tracés, descriptions, plans, croquis…)

    IV. Guides et plans (villes…)

    V. Véhicules et attelages

    VI. Récits de voyages touchant de près à la littérature et à l'histoire

    VII. Documents statistiques et instruments de travail (relevés économiques, instruments de longueur et de mesure, monnaies…)

    VIII. Musées et expositions (choix…)

On trouvera à la fin de chaque chapitre, dans les notes, les compléments indispensables.

I. Bibliographie générale

Le sujet est lié à ce que Pierre Chaunu appelle «le désenclavement de l'espace» ramené à un monde défini: l'Europe. Sensible au renouvellement méthodologique de la recherche contemporaine, Bernard Lepetit y voyait l'occasion d'une mutation épistémologique: «L'espace est l'expression de pratiques et de liaisons multiples, matérialisées par des flux d'hommes, de marchandises, de capitaux et d'informations.» Affirmant la liaison entre système urbain et système routier, il traitait de la ville dans sa thèse de doctorat d'État, *Les Villes dans la France moderne 1740-1840* (Paris, 1988). Initiative «de liaison méthodologique» – qu'il faudrait étendre à l'ensemble de l'Europe – reprise dans d'autres travaux. Dans *L'Espace français* (*Histoire de France*, sous la direction d'A. Burguière et J. Revel, Le Seuil, 1989-1993), les routes sont traitées à diverses reprises (p. 217-219, 221, 515…), en fonction de la donnée urbaine fondamentale: «Des villes qui communiquent…», «La fondation d'un système urbain…», «La croissance urbaine de l'époque moderne». De même dans *The Cambridge Urban History of Britain*, sous la direction de Peter Clark, Cambridge University Press, 2000, vol. II (1540-1840). De même dans D. ROCHE, *La France des Lumières*, Fayard, 1993 («Temps, espaces, pouvoir. La connaissance de la France», p. 10-68), vestibule de «l'Europe des Lumières» ou «l'Europe du despotisme éclairé» (P. Francastel et F. Bluche).

La Commission internationale pour l'histoire des villes a entrepris d'éditer un atlas historique des villes qui prend place à côté des atlas similaires anglais (*Historic Towns*) et allemands (*Deutscher Stadte-Atlas*). Longtemps espaces clos, depuis systèmes de relations, les villes s'affirment, sous l'autorité de l'État et depuis la seconde moitié du XVIIIᵉ siècle, à la base de la politique routière (MILLIOT (V.), «Villes. Développement urbain», *Dictionnaire européen des Lumières*, sous la direction de M. Delon, Paris, PUF, 1997). Témoignent de cette «révolution de la recherche urbaine», les ouvrages récents où sont impliqués les aspects les plus variés des sociétés européennes: *Études sur les villes en Europe occidentale*, Paris, SEDES, 1983 (t. I, MEYER (J.), «Généralités. France»; t. II, POUSSOU (J.-P.), LOTTIN (A.), WOUDE (A. van der), SOLI (H.) et VOGLER (B.), «Angleterre, Pays-Bas, Provinces-Unies, Allemagne Rhénane»). Avec *Genèse d'une ville moderne. Caen au XVIIIᵉ siècle* (PERROT (J.-C.), Paris, La Haye, Mouton, 1975, 2001), les travaux des chercheurs ont permis de renouveler l'histoire traditionnelle. Sont mis en vedette, avec l'idée de réseau, les problèmes de communication. Relevons les suggestions au point de vue méthodologique dans F.-J. HIMLY, *RA* (s.d.), et P. MONTET, «Ville réelle et ville idéale à la fin du Moyen Âge. Une géographie au prisme des témoignages autobiographiques allemands», *AHSS*, mai-juin 2001, 56ᵉ année, n° 3, p. 591-621. Sur l'importance du «tissu de relations» à divers degrés, voir P. M. HOHENBERG et L. HOLLEN LEES, *La Formation de l'Europe urbaine (1000-1950)*, Paris, PUF, 1992. CR FAVIER (R.), *BSHMC*, 1994, 3/4, p. 99-101.

Villes sans doute à la croissance rapide, vues du point de vue de la démographie, des circuits de collecte et des réseaux de distribution, des réseaux urbains et de la transformation de l'espace proche ou lointain, mais aussi étude des campagnes de l'Europe médiévale et moderne. M. BLOCH (*Les Caractères originaux…*, *op. cit.*) et G. Duby l'ont compris pour le Moyen Âge: *L'Économie rurale et la vie des campagnes dans l'Occident médiéval. France, Angleterre, Empire IXᵉ-XIVᵉ siècle* (Paris, Flammarion, 1977) et *L'Histoire rurale de la France* (Paris, Seuil, 1975-1976, 4 vol.). A. ANTOINE, J.-M. BOEHLER et F. BRUMONT l'ont tenté: *L'Agriculture en Europe occidentale à l'époque moderne* (Paris, Belin Sup, 2000). Consacré à l'histoire de l'agriculture dans l'Europe du Nord-Ouest, dans l'Europe méridionale et dans l'Europe médiane, y compris les pays alpins, cet ouvrage, qui se veut «au confluent de quatre traditions historiographiques» et de différentes approches, propose «une réflexion sur ce qu'est l'activité de la vie agricole dans les sociétés européennes anciennes»: la route et le chemin, le bœuf, le cheval, l'âne et le mulet, richesses du paysan, y tiennent une place importante.

L'histoire des communications est liée de près à celle de l'État, qui commande, paie les travaux et a fait l'objet ces dernières années de recherches approfondies, aussi bien dans sa nature que dans ses fonctions. Lié aux notions de force et de pouvoir, plus à son aise dans l'imaginaire que dans la technique ou la finance, l'État occupe une place centrale dans nombre de publications récentes: celle d'A. Burguière et de J. Revel, déjà citée, à compléter par R. FÉDOU, *L'État au Moyen Âge*, PUF, 1971, et J. CORNETTE, *Le Livre et le glaive. Chronique de la France au XVIᵉ siècle*, Paris, SEDES, 1999. Pour l'Espagne et l'Europe du XVIᵉ siècle, P. CHAUNU et M. ESCAMILLA, *Charles-Quint*, Fayard, 2000. Nous concernent moins la théorie que l'application et les moyens, éléments du pragmatisme qui fait de la route, moins un élément d'ouverture ou de communication locale, qu'un «instant» de la confrontation avec le réel et un levier de l'autorité de l'État: *Genèse de l'État moderne. Prélèvement et redistribution*, sous la direction de J.-P. Genêt et M. Le Méné, CNRS, 1987. La route échappe à qui l'a créée.

L'importance des relations et des échanges est considérable, vue à travers l'histoire économique, l'histoire quantitative et, quand elle est possible, la dynamique sérielle des prix et des salaires. S'y ajoutent – car la route est synthèse –, l'histoire politique et institutionnelle (le rôle des gouvernements), l'histoire religieuse (l'Islam et la Réforme, «fille de la route et fille des fleuves»), l'histoire culturelle (sur les mentalités, les échanges artistiques et le rôle du «nomade»). À juste titre, J.-P. Poussou met l'accent sur un fait essentiel: «Malgré l'importance des acquis et précédents antiques et médiévaux, notre monde urbain est né en Angleterre entre le milieu du XVIIIᵉ et la fin du XIXᵉ siècle.» (*Op. cit.*, p. 9.)

Témoignent de cette importance, la *Cambridge Economic History of Europe* (Cambridge University Press, 1942-1965, vol. I-VI), les *Fontana Economic History of Europe* (Glasgow, Londres, Fontana Collins, 1972-1976, vol. I-IV), l'*Histoire économique de l'Europe* de H. HEATON (Paris, A. Colin, 1950-1952, 2 t.), la *Storia economica dell'Europa pre-industriale* de C.-M. CIPOLLA (Bologne, 1974), et enfin *European Economic History. The Economic Development of Western Civilizations*, de S.-B. CLOUGH et R.-T. RAPP (3ᵉ éd., New-York, Mc Graw-Hill, 1975). Pour une période déterminée, la réédition de R.-S. HOYT (Université du Minnesota) et S. CHODOROW (Université de Californie, San Diego), *Europe in the Middle Ages* (New York, Harcourt Brace Jovanovich, 1976), ainsi que C.-K. HYDE, *Technological Change and the British Iron Industry, 1700-1870* (Princeton University Press, 1977).

Les histoires générales françaises et étrangères complètent l'ensemble (*Nouvelle Clio*, *Peuples et civilisations*, *Histoire générale de l'Europe*, sous la direction de G. Livet et R. Mousnier, introduction à cet ouvrage), et les histoires générales par pays: *Histoire de France* de Lavisse, *Oxford History of England, Allgemeine Geschiednis der Nederlanden, Propylaen,* coll. «Das Reich und die Deutschen» de H. Schilling, 1989, *Histoire de la Russie et de son empire* de M. Heller (Paris, Plon, 1997), *Reformation to industrial revolution: a social and economic history of Britain, 1530-1780* de C. Hill, Londres, Weidenfeld & Nicolson, 1967. À signaler l'intérêt de *Germany: a new social and economic history* (tome I (1450-1630), édition dirigée par B. Scribner, Londres, New York, Arnold, 1996; tome II (1630-1800), édition dirigée par S. Ogilvie, Londres, Arnold, 1996; tome III (since 1800), édition dirigée par S. Ogilvie et R. Overy, s.l.n.d.), ainsi que de J. Delumeau, *L'Italie de Botticelli à Bonaparte* (Colin, U, 1974), de P. George, *Géographie de l'Europe centrale, slave et danubienne* (Paris, 1954), et des volumes de la *Géographie universelle* (Colin, 1927 ss).

Suivent les revues historiques, géographiques et ethnologiques: *Revue historique* (Devèze (M.), «Forêts françaises et allemandes», 1966) et les bulletins historiques: Fossier (R.), «Économies et sociétés rurales en France du Xᵉ au XVᵉ siècle», *RH,* 1996, 597, p. 183-237); les annales sous différentes formes (à relever l'*Hommage à Bernard Lepetit,* Arles, Actes Sud, Sinbad, 1998), *RHMC* (CR), *Annales de géographie* (voies navigables, Musset, 1938), *Études rhodaniennes* (Allix (A.), «Le Danube jusqu'en 1939», s.l., 1942), *Francia* (Institut historique allemand, Paris), *Scripta Mercaturae, Bulletin de la Mission historique française en Allemagne* (Göttingen), la *RÉS* ou la *Revue du Sud-Est européen,* les *Études balkaniques* (Sofia), la *Revue Russe, Slovo* (revue du CERES, centre d'études russes, eurasiennes et sibériennes*),* les *Cahiers du Monde russe, Urban History Yearbook* (publiés depuis 1974 par l'université de Leicester. Poussou (J.-P.), *op. cit.,* p. 212), *Quaderni Storici* (*Il mulino,* Bologne) ou *TURCICA* (éd. Peeters, Louvain), la *Revue* et le *Bulletin hispanique, VSWG,* et les revues spécialisées (*Revue du Rail, de la navigation, des PTT de France et d'Alsace, Diligence* avec répertoires analytiques*), Recherches régionales* (Alpes maritimes), *SA* (nº 85, 1984: «le carrefour alsacien»), *Revue des sciences sociales…*

Ne sont pas à négliger les différents volumes de la collection Arthaud, les «Grandes civilisations», notamment les synthèses suggestives de P. Chaunu (*La Civilisation de l'Europe classique,* Paris, 1984), de F. Braudel, *Civilisation matérielle, économie et capitalisme. XVᵉ-XVIIIᵉ siècle* (Paris, 1979, t. I, «Les structures du quotidien»; t. II, «Les jeux de l'échange»), et *L'Identité de la France* (Paris, 1986, 3 vol., t. I: «Espace et histoire»). À retenir les volumes de la collection «Champs» (Paris, Flammarion): Le Goff (J.), *La Civilisation de l'Occident médiéval* (1997); Hildesheimer (F.), *Du Siècle d'or au Grand Siècle. L'État en France et en Espagne XVIᵉ-XVIIᵉ siècle* (Paris, 2000); les «Voies nouvelles pour l'histoire rurale», *Études rurales* (EHESS, 1964); les volumes de la collection Privat (Toulouse), pionnière en la matière. Sur les ouvertures multiples présentées par l'histoire des routes, outre les travaux de N. Broc et de G. Reverdy, de H. Cavaillès (*La Route française, son histoire, sa fonction*, Paris, 1946), voir R. FAVREAU, «Voyages et messageries en Poitou à la fin du Moyen Âge», *Une route de poste. La route d'Espagne, op. cit.*, p. 47-69 et les *Actes du 15ᵉ colloque international du Crédit communal de Belgique* (Spa, 1990) consacré au «Réseau urbain en Belgique dans une perspective historique, 1350-1850: une approche statistique et dynamique» (Bruxelles, 1992). Un soupçon d'aventure n'est pas déplacé: on la trouvera dans les *Mémoires... [et] Nouveaux mémoires du comte Claude-Alexandre de Bonneval...* (Londres, 1737, 3 vol., BNF).

II. Histoires plus spécialisées

En priorité, voir les ouvrages, fruits des différents colloques (Sarrebruck, Flaran, Reims, Dijon, Rennes, Limoges-Aubazine..., indiqués plus bas), les volumes des presses de l'École nationale des ponts et chaussées (28 rue des Saints-Pères, Paris, 75343), les publications de l'EHESS, du musée postal de Paris, du ministère des Affaires étrangères (*AE*, *Instructions aux ambassadeurs*), des archives nationales (*AN*, série G 7), les collections particulières, type *Fugger* pour le XVIᵉ siècle ou *Dietrich*, à Reichshoffen (H. Mellon, M. Hau et H. Georger-Vogt), pour les temps contemporains...

La situation du fait routier entre «nature» et «culture»

ALEXANDRE (P.), «Histoire du climat et sources narratives du Moyen Âge», *Le Moyen Âge*, s.l., 1974, t. LXXX; *Le Climat en Europe au Moyen Âge. Contributions à l'histoire des variations climatiques de 1000 à 1425, d'après les sources narratives de l'Europe occidentale*, Paris, 1987 (EHESS, 24).

ATKINSON (G.), *La Littérature géographique française de la Renaissance*, Paris, 1936 (réimpr. New-York, 1968).

CÉARD (J.), «La place de l'Europe dans la littérature cosmographique de la Renaissance», *La Conscience européenne, op. cit.*, p. 49-63 (rappelle Ptolémée, S. Munster, Postel... et son ouvrage *La Nature et les prodiges*, Genève, Droz, 1977).

«Le corps, le geste et la parole», *RHMC*, 1983, 1 (numéro thématique).

DUPRONT (A.), *Le Mythe de la croisade. Essai de sociologie religieuse*, PU Paris-Sorbonne, 1956.

HAFID-MARTIN (N.), *Voyage et connaissance au tournant des Lumières, 1780-1820*, Oxford, Voltaire Foundation, 1995.

«Le Paysage rural: réalités et représentations», *Actes du 10ᵉ congrès des historiens médiévistes...*, Lille-Villeneuve d'Ascq, 1979. *Revue du Nord*, janvier-mars 1980, t. LXII.

PICHOT (D.), *Le Village éclaté. Le paysage rural dans l'Ouest au Moyen Âge*, PUR, 2001.

LENOBLE (R.), *Esquisse d'une histoire de l'idée de nature*, Paris, 1968 (aux XVIIᵉ et XVIIIᵉ siècles).

NOUZILLE (J.), *Le Prince Eugène de Savoie et les problèmes des confins militaires autrichiens*, thèse de lettres, Strasbourg, 1979 (sur les problèmes de colonisation).

RECHT (R.), *Le Rhin. Vingt siècles d'art au cœur de l'Europe*, Paris, Gallimard, 2001.

LE ROY LADURIE (E.), *Histoire du climat depuis l'an mil*, Paris, Flammarion, 1967.

La Montagne à l'époque moderne, AHM, PU Sorbonne, 1998.

WALTER (F.), *Les Suisses et l'environnement. Une histoire du rapport à la nature du XVIIIᵉ siècle à nos jours*, Genève, éd. Zoé, 1990.

Sur les fondements spirituels: G. LOBRICHON, *L'Invention de l'Europe au XIIᵉ siècle* (Théologie catholique Strasbourg, le 29-11-2001); V.-L. TAPIÉ, *Monarchie et peuples du Danube* (Paris, 1959); J.-B. DUROSELLE, *L'Europe: histoire de ses peuples* (Paris, Perrin, 1990); et pour la conscience européenne, par l'ENS de Sèvres (voir les colloques). Retenir: *Mozart. Les chemins de l'Europe*, dirigé par B. Massin (Conseil de l'Europe, 1997); G. EAST , *Géographie historique de l'Europe* (traduit de l'anglais par A. Vaillant, 6ᵉ éd., Paris, 1939, 58 cartes). Et pour le contexte institutionnel, A. HESSE, *L'Administration provinciale et communale en France et en Europe, 1785-1870*, 1974 (réimpression de l'édition d'Amiens, 1870. Étude comparative des institutions administratives en Angleterre, en Prusse, en Italie, en Espagne, en Autriche et en Hongrie, cadres dans lesquels s'inscrit la politique routière).

Pour les techniques

BLANCHARD (A.), *Les Ingénieurs du «Roy» de Louis XIV à Louis XVI. Étude du corps des fortifications*, Montpellier, 1979 (ne néglige pas le point de vue européen).

Histoire générale des techniques, sous la direction de M. Daumas, Paris, PUF (t. I «Les premières étapes du machinisme», 1965; t. II «L'expansion du machinisme», *idem*, 1968).

DAUMAS (M.), *Le Cheval de César ou le mythe des révolutions techniques*, Paris-Montreux, 1994.

FARR JAMES (R.), *Artisans in Europe, 1300-1914*, Cambridge University Press, 2000.

FURIA (D.) et SERRE (P.-C.), *Techniques et sociétés. Liaisons et Évolution*, préface de F. Braudel, Paris, Colin, U, 1970.

GAUTIER (H.), *Traité sur la construction des chemins* et *Traité des ponts*, Paris, 1716.

Histoire des techniques, sous la direction de B. Gille, Paris, La Pléiade, 1978.

LAURIER (P)., *Les Machines de construction, de l'Antiquité à nos jours*, Paris, Presses de l'École nationale des ponts et chaussées, c. 1996.

LYNN WHITE (Jr), *Technologie médiévale et transformations sociales*, trad. de M. Lejune, Paris, Mouton, 1969.

PARDÉ (M.), *Fleuves et rivières*, 5ᵉ éd., Paris, Colin, U, 1968.

PÉCHEUX (J.), *La Naissance du rail européen 1800-1850*, Paris, 1870.

PICON (A.), *L'Invention de l'ingénieur moderne. L'École des ponts et chaussées 1747-1851*, Presses de l'École nationale des ponts et chaussées, 1992 (voir notamment «La conquête de l'espace national») et *Architectes et ingénieurs au Siècle des lumières*, Marseille, 1988.

A History of Technologie, sous la direction de C. Singer, E.-J. Holmyard, A.-R. Hall, T.-T. Williams, Oxford, 1957, vol. III («From the Renaissance to the Industrial Revolution (1500-1750)»).

SÉBILLOT (P.), *Les Travaux publics et les mines dans les traditions et les superstitions de tous les pays. Les routes. Les ponts. Les chemins de fer. Les digues. Les canaux. L'hydraulique. Les ports. Les phares. Les mines et les mineurs*, Paris, J. Rothschild, 1894, 8 planches, 128 ill.

Pour le commerce et les finances

«Acteurs et pratiques du commerce dans l'Europe moderne», *RHMC*, 1998, 3.

Cultures et formations négociantes dans l'Europe moderne, sous la direction de F. Angiolini et D. Roche, Paris, EHESS, Civilisations et sociétés, 1995, 91.

BÉRENGER (J.), *Finances et absolutisme autrichien dans la seconde moitié du XVIIe siècle*, Paris, Publications de la Sorbonne, 1975, 2 vol.

BIZIÈRE (J.-M), *Croissance et protectionnisme. L'exemple du Danemark au XVIIIe siècle*, préface de P. Chaunu, Paris, Publisud, 1994.

CVETKOVA BISTRA (A.), *Vie économique des villes et ports économiques des Balkans aux XVe et XVIe siècles*, Paris, 1971.

DOLLINGER (P.), *La Hanse. XIIe-XVIIe siècle*, Paris, Aubier, 1964.

FAVIER (J.), *De l'or et des épices. Naissance de l'homme d'affaires au Moyen Âge*, Paris, Fayard, 1987.

HEATON (H.), *A History of Trade and Commerce*, Londres, Sucor, 1941.

HUVELIN (P.-L.), *Essai historique sur le droit des marchés et des foires*, Paris, A. Rousseau, 1897.

KLEEMANN (N.-E.), *Voyage de Vienne à Belgrade et à Kilianova, fait dans les années 1768, 1769 et 1770*, Neuchâtel, 1780 (sur les douanes) (BNUS D 138337).

LACOUR-GAYET (et coll.), *Histoire du commerce*, Paris, Spid, 1950-1955, 6 vol. in-4°.

LE GOFF (J.), *Marchands et banquiers du Moyen Âge*, coll. «Que sais-je», Paris, PUF, 1956 (8e éd., 1993). Voir également *Jacques Le Goff, une vie pour l'histoire: entretiens avec Marc Heurgon*, Paris, La Découverte, 1996, p. 94-124.

LIS (C.) et SOLY (H.), *Poverty and Capitalism in Pre-Industrial Europe. 1350-1850*, Hassocks, Harvester Press, 1979.

MOLLAT (M.), *Jacques Cœur ou l'esprit d'entreprise au XVe siècle*, Paris, Aubier, 1988.

MAUERSBERG (H.), *Wirtschafts-und Sozialgeschichte zentraleuropäischer Städte in neuerer Zeit. Dargestellt an den Beispielen von Basel, Frankfurt am Main, Hamburg, Hannover und München*, Göttingen, Vandenhoeck and Ruprecht, c. 1960. CR LIVET (G.), *RH*, juillet-septembre 1966, t. CCXXXVI.

PEYSSONEL (M. de), *Traité sur le commerce de la mer Noire*, Paris, 1787, 2 vol.

RACINE (P.), «Autour des relations entre l'Italie et l'Alsace…», *RA*, 107, 1981.

SCHULTE (A.), *Geschichte des Mittelalterlichen Handels und Verkehrs zwischen Westdeutschland und Italien mit Auschluss von Venedig*, Berlin, Duncker & Humbolt, 1966 (fondamental).

SVORONOS (N.), *Le Commerce de Salonique au XVIIIᵉ siècle*, Paris, PUF, 1955.

THOMANN (M.), «Le caméralisme», *Encyclopedia universalis*.

Pour les transports

BRUNEL (G.), *Les Transports à travers les âges*, Paris, E. Strauss, 1935.

KULISCHER (J.), *Allgemeine Wirtschaftsgeschichte des Mittelalters und der Neuzeit*, München, Oldenbourg, 1965.

POITRINEAU (A.), «L'économie du transport fluvial, une esquisse», *RH*, 1991, n° 577.

PRIOU (J.-M.), *Les Transports en Europe*, coll. «Que sais-je», Paris, PUF, 1963, et rééd.

ROUSSEAU (P.), *Histoire des transports*, Paris, rééditions successives; *Histoire de la vitesse*, coll. «Que sais-je», Paris, PUF, 1948 (chap. I: «Du coureur de marathon au postillon de Longjumeau»).

MERGER (M.), thèmes de recherche: «Les chemins de fer en Europe occidentale aux XIXᵉ et XXᵉ siècles»; «Statistiques des transports en France aux XIXᵉ et XXᵉ siècles»; «Les voies navigables en France et en Europe aux XIXᵉ et XXᵉ siècles». Pour la vision du futur, voir *Transports du XXIᵉ siècle*, École des ponts et chaussées, 2000, CD-ROM, n° hors série.

Pour la circulation

ADDISON (W.), *The old Roads of England*, Londres, Batsford, 1980.

ANDERSON (R.-M.-C.), *The Roads of England*, Londres, Ernest Benn, 1932.

CAPOT-REY (R.), *Géographie de la circulation sur les continents*, Paris, Gallimard, 1946.

CLOZIER (R.), «Géographie de la circulation», *Information historique*, 1951, t. XLV, p. 145-149.

DAUMAS (M.) et GILLE (P.), «Transport et communication», *Histoire des Techniques, op. cit.*, t. III, p. 255-296.

GREGORY (J. W.), *The Story of the Road from the Beginning down to A.D. 1931*, Londres, Alexander Maclehose & Co, 1931.

KRUGER (K.), *Die Strasse der Welt. Eine Strassengeschichte*, Berlin, 1937.

ROCHE (D.), «Le cheval et ses élevages. Perspectives de recherches», dans «L'animal domestique, XVIᵉ-XXᵉ siècle», *Cahiers d'histoire*, sous la direction de E. Baratay et J.-L. Mayaud, 1997-1998.

«Le cheval et la circulation», *La Circulation des marchandises dans la France d'Ancien Régime*, Paris, Comité pour l'histoire économique et financière de la France, 1998, p. 176-179.

«Sciences de l'homme et culture équestre», *Ass. pour l'académie d'Art équestre de Versailles*, Paris, juin 1993 (cite HANCAR (F.), *Le Cheval fait l'histoire*, s.l.n.d., DIGARD (J.-P.), *L'Anthropologie d'une passion, les académies de Vienne, de Lisbonne, de Jerez,* et le *Cadre Noir de Saumur* (depuis la Restauration), s.l.n.d.).

PARKER (G.), *The Army of Flanders and the Spanish Road. 1567-1659. The Logistics of Spanish Victory and Defeat in the Low Countries' War*, Cambridge University Press, 1972 (avec cartes).

RAFFELSPERGER (F.), *Poststrassenbuch oder Wegweiser durch Europa, mit besonderer Berücksichtigung auf den österreichischen Kaiserstaat*, 2ᵉ éd., Vienne, 1834 (avec carte).

WRANGEL (C.-G.), *Das Buch vom Pferde*, 6ᵉ éd. remaniée et augmentée, Stuttgart, 1927-1928.

Pour les péages

Nous donnons une liste de thèses soutenues à l'École des chartes :

ALBERT (B.), *The Turnpike Road System in England, 1643-1840*, Cambridge University Press, 1972.

HARRISON (W.), «The Development of the Turnpike System in Lancashire (et Cheshire*)*», *Trans. Lancs. and Chesh. Ant. Soc.* IV, puis IX, X, XII-XIV, s.l.n.d.

SHELDON (G.), *From Trackway to Turnpike*, Oxford University Press, 1928.

GUILMOTO (G.), *Droit de navigation sur la Seine du XIᵉ au XIVᵉ siècle depuis la Roche-Guyon jusqu'à Paris*, Paris, École des chartes, 1874.

IMBERT (L.), *Les Péages du Rhône de Tournon à la mer, étude sur les droits de navigation au Moyen Âge*, Paris, École des chartes, 1903.

ROUSSIER (P.), *Étude historique sur la rivière de Maine ou Mayenne*, Paris, École des chartes, 1912.

MERLET (M.), *Le Péage de la cloison d'Angers, XVᵉ-XVIIIᵉ siècles*, Paris, École des chartes, s.d.

PHILIPPE (A.), *Le Péage par eau de la ville de Mantes dans la première moitié du XVᵉ siècle*, Paris, École des chartes, 1968.

RAYNAUD (F.), *Les Péages sur la navigation du Rhône*, Paris, École des chartes, 1872.

VENDURE (N.), *La Navigation sur la Saône aux XVIIᵉ et XVIIIᵉ siècles*, École des chartes, 1962.

COCULA (A.-M.), «Une mesure du trafic fluvial au XVIᵉ siècle: les cahiers de péage de Lamothe-Montraval de 1572 à 1574 sur la Dordogne», *Actes du 104ᵉ CNSS Bordeaux*, 1979.

JUILLARD (É.), «Les péages en Alsace au XVIIIᵉ siècle», *RA*, 1937, p. 16-34.

Pour la poste

CROME (B.), *Geschichte der deutschen Post von ihren Anfängen bis zur Gegenwart*, 2ᵉ éd., Leipzig, 1889.

BERTHO (C.), «Les réseaux de télécommunication au XIXᵉ siècle», *La Communication dans l'histoire, op. cit.*, p. 155-165 (insiste sur le rôle joué par l'évolution de l'État).

FLORANGE (C.), *Étude sur les messageries et les postes d'après des documents métalliques et imprimés*, Paris, Florange et Ciani, 1925.

GALLOIS (E.), *La Poste et les moyens de communication des peuples à travers les siècles. Messageries, chemins de fer, télégraphe, téléphone*, Paris, J.-B. Baillière et fils, 1894.

HEMMEON (J.-C.), *The History of the British Post Office*, Harvard University Press, Cambrige (Mass), Harvard University, 1912.

KONZENDORFER (A.), «Post, Poststrasse, Postkutsche», *Technikgeschichte*, Berlin, Kiepert, 1934, t. XXIII.

LE ROUX (M.), «Pour une histoire de la poste aux XIXᵉ et XXᵉ siècles. Guide du chercheur», *Apostille, H.S. Bull. histoire de la poste*, en coll. avec B. Oger, Boulogne-Billancourt, CHP, 1999.

NOGARET (P.), *Bibliographie critique…*, s.l., 1970 (travail exhaustif et critique); «De quelques histoires de la poste, non illustrées, parues avant 1900», *Cahiers d'Histoire des PTT*, 1985, Paris, MP, 1. Et travaux de P. CHARBON pour l'Alsace (Revue *Diligence* et *SA…*).

STEPHAN (H.), *Geschichte der Preussischen Post von ihrem Ursprung…*, Berlin, 1859.

VAILLÉ (E.), *Histoire générale des postes françaises*, Paris, PUF, 1949-1955, 6 vol.

Pour la culture

ANCEL (J.), *Peuples et nations des Balkans*, Paris, 1926.

BARTILLAT (C. de) et ROBA (A.), *Métamorphoses d'Europe. Trente siècles d'iconographie*, Fondation pour une civilisation européenne, Turin, Bartillat, 2000.

BOURDIEU (P.), *Les Héritiers: les étudiants et la culture*, Paris, Minuit, 1964.

CABANTOUS (A.), «La mémoire du voyageur: sociétés et espaces aux XVIIᵉ-XVIIIᵉ siècles», *Les Enjeux du paysage*, sous la direction de M. Collot, Paris, Métaillé, 1998.

CASTELLAN (G.), *La Vie quotidienne en Serbie au seuil de l'indépendance (1815-1839)*, Paris, Hachette, 1967 (sur la culture de l'homme serbe).

CONTAMINE (P.), «L'hospitalité dans l'Europe du milieu du XVe siècle. Aspects juridiques, matériels et sociaux d'après quelques récits de voyage», *La Conscience européenne, op. cit.*, p. 75-87 (cite BONAFFÉ (E.), *Voyages et voyageurs de la Renaissance*, Paris, 1895).

CORBIN (A.), *Les Filles de noce. Misère sexuelle et prostitution au XIXe siècle*, Paris, Seuil, 1981.

FONTAINE (L.), *Histoire du colportage en Europe. XVe-XIXe siècle*, Paris, Albin Michel, 1993; *Le Voyage et la mémoire. Colporteurs de l'Oisans au XIXe siècle*, PU Lyon, 1984.

GUTTON (J.-P.), *La Société et les pauvres en Europe (XVIe-XVIIe siècles)*, Paris, PUF, 1974.

MC GREW (R.-E.), *Russia and the Cholera, 1823-1832*, Wisconsin University Press, 1965.

HILDESHEIMER (F.), *Fléaux et Société: de la Grande Peste au choléra, XIXe-XXe siècle*, Paris, Hachette supérieur, 1993.

HEISCHKEL (E.), «Die Strasse in der Geschichte der Medizin», *Technikgeschichte*, s.l., 1934, 23.

L'Information à l'époque moderne, Histoire moderne, PU Sorbonne, 2001.

JUSSERAND (J.-J.), *Shakespeare en France sous l'Ancien Régime*, Paris, Colin, 1898.

MAGDELAINE (M.), «Exil et voyage. Le Refuge huguenot et l'errance», *RSH*, 1999, vol. 49, I, p. 105-114.

MIRONOV (B.), «Les villes de Russie entre l'Occident et l'Orient (1750-1850)», *AESC*, mai-juin 1991, n° 3, p. 705-733.

MUCHEMBLED (R.), *Culture populaire et culture des élites dans la France moderne (XVe-XVIIIe siècle)*, Paris, Flammarion, coll. Champs, 1978; *L'Invention de l'homme moderne*, Paris, Fayard, 1988.

NEVEUX (J.-B.), *Vie spirituelle et vie sociale entre Rhin et Baltique au XVIIe siècle*, Paris, Klincksieck, 1967.

Police et migrants. France 1667-1939, PUR, 2001 (divers auteurs).

JEAN (N.), «Le tavernier, le juge et le curé ou le cabaret dans l'ancienne France», *L'histoire*, 1980, n° 25.

SCHULTZ (H.), *Berlin 1650-1800. Sozialgeschichte einer Residenz*, avec une contribution de Wilke Jürgen, Berlin/DDR, Akademie Verlag, 1987, 20 tableaux. CR FRANÇOIS (É.), *AESC*, mai-juin 1991, n° 3, p. 691-697.

TAPIÉ (V.-L.), *Baroque et classicisme*, Paris, Plon, 1957.

VAUCHEZ (A.), «Saint Benoît et la révolution des monastères», *L'Histoire*, 1980, n° 25.

WEISSER (M.-R.), *Crime and Punishment in Early Modern Europe*, Hassochs G. B., Harvester Press, 1976. Et PERROT (M.), *Les Ombres de l'histoire. Crime et châtiment au XIXᵉ siècle*, Paris, Flammarion, 2001.

DUPÂQUIER (J. et M.), *Histoire de la démographie*, Paris, Perrin, 1985 (à relever la citation p. 303: sous la Restauration, la statistique est devenue «l'instrument du progrès social, le diagnostic préalable à la guérison de toutes les maladies physiques et morales de la société»).

Sont à retenir les mises au point des différents **colloques** et **ouvrages collectifs:**

«Les Routes de France depuis les origines jusqu'à nos jours», *Actes du colloque de Sarrebruck*, Cahiers de civilisation, contributions de P.-M. Duval, J. Hubert, G. Livet, L. Trénart, P. Coquand, Paris, 1959.

«L'homme et la route en Europe occidentale au Moyen Âge et aux Temps modernes», *Actes du colloque de Flaran 2, Centre culturel de l'abbaye de Flaran, septembre 1980*, Auch, 1982 (art. de Bautier, Rouche, Livet, Bordes...).

«Les transports de 1610 à nos jours», *Actes du 104ᵉ CNSS Bordeaux, 1979*, Paris, BN, 1980 (t. I., «Histoire moderne et contemporaine»).

«Les pays de l'Entre-Deux au Moyen Âge», *Actes du 113ᵉ CNSS, Strasbourg, 1988*, Paris, CTHS, 1990. «La communication dans l'histoire», *Actes du colloque de l'AIE, Reims, 1983*, Reims, 1985.

«Transports et voies de communication», *Actes du colloque de l'AIE, Dijon, 1975*, art. de R. Fiétier, J. Richard, P. Braunstein...), Dijon, Association interuniversitaire de l'Est, 1977.

«Les transports au Moyen Âge», *Actes du 8ᵉ congrès des Médiévistes de l'enseignement supérieur public*, parus dans les *Annales de Bretagne*, 1978, t. 85/2. Et RENOUARD (Y.), *Études d'histoire médiévale*, Paris, SEVPEN, 1968 (chap. 6: «Voyages, routes et communications»).

Actes du 92ᵉ CNSS, Strasbourg-Colmar, 1967, art. de J. Roubert, R. Dufraisse, M. Garden, C. Wolff..., Paris, BN, 1970 (t. II, «Commerce et industrie»).

«La découverte de la France au XVIIᵉ siècle», *Actes du colloque international du CNRS et du 9ᵉ colloque de Marseille, Centre méridional de rencontres sur le XVIIᵉ siècle, 1979*, Paris, CNRS, 1980.

CANDAUX (J.-D.), *Répertoire chronologique des relations de voyage intéressant Genève. 1550-1800*, Genève, printemps 1975 (dédié au pionnier sir Gavin de Beer).

«La conscience européenne au XVᵉ et au XVIᵉ siècle», *Actes du colloque international organisé à l'ENS de jeunes filles, septembre-octobre 1980*, Paris, coll. ENS, 1982, n° 22.

«Le sel et son histoire», *Actes du colloque de l'AIE, 1979*, réunis par G. Cabourdin, Nancy, 1981 (voir également *Le Rôle du sel dans l'histoire*, sous la direction de M. Mollat, Paris, PUF, 1967: sur le déclin des salines du Nord et de l'Ouest (sel atlantique) peu à peu supplantées par celles de la Méditerranée).

L'Europe et le livre: réseaux et pratiques du négoce du livre, XVIe-XIXe siècles, sous la direction de F. Barbier, S. Juratic et D. Varry, Paris, Klincksieck, 1996.

«Les voyages à l'époque moderne», *Actes du colloque des Historiens modernistes, Paris, 2001*, Association des historiens modernistes des universités (France), PUPS, 2001.

«L'image de l'autre dans l'Europe du Nord-Ouest à travers l'histoire», *Actes du colloque de Villeneuve d'Asq, 1994*, sous la direction de J.-P. Jessenne, «Histoire et littérature régionales», Villeneuve d'Asq, Centre d'histoire de la région du Nord et de l'Europe du Nord-Ouest, 1996.

«L'Administration des finances sous l'Ancien Régime», *Actes du colloque de Bercy, 1996*, Paris, CHEFF, 1997.

«La circulation des marchandises dans la France de l'Ancien Régime», *Actes de la journée d'études de Bercy, 1997*, sous la direction de D. Woronoff, Paris, CHEFF, 1998. Et sur la monnaie, 2001.

Rendre ses vœux. Les identités pèlerines dans l'Europe moderne, sous la direction de P. Boutry, P. Fabre, D. Julia, Paris, EHESS, 2000.

Les Entreprises et leurs réseaux: hommes, capitaux et pouvoirs, XIXe-XXe siècles. Mélanges en l'honneur de François Caron, sous la direction de D. Barjot, M. Merger et M.-N. Polino, Paris, Presses de l'université de Paris-Sorbonne, 1998.

VERLEY (P.), «La Révolution industrielle anglaise: une révision», *AESC*, mai-juin 1991, n° 3, p. 735-755 (à propos du livre de E.-A. WRIGLEY, *Continuity, Chance and Change. The Caracter of the Industrial Revolution in England*, Cambridge University Press, 1988).

«Fleuves, rivières et canaux dans l'Europe occidentale et médiane», *Actes du colloque de l'AIE, Strasbourg, 1995*, réunis par P. Racine, Nancy, CRDP, 1997.

La Russie et l'Europe, XVIe-XXe siècles, coéd. EHESS/Institut d'histoire universelle de l'Académie des sciences russe, 1970.

350e anniversaire des Traités de Westphalie. Une genèse de l'Europe. Une société à reconstruire, sous la direction de J.-P Kintz et G. Livet, PU Strasbourg, 1999 (sur les «routes de l'exclusion», le refuge, les étudiants, les marginaux et le rappel des campagnes de Gustave-Adolphe).

WIMMERLIN (J.), *L'Alsace et l'axe fluvial mer du Nord-Méditerranée*, Strasbourg, Centre universitaire des hautes études européennes, 1967.

KALTENSTADLER (W.), «International Bibliography for the History of Pre-Industrial Commerce and Trafic», *SM*, 1975, 1, p. 96-103. Pour les extrapolations contemporaines, GASPARD (M.), *Le Financement des infrastructures de transport en Europe centrale et orientale. Évolutions et perspectives*, 1996, Paris, Presses de l'École nationale des ponts et chaussées (étudie les évolutions macroéconomiques et leurs conséquences).

III. Sur la cartographie routière

Son importance est capitale, son évolution constante. En témoigne *The Map collector* riche et actuelle (BNUS D 503445). Le point de départ demeure l'œuvre de sir H.-G. FORDHAM, *The Road Books and Itineraries of Great Britain 1570-1850* (Londres, 1924), et *Les Routes de France. Étude bibliographique sur les cartes routières et les itinéraires et guides routiers de France, suivie d'un catalogue des itinéraires et guides routiers, 1552-1850* (Paris, Champion, 1929). Voir notre texte en annexe de la communication au colloque de Sarrebruck: «Une enquête à ouvrir: les sources de l'histoire des routes françaises du XVIᵉ au XVIIIᵉ siècle» (*op. cit.*, p. 93-100), qui devrait s'étendre de nos jours à l'ensemble de l'espace européen: voir au Conseil de l'Europe, «les itinéraires culturels». Capital est l'ouvrage de M. PASTOUREAU, *Les Atlas français XVIᵉ-XVIIᵉ siècles. Répertoire bibliographique et étude* (préf. de M. Pelletier, Paris, BN, 1984), qui rappelle l'intérêt de la *Bibliographie internationale de cartographie* et de la prospection européenne (The British Museum, 1967-1978; Harvard College Library, 1964; KOEMAN (C.), *Atlantes Neerlandici*, Amsterdam, Theatrum orbis terrarrum, 1967-1985; librairie du Congrès, Boston, 1973; Pologne, Varsovie, 1961-1963…). Remarquable, documenté et puissamment illustré, apparaît, de R. BORRI, *L'Europa nell'antica cartografia*, Ivrea (Torino), Priuli & Verlucca, 2001.

ARBELLOT (G.), «Le réseau des routes de poste, objet des premières cartes thématiques de la France moderne», dans «Les transports de 1610 à nos jours», *Actes du 104ᵉ CNSS, Bordeaux, 1979*, Paris, Ophrys, BN, 1980, p. 97-115.

BROC (N.), *La Géographie des philosophes, géographes et voyageurs français au XVIIIᵉ siècle*, PU Strasbourg, 1975; «De quelques bibliographies anciennes utiles à l'historien de la géographie (XVIᵉ-XVIIIᵉ siècle)», *Revue historique des sciences*, 1978, XXXI/2.

LA COSTE-MESSELIÈRE (R. de), «Itinéraires de Bruges», *Une route de poste. La route d'Espagne*, exposition de 1977 au musée postal de Paris, Paris, Maison de la poste et de la philatélie, 1977.

DAINVILLE (F. de), *La Géographie des humanistes*, Genève, Slatkine rep., 1969 («sur les routes géographiques»); *Le Dauphiné et ses confins vus par l'ingénieur d'Henri IV Jean de Beins*, Genève/Paris, Droz/Minard, 1968 (75 planches).

LEPETIT (B.), «Cartographie, classement et statistique», *Chemins de terre et voies d'eau*, Paris, EHESS, 1984, p. 30-33.

LINDGREN (U.), «Les frontières de l'Allemagne (le Vieux Reich) dans la cartographie d'avant 1800», *Études d'histoire européenne, Mélanges Pillorget*, Angers, 1990.

LIVET (G.), «Géographes et cartographes en Alsace à l'époque de la Renaissance», *L'Humanisme alsacien*, Strasbourg, Société savante, 1978, p. 183-201.

MAZOUER (C.), «Les guides pour le voyage de France au XVIIᵉ siècle», dans «La découverte de la France au XVIIᵉ siècle», *Actes du 9ᵉ colloque de Marseille organisé par le CMR, 1979*, Paris, CNRS, 1980, p. 599-611.

SZABO (T.), «Routes de pèlerinages, routes commerciales et itinéraires en Italie centrale», *Voyages et voyageurs au Moyen Âge*, Paris, Publications de la Sorbonne, 1996, p. 131-143.

Grâce aux progrès des sciences géographiques, mathématiques et statistiques, les cartes routières, dont l'essor se place aux XVIIᵉ et XVIIIᵉ siècles, sont publiées pour des motifs divers, militaires (textes de Montecuccoli, de Charles de Lorraine, du prince Eugène), économiques ou religieux (carte des diocèses), pour accompagner ou illustrer diverses espèces de guides. Au XVIᵉ siècle, est apparue une carte allemande (Nuremberg, 1501), reproduite en fac-similé à Berlin en 1919, avec une introduction du docteur W. Wolkenhauer. Gravée sur bois, elle montre la surface de l'Europe centrale entre les longitudes de Paris à l'ouest et de Dantzig à l'est, avec les routes de grande communication, divisées en milles allemands (FORDHAM (G.), *Les Routes de France*, p. 17). À noter, en 1515, la carte d'Italie accompagnant le *Guide routier sur les voies de communication entre la France et l'Italie* écrit à Paris par J. SIGNOT (cols et passages au moment des guerres d'Italie).

En Angleterre

CLOSE (C.), *The Map of England*, Peter Davies, 1932.

George Fordham a attiré l'attention «sur les progrès faits en Angleterre dans les cartes routières pendant les XVIᵉ et XVIIᵉ siècles». Jusqu'à la fin du XVIᵉ siècle, quelques tentatives sont faites «pour introduire les routes sur les cartes des comtés, mais comme en France, ces tentatives n'ont pas de suites sérieuses». À la fin du XVIIᵉ siècle, se produit le développement semi-officiel des cartes des routes du royaume d'Angleterre et du pays de Galles, sur des mesures faites par le géographe John Pgilby (1675), dessinées en bandes connues de nos jours, sous la description «en bandes à la manière anglaise». J.-P. Poussou note «qu'à partir des années 1670, tout change en Angleterre sans que cela soit immédiatement apparent» (*op. cit.*, p. 55).

En France

Le XVIIᵉ siècle voit le développement cartographique dans différentes directions:

La cartographie militaire

L'apport est considérable. La route, en France et en Europe, est d'abord la route des armées (CONDAMINE (P.), *Guerres et paix...*, et A. CORVISIER). La guerre précipite les «progrès» (sous Louis XIV) de Bourguereau et Sanson (provinces frontières) jusqu'aux levés topographiques des Cassini au siècle suivant. Noter l'importance des «théâtres de la guerre» ou d'itinéraires comme celui du corps expéditionnaire de Coligny-Saligny contre les Turcs (1665). Il combine deux tracés, l'un par la Bavière et l'archevêché de Salzbourg, l'autre venant d'Italie par les possessions de Venise et le Tyrol. Installé à l'ouest de Saint-Gothard, il voit défiler sur la rive opposé (de la Raba) toute l'armée turque, et «marcher tous leurs chameaux». L'histoire militaire est, dans ce domaine, celle des «étapes» (nombreuses énumérations) et celle de la manœuvre. Voir également, en conclusion, au moment des «allers et retours napoléoniens», de F. de DAINVILLE et J. TULARD, *Atlas administratif de l'Empire français, d'après l'atlas rédigé par ordre du duc de Feltre en 1812*, Genève, Droz/Paris, Minard, EPHE, 1973 (routes d'étapes, lignes télégraphiques…).

Cartes provinciales

F. de Dainville a donné une vue d'ensemble dans *La Cartographie, reflet de l'histoire* –Genève, Paris, Slatkine, 1986 –, et une étude sur les cartes anciennes du Languedoc aux XVIe et XVIIIe siècles (*Société languedocienne de géographie*, Montpellier, 1961), complétée par un article sur «La levée d'une carte en Languedoc à l'entour de 1750» (*International yearbook of cartography*, VI, 1966). Pour le Nord, citons le *Journal topographique du voyage du Roy en Flandres*, dessiné par F. de la Pointe (1680, cité par l'*Histoire de la France rurale, op. cit.*, t. II, p. 698). André Froehlich a donné un inventaire détaillé des cartes et plans anciens de l'Alsace: «Strasbourg, l'Alsace et le Rhin», *Actes du 92e CNSS* (Exposition BNUS, 1967). Sur les plans-reliefs, les *Actes de colloque de Paris*, sous la direction d'A. Corvisier, SESES, 1993. Voir L. BAGROW et R. SKELTON, *History of Cartography* (Londres, C.A. Watts, 1964); F. CRAPET, *La Cartographie historique régionale aux XVIIe-XVIIIe siècles* (Université de Lille III); J.-A. LESOURD et C. GÉRARD, «Les canaux en Angleterre», *Histoire économique* (Paris, Colin U, I, 1963).

Cartes générales

Au début, les cartes générales d'Europe sont relativement rares. Elles se retrouvent le plus souvent au sein des mappemondes ou cosmographies (Mercator, S. Münster, Belleforest, Mérian, Thévet…). Dans une «somme» géographique de 1605, Paul Mérula propose dans sa seconde partie une description des pays européens ou une extension des frontières de la France, voire de la Gaule (NORDMAN (D.), *Frontières de France. De l'espace au territoire. XVIe-XIXe siècle*, Paris, Gallimard, 1998). La réédition (citée) par Jean Bonnerot de *La Guide des chemins de France* de C. ESTIENNE (Paris, Champion, 1935-1936), accompagnée des cartes de M. TAVERNIER (*Carte géographique des postes*, 1632) donne, avec les principaux relais, la direction des routes les plus fréquentées à cette époque (à comparer avec la carte de N. BEREY (1626), avec la *Carte d'Europe* de G. DELISLE (1724) et la carte de VIDAL DE LA BLACHE dans son *Tableau de la Géographie de la France*, p. 379). Sont à retenir:

N. et G. SANSON (d'Abbeville): le premier a dessiné la *Carte des rivières de France* (1634), «seul document que l'on possède sur l'hydrographie française ancienne» (également tirage de 1641). Il est sensible à la notion d'Europe (Cartes de l'Europe avec leurs divisions selon les traités de paix – Paris, 1643-1691, BNUS DC 56 – et *L'Europe dédiée à Mgr Le Tellier, secrétaire d'État* – Paris, Chez Pierre Mariette, s.d., 13 cartes, BNUS DC 1630). Guillaume, son fils, publie en 1681, son *Introduction à la géographie* qui «étend le champ de cette spécialité aux domaines de la religion et de la linguistique» (J.-M. Boehler). Ce dernier rédigea pour le roi en 1667 une «Description de l'Alsace, commentaire de la carte du Landgraviat d'Alsace» (de Specklin).

Dès 1636, par SAUGRAIN père, *Catalogue général des postes qui se trouvent en cette présente année (1636) le long des routes et des grands chemins pour aller et venir tant dedans que dehors du Royaume* (s.l.).

En 1645, J. BOISSEAU, dans son *Tableau portatif des Gaules*, en 4 feuilles, reproduit les mêmes erreurs que *La Guide* mais «en est l'illustration indispensable» dans sa *Description générale de la grandeur et estandue du Royaume de France, sur laquelle est tracée la route ou guide des chemins et postes pour aller de la ville de Paris aux principales villes de ce Royaume et lieux circonvoisins de cet Estat, avec un ample index par ordre alphabétique [...] principalement pour ceux qui n'ont cognoissance de la géographie.* Notons que ces «lieux voisins» vont jusqu'à l'Elbe, à Prague, à Salzbourg; au sud, la Navarre est incluse, le Roussillon exclu.

Suit en 1646 le *Tableau portatif des Gaules ou description nouvelle du Royaume de France sur laquelle est tracée la route des postes et Grands chemins, allant de la ville de Paris aux principales villes et extrémités de cet Estat.* La partie Italie va jusqu'à Rome, engobe toute la Suisse et les Alpes avec la route du Pas-de-Suze qui va de Chambéry à Turin.

Suit après les Sanson, de Fer, de Lisle et Duval, la grande époque de la cartographie française, avec la dynastie des Cassini, tous de l'Académie des sciences: Jean-Dominique (1625-1712), Jacques (1677-1756), César-François (1714-1784), directeur de l'Observatoire, qui lance la carte de France en 180 feuilles et, en 1784, *La Description géométrique de la France* (Paris, J.-C. Desaint, 1783). Jacques-Dominique (1748-1845) termine la carte de France commencée par son père et prend une part active à la division de la France en départements. M. PELLETIER a raconté cette histoire: *La Carte de Cassini. L'extraordinaire aventure de la carte de France* (Paris, Presses de l'École nationale des ponts et chaussées, 1990, 54 ill.) et M. Pastoureau a classé les réalisations successives (Sanson I, II, III, IV…).

À l'échelle de l'Europe

Rappelons la *Carte romaine* de PEUTINGER avec les principales voies de l'Empire, (MP, Paris, 1977), la *Cosmographia* de S. MUNSTER, la *Romweg-Karte* (1500) d'ETZLAUB, le *Theatrum orbis terrarum* d'ORTÉLIUS, et l'*Atlas* de MERCATOR. La *Carte de l'Europe avec les routes principales dédiée à Charles Quint et dessinée par Martin Waldseemulleren, 1470 et 1511*, a été éditée en 1520 par K.-H. MEINE à Strasbourg et conservée au Tiroler Landesmuseum Ferdinandeum à Innsbruck (insérée dans *Une route de poste. La route d'Espagne*, Paris, MP, 1977). À voir aussi la *Carte de l'Europe*, de l'*Atlas* de HONDIUS (1631), Europe ancienne (*celticam veterem*) ou Europe nouvelle («décrite très exactement»).

Elles fleurissent à partir du XVIIᵉ siècle, cartes des Sanson, de Fer, de Lisle... (*cf.* M. Pastoureau). *L'État des postes ordinaires entre Stockholm et Abo. Carte du parcours des postes depuis Stockholm jusqu'à Dantzig et Lubeck par Abo et Helsinski*, 1654 (AE, Mémoires et documents, t. X, fol. 339-341).

Outre les cartes précitées, la *Carte générale de l'Allemagne*, etc. dédiée et présentée à Mᵍʳ le cardinal J. Mazarini par N. Sanson d'Abbeville (1600-1667), géographe ordinaire de S.M., 1658 (Coll. AN, repr. MP, Paris).

DUVAL (P.)., *Cartes pour les itinéraires et voïages modernes qui ont été faits tant par mer que par terre dans toutes les parties du monde et particulièrement dans le Levant* (Paris, chez l'auteur, 1677, 21,5 cm, 25 cartes).

KÖHLER (D.), *Novissima totius Europae... status*, s.l., 1719.

HOMANN (J.-C.), *Tabula Geographica Europae Austriacae generalis*, Nürnberg, Johann Christoph Homann, zwischen 1724 und 1730.

Carte de l'empire d'Allemagne où sont marquées exactement les routes des postes par le sieur ROBERT, géographe du roi, avec privilège (1757, IHMS). Reproduite dans *L'Europe, l'Alsace et la France. Problèmes intérieurs et relations internationales* (Colmar, Les éditions d'Alsace, Société savante, 1986). Du même auteur, *Cartes des Grandes routes d'Angleterre, d'Écosse et d'Irlande* (1757, IHMS).

Itinéraire de toutes les routes d'Angleterre, revues, corrigées, augmentées et réduites par Senex, en 101 cartes, Paris, Chez Le Rouge, 1759 et Desnos, 1766.

L'Indicateur fidèle, ou guide des voyageurs, qui enseigne toutes les routes royales et particulières de la France, routes levées géométriquement dès le commencement de ce siècle et assujetties à une graduation topographique... Dressé par le sieur MICHEL, ingénieur géographe du roi à l'Observatoire, mis au jour et dirigé par le sieur Desnos, ingénieur géographe pour les globes, sphères et instruments de mathématiques (Paris, rue Saint-Jacques, à l'enseigne du Globe, 1764, atlas de 13 feuilles de cartes de routes avec une carte générale in-4°).

Suivent, augmentées de multiples éditions: Le *Guide* de MICHEL et DESNOS, qui permet «de retrouver, dans une première étape, l'image cartographique... et dynamique des grands axes de voyage de Paris vers la province à l'époque où, grâce aux travaux décidés par Trudaine, leurs itinéraires étaient fixés» (ARBELLOT (G.), «La grande mutation des routes de France...», *AESC*, 1973, p. 791). Desnos, Denis, Dutens et Brion sont les plus répandus:

DESNOS (L.-C.), *Nouvel itinéraire général comprenant toutes les grandes routes et chemins de communication des provinces de France, des îles britanniques, de l'Espagne...* (Paris, 1766, atlas de 40 cartes, autres éditions, 1768). *Atlas de la France divisée en ses 40 gouvernements généraux et militaires, en autant de cartes particulières avec les principales routes qui traversent les Provinces du royaume* (Paris, 1775).

DENIS (L.) a surtout donné des cartes concernant des itinéraires de France: *Guide royal ou dictionnaire topographique des Grandes routes de Paris aux villes, bourgs et abbayes du royaume* (Paris, 1764); *Itinéraire historique et topographique des grandes routes de France* (s.l., 1768, cartes routières avec un texte descriptif, le plus petit des atlas routiers français); *Le Conducteur français* (Paris, Ribou, 1776, 9 tomes, comprenant 48 routes, en 52 numéros, routes décrites, dessinées et coloriées à la main).

DUTENS (M.-L.), *Itinéraires des routes les plus fréquentées ou journal d'un voyage aux villes principales de l'Europe en 1768, 1769, 1770, 1771* (mis à jour jusqu'en 1793): 1re éd., Paris, chez T. Barrois, 1783, XXXII ; traduction anglaise, Londres, 1782 et 1793; 6e éd. revue, corrigée, augmentée, avec une *Carte géographique* par M. Dutens, de l'Académie royale des inscriptions et belles-lettres de Paris et de la Société royale de Londres, Paris, chez T. Barrois, 1788. Se trouve à Strasbourg chez A. Koenig, Treuttel, les frères Gay. Quant à l'*Ami des étrangers qui voyagent en Angleterre* (Londres 1787), il est chez Elmsy. Du même auteur, *Direction des voyageurs en Italie*, 5e éd., Bologne, J.-B. Sasse, XII, avec la notice de toutes les postes et leurs prix, 1779-1785.

BRION, *Atlas itinéraire portatif de l'Europe*, Paris, 1776, 36 cartes reliées. Adapté quant à la France aux messageries royales, nouvelles diligences, dédié et présenté à Mgr de Turgot.

L'Europe en ses principaux États suivant les nouvelles observations astronomiques par le sieur JANVIER, géographe, Venise, 1784.

PALLAS (P.-S.), «Carte générale de l'empire de Russie, d'après la nouvelle division de cet empire en 40 gouvernements», *Voyages*, s.l., 1770, t. VI, 10 cartes géographiques.

GEORGEL (abbé), *Mémoire pour servir à l'histoire du XVIIIe siècle. 1760-1810*, étude des routes joignant Saint-Pétersbourg, BNUS D 124967. L'auteur était secrétaire du cardinal de Rohan et participa en 1799 à la délégation partie offrir à l'empereur Paul Ier la grande maîtrise de l'ordre de Malte.

À la suite de VIGNON (E.), *Études historiques sur l'administration des voies publiques..., 1862-1880* (4 vol.) et PETOT (J.), *Histoire de l'administration des Ponts et chaussées, 1599-1815* (Paris, M. Rivière, 1958), rappeler le travail de reconstruction et d'amélioration des chemins publics entrepris en France entre 1754 et 1776 et, plus encore, «de sa représentation graphique et permanente, en forme de cartes et de plans rédigés sur un système modèle». (FORDHAM (G.), *op. cit.*, p. 29). En 1747, avec la création de l'École des ponts et chaussées, on assistait à la formation d'un «corps» (fonctionnaires n'ayant pas acheté leurs charges à prix d'argent). En 1747, après l'école de génie de Mézières, était apparue une fonction nouvelle, celle de directeur du bureau des dessinateurs, attribuée à J.-R. Perronet, ingénieur des Ponts et chaussées. La carte générale de France a été exploitée à diverses reprises: 1791, BELLEYME, *Carte de France divisée en 83 départements*; 1795, capitaine LOUIS, *La Carte géométrique des Routes de postes de la France*; 1797 (an V), DEZAUCHE, *La Carte itinéraire des Routes de France de postes…*; 1810, DUBRÉNA donne la carte routière de la France au 1/864000.

ARBELLOT (G.), «Le réseau des routes de poste, objet des premières cartes thématiques de la France moderne», *Les Transports de 1610 à nos jours, op. cit.*, p. 97-115.

Le XIXᵉ siècle

Se multiplient alors cartes et itinéraires de voyages. Avec la Révolution et l'Empire croissent, à l'échelle de l'Europe, les besoins des armées. Le blocus continental donne à l'Europe une certaine unité économique. L'intérêt que Napoléon porte au système routier n'est pas tant de développer l'ensemble du réseau que d'équiper les dix-sept grandes routes qui mènent vers l'Italie, l'Espagne, la Hollande et l'Allemagne. À signaler en 1814, en 4 feuilles, *Les Routes de poste de toute l'Europe, de l'Irlande à la Russie* et la *Carte de l'Europe divisée en ses empires, Royaumes et Républiques* par R. de VAUGONDY et DELAMARCHE (Venise, 1802). Nous relevons notamment les routes de poste concernant les pays d'Europe, qui se trouvent à la BNUS et à l'institut d'histoire moderne de l'université Marc Bloch de Strasbourg (IHMS).

En Europe

Carte de la route de Leipzig à Saint-Pétersbourg, Weimar, 1802, dressée en bandes à la manière anglaise (BNUS).

Carte de la route de Leipzig à Prague à Vienne, Weimar, 1802, dressée en bandes à la manière anglaise (BNUS).

État général des postes et relais de l'Empire français, s.l., 1804, 1806, 1808.

Tableau général et itinéraire de l'Empire français, divisé en 130 départements. Rédigé par CHAUMIER, an VII, corrigé et augmenté en 1813, BNF. Repr. MP, Paris, 1977.

PICQUET (C.), *Livre des postes d'Espagne et du Portugal en espagnol et en français*, Paris, Picquet et Magimel, 1810, XXVI.

Routes de postes de l'Empire, du royaume d'Italie et de la confédération du Rhin, Paris, Imprimerie impériale, 1811-1812.

Karte von Europa, West-Asien und Nord-Afrika…, Berlin, 1819 (BNUS).

Europa. Entworfen und gezeichnet von Heinrich Berghaus, 1823, Berlin, 1827 (BNUS).

Carte politique hydrographique et routière de l'Europe, Leipzig, J.-C. Hinrichs, 1811 (BNUS).

Nouvelle carte itinérante comprenant toute l'Allemagne, l'Autriche, la Hongrie, la Prusse, la Pologne et le Danemark, ainsi qu'une partie de la France jusqu'à Paris et l'Italie supérieure (Neueste Post-Karte…), C.F. Klöden, 1849 (BNUS).

SANSON (N., d'Abbeville), *Cartes de l'Europe avec leurs divisions selon les traités de paix*, Paris, 1543-1691 (BNUS DC XX) et *L'Europe dédiée à Mgr Le Tellier…*, Paris, s.d., 13 cartes (BNUS DC XX).

JAQUEL (R.), «L'astronome français Joseph-Nicolas Delisle (1688-1768) (en séjour en Russie) et Christfried Kirch (1694-1740) directeur de l'Observatoire de Berlin (1716-1740)», *Actes du 97e CNSS, Nantes, 1972*, Paris, 1976 (et sur les travaux sur Lambert, projections cartographiques, du même auteur).

Voir H. REICHARD à propos de la carte de la Suisse, «où l'on a marqué les routes suivies par Mre W. Coxe dans ses 4 voyages, 1776, 1779, 1785, 1786», BNUS D 100272.

Grande-Bretagne et Irlande

«Britannicae Insulae in quibus Albion seu Britannia Major et Ivernia seu Britannia minor huxta Ptolemoei mentem divisae, tum in suas majores partes, tum in populos exhibentur, a Nicolao Sanson, Christ. Regis Geographo, revisae et ad Observationes astronomicas redactae, aecurante Robert de Vaugondy filio. Cum Privilégio Regis 1750» (dans l'angle à gauche: «Guill. Delahaye sculpsit»). Les noms sont en latin; les îles sont entourées des 4 océans, *Occidentalis, Caledonius, Germanicus, Britannicus*. Le réseau fluvial est bien dessiné. Les routes terrestres n'y figurent pas (IHMS).

DUCOS (B.), *Itinéraires et souvenirs d'Angleterre et d'Écosse. 1814-1826*, Paris, 1834, 10 cartes et plans, 8 planches de vues lithographiées.

Allemagne

KRÜGER (H.), «Des Nurnberger Meisters Erhard Etzlaub [mort en 1532], älteste Strassenkarten von Deutschland (1500-1501)», *Jahrbuch für fränkische Landesforschung*, 1958, 18, p. 1-407.

COURTALON (abbé de), *Atlas élémentaire où l'on voit sur des cartes et des tableaux relatifs à l'objet actuel de la Constitution politique de l'empire d'Allemagne*, Paris, 1774, in-4°, 20 p. de textes, 13 cartes et 24 tableaux.

Partie septentrionale du Cercle de Haute Saxe qui contient le duché de Poméranie et le marquisat de Brandebourg, par le sieur R. de VAUGONDY, fils de M. Robert, géographe ordinaire du roi, avec privilège, s.l.n.d. (IHMS).

POPPELE (E.), «Karte der alten Handelstrassen in Deutschland», *Petermanns Mitteilungen. Post-Buch für Deutschland und die Hauprouten durch Europa*, 5ᵉ éd., Frankfurt/Main, 1935.

Carte des cercles du Haut et du Bas-Rhin où se trouvent dans le premier le duché de Deux-Ponts, les évêchés de Worms et de Spire…, et dans le second, les Électorats de Mayence, de Trèves, de Cologne et la Palatinat du Rhin avec leurs enclaves, par le sieur R. de VAUGONDY, géographe ordinaire du roi, 1753, avec privilège (IHMS).

Nouvelle carte géographique des ports d'Allemagne et des provinces limitrophes, s.l.n.d., 15 cartes.

RIESBECK (baron de), *Voyages en Allemagne…*, Paris, 1788, avec une carte d'Allemagne.

Pays-Bas

Carte de la Hollande, s.l., 1808.

Nouvelle carte générale et historique de la Belgique, et d'une partie de ses plans limitrophes indiquant les routes, canaux, chemins de fer, Bruxelles, 1856 (IHMS).

Tableau statistique historique d'Amsterdam ou guide du voyageur dans cette ville, Amsterdam, nouv. éd. 1827 (avec un plan et une vue).

Turquie d'Europe

SANSON D'ABBEVILLE (N.), *Estats de l'Empire du Grand Seigneur des Turcs en Europe, en Asie et en Afrique*, Paris, 1692 (BNUS DC XX).

L'Empire ottoman en Europe, Augsbourg, 1828, rédigé d'après les plus nouvelles observations astronomiques et les meilleures cartes (BNUS).

LEVRAULT (F.-G.), *Carte générale de la Grèce ou Turquie d'Europe (partie méridionale)*, Strasbourg-Paris, 1826, lithographie (BNUS); *Carte de la Turquie d'Europe (partie septentrionale)*, Strasbourg-Paris, 1827. Ces deux cartes se complètent.

Pologne

Karte von dem königreich Polen (Grossherzogthum Polen und den angrenzenden Gebieten), Berlin, 1831 (BNUS).

Hongrie

Le Royaume de Hongrie divisé en Basse Hongrie, Transilvanie, Esclavonie et Croatie, dressé par le sieur JANVIER, géographe, à Paris, 1759 (BNUS). D'une clarté remarquable.

Italie

Itinéraire descriptif ou description routière, géographique et pittoresque de la France et de l'Italie, Paris, chez Potrey, 1817.

État des postes de l'Italie et des pays voisins, Milan, J.-P. Giegler, 1822.

PASQUIN VALÉRY (A.-C.), *Voyages historiques, littéraires et artistiques en Italie, guide raisonné et complet du voyageur et de l'artiste*, Paris, Baudry, 1838, 2ᵉ éd., 1 carte routière.

Relevons en terminant un aboutissement de cet effort cartographique: *Carte des routes de l'Empire français indiquant toutes les voies de communication*, dressée par ordre de M. É. Vandal, directeur général des postes, par L. SAGANSAN, géographe de S.M. l'Empereur. (VAILLÉ (E.), *op. cit.*, p. 87). Vandal avait été nommé le 25 mai 1861.

IV. Guides et descriptions

Avec les relevés commerciaux et le goût des voyages – les fameux «tours de France, d'Italie, d'Europe» – se développe la publication de guides, les uns originaux, les autres recopiés des précédents, suivis parfois de descriptions ou de témoignages divers, repris de nos jours par les itinéraires culturels du Conseil de l'Europe. (ex.: «Itinéraires baroques: le tracé du Conseil de l'Europe», *DNA*, 04-09-1989). Le recensement a été fait par G. CHABAUD (et *alii*), *Les Guides imprimés du XVIᵉ au XIXᵉ siècle. Villes, paysages, voyages*, Paris, Belin, 2000. Le point de départ demeure:

BALDUCCI PEGOLOTTI (F.), «*Pratica della mercatura*» (1340), dans SZABO (T.), *op. cit.*, p. 137.

Itinéraire brugeois (routes allant de Bruges à l'espace hanséatique, en France et en Italie), XVᵉ siècle (LA COSTE-MESSELIÈRE (R. de), *Une route de poste. La route d'Espagne, op. cit.*, p. 79-82). GAIL (J.), *Manuel routier*, s.l., 1563: présente les principales routes commerciales européennes – y compris en Italie – dans une perspective nurembergeoise (*idem*).

ESTIENNE (C.), *La Grand Guide des chemins pour aller et venir par tout le royaume de France*, 1ʳᵉ éd. 1552, Paris, J. Bonnerot, 1936; rééd. Genève, 1978, 2 vol. in-8°. Énumération des villes traversées avec les distances en lieues, indication des carrefours et des lieux gastronomiques, commentaire critique sur les routes et fleuves de France et trois cartes: J. BOISSEAU, 1645; M. TAVERNIER, 1632; N. SANSON, 1634.

TURQUET DE MAYERNE (T.), *Sommaire description de la France, Allemagne, Italie, Espagne, avec la suite des chemins pour y aller et venir* (13 éditions de 1591 à 1653).

Se développent, outre Merian, rédigés en latin par des étrangers, des textes «littéraires»:

ZINZERLING (J.), dit «Jodocus Sincerus», *Itinerarium Galliae… tota Gallia, Anglia et Belgium* (Strasbourg, 1617).

GÖLLNITZ (A.), *Ulysses belgico-gallicus, fidi tibi dux et Achates* (Leyde, 1631).

ZEILER (M.), *Itinerarium Germania et vicinorum regnorum* (Strasbourg, 1632).

REICHARD (H.-A.-O.), *Guide des voyageurs en Europe* (Weimar, 1793).

Reichard's Passagier auf der Reise in Deutshland, der Schweiz, nach Venedig, Amsterdam, Paris und Saint-Pétersbourg. Ein Reisehandbuch für Jedermann (8ᵉ éd., Berlin, 1834, BNUS D 100275).

Les guides en français ont pris le relais, en suivant leurs devanciers:

MARTIN (D.), «Du voyage de France», *Les Colloques français et allemands (1621)*, présenté par Jacques Hatt, PU Strasbourg, 1929, p. 22 ss.

VARENNES (Claude de), *Le Voyage en France, dressé pour l'instruction et commodité tant des Français que des estrangers*, Paris, O. de Varennes, 1639 (reprend et remanie l'itinéraire de Zinzerling).

COULON (L.), *Ulysse françois ou le Voyage de France, de Flandre et de Savoie*, Paris, G. Clouzier, 1643 et, en version réduite, *Le Fidèle Conducteur pour les voyages de France, d'Angleterre, d'Allemagne et d'Espagne*, Troyes/Paris, N. Oudot/G. Clouzier, 1654 (suit Göllnitz).

SAVINIEN D'ALQUIÉ (F.), *Les Délices de la France avec une description des Provinces. 1670-1728*, Amsterdam, P. Mortier, 1699 (2 vol.), en 1728 (3 vol.), *Le Guide des voyageurs ou description des routes les plus fréquentées*, 60 p.

SAINT-MAURICE (A. de), *Guide fidèle des Estrangers dans le voyage de France*, Loyson, 1672. L'auteur, professeur de langues, écrit pour ses élèves allemands et anglais. Il étudie les routes vers Paris et les circuits autour des grandes villes.

VERDIER (du), *Le Voyage de France dressé pour la commodité des Français et des étrangers*, édit. diverses 1655 à 1682, puis 1682 à 1687.

Textes et bibliographie dans LOUGH (J.), *France Observed in the seventeenth Century by British Travellers* (XVIIᵉ siècle avec carte), Oriel Press, Stocksfield, Londres, 1985.

Au XVIIIᵉ siècle, EXPILLY (abbé d'), *Le Géographe manuel, contenant la description de tous les pays du monde, leurs qualités, leur climat, le caractère de leurs habitants, leurs villes capitales avec leurs distances de Paris, leurs changes et monnoies, etc…*, Paris, 1761, in-18, 422 p. et 5 cartes dépliantes dont une mappemonde et une représentation de l'Europe.

PIGANIOL DE LA FORCE, *Nouveau Voyage en France, avec un itinéraire et des cartes faites exprès, qui marquent exactement les routes qu'il faut suivre pour voyager dans toutes les Provinces de ce Royaume*, 1ʳᵉ éd. 1724, 2ᵉ éd. 1755, 1780…, 2 vol.,   (IHMS). «Ouvrage également utile aux français et aux étrangers.» «L'on scait par l'Itinéraire d'Antonin de quelle utilité deviennent les Itinéraires [...] les routes décrites commencent à Paris et conduisent aux frontières[...] pour suivre l'exemple de Justus Zinzerlingius qui nous a donné un voyage en France sous le nom de Jodocus Sincérus.»

SAUGRAIN (C.-M.), *Nouveau voyage de France, géographique, historique et curieux, disposé par différentes routes, à l'usage des Étrangers et des Français*, dernière édition à Paris, chez Saugrain Père, 1750, in-12, 444 p., 5 ff. («une grande carte dépliante et dix planches gravées hors-texte dépliantes représentent des villes de France ou certaines de leurs curiosités»). Contenant une exacte explication de tout ce qu'il y a de singulier et de rare à voir dans ce royaume. Avec les adresses pour trouver facilement les routes, les voitures et autres utilités nécessaires aux voyageurs.

Livre des postes de l'Europe, s.l., 1788, in-8°, 182 et 12 p., chez les principaux libraires d'Europe (ministère des PTT, PA 447). «Contenant des détails particuliers sur celles d'Allemagne, Pologne et Russie, avec les principales routes d'Europe, exceptées celles de France. On y a joint la manière de voyager, le prix des postes, le tarif des monnaies, et tout ce qui est voyageur pour pouvoir se guider lui-même, le tout rédigé d'après les nouveaux règlements parus en mai 1788.»

Notons pour la Russie qui prend rang à partir du XVIᵉ siècle:

HERBERSTEIN (S. von), *La Moscovie du XVIᵉ siècle vue par un ambassadeur occidental* (éd. R. Delort, Paris, Calmann-Lévy, 1965) et *Correspondance politique* (AE).

GEORGEL (abbé), *Voyage à Saint-Pétersbourg*, Paris, 1820, t. VI. («J'ai fait à 70 ans un voyage de 1600 lieues...», avec une «Notice sur la route de poste»).

GMELIN (G.-G.), *Voyages en Sibérie*, traduction libre de l'original allemand par M. de Keralio, Paris, 1767.

HENNIN (V. de), *Description des usines de l'Oural et de Sibérie en 1735*, Moscou, 1937.

LARAN (M.) et SAUSSAY (J.), *La Russie ancienne. IXᵉ-XVIIᵉ siècles*, Paris, 1975, textes («témoignages des étrangers», p. 328-330).

LEPEKHINE (I.-I.), «Notes de voyages de l'académicien Lépékhine», *Recueil complet des voyages scientifiques en Russie*, édité par l'Académie impériale des sciences, Saint-Pétersbourg, 1821-1822, t. III et IV.

PALLAS (P.-S.), *Voyages de M.P.S. Pallas, en différentes provinces de l'empire de Russie et de l'Asie septentrionale*, traduit de l'allemand par M. Gauthier de la Peyronnie, Paris, 1788-1793.

Pour la Pologne:

VAUTRIN (H.), *La Pologne du XVIIIᵉ siècle vue par un précepteur français, Hubert Vautrin*, éd. M. Cholewo-Flandrin, Paris, Calmann-Lévy, 1966 (BNUS D 502761, 5).

FABRE (J.), *Stanislas-Auguste Poniatowski et l'Europe des Lumières*, Paris, 1952, rééd. PU Strasbourg, 1984.

FISZER (S.), *L'Image de la Pologne et des Polonais dans l'œuvre de Voltaire*, Oxford, Voltaire Foundation, 2001.

Pour la Suède et les États scandinaves:

Références dans NORDMANN (C.), *Grandeur et liberté de la Suède (1660-1792)*, PU Sorbonne, 1971.

AMPÈRE (J.-J.), *Littératures et voyages. Allemagne et Scandinavie*, Paris, Paulin, 1833.

COXE (W.), *Voyage en Pologne, Russie, Suède, Danemark*, traduction et notes par Mallet, Genève, 1786, t. II, in-4° (cartes et plans).

MALTHUS (T.-R.), *The Travel diaries of T.-R. Malthus*, éd. P. James, Cambridge University Press, 1966.

REGNARD (J.-F.), «Voyages de Laponie», *Voyages de Suède*, 1ʳᵉ éd., 1731.

SCHEFFER, *Histoire de la Laponie*, trad. du latin par le P.A. Lubin, géographe du roi, Paris, 1678, in-4°.

MARCHAND (J.), *La Mission extraordinaire du marquis de Torcy en Danemark-Norvège et son voyage en Suède d'après la correspondance diplomatique, 1865*, Paris, 1951.

V. Voitures et attelages

L'enquête est multiple et diverse. Voir JOBÉ (J.), *Au temps des coches. Histoire illustrée du voyage en voiture attelée du XVᵉ au XXᵉ siècle* (Lausanne, 1976, p. 206-207, avec coupes de voitures). TARR (L.), *Chars, charrettes et charrois. La voiture à travers les âges* (Paris/Budapest, 1968/1979, avec bibliographie). *Au temps des turgotines. La poste et les messageries il y a 200 ans* (exposition du musée d'Histoire des PTT, Riquewihr, 1975). Étude en Champagne de ARBELLOT (G.), *La Communication dans l'histoire* (Tricentenaire de Colbert, Reims, Académie nationale de Reims, 1985, p. 117-137). Une grille a pu être établie à travers les voyages pour «structurer ces moyens» selon les lieux, les possibilités financières, les nationalités, les motivations…

VI. Les récits de voyages ou «missions» (type: CR des ambassadeurs du XVIIIᵉ siècle)

À la base, les «sommes» telles que F. NOUZILLE les dénombre pour *L'Espace danubien* (DEA, Starsbourg, UMB, 1983) comme point de départ (indications BNUS). Un choix s'impose.

HAKLUYT (R.), *The Principal Navigations, Voyages, Trafiques and Discoveries of the English Nation*, Londres, 1811; nouv. éd. Edimbourg 1884-1890, 16 vol. (l'histoire maritime y est privilégiée). Noter JENKINSON (A.) et *alii*, *Early Voyages and Travels to Russia and Persia, 1598*, Hakl. Soc., 1887, rééd. New-York, Burt Franklin Publishers, 2 vol. L'ensemble qui suit solliciterait une analyse critique avec grille analytique (étude du vocabulaire, des images, de la reconstruction par le souvenir, les relations extérieures…).

AMAT DI SAN FILIPPO (P.), *Biografia del viaggiatori italiani con la bibliografia delle lor opere*, Rome, 1882-1884.

BOUCHER DE LA RICHARDERIE (G.), *Bibliothèque universelle des voyages…*, Strasbourg, 1808, 6 vol. (BNUS D 219488).

CHALES DE BEAULIEU (A.), *Deutsche Reisende in den Niederlanden. Das Bild eines Nachbarn zwischen 1648 und 1795*, Bern, Peter Lang, 2000.

BUBSEK (baron de, ambassadeur de Ferdinand Ier près de Soliman II), *Lettres*, Paris, 1946, 4 vol.

DERBY (H., baron de), *Expeditions to Prussia and the Holy Land…*, Londres, 1894.

Histoire générale des voyages…, Paris, Didot, 1749-1770, 76 vol.

DUMONT, *Voyages en France, en Italie, en Allemagne, à Malthe et en Turquie*, La Haye, 1699, 4 vol. (BNUS 101415).

GURY (J.), *Les Voyages Outre-Manche. Anthologie des voyageurs français de Voltaire à Marc Orlan du XVIIIe au XXe siècle*, Paris, Laffont, 1999.

AUBAIS (marquis d'), «Itinéraires des rois de France», *Les Pièces fugitives pour servir à l'histoire de France*, Paris, 1759; *Un tour de France royal (le voyage de Charles IX, 1564-1566)*, présenté par J. Boutier, A. Dewerpe et D. Nordmann, Paris, Aubier, 1984.

LEBRUN (F.), «Rapport de synthèse sur les voyageurs suisses et allemands», *Actes du colloque de Marseille, 1979*, Paris, 1980.

PARAVICINI (W.), *Europäische Reiseberichte des späten Mittelalters. Teil 3: Niederländische Reiseberichte*, Francfort-sur-le-Main, Peter Lang, 2000, en 3 parties.

PARKS (G.-B.), *The English Traveller to Italy*, Rome, 1954.

PELUS (J.-P.), «La Russie vue d'Europe occidentale au XVIe siècle», *op. cit.* (nombreux textes).

PERDIGUIER (A.), *Mémoires d'un compagnon*, Paris, La Découverte, 2002. L'auteur accomplit son tour de France de 1824 à 1829. Voir également le musée du Compagnonnage à Tours).

PRÉVOST (abbé A.-F.), *Histoire générale des voyages…*, Paris, 1745-1789, 18 vol. (BNUS D 10234).

SCHEFER (C.), *Recueil de voyages et de documents…*, Paris, 1888-1892, t. XII, (Bertrandon de la Broquière, 1432; Ludovic de Varthema, 1510…). Et H. CORDIER, Paris, 1932.

Récits et commentaires

ATKINSON (G.), *Les Relations de voyage du XVIIIe siècle et l'évolution des idées*, Paris, 1924. AYMARD (T.), *Voyages au temps jadis en France, en Angleterre, en Allemagne, en Suisse, en Italie, en Sicile, en poste, en diligence, en voiturin, en traîneau, en espéronade, à cheval et en patache de 1787 à 1844*, Lyon, 1888.

BENNASSAR (B. et L.), *Le Voyage en Espagne. Anthologie des voyageurs français et francophones du XVIe au XIXe siècle*, coll. «Bouquins», Paris, Laffont, 1998 (avec préface, notices biographiques des voyageurs, chronologie et index).

BATES (E.-S.), *Touring in 1600. A Study in the development of Travel as a Means of Education*, New York, Burt Franklin, 1911.

BILLACOIS (F.), *L'Empire du Grand Turc vu par un sujet de Louis XIV. Jean Thévenot*, Paris, Calmann-Lévy, 1965.

BRACKENHOFFER (E.), *Voyage en France, 1643-1644*, traduction de H. Lehr, introduction de J. Hatt, Paris, Berger-Levrault, 1925, avec une carte-itinéraire. Commente Descombes, *AMURE*; corrige GOELNITZ, MERIAN (*Topographia Galliae*) et l' *Ulysse français* de COULON (1643).

CANDAUX (J.-D.), *Répertoire chronologique des relations de voyage intéressant Genève 1550-1800*, Genève, 1975.

CHAPPE D'HAUTEROCHE (J.), *Voyage en Sibérie*, Oxford, Voltaire Foundation, 2001. Édition critique par M. Mervaud du récit de voyage en Russie de l'abbé Chappe d'Hauteroche, astronome et académicien (sévère à l'égard des Russes, ce qui provoque une riposte de Catherine II).

COXE (W.), *Travels in Switzerland and in the country of the Grisons: in a series of letters to William Melmothesq*, London, T. Cadell, 1802, 6 gravures, vues de lacs, et carte dépliante (Bibliothèque des voyages 2/426).

HAMY (E.-T.), *Recueil de voyages et de documents pour servir à l'histoire de la géographie (XIIIe-XVIe siècle)*, Paris, 1908 (donne de G. le Bouvier, héraut du roi Charles VII, le *Livre de la description des pays*).

JECHOVA (H.) et VOISINE (J.), «Les voyageurs devant l'événement révolutionnaire», *Cahiers d'histoire littéraire comparée*, s.l., 1980-1981, n° 5-6 (et récit de l'abbé Goguel, *op. cit.*).

KARAMZINE, *Voyage en France 1789-1790*, traduction d'A. Legrelle, Paris, Hachette, 1885.

KENNETH (I.-T.), *Nicolas Desmarest and Italian Geology (1765)*, Université d'Oklahoma, 2000.

LAROCHE (M.-S.) et GUTERMAN (B.), *Journal einer Reise durch Frankreich*, Altenburg, 1787.

MERVEILLEUX (D.-F. de), *Mémoires instructifs pour le voyageur dans les divers États de l'Europe...*, Amsterdam, 1738, 2 t. (voir *infra*, texte sur l'Espagne).

REICHARD (H.-A.-O.), *Guide des voyageurs en Europe*, Weimar, 1793 (BNUS D 100272).

RISBECK (baron de), *Voyages en Allemagne...*, Paris, 1788, 3 vol. (BNUS 139704).

ROSSER (F.) et TRIAIRE (D.), *De Varsovie à Saragosse. Jean Potocki et son œuvre*, «La République des Lettres», Louvain, Peeters, 2000. J.-P. (1761-1815), aristocrate et historien polonais, est également l'auteur d'une *Histoire primitive des peuples de la Russie*, Saint-Pétersbourg, imprimerie de l'Académie impériale des sciences, 1802.

SAND (G.), *Le Compagnon du tour de France*, Paris, rééd. Montaigne, 1928.

SAMIC (M.), *Les Voyageurs français en Bosnie…*, Paris, Didier, 1960.

SAUSSURE (H.-B. de), *Voyages dans les Alpes*, Neuchâtel, 1779-1796, 4 vol. et 1780-1796, 8 vol. (ascension du Mont-Blanc, 1787, avec le guide de Chamonix J. Balmat).

SCHUDT (L.), *Italienreisen im 17. und 18. Jahrht*, Vienne, Schroll, 1959.

STRIEN-CHARDONNEAU (M. van), *Le Voyage de Hollande. Récits des voyageurs français dans les Provinces-Unies, 1748-1795*, Oxford, Voltaire Foundation, 1994.

STORCH (H.), *Croquis, scènes et remarques sur un voyage à travers la France*, Heidelberg, 1787.

Pour l'Angleterre

BURKE (T.), *Travel in England*, London, Batsford, 1940.

BARCLAY DE TOLLY, *L'Angleterre, l'Irlande et l'Écosse. Souvenirs d'un voyageur solitaire ou méditations sur le caractère national des Anglais*, Leipzig-Paris, 1853, t. II.

GENÊT (J.-P.), «L'Angleterre et la découverte de l'Europe…», *op. cit.* (nombreuses citations).

GERBOD (P.), *Voyages au pays des mangeurs de grenouilles. La France vue par les Britanniques du XVIIIe siècle à nos jours*, Paris, Albin Michel, 1991 (très complet).

Voir également *Une France anglaise (1831-1870)*, p. 108-129 et les textes réunis par J. Gury, 1999, cités plus haut.

BAERT (baron A.-B.-F. de P. de), *Tableau de la Grande Bretagne, de l'Irlande et des possessions angloises dans les quatre parties du monde*, Paris, Maradam, 2e éd., 1802, 4 vol., in-8° (avec 8 tableaux dépliants dont l'un sur les prisons de Londres et différentes cartes).

DELEDALLE-RHODES (J.), *L'Orient représenté. Charles Montagu Doughty et les voyageurs anglais du XIXe siècle* (avec deux cartes d'itinéraires), Bruxelle, PIE-Peter Lang, 2000.

GRIEDER (J.), *Anglomania in France, 1740-1789. Fact, Fiction, and Political Discourse*, Genève, Droz, 1985. HARRISON (W.), *Description of Britain*, s.l., 1586.

HUBAULT (G.), *Michel de Castelnau, ambassadeur en Angleterre (1575-1585)*, 1585, réimpr. Genève, 1970 (témoignage sur les mœurs et les usages britanniques).

JONES (E.), *Les Voyageurs français en Angleterre de 1815 à 1830*, Paris, 1930, 8 pl.

LELAND (J.), *Itinerary in England and Wales, c. 1535-1543*, Smith Centaur Press, 1962.

OGILBY (J.), *Britannia*, Londres, chez l'auteur, 1675.

FAUJAS SAINT-FOND (R.), *Voyage en Angleterre, en Écosse, et aux îles Hébrides*, Paris, 1797, 2 vol. POUSSOU (J.-P.), *Études sur les villes en Europe occidentale, op. cit.*, t. II, p. 11. MEISTER (H.), *Mes voyages en Angleterre*, s.l., 1795. STYKELEY (W.), *Itinerarium Curiosum*, s.l., 1776, 2 éd.

Sur le continent, les grands voyageurs

Montaigne (en Italie, par la Suisse et l'Allemagne, Paris, 1932; Mulhouse-Bâle, 1995); J. et J. du Bellay («Itinéraires et aventures de Jean et Joachim du Bellay dans leur voyage italien» par V.-L. SAULNIER, *Connaissance de l'étranger. Mélanges Jean-Marie Carré*, coll. «Études de littérature étrangère et comparée», Paris, Didier, 1964, p. 465-484); les frères Platter (LE ROY LADURIE (E.), *Le Siècle des Platter. 1499-1628*, Paris, 1995 et 2000, 2 t.); le duc de Rohan (*Voyage du duc de Rohan faict en l'an 1600 en Italie, Allemaigne, Pays-Bas unis, Angleterre et Écosse*, Amsterdam, L. Elzevier, 1646); D. Defoe (Angleterre, pays de Galles et Irlande, Dent, 1962); Smolett (France et Italie. Londres, 1766); Montesquieu (Vienne, le Tyrol, la Bavière et Wurtemberg. Paris, Delamain et Boutelleau, 1943. GUYON (E.-F.), «Le tour d'Europe de Montesquieu, 1728-1729», *RHD*, 1978, 3/4, p. 241-261); pour l'espace danubien, R. TOWNSON, *Voyage en Hongrie précédé d'une description de la ville de Vienne, et des Jardins Impériaux de Schoenbrun*, Londres, 1797, 3 volumes in-8; le président C. de BROSSES (*Lettres familières écrites d'Italie… en 1739-1740*, Paris, Didier, 1858, 2 t. Réédité par Y. Bézard, Paris, Firmin-Didot, 1931); DIDEROT (*Mémoires pour Catherine II*, Paris, 1966); A. YOUNG, *A tour in Ireland* (éd. Constantia Maxwell, Cambridge, 1925, dans le Nord de l'Angleterre, en Italie et en Espagne – traduction Lesage, 1860; en France, traduction H. Sée, 1931, rééd. Colin, 1976, 3 t.); STENDHAL, dans le Midi de la France (*Mémoire d'un touriste*, Paris, 1838), en Italie, à Bordeaux; BAUTAIN, *Journal Romain (1838)* (édité par P. Poupard, Rome, 1964); V. HUGO (*Le Rhin. Lettres à un ami*) et L. STERNE (*Le Voyage sentimental en France* (1784-2001, ill. T. Johannot et C. Jacque)…

Les journaux de voyage (*Travel's Diary*) sont très utiles, tels ceux de L. GÉDOYN «le Turc», consul de France à Alep (1623-1625) (éd. par A. Boppe, Paris, 1909); de T. CAMPBELL (1775); de S. de LA ROCHE (*In London*, s.l., 1786); du docteur E. RIGBY (*Voyage d'un Anglais en France en 1789*, trad. Caillet, Paris, 1910); de R. THORESBY (1830). S'y ajoutent les correspondances, dont celles de DICKENS (Paris, 1927), de BYRON (6 volumes de l'édition de Lord Ernle (1898-1901) et 2 volumes complémentaires publiés par Murray, 1922); d'A. MAUROIS (*Don Juan ou la vie de Byron*, Paris, 1952: sur les voyages en Albanie, en Grèce et la traversée de l'Hellespont à la nage, 3 mai 1810). Celle de MOZART (7 vol., Bärenreiter, traduction française de G. Geffrey, 6 vol., coll. «Harmoniques», Flammarion, 1986-1991), ou celle de *Goethe et l'Europe*, exposition Strasbourg-Saverne (1999, palais des Rohan) et *Voyages en Suisse et en Italie* (traduction de J. Porchat, 1862). Les Anglais viennent parfois en France pour se marier: «*Illustr. Dom. Tomas WALPOLE, secundus filius defundti P. Illustris Dom WALPOLE, pair d'Angleterre, et viduus praenobilis D.D. Elisabeth Wanneck de Pari...*» (AMS, paroisse Saint-Louis, M 38/282, 28-10-1787). Ne pas négliger les *Lettres du baron de Bubsek* (Paris, rééd. 1946, 4 vol.), les *Lettres de milady Marie Worthley Montague, écrites pendant ses voyages en Europe, en Asie et en Afrique... les anecdotes sur le gouvernement des Turcs* (Rotterdam, 1764, trad. de l'anglais, repris par G. Livet, TURCICA, 1991). THORESBY (R.), *Diary*, 1830.

Voir enfin, outre BOUCHER DE LA RICHARDERIE (1808, 6 vol. BNUS D 219488), LA HARPE (J.-F.), *Abrégé de l'histoire générale des voyages, contenant ce qu'il y a de plus remarquable, de plus utile... dans les pays où les voyageurs ont pénétré...* (Paris, 1816, 24 vol., in-8°. BNUS 101608), PARKES (J.), *Travel in England in the Seventeenth Century* (Londres, Oxford University Press, 1925) et *Actes du colloque des Historiens modernistes, Paris, 2001* (PU Sorbonne, 2002). Sont à retenir les CR des ambassadeurs, tels de SANCY, *Voyage fait par terre depuis Raguse jusqu'à Constantinople l'an 1611* (AE, CP, 1611-1619), ou le marquis de Nointel (1670-1680) par A. VANDAL (Paris, 1900), de Villeneuve (1728-1741) (Paris, 1887), et les relations des différentes correspondances politiques des Affaires étrangères (*Relation de Moscovie*, 1731, avec ill.).

Le voyage est en même temps une pédagogie. *Cf.* TROTTI DE LA CHÉTARDIE, *Instruction pour un jeune seigneur ou l'idée du galant homme* (Paris, 1683).

VII. Les instruments de travail

D'abord les dictionnaires actuels (Bluche, L. Bély, A. Corvisier, F. Bayard, J. Félix, P. Hamon, J. Tulard, de la Suisse, de l'Allemagne), les répertoires de sources (XVIIᵉ siècle), Bourgeois et André, la *Bibliographie critique par thèmes et périodes* de NOGARET (pour la France, Paris, MP), les mémoires (en français) des académies des Sciences (Paris, Turin, Saint-Pétersbourg et Berlin), les publications de l'École des ponts et chaussées (*Formation continue*, 2002. *Routes*, p. 40-43 et *Catalogue*, 2001), de la chaire d'histoire des postes et communications de l'École pratique des hautes études (4ᵉ section).

DAHLMANN-WAITZ, *Quellen zur deutschen Geschichte. Bibliographie der Quellen und Literatur zur deutschen Geschichte*, Stuttgart, 1992.

Handbuch für Wirtschaftsarchiv. Theorie und Praxis, hrsg v. Evelyn Kroker, München, Oldenbourg, 1998.

Deutsches Städtebuch, Handbuch Städtischer Geschichte, sous la direction de E. KEYSER et H. STOOB, Stuttgart/Berlin, 1939/1974, 5 vol.

HENNING (F.-W.), *Handbuch der Wirtschafts- und Sozialgeschichte Deutschlands*, Paderborn, 1991.

HOOCK (J.) et JEANNIN (P.), *Ars Mercatoria. Eine analytische Bibliographie, 1600-1700*, Paderborn, 1993.

KALTENSTADLER (W.), «International Bibliography for the History of pre-industrial commerce and traffic», *SM*, 1975, 2, p. 96-103.

Les dictionnaires

EXPILLY (abbé d'), *Dictionnaire historique, géographique et politique des Gaules et de la France*, Paris, 1762.

SAVARY DES BRUSLONS (J.), *Dictionnaire universel du commerce*, Paris, 1742-1750, 4 vol.; nouv. édit. Copenhague, 1765.

GUYOT (E.), *Dictionnaire géographique universel des postes et du commerce*, Paris, 1787, 2 vol.

Encyclopédie, art. «Chemin» (t. III, Neuchâtel, 1753, p. 275-280); art. «Route» (t. IV, 1765, p. 410).

GEBHARDT (B.), *Handbuch der deutschen Geschichte. I. Mittelalter; II: Neuzeit*, 10ᵉ éd. Stuttgart, 1981 (dans MARIOTTE (J.-Y.), *Les Sources manuscrites de l'histoire de Strasbourg*, t. I «Des origines à 1790», Strasbourg, 2000).

PEUCHET (J.), *Dictionnaire universel de la géographie commerçante*, Paris, 1799-1800, 5 vol.

GILLE (B.), *Les Sources statistiques de l'histoire de France. Des enquêtes du XVIIIᵉ siècle à 1870*, Genève et Paris, 1964, rééd. 1980.

PERROT (J.-C.), *L'Âge d'or de la statistique régionale française. An IV-1804*, Paris, Société des études robespierristes, 1977.

Les atlas (anciens et modernes)

Indispensables et d'un maniement délicat du fait des difficultés linguistiques (changement de noms selon les données internationales et les régimes politiques). Ex: Varsovie (Warszava, Warschau), Lwow (Lemberg), Brno (Brunn), Vistule (Wisla, Weichsel), Danube (Donau), Cracovie (Krakov). Nous donnons le nom français ou deux noms dans le texte au moment du premier emploi. Le plus sûr demeure l'*Atlas classique* de VIDAL DE LA BLACHE, Colin (nouv. éd., s.d.) et *Atlas général d'histoire et de géographie*, Paris, 1910.

Atlas historique de la France contemporaine. 1800-1965, Paris, Colin U, 1966.

TRUDAINE et PERRONET, *Atlas des routes*, AN (France), s.d. Comporte les plans de construction des grandes routes de 22 généralités, dressés de 1740 à 1780.

SELLIER (A.) et SELLER (J.), *Atlas des peuples d'Europe centrale*, cartes Anne Le Fur, La Découverte, 1991-1993.

CHIQUET (J.), *Le nouveau et curieux atlas géographique et historique ou le divertissement des empereurs, roys et princes, tant dans la guerre que dans la paix*, Paris, s.d.

DELISLE (G.), *Atlas historique et politique*, Paris, 1700-1769.

DUBY (G.), *Atlas historique*, Paris, 1978.

FER (N. de), *L'Atlas curieux ou le monde représenté par des cartes du ciel et de la terre, divisé tant en ses 4 principales parties que par États et provinces...*, Paris, 1745-1759.

Historical Atlas of East Central Europe, P.-R. Magocsi, s.d., vol. I., p. 28-90.

KOVALEVSKY (P.), *Atlas historique et culturel de la Russie et du monde slave*, Paris, 1961.

KURTS (F.-B.), *Karte vom preuss. Staat mit betrachlichen Teilen der angrenzenden Länder*, 3ᵉ éd., Berlin, 1834.

Atlas historique de la Révolution française, 1789, sous la direction de G. Arbelot et B. Lepetit, Paris, 1987, t. I («Routes et communications»).

Oxford Economic Atlas of the World, Londres, 1972.

«Atlas des Pays-Bas méridionaux», dans LOTTIN (A.) et SOLY (H.), *Aspects de l'histoire des villes...*, *op. cit.*, t. II, p. 300.

Atlas russicus. Atlas russien contenant une carte générale et 19 cartes particulières de tout l'Empire de Russie et des pays limitrophes, Petropoli, 1745.

WEILAND, *Karten von Deutschland, Sachsen, Thuringen u.s. w.*, s.l., 1825.

«Die Strassen von Francfurt nach Leipzig» (croquis) et «Strassenpläne des preussisch-bayerischen Handelsvertrage...», *VSWG*, 1931, cahier 21, p. 91 et 93.

TOUZERY (M.), *Atlas de la généralité de Paris au XVIIIᵉ siècle, un paysage retrouvé*, Paris, CHEFF, 1994 (comporte statistique, géographie, cartographie...).

Les annuaires

Multiples et divers. Textes en rapport avec les différents pays, les régimes et les progrès de la statistique après 1800 (HAU (M.), *op. cit.* et *Germany* II, *op. cit*, 1996).

Statistique générale de la France. Territoire et population, Paris, 1837 et 1852.

Annuaires administratifs des départements (*Cf.* GIRAULT DE SAINT-FARGEAU, *Dictionnaire géographique, historique de toutes les communes de France*, Paris, Firmin Didot, 1844-1846. LEGOYT (A.), *La France statistique*, Paris, 1843).

CHEVALIER (M.), «Statistique des Travaux publics sous la monarchie de Juillet», *Journal des économistes*, Paris, 1948, t. XXI.

FÉLIX (J.), *Économie et finances sous l'Ancien Régime. Guide du chercheur*, sous la direction de M. Antoine, Paris, CHEFF, 1994.

Les instruments de mesure et les monnaies

Leur énumération chiffrée complète les guides ou les livres de voyages (Dutens…).

Bonnel (Y.), «Les stèles géodésiques de Sausheim et d'Oberhergheim (Haut-Rhin)», *Bulletin du musée d'Histoire de Mulhouse*, 1986, 2 (sur la triangulation et la tentative de la carte Suisse, 1803).

Bourguet (M.-N.), *Déchiffrer la France, la statistique départementale à l'époque napoléonienne*, Paris, 1988.

Daumas (M.), *Les Instruments scientifiques aux XVIIe-XVIIIe siècles*, Paris, 1953.

Georgel (abbé), «Valeur des monnoies», *Voyage à Saint-Pétersbourg, op. cit*, 6, 32.

Kleemann (N.-E.), *Voyage de Vienne à Belgrade et à Kilianova*, Neuchâtel, 1780 («Poids, mesures et monnaies de Turquie et de Tartarie», p. 242-245, dans Nouzille (F.), *op. cit*.).

Lesourd (J.-A.) et Gérard (C.), «Mines de la Loire. Exportation par le fleuve vers Paris au XVIIIe siècle», *Histoire économique, op. cit.*, 1, 180 (graphiques, d'après P. Léon et Gras).

Machabey (A.), «Les techniques de mesure», *Histoire générale des techniques, op. cit.*, t. I, p. 311-348.

Sydenham (P.-H.), *Measuring instruments: tools of knowledge and control*, IEE History of Technology Séries I, 1979.

Wolf (A.), *A History of Science, Technology and Philosophy in the XVIth and XVIIth Centuries*, Londres, Allen & Unwin, 1935, 2 éd., 1950 (p. 372-393: «Geography»; p. 505-542: «Mechanical Engineering»; p. 545-563: «Technologie»).

Sur les dénivellations des surfaces routières, *cf.* Lepetit (B.), *op. cit*, p. 97-100. L'enquête pourrait être menée au niveau international (tentative des anglo-saxons, *idem*, p. 84, note 21). Sur l'utilisation des travaux de «géographie mathématique dans les procédures d'évaluation des performances des réseaux», voir Stathopoulos (N.), *La Performance territoriale des réseaux de transport*, Paris, Presses de l'École nationale des ponts et chaussées, 1997 (modélisation territoriale à l'aide de la méthode des graphes). Une conclusion à retenir: «Toute procédure d'évaluation ne peut-être que partielle, voire partiale.»

VIII. Musées, expositions, iconographie

Il existe dans différents pays des musées spécialisés dans les problèmes de transport. Citons dans une liste non exhaustive (non compris quelques musées philatéliques…):

– le Musée postal de Paris (très complet et très utile);

– le musée des Techniques (à Munich ou Musée allemand, Deutsches Museum) avec dioramas, tableaux synoptiques, reconstitution de machines. Le château de Nymphenburg, près de Munich, recèle les carrosses et traîneaux de cérémonies de l'empereur Charles VII, des électeurs et rois de Bavière (Louis II) à la fin du XVIIIᵉ siècle et au XIXᵉ siècle (musée des Carrosses, Marstallmuseum);

– le musée de Nuremberg et musée des Voitures (Versailles), et équipages (château de Vaux);

– le Musée national de la voiture (Compiègne);

– le musée du Conservatoire national des arts et métiers (Paris);

– le musée des Travaux publics (LEMOINE (B.) et LESQUI (J.), *Un musée retrouvé: le musée des Travaux publics (1939-1955)*, préface de J. Millier, Paris, ministère de l'Équipement, 1991 (doté de très grandes maquettes);

– les musées équestres de Chantilly et de Versailles;

– le musée d'Histoire des PTT d'Alsace (Museum of Alsatian Postal History) Riquewihr (68) et la revue *Diligence* (publications de P. CHARBON et *alii*). Présentation, d'après une maquette originale, d'une turgotine, type de voiture construite sur l'ordre de Turgot (l'arrêt du Conseil d'État du roi du 7 août 1775, érigeait les messageries en véritable service public);

– le musée industriel de Coalbrookdale (Ironbridge Gorge Museum Trust, ouvert en 1968). *Cf.* l'article de C. DARS, dans *L'Histoire*, n° 15, septembre 1979;

– le musée du Chemin de fer (Mulhouse (68), rénové);

– le Bundespostmuseum de Francfort (estampes du XVIIIᵉ siècle représentant des facteurs et messagers en service aux bureaux de ramassage et de distribution à domicile). L'un d'eux porte une lance propre à ceux qui distribuaient le courrier hors la ville;

– le musée de Vienne (Autriche), manège espagnol (Spanische Reitschule): le manège, fondé au début du XVIIIᵉ siècle par Charles VI, père de Marie-Thérèse, consacré à la gloire du cheval et du cavalier, est l'œuvre de J. Fischer von Erlach. Au château de Schönbrunn, la salle des voitures (Wagenburg) montre une collection de carrosses d'apparat des XVIIᵉ-XIXᵉ siècles (voitures de Marie-Louise, de Napoléon, de l'Aiglon, de l'empereur Charles VI. Ce dernier carrosse construit à Madrid est décoré, orné de peintures). Strasbourg possédait au XVIIIᵉ siècle une «colonie» de carrossiers que dissipa la période révolutionnaire;

– en Suisse, à Lucerne, le *Verkehrshaus*, musée suisse des Transports et Communications (avec le *Hiflyer*, «premier et unique ballon fixe en Suisse», le Nautirama et le «parcours spectacle du Gothard» (construction du tunnel ferroviaire en 1875).

Expositions

Les expositions, nombreuses et intéressantes, portent sur les éléments essentiels des transports: les ponts, les voitures, les attelages en compétition, les trains, les arts, la poste. Un thème au titre symbolique, CHARBON (P.) et NOUGARET (P.), *Le Facteur et ses métamorphoses*, Barembach, Gyss, 1984, 16 pl. h.

«Paris et la batellerie du XVIIᵉ au XXᵉ siècle» (F. Beaudoin). Exposition organisée par le musée de la Batellerie de Conflans-Saint-Honorine et la bibliothèque du centre Georges Pompidou, février-mai 1979.

«Gloire du baroque en Bohême», Prague, Narodni galerie, 2001.

«Une route de poste. La route d'Espagne», Paris, MP, 1977.

«Une poste européenne avec les Grands maîtres des postes de la famille de la Tour et Tassis», Paris, MP, 1978.

Au temps des turgotines. La poste et les messageries il y a 200 ans, catalogue de l'exposition organisée au Musée d'histoire des PTT d'Alsace, à Riquewihr, mars-novembre 1975.

T comme Télégraphe, ibidem, mars-novembre 1982 (texte de L. Cahen).

«Mozart et l'Alsace dans l'Europe des idées et des arts», cabinet des Estampes, palais Rohan, Strasbourg. *Cf. SA*, n° 113, 1991 (art. G. Honegger, G. Livet, J.-D. Ludmann…).

«Mozart sur les routes d'Europe», MP de Riquewihr, 1991. *Cf.* CHARBON (P.), «Sur les routes d'Europe. Comment voyageait la famille Mozart», *SA*, 1991, p. 97-112.

«La technique sidérurgique et son évolution» (B. Gille), Musée historique lorrain, 1955. Bicentenaire d'Ironbridge (premier pont métallique de trente-trois mètres de long et trois cent soixante-dix-huit tonnes de structures métalliques, érigé en 1779), décrit par le vicomte Torrington, dans son *Journal* de 1784, comme «une des merveilles du monde». Inauguration d'un musée du Fer par le prince Charles, exposition à la Royal Academy de Londres (août-novembre 1979). Musée européen de 1978.

Iconographie

Elle est multiple et diverse, distribuée dans les musées d'Europe et d'Amérique. Le type en est offert par VERNET (J.), *Construction d'une route* (Paris, musée du Louvre, s.d. Commentaire CHAUNU (P.), *op. cit.*, p. 280), les gravures citées des artistes britanniques (sur la diligence, *Taïaut* et *Taïaut indépendant*) et les peintres officiels de la cour de Vienne (Canaletto I et II). De même, de BOILLY,

L'Arrivée de la diligence dans la cour des messageries (Ph. Musées nationaux, *L'Histoire*, novembre 1982, n° 38) ou *La Malle-poste au XIXᵉ siècle* (BULLOZ (P.), *idem*), et *Les Débuts de la révolution ferroviaire. Les bagages transportés en diligence sont transférés dans les voitures du train* (Ph. J. Vigne). Passage symbolique d'un monde à l'autre.

Dans cet ouvrage, la plupart des reproductions sont l'œuvre des services géographique (Franck Storne) et photographique de la BNUS, le conservateur en chef étant M. Gérard Littler. Le traitement informatique est l'œuvre d'Alexandre Livet (2002) et du service des Presses universitaires de Strasbourg. L'Atlas à recommander, du point de vue historique, pour suivre le texte, demeure malgré son ancienneté, et peut-être à cause d'elle, VIDAL DE LA BLACHE, *Atlas historique*, Paris, s.d.

Table des illustrations, des cartes et des croquis

Hors texte

Ier groupe

1. *Atlas de Gerard Mercartor et Henry Hondius*, Amsterdam, chez Henry Hondius, 1633 (BNUS, cartes): «Atlas, das ist Abbildung der ganzen Welt, mit allen darin begriffenen Ländern und Provinzen: sonderlich Teutschland, Franckreich, Niderland, Ost und West Indien...» («Un atlas est une représentation du monde entier avec l'ensemble des pays et provinces qui le constituent: en particulier l'Allemagne, la France, les Pays-Bas, les Indes de l'Est et de l'Ouest...»).

2. *Europe*, par N. SANSON fils, géographe du roi, Paris, s.d. (BNUS, cartes).

3. *L'Europe*, dédiée à Mgr le Tellier, secrétaire d'État..., par N. SANSON fils, géographe du roi (frontispice), Paris, s.d. (BNUS, cartes). PASTOUREAU (M.), *op. cit.*

4. Transport et véhicules au XVIe siècle (extrait de BEZOLD (F. v.), *Geschichte der deutschen Reformation*, Berlin, 1890, p. 647).

5. OLEARIUS (A.), *Relation du voyage de Moscovie, Tartarie et de Perse...*, Paris, 1656 (BNUS D 166063).

6. Les routes du royaume de Hongrie et la capitale Budapest (extrait de la carte *Le Royaume de Hongrie, divisé en Haute et Basse Hongrie, Transilvanie, Esclavonie et Croatie*, dressé par le sieur JANVIER, géographe à Paris, 1759. BNUS, cartes).

7. Vue de Spire: la ville et le fleuve (*Topographia Palatinatus Rheni u. Vicinarum Regionum*), BNUS, 1645.

8. *Carte des grandes routes d'Angleterre, d'Écosse et d'Irlande*, par le sieur ROBERT, géographe ordinaire du roi, avec privilège, 1757.

IIe groupe

9. *L'Europe*, par le sieur ROBERT DE VAUGONDY, géographe ordinaire du roi, de S.M. polonaise, duc de Lorraine et de Bar, et de la Société royale de Nancy, et censeur royal (1778) (BNUS cartes et MAE).

10. DUTENS (L.), *Itinéraires des routes les plus fréquentées ou journal de plusieurs voyages aux villes principales de l'Europe depuis 1768 jusqu'en 1791*, 7e éd., Paris, 1791 (BNUS D 100153).

11. a. *Table des rapports de la dépense en voyage en Angleterre, en France et en Italie*. Tableau 1: «Dépensé pour un grand train». Tableau 2: «Dépensé en détail».

b. Explication de la table des rapports.

12. «Valeur des monnaies de Bavière, d'Autriche, de Saxe, de Prusse et de Russie, comparée à celle des monnoies de France» (GEORGEL (abbé), *Voyage à Saint-Pétersbourg, op. cit.*).

13. a. *La Diligence* (*All Right*, Londres, peinture de C.-C. Henderson, Paris, éd. Villages d'enfants, s.d.).

b. *Postillon ramenant haut le pied, un attelage à son relais*, s.l., 1820.

14. *Diligence française au relais*, d'après une lithographie de Henderson, musée de la Poste, s.d.

15. *Vue du port et de la ville de Strasbourg*, dessinée et publiée par L. BLEULER au château de Laufen, près de Schaffhouse en Suisse. Gravure à l'Aquatinte, coll. «Port autonome de Strasbourg et AMS», 1826.

16. *Chemin de fer de Bâle à Strasbourg. Bateaux à vapeur de la Société de Cologne*, coll. «Port autonome de Strasbourg et AMS», s.d.

IIIe groupe

Neu-vermehrte PST-CHARTE durch gantz TEUTSCHLAND nach Italien, Franckreich, Niederland, Preussen, Polen und Ungarn... de P. NELL DAMENACHER Nuremberg, XVIIe siècle (avec un éclaircissement des sigles et une comparaison des *Milliaria Germanica* et des *Milliaria Gallica*), BNUS, département des cartes.

17. Pays-Bas et Provinces-Unies.

18. Paris et les routes de poste sud, est, nord.

19. Allemagne du Nord. Hambourg, Brême, Lubeck.

20. Pologne et Prusse.

21. Allemagne centrale. Francfort-sur-le-Main, Nuremberg, Augsbourg et la voie du Brenner.

22. Bohême et Hongrie. Prague, Vienne, Buda[Pest].

23. a. *Îles britanniques aux XVe et XVIe siècles*, s.l.n.d.

b. *Espagne sous Ferdinand et Isabelle*, s.l.n.d.

24. L'Europe en 1815, *Atlas* de VIDAL DE LA BLACHE.

Dans le texte

1. L'Europe, figure allégorique. S. MUNSTER (1489-1544), *La Cosmographie universelle*, Bâle, 1544. La carte (de 1588) est reproduite dans BARTILLAT (C. de) et ROBA (A.), *Les Métamorphoses de l'Europe*, Turin, Bartillat, 2000, et dans BORRI (R.), *L'Europa nell'antica cartografia*, Ivrea (Torino), Priuli & Verlucca, 2001.

2. La Gaule romaine (d'après l'Itinéraire d'Antonin et la Table de Peutinger, dans VIDAL DE LA BLACHE, *Tableau de la géographie de la France*, Paris, s.d., p. 378).

3. a. Les chemins de Saint-Jacques-de-Compostelle, s.l.n.d., BNUS.

b. Les chemins des croisés, *Archéologie*, s.l.n.d.

4. Routes d'Italie par la Lorraine au XIVe siècle. RACINE (P.), «D'Italie aux Pays-Bas: les routes lorraines (1280-1350)», dans «Les pays de l'entre-deux au Moyen Âge: questions d'histoire des territoires d'Empire entre Meuse, Rhône et Rhin», *Actes du 113e CNSS, Strasbourg, 1988*, Paris, CTHS, 1990, p. 209-224.

5. Les *Itinéraires* de S. BRANT (1506-1543), D'après la carte du d^r Krüger, publiée dans *Archiv für deutsche Postgeschichte 1966*, photo Gesellschaft für deutsche Postgeschichte D 600, Frankfurt 70, Allemagne, s.d.

6. Itinéraires alpins: cols des Alpes occidentales:

a. Saint-Gothard;

b. Simplon;

c. Grand-Saint-Bernard;

d. Alpes suisses et grisonnes, d'après SURATTEAU (J.-R.), «Les cols des Alpes…», *Transports et voies de communication, op. cit.*, p. 176.

e. «La circulation dans les Alpes Orientales», dans BRAUNSTEIN (P.), «Dans les Alpes orientales à la fin du Moyen Âge. Chemins et trafics», *idem*, p. 71-78.

7. SPISAREVSKA (J.-D.), «Le réseau routier entre l'Adriatique et la mer Noire dans le cadre des échanges commerciaux des territoires bulgares aux XVe-XVIe siècles», *Actes du 4e Congrès international des études sud-européennes*, Ankara, 1979, Académie bulgare des sciences, Institut d'histoire, t. IX, p. 151-173.

8. Cols des Alpes de la Méditerranée au lac de Genève. Carte de l'*Atlas* de VIDAL DE LA BLACHE, s.d.

9. Routes de poste (France à la fin du XVIIIe siècle). *Carte de Desauches, an V*, VIDAL DE LA BLACHE, *op. cit.*, p. 379.

10. *Carte de l'empire d'Allemagne où sont marquées exactement les routes des postes* par le sieur ROBERT, géographe ordinaire du roi, avec privilège, 1757. Référence: *L'Europe, l'Alsace et la France*, Colmar, Éd. d'Alsace, ABR, 1986, p. 175-176.

11.Symbole et «modèle»: le carrosse Louis XIV, Compiègne, Musée national de la voiture (CHAUNU (P.), *op. cit.*, p. 280).

12. Les canaux en Angleterre. Croquis (d'après Lesourd et Gérard).

13. Carte de l'Europe «de la Baltique à la mer Noire», d'après PÉRONNET (M.), *Le XVI siècle: des grandes découvertes à la Contre-Réforme*, Paris, Hachette-Université, 1981, carte n° 15.

14. Les routes d'Espagne (d'après LÉON (P.), *Économies et Sociétés industrielles 2, 1650-1780*, p. 157). Référence: BENNASSAR (B. et L.), *Le Voyage en Espagne…*, coll. «Bouquins», Paris, Laffont, 1998.

15. L'Italie en 1748, d'après DELUMEAU (J.), *L'Italie de Botticelli à Bonaparte*, Paris, Colin, 1974.

16. La campagne de Russie (1812) d'après COQUERELLE (S. et P.) et GENET (L.), *La Révolution et les débuts de l'époque contemporaine, 1789-1848*, Paris, Hatier, 1964, 2.

17. Un des premiers trains à vapeur autrichiens. Ph. Giraudon, Hatier, 1964, 2.

18. Chemins de fer en Europe (1848) d'après COQUERELLE (S. et P.) et GENET (L.), Hatier, 1964, 2.

19. *Lettres sur la minéralogie et sur divers autres objets de l'histoire naturelle de l'Italie, écrites par M. Ferber à M. le Chevalier de Born*. Ouvrage traduit de l'allemand… par M. le baron de Dietrich, Strasbourg, chez Bauer et Treuttel, 1776 (Bibl. de La Roche-Guyon, Arch. De Dietrich, Reichshoffen).

20. «Tableau de toutes les routes et de tous les bureaux de poste avec leurs distances indiquées sur la carte de coordination des cours de poste», annexe à l'édition de 1829 de F. Raffelsperger, Vienne (lithographie de A. Floder).

21. *Deutsche Läuferbote um die Mitte des 15. Jahrhunderts* («Messager à pied allemand, vers le milieu du XVe siècle»), s.l.n.d. (AMS).

Table des matières

Du même auteur
(concernant le même sujet)

«La route royale et la civilisation française de la fin du XVᵉ au milieu du XVIIIᵉ siècle», dans *Les Routes de France depuis les origines jusqu'à nos jours*, colloque de Sarrebruck, rapport, Cahiers de civilisation, Paris, Association pour la diffusion de la Pensée française, 1959.

«Les routes françaises aux XVᵉ et XVIIᵉ siècles. État des questions et directions de recherches», *L'Homme et la route en Europe occidentale au Moyen Âge et aux Temps modernes*, colloque de Flaran 2, rapport, 1980.

«Croissance économique et privilèges commerciaux des Suisses sous l'Ancien Régime. Note sur les commerçants suisses établis en France en XVIIIᵉ siècle», *Lyon et l'Europe. Hommes et Sociétés. Mélanges d'histoire offerts à Richard Gascon*, Université de Lyon II, centre Pierre Léon, PU Lyon, 1980, p. 43-63.

«Espace rhénan et espace rhodanien. Les marchands français à la foire de Francfort-sur-le-Main. Une enquête de l'abbé de Gravel en 1670», *Histoire, économies, sociétés. Journées d'études en l'honneur de Pierre Léon (6-7 mai 1977)*, PU Lyon, 1978, p. 1-16 (avec liste des noms et des origines).

«Routes et transports en Alsace au XVIIIᵉ siècle», *SA*, septembre 1984, n° 85, p. 45-60.

«Impressions de voyage de quelques voyageurs illustres en Alsace (XVIIᵉ-XVIIIᵉ siècles)», *idem*, p. 146-160.

«Voyageurs et diplomates français à Strasbourg au début du XVIIᵉ siècle», *Mélanges G. Mongrédien*, s.l., 1974, p. 9-16.

«Simple témoignage. L'agriculture et les paysans d'Alsace vus par Arthur Young à la fin de l'Ancien Régime», *Paysans d'Alsace*, Société savante d'Alsace, Strasbourg, 1959.

Voyage dans les pays danubiens et au Moyen Orient, rapport au recteur Maurice Bayen, Université de Strasbourg, Institut universitaire de journalisme, 1967.

«Cartographes et géographes en Alsace à l'époque de la Renaissance», *Grandes figures de l'humanisme alsacien. Courants. Milieux. Destins*, Société savante d'Alsace, Strasbourg, 1978.

BRAUN (J.), *Histoire des routes en Alsace (des origines à nos jours)*, péface de G. Livet, PU Strasbourg, 1987.

Articles «Équitation», «Haras», «Cheval», «Provinces», «Frontières»..., *Dictionnaire du Grand siècle*, p.p. F. Bluche, Paris, 1998.

Article «Commerce» (Histoire du), *Encyclopédie Larousse*, Paris, 1959.

Article «Fugger», *Encyclopédie Universalis*, s.d.

L'Europe, l'Alsace et la France. Problèmes intérieurs et relations internationales à l'époque moderne. Mélanges G. Livet, Colmar, Société savante d'Alsace, 1986 (avec «une carte de l'empire d'Allemagne où sont marquées très exactement les routes des postes» par le sieur Robert, géographe ordinaire du roi, 1757; et une carte de la «Généralité de Limoges» de Cornueau et Capitaine, 1784).

«Strade et Poteri politici nei "Pays d'Entre deux". Il modello Lorenese (Secc. XV-XVII)», *Quaderni Storici. Miscellanea*, avril 1987, n° 64, I, p. 81-110.

«Le cheval et les jeux équestres en Alsace à l'époque moderne», dans «Des jeux et des sports», *Actes du colloque de Metz, septembre 1985*, AIE, Metz, t. XXIII, 1987.

«Le cheval dans la ville. Problèmes de circulation, d'hébergement, de transport en Alsace, à l'époque de la monarchie absolue», *Mélanges d'histoire économique offerts au professeur Anne-Marie Piuz*, Genève, 1989.

«Louis-Henry de Nicolaÿ (1737-1820), auteur d'une thèse de doctorat sur *La Navigation du Rhin (1760)*, conseiller d'État, président de l'académie des Sciences de Saint-Pétersbourg (1798-1803)», *AMURE*, 1995.

«Lady Worthley Montague, épouse de l'ambassadeur d'Angleterre à Istambul», *TURCICA*, Louvain, 1991.

«Le triangle d'or de l'Europe. Rhin, Danube, Méditerranée. Mythes. Politique. Économie. Environnement», dans «Fleuves, rivières et canaux dans l'Europe occidentale et médiane», *Actes du colloque de Strasbourg, décembre 1995*, AIE, Nancy, 1997.

Sur l'auteur

BOEHLER (J.-M.), FOESSEL (G.), GREISSLER (P.) et IGERSHEIM (F.), *Georges Livet. Cinquante années à l'Université de Strasbourg. 1948-1998*, Strasbourg, Société savante d'Alsace, 1998 (Grenade, Lisbonne, Rome, Trente, Vienne, Mayence...).

 Saint Paul Imprimeur -55 000 Bar le Duc – Dépôt Légal: décembre 2002 – N° 12-02-1583